oman_001 Foto: pl

Peter Franzisky, Kirstin Kabasci

Oman

سلطنة عمان

Oman – geheimnisvolles Sultanat zwischen Gestern und Übermorgen

oman_004 Foto: fk

Impressum

Peter Franzisky, Kirstin Kabasci
Oman

erschienen im
Reise Know-How Verlag Peter Rump GmbH
Osnabrücker Str. 79, 33649 Bielefeld

Gestaltung
Umschlag: M. Schömann, P. Rump (Layout); M. Luck (Realisierung)
Inhalt: G. Pawlak (Layout); M. Luck (Realisierung)
Karten: H. Newe, M. Luck
Fotos: P. Franzisky/K. Kabasci (fk), Oman News Agency (ona),
Petra Lewinger (pl), Ministry of Information (moi), Thomas Hollitzer (th)
Titelfoto: P. Franzisky/K. Kabasci

Lektorat: M. Luck

Druck und Bindung
Fuldaer Verlagsagentur

ISBN 3-8317-1059-7
Printed In Germany

Dieses Buch ist erhältlich in jeder Buchhandlung der BRD, Österreichs, der Niederlande, Belgiens und der Schweiz. Bitte informieren Sie Ihren Buchhändler über folgende Bezugsadressen:

BRD
Prolit Verlagsauslieferung GmbH, Siemensstr. 16,
35461 Fernwald (Annerod)
sowie alle Barsortimente

Schweiz
AVA/Buch 2000
Postfach, CH-8910 Affoltern a.A.

Österreich
Mohr-Morawa Buchvertrieb GmbH
Sulzengasse 2, A-1230 Wien

Niederlande, Belgien
Willems Adventure
Postbus 403, NL-3140 AK Maassluis

Wer im Buchhandel trotzdem kein Glück hat, bekommt unsere Bücher auch direkt bei:
Rump Direktversand, Heidekampstraße 18, 49809 Lingen (Ems), oder über unseren
Büchershop im Internet: www.reise-know-how.de

Wir freuen uns über Kritik, Kommentare und Verbesserungsvorschläge.

Alle Informationen in diesem Buch sind von den Autoren mit größter Sorgfalt gesammelt und vom Lektorat des Verlages gewissenhaft bearbeitet und überprüft worden.

Da inhaltliche und sachliche Fehler nicht ausgeschlossen werden können, erklärt der Verlag, dass alle Angaben im Sinne der Produkthaftung ohne Garantie erfolgen und dass Verlag wie Autoren keinerlei Verantwortung und Haftung für inhaltliche und sachliche Fehler übernehmen.

Die Nennung von Firmen und ihren Produkten und ihre Reihenfolge sind als Beispiel ohne Wertung gegenüber anderen anzusehen. Qualitäts- und Quantitätsangaben sind rein subjektive Einschätzungen des Autors und dienen keinesfalls der Bewerbung von Firmen oder Produkten.

Peter Franzisky, Kirstin Kabasci

Oman

Reise Know-How im Internet

Aktuelle Reisetipps und Neuigkeiten
Ergänzungen nach Redaktionsschluss
Büchershop und Sonderangebote
Weiterführende Links zu über 100 Ländern

www.reise-know-how.de
info@reise-know-how.de

Wir freuen uns über Anregung und Kritik.

Vorwort

Dieses Reisehandbuch richtet sich an **Gruppen- und Individualreisende** sowie an alle, die das Sultanat Oman besser kennen lernen möchten. In erster Linie ist es für Reisende konzipiert, die das Land weitgehend auf eigene Faust erkunden. Es bietet aber auch organisiert Reisenden Hilfen für die Reisevorbereitung, Hintergrundinformationen sowie zahlreiche „Insidertipps" – und damit mehr als die bloße Aufzählung von kulturellen Sehenswürdigkeiten. Geschäftsreisende finden neben den touristischen Tipps und landeskundlichen Hintergründen auch Wirtschaftsdaten und zahlreiche Informationsadressen. Mit alledem soll dieses Buch sowohl eine Art „Leitfaden zum Selberentdecken" als auch ein „informativer Begleiter" sein.

Dieses Reisehandbuch ist in **drei Teile** gegliedert:

Im ersten Kapitel, den **„Praktischen Tipps A–Z"**, steht eine Vielzahl von interessanten und praktischen Hinweisen über Oman. Sie sollen einen Überblick und einen Einblick in für Reisende wichtige Fragen verschaffen. Besonders bei der Reisevorbereitung ist dieser Abschnitt von großem Nutzen.

Der zweite Teil ist ein ausführliches Kapitel über **„Land und Leute"**. Es informiert umfassend über geographische, religiöse, kulturelle, gesellschaftliche, historische und politische Hintergründe.

Das dritte Kapitel **„Unterwegs in Oman"** beschreibt die Reiseziele und Städte. Es ist voll von praktischen Informationen, die dem Reisenden helfen, sich vor Ort besser zurechtzufinden und interessante Sehenswürdigkeiten nicht zu verpassen. Hier finden sich detaillierte Stadtpläne, Hintergrundinformationen zu den Orten und Sehenswürdigkeiten, Tipps zu den Einkaufsmöglichkeiten, Adressen von Hotels, Restaurants, Bars, Discos, Autovermietern und Tourveranstaltern, eine Aufzählung der Sportangebote und vieles mehr. In diesem Kapitel stehen zahlreiche Ausflüge und detaillierte Routenvorschläge, so dass auch entlegene Naturschönheiten oder Sehenswürdigkeiten selbstständig aufgesucht werden können.

Im **Anhang** des Buches finden sich eine kleine Sprachhilfe, ein Glossar (mit – meist arabischen – Fremdwörtern), eine Auflistung interessanter und wichtiger Bücher und Landkarten, eine Erklärung der im Buch verwendeten Abkürzungen und die in Oman gebräuchlichen Maße und Gewichte.

Eine Bemerkung zu arabischen Worten: Leider gibt es keine allgemein verbindliche **Umschreibung (Transkription) der arabischen Laute** in unsere lateinische Schrift. Die wissenschaftliche Transkription ist für ein Reisehandbuch zu kompliziert, andere (einfachere) Verfahren haben den Nachteil, dass sie ungenau und oft uneinheitlich sind. Ein weiteres Problem ist auch, dass in Oman eine Transkription ins Englische üblich ist, die sich von der in Deutschland gebräuchlichen unterscheidet. So lautet der Name der omanischen Hauptstadt „Muscat“ eigentlich „Masqat“, „Mutrah“ wird zu „Matrah“, und der arabische Name „Rasheed“ wird „Raschid“ ausgesprochen. Diese Verwirrung setzt sich bei den Schreibweisen für geographische Bezeichnungen fort; so kann man z. B. für den Namen der im Osten des Landes verlaufenden Bergkette sowohl die Schreibweise „Hajar“ wie auch „Hadschar“ oder „Hadjar“ finden. Die von uns gewählte Umschrift orientiert sich bei den Orts- und Straßennamen an den in Oman gebräuchlichen Schreibweisen, also an der englischen Transkription. Um arabische Namen richtig aussprechen zu können, sollte man es keinesfalls versäumen, sich die Transkriptionen im Abschnitt „Sprache“ im Anhang des Buches näher anzuschauen.

Arabische Begriffe stehen, sofern nicht anders gekennzeichnet, in der Singular-Form. Wenn auch grammatikalisch nicht korrekt, wurde zur Vereinfachung die Plural-Form vieler gebräuchlicher Begriffe durch Anhängen des in der deutschen Sprache gebräuchlichen Plural-s an die Singular-Form gebildet (z. B. souqs, wadis etc.).

Die im Buch aufgelisteten **Qur'an-Verse** folgen in der Übersetzung und Zählung der von *Rudi Paret* vorgelegten Übersetzung im Kohlhammer Verlag, die sich an der offiziellen Kairoer Qur'an-Ausgabe orientiert. Einige ältere deutsche Qur'an-Übersetzungen weichen in Bezug auf die Verszählung von dieser Übersetzung ab.

In diesem Buch haben wir eine **Vielzahl an praktischen Tipps und Informationen** zusammengetragen und für die 3. Auflage aktualisiert. Leider bleibt es nicht aus, dass so manches (Bestimmungen, Flugzeiten, Pistenzustände, Adressen, Telefon- und Faxnummern, Busverbindungen, Porto etc.) mit der Zeit veraltet. Dies betrifft insbesondere Preise und Öffnungszeiten, die daher eher als Richtwerte zu verstehen sind. Telefonnummern werden momentan von sechs auf sieben Stellen umgestellt und sind einem ständigen Wechsel unterworfen. Leider differieren auch Kilometer-Messungen je nach verwendetem Fahrzeug. Alle Kilometer-Angaben sind daher mit einer Toleranz von etwa plusminus fünf Prozent zu sehen.

Dieses Buch ist in mehreren deutschsprachigen Ländern erhältlich. Die meisten Informationen und Adressen sind so unterteilt, dass sowohl Deutsche als auch Österreicher und Schweizer die für sie gültigen Angaben vorfinden. Da es jedoch manchmal zu komplex werden würde, alle Bestimmungen, Richtlinien o. ä. für alle Nationalitäten aufzuzählen, kann es vorkommen, dass sich einiges nur auf die Mehrheit der Leser, also auf Deutsche bzw. auf Deutschland, bezieht.

Falls nicht anders genannt, beziehen sich alle Daten auf den Winter 2001/2002. Neueste Informationen und Änderungen seit dem Druck findet man auf der REISE-KNOW-HOW-Internetseite unter www.reise-know-how.de (unter dem Link „Latest News“). In der vorliegenden dritten Auflage wurden nicht nur alle Angaben auf den aktuellen Stand gebracht, sondern es sind auch einige neue Routen und Abstecher hinzugekommen. Trotzdem kann und will dieses Buch nicht jede sehenswerte Stelle dieses vielfältigen Landes beschreiben. Einige Orte – insbesondere abgelegene Dörfer und Wadis, die unter einem starken Besucherandrang leiden könnten – haben wir nur sehr kurz oder gar nicht erwähnt. Schließlich soll ja auch noch Platz für eigene Entdeckungen bleiben.

Falls Sie uns Ergänzungen und Verbesserungen vorschlagen möchten, so schreiben Sie bitte an den Verlag, der die Post dann weiterleitet. Eine Nennung der Seitenzahl und der benutzten Auflage ist dabei sehr hilfreich. Besonders ausführliche Ergänzungen und Tipps werden mit einem Sprachführer aus der Kauderwelsch-Reihe des REISE KNOW-HOW Verlages, Bielefeld, belohnt.

Zum Schluss wünschen wir allen Lesern eine gute Reise, einen angenehmen Aufenthalt in diesem (noch) geheimnisvollen Sultanat und ein arabisches „ahlan wa-sahlan“ – „Herzlich Willkommen“ – أهلا وسهلا .

Peter Franzisky
Kirstin Kabasci

Oman im Überblick

Fläche	309.500 km²
Höchster Berg	Jebel Shams (3009 m)
Hauptstadt	Muscat
Einwohner	2,3 Millionen
Ausländeranteil	25,6%
Staatsoberhaupt	Sultan Qaboos bin Said bin Taimur al-Said
Staatsform	Absolute Monarchie mit beratendem Parlament
Nationalfeiertag	18. November
Sprache	Arabisch (Englisch, Hindi und Swahili weit verbreitet)
Religion	Islam, vorwiegend Ibaditen
Währung	Rial Omani (1 RO = 1000 Baisa = 2,58 US-$ = 2,96 Euro)
Lebenserwartung	72 Jahre
Bevölkerungswachstum	3% pro Jahr
Internationale Telefonvorwahl	00968 (keine Ortsvorwahlen)
Strom	220 V, 50 Hz (britisches Steckersystem)
Zeitverschiebung	Mitteleuropäische Zeit (MEZ) + 3 Std.

Inhalt

oman_287 Foto: fk

Anhang

Kartenverzeichnis

Exkurse

oman A Foto: fk

Praktische Tipps A–Z

oman_107 Foto: fk

oman_082 Foto: fk

In den Wüstengebieten ist der Empfang für Mobiltelefone noch selten

Wehrtürme be Al-Mudayrib

Moderne Landesfolklore: Weihrauchbrenner und Rosenwassersprinkler als Zierde eines Kreisverkehrs

Als Gast in Oman

Was erwartet den Gast?

Gerade im Winter, wenn es in Mitteleuropa so richtig unangenehm wird, kann man in Oman hervorragend Urlaub machen. Obwohl das Land sich erst vor ca. einem Jahrzehnt dem Tourismus öffnete, findet es sich inzwischen in fast allen Katalogen namhafter Reiseveranstalter.

Eine der Hauptattraktionen dieses faszinierenden Morgenlandes ist zweifelsohne die **Schönheit und Vielfalt seiner Landschaften,** die zudem durch ihre **Ursprünglichkeit** bestechen. Die beeindruckende Szenerie beinhaltet schroffe, zerklüftete Bergformationen mit ausgetrockneten Flusstälern und tiefen Schluchten, goldgelbe Sandwüsten mit haushohen Dünen, verträumte Oasen in sattgrünen Palmenhainen oder subtropischen Gärten, majestätische Festungen aus vergangenen Zeiten, endlose Steppen, deren Leere unglaublich scheint, lange Sandstrände mit steilen Küstenklippen, kristallklarem, azur- oder türkisblauem Meer mit einer artenreichen Unterwasserwelt.

Daneben verfügt das Sultanat im Südosten der Arabischen Halbinsel über **erstklassige Hotels, gute Einkaufsmöglichkeiten** in eleganten Einkaufszentren und auf orientalischen Souqs, eine internationale **kulinarische Vielfalt** und **günstiges Winterklima** mit angenehmen Temperaturen und garantiertem Sonnenschein. Zu den vielseitigen **Sportmöglichkeiten** zählen neben Schwimmen, Tennis und Squash auch Segeln, Surfen, Hochseefischen, Tauchen, Reiten (Pferde und Kamele) sowie Bergwandern.

Nicht zu vergessen die breite, **kontrastreiche Palette an Sehenswürdigkeiten** aus alten Lehmfestungen, historischen und modernen Palästen, Souqs, Märkten und Museen sowie natürlich die sprichwörtliche **arabische Gastfreundschaft,** die in Oman auch in Zeiten des materiellen Aufschwungs, der erst in den 1970er Jahren Einzug gehalten hat, erhalten geblieben ist.

Die aus dem Ölverkauf erzielten Deviseneinnahmen haben dem Land in den vergangenen drei Jahrzehnten einen märchenhaften **Wohlstand** beschert. Vergilbte Fotografien sind die letzten Zeugen des damals von der Außenwelt abgeschnittenen und unterentwickelten Landes. Erst wenn man sie betrachtet, kann man ermessen, welch beispielloser Aufbau im letzten Vierteljahrhundert stattgefunden hat. Das kleine Sultanat wurde dabei quasi aus dem Mittelalter in das Zeitalter der Computer und Datenbanken katapultiert. Die

Buchtipps:
Zur Vorbereitung auf eine Reise nach Oman, in ein islamisches Land also, das sich in vielerlei Hinsicht von unserem Kulturkreis und unserer Alltagswelt unterscheidet, hält Reise Know-How drei nützliche Bücher bereit:
- Kirstin Kabasci, **KulturSchock Golfemirate/Oman**
- Christine Pollok, **KulturSchock Islam**
- Harald A. Friedl, **Respektvoll reisen**

Petrodollar finden sich aber nicht nur in den Taschen der Herrschenden oder in deren verspielten Prunkbauten wieder. **Sultan Qaboos,** der Landesvater des modernen Nationalstaates, scheint an alles gedacht zu haben: an ein kostenloses Bildungs- und Gesundheitssystem, an die Absicherung sozial Schwacher, an die Rechte der Frauen, an neue Boote für die Fischer, an Wasser für die Landwirte, an moderne Autobahnen und großflächige Parkanlagen. Angenehm für Reisende ist, dass dieses neuzeitliche Denken nicht im Wettbewerb mit traditionell arabischer Kultur und religiöser Tiefe steht, sondern harmonisch mit ihnen verschmilzt.

Toleranz und Weltoffenheit sind dagegen nichts Neues, sie gehören zur Tradition des Sultanates, denn die omanische Gesellschaft hat sich über jahrhundertelange Seehandelsbeziehungen sehr kosmopolitisch entwickelt. Über zwanzig Prozent der heute gut zwei Millionen Einwohner sind Ausländer. Gemessen an anderen islamischen Staaten herrscht ein relativ **liberaler Geist** vor. Religiöser Extremismus ist genauso ein Fremdwort wie soziale Konflikte oder demokratische Protestbewegungen. Es gibt Bars und Discos mit Alkoholausschank. Ausländische Frauen können sich völlig frei bewegen und brauchen sich keiner muslimischen Kleiderordnung anzupassen.

Neben alledem ist die **touristische Infrastruktur** gut entwickelt und erleichtert das Reisen ungemein. Es gibt mittlerweile eine Vielzahl an Hotels und Restaurants aller Preisklassen. Wer seinen Urlaub nicht pauschal in der Heimat bucht, der kann bei einem der vielen **omanischen Tourveranstalter** einzelne Stadtrundfahrten, Ausflüge oder mehrtägige Touren buchen. Man kann sich aber auch ein individuell an den eigenen Interessen orientiertes Programm ausarbeiten lassen. Die Tourbegleiter sprechen meist englisch oder sogar deutsch. Auch mit dem eigenen **Mietwagen** lässt sich die Vielfalt des Sultanats erschließen, diverse internationale und lokale Mietwagenfirmen bieten alle erdenklichen Autotypen an.

Hinzu kommt eine große **Sicherheit**, denn Kriminalität ist in Oman nahezu unbekannt, so dass jeder Tourist jederzeit unbesorgt unterwegs sein kann.

Ebenfalls attraktiv sind die **günstigen Flugverbindungen** von Europa aus. Für diejenigen, die englisch sprechen, wird es außerdem keine Verständigungsprobleme geben, und schließlich ist die Visumbeschaffung sehr einfach.

Hauptzielgruppe der omanischen Tourismusförderung **sind kaufkräftige Touristen,** die eine Mischung aus Erholung mit westlichem Komfort und einem Hauch arabischem Abenteuer sowie ursprüngliche Naturschönheiten suchen. Oman ist sowohl ein ideales **Einstiegsziel für Arabien-Anfänger** als auch genau das richtige Reiseland für **Arabien-Fans,** die die Annehmlichkeiten der modernen Welt nicht missen möchten. Wer Wert darauf legt, kann in den besten Fünf-Sterne-Hotels logieren, in den nobelsten Gourmet-Restaurants speisen und auch sonst jeden nur erdenklichen Komfort genießen.

Neben all dem Luxus und der Exklusivität gibt es auch einige preiswerte Hotels, einfache und hygienisch einwandfreie Imbissstuben sowie zahlreiche Märkte und Supermärkte für die Selbstversorgung. Das Netz an öffentlichen Bussen und Sammeltaxis funktioniert einigermaßen gut, die Fahrpreise sind günstig. Doch all dies ist im Vergleich zu anderen Reisedestinationen relativ kostspielig – **Oman** muss nicht teuer sein, ist aber **kein Billig-Reiseland!**

Was wird vom Touristen erwartet?

Auch wenn in Oman viele Ausländer leben und sich in manchen Landesteilen eine gewissermaßen multikulturelle Gesellschaft entwickelt hat, in der jede Nationalität ihre Religion frei ausüben kann, so darf man nie vergessen, dass das Sultanat ein **arabisch geprägtes und streng muslimisches Land** ist. Religion, Kultur, Gebräuche und die Mentalität der Einheimischen weichen stark von unseren europäischen Maßstäben ab.

Jedem Reisenden sollte klar sein, dass er sich in einem gewissen Rahmen **den einheimischen islamischen Sitten und Gebräuchen anpassen** muss. Es wäre schön und wünschenswert, wenn jeder Tourist das Verständnis entwickeln würde, dass ihn die Omanis als Gast ansehen und er sich dieser Würdigung entsprechend verhält.

Vielen Arabern fällt die Hektik, mit der sich viele Europäer bewegen, unangenehm auf. Araber (aber auch die vielen im Land lebenden Asiaten) haben eine **andere Auffassung von Zeit** als wir, denn „als Allah die Zeit schuf, schuf er sie reichlich". Grundsätzlich ist es sinnvoll, immer die **Ruhe** zu **bewahren.** Eile, Ungeduld oder gar Zorn führen zu nichts, höchstens zu Unverständnis und dazu, dass man „sein Gesicht verliert".

Die in den folgenden Abschnitten aufgeführten Verhaltenstipps dienen größtenteils der **Höflichkeit.** Wahrt man in der einen oder anderen Situation nicht ganz die Form, so drücken die Einheimischen meist beide Augen zu und lassen den Gast noch nicht einmal merken, dass er gerade unbewusst unhöflich gehandelt hat.

Literatur zum Verhalten in islamischen Ländern

- Kirstin Kabasci, **Islam erleben.** Praxis-Reihe, Reise Know-How Verlag P. Rump
- Peter Heine, **Kulturknigge für Nichtmuslime.** Ein Ratgeber für alle Bereiche des Alltags, Herder-Verlag
- **Islam Verstehen,** Sympathie Magazin, Klett Schulbuch

Gastfreundschaft und Einladungen

Gastfreundschaft begegnet den Touristen überall, besonders häufig sind Einladungen zum Kaffee oder Tee, zu Datteln oder *halwa,* einer typischen Süßspeise (siehe dazu auch die Exkurse „Omans süßeste Versuchung – Halwa" und „Qahwa – mehr als „nur" heißer Kaffee"). Sie abzuschlagen gilt als unhöflich, und die Begründung, keine Zeit zu haben, stößt auf Unverständnis.

Zur **Begrüßung** ist ein Händedruck nicht immer üblich, besonders nicht bei Frauen. Am besten höflich und zurückhaltend beobachten, wie sich das Ge-

Problematik des Tourismus

Ob Tourismus eher ein **Segen oder** ein **Fluch** für das besuchte Land und seine Bevölkerung darstellt, ist eine viel diskutierte Frage. Sicher ist, dass Tourismus seine guten, aber auch seine fragwürdigen und kritischen Seiten hat, durch die immer neue Konfliktsituationen entstehen.

Die negativen Folgen des Tourismus hängen stark davon ab, wie sich die Reisenden in ihrem Urlaubsland verhalten. Ob sie daran interessiert sind, die Lebensweise und Kultur der Einheimischen kennen zu lernen, oder ob sie nur Sonne und Strand suchen und alles andere lediglich als exotische Kulisse registrieren.

Auf einem Tourismusseminar der „Christian Conference of Asia" hat man unter dem Titel **„A code of ethnics for tourists"** folgende allgemein gültigen Tugenden zusammengefasst:

- Beginnen Sie Ihre Reise unvoreingenommen mit dem Wunsch, mehr über das Land und seine Menschen zu erfahren.
- Respektieren Sie die Gefühle der gastgebenden Bevölkerung. Bedenken Sie, dass Sie durch Ihr Verhalten auch ungewollt verletzen können. Dies trifft vor allem auf das Fotografieren zu (näheres dazu findet sich im Abschnitt „Fotografieren und Filmen").
- Machen Sie sich mit den örtlichen Sitten und Gebräuchen vertraut. Sie werden sicher jemanden finden, der Ihnen dabei hilft.
- Entdecken Sie, wie interessant und wertvoll es sein kann, eine andere Art des Lebens kennen zu lernen.
- Machen Sie es sich zur Gewohnheit, zuzuhören und zu beobachten anstatt nur zu hören und zu sehen.
- Legen Sie die Gewohnheit ab, auf alles eine Antwort parat zu haben. Seien Sie mal derjenige, der eine Antwort haben möchte.
- Denken Sie daran, dass Sie nur einer von Tausenden Touristen im Land sind. Beanspruchen Sie keine besonderen Privilegien.
- Halten Sie sich vor Augen, dass andere Völker oft andere Zeitbegriffe haben. Das heißt nicht, dass diese schlechter sind – sie sind eben verschieden.
- Nehmen Sie sich täglich etwas Zeit, um Ihre Erlebnisse zu verdauen. Sie werden dann mehr vom Reisen haben.
- Wenn Sie es auf Reisen wie zu Hause haben wollen, dann verschwenden Sie Ihr Geld nicht fürs Reisen – bleiben Sie lieber daheim.

Damit „Reisen“ nicht nur dem Füllen der Fotoalben, dem „Sammeln“ exotischer Reiseziele dient, damit „Reisen“ nicht nur ein oberflächlicher „Urlaub“, sondern „mehr“ sein kann, zwei zum Nachdenken anregende Zitate berühmter Dichter und Denker:

- „Was wunderst Du Dich, dass Deine Reisen Dich nicht freuen, schleppst Du Dich doch selber mit herum“ (Sokrates)
- „Nur wenn das Herz erschlossen, dann ist die Erde schön, Du standest so verdrossen, und wusstest nichts zu sehen“ (Goethe)

Der Regierung Omans sind die Gefahren, die der Tourismus mit sich bringen kann, durchaus bewusst; „Massentourismus“ wird daher strikt abgelehnt.

Dank der aufgeschlossenen und toleranten Art der Omanis ist Reisen im Sultanat ohne Schwierigkeiten möglich – zumindest zur Zeit noch. Doch so manche Negativfolgen sind schon heute im Anfangsstadium sichtbar: ein Provinzgouverneur verhängte ein Fotografierverbot über sein kleines Bergdorf; in den Souqs von Mutrah und Nizwa halten Billigimporte und Imitationen traditionsreicher Handwerksstücke Einzug; der Tiermarkt von Nizwa wird von Busgruppen förmlich überrannt.

Jeder Tourist kann mit seinem Verhalten einen Teil dazu beitragen, dass diese anfänglichen Symptome sich nicht zu einer schwerwiegenden Krankheit ausweiten. Das bedeutet, dass Touristen die fremden Menschen, ihre Mentalität, ihre Kultur und ihre Religion **verstehen** möchten und ihnen **Respekt** entgegenbringen, dass sie sich in ihrem Verhalten **anpassen** und nichts mit Gewalt zu emanzipieren versuchen, dass sie sich unauffällig im Hintergrund halten und wissen, dass ihre Neugier Grenzen haben muss.

oman_014 Foto: fk

genüber und die evtl. anderen Anwesenden verhalten. Viele Araber führen bei der Begrüßung ihre rechte Hand zum Herzen und unterstreichen damit ihre Herzlichkeit. Diese ausdrucksstarke Geste können auch Touristen zeigen. Die arabische Begrüßung ist eine streng festgelegte Zeremonie, in der man sich höflich nach der gegenseitigen Gesundheit und dem Wohlbefinden der Familie (nie aber direkt nach dem der Frauen!) erkundigt. Auch am Telefon sollten diese Höflichkeiten nicht fehlen. Besonders hoch angerechnet wird es, wenn man die wichtigsten Begrüßungsformeln in Arabisch kann; sie stehen im Anhang dieses Buches unter „Sprache".

Die **linke Hand** gilt als **unrein,** da mit ihr die Reinigung nach dem Toilettengang vollzogen wird. Daher sollte man eigentlich niemals jemandem etwas mit links überreichen (insbesondere Essen, Geschenke, Geld und Zigaretten) oder mit der linken Hand Essen zum Mund führen. Gerade Linkshänder sind hier zu besonderer „Wachsamkeit" aufgerufen.

Das direkte Entgegenstrecken der Fußsohle gilt als Beleidigung.

Bei Gesprächen über **Politik und Religion** ist Zurückhaltung geboten. Diplomatisch ist es, sich als Christ auszugeben, auch wenn man keinem Glauben anhängt. Keiner Religion anzugehören, ist für die meisten Muslime unvorstellbar.

Wird man zum Essen in ein **Restaurant** eingeladen, so braucht man sich nicht unbedingt mit einem Geschenk zu bedanken. Die nächste Einladung sollte aber auf eigene Rechnung gehen, falls die Omanis dies nicht höflich abwehren.

Bei Einladungen in einen **Privathaushalt** ist es üblich, sich mit einem Gastgeschenk erkenntlich zu zeigen. Auf Blumen für die Damen des Hauses sollte man allerdings verzichten und stattdessen Datteln von guter Qualität oder Süßigkeiten für die Kinder bereithalten (großer Karton mit Keksen oder in Sirup getränktes Gebäck vom Bäcker).

Beim Betreten des **Empfangsraumes (majlis)** werden die Schuhe draußen ausgezogen. Die meisten majlis sind lediglich mit Teppichen und Kissen ausgestattet, in ihnen setzt man sich auf den Fußboden. Reichere Haushalte haben aber teilweise auch „moderne" Empfangsräume mit eleganten Möbelstücken und Sofas. In traditionellen Familien werden die Frauen in den **Frauenbereich (harem)** geführt, während die Männer unter sich bleiben. Viele Gastgeber empfangen westliche Reisende aber auch ohne Trennung der Geschlechter. Zunächst wird arabischer Kaffee serviert. Alte und angesehene Familienmitglieder werden zuerst bedient, dann die Gäste. Bei einer Einladung zum Essen wird eine Wasserschüssel zum Händewaschen und zum Abtrocknen eine Packung „Kleenex" herumgereicht. Oft ist das Wasser mit Duftölen oder Rosenwasser parfümiert.

Beim Kaffeetrinken wird eifrig geplaudert, von den Gästen wird erwartet, dass sie etwas von sich erzählen. Besonders gerne sehen die Omanis Fotos der Familie sowie Fotos oder Postkarten aus der Fremde.

Dann erst beginnt die eigentliche Mahlzeit. Eine **typische Speise** besteht aus einer großen Reisplatte mit Lammfleisch, frischem Brot und verschiedenen kleinen Beilagen. Bei Hochzeiten, Geburten und religiösen Festen wird eine Reihe von Spezialitäten aufgetischt. Dabei gibt es feste Regeln, nach denen die Speisen dargeboten und serviert werden. **Gegessen wird** traditionell **mit den Fingern.** Beim Essen wird der Gast immer wieder dazu aufgefordert, sich die besten Stücke zu nehmen, das Ergebnis ist meist ein total überfüllter Magen. Bei einer spontanen Einladung wird eine Auswahl an frischem, gekühltem Obst mit Süßigkeiten und Datteln serviert.

Nach der Mahlzeit wird ein weiteres Mal Kaffee eingeschenkt. In den Frauenrunden werden dabei meist wertvolle Parfüms und Duftöle gereicht, von denen man sich einige Tropfen an die Seite der Daumen, auf die Wangen, an den Schleier oder unter die Nase tupft. Oft macht auch ein Weihrauchbrenner mit qualmendem Weihrauch, Sandelholz oder anderen Essenzen die Runde. Mit dem Rauch werden Haare, Hände und Kleidung parfümiert. Sind die Frauen unter sich, so halten sie den Weihrauchbrenner einige Augenblicke lang dezent unter ihren Rock.

Der britische Forschungsreisende **Wilfred Thesiger,** der in den 1940er Jahren nahezu gesamt Südostarabien bereiste und seine Erlebnisse anschließend in dem Buch „Die Brunnen der Wüste" niederschrieb, formulierte seine Gedanken über die arabische Gastlichkeit wie folgt: *„Ich habe mich in der Schule einsam gefühlt und in europäischen Städten, wo ich niemanden kannte. Aber unter den Arabern war ich niemals einsam. In Städten, wo mich niemand kannte, ging ich einfach in den Bazar und begann ein Gespräch mit einem Händler. Er lud mich ein, in seiner Bude Platz zu nehmen und ließ Tee kommen. Andere Leute gesellten sich zu uns. Man fragte mich, wer ich sei, woher ich komme und stellte unzählige andere Fragen, die wir einem Fremden niemals stellen würden. Und dann sagte einer: „Komm, iß mit mir zu Mittag." Beim Essen traf ich dann weitere Araber, und einer von ihnen lud mich zum Abendessen ein. Ich habe mich oft traurig gefragt, was sich wohl ein Araber denkt, der England bereist. Ich hoffe, er hat begriffen, daß wir untereinander ebenso unfreundlich sind, wie wir ihm gegenüber unfreundlich erscheinen müssen."* (Quelle: W. Thesiger, Die Brunnen der Wüste. Piper Verlag, 1997; S. 120)

Essen und Trinken

Beim Essen ist darauf zu achten, die **linke Hand** möglichst nicht zu benutzen und die **Brotstücke,** die traditionell wie „Löffel" verwendet werden, nur einmal in das Essen zu tauchen und dann mitzuessen. Besonders in einfachen Beduinenhaushalten wird noch oft nach dieser Methode gegessen. Sollte man in die Situation kommen, **mit den Fingern essen** zu müssen, so formt man aus der Speise (insbesondere aus dem Reis) einen mundgerechten Klumpen, legt ihn auf die Fingerspitzen der rechten Hand und schiebt ihn mit dem Daumen in den Mund. Dass dabei die Hand klebrig wird, ist normal, ein verschmierter Mund hingegen wirkt nicht besonders elegant.

Während des **muslimischen Fastenmonats Ramadhan** ist es strikt zu vermeiden, tagsüber in der Öffentlichkeit zu essen (hierzu zählen auch Kaugummis und Bonbons). Kinder und Kranke sind von den strengen Fastengeboten ausgenommen.

Der öffentliche Genuss von **Alkohol** ist streng verboten. Er darf nur dort getrunken werden, wo er verkauft wird, also in lizensierten Restaurants, Bars oder Discos sowie in Privatwohnungen und auf dem Hotelzimmer. Speist man zusammen mit Arabern, so sollte man auf (Hoch)prozentiges verzichten, denn gläubige Muslime trinken keinen Alkohol. Man sollte unbedingt vermeiden, auch nur mit dem geringsten Promillesatz selber Auto zu fahren sowie leere oder angebrochene Alkoholflaschen im Auto zu transportieren.

Kleidung

Verglichen mit anderen Ländern des mittleren Ostens, sind die **Bekleidungssitten** für Ausländer eher locker, kosmopolitisch, modisch und auffallend gepflegt. Männer und Frauen sollten trotz der hohen Temperaturen das **muslimische Anstandsgefühl** jedoch nicht verletzen, indem sie in der Öffentlichkeit zu viel Haut zeigen. Schultern und Knie sind stets zu bedecken.

Shorts bei Männern wirken in den Augen vieler Araber lächerlich, da sie diese als Unterhose tragen. Als Badehose sind sie dagegen in Ordnung, und um einiges angebrachter als knappe, enge Badeslips.

Für Frauen empfehlen sich weite, blickdichte und nicht zu tief ausgeschnittene Kleidungsstücke. Damit zeigt man Anstand und wird entsprechend behandelt. Zudem schützt körperbedeckende Kleidung vor einem Sonnenbrand, den man bei der intensiven Sonneneinstrahlung und der durchschnittlichen Sonnenscheindauer von acht bis zehn Stunden am Tag sehr leicht bekommt. Ein gepflegtes Äußeres sollte selbstverständlich sein, insbesondere bei Verabredungen oder Behördengängen.

Handeln

Insbesondere beim Kauf von Souvenirs ist Handeln erwünscht und sollte immer **Teil des Einkaufes** sein – auch in Läden, die ein großes Schild „fixed prices", „Festpreise", im Schaufenster aufgestellt haben.

Wer versucht zu feilschen, dem werden die Händler mit einem verschmitzten, aber einladenden Lächeln entgegenkommen; wer es nicht probiert, kauft meist überteuert. Hilfreich sind **Fingerspitzengefühl und Redegewandtheit,** oberstes Gebot ist, dass es von einem einmal gemachten Gebot kein Zurück gibt. Die Zauberformel heißt **„last price",** allerdings sind die Nachlässe in Oman im Vergleich zu anderen arabischen oder asiatischen Ländern nur sehr gering.

Handeln in Oman ist eine freundliche, **keine aggressive Sache.** Dabei geht es nicht unbedingt darum, sich auf den günstigsten, sondern den gerechtesten Preis zu einigen. Man findet keine übermäßige „Halsabschneiderei" und kann fast überall unbehelligt schauen, fragen, probieren oder Preise vergleichen, ohne dass die Händler aufdringlich zum Kauf animieren, auch wenn im Souq von Mutrah die Verkaufsstrategien mittlerweile etwas offensiver werden.

Preise für Lebensmittel sowie in Supermärkten und in den Geschäften der Einkaufszentren sind **Festpreise.**

Männer und Frauen

Männer sollten darauf achten, **keine einheimische Frau in Verlegenheit zu bringen.** Langes, offensichtliches Anstarren, Ansprechen oder gar eine absichtliche Berührung können Ärger mit sich bringen, denn „Mann" entehrt damit nicht „nur" die Frau, sondern auch – und das wiegt viel schlimmer – ihre gesamte Familie.

Für **Touristinnen** gilt, dass sie die arabischen Männer nicht mit (missverständlichen) offenen oder freundlichen Blicken „anmachen". Je nach Situation und Haarlänge ist es sinnvoll, dass Frauen ihre Haare zusammenbinden, da diese als Sexsymbol gelten.

Zärtlichkeiten zwischen Mann und Frau sollten in der Öffentlichkeit nicht ausgetauscht werden.

Frauen alleine unterwegs

Oman gehört zu den wenigen arabischen Ländern, in denen Frauen nahezu völlig ungestört und **ohne belästigt zu werden** alleine herumreisen können, sofern sie sich gewissen landesüblichen Sitten **anpassen und unauffällig verhalten.** Natürlich sollten sie sich körperbedeckt und gepflegt kleiden und zurückhaltend, aber dabei selbstbewusst auftreten.

Nützliche Kleinigkeiten, die das Ansehen der Frau enorm steigern, sind das **Tragen eines Eheringes** und Familienfotos – auch wenn man gar nicht verheiratet ist. (Enge) Körperkontakte zu Männern sollten vermieden werden.

Das größte, aber zugleich einzige Risiko belästigt zu werden, besteht beim **Baden außerhalb der Hotels.** An öffentlichen Stränden sollte Frau sich – schon aus Respekt gegenüber dem muslimischen Anstandsgefühl – nicht zu sehr entkleiden.

In vielen **Parks** gibt es spezielle Tage nur für Frauen und Kinder – die Männer bleiben außen vor. In nahezu allen **Restaurants** kann frau im so genannten Familienbereich speisen. In **Bussen** sollte sie sich neben andere Frauen setzen, in den **Taxis** besser auf die Rückbank, in **Sammeltaxis** dagegen neben den Fahrer an die Tür. Am besten unterwegs ist die allein reisende Frau aber sicher im eigenen Mietwagen.

„Frau" sollte sich aber immer der Tatsache bewusst sein, dass arabische, aber auch indische oder pakistanische Frauen, niemals ohne männliche Begleitung reisen würden, und dass eine allein reisende Frau daher deren **Gesellschaftsnormen überschreitet.** Fragt ein Araber, egal ob Mann oder Frau, warum frau denn ohne Mann reise, so

oman_022 Foto: fk

stößt eine Begründung wie „Ich bin doch eine selbstständige, emanzipierte Frau" meist auf Unverständnis. Besser ist die Erklärung, frau sei auf einer wichtigen Geschäftsreise oder besuche Verwandte, die im Land leben. Damit sind Ansehen und Stellung der Frau im Sozial- und Wertegefüge wieder einigermaßen hergestellt.

Anreise

Mit dem Flugzeug

Die reine **Flugzeit ab Frankfurt** beträgt **etwa 7½ Stunden,** allerdings fliegt keine Linie die omanische Hauptstadt Muscat nonstop ab Deutschland, Österreich und der Schweiz an. Zumindest lässt sich Oman aber ohne Umsteigen mit Lufthansa **von Frankfurt mit Zwischenlandung in Kuwait** erreichen. Flugzeuge zahlreicher Fluggesellschaften landen in einem der Nachbarstaaten am Golf zwischen, was die Gesamtflugzeit auf knapp 9 Stunden verlängert.

Wer in der Hauptsaison fliegen will oder über Weihnachten, zu Ostern und am Ende des Fastenmonats Ramadhan (Daten siehe Abschnitt „Feste und Feiertage"), sollte seinen Flug so früh wie möglich buchen.

Die **Freigrenze für Gepäck** liegt bei fast allen Fluggesellschaften bei 20 kg (1. Klasse 40 kg) plus 5 kg Handgepäck.

Silberdöschen – ein Souvenir aus dem Souq von Mutrah

Möchte man seine Sportausrüstung (Golf- oder Surfausrüstung, Fahrräder) mitnehmen, sollte man sich vorher bei der Fluggesellschaft nach den Transportmöglichkeiten und den Kosten erkundigen.

Aus Sicherheitsgründen gehören Waffen, Explosivstoffe, Munition, Feuerwerke, leicht entzündliche Gase (z. B. in Sprühdosen, Campinggas), entflammbare Stoffe (z. B. in Benzinfeuerzeugen, Feuerzeugfüllung) sowie Aktentaschen oder Sicherheitskoffer mit installierten Alarmvorrichtungen nicht ins Passagiergepäck. Welche Dinge man nicht nach Oman einführen darf, ist im Kapitel „Zollbestimmungen" nachzulesen.

Vor dem **Rückflug** darf man nicht vergessen, diesen drei Tage vor Abflug rückzubestätigen, vorzugsweise telefonisch oder persönlich bei der jeweiligen Airline (Adressen, Telefon- und Faxnummern der wichtigsten Fluggesellschaften stehen in den praktischen Informationen zur Capital Area). Reist man mit einer organisierten Gruppe, so sollte man sich vergewissern, ob die Reiseleitung diesen Service übernimmt.

Für den Abflug sind **5 RO Abflugsteuer** zu zahlen, die aber bereits beim Ticketkauf kassiert werden.

Nachfolgend einige Beispiele für interessante Flugverbindungen, die sich auf die Winterflugpläne beziehen.

Flüge ab Deutschland

Die **einzige Verbindung ohne Umstieg** bietet **Lufthansa von Frankfurt** (dreimal in der Woche mit Anschluss ab fast allen deutschen Flughäfen).

Bei den Flügen folgender Fluggesellschaften muss umgestiegen werden:

- **KLM**
Ab verschiedenen deutschen Flughäfen viermal pro Woche **über Amsterdam.**
- **British Airways**
Täglich ab verschiedenen deutschen Flughäfen **über London.**
- **Emirates**
Täglich von Frankfurt, Düsseldorf und München **nach Dubai,** aber meist kein direkter Anschluss nach Muscat.
- **Gulf Air**
Viermal wöchentlich ab Frankfurt **über Bahrain oder Abu Dhabi** (die Gesellschaft gehört zu gleichen Teilen Oman, Abu Dhabi, Bahrain und Qatar; gute Anschlüsse innerhalb der Golfregion).
- **Kuwait Airways**
Dreimal pro Woche ab Frankfurt **über Kuwait.**
- **Qatar Airways**
Dreimal pro Woche ab München **über Doha.** Außer dem Umstieg im Heimatland der Airline ist auf dem Weg nach und von Muscat meist auch eine Zwischenlandung in einem anderen Golfstaat nötig.

Flüge ab Österreich

- **KLM**
Viermal pro Woche **über Amsterdam** ab Wien und Salzburg.
- **British Airways**
Täglich ab Wien **über London.**
- **Lufthansa**
Dreimal pro Woche **über Frankfurt.**

Flüge ab der Schweiz

- **KLM**
Viermal pro Woche ab Zürich und Genf **über Amsterdam.**
- **British Airways**
Täglich ab Zürich und Genf **über London.**
- **Emirates**
Viermal pro Woche ab Zürich **über Dubai.**
- **Kuwait Airways**
Zweimal pro Woche ab Genf **über Kuwait.**
- **Lufthansa**
Dreimal pro Woche **über Frankfurt.**

Flugpreise

Da die Preise von Reisebüro zu Reisebüro und je nach Fluglinie variieren, lohnt sich der **Preisvergleich.** Billig-Tickets sind in nahezu jedem Reisebüro erhältlich. In der Wintersaison und zu Ostern sind die Flugpreise höher als im restlichen Jahr.

Die Flugpreise betragen **ab Deutschland je nach Saison und Aufenthaltsdauer** in Oman **zwischen 450 und 750 Euro.**

Ein Reisebüro mit meistens günstigeren Preisen als viele andere Anbieter ist *Jet-Travel* in Bonn (Buchholzstr. 35, 53127 Bonn, Tel. 0228/284315, Fax 284086, E-Mail: info@jet-travel.de). Über die Flüge, die Jet-Travel anbietet, kann man sich auch im Internet unter www.jet-travel.de informieren.

Sonderangebote

Von Zeit zu Zeit offerieren die Fluggesellschaften, die Oman anfliegen, befristete Sonderangebote zu niedrigeren als den üblichen Preisen. Dann kann man **beispielsweise mit KLM für unter 400 Euro** von Deutschland nach Muscat und wieder zurück fliegen. Ob für die geplante Reisezeit gerade Sonderangebote für Flüge nach Oman auf dem Markt sind, lässt sich im Internet beispielsweise auf der Website von Jet-Travel (www.jet-travel.de) unter „Flüge" entnehmen, wo sie als Schnäppchenflüge nach Asien mit aufgeführt sind. Wenn für die gewünschten Reisetermine Plätze zur Verfügung stehen, kann man dort auch gleich online die Buchung vornehmen.

Checkliste Urlaubs-Vorbereitung

- Reise bei einem Veranstalter im Heimatland oder vor Ort buchen
- Flug, Hotelzimmer, Mietwagen buchen
- Impfprophylaxe tätigen
- Reiseversicherungen abschließen
- Reisepapiere und Zahlungsmittel vorbereiten
- Welche Feiertage oder Festivals fallen in die Urlaubszeit?
- Notfallapotheke packen
- Reisegepäck packen

Notwenige Papiere

- Reisepass
- Visum
- Personalausweis als Reserve, auch zum Geldtausch nützlich
- Flugticket

Zusätzliche und nützliche Papiere

- Möchte man sich einen Mietwagen nehmen: nationaler und internationaler Führerschein.
- Kopien des Passes und Personalausweises, des Visums und des Flugtickets (getrennt von den Originalen aufzubewahren, am besten auch je eine Kopie zu Hause lassen).
- Liste mit den Nummern der wichtigsten Papiere (Flugticket, Reiseschecks, Kreditkarten, Reiseversicherungen etc.) und der Telefonnummern zum Sperren der Kreditkarte oder für den Ersatz von Reiseschecks; diese Liste getrennt von den Originalen aufbewahren und für Notfälle eine Kopie davon zu Hause aufbewahren.
- Bei einer Pauschalreise: Hotel- oder Buchungsbestätigung, Kopie des Sicherungsscheines (vgl. „Versicherungen").
- Passfotos: Plant man, in andere Länder weiterzureisen, benötigt man sie für die Visaanträge – schaden aber auch sonst nicht!
- Ein Studentenausweis bringt keine Vorteile.

- Zum Thema **Geld** und andere Zahlungsmittel siehe Abschnitt „Geld".

Last-Minute-Flüge

Wer sich erst im letzten Augenblick für eine Reise nach Oman entscheidet oder gern pokert, kann Ausschau nach Last-Minute-Flügen halten, die von einigen Airlines **mit deutlicher Ermäßigung ab etwa 14 Tage vor Abflug** angeboten werden, wenn noch Plätze zu füllen sind. Diese Last-Minute-Flüge lassen sich allerdings nicht direkt bei den Fluggesellschaften und auch nicht in allen Reisebüros buchen, sondern **nur bei Spezialisten.** Wenn man kurzfristig nach Muscat fliegen will, lohnt die Erkundigung nach solchen Discount-Flügen bei *L'Tur* (mit über 130 Büros in Deutschland, Österreich und der Schweiz vertreten, telefonisch in Deutschland unter 01805/212121, in Österreich unter 0820/600800 und in der Schweiz unter 0848/808088 erreichbar, im Internet: www.ltur.de) und bei *Lastminute.com* (nur telefonisch unter 0800/3456787 und im Internet unter www.de.lastminute.com).

Zwischenstopps

Wer nicht nur Oman bereisen möchte, sondern noch einen Kurzurlaub in einem anderen arabischen Land plant, kann dies am preiswertesten (oft sogar ohne Aufpreis) durch die Buchung eines Fluges mit Zwischenstopp und späterem Weiterflug machen.

Mit Kuwait Air kann man einen Stopp in Kuwait einlegen, mit Qatar Airways in Doha. Mit Royal Jordanian besteht die Möglichkeit, sich ein paar Tage das haschemitische Königreich Jordanien zwischen Totem und Rotem Meer anzusehen. Und wer gerne die Pyramiden besichtigen möchte, legt einen Stopover in Ägyptens Metropole Kairo ein, den Egypt Air anbietet.

Mit den zahlreichen Verbindungen von Gulf Air kann man andere Länder der Golfregion wie Qatar, Bahrain oder die V.A.E. besuchen, mit Emirates kann man ein paar Tage in Dubai bleiben.

Mit beiden Airlines kann man auch Dubai bzw. Muscat als Zwischenstopp buchen und das eigentliche Ziel darüber hinaus wählen, z. B. Indien.

Weitere Infos zu Einreise- und Visumbestimmungen sowie die Adressen diplomatischer Vertretungen in einigen Zwischenstopp-Destinationen siehe in den entsprechenden Abschnitten.

Mit dem Auto

Fahrzeugverschiffung

Wer zwar mit dem Flugzeug anreist, aber trotzdem das eigene Auto oder Motorrad zur Verfügung haben möchte, kann es ab Hamburg oder Bremerhaven verschiffen. Da nach Muscat kaum Schiffe verkehren, ist es am besten, das Fahrzeug nach Dubai bringen zu lassen und das restliche Stück über Land zu fahren (Dubai–Buraimi–Sohar–Muscat ca. 460 km). Die Schiffe benötigen von Deutschland nach Dubai etwa zwei Wochen.

Genaue **Informationen** über die diversen Arten der Verschiffung (Container, Roll on/Roll off, Stückgut) und die Preise erhält man bei den Frachtagenturen und Reedereien in Bremerhaven oder Hamburg; Adressen aus den gelben Seiten unter „Schifffahrt".

Überland

Zwar nehmen nur wenige Reisende die lange Anfahrt auf dem Landweg auf sich, aber wer viel Zeit und Abenteuerlust mitbringt, wird dafür mit einer unvergesslichen Reise belohnt. Durch die lange Anreise hat man genügend Zeit, sich sowohl auf Klima als auch auf die Kultur einzustellen.

Ein möglicher Landweg führt über die **Türkei, Syrien, Jordanien, Saudi-Arabien** und die **Vereinigten Arabische Emirate** nach Oman. Die Visa für Syrien, Jordanien und die V.A.E. sind problemlos erhältlich, das für Saudi-Arabien jedoch kaum, weshalb diese Anreisevariante fast unmöglich ist.

Eine zweite Anreiseroute führt durch die **Türkei, den Iran und die Vereinigten Arabischen Emirate.** Vom Süden Irans fahren mehrmals wöchentlich iranische Autofähren in die Vereinigten Arabischen Emirate, nach Dubai und Sharjah. Ein Touristenvisum für den Iran ist zwar nicht immer erhältlich, aber das Transitvisum bekommt man, wenn sich das Visum des Ziellandes bereits im Pass befindet. Zudem benötigt man für das Fahrzeug ein **Carnet de Passages,** ein Zollbürgschaftsdokument, welches von einem Automobilclub ausgestellt wird.

In Oman und in den Emiraten kann jeder Tourist so lange mit dem eigenen Auto, dem heimischen Nummernschild, dem internationalen Zulassungsschein, dem internationalen Führerschein und einer gültigen Haftpflichtversicherung fahren, wie sein Visum gilt. In dieser Zeit ist es nicht nötig, das Fahrzeug dort zuzulassen oder einen lokalen Führerschein zu erwerben, der Abschluss einer **Autohaftpflichtversicherung** ist allerdings Pflicht.

Wer den langen Weg nicht zurückfahren möchte, kann das Angebot einer der zahlreichen **Shipping oder Cargo Agencies in Muscat** annehmen. Nach Europa verkehren beispielsweise:

- **Gulf Agency Co.**
Tel. 605155, Fax 602561, E-Mail: muscat.ops@gulfagencycompany.com
- **W.J. Towell & Co.**
Tel. 708304, Fax 793882
- **Yusuf bin Ahmed Kanoo & Co**
Tel. 712253, 712254, Fax 712065, E-Mail: Kanoo@omantel.net.om

Literaturtipps

- K. Kabasci, J. Oldenburg, P. Franzisky
V.A. Emirate. Reisehandbuch, Reise Know-How, Bielefeld (u. a. ausführliche Beschreibung der Überlandanreise und Verschiffung in die Emirate)
- K. Kabasci
Dubai. Urlaubshandbuch, Reise Know-How, Bielefeld
- Bernd Büttner
Fernreisen mit dem eigenen Fahrzeug. Praxis-Handbuch, Reise Know-How, Bielefeld
- W. und S. Tondok
Jordanien. Reisehandbuch, Reise Know-How, München
- Muriel Brunswig
Syrien. Reisehandbuch, Reise Know-How, Bielefeld

Weiterreise

Gegen Einsendung eines frankierten Rückumschlages informieren Botschaften und Konsulate über die aktuellen **Visabestimmungen** sowie die mögliche Aufenthaltsdauer und senden Antragsformulare zu. Für alle Länder gilt, dass der **Pass** noch mindestens sechs Monate gültig sein muss. Besorgt man sich die Visa erst unterwegs, sollte man ausreichend Passbilder parat haben.

V.A. Emirate

Zahlreiche Touristen verbinden ihren Urlaub in Oman mit einem kurzen **Einkaufs- oder Badeaufenthalt** in den benachbarten Vereinigten Arabischen Emiraten. Auf Wunsch organisieren auch die omanischen Tourveranstalter einen Kurztrip.

Reist man nicht mit einer organisierten Gruppe, so ist es am bequemsten und billigsten, einen Flug bis in die omanische Hauptstadt Muscat zu buchen und einen **Zwischenstopp** in einem der Emirate einzulegen.

Kurzentschlossene, die sich erst unterwegs zu einem Besuch des Nachbarlandes entschließen, können mehrmals täglich per **Flugzeug** (Informationen und Ticketbuchung in allen großen Reisebüros, Adressen in den praktischen Informationen zu Muscat) mit Gulf Air von Muscat nach Dubai, Abu Dhabi, Ras al-Khaimah, Fujairah, Al-Ain oder Sharjah fliegen. Oman Air und Emirates fliegen die Strecke Muscat–Dubai. Der Flugpreis beträgt ab 50 RO (return, Wochenend-Ticket).

Das **Visum** zum Besuch der Vereinigten Arabischen Emirate bekommt man bei der Einreise direkt und kostenlos in den Pass gestempelt. Es ist erhältlich an allen internationalen Flughäfen, an allen Landübergängen mit offiziellen Grenzkontrollposten und an den internationalen Seehäfen. Infos im Internet unter www.VAE-botschaft.de.

Auf dem **Landweg** ist es kein Problem, beide Länder zu besuchen. Will man erst Oman, dann die V.A.E. und anschließend erneut Oman bereisen, so benötigt man ein omanisches Visum mit mehrfacher Einreise.

Täglich verkehren zwei **Express-Busverbindungen** der Oman National Transport Co. von Muscat nach Dubai und eine nach Abu Dhabi.

Die Fahrzeit in den gut ausgestatteten Bussen dauert etwa sechs Stunden, die einfache Fahrt nach Dubai kostet 9 RO. Infos in Muscat unter 590046 und 708522, in Dubai Tel. 04/2033799, 2951111, 2950000. **Sammeltaxis** bzw. **Überlandbusse** fahren von Buraimis emiratischem Nachbarort Al-Ain nach Abu Dhabi, Dubai und Sharjah.

Mit einem **Mietwagen** ist die Einreise in die V.A.E. möglich, wenn man sich zuvor um die Gültigkeit der Haftpflichtversicherung gekümmert hat. Entsprechendes gilt, wenn man die omanischen Gebiete, die von den V.A.E. umgeben sind (Madha, Dibba, Musandam) besuchen möchte.

Der **Landweg** wirft einige Probleme auf, da nicht an allen Übergängen emiratische Posten vorhanden sind (omanische dagegen schon). Dies bedeutet, dass man über bestimmte Übergänge die V.A.E. verlassen und nach kurzer Zeit zurückkehren kann, ohne dass es die Behörden bemerken. Allerdings ist dies illegal, und es ist theoretisch auch möglich, dass anhand der omanischen Stempel das zwischenzeitliche Verlassen entdeckt wird. Wenn man also sicher gehen will, ist zu empfehlen, sich einen offiziellen Ausreisestempel geben zu lassen. Insbesondere dann, wenn man nicht vor hat, in die V.A.E. zurückzukehren, sondern von Muscat nach Hause zurückzufliegen, da man sonst für alle Zeit im Meldecomputer der V.A.E. erfasst bleibt.

Auf dem Landweg fährt man über die **Grenzübergänge** bei Al-Ain, Hatta oder Kalba bzw. nördlich von Ras al-Khaimah nach Musandam. **Emiratische Kontrollposten** gibt es wie folgt:

- **Bei Hatta** ist die emiratische Grenzstelle im einzigen Hotel des Ortes, im Hatta Fort Hotel, untergebracht. Da der Linienbus Dubai–Muscat diese Strecke zwar fährt, aber nicht in Hatta hält, sollte man sich in diesem Falle vor Abfahrt in Dubai bzw. nach Ankunft an ein immigration office wenden.
- **Bei Kalba** und **Ras al-Khaimah** sowie **an der Straße von Al-Ain nach Nizwa** wird man auf jeden Fall von einem Straßenposten der V.A.E. gestoppt.
- **An der Strecke von Al-Ain nach Sohar** steht zwar ein Kontrollposten, den man jedoch leicht verpassen (oder auch umgehen) kann, wenn man durch das Stadtzentrum von Buraimi fährt. Am leichtesten findet man ihn, wenn man Al-Ain beim Intercontinental Hotel verlässt.
- Einreisen kann man aber auch **an den Grenzübergängen ohne emiratischen Posten,** wenn man sich direkt anschießend an ein immigration office wendet. Wenn man dies unterlässt, befinden sich kein Visum und kein emiratischer Einreisestempel im Pass, und die Behörden gehen davon aus, dass man sich illegal im Land aufhält. Bei der Ausreise kann dies zu großen Komplikationen führen.

Möchte man **über Land in die omanische Exklave Musandam** fahren, so gilt zu beachten, dass man ein omanisches

Fernab aller Straßen im Wadi Bani Kharus

oman_027 Foto: fk

Visum für mehrere Einreisen benötigt. Um auf dem Landweg nach Musandam zu gelangen, muss man emiratisches Gebiet durchqueren. Das Visum der V.A.E. wird an allen offiziellen Grenzkontrollposten direkt und kostenfrei in den Pass gestempelt (siehe oben). Autofahrer sollten auf gültigen Haftpflichtschutz achten. Es ist sehr wichtig, jeden Grenzübertritt legal zu begehen, also immer alle Ein- und Ausreisen bei einem der oben erwähnten Straßenposten abstempeln zu lassen. Um ein so genanntes omanisches „Road Permit" braucht man sich mit einem Touristenvisum nicht zu kümmern, nur im Sultanat lebende Ausländer mit Arbeits- und Aufenthaltserlaubnis müssen sich ein solches vor der Ausreise aus Oman ausstellen lassen, damit ihr Visum nicht die Gültigkeit verliert.

Buchtipp: Alle Informationen und Details enthält das Reisehandbuch **„Vereinigte Arabische Emirate"** von *K. Kabasci, J. Oldenburg* und *P. Franzisky* (Reise Know-How, Bielefeld).

Bahrain

Eine Weiterreise nach Bahrain geschieht am einfachsten per **Flugzeug.** Mit Gulf Air kann man dort auch einen Stop-over einlegen.

Die wichtigsten Sehenswürdigkeiten des kleinen, aber überraschend vielfältigen und liberalen Landes kann man in vier bis sechs Tagen besichtigen.

Ein **Touristenvisum** können Deutsche, Österreicher und Schweizer ohne großen Aufwand **direkt bei der Einreise** erhalten – man braucht nicht einmal die bahrainischen Auslandsvertretungen zu kontaktieren. Das zweiwöchige Touristenvisum wird **am Flughafen von Manama** in den Pass gestempelt. Kosten: 5 Bahrain Dinar (ca. 13 Euro).

Buchtipp: Urlaubshandbuch **„Staat Bahrain"** von *K. Kabasci* (Reise Know-How, Bielefeld).

Qatar

Auch für die Einreise nach Qatar eignet sich das **Flugzeug** am besten, da der Landweg durch Saudi-Arabien führt. Stop-over-Möglichkeiten bieten Qatar Airways und Gulf Air. Allzu viel Zeit braucht man für die Besichtigung Qatars nicht, zwei bis vier Tage reichen.

Ein qatarisches **Touristenvisum** kann man erhalten ohne die Auslandsvertretungen Qatars zu kontaktieren.

Deutsche Touristen können für einen Aufenthalt bis zu zwei Wochen die **Organisation des Visums** ihrem **Hotel oder Reiseveranstalter überlassen.** Diese benötigen ca. drei Wochen vor Reiseantritt lediglich eine gut leserliche Passkopie (möglichst helle, kontrastreiche Fotokopie anfertigen, insbesondere, wenn diese gefaxt wird) sowie Angaben über Länge des Aufenthaltes, Ankunftsdatum, Airline und Flugnummer. Das Visum wird dann am Flughafen von Doha hinterlegt und in den Pass gestempelt. Sicherheitshalber sollten Sie sich hierfür eine Bestätigung zufaxen lassen.

Buchtipp: „Staat Qatar" von *K. Kabasci* (Reise Know-How, Bielefeld).

Jemen

In den Jemen kann man am einfachsten mit dem **Flugzeug** einreisen. Doch auch der Landweg von Salalah ist möglich, aber nicht ohne Tücken, da die jemenitischen Einreise- und Zollstellen nach ihren eigenen Grundsätzen walten und die Stammessituation auf jemenitischer Seite schwierig ist. Eine befestigte Straßenverbindung ist in Bau. Gelegentlich ist es Touristen gelungen, über den Grenzübergang bei Mazyounah in den Jemen zu reisen.

Das jemenitische **Visum** erhält man ohne Probleme und ohne große Formalitäten von den Botschaften (etwa 36 Euro). Deutsche berechtigt es zu einem Aufenthalt von drei Monaten.

Saudi-Arabien

Der größte Nachbar Omans hat sich dem Tourismus geöffnet. Jedoch bekommt man ein Touristenvisum nur, wenn man bei einer Reiseagentur eine **Gruppenreise** gebucht hat.

Sansibar

Die Insel vor der Küste Tansanias stellt eine ideale Verlängerung einer Omanreise dar. Durch die historischen Beziehungen findet man auf Sansibar noch viele omanische Kulturgüter, wie beispielsweise alte Architektur, die in Oman längst verschwunden ist.

Das **Visum** erhält man von den Auslandsvertretungen Tansanias, notfalls auch am Flughafen in Sansibar.

Für die **Anreise** ist Gulf Air ideal, denn die omanische Fluggesellschaft bietet dreimal wöchentlich einen Direktflug ab Muscat an. Es empfiehlt sich, bis Sansibar durchzubuchen und in Muscat einen Zwischenstopp einzulegen.

Bzgl. der **Gesundheitsvorsorge** ist größere Vorsicht als in Oman angebracht (Malariaprophylaxe, evtl. Gelbfieber- und Hepatitis-Impfung).

Buchtipp: Urlaubshandbuch **„Sansibar, Pemba & Mafia"** von *J. Gabriel* (Reise Know-How, Bielefeld).

Autofahren und Mietwagen

In den letzten drei Jahrzehnten ist in Oman ein **sehr gutes Straßennetz** aufgebaut worden. Zahlreiche Überlandstraßen verbinden die Städte des ausgedehnten Staatsgebietes miteinander. Sie durchqueren dabei weite Wüstenebenen oder wilde Berglandschaften und führen an malerischen Oasen und goldgelben Sanddünen vorbei. Die nördliche Küstenebene Batinah wird von einer mehrspurigen, begrünten **Küstenautobahn** durchzogen. In der Hauptstadtregion bestimmen kühn durch die Berge schlängelnde **Stadtautobahnen** das Bild, für deren Trassen unzählige Tonnen Gestein weggesprengt wurden. Überhaupt ist die gesamte Capital Area bestens auf den Autoverkehr eingestellt. Bedenkt man die Temperaturen im Sommer, so ist dies auch verständlich. Jeder Meter im Freien, den man zu Fuß zurücklegen muss, wird zur Qual – ein klimatisiertes Auto ist in der heißen Jahreszeit fast unentbehrlich.

In Oman gilt **Rechtsverkehr.** Die offizielle **Höchstgeschwindigkeit** in den Städten beträgt, soweit nicht anders

Praktische Tipps A–Z

oman_035 Foto: fk

ausgeschildert, 50 km/h, außerorts auf einspurigen Überlandstraßen 80 km/h und auf den Autobahnen 120 km/h. Radarkontrollen sind häufig, und die Strafen für zu schnelles Fahren sowie für andere Verkehrsdelikte sind saftig. Es gilt **Anschnallpflicht** auf den vorderen Sitzen. Die **Beschilderung** ist sehr gut und meist zweisprachig in Arabisch und Englisch. Das **Tankstellennetz** entlang der Teerstraßen ist dicht, der Kraftstoff preiswert: Benzin oder Super kosten etwa 120 Baisa pro Liter, Diesel ist sogar noch etwas billiger. Strengstens verboten ist es, unter **Alkoholeinfluss** Auto zu fahren. Auch sollte man nicht mit einem allzu verdreckten Wagen durch die Städte fahren (insbesondere nicht in der Hauptstadtregion), denn darauf kann im omanischen „Musterländle" ein Bußgeld erhoben werden; in einem Land, wo Trinkwasser schon fast wertvoller als Öl und Meerwasserentsalzung teuer ist, eigentlich eine unverständliche Regel – doch die Besitzer der zahllosen Waschstraßen reiben sich freudig die Hände.

Parken ist nur zu Hauptgeschäftszeiten in Muscat ein Problem, doch auch hier hat sich die Lage durch die Einführung von Parkuhren etwas entspannt. Diese müssen mit einer Karte, die einer Telefonkarte ähnelt und in Supermärkten und einigen kleineren Läden erhältlich ist, aufgeladen werden. Verstöße werden strikt geahndet und kosten 5 RO.

Bei **Unfällen** (egal wie schwer sie ausfallen) muss man unbedingt die Polizei holen, denn ohne deren Unfallprotokoll ist keine Reparatur möglich und die Versicherungen zahlen nichts. Wer mit einem beschädigten Wagen durch die Straßen fährt, wird sofort von der Polizei gestoppt und nach dem Unfallbericht gefragt.

Eine der – im wahrsten Sinne des Wortes – „größten" **Gefahren** im Straßenverkehr geht von **Kamelen** aus. Insbesondere auf Fernstraßen kann es jederzeit passieren, dass plötzlich eines auf der Straße steht. Ein Zusammenstoß geht selten glimpflich aus, meist werden der Fahrer schwer verletzt und das Auto stark beschädigt. Hinzu kommt, dass Kamele in Oman sehr wertvoll sind. Besonders im Dunkeln sollte man sich dieser Gefahr immer bewusst sein, entsprechend langsam fahren und bremsbereit sein. Generell ist es üblich, bei Sichtung von Kamelen auf oder neben der Straße sofort das Warnblinklicht anzuschalten und langsam zu fahren. In den Oasendörfern muss man zudem mit freilaufenden **Ziegen und Schafen** rechnen.

Trampen ist in Oman eine gängige Art der Fortbewegung, insbesondere auf Pisten ohne öffentlichen Nahverkehr. Jemanden auf einer abgelegenen Strecke oder gar in der Wüste nicht mitzunehmen, ist fast als Beleidigung aufzufassen.

Für viele Autofahrer sind die **Kreisverkehre,** die sog. **roundabouts,** gewöhnungsbedürftig. Eine wichtige Verkehrsregel lautet, dass Wagen im Kreisverkehr *immer* Vorfahrt haben, auch wenn sie auf der inneren Spur sind. Man kann also nur in einen Kreisverkehr einfahren, wenn alle Fahrspuren frei sind, denn man muss immer damit rechnen, dass auch die Autos von der inneren Spur plötzlich ausscheren und den Kreisel verlassen, meist ohne zu blinken.

Ansonsten ist Autofahren in Oman kein Problem, der **Fahrstil** der Omanis ist vorbildlich und ruhig. Entgegen den Gewohnheiten in anderen arabischen oder asiatischen Ländern bremst ein Omani „sogar" für einen an einem Zebrastreifen wartenden Fußgänger.

Offroad-Pistenfahrten

Ein Allradfahrzeug ist sicherlich die beste Möglichkeit, die Naturschönheiten Omans zu erkunden. Es gibt wunderschöne Gebiete in den Bergen und der Wüste, die man (außer zu Fuß) gar nicht anders erreichen kann.

Mit einem zweiradbetriebenen Fahrzeug erreicht man im Gelände doch sehr schnell das Ende des Machbaren. Dennoch beschränken sich die in diesem Reiseführer beschriebenen Routen hauptsächlich auf Teerstraßen und leicht zu befahrende Pisten, denn nur einem Bruchteil der Urlauber ist daran gelegen, halsbrecherische Off-Road-Fahrten persönlich zu fahren. **Gefahren,** die Offroad-Fahrten für ungeübte und ortsunkundige Fahrer mit sich bringen, werden immer wieder unterschätzt. Mit nicht-allradbetriebenen Mietwagen ist besondere Vorsicht geboten, da die Kaskoversicherung Schäden, die durch Offroad-Fahrten entstanden sind, nicht ersetzt! In Oman gibt es genügend Tourveranstalter, mit denen man gefahrlos einen **organisierten Off-road Ausflug** oder eine Exkursion in die Wüste unternehmen kann, Adressen stehen im Abschnitt „Reiseveranstalter/Tourveranstalter in Oman" und in den praktischen Informationen zur Capital Area.

Für diejenigen, die gerne **selber Off-Road steuern** möchten und darin kaum Erfahrung haben, gibt es die Möglichkeit, sich von einem erfahrenen Fahrer eines Reiseveranstalters begleiten zu lassen, entweder im selben, oder in einem separaten Fahrzeug (bei diversen Veranstaltern anfragen). Erfahrung in der fahrtechnischen Beherrschung seines Wagens und hinsichtlich der Orientierung sind Grundvoraussetzungen, erst recht wenn man sich weitab aller Wege in unbesiedelte Gebiete vorwagen möchte.

Der Großteil der omanischen Pisten führt durch **Wadis (ausgetrocknete Flussbetten).** Diese bringen stets die

Gefahr einer unerwarteten Überflutung bis hin zu einer Flutwelle, einer so genannten „flash flood", mit sich. Bei plötzlichen Regenfällen sammelt sich das Wasser in den eben noch knochentrockenen Wadis, fließt zusammen und strömt durch das Hauptwadi ins Tal. Diese Fluten können zerstörerische und leider immer wieder auch tödliche Ausmaße annehmen. Tückischerweise können sich diese Hauptwadis auch einzig durch den Zufluss ihrer Seitenwadis auffüllen, so dass Flüsse und Flutwellen oft auch in kilometerweiter Entfernung eines Regengebietes entstehen können. Diese Gefahr ist in den Wintermonaten und besonders im Hajar-Gebirge sehr groß. Off-roader sollten auf jeden Fall davon absehen, unmittelbar in einem Wadibett zu campen.

mobil Foto: fk

Grundsätzlich ist vor dem Durchfahren eines wasserführenden Wadis zu Fuß die Wassertiefe und ggf. die Strömung zu prüfen (ggf. mit Stöcken markieren), damit man nicht plötzlich in ein tiefes Loch fährt. Unerfahrene sollten bedenken, dass ein Auto sich in nassem Kies sehr leicht festfährt. Neben Asphaltstraßen, die durch ein Wadibett führen, stehen oftmals im Boden verankerte Pfähle, die den Wasserstand markieren. Hat die Wassermarke die rote Farbmarke überschritten, sollte man nicht weiterfahren. Ist der Weg einmal unpassierbar, hilft nur die Hoffnung, dass der ganze Spuk nach einer Nacht bereits wieder vorbei sein kann.

Da Pisten oft von heute auf morgen unpassierbar sind, sollte man sich stets **vor Fahrtantritt nach dem Zustand erkundigen** (z. B. bei der Polizei, bei Tourveranstaltern oder bei einem Hotel am Zielort).

Abseits von asphaltierten Straßen sollte man vorbeugende **Sicherheitsmaßnahmen** nicht außer acht lassen. Grundvoraussetzung ist ein technisch einwandfreies Fahrzeug – der Öl-, Benzin- und Wasserstand sollte sowieso regelmäßig kontrolliert werden. Außerdem gehören ein ausreichend aufgepumpter Ersatzreifen, ein Wagenheber, ein Werkzeugkoffer und ein Abschleppseil unbedingt mit ins Gepäck. Trinkwasser und Proviant können nicht schaden. Auf regelmäßig befahrenen Pisten kann man sich meist von anderen Fahrzeugen helfen lassen, falls der Wagen feststeckt oder man eine Panne hat. Auf sehr selten befahrenen Strecken ist es empfehlenswert, mit mindestens zwei

Auto-mobil im Sand

von Kirstin Kabasci

Sandfahren will gelernt sein! Niemals sollten Unerfahrene dem Trugschluss erliegen, mit einem Allradwagen könne jedermann die Tücken des Sandes besiegen und in die Wüste fahren. **Nicht Technik, sondern Übung macht den Meister!**

Wer unter fachlicher Anleitung in die hohe Kunst des Sandfahrens eingewiesen werden möchte, kann sich an Muscats National Training Institute, Driving Skills Unit, Tel. 605273, Fax 605277, oder an das Occupational Training Institute, Tel. 604741, Fax 692201, wenden und einen Kurs im 4-Wheel-Off-Road-Driving belegen.

Wer erste Fahrversuche absolviert hat, kann sie völlig gefahrlos in Muscats großem Off-Road-Sandkasten, den Dünen im Stadtteil Bowshar, vertiefen. Dabei sollte man aufpassen und nicht auf das Gelände des dortigen Golfplatzes auffahren, denn dieser erstreckt sich nicht etwa über grünes Gras, sondern über sanfte Dünen. In den „Bowshar-Sands" treffen sich in den frühen Abendstunden und am Wochenende vornehmlich junge Leute, die ihre Fahrkünste und die Leistungskraft ihrer Wagen im Dune-Bashing auskosten. Sollte man sich dort ernsthaft festgefahren haben, so besteht meistens die Möglichkeit, auf Hilfsangebote Außenstehender zurückzugreifen oder schlimmstenfalls zur unweit gelegenen Teerstraße zu laufen und Hilfe an einer Tankstelle oder Werkstatt zu holen.

Bevor man Sand unter der Karosse hat, sollte man den Reifendruck verringern, um deren Auflagefläche zu vergrößern. Als Richtwert empfiehlt sich 60 bis 50 Prozent des normalen Reifendrucks. Hat man wieder festen Boden unter sich, so sollte man an den niedrigen Druck denken und diesen entweder per Fußpumpe erhöhen oder bis zur nächsten Tankstelle langsam und vorsichtig fahren.

In Tiefsandgebiete sollte man nicht zur Mittagshitze fahren, denn dann kann man im heißen Sand leichter steckenbleiben. Zu seinem Vordermann sollte man einen gebührenden Abstand halten (Steinschlag, Staub, Sicherheit). Am besten ist es, ihm eine spurbreit seitlich versetzt zu folgen. Zur Rückfahrt aus schwierigen Gebieten ist es mitunter besser, dem Hinweg (spurversetzt) zu folgen.

Die Wahl des Tempos und des richtigen Ganges ist eine Kunst für sich. Zu langes Fahren im niedrigen Gang führt leicht zur Überhitzung des Motors. Im Sand sind niedrige Gänge nur etwas für steile Passagen und zum Anfahren. Wer auf lockerem Sand unbedingt anhalten muss, sollte den Wagen mit durchgetretener Kupplung ausrollen lassen, da beim Bremsen die Räder leicht blockieren und im Sand einsinken.

Auf weichem, ebenen oder leicht hügeligem Sand empfiehlt sich ein hoher Gang. Dabei sollte der Motor aber noch über eine Kraftreserve verfügen und nicht seine volle Drehzahl erreichen. Schaltvorgänge sollten, ebenso wie Bremsen und heftige Lenkbewegungen, vermieden werden (ähnlich dem Fahren im Schnee). Am besten ist es, den Wagen mit dem Motor abzubremsen, d.h. möglichst lange in einem hohen Gang fahren – aber auch wieder nicht zu lange, um genug Kraft und Schwung beim Herunterschalten zu haben.

Hält der Wagen trotz durchgetretenem Gaspedal seine Geschwindigkeit nur mit Mühe, oder wird er gar immer langsamer, so ist es höchste Zeit zurückzuschalten, um wieder Kraftreserven zu bekommen. Zögert man zu lange und hofft, der Wagen würde es schon schaffen, so ist es meist schon zu spät, und man sitzt in Sand fest. Das ist mitunter nicht zu vermeiden und passiert selbst passionierten Wüstenfahrern. Doch kurz vor dem „Rien ne va plus" heißt es retten, was noch zu retten ist. Ist man gerade dabei, seinen Wagen im Sand festzufahren, so ist es ganz wichtig, die Kupplung zu treten, bevor der Wagen zum Stillstand kommt. Der größte Fehler wäre nun, im niedrigen Gang mit Vollgas und wahrscheinlich rutschender Kupplung zu versuchen, den Wagen mit Gewalt wieder frei zu bekommen. Die Räder würden sich so nur noch tiefer eingraben, schlimmstenfalls läge der Wagen sogar mit dem Fahrgestell auf. Zu allererst sollte man aussteigen und die Lage sondieren. Steckt man nur mit einem oder zwei Reifen „etwas" fest, so hilft es meist schon, die kleinen Sandkeile vor und neben den Reifen zu entfernen und gefühlvoll im 2. Gang LWD (Low Wheel Drive) anzufahren. Alle anderen Mitreisenden sollten natürlich aussteigen, graben helfen und dann den Wagen kräftig anschieben. Drehen die Antriebsräder immer noch durch, heißt es Motor ausstellen und weiter graben. Kommt man frei, sollte Schalten möglichst solange vermieden werden, bis man wieder auf festerem Grund ist.

Steckt der Wagen richtig tief im Sand, so steht vor jedem weiteren Versuch zuerst auch das Schaufeln. Eine wichtige Regel lautet, dass man nie zuviel schaufeln kann. Auch unter dem Chassis und ein Stück in Fahrtrichtung muss man Sand wegschaufeln! Falls noch nicht geschehen, sollte man spätestens jetzt den Reifendruck verringern und die Klimaanlage ausschalten (verbraucht zu viel Motorkraft!). Falls sowohl Freigraben, gefühlvolles Anfahren und Schieben nicht hilft, kann man Folgendes versuchen: das Fahrzeug durch eine schnelle und mitunter eine Weile anhaltende Folge von Wechseln aus dem 1. Gang in den Rückwärtsgang „herauswippen". Schließlich gibt es noch die Möglichkeit, dass der begleitende Wagen den festsitzenden mittels eines langen Abschleppseiles aus seiner misslichen Lage befreit. Am einfachsten wäre es, den Wagen auf Sandbleche aufzufahren – vorausgesetzt, man hat welche dabei.

Wenn der Wagen auf dem Kamm einer Düne aufliegt, hätte es kaum schlimmer kommen können. Ein kühler Kopf und keine Panik sind oberste Grundregel – Kondition der Schlüssel zum erfolgreichen Freischaufeln.

Off-Road durch ein Dünengebiet zu fahren, ist ohnehin eine besondere Kunst. Kennt man das Gelände nicht, so sollte man vor dem Überfahren einer hohen Düne erst zu Fuß nachsehen, wie es auf der anderen Seite aussieht. Meist sind ihre beiden Seiten unterschiedlich geformt, so dass es mitunter gar nicht möglich ist, auf der anderen Seite hinunter zu fahren. Oder auf der anderen Seite „lauert" ein von steilen Flanken umgebener Kessel, aus dem es ohne Schaufeln kein Entrinnen gibt. Zudem sollten nur Könner steile Kämme überqueren, denn zum Auffahren gehört viel Gefühl, um den Wagen im niedrigen Gang nicht festzusetzen. Bei der Abfahrt sollte man immer gerade, niemals in einem Winkel fahren. Die Wahl des richtigen Ganges ist wiederum wichtig. So sollte man bei steilen Abfahrten niemals kuppeln und nur den Motor bremsen lassen, andernfalls kann das Auto seitlich wegrutschen und sich überschlagen.

Wagen zu fahren und an der Hotelrezeption eine Nachricht zu hinterlassen, wo man hinfährt, welche Route man wählt und wann man plant, spätestens zurück zu sein.

All das gilt besonders bei **Wüstenfahrten,** die wirklich nur geübte Fahrer selber fahren sollten - und dies auch niemals alleine. Zusätzlich muss man an Schaufeln, Matten oder Sandbleche, Reifendruckmessgerät, Fußluftpumpe, Kompass oder GPS, Landkarten, Erste-Hilfe-Set sowie genügend Treibstoff und Trinkwasser denken.

Buchtipp: *Heiner Klein* und *Rebecca Brickson,* **Off-Road in Oman.** Viele Ausflugstipps, detaillierte Streckenbeschreibungen; veraltet, aber dennoch empfehlenswert; in Oman 6 Rial (auch in deutschen Fachbuchhandlungen zu beziehen.)

Mietauto

In Oman kann man bei folgenden internationalen **Mietwagenfirmen** ein Auto mieten: Avis, Budget, Europcar, Hertz, Thrifty, Toyota. Der Kundendienst, die Serviceleistungen und Vertragsbedingungen sind bei allen etwa gleich gut – allerdings zeigen die Endpreise, die sich aus mehreren Variablen wie Tagesmiete, Kaskoversicherung und zusätzliche Kilometerbeträge zusammensetzen, deutliche Unterschiede.

Die meisten großen Firmen haben im Ankunftsbereich des Flughafens von Seeb einen Schalter, der 24 Stunden sowie freitags, an Feiertagen und während des Ramadhan geöffnet hat. Viele Firmen haben zusätzlich Vertretungen in den großen Hotels von Muscat und Salalah, die genauen Adressen stehen bei den praktischen Informationen zu den entsprechenden Städten.

Wer sicher gehen möchte, einen (bestimmten) Wagen zu bekommen, der kann sich diesen bei den internationalen Firmen bereits in den heimischen Filialen reservieren lassen.

Weltweite **Reservierungen** in der Bundesrepublik Deutschland **unter den Service-Nummern:**

- **Avis,** Tel. 0180/55577
- **Europcar,** Tel. 0180/5221122
- **Hertz,** Tel. 0180/5333535

Bucht man einen Mietwagen (was oft auch bei einem heimischen oder omanischen Reiseveranstalter oder über ein Reisebüro möglich ist), sollte man darauf achten, dass die **Versicherungssumme der Haftpflichtversicherung möglichst hoch** ist. Die großen internationalen Mietwagengesellschaften orientieren sich an den Gesetzesauflagen des Sultanats. Da die Haftpflichtversicherung nicht die Schäden am gemieteten Auto ersetzt, empfiehlt es sich, das Kasko-Risiko ebenfalls direkt mitzuversichern.

Um in Oman einen Mietwagen fahren zu dürfen, muss man je nach Autovermieter zwischen 21 und 25 Jahre alt sein, zusätzlich muss der Führerschein bei manchen Firmen mindestens ein Jahr alt sein. Außerdem benötigt man einen **Internationalen Führerschein,** der strenggenommen nur in Verbindung mit dem nationalen gültig ist.

Auch in Bezug auf Mietwagen lässt sich in Oman über **Preise** reden, insbesondere bei einer längeren Miete. Wenn kein direkter Preisnachlass möglich ist, so lässt sich meistens bei der Kilometerbegrenzung etwas heraushandeln.

Preisbeispiele der internationalen Verleihfirmen (24 Stunden, ohne Kraftstoff inkl. 150 oder 200 Freikilometern):

- Mazda 323, Mitsubishi Lancer, Suzuki Swift, Nissan Sunny, VW Golf: ca. 14 RO
- Honda Civic, Honda Accord, Mazda 626, Renault 19, Nissan Sunny: ca. 16 RO
- Ford Tempo, Mazda 929, Mitsubishi Galant, Renault 21: ca. 18 RO
- Nissan Maxima, Ford Taurus, Audi A4: ca. 22 RO
- Automatikgetriebe: Honda Legend, Ford Sable, Crysler New Yorker, Ford Crown Victoria: 20–30 RO
- Mercedes Benz 260: ca. 45 RO

Allradangetriebene Fahrzeuge:
- kleine Version; Toyota 4Runner, Toyota Landcruiser Prado: 35 RO
- große Version; Mitsubishi Pajero, Nissan Patrol, Toyota Landcruiser 40 RO, in Salalah 45 RO

Preiswerter sind Wochen- und Monatstarife oder Sonderangebote übers Wochenende, dann liegt die Kilometerbegrenzung bei den meisten Wagen natürlich höher, günstigstenfalls entfällt sie auch (außer bei Allradwagen). Bei manchen Autovermietern sind bei diesen langfristigen Verträgen und Sondertarifen auch die sonst noch extra zu zahlende Kasko- und Unfallversicherung eingeschlossen.

Wer die **Kilometerbegrenzung** überschreitet, muss für jeden angefangenen Kilometer zusätzlich zahlen, je nach Wagentyp und Autovermieter zwischen 60 und 100 Baisa.

Im Schadensfall sieht die Kaskoversicherung eine **Selbstbeteiligung** von meist 500 RO vor, je nach Wagentyp und Autovermieter. Die Selbstbeteiligung kann durch den Abschluss einer Zusatzversicherung (engl. conclusion damage waiver, Abk. CDW) je nach Wagentyp mit einer Gebühr von 2–3 RO pro Tag auf 50 RO gemildert werden. Bei allen Versicherungen sind Schäden an den Reifen und an der Windschutzscheibe *nicht* mit abgedeckt und müssen aus eigener Tasche ersetzt werden. Wer mit einem nicht-allradbetriebenen Mietwagen auf Pisten fahren möchte (siehe eigener Abschnitt), sollte beachten, dass die Kaskoversicherungen *nicht* für dadurch entstandene Schäden zahlt.

Eine zusätzliche **persönliche Unfallversicherung** (engl. *personal accident insurance,* Abk. PAI) kostet ab 1 RO pro Tag. Sie ist überflüssig, wenn man zu Hause eine Unfallversicherung besitzt.

Möchten mehrere Personen das Auto steuern, so muss dies aus haftungsrechtlichen Gründen im Mietvertrag vermerkt sein, dieser **„additional driver"** kostet einen Aufschlag von etwa 3 RO pro Person für die gesamte Mietdauer.

Man kann sich auch einen **Chauffeur** mieten, für einen Acht-Stunden-Tag kostet er wochentags ab 15 RO extra.

Vor Fahrtantritt muss man eine **Kaution** zwischen 100 und 200 RO hinterlegen – je nach Wagentyp. Sie entfällt, wenn die Bezahlung mit einer Kreditkarte erfolgt.

Die Tarife bei den **lokalen Autovermietern** sind meist günstiger als die der internationalen Firmen. Wer dort einen Mietvertrag unterschreibt, sollte besonders kritisch prüfen, ob die Versicherungssummen ausreichend sind. Außerdem akzeptieren einige kleine Firmen keine Kreditkarten.

In Oman sind alle Mietwagen mit Sicherheitsgurten, einer Klimaanlage, einem Radio-Kassettengerät, einem Ersatzreifen und einem Wagenheber ausgestattet (vor Fahrtantritt kontrollieren, ob die beiden letzteren tatsächlich im Kofferraum sind). Kindersitze, Dachgepäckträger und Mobiltelefone kann man auf Anfrage zusätzlich erhalten.

Außerdem ist in praktisch allen Mietwagen ein **elektronischer Geschwindigkeitsbegrenzer** installiert, der ab Tempo 120 durch nervtötendes Piepen auf sich und die überhöhte Geschwindigkeit aufmerksam macht.

Wer mit seinem Mietwagen von der Hauptstadtregion **nach Salalah** fahren möchte, sollte prüfen, ob der Vertrag dies zulässt. Manche Agenturen bieten an, dass man den Wagen dort stehen lassen kann, dieser „drop-off" Service kostet allerdings etwa 100–130 RO extra. Wer **in die V.A.E.** fahren möchte, kann dies in Absprache mit dem Autovermieter gegen einen Versicherungsaufpreis (etwa 30 RO pro angefangener Woche) tun. Allerdings muss man das vor Vertragsunterzeichnung ansprechen, damit es schriftlich vermerkt wird

oman_422 Foto: fk

Im Wohnschloss von Jabrin

und die Versicherungen auch jenseits der Grenze gelten. Für den Grenzübertritt erhält man dann ein Dokument.

Bei der Abgabe des Wagens sollte der **Tank voll** sein, ansonsten ist es wahrscheinlich, dass man dieses Versäumnis nachzahlen muss.

Behindertenreisen

Körperbehinderte, die nach Oman reisen möchten, müssen zwar mit einigen Unwegsamkeiten rechnen, aber verglichen mit anderen arabischen Ländern sind diese bei weitem nicht so steinig. Dank diverser staatlicher Maßnahmen werden Behinderte in Oman im Allgemeinen akzeptiert und vergleichsweise wenig diskriminiert. **Zahlreiche techni-**

sche Einrichtungen erleichtern ihnen den Alltag, immer mehr Hotels, Supermärkte, Einkaufszentren und öffentliche Gebäude werden mit Parkplätzen, Rampen oder Toiletten behindertengerecht ausgestattet.

Man sollte sich vor Reiseantritt unbedingt beim Reiseveranstalter oder direkt im Hotel über die Ausstattung seiner Unterkunft informieren (Adressen stehen bei den praktischen Informationen zu den einzelnen Städten).

Fragen bezüglich der medizinischen Hilfeleistungen beim Flug können die medizinischen Dienste der großen Fluggesellschaften beantworten.

Diplomatische Vertretungen

Omanische Vertretungen

Botschaften des Sultanates Oman

- Lindenallee 11
D-53173 **Bonn/Bad Godesberg**
Tel. 0228/357031-34, Fax 357045
e-Mail: info@oman-embassy.de
Website: www.oman-embassy.de
- Währinger Straße 2–4, A-1090 **Wien**
Tel./Fax 01/3108644
- **Permanent Mission – U.N. Office**
28B, Chemin du Petit – Saconnex
CH-1209 **Génève**
Tel. 022/73732, Fax 022/7401075

oman_040 Foto: fk

- **Embassy of the Sultanate of Oman**
Abu Dhabi, P. O. Box 2517
Tel. 02/4463333, Fax 02/4464633
- **Consulate of the Sultanate of Oman**
P. O. Box 1898, **Dubai**
Tel. 04/3971000, Fax 04/3977688

Honorarkonsulat für das Sultanat Oman

- Feuerbachstr. 26–32, D-60325 **Frankfurt/M.,** Tel. 069/170079-0, Fax 069/710006-25 (nur zuständig für Hessen, Bayern, Baden-Württemberg, Rheinland-Pfalz und Saarland)

Vertretungen in Oman

- **Embassy of the Federal Republic of Germany**
Al-Nahda Street, beim Al-Nahda Hospital (Postadresse: P. O. Box 128, **Ruwi 112),** Tel. 00968/7732482, Fax 735690
e-Mail: diplofrg@omantel.net.om
- **Embassy of the Republic of Austria**
Mosa Abdul Rahman Hassan Complex, Building No. 477 (Postadresse: P. O. Box 2070, **Ruwi 112),** Tel. 793135, Fax 793669
- **Consulate of Switzerland**
Hatat House, Office No. 106 (Postadresse: P. O. Box 1181, **Ruwi 112),** Tel. 568202, Fax 562663

Auf Hochglanz poliert – Staatswappen in Muscat

Einreisebestimmungen

Um nach Oman reisen zu dürfen, ist ein **Visum** notwendig (Adressen der Botschaften siehe oben).

Informationen zu den aktuellen Einreise- und Visabestimmungen sowie Visaantragsformulare kann man gegen die Einsendung eines an sich selbst adressierten und frankierten Rückumschlages von den omanischen Botschaften und Konsulaten erhalten. In Deutschland informiert die omanische Botschaft auf ihrer Website über die aktuellen Visabedingungen und Kosten **(www.oman-embassy.de).**

Visum

Das normale omanische Visum, das vorher bei den omanischen Auslandsvertretungen (Adressen siehe oben) beantragt wird, berechtigt zu einer **einmaligen Einreise** mit einem **Aufenthalt von drei Wochen** und kostet **25 Euro.** Es gibt auch Visa mit mehrfacher Einreise und sechsmonatiger Gültigkeit für 50 Euro. Dieses Visum ist offiziell nur für Geschäftsreisen erhältlich, der Aufenthalt pro Einreise darf nur max. drei Wochen betragen. Für die **Ausstellung** sind **etwa zwei Wochen** einzukalkulieren. Das Visum verliert sechs Monate nach seiner Ausstellung die Gültigkeit.

Für die Beantragung des Visums vor Reiseantritt benötigt man

- ein **Original-Visaantragsformular:** mit der Schreibmaschine (handschriftliche Anträge, auch in Druckschrift, werden nicht akzeptiert) in Englisch auszufüllen. Auf dem Formular müssen neben Angaben zur Person, zum Reisepass und zur Reisedauer auch die Art des erwünschten Visums und eines evtl. vorangegangenen Visums genannt werden. Unter „Details of Entering" bitte das Reisedatum eintragen. Alle Angaben zu „Sponsor" können Touristen unbeachtet lassen. Datum und Unterschrift auf der Rückseite (Signature of Applicant/Sponsor) nicht vergessen;

- **Reisepass:** Er muss noch mind. sechs Monate über das beabsichtigte Ausreisedatum hinaus gültig sein. Kinderausweise werden akzeptiert, sofern sie ein Lichtbild und mindestens eine freie Seite haben;
- **Verrechnungsscheck** (Euroscheck) in Höhe der Visumgebühren;
- einen als Einschreiben frankierten und an sich selbst adressierten **Rückumschlag** für die Rücksendung des Reisepasses.

Auch omanische **Tourveranstalter und Hotels** können bei Buchungen Visa arrangieren, die am Flughafen in Muscat hinterlegt werden.

Wer sich sein Visum nicht vor der Reise organisieren möchte oder kurzfristig nach Oman reist, bekommt seit Frühjahr 2001 ein **Visum bei der Einreise** am internationalen Flughafen von Seeb in der Hauptstadtregion ausgestellt. Es kostet 7 RO und berechtigt zu einem **Aufenthalt von zwei Wochen** (um eine Woche verlängerbar). In Zukunft soll dieses Visum auch an den Landübergängen zu den V.A.E. erhältlich sein.

Essen und Trinken

In Oman gibt es eine unglaublich **große kulinarische Vielfalt,** die keine Ländergrenzen kennt. Sie reicht von arabischen Gerichten über indische, philippinische, persische, chinesische, thailändische, italienische, griechische und mexikanische Küche bis hin zu amerikanischem Fast-Food. Je nach Geschmack und Geldbeutel kann man zwischen einem Fünf-Sterne-Essen oder einem preiswerten Imbiss wählen – zumindest in der **Hauptstadtregion**, denn in den kleinen Orten ist das Angebot einfacher.

Am verbreitetsten sind **arabische Gerichte** aus der gesamten Region des Nahen und Mittleren Ostens – speziell omanische Speisen sind eher selten. Näheres zur arabischen und omanischen Küche steht im Kapitel „Land und Leute", „Orientalische Genüsse".

Auch **indische Gerichte** sollte man probieren. Sie sind nur halb so scharf wie viele glauben, und es gibt weit mehr als nur Reis mit Curry. Man unterscheidet zwischen der **mughlai-Küche** aus Südindien und **tandoor-Gerichten** aus Nordindien, die oft in einem Tonofen gebacken werden. Typisch sind „tandoori" (gegrilltes Hähnchen), „korma" (Huhn oder Lammfleisch mit Mandeln) und „biryani" (Bergreis mit Fleischstücken und Gemüse vermischt). Zu allen Gerichten wird das ofenfrische und knusprige „naan"-Brot gereicht.

Während des heiligen muslimischen Fastenmonats **Ramadhan** kann man diese Genüsse leider nur eingeschränkt genießen. Man sollte in diesen Wochen tagsüber lediglich in den großen Hotelrestaurants und auf dem Zimmer essen. Die meisten Restaurants und Imbisse öffnen erst nach Sonnenuntergang – aber dann wird man umso mehr verwöhnt. Näheres siehe unter dem Stichwort „Ramadhan" im Abschnitt „Feste und Feiertage".

Restaurants

In den praktischen Informationen zu den einzelnen Städten findet sich eine Vielzahl an Tipps, Adressen und Öffnungszeiten der verschiedenen Restaurants, Cafés, Bars und Nachtclubs (siehe auch Kapitel „Nachtleben"). Die Öffnungszeiten können sich hin und wieder leicht ändern. Wer einen besonderen Restaurantbesuch plant oder zum Geschäftsessen einlädt, sollte die Öffnungszeiten vorher telefonisch überprüfen und einen Tisch reservieren.

Viele Restaurants in der Hauptstadtregion bieten (oft in wöchentlichem Rhythmus) wechselnde **Themen- oder Spezialitätenabende,** die in den regelmäßig erscheinenden Magazinen Oman Today und What's on vorgestellt werden. Nahezu das gesamte Nachtleben rankt sich um diese Ereignisse. Bei den Preisen sollte man immer nachfragen, ob die etwa 15-prozentige „municipality tax and service charge" schon enthalten ist.

Hotelrestaurants

In der Hauptstadtregion findet man eine Vielzahl an eleganten **Luxusrestaurants.** Meist gehören sie zu den großen internationalen Hotels und bieten erstklassige kulinarische Genüsse aus aller Welt und ein exklusives Ambiente – natürlich auch für Nicht-Hotelgäste. Der Preis dieser Schlemmereien ist vergleichsweise niedrig.

Ein erstklassiges **Buffet** in einem Luxusrestaurant bekommt man schon ab 10 RO. Ein besonderer Augen- und Gaumenschmaus sind die Buffets mit Meeresfrüchten (engl. seafood). Sie sind sehr reichhaltig mit Hummer, Langusten, Krabben, Shrimps, Thunfisch, Tintenfisch, Kingfish, Meeräsche, Hamour, Austern und Muscheln bestückt. Man sucht sich die besten Stücke aus und lässt sie nach seinen Wünschen zubereiten. Bezahlt wird entweder nach Gewicht oder pauschal ab etwa 12 RO. Es gibt auch spezielle Fischrestaurants, in denen Buffets angeboten werden, und die wegen ihrer marktähnlichen Stände **Fish Market-Restaurants** genannt werden. Nicht minder appetitanregend sind Grillbuffets (engl. *barbecue)* oder auch **Frühstücksbuffets,** zu denen stets Tee, Kaffee, Kakao, Milch, frische Obstsäfte, Früchte, Trockenobst, Getreideflocken, Müsli, Quark und Joghurt, verschiedene Wurst- und Käsesorten, Eiergerichte, gebratener Speck, Honig, eine Palette Marmelade und ein großer Brotkorb gehören. Oft stehen auch arabische Spezialitäten bereit.

Einige Hotels bauen einmal in der Woche ein Lager aus riesigen **Beduinenzelten** auf und bieten in dieser einmaligen Atmosphäre besondere arabische Leckereien mit einem Unterhaltungsprogramm an. Auf Englisch heißen diese Abende „A taste of Arabia",

„Arabian night" oder ähnlich. Die originellste Atmosphäre bietet sicherlich die „Seblat al-Bustan" im Al-Bustan Palace Hotel in Muscat, die jeden Mittwochabend in ihre Zelte lockt.

Auch die Hotelrestaurants der **mittleren Preisklasse** sind zu beachten. Ihr Angebot an ausgezeichneten Speisen ist nicht minder exotisch und abwechslungsreich.

Alkohol darf fast ausschließlich in den Hotelrestaurants ausgeschenkt werden. Daneben locken manche Hotelrestaurants mit einem **Unterhaltungsprogramm,** das ähnlich wie die Vielfalt der Speisen keine Ländergrenzen kennt.

Auf der Karte so mancher Hotelrestaurants findet man die Zeichen ++. Diese bedeuten, dass dem Preis für das Essen noch 10–17 Prozent an *municipality tax* (Gemeindesteuer) und *service charge* (Bedienung) hinzuaddiert werden. Die service charge entspricht dem **Trinkgeld,** so dass es nicht extra gezahlt werden muss (aber natürlich kann). Die gängigen Kreditkarten werden akzeptiert.

Restaurants außerhalb der Hotels

Es lohnt auch, in den zahlreichen guten Restaurants außerhalb der Hotels zu speisen – englisches Sprachverständnis und Air Condition natürlich inklusive, in manchen sogar Alkohol. Schon für 6 RO kann man sich in vielen Lokalen an einem 4-Gänge-Menü laben. Die meisten Restaurants bauen einmal die Woche oder sogar jeden Abend ein Buffet auf. In Qualität und Reichhaltigkeit stehen so manche den Hotelbuffets nur minimal nach und mit Preisen ab 4 RO sind sie zudem erschwinglich. Aber auch preiswertere Buffets kann man ohne Mühe finden.

Wer preiswert und gut arabisch essen möchte, für den sind die **libanesischen Restaurants** genau das Richtige. Sie sind leicht durch ein auf ihrem Namensschild abgebildetes Schaf oder einen Zedernbaum zu erkennen. Ebenfalls erschwinglich und gut sind die zahlreichen **chinesischen Straßenlokale,** die **Pizzerien** und die kleinen Restaurants der Einkaufszentren.

oman_049 Foto: fk

Die internationalen Fast-Food-Ketten haben auch Oman erobert

Auch **Vegetarier** finden leicht ein Menü nach ihrem Geschmack, insbesondere in indischen Lokalen

Viele der Restaurants haben einen **separaten Raum oder abgetrennten Bereich für Familien** (engl. *family section, family room)*. Für Familien oder Paare besteht zwar kein Zwang dort zu essen, aber für Frauen, die alleine essen gehen, ist es „anständiger", sich dorthin zu setzen.

In den Restaurants in Oman ist **„take away"** ein Service, der weitaus verbreiteter ist als in unseren Breiten. In allen Straßenrestaurants besteht die Möglichkeit, sich seine Speisen zum Mitnehmen einpacken zu lassen; wer nicht warten möchte, kann auch telefonisch alles vorbereiten lassen.

Imbisse/Fast-Food

Da die unzähligen kleineren und billigen **Straßenrestaurants, Gastarbeiterlokale und Stehimbisse** einen relativ hohen hygienischen Standard aufweisen, kann man auch dort unbesorgt und für wenige Baisa einen Snack oder eine Mahlzeit zu sich nehmen. In vielen Orten außerhalb der großen Städte gibt es überwiegend solche einfachen Restaurants, in denen zumeist Sandwiches, indische und pakistanische Reisgerichte oder südostasiatische und chinesische Schnellgerichte angeboten werden. Weit verbreitet und überall riechbar ist das arabische **„shawarma":** auf einem großen Drehspieß gegrilltes Lamm- oder Hühnchenfleisch, das mit Salat in eine Brottasche gerollt und als Sandwich gereicht wird. Vegetarier können sie sich auch mit gebratenen Auberginen oder Felafelbällchen (frittierter Kichererbsenbrei) oder *foul* (gekochter Bohnenbrei) füllen lassen. Sandwiches kosten 200–300 Baisa. Auch Grillhähnchen, gegrillte Fleischstückchen *(tikkas)* und zuckertriefendes Nachtischgebäck gibt es an jeder Ecke.

Eine weit verbreitete indische Mahlzeit ist das **thali.** Neben einer Schüssel voll Reis bekommt man verschiedene kleine Schälchen mit Soßen, die so lange aufgefüllt werden, bis man satt ist.

Gut schmecken auch die **marsala dhosa,** eine Art hauchdünne, knusprige Linsenmehl-Crêpes mit pikanter Kartoffelfüllung.

Isst man zusammen mit Arabern, Pakistanis oder Indern, so sollte man darauf achten, nur die rechte Hand zum Mund zu führen (siehe Abschnitt „Als Gast in Oman").

Natürlich ist auch in den Imbissen der **take-away-Service** weit verbreitet. Immer wieder sieht man Einheimische vorfahren, durch Hupen eine Bedienung rufen und bestellen. Viele lassen sich für die Familie riesige Pakete packen, andere nehmen nur ein Sandwich mit.

Besonders „in" und beliebt sind die vielen amerikanischen **Fast-Food-Restaurants** mit Hamburgern oder Pizza. Dazu gehören unter anderem Kentucky Fried Chicken, Burger King, McDonalds, Hardees, Pizza Hut oder Penguin. Man findet sie besonders häufig im Einzugsbereich der Einkaufszentren der Hauptstadtregion. Und wenn einmal kein Restaurant einer großen internationalen Fast-Food-Kette vorhanden ist, so gibt es eins einer ähnlichen kleineren.

In einfachen Restaurants, Imbissen, Fast-Food-Lokalen oder Cafés ist es nicht üblich, ein **Trinkgeld** zu geben.

Alkoholische Getränke

Da der Qur'an Alkohol für Muslime verbietet, wird dieser **nur in Hotels und dazu lizensierten Restaurants, Bars und Nachtclubs** ausgeschenkt. Im heiligen muslimischen Fastenmonat Ramadhan (siehe „Feste und Feiertage" und „Religion") gibt es selbst dort keine alkoholischen Getränke.

Die **Preise** betragen z. B. ca. 1,5 RO für eine Flasche oder Dose Gerstensaft. Meist werden die Marken Amstel, Heineken, Carlsberg oder Foster ausgeschenkt.

Der **öffentliche Genuss** von Alkohol ist **verboten,** wer Bier trinkend durch die Gassen spazieren würde, könnte bestraft werden. Unbedingt vermeiden sollte man es, auch nur mit dem geringsten Promillesatz Auto zu fahren sowie angebrochene oder leere Flaschen im Auto zu transportieren. Im Falle eines Unfalles können die Missverständnisse groß und die Folgen schlimm sein.

Andere Getränke

Wasser aus der Leitung ist in Oman durchaus trinkbar und unbedenklich (auch in Form von Eiswürfeln). Trotzdem ist es besser, stilles Mineralwasser aus Plastikflaschen zu trinken (1,5 l kosten 200 Bs) – gerade für Menschen mit empfindlichem Magen. Dieses ist nahezu überall erhältlich und meist auch gekühlt vorrätig. Mineralwasser mit Kohlensäure (Soda) kann man in vielen Supermärkten kaufen oder in Dosen aus einem Kühlschrank holen. In den meisten Restaurants kann man beides bestellen.

Tee und Kaffee (ab 100 Bs) gibt es in fast allen Straßenimbissen und Cafés.

Limonaden wie Cola, Fanta und Sprite (100 Bs, oft auch kalorienarm) sind weit verbreitet und in der Hauptstadtregion nahezu an jeder Ecke in Supermärkten, Kramläden, Restaurants, Straßenimbissen und Tankstellen im Angebot. Zudem stehen vielerorts Automaten, aus denen man sich eine eiskalte Dose ziehen kann.

In den Imbissrestaurants und in den kleinen „Saftläden" in Salalah werden ab etwa 400 Bs auch leckere **Fruchtsäfte** verkauft. Dazu werden Früchte wie Ananas, Bananen, Äpfel, Papaya oder Mango frisch gepresst und auf Wunsch auch mit Eis oder Milch serviert. Auch frische Kokosmilch findet sich im Angebot.

Feste und Feiertage

Der arbeitsfreie Tag islamischer Länder ist der Freitag, das **Wochenende in Oman** verschiebt sich daher unserem Wochenende gegenüber auf den **Donnerstagnachmittag** und den **Freitag.** Dann haben Büros, Behörden und Banken geschlossen, Geschäfte, Souqs und Supermärkte eingeschränkte Öffnungszeiten (Näheres siehe Abschnitt „Öffnungszeiten").

oman_062 Foto: fk

Vor einer Geschäftsreise sollte man sich unbedingt danach erkundigen, ob nicht gerade religiöse oder staatliche Feiertage anstehen, denn dies bedeutet, dass viele Omanis mehrere Tage Urlaub machen.

Religiöse Festtage

Die religiösen Feste und Feiertage richten sich nach dem islamischen Mondjahr und fallen deshalb jedes Jahr auf einen anderen Termin (siehe auch unter „Zeit" – „Islamische Zeitrechnung"). Pro Jahr verschieben sie sich um etwa elf Tage nach vorne. Da im islamischen Kalender der Tag mit dem Sonnenuntergang beginnt, finden viele Feiern und Festgebete schon am Vorabend des angegebenen gregorianischen Datums statt.

Die **wichtigsten Festtage des muslimischen Kalenders** sind:

- **Al-Hijri** – das islamische Neujahr; voraussichtliche Daten:
04.03.2003, 22.02.2004
- **Maulid al-Nabi** – der Geburtstag des Propheten Muhammad; voraussichtliche Daten:
24.05.2002, 13.05.2003, 02.05.2004
- **Lailat al-Miraj** – Himmelfahrt des Propheten; voraussichtliche Daten:
03.10.2002, 22.09.2003
- **Eid al-Fitr** – viertägiges Fest zum Fastenbrechen nach Ramadhan; voraussichtliche Anfangsdaten:
06.11.2002, 26.10.2003
- **Eid al-Adha** – fünftägiges großes Opferfest zur Pilgerfahrt nach Mekka (hajj); voraussichtliche Anfangsdaten:
10.02.2003, 29.01.2004

Moderne Moschee in der Capital Area

Einige europäische und amerikanische Institutionen und Firmen sowie Botschaften und Konsulate halten an den wichtigen christlichen Feiertagen fest. Hier sind dann auch **Weihnachten und Ostern** arbeitsfrei.

An **Weihnachten und Silvester** veranstalten die großen Hotels entsprechende Feste.

Ramadhan

Ramadhan ist der **heilige Monat der Muslime.** Er ist der neunte Monat des islamischen Kalenders, der sich nach dem Mondjahr richtet. Daher verschiebt sich sein Beginn jährlich um ca. elf Tage nach vorne.

Der endgültige Tag, an dem der Ramadhan beginnt, wird nach dem aktuellen und lokalen Erscheinen des Mondes nach Neumond bestimmt. Daher können die Termine in den einzelnen muslimischen Ländern durchaus um einen Tag variieren. Die Dauer des Ramadhan beträgt 29 bis 30 Tage.

Voraussichtliche Ramadhan-Termine:
- 05.11.-04.12.2002, 25.10.-23.11.2003

Der **Qur'an verbietet** allen erwachsenen und gesunden Muslimen, **während des Ramadhan tagsüber zu essen, zu trinken und zu rauchen.** Zugleich führen gläubige Muslime während dieses Monats, in dem Muhammad am 27. Tag seine erste Offenbarung von Allah erfuhr, ein besonders religiöses und besinnliches Leben. Die täglichen fünf Gebete werden strenger eingehalten, man liest viel im Qur'an, verbringt mehr Zeit mit der Familie und spendet für die Bedürftigen. Für die Muslime ist das Fasten ein wichtiges Zeichen ihrer tiefen Verbundenheit mit Allah. Von Bedeutung ist, dass nicht ein Einzelner fastet, sondern dass alle gläubigen Muslime von Marokko bis Indonesien während des Ramadhan ihren Glauben besonders intensiv praktizieren und dadurch ein großes Gemeinschaftserlebnis verspüren.

Von Ausländern, die sich zu dieser Zeit in Oman aufhalten, wird erwartet, dass sie ebenfalls **auf Essen und Trinken verzichten – zumindest in der Öffentlichkeit.** Was in privaten Wohnungen, hinter den Türen der Hotelzimmer und in den Hotelrestaurants vorgeht, in-

oman_251 Foto: fk

Traditionelle dallahs als Schmuck moderner Thermoskannen

teressiert nicht weiter. Leider sind dies die einzigen Orte, an denen man tagsüber essen und trinken kann, denn die Straßenrestaurants haben erst ab Sonnenuntergang geöffnet. Die einzigen Lokale, die auch tagsüber geöffnet haben, sind die Restaurants in den Hotels. Manche verfügen über einen mit Vorhängen abgetrennten Bereich, damit kein Fastender die Gaumenfreuden von außen sehen kann oder Appetit bekommt. Hier kann man wie gewohnt alles bekommen, was man begehrt – außer Alkohol! Geschäftsleute sollten nicht vergessen, Einladungen zum Essen auf den Abend zu legen. Der Zimmerservice in den Hotels funktioniert einwandfrei, wenn auch mitunter etwas langsamer, weil viele Angestellte von den nächtlichen Festen und Essorgien übermüdet sind ...

Die Supermärkte und auch die Obst- und Gemüsemärkte sind geöffnet, und das Kaufen von Lebensmitteln erweckt nicht den Unmut der Fastenden, solange man außerhalb des Geschäftes alles in Tüten oder Taschen „versteckt".

Die wohl **größte Einschränkung** bedeutet der **Verzicht auf Trinken in der Öffentlichkeit,** auch wenn die Sonne noch so brennt und der Durst noch so groß ist. Die zweitgrößte Einschränkung betrifft Raucher, die tagsüber auf ihren Nikotingenuss verzichten oder ein stilles Örtchen aufsuchen müssen.

Da Muslime während des Ramadhan ein **besonders religiöses Leben** führen, ist es auch für Touristen angebracht, sich körperbedeckter als sonst zu kleiden. Muslimische Frauen haben ihr Kopftuch besonders züchtig geknotet und auffallend viele tragen einen weiten, schwarzen Überwurf, die „abaya".

Während des Fastenmonats verläuft das öffentliche Leben tagsüber mit Einschränkungen. Es ist ruhiger, was von vielen als ein Vorteil empfunden wird.

Geschäfte haben tagsüber **reduzierte Öffnungszeiten,** Banken und Behörden arbeiten nur vormittags. Die Bürozeiten beginnen meist eine Stunde später als sonst, enden dafür bereits früher. Bei den öffentlichen Verkehrsmitteln gelten geänderte Fahrpläne mit eingeschränkter Frequenz.

Aber trotz gewisser Entbehrungen während des Tages hat der Ramadhan auch **Vorteile** zu bieten: Nahezu alle Muslime haben ihre (Freizeit-)Aktivitäten auf den Abend verlegt – **die Nacht wird** quasi **zum Tag.** Die Geschäfte und Souqs haben abends länger geöffnet, viele Restaurants bieten **preiswerte Buffets** zur Zeit des Fastenbrechens (Iftar-Buffet) an und schließen oft erst in den frühen Morgenstunden. Die Stimmung in den Stunden nach dem Fastenbrechen ist etwas Besonderes. In den kleinen Cafés am Strand von Qurum (Hauptstadtregion) stehen Wasserpfeifen bereit, und alle sind gut gelaunt. Während des Ramadhan halten sich nur **wenige Touristen** im Land auf, was manche durchaus als Vorteil ansehen. Hotels bieten oft **günstige Preise** an.

Am Abend des 15. Ramadhan feiern Kinder das **garga'oun.** Sie ziehen singend durch die Straßen und sammeln bei Verwandten oder Freunden und in Einkaufszentren Süßigkeiten – fast wie bei den uns bekannten Sankt Martins-Zügen.

Das Schönste am Fasten ist jedoch das **Fastenbrechen** am Ende des Ramadhan, das Fest **Eid al-Fitr.** Es ist eine viertägige Feier, während der es, wie bei unserem Weihnachten, viel zu essen und zu trinken gibt. Kinder werden mit Geschenken und Süßigkeiten überhäuft, alle Familienmitglieder bekommen schöne, neue Kleider und dishdashas, Familien und Freunde besuchen sich gegenseitig und wünschen sich ein „Eid mubarak", ein „gesegnetes Fest".

Zur religiösen Bedeutung des Ramadhan vgl. den Abschnitt „Religion".

Staatliche Feiertage

Die einzigen staatlichen Feiertage fallen auf den 18. November, den **Geburtstag des Sultans,** und die drei folgenden Tage. Auf dieses Datum wurden auch die Feierlichkeiten des **National Day** gelegt, obwohl die eigentliche Staatsgründung auf den 21.07.1970 datiert ist. Der Grund liegt darin, dass die Juli-Tage schlichtweg zu heiß zum Feiern wären – und einen Anlass zum Feiern bietet der Gedenktag allemal. Im ganzen Land finden unzählige Veranstaltungen wie traditionelle Tänze, Kamel- und Pferderennen oder andere folkloristische Darbietungen sowie Militärparaden statt. Die Städte sind mit unzähligen Sultanporträts, bunten Lichterketten und wehenden Staatsflaggen geschmückt. Dabei steht meist alle zwei Jahre Muscat und dazwischen ein anderer Ort im Zentrum der Feierlichkeiten (1994 Nizwa, 1995 Muscat, 1996 Sur, 1997 Salalah, 1998 Muscat, 1999 Ibri, 2000 und 2001 Muscat).

Kulturelle Feste

An alljährlichen kulturellen Veranstaltungen finden der **National Day** (siehe oben), das **Muscat Heritage Festival** (sehr sehenswert; siehe Muscat), das **Khareef Festival** in Salalah/Dhofar (siehe Salalah), das **Eid Fest** in der Region Al-Sharqiyah (mit Kamelrennen) und das **Ras al-Hadd Tourism Gathering** (siehe Ras al-Hadd) statt.

Fotografieren und Filmen

Fotomotive/höfliches Verhalten beim Fotografieren

Fotomotive bietet Oman in Hülle und Fülle. Großartige **Naturlandschaften** aus sattgrünen Palmenhainen, goldgelbe Sanddünen, schroffe Berglandschaften und weite Panoramablicke sowie antike Baudenkmäler, Kamelrennen, Wüstensafaris oder traditionelle Volkstänze verführen immer wieder zum Ablichten und füllen ganze Fotoalben.

Beim Fotografieren (und besonders beim Filmen) von **Menschen** ist jedoch Einfühlungsvermögen gefragt. Aus Höflichkeit und Respekt sollte man grundsätzlich keine Großaufnahmen von Menschen in Oman machen, ohne sie zuvor gefragt zu haben. Auch ein Fragen ohne Worte ist möglich, indem man die Fotoabsicht deutlich zu erkennen gibt und auf eine Reaktion wartet, bevor man fotografiert. Im Zweifelsfall lieber nicht auf den Auslöser drücken. Absagen sollten akzeptiert werden und dem Fotografen nicht die Laune verderben. Schließlich ist die Würde eines Menschen wichtiger als ein Foto oder Dia, das zudem nach der ersten Begeisterung oftmals in Vergessenheit gerät und verstaubt.

Hinzu kommt, dass der streng interpretierte Qur'an die Abbildung von Menschen in jeglicher Form verbietet. Arabische und insbesondere omanische **Frauen** sollte man nie fotografieren bzw. nur dann, wenn sie es ausdrücklich erlaubt haben. Männer haben es strikt zu vermeiden, unbekannte Frauen auf Fotos anzusprechen.

Zahlreiche Omanis und viele der anderen im Sultanat lebenden Araber nehmen es mit dem **Bilderverbot** nicht so genau, besonders nicht die Städter. Immer wieder sieht man Familien vor Brunnen oder in Parkanlagen posieren, der Fotoapparat ist bei jedem Familienausflug dabei. Auch die riesigen Porträts des Sultans hängen quasi überall. Inder und Pakistanis lassen sich meist gerne fotografieren.

Streng **verboten** ist es, Militäranlagen abzulichten – ebenso öffentliche Gebäude wie Ministerien, Industrieanlagen, verkehrstechnische Einrichtungen (Flughäfen) und alles, was mit der Erdöl- und Gasförderung zu tun hat.

Zubehör

Fotozubehör und Filme aller Art sind in den Fotogeschäften, Supermärkten und Hotelshops erhältlich, Adressen stehen in den praktischen Informationen der einzelnen Städte. Negativfilme kosten etwa so viel wie in Deutschland. Etwas schlechter sieht es mit Diafilmen aus. Sie sind seltener erhältlich, teurer als zu Hause und das Entwickeln im Labor ist ebenfalls teurer. Diamaterial also am besten bereits zu Hause kaufen, nach der Belichtung kühl lagern und erst nach der Heimkehr entwickeln lassen.

Fotolabore gibt es in den größeren Städten, Negativmaterial wird oft im Stundenservice entwickelt. Die Qualität ist relativ gut.

Obwohl die Fotoläden in Oman gut ausgestattet sind, ist es besser, einen Satz **Ersatzbatterien** von zu Hause mitzubringen.

Wichtig ist eine gute **Fototasche,** die vor Stößen, Staub und Feuchtigkeit schützt, vor allem bei Gelände- und Wüstenfahrten.

Ein **Polarisationsfilter** trägt bei starker Sonneneinstrahlung zur Vermeidung unerwünschter Lichtreflexe bei und lässt die Farben kräftiger und klarer erscheinen. Er ist das wichtigste Zubehör für die Farbfotografie und darf auf keinen Fall fehlen.

Ein **UV-Filter,** eine **Sonnenblende** und ein **Blitzgerät** können ebenfalls sehr nützlich sein.

Eigentlich gibt es strenge Normen, die verhindern, dass Filmmaterial beim Röntgen auf den Flughäfen Schaden nimmt. Wer den Angaben der Röntgenapparate dennoch nicht traut, der sollte seine belichteten Filme in einen **Röntgenschutzbeutel** mit Bleieinlage legen oder auf eine Kontrolle von Hand bestehen. Dies gilt insbesondere dann,

oman_045 Foto: fk

wenn man hochempfindliches Material (ab 400 ASA) dabei hat. Generell sollte man im Flugzeug seine Filme **ins Handgepäck** packen.

Tipps für die Urlaubsfotografie

- Gehen Sie möglichst nah ran! Machen Sie keine Suchbilder, sondern fotografieren Sie formatfüllend.
- Personen sollten von Kopf bis Fuß auf dem Bild sein.
- Porträts wirken gut ab Hüfthöhe aufwärts.
- Bei Aufnahmen von Menschen achten Sie darauf, dass Kamera und Augen des Motivs auf gleicher Höhe sind, so dass ein gerader Winkel entsteht. Besonders bei Kindern ist ein Fotografieren „von oben herab“ zu vermeiden.
- Nutzen Sie das gute Licht in den frühen Morgenstunden oder am späten Nachmittag.
- „Wo viel Licht ist, ist auch viel Schatten“, daher kann ein Aufhellblitz auch am Tage manchmal Wunder wirken.
- Machen Sie viele Aufnahmen, besonders bei Motiven mit Menschen, und wählen Sie später die beste aus.
- Machen Sie bei Diafilmen in schwierigen Lichtsituationen ruhig zusätzliche Bilder mit Belichtungskorrektur.
- Wählen Sie Ihr Filmmaterial bewusst: niedrigempfindliche Filme (50/100 ASA) für Aufnahmen am Tag, 200 ASA für Aufnahmen in der Dämmerung. Farbwiedergabe und Schärfe sind bei 50 ASA-Filmen am besten.
- Probieren Sie ungewöhnliche Standpunkte und Perspektiven aus, variieren Sie den Bildwinkel (verschiedene Objektiv-Brennweiten).
- Gehen Sie sorgsam mit Ihrer Fotoausrüstung um. Vermeiden Sie direkte Sonneneinstrahlung und allzu große Hitze im Auto. Vorsicht bei Sand! V. a. bei Wanderungen und Fahrten in Dünengebieten unbedingt die Kamera dicht verpacken.

Buchtipps:

- Helmut Hermann, **Reisefotografie,** Reise Know-How Praxis
- Volker Heinrich, **Reisefotografie digital,** Reise Know-How Praxis

Unterwegs mit einer Dhau

Geld

Währung

Die Währungseinheit des Sultanats ist der **Rial Omani (RO).** Die omanischen Rial sind frei konvertierbar und im Wert an den US-Dollar gekoppelt. Ein Rial besteht aus **1000 Baisa (Bs).**

Die **Geldscheine** haben einen Wert von 1, 5, 10, 20 und 50 Rial sowie von 100, 200 und 500 Baisa. Sie sind sowohl mit arabischen als auch mit unseren Ziffern beschriftet (arabische Zahlen siehe im Anhang). 1995 wurden neue Scheine ausgegeben. Die alten Banknoten sind weiter gültig, allerdings sind sie nur noch selten anzutreffen. Durch die gleiche Farbe unterschiedlicher Werte kann es leicht zu Verwechslungen kommen.

Münzen sind kaum im Gebrauch, es gibt sie zu 5, 10, 25 und 50 Baisa. Sie sind allerdings nur mit arabischen Ziffern beschriftet. Münzsammler können bei Banken verschiedene silberne Sonderprägungen erstehen.

Wechselkurse

Durch die Kopplung des Rial an den Wert des US-Dollar unterliegt der Rial-Wechselkurs denselben Schwankungen wie der des Dollar. **Ein RO entspricht 2,58 US-Dollar.** Allerdings wird man zu diesem Kurs nirgendwo auf dem Geldmarkt tauschen können, da die Provision des Geldinstitutes bzw. des Geldwechslers den tatsächlichen Kurs etwas verschlechtert.

Die **aktuellen Kurse** werden täglich **in den omanischen Tageszeitungen** bekanntgegeben. Sie lassen sich anhand des Wertes des US-Dollars jederzeit errechnen. Die folgenden Werte von März 2002 beziehen sich auf einen Dollarkurs von 1,13 Euro/1,66 SFr: 1 RO = 2,96 Euro, 1 Euro = 0,34 RO; 1 RO = 4,33 SFr/1 SFr = 0,23 RO. Aktuelle Kurse **im Internet** finden sich unter der Adresse **www.oanda.com.**

Devisenwechsel

In den praktischen Informationen zu den einzelnen Städten finden sich die Adressen der jeweils größten Banken und Wechselstuben.

Der **Geldtransfer** vom und ins Ausland unterliegt keinen Beschränkungen, da die Ein- und Ausfuhr von Devisen und Rial in unbegrenzter Menge erlaubt ist.

In Oman können omanische Rial unter Inkaufnahme der üblichen Kursabweichungen in Devisen **zurückgetauscht** werden. Bei den Banken bekommt man oft nur US-Dollar, bei den Geldwechslern allerdings häufig auch Euro oder Franken. Solche Transaktionen nimmt man am besten bei den großen Banken bzw. Geldwechslern in der Hauptstadtregion vor.

Wer in **entlegene Landesteile** wie Masirah oder auf die Halbinsel Musandam reist, sollte zuvor einen ausreichenden Betrag an Devisen in Rial eintauschen, denn dort stößt das Eintauschen von Reiseschecks oder das Geldabheben mit der Kreditkarte an seine Grenzen.

Wechselstuben

Die „exchange offices“ und „money changer“ finden sich vorwiegend in der Hauptstadtregion im Souq von Mutrah und Ruwi sowie in Salalah. Zum Geldwechseln sind diese Stuben die **beste Adresse.** Ihre Dienste sind offiziell genehmigt und völlig legal, es handelt sich also um keinen Schwarzmarkt. Sie bieten die bei weitem günstigsten Wechselkurse, die Bearbeitung geht meist schnell und unkompliziert, und ihre Öffnungszeiten sind auch verbraucherfreundlicher als die der Banken. Der Grund, warum es diese Geldwechselstuben überhaupt gibt, liegt darin, dass die in Oman arbeitenden Ausländer diese für die Überweisung ihres Lohnes in die Heimat nutzen. In den Wechselstuben werden meist **auch Reiseschecks** in Rial getauscht, jedoch nicht immer und nicht immer zu einem gleich guten Kurs wie Bargeld.

Die meisten Wechselstuben haben Samstag bis Donnerstag von 8/9 bis 13 und von 16/16.30 bis 19/20 Uhr geöffnet, manche wechseln auch über Mittag oder Freitagnachmittag.

Banken

In Oman sind **viele große internationale Banken** präsent, darunter die amerikanische Citibank, die Habib Bank AG, Zürich, die britische Barclays Bank und die HSBC. Zu einem Bankenzentrum entwickelte sich der Ruwi Business District in der Hauptstadtregion, in dem alle großen Fillialen ihren Hauptsitz haben. Kleinere Filialen finden sich meist in den Einkaufszentren der Hauptstadtregion.

Das Geldwechseln an Banken bietet **schlechtere Wechselkurse,** und die **Formalitäten** sind langwieriger als in den Wechselstuben.

Banken sind samstags bis mittwochs von 8 bis 11 oder 12 Uhr geöffnet. Donnerstags schließen einige bereits um 11.30 Uhr, im Ramadhan variieren die Zeiten um etwa eine Stunde.

In den großen **Hotels** gibt es zumeist **Wechselschalter,** ihre Öffnungszeiten sind zwar besser, jedoch ist ihr Kurs der mit Abstand ungünstigste.

Bei der Ankunft am **Flughafen von Seeb** sollte man in der dortigen Bank nur das Nötigste tauschen und, wenn möglich, alsbald eine Wechselstube aufsuchen.

Zahlungsmittel

Ob man **Bargeld** in Euro oder Dollar mitnimmt ist weniger wichtig. Dollar haben den Vorteil des leicht besseren Kurses und der besseren Akzeptanz. Dafür muss man beim Kauf auf der heimischen Bank die Abweichung zum Mittelkurs tragen.

Kreditkarten der Marken American Express, Diner’s Club, MasterCard/Access und Visa sind weit verbreitet und werden in den großen Hotels und Restaurants, bei den internationalen Autovermietern, in Antiquitätenläden und Boutiquen fast überall akzeptiert, in den Souqs dagegen eher selten. Manche Geschäfte bieten beim Bezahlen mit Bargeld allerdings Preisvorteile. Mit Kreditkarten kann man auch außerhalb der Öffnungszeiten der Banken und Wechselstuben an zahlreichen Bankautomaten zu Geld kommen. Die dabei anfallenden Gebühren (meist 3%) werden durch den guten Kurs wettgemacht. Die größte Kreditkartenakzeptanz bieten die National Bank of Oman und die Muscat Bank.

Reiseschecks (z. B. American Express oder Thomas Cook) bieten besonders als Notreserve eine gute Alternative gegenüber Bargeld, falls man keine Kreditkarte besitzt. Einen eventuellen Verlust bekommt man von der Ausstellerfirma innerhalb von 24 Stunden ersetzt. Wichtig ist, die Kaufquittung separat aufzubewahren und die Nummern der getauschten Schecks zu notieren. Viele der großen Banken und Wechselstuben tauschen Reiseschecks gegen die Vorlage des Reisepasses in omanisches Bargeld um. Manche Geldwechsler möchten die Kaufquittung sehen, meist wird eine Kopie akzeptiert. Zum Eintauschen werden oft Gebühren erhoben. In einigen wenigen Exchange-Offices werden Reiseschecks nicht akzeptiert. **Euroschecks** werden nicht akzeptiert. Mit **Euroscheckkarten** mit Maestro-Symbol kann man an vielen Filialen der National Bank of Oman Bargeld am Automaten abheben, die Gebühren hierfür sind meist günstiger als die der Kreditkarten.

Empfehlenswert ist es, einen Teil der Reisekasse in Form von Bargeld (zumindest teilweise in US-Dollar) mitzunehmen. Zum Bezahlen größerer Beträge (Hotelrechnung, exklusive Restaurants, teure Souvenirs und Mietwagen), zum Abheben von Geld am Automaten und als Reserve eignet sich eine Kreditkarte am besten.

Unterwegs sollte man jedoch nicht nur Plastikgeld, sondern auch bare **Rial** mitführen, da in den meisten Geschäften oder Straßenrestaurants nur cash

1 Rial – Vorder- und Rückseite

akzeptiert wird, insbesondere jenseits der großen Städte. Wer auf Nummer Sicher gehen will, nimmt als Reserve einige US-Dollar in kleinen Scheinen mit, da man mit diesen notfalls fast überall zahlen kann.

Nicht benötigte Schecks, Kreditkarten oder Bargeldbeträge können gegen Quittung in den meisten Hotels im **Safe** deponiert werden.

Zum **Verlust von Zahlungsmitteln** siehe Abschnitt „Notfall und Hilfe".

Kosten und Preisbeispiele

Oman ist kein Billig-Reiseland. Das allgemeine Preisniveau entspricht in etwa dem mitteleuropäischer Länder.

Im **Dienstleistungsbereich** wirkt sich das niedrige Lohnniveau der asiatischen Gastarbeiter auf den zu zahlenden Preis deutlich aus. Ein Essen im Restaurant – egal, ob Imbiss oder Fünf-Sterne-Essen – ist weitaus günstiger als ein vergleichbares in Deutschland. Eine mehrgängige Mahlzeit oder ein Buffet in einem Luxusrestaurant eines großen Hotels kann man für etwa 8 RO erhalten, in einem guten Straßenrestaurant kostet es selten mehr als die Hälfte. In den Imbisslokalen wird man meist weniger als einen Rial ausgeben.

Die **Hotel- und Nebenkosten,** die einen Touristen in den internationalen Hotels erwarten, liegen knapp unter mitteleuropäischem Niveau. Verhältnismäßig teuer sind hier alkoholische Getränke (Dose Bier ca. 1,5 RO, Flasche Wein ca. 10 RO). Auch diese Kosten hängen natürlich sehr stark von den individuellen Ansprüchen ab.

Die **Kosten für öffentliche Verkehrsmittel** liegen weit unter europäischem Niveau. Eine Busfahrt Muscat–Nizwa (180 km) kostet 1,6 RO, die mehr als 1000 km bis Salalah 8 RO, der Hin- und Rückflug dorthin ist mit 76 RO allerdings relativ teuer. Vergleichsweise hoch sind die **Kosten für Taxifahrten,** aber nicht etwa weil die Fahrer, wie in vielen anderen Ländern üblich, einen Extrabonus berechnen, sondern weil das Lohnniveau der omanischen Taxifahrer relativ hoch ist. Trotzdem liegen die Preise weit unter mitteleuropäischen Vergleichswerten.

Wenn man im Supermarkt **Lebensmittel** einkauft, so wird man allerdings verwundert feststellen, dass die zahlreichen aus Deutschland importierten Waren nicht zwangsläufig teurer sind als zu Hause. Das liegt daran, dass die Transportkosten durch die niedrigen Steuern und die geringen Löhne wieder

Preisbeispiele für Lebensmittel

- Mineralwasser: 1,5 l 200 Bs
- Cola: Dose 100 Bs
- Tee/Kaffee: Tasse 100 Bs
- Milch, Joghurt: 1 l 500 Bs
- Weißbrot: 1 kg ca. 300 Bs
- Fleisch: 1 kg ca. 2 RO
- Möhren/Gemüse: 1 kg ca. 400 Bs
- Tomaten: 1 kg ca. 200 Bs
- Orangen, Bananen: 1 kg ab 300 Bs
- Papaya, Trauben: 1 kg ab 600 Bs
- Kostenbeispiele für Hotels, Essen und Trinken, Mietwagen, organisiertes Reisen und Souvenirs stehen in den entsprechenden Abschnitten.

ausgeglichen werden. Einheimische Waren oder aus Asien importierte Dinge sind oft sehr günstig.

Lebensmittel der lokalen Produktion, Obst, Gemüse, Fleisch und Fisch, werden in jeder Stadt auf den Souqs angeboten und sind sehr günstig.

Das den Muslimen vom Qur'an verbotene **Schweinefleisch** ist zwar erhältlich, aber nur in einigen Supermärkten in speziellen, abgetrennten sog. **pork rooms.**

Gesundheit

Wer als gesunder Mensch nach Oman reisen möchte, braucht **keine übermäßigen Vorsorgemaßnahmen** zu treffen. Alle anderen – sowie Schwangere und ältere Menschen – sollten vor der Reise ein Gespräch mit ihrem Arzt führen und sich über mögliche Risiken beraten lassen.

Reisende, die ihre **Kinder** mitnehmen möchten, finden im Abschnitt „Reisen mit Kindern" zusätzliche Tipps zur Gesundheitsvorsorge. Infos zur **Auslandsreise-Krankenversicherung** stehen im Abschnitt „Versicherungen".

Impfungen

Hausärzte, Gesundheitsämter und Tropeninstitute informieren, welche Impfungen für wen nötig oder zu empfehlen sind. Impfungen gegen Typhus, Meningitis und Cholera sind nicht notwendig.

Zur Einreise nach Oman ist **keine Impfung vorgeschrieben,** es sei denn, man reist aus einem Infektionsgebiet (z. B. Gelbfieber in Westafrika oder Cholera in Südamerika) an oder hat sich in den letzten zwei Wochen dort aufgehalten. Dann ist eine Impfung, dokumentiert im internationalen Impfausweis, unerlässlich.

Die folgenden vorbeugenden Maßnahmen werden von den Gesundheitsämtern empfohlen. Inwieweit sie wirklich notwendig sind, ist persönlicher Ermessensspielraum.

Kinderlähmung/ Tetanus/Diphtherie

Gegen Poliomyelitis (Kinderlähmung), Tetanus (Wundstarrkrampf) und Diphtherie (Infektionskrankheit der Atemwege) sollte **jeder Erwachsene** geimpft sein. Eine Auffrischung ist nötig, wenn eine dieser Impfungen zehn Jahre oder länger zurückliegt. Da bestimmte Abstände zwischen den Impfungen eingehalten werden müssen, sollte man bei völlig fehlendem Schutz spätestens sechs Wochen vor der Abreise mit ihnen beginnen. Ansonsten reichen auch drei bis vier Wochen aus. Die Kosten dieser Schutzimpfungen werden, im Gegensatz zu den folgenden speziellen Reiseimpfungen, von den gesetzlichen Krankenkassen bzw. den Ersatzkassen übernommen.

Hepatitis

Bei der **Hepatitis A** werden die Viren durch verunreinigtes Trinkwasser und

Speisen übertragen, was vor allem in Ländern mit geringem Hygienestandard geschieht. Da die hygienischen Zustände in Oman hervorragend sind, ist die Gefahr, Viren durch verunreinigtes Wasser oder Nahrung aufzunehmen und zu erkranken, genauso gering wie zu Hause. Ein **niedriges Risiko,** Viren durch die Nahrung aufzunehmen, besteht bei ungeschältem Obst, bei kalten bzw. lauwarmen Speisen und bei nicht ausreichend erhitzten Meeresfrüchten wie Muscheln oder Austern. Um dem vorzubeugen, sollte man die knappe Regel beachten: **„Koch es, brat es, schäl es oder vergiss es".**

Buchtipps: Zum Thema Gesundheit hat Reise Know-How einige nützliche Ratgeber im Programm:
- Dr. Dürfeld, Dr. Rickels, **Selbstdiagnose und -behandlung unterwegs**
- David Werner, **Wo es keinen Arzt gibt,** Gesundheitshandbuch zur Hilfe und Selbsthilfe
- Armin Wirth, **Erste Hilfe unterwegs effektiv und praxisnah**
- Werner und Jeanette Lips, **Schwanger reisen**

- N. Enders, **Homöopathische Reisefibel.** Ein Begleiter für unbeschwertes Reisen, Verlag Hüthig Medizin

- Das **Centrum für Reisemedizin** (www.travelmed.de oder www.crm.de) gibt sehr nützliche, länderspezifische Reiseinformationen zum Thema Gesundheit heraus

Wer auf Nummer Sicher gehen will, kann sich zur Stärkung seiner Abwehrkräfte gegen Hepatitis A **impfen** lassen. Wer oft auf Fernreisen geht, sollte dies ohnehin tun, der Schutz mit einem aktiv wirkenden Impfstoff reicht 6 bis 10 Jahre. Und wer ganz sicher sein will, kann sich direkt eine Kombi-Impfung gegen Hepatitis A und B (Übertragung durch Viren aus fremden Körperflüssigkeiten) geben lassen.

Malaria

Gegen Malaria gibt es **keine Impfung,** sondern nur **medikamentöse Prophylaxe.** Dabei handelt es sich um eine Dauerbehandlung der Krankheit mit kleinster Arzneimitteldosis. Da laut WHO lediglich einige Gebiete Omans nach Regenfällen (z.B. der Dhofar in den Sommermonaten) zu den „Gebieten mit mittlerem Malariarisiko" gehören, sollte jeder in Abstimmung mit seinem Arzt abwägen, Vorsorgemedikamente einzunehmen oder auch nicht. **In den Städten, in Wüstengebieten sowie in Höhen über 2000 m besteht kein Malariarisiko.**

Malaria ist eine Infektionskrankheit, bei der durch den Stich der weiblichen **„Anopheles"-Mücke** die krankheitserregenden Parasiten (Plasmodien) übertragen werden. Man unterscheidet drei Arten der Malaria – je nach Erreger. **Malaria tropica** ist die gefährlichste Form, bleibt sie unbehandelt, kann sie tödlich enden. Sie zeigt sich durch unregelmäßige Fieberattacken (bis zu 40 Grad) und wird daher leicht als Grippe fehlgedeutet. Regelmäßige Fieberschübe treten bei den beiden anderen, weitaus häufigeren, aber weniger schlimmen Formen, der Malaria tertiana und der Malaria quartana, auf. Weitere Anzeichen sind Schüttelfrost, Übelkeit, Mattheit, Gliederschmerzen und Durchfall. Jede Fiebererkrankung sollte so lange als Malaria-verdächtig gelten, bis sie durch einen **Bluttest** ausgeschlossen wurde. Da die Zeit zwischen dem infizierten Mückenstich und dem Ausbruch des Fiebers mehrere Tage bis Wochen betragen kann, sollte man nach der Fernreise immer an eine Malaria denken und unbedingt einen Arzt aufsuchen. Aber Panik ist fehl am Platze, denn „Fieber" heißt nicht zwangsläufig „Malaria".

Die medikamentöse Malariavorsorge ist nicht ganz unproblematisch und verspricht keinen hundertprozentigen Schutz. Die Widerstandsfähigkeit **(Resistenz) der Erreger** hat sich in den letzten Jahren immer mehr ausgebreitet. Die WHO unterscheidet je nach Resistenz des Erregers drei Zonen. Welches Medikament wo eingenommen werden sollte, ist vor der Reise bei Gesundheitsämtern und Tropeninstituten zu erfragen. Wichtig ist es, die **Medikamenteneinnahme** bereits eine Woche vor der Reise zu beginnen und auch nach der Reise noch etwa vier Wochen fortzusetzen. Da die meisten Reisenden nur relativ kurz in Oman (speziell im Dhofar) bleiben und zudem eher selten draußen campen, sollte jeder Pro und Contra einer Malaria-Chemoprophylaxe sorgfältig abwägen. Die Behandlungsmöglichkeiten einer Malariainfektion sind heute recht gut, besonders wenn damit früh begonnen wird. Schwangere und Kinder sollten keine Malaria-Medikamente einnehmen.

Der beste Malariaschutz ist eine wirksame **Stichprophylaxe,** d.h. die **Vermeidung von Mückenstichen.** Daher gilt es, längere Aufenthalte an stehenden Gewässern zu vermeiden, am Abend körperbedeckende Kleidungsstücke anzuziehen und an freien Hautstellen Mückenschutzlotionen regelmäßig aufzutragen. Räume mit Klimaanlagen, die in Oman nahezu überall installiert sind, sind meist mückenfrei.

Chemoprophylaxe

Sowohl Lariam® als auch Resochin® müssen eine Woche vor Einreise ins Infektionsgebiet, während des Aufenthaltes und vier Wochen danach eingenommen werden, um die Inkubationszeit abzudecken.

Aufgrund der zunehmenden Resistenzen ist die Einnahme von **Lariam®** (Mefloquin) in Betracht zu ziehen. Die Einnahme erfolgt einmal wöchentlich. Trotz der möglichen (und gravierenden) Nebenwirkungen ist Lariam® noch das sicherste Medikament (aber auch hier nehmen die Resistenzen rapide zu). In der Schwangerschaft, bei Neigung zu Schlafstörung und Depression und bei geplantem Tauchurlaub sollte Lariam® nicht eingenommen werden.

Alternativ und meist verträglicher, jedoch mit deutlich niedrigerem Schutz ist die Kombination von **Resochin®** bzw. Weimerquin® (Chloroquin), das einmal pro Woche eingenommen wird, und Paludrine® (Proguanil), das zweimal täglich ab einem Tag vor Einreise ins Infektionsgebiet eingenommen wird. Diese Prophylaxe ist auch bei Aufenthalten über drei Monaten zu empfehlen.

Ein gänzlich neues (rein pflanzliches) Mittel zur Behandlung aller Malariatypen kommt aus China, heißt **Cotecxin®** und soll sehr effektiv sein. In Europa noch nicht erhältlich, wird es derzeit nur in den größeren Städten Ostafrikas vertrieben.

Stand-By-Mittel/ Therapie der Malaria

Die Mitnahme von Lariam® als sog. Stand-By-Prophylaxe, zur **Einnahme bei Fieber,** kann eine Alternative sein, v. a. für Langzeitaufenthalte, bei denen eine Medikamenteneinnahme über Jahre nicht vertretbar ist (Einnahme: 3 Tabletten, nach 6 Std. 2 Tabletten, nach weiteren 6 Std. 1 Tablette).

Bei Fieber mit und ohne Prophylaxe sollte ein Arzt aufgesucht werden, damit auch andere Fieberursachen entweder ausgeschlossen oder behandelt werden können. Für Reisen in Gebiete ohne ärztliche Versorgung kann der **Malariaschnelltest Malaquick®,** der ausschließlich (!) den P. falciparum-Stamm nachweist, mitgenommen werden.

Es bestehen noch folgende **Alternativen: Halfan®** (Halofantrin) sollte nur noch im Krankenhaus verwendet werden, da es dabei zu tödlichen Herzrhythmusstörungen gekommen ist (Einnahme: 3x2 Tabletten im Abstand von 6 Std.). Das gleiche gilt für Chinin (engl. Quinine; Einnahme 3x 500 mg pro Tag für 7–10 Tage evtl. in Kombination mit Doxycyclin 100 mg pro Tag). Fansidar® (Sulfadoxin/Pyrimethamin) zur Therapie und Daraprim® (Pyrimethamin) zur Prophylaxe sind wegen zunehmender Resistenz und häufigen Nebenwirkungen heute in Deutschland zur Malariabehandlung nicht mehr zugelassen. Noch nicht genügend Erfahrung liegt mit dem Kombinationspräparat Malarone® (Atovaquon/Proguanil) vor (Einnahme: 4 Tabletten an drei aufeinander folgenden Tagen).

Hygiene

Die hygienischen Zustände in Oman kann man als **sehr gut** bezeichnen. Der behördliche Hygienestandard für Hotels, Restaurants, Imbiss-Stände u. ä. ist sehr streng. Man braucht sich im Grunde nicht sehr viel mehr Sorgen um seine Gesundheit zu machen als zu Hause. Das gilt insbesondere für die großen Hotels und Restaurants. Und auch klei-

oman_065 Foto: fk

ne Lokale außerhalb der Hotels werden tadellos sauber gehalten.

Möchte man in einfachen Gastarbeiterlokalen oder Straßenimbissen essen, so sollte man vorsichtiger sein, obwohl dort immer noch die wohl reinlichsten Zustände der gesamten arabischen Welt herrschen.

Ebenfalls nichts zu wünschen übrig lässt die Sauberkeit des Straßenbildes. Herumliegender **Müll** ist nur vereinzelt zu sehen, dafür umso öfter eifrige Müllaufsammler auf ihren allmorgendlichen Streifzügen durch die entlegensten Winkel der Grünanlagen.

Die öffentlichen **Toiletten** sind zumeist gepflegt. Zudem kann der Tourist die spiegelblanken sanitären Einrichtungen der großen Hotels und Restaurants nutzen. Toiletten gibt es ferner in Fast-Food-Restaurants, Museen, in Einkaufszentren, in öffentlichen Einrichtungen (Parks, Behörden) und an Tankstellen. Oft handelt es sich um die im Orient weit verbreiteten Hocktoiletten. Sieht man jedoch einmal von der für Mitteleuropäer ungewohnten Haltung ab, so muss man diesen durchaus hygienische Vorteile bescheinigen. Die stillen Örtchen, die nicht oft von Ausländern aufgesucht werden, haben meist kein Toilettenpapier, da die Einheimischen zur Reinigung ihre linke Hand und viel Wasser nehmen.

Gut für die Gesundheit – frische Früchte an Obstständen (hier: in Salalah)

Krankheiten und Vorsorge

Erkältung

Die mit Abstand häufigste Auslandserkrankung ist eine ganz gewöhnliche Erkältung. Gerade in Oman, wo nahezu alle Gebäude mit einer **Klimaanlage** (engl. *air condition*) ausgestattet sind, sollte man daran denken, sich bei einem längeren Innenaufenthalt mit einem Pullover oder einer leichten Jacke vor Unterkühlung zu schützen. Das Risiko, sich zu erkälten, erhöht sich dadurch, dass die Temperaturunterschiede von draußen zu drinnen oft zwanzig Grad betragen und man meist verschwitzt ist.

Durchfall

Ursache eines Durchfalls sind nicht zwangsläufig Krankheitserreger in der Nahrung, vielmehr können **Übermüdung, Hektik, Zeitverschiebung, klimatische Änderungen** oder **ungewohnte Nahrungsmittel** dafür verantwortlich sein. Daher erkranken besonders viele Menschen in den ersten Urlaubstagen.

Wer nur in Restaurants der gehobenen Preisklassen isst, ist in der Regel gegen eine Magenverstimmung gefeit, zumindest werden verunreinigtes Essen oder mangelnde Hygiene kaum der Grund für Magenbeschwerden sein, eher schon die oben geschilderten Faktoren oder weil man schlichtweg zuviel geschlemmt hat ...

Darmtrakt-Empfindlichen und denjenigen, die auch mal gerne einen kleinen Snack auf der Straße oder in einem kleinen Imbisslokal probieren, sei beim Es-

Reiseapotheke

Auch wenn hochwertige Medikamente überall in Oman zu erhalten sind, so sollte man doch eine gut ausgestattete Reiseapotheke mitnehmen. Sie ist besonders für unerwartete Notfälle sinnvoll und vermittelt zudem ein gewisses Sicherheitsgefühl. Da die medizinische Versorgung im Sultanat gut ist, braucht man nur **geringe Mengen** einzupacken. Standardmedikamente (manchmal unter anderem Namen) gibt es in jeder Apotheke.

Reisende, die regelmäßig eine **bestimmte Medizin** einnehmen müssen, sollten einen entsprechenden Vorrat mitnehmen. Hat man diesen vergessen, so kann man in den großen Krankenhäusern oder Arztpraxen nach einer Medikamentenliste mit internationalen Bezeichnungen fragen und sich dann das entsprechende Präparat vor Ort besorgen. Wichtige Medikamente sollten vor dem Abflug in das Handgepäck gepackt und nicht mit dem Koffer aufgegeben werden.

Tipps für die Reiseapotheke

- Kopfschmerztabletten
- Fiebersenkendes Präparat
- Mittel gegen Magen- und Darmverstimmungen
- Verträgliche Medizin gegen Durchfall und Erbrechen
- Präparat gegen Reisekrankheit
- Sonnenschutzcreme, wasserfest, hoher Lichtschutzfaktor
- Mückenschutzmittel
- evtl. Malaria-Stand-By-Prophylaxe
- Breitbandantibiotikum
- Antibiotische Augensalbe (gegen Infektionen durch Flugsand)
- Wundsalbe und Wunddesinfektionsmittel
- Mullbinden und Pflaster
- Fieberthermometer

sen die Befolgung der Regel **„Koch es, brat es, schäl es oder vergiss es"** angeraten. Gerade in den ersten Tagen sollte man vorsichtig sein. Leitungswasser ist zwar sauber, aber besser ist es, abgefülltes Mineralwasser zu trinken.

Hat man einen **Durchfall,** so sollte man es dem Darm so leicht wie möglich machen und unbedingt den Flüssigkeits- sowie den Salzhaushalt ausgleichen. Hilfreich ist es, Fenchel- und Kamillentee mit etwas Salz und Traubenzucker oder Cola zu trinken sowie geriebene Äpfel, zerdrückte Bananen, Zwieback, Weißbrot oder Salzstangen zu essen. Vermeiden sollte man Milch, Fett und Eier. Hat man außerdem Fieber, Blut im Stuhl oder hält der Durchfall mehrere Tage an, so ist unbedingt ein Arzt zu konsultieren oder ein Krankenhaus aufzusuchen.

Zahnschmerzen

Es ist ratsam, seine Zähne einige Wochen **vor einer Fernreise** vom heimischen Zahnarzt durchsehen zu lassen, denn so lassen sich eventuelle Komplikationen mit großer Wahrscheinlichkeit vermeiden. Kommt es dennoch zu Zahnweh, so helfen fürs erste Schmerztabletten. Hält der Schmerz an, oder hat man sich im Mundraum verletzt, so sollte man einen Zahnarzt (engl. *dentist)* oder ein Krankenhaus aufsuchen, Adressen stehen in den praktischen Informationen zu den einzelnen Städten.

Reisekrankheit

Viele Menschen sind gegen die so genannte Reisekrankheit anfällig. Es ist eine an sich harmlose Reizung des

Gleichgewichtsorganes, das sich im Ohr befindet. Sie ruft **Übelkeit** hervor und tritt meist bei Reisen mit dem Flugzeug und dem Schiff auf. Sie kann aber auch bei holprigen und kurvenreichen Autofahrten (z. B. bei einer Berg- oder Wüstenexkursion) entstehen. Mit der Einnahme von Medikamenten ist sie leicht zu vermeiden.

Akklimatisation

Bei einer Reise in heiße Wüstenländer muss sich der gesamte Körper (Kreislauf, Wärmehaushalt, Schweißdrüsen) erst einmal langsam an das ungewohnte Klima anpassen. Besonders in den ersten Tagen wird man viel schwitzen, denn der Körper versucht mit der hervorgerufenen Wasserverdunstung die Haut zu kühlen. Körperliche Untätigkeit erschwert diese Anpassung ebenso wie übertriebene Bewegung, ein Mittelmaß wäre optimal. Sehr wichtig ist es, **viel zu trinken,** mindestens zwei Liter pro Tag. Um den **Mineralhaushalt** des Körpers auszugleichen, ist es nicht schlecht, die Speisen etwas stärker als sonst zu salzen. Hervorragend eignen sich auch **Datteln.** Durch ihren hohen Gehalt an verschiedenen Mineralien bieten bereits 15 bis 20 Datteln eine wertvolle und leckere Nahrungsergänzung.

Sonnenbrand/ Sonnenstich/Hitzekollaps

Einen **Sonnenbrand** sollte man nicht nur vermeiden, weil er schmerzt. Viel folgenreicher sind mögliche Spätschäden, die durch zu viel und zu starke UV-Bestrahlung entstehen. Dazu gehören Hautkrebs und vorzeitige Hautalterung. Vermeiden kann man einen Sonnenbrand, indem man sich möglichst oft im Schatten aufhält, Sonnencreme mit hohem Lichtschutzfaktor mehrmals täglich aufträgt und möglichst viel Haut bedeckt. Wenn man seine Haut bräunen möchte, ist ein überlegtes Sonnenbaden wesentlich gesünder als Rösten.

Keinesfalls sollte man sich in der Mittagszeit zu lange in der prallen Sonne aufhalten, bei zusätzlicher körperlicher Anstrengung und beengender Kleidung kann es leicht zu einem **Hitzekollaps** kommen. Gefährdet sind vor allem Kinder, kreislaufschwache und ältere Menschen. Betroffene leiden unter Schwindel, Übelkeit und Benommenheit, die Körpertemperatur steigt an. Man sollte umgehend aus der Sonne in einen kühlen Raum gehen und die durch starkes Schwitzen verlorene Flüssigkeit und Salze ersetzen.

Ein **Sonnenstich** entsteht, wenn der unbedeckte Kopf zu viel Sonne abbekommt. Es kann zu einer Reizung der Hirnhäute und schließlich zu Schwindel, Kopfweh, Unwohlsein und Erbrechen kommen. Auch hier gilt es, sofort aus der Sonne heraus in einen kühlen Raum zu gehen und den Kopf mit feuchten Tüchern zu kühlen.

Skorpionstich

Skorpione gibt es in den Wüstengebieten, sie stechen Menschen allerdings nur, wenn sie sich angegriffen fühlen. Da sie sich gerne unter schattigen Steinen oder Baumstämmen, aber auch in leeren Schuhen oder warmen Schlafsäcken verstecken, sollte man nach ei-

Medizinischer Sprachführer (Deutsch/Englisch)

- **Notfall:** emergency
- **Apotheke:** pharmacy
- **Krankenhaus:** hospital
- **Schmerzen:** pain
- **Kopfschmerzen:** headache
- **Zahnschmerzen:** toothache
- **Magenschmerzen:** stomach ache, stomach upset
- **Brechreiz:** nausea
- **Halsschmerzen:** sore throat
- **Ohrenschmerzen:** ear pain
- **Atembeschwerden:** difficulty in breathing
- **Husten:** cough
- **Schnupfen:** cold, blocked nose
- **Fieber:** fever, high temperature
- **Sonnenbrand:** sunburn
- **Sonnenallergie:** sun allergy
- **Schwangerschaft:** pregnancy
- **Durchfall:** diarrhoe
- **Verstopfung:** constipation
- **Schwindel:** dizziness
- **Kreislaufschwäche:** circulatory insufficiency
- **hoher Blutdruck:** high blood pressure
- **niedriger Blutdruck:** low blood pressure
- **Brandwunde:** burn
- **Vergiftung:** poisoning
- **Stich:** sting
- **Verstauchung:** spraining
- **Verrenkung:** dislocation
- **Medikament:** medicine
- **Antibiotikum:** antibiotic
- **Impfung:** vaccination
- **Salbe:** ointment
- **Verband:** bandage
- **Einnahme des Präparates:** administration of the medication
- **vor/nach/zum Essen:** before/after/during meals
- **im Mund zergehen lassen:** let (the tablet) dissolve slowly in your mouth
- **zerkauen:** chew
- **schlucken:** swallow
- **in Wasser auflösen und trinken:** dissolve in water and drink

ner Übernachtung unter freiem Wüstenhimmel sein gesamtes Gepäck erst einmal vorsichtig ausschütteln. Manchmal vergraben sich Skorpione auch im Sand. Deshalb ist es angebracht, feste Schuhe zu tragen und nicht barfuß durch die Dünen zu spazieren.

Die meisten Skorpionarten sind harmlos, aber leider nicht alle. Je nach Art können an der Stichstelle schnell starke Schmerzen und Schwellungen sowie Übelkeit, Erbrechen, Muskelzittern, Herzjagen, Sehstörungen, Atemnot, Krämpfe oder auch Schockzustände auftreten. Da bei manchem Skorpiongift Lebensgefahr für den Menschen bestehen kann, sollte man bei diesen Symptomen so schnell wie möglich einen Arzt aufsuchen, um sich dort mit Medikamenten behandeln und evtl. ein Gegenserum spritzen zu lassen.

Krankenhäuser/ Ärzte/Kliniken

Sollte man ärztliche Hilfe benötigen, so stehen in den praktischen Informationen zu den einzelnen Städten Krankenhäuser und Kliniken mit **Adressen** und Telefonnummern. An der Hotelrezeption oder von der Reiseleitung kann man weitere Adressen erfahren oder einen Arzt rufen lassen. Möchte man einen **deutschsprachigen Arzt** konsultieren, so besteht die Möglichkeit, bei der Botschaft oder dem Konsulat des Heimatlandes anzurufen und sich Adressen nennen zu lassen.

Oman verfügt über ein **gut organisiertes Gesundheitssystem.** Die medizinische Grundversorgung ist gewähr-

oman_081 Foto: fk

leistet und der Standard der medizinischen Versorgung sehr hoch – besonders in der Hauptstadtregion. Im Verhältnis zur Bevölkerungszahl gibt es eine ausreichende Anzahl an Ärzten und Krankenhausbetten. Die Technik ist auf dem neuesten Stand und die Sauberkeit vorbildlich. **Fast alle Ärzte haben im Ausland studiert,** viele Spezialisten sind Ausländer und sprechen sehr gut englisch.

Für die Omanis und Ausländer, die für die Regierung arbeiten, ist die medizinische Versorgung in den Regierungskrankenhäusern, staatlichen Krankenstationen und Gesundheitszentren kostenlos. In den zahllosen Privatpraxen müssen die Behandlungen allerdings selbst bezahlt werden. Die medizinische **Notfallversorgung** in den Krankenhäusern ist für alle **kostenlos.**

Touristen müssen für alles, was über die medizinische Notfallversorgung hinaus geht, bezahlen. Wer zu Hause eine private Auslandskrankenversicherung abgeschlossen hat, was unbedingt zu empfehlen ist, bekommt diese Kosten nach Vorlage von Quittungen und Bescheinigungen im Normalfall erstattet (Näheres siehe im Abschnitt „Versicherungen").

Neben staatlichen und privaten Krankenhäusern gibt es zahlreiche **private Arztpraxen** und so genannte **„Clinics"**, die meist nichts anderes sind, als Gemeinschaftspraxen verschiedener Fachärzte (auch Zahnärzte, *dentists*) in einem Gebäude.

Kinder in Rustaq

Apotheken

In allen größeren Ortschaften in Oman findet man Apotheken (engl. *pharmacy*) vor. Die meisten von ihnen haben stets ein umfangreiches Sortiment an Medikamenten großer internationaler Pharmakonzerne vorrätig. Die Preise für Arzneimittel werden staatlich kontrolliert und sind meist niedriger als in Deutschland.

Apotheken haben, von einer Mittagspause abgesehen, von frühmorgens bis zum Abend geöffnet. Das Apothekenpersonal spricht üblicherweise sehr gut englisch.

Apotheken mit wechselndem **Nachtdienst** gibt es in jeder größeren Stadt. Die Orte, Apotheken und deren Telefonnummern werden (in englischer Sprache) zum einen in den Tageszeitungen bekannt gegeben, zum anderen erscheinen sie im Anschluss an die Nachrichtensendungen im Fernsehen.

Wie bei uns sind in den großen Apotheken auch medizinisches Zubehör, Babynahrung, Kosmetika und ähnliches erhältlich.

Bei den praktischen Informationen zu den einzelnen Städten stehen **Adressen** und Telefonnummern diverser großer Apotheken. Auf den ersten Seiten des Telefonbuches findet sich eine Liste mit Apotheken.

Rettungsflüge

Sollte man im Urlaub so schwer erkranken oder verletzt sein, dass man nicht in Oman behandelt werden möchte oder kann, so besteht je nach Zustand des Patienten die Möglichkeit, sich mit einem Rettungsflug nach Hause fliegen zu lassen.

Hat man vor der Reise eine Auslandsreise-Krankenversicherung (siehe „Versicherungen") abgeschlossen, und bescheinigt der behandelnde Arzt die Notwendigkeit eines Rettungsfluges, so trägt die Versicherungsgesellschaft die nicht geringen Kosten.

Nach Möglichkeit sollte in dem Vertrag eine Kostenübernahme eines ärztlich angeordneten „medizinisch sinnvollen" und nicht nur eines „medizinisch notwendigen" Rettungsfluges vereinbart werden.

Informationsstellen

Internationale Vorwahlnummern stehen im Abschnitt „Post und Telefon" (Ortsnetzzahlen gibt es in Oman nicht).

Oman besitzt im Ausland **kein Fremdenverkehrsamt.** Neben Büchern und den Websites im Internet bilden die folgenden Adressen wichtige Informationsstellen über Oman:

- **Deutsch-Omanische Gesellschaft e.V.**
Im Hause Commerzbank AG, D-60261 Frankfurt, Tel. 069/13624785-89, Fax 069/13626621; Büros auch in Muscat und Salalah (hat sich zum Ziel gesetzt, die Freundschaft zwischen Deutschland und Oman zu stärken und die Zusammenarbeit auf kulturellem, wirtschaftlichem und wissenschaftlichem Gebiet zu fördern; veranstaltet Seminare, Konferenzen und wechselseitige Besuche, Informationen allerdings nur an Mitglieder bzw. „ausgewählte" Personen)

e-Mail: deutschoman@pobox.com
Website: www.deutschoman.de

● **Oman Studies Centre**
Dieselstr. 4, D-75173 Pforzheim (unabhängiges privates Dokumentationszentrum, das seit 1975 Literatur und Informationen zu Oman sammelt und Forschungsarbeiten zu Oman registriert, unterstützt und koordiniert; beantwortet auch gezielte Einzelfragen und liefert Literaturhinweise)
e-Mail: oman@oman.org
Website: www.oman.org

● **Directorate General of Tourism**
(Ministry of Commerce and Industry)
P. O. Box 550, Ruwi 113, Sultanate of Oman, Tel. 796527, 785085, 774331, Fax 794213
Website: www.tourismoman.com/

Informationen im Internet

Wer über einen Internet-Anschluss verfügt, kann im riesigen Informationsangebot des **World Wide Web** auch Interessantes über Oman ausfindig machen. Die richtigen Adressen als Startpunkt erleichtern die Suche erheblich, da die gängigen Suchmaschinen meist zu viele uninteressante Seiten auflisten. Idealer Ausgangspunkt für eine Oman-Recherche ist die **Website des Oman Studies Centre** mit vielen Informationen und Links für die verschiedensten Bereiche: **www.oman.org.**

Websites speziell zu Oman

● **www.deutschoman.de**
(Deutsch-Omanische Gesellschaft)
● **www.omannews.com**
(Oman News Agency)
● **www.omanobserver.com**
(Tageszeitung in Englisch)
● **www.omantimes.com/**
(Tageszeitung in Englisch)
● **www.omanyellowpages.com.bh/**
(Gelbe Seiten)
● **www.omaninfo.com**
(Oman Information Center)
● **www.omanet.com**
(Homepage des omanischen Informationsministeriums)
● **www.omantel.net.om**
(Oman Telecommunications Company)
● **www.soukofoman.com**
(Souk of Oman)
● **www.omanonline.com/**
(Oman Online)
● **www.inforamp.net/~emous/oman/**
(Oman Infoworld)
● **www.omansites.com/**
(Suchmaschine bzw. Verzeichnis speziell zu Oman)
● **www.tourismoman.com/**
(Tourismus-Infos)
● **www.squ.edu.om**
(Sultan Qaboos University)
● **www.oman-embassy.de**
(Omanische Botschaft in Deutschland)

● **Oman Mail-List:** Informationen zur Oman Mail-List, in der die verschiedensten Themen diskutiert werden, findet man auf:
www.oman.org/maillist.htm

Arabische Länder allgemein

● **www.arabia.com** (Arabia.Com)
● **www.arab.net** (Arab Net)
● **www.al-bab.com** (Al-Bab)
● **www.1001sites.com** (1001 Sites)
● **www.ex-oriente-lux.de** (Ex-Oriente-Lux)
● **www.arabdatanet.com/**
(Arab Data Net Businessnews)
● **www.washingtonpost.com/**
(verfolgt man die Links /World/Middle East/Oman erhält man Nachrichtensammlungen und einige Links)
● **www.middleeastdaily.com**
(Middle East Daily)
● **www.gulfbusiness.com**
(Gulf Business News)
● **www.reise-know-how.de**

Zum Thema Islam

Deutschsprachige Internetadressen zum Islam allgemein:
● **www.infolink-islam.de/**
● **www.arei-net.net/Arabien/**

- www.muslimcity.de/
- www.islamia.de/
- www.islam-welt.de
- www.islam.de
- www.al-islaam.de

Interessante **englischsprachige** Websites:
- www.islam-today.com
- www.geocities.com/sa_el_at/index.html
- www.Islamic-Resources.com
- www.islamicart.com/

Qur'anübersetzungen in Deutsch:
- www.orst.edu/groups/msa/quran/index_g.html
- www.kuran.gen.tr/html/deutsch/index.php3
- www.teblig.de/kuran/qurspra.htm

Auf dem Markt in Mutrah

oman_057 Foto: fk

Weitere Informationsstellen

Die folgenden Gesellschaften und Interessenverbände sind nicht ausschließlich auf Oman ausgerichtet, sondern beziehen ihre Arbeit auf den gesamten arabischen Kulturkreis. Man kann auf Anfrage jedoch auch spezielle Informationen über das Sultanat erhalten. Der Versand von Informationsmaterial erfolgt meist nur gegen Übersendung eines Porto- und Unkostenbeitrages.

- **Deutsch-Arabische Gesellschaft e.V.**
Calvinstr. 23, D-10577 Berlin, Tel. 030/80941992, Fax 030/80941996 (initiiert länderübergreifende Wirtschafts- und Studienreisen, Infotreffen, Sprachunterricht, beantwortet Fragen der wirtschaftlichen Zusammenarbeit)
e-Mail: info@d-a-g.de
Website: www.d-a-g.de
- **Euro-Arabischer Freundeskreis e.V.**
Trautmannstr. 5, D-81373 München, Tel. 089/7604498, Fax 089/7691856 (Förderung und Ausbau der Beziehungen der Völker in kulturellen, zwischenmenschlichen und politischen Bereichen, Infos und Tipps zu Kultur und Touristik, Infohefte- und Treffen, Diaabende)
e-Mail: Helmut.Six@EAF-ev.de
Website: www.eaf-ev.de
- **Deutsches Orient-Institut**
Mittelweg 150, D-20148 Hamburg, Tel. 040/4104227, Fax 040/441484 (Forschung, Information und Dokumentation mit den Staaten des Nahen und Mittleren Ostens und Nordafrikas, Publikationen, Bibliothek, Archiv, Zeitschrift „Orient")
e-Mail: doihh@uni-hamburg.de
Website: www.doihh.de
- **Deutsches Office für Pilgerwesen und islamische Angelegenheiten**
Robert-Koch-Str. 18, D-80538 München, Tel. 089/294625 (islamisches Religionsamt der BR Deutschland, Informationen zum „reinen" Islam, Liste mit islamischen Festtagen, islamischer Kalender)

- **Dokumentationsstelle für islamische Kunst und Kultur**
Gotthard-Str. 71, D-80689 München, Tel. und Fax 089/54644089 (Bündelung von Informationen über Kunst, Kultur und Geschichte der islamischen Welt, eigene Veröffentlichungen, Bücherpanoramen, Symposien, Bücherausstellungen, Erarbeitung spezieller Bibliographien)
- **Deutsche Arbeitsgemeinschaft Vorderer Orient für gegenwartsbezogene Forschung und Dokumantation e.V. (DAVO)**
c/o Prof. G. Meyer, Geographisches Institut der Universität Mainz, 55099 Mainz, Tel. 06131/3922701, Fax 06131/3924736 (gegenwartsbezogene Forschung und Dokumentationen zum Vorderen Orient)
e-Mail: davo@geo-uni-mainz.de
Website: www.davo-online.de
- **Deutsche Zentrale für Globetrotter e.V.**
Postfach 301033, 40410 Düsseldorf, Tel. 0700/45623876, Fax 0681/5959675 (größte deutsche Weltenbummler-Vereinigung)
e-Mail: vorstand@globetrotter.org
Website: www.globetrotter.org
- **Globetrotter-Club**
Rennweg 35, CH-8023 Zürich, Tel. 01/2138080, Fax 2138088 (größter schweizer Globetrotterclub)
e-Mail: globetrotter@blue-win.ch
Website: www.globetrotter.ch
- **Traveller Club Austria**
Schreyvogelgasse 3, A-1010 Wien, Tel. 01/5335441, Fax 01/5335449 (größte österreichische Vereinigung Weltreisender)
e-Mail: traveller@clubbfst.org
Website: www.bfst.org/travellerclub

Kleidung und Gepäck

Reisebekleidung

Kleider machen Leute – das gilt auch für Touristen. Kurze Hosen, Miniröcke, tiefe Dekolletés oder enge T-Shirts sind bei Frauen nicht nur unpassend, sondern auch unhöflich. Angebrachter ist es, soviel Haut wie möglich zu bedecken, das schützt nebenbei noch vor Sonnenbrand. Shorts und Muskelshirt sollte „Mann" sich für den Strand oder den Pool vorbehalten.

Übermäßige Anpassung dagegen kann auch lächerlich wirken, z. B. traditionell omanische Kleidung. Eine *dishdasha* ist durchaus ein schönes Souvenir, muss aber nicht im Sultanat getragen werden.

Wegen der klimatischen Bedingungen sind leichte **Naturfasern** wie Baumwolle, Leinen, Seide oder Viskose bzw. moderne Mikrofasern empfehlenswert. Da viele Räume klimatisiert sind und es in den Wintermonaten auch am Abend etwas kühler werden kann, sollte man auch an eine leichte **Jacke** oder einen **Pullover** denken. Dickere Nachtbekleidung darf beim Campen in den Bergen nicht fehlen.

Die **Schuhe** müssen luftdurchlässig, leicht und bequem sein. Der Großteil der männlichen Omanis trägt Ledersandalen, und besonders die Frauen legen Wert auf teure und gepflegte Schuhe. Für Ausflüge in die Wüste oder die Berge ist gut passendes und robustes Schuhwerk wichtig.

Checkliste Reisegepäck

- Geld, Zahlungsmittel, Papiere, Visum, Flugticket, Führerschein, Passfotos, Buchungsbestätigung, Kopien aller Dokumente
- Geldgürtel für Papiere
- Geldbörse für Kleingeld
- Reiseliteratur
- Reiseapotheke und Medikamente, die regelmäßig eingenommen werden müssen
- Mückenschutzmittel, Vitamin- und Mineralsalztabletten
- Sonnencreme (mit hohem Lichtschutzfaktor), Sonnenbrille oder/und Sonnenhut
- Badeschuhe (gegen Verletzungen durch scharfe Felsen)
- Fotoapparat oder Videokamera, Zubehör (Polfilter) und Ersatzbatterien, ausreichend Filme
- Für Schnorchler und Taucher die entsprechende Ausrüstung; Tipp: Kamera-Unterwassergehäuse
- Tagesrucksack für Ausflüge
- Für Treckingtouren: stabiler Rucksack, Wanderschuhe, Regenschutz und ggf. Campingausrüstung
- Für Naturliebhaber und Vogelbeobachter lohnt sich ein Fernglas
- Bequeme und luftige Reisekleidung
- Körperpflege- und Kosmetikartikel

Badebekleidung gehört allein an die Swimmingpools und an die Strände. Beim Strandbummel sollte man etwas überziehen und keinesfalls in Badebekleidung in benachbarte Dörfer oder durch die Hotellobby in sein Zimmer spazieren. Für Frauen ist „oben ohne" sowohl an den Pools als auch an den Stränden verboten.

Geschäftsleute sollten mindestens einen Anzug, aber auch legere und elegante Abendbekleidung einpacken.

Klima und Reisezeit

Klima

Das Klima im Sultanat unterscheidet sich von Region zu Region stark voneinander, ist feucht-heiß an der Küste und trocken-heiß im Landesinnern. Es gibt grob gesehen zwei Jahreszeiten: Der **Sommer,** der von Mai bis September dauert, ist mit Tageshöchsttemperaturen zwischen 35 und 45°C für die meisten Europäer unerträglich heiß. Insbesondere in Muscat, der Hauptstadt, die von einem hitzestauenden Felsenkessel umgeben ist, können die noch einmal höheren Temperaturen und die kaum abkühlenden Nächte die Assoziation eines „Höllenfeuers" aufkommen lassen. Ein weiterer Nachteil der Sommermonate, gerade in den Küstenregionen, ist die **extrem hohe Luftfeuchtigkeit,** die mit Werten von über neunzig Prozent so manchem Kreislauf mehr zu schaffen macht als die eigentliche Hitze.

Wesentlich milder ist der **Winter,** der von Oktober bis April dauert. Die „kalte Jahreszeit" bringt, auch für Europäer, relativ angenehme Temperaturen zwischen 20 und 30°C. Die Luft ist trocken und klar, und nur hin und wieder **regnet** es. In den Bergen fällt mehr Niederschlag als an den Küsten.

In den **Bergen** liegen die Temperaturen das gesamte Jahr über um einige Grad niedriger, in den **Wüstengebieten** um einige Grad höher als an den Küstenstreifen. Dafür ist in der Wüste die Luftfeuchtigkeit weitaus geringer, so dass das Wüstenklima insgesamt als weniger unangenehm empfunden wird. Da es in der Wüste zudem nachts extrem abkühlt, bringen die Nächte ausreichend Erfrischung und Erholung.

Sonnenschein und blauen Himmel kann man fast das gesamte Jahr über genießen. Die Sonnenscheindauer liegt in den Wintermonaten bei einer Rekorddauer von durchschnittlich neun Stunden pro Tag.

In fast allen Innenräumen, ebenso in den meisten Autos, sorgen **Klimaanlagen** (engl. *air condition,* Abk. AC) für willkommene Kühlung, insbesondere in den Sommermonaten.

Omans südlichste Provinz **Dhofar** ist die einzige des Landes, in der regelmäßig Niederschläge fallen. Jeden Sommer beginnt Mitte Mai die **Mon-**

Der trockene Jebel Qamar im Dhofar wird von den Monsun-Regenfällen nicht erreicht

oman_075 Foto: fk

sunzeit. Die vom Meer kommenden feuchten und kühlen Luftmassen des Südwestmonsuns „khareef" stauen sich an den Hängen des Dhofar-Gebirges und hüllen die Küstenebene in dicke Nebelschwaden. Binnen kürzester Zeit sind die kargen Berghänge von einem grünen Teppich überzogen. Nicht nur grasende Kamele haben daran ihre Freude, sondern auch zahlreiche Touristen aus dem Norden des Landes und aus den benachbarten Golfstaaten, die sich dieses auf der arabischen Halbinsel einmalige Naturschauspiel aus Wind, Wolken, Nebel und Regen sowie das mit höchstens 35°C für sie „milde" Sommerklima nicht entgehen lassen möchten. Wegen der starken Winde kann man allerdings zu dieser Zeit nicht baden und Ausflüge können wegen zu dichtem Nebel durchaus ins Wasser fallen – im wahrsten Sinne des Wortes. Außerdem bereitet die Luftfeuchtigkeit von 96 Prozent alles andere als Wohlbehagen. Westlichen Touristen sei es daher dringend empfohlen, erst gegen Ende der Monsunzeit, also ab September/Oktober in den Dhofar zu reisen. Dann hat das kühlere und trockenere Winterklima bereits begonnen, aber die Natur ist immer noch von der „Dusche" der letzten Monate erblüht.

Weiteres zu Wetter und Klima findet sich im Abschnitt „Klima" im Kapitel „Naturraum".

Reisezeit

Aus dem Klima Omans ergibt sich, dass die Monate zwischen Oktober und Mai, besser noch **zwischen November und März,** eine ideale und angenehme Reisezeit sind. In den **Dhofar** kann man, mit gewissen Einschränkungen, auch in der Zeit des Sommermonsuns zwischen Mai und September reisen – wegen der touristischen Hochsaison sollte man dann rechtzeitig an die Hotelreservierung denken.

Wer dennoch im **Sommer** verreisen will oder dies aus geschäftlichen Gründen muss, der sollte es ebenso machen wie die Omanis und sich möglichst wenig außerhalb des Einflussbereiches einer Klimaanlage aufhalten. Ein stabiler Kreislauf sowie eine lange und ruhige Eingewöhnungsphase erleichtern es dem Europäer, sich an die klimatischen Bedingungen anzupassen. Die Sommermonate bieten die Vorteile, dass die Hotels nicht so voll sind wie im Winter und die Preise häufig niedriger liegen.

Medien

Nahezu alle **Hotelzimmer** sind mit Fernseher und Radio ausgestattet. Dort kann man neben dem omanischen Sender via **Satellitenschüssel** auch Kanäle aus Europa oder Asien empfangen. Besonders oft laufen ägyptische und indische Liebes- oder Gewaltfilme und Seifenopern, die in unseren Augen so laienhaft produziert und übertrieben geschauspielert wirken, dass sie schon wieder sehenswert sind. Amerikanische oder europäische Spielfilme kann man via Satellitenfernsehen ebenso empfangen wie die neuesten Musikvideos. Es laufen auch amerikanische Sitcom-Serien, Quizsendungen und Comics, die auch bei uns wohlbekannt sind.

Englischsprachige Nachrichtensendungen kommen regelmäßig. Neben Sendungen in Englisch und Arabisch werden andere in Französisch, Indisch, Pakistanisch, Philippinisch oder Bengali ausgestrahlt.

Fernsehen

Oman Television

Das **staatliche omanische Fernsehen** existiert **seit November 1974.** Bis zu diesem Jahr wurden Nachrichten quasi auf dem Kamel- oder Pferderücken im Land verbreitet. Regierungsentscheidungen wurden so den walis in den entlegensten Dörfern mitgeteilt, die dann, von Trommelschlägen angekündigt, öffentlich ausgerufen wurden.

Heute sendet das unter der Schirmherrschaft des Informationsministeriums stehende „Oman Television“ landesweit – vornehmlich eigene Produktionen. Jeden Abend läuft um 20 Uhr eine **englischsprachige Nachrichtensendung,** es werden auch englischsprachige Spielfilme mit arabischen Untertiteln gezeigt. Sehenswert sind die Naturfilme und Dokumentationen zur Landesentwicklung sowie die vielen Einspielungen mit traditionellen Tänzen und Gesängen. Immer wieder flimmern Spots des Umwelt- und Gesundheitsministeriums über die Mattscheibe und unterrichten die Omanis über die Bedeutung des Naturschutzes sowie der Schonung der Wasserressourcen und liefern Informationen zur gesundheitlichen Aufklärung. Auch die Reden von Sultan Qaboos und die Sitzungen der Majlis ash-Shura werden öffentlich übertragen. Ansonsten ist das omanische Programm von Familien- und Kulturprogrammen, eigens produzierten Historien-Spielfilmen, omanischen soap-operas und Kinderfilmen à la „Heidi auf Arabisch" geprägt. Viel Sendezeit entfällt auf religiöse Sendungen wie Qur'anlesungen – insbesondere während des Ramadhan. Es werden auch klassische Konzerte des königlichen Symphonieorchesters übertragen.

Traditioneller Brunnen mit Lederschöpfsack

oman_083 Foto: fk

Internationale Satellitenprogramme

Über „Euro-Sat", „Asia-Sat" und „Arab-Sat" wird eine bunte Palette von Programmen (inkl. Sprachverwirrung) präsentiert, z. B.:

- **Deutsche Welle TV**
Asiatische Variante der Deutschen Welle, gesendet wird wechselweise in verschiedenen Sprachen
- **BBC World Service Television**
Britischer Nachrichtensender
- **CNN**
Amerikanischer Nachrichtensender
- **Star Plus**
Indische und amerikanische (Comedy-)Serien, Quizsendungen, Comics, Spielfilme usw.
- **Star Movies**
Überwiegend indische und amerikanische Serien und Spielfilme
- **Channel V/MTV**
Englischsprachige, indisch geprägte Musiksender

Radio

1970 konnten die Omanis in der Hauptstadtregion und in Salalah erstmals Radiosendungen empfangen.

„Radio Oman" sendet heute auch in englischer Sprache: im Hauptstadtbereich von 7–22 Uhr auf UKW (FM) 90,4 und in Salalah auf 94,3 MHz.

In der Hauptstadtregion kann man auf 15575 kHz **BBC World Service Radio** hören (rund um die Uhr, halbstündlich Weltnachrichten).

Auch die **Deutsche Welle** sendet ihr Programm weltweit. Der Empfang ist in Oman zwar nicht immer gut, aber wer auf aktuelle Nachrichten aus der Heimat nicht verzichten mag und einen Kurzwellenempfänger bei sich hat, der kann es im Norden des Landes tagsüber auf den Frequenzen 13780 und 15275 kHz und abends auf 9545 kHz probieren.

Zeitungen/Zeitschriften

Die Palette **arabischsprachiger** Zeitungen und Zeitschriften ist weitaus umfangreicher als die englischsprachige. Überall werden die lokalen Nachrichten deutlich ausführlicher behandelt als die internationalen.

Ausländische Zeitungen und Zeitschriften, vorwiegend britische und deutsche, werden in den großen Hotels, in Supermärkten und in Buchläden mit englischsprachiger Literatur verkauft; Adressen unter den praktischen Informationen zu den Städten.

Deutschsprachige Zeitungen und Zeitschriften kann man nur mit einigen Tagen Verspätung bekommen.

Im Sultanat sind die folgenden **englischsprachigen** Zeitungen und Zeitschriften erhältlich:

Englischsprachige Zeitungen

- **Oman Daily Observer**
Omanische Tageszeitung
Website: www.omanobserver.com
- **Times of Oman**
Omanische Tageszeitung
Website: www.omantimes.com
- **Gulf News**
Für die gesamte Golfregion
Website: www.gulf-news.com
- **Khaleej Times**
Für die gesamte Golfregion
Website: www.khaleejtimes.com
- **Gulf Today**
Für die gesamte Golfregion
Website: www.thegulftoday.com
- **Im Internet** News auch von der Oman News Agency: **www.omannews.com**

Englischsprachige Magazine

- **Oman Today**
1 RO; zweimonatlich erscheinendes omanisches Magazin mit zahlreichen Berichten über kulturelle, naturräumliche, sportliche Themen, gesellschaftliche Ereignisse oder sonstigen Unterhaltungs-Artikeln. Zudem eine Fülle von Veranstaltungs-, Einkaufs- und Ausflugstipps, touristisch interessanten Adressen (Autovermieter, Tourveranstalter, Sportclubs, Hotels, Airlines etc.). Aufgelistet sind auch Restaurants aller Preisstufen samt ihrer Spezialitäten und regelmäßige (Buffet-) Themenabende, Abendveranstaltungen und Sportkurse.
- **What's on**
Emiratische Monatszeitschrift mit Veranstaltungstipps für die V.A.E. und Oman. Enthält eine Fülle von Tipps und Adressen zu Einkaufs-, Freizeit- und Sportmöglichkeiten sowie die Termine aller kulturellen und sportlichen Veranstaltungen, Ausstellungen und Messen. Außerdem werden die Themen und Termine der Buffets der großen Hotelrestaurants sowie die Veranstaltungen in den Nachtclubs und Discos genannt. Die meisten Tipps beziehen sich auf die V.A. Emirate.
- **Adventure Oman**
Interessantes, viermal jährlich erscheinendes Magazin mit Beiträgen zu verschiedenen Abenteuer- und Outdooraktivitäten, 1,5 RO.
- **Business Today** und
Oman Economic Review
Omanische Wirtschaftsmagazine
- **The Middle East**
Monatliches Magazin aus London zu Wirtschaft, Zeitgeschehen, Kultur und Gesellschaft
- **Meed – Middle East Business Weekly**
Wirtschaftsmagazin

Nachtleben

Das omanische Nachtleben ist sehr überschaubar, denn es spielt sich **größtenteils in den internationalen Hotels** ab. Auch Alkohol kann dazugehören. Da der öffentliche Genuss allerdings untersagt ist und Alkohollizenzen nur an Hotels oder große Restaurants vergeben werden, beschränkt sich das feucht-fröhliche Feiern auf relativ wenige Etablissements. Die meisten Möglichkeiten der Abendgestaltung findet man in der Hauptstadtregion.

Die großen **Restaurants** bieten in wöchentlichem Wechsel diverse **Themenabende** an, z. B. Steak-, Seafood-, Vegetarian-, Pasta-, Grill-, Indonesian-, Maghrebian-, Chinese-, Lebanese-, French-, Thai-, Mongolian-, Surprise-, Óle-Óle-Nights. Meistens werden die landestypischen Spezialitäten in Form eines Buffets serviert – natürlich mit Lizenz zum Alkoholausschank.

In den **Bars, Pubs, Nachtclubs, Cocktail-Lounges und Discos der Hotels** sorgen Live-Musik von internationalen Bands, Performances von Tänzern, Spielshows, Verlosungen oder ein wechselndes Abendprogramm für Unterhaltung. Viele Bars und Nachtclubs bieten dem weiblichen Publikum auch spezielle **„Ladies-Nights“.** Überall kann man auch etwas zu Essen bestellen, und fast überall gibt es zur **„Happy Hour“** verbilligte alkoholische Getränke. Meist fallen diese „glücklichen Stunden“ auf den frühen Abend zwischen 18 und 20 Uhr. Viele Bars, Pubs und Cocktail-Lounges haben schon mittags oder ab dem späten Nachmittag geöffnet. Näheres zu den Öffnungszeiten steht in den praktischen Informationen zu den einzelnen Städten.

Für alle Nachtschwärmer ist das **Magazin „Oman Today“** (siehe oben) Pflichtlektüre, denn darin sind neben Tipps auch alle aktuellen Themen der Buffetabende und Unterhaltungsveranstaltungen sowie die „Happy Hour“-Zeiten aufgeführt.

Kinos sind fest in der Hand der indischen Gastarbeiter. Die in diesen „Hindi-Höhlen“ vorgeführten Filme sind nur interessant für Liebhaber intrigendurchsetzter Historiendramen, rührender Liebesromanzen, schnulziger Familienkomödien oder brutaler Gewaltszenen, die allesamt hochdramatisch gespielt und en masse produziert werden.

Auf den Straßen der Hauptstadtregion ist es bis etwa 21 Uhr belebt, denn bis zu dieser Zeit haben viele Geschäfte, Souqs, Einkaufszentren und auch viele öffentliche Parks geöffnet. Auch kaum ein Straßenrestaurant oder Imbiss schließt seine Türen vor 23 Uhr. Der größte Betrieb herrscht in den frühen Abendstunden, wenn die Hitze vorüber ist und die Einheimischen nach Arbeitsschluss ihren bevorzugten Freizeitbeschäftigungen nachgehen: dem Bummeln durch die Parks, Schaufenstergucken und Einkaufen. Hierbei kann man deutlich unterscheiden zwischen dem omanischen und dem indischen Vorabendleben.

Im **Ramadhan** verlagert sich nahezu das gesamte Freizeitleben auf die Abend- und Nachtstunden (siehe hierzu „Feste und Feiertage“).

Notfall und Hilfe

Zu **Krankheitsfällen** und **Rettungsflügen** siehe unter „Gesundheit". Die Telefonnummern und **Adressen von Krankenhäusern** stehen bei den praktischen Informationen zu den einzelnen Städten.

Die **Telefonnotrufnummer für Polizei und Feuerwehr** lautet: **999.**

Unfall

Bei Verkehrsunfällen muss man unbedingt auf die **Polizei** warten. Ohne eine **offizielle Schadensmeldung** darf keine Werkstatt ein Unfallauto reparieren, und auch die Versicherungen zahlen nichts. Wer mit einem beschädigten Wagen umherfährt, kann sofort von der Polizei gestoppt und nach diesem Protokoll gefragt werden. Durch diese Regelung will man Fälle von Fahrerflucht verhindern.

Folgende **Daten** sind wichtig: Name, Anschrift des Unfallgegners; Angaben über seine Versicherung und deren Adresse; Name und Anschriften von Zeugen; Angaben zum Unfallhergang

Man sollte eine **Kopie des Polizeiprotokolles** ausgehändigt bekommen.

Benötigt man einen **Rechtsanwalt,** so nennen die Botschaften und Konsulate des Heimatlandes Anwälte, die auf jeden Fall englisch, vielleicht sogar deutsch sprechen.

Verlust von Reisepapieren

Hat man das wichtigste Personaldokument, den **Reisepass,** verloren, so kann man sich bei den diplomatischen Vertretungen des Heimatlandes melden und sich nach dem Ersatz erkundigen. Dazu muss man eventuell eine Verlustbestätigung der Polizei vorlegen. Außerdem muss man sich auch ausweisen können, z. B. durch die Vorlage eines Personalausweises. Wer dies nicht kann, der muss damit rechnen, dass die Auslandsvertretung zuerst Kontakt mit dem Heimatland aufnimmt, um die Identität zu überprüfen. Dadurch können unter Umständen einige Tage vergehen. Kopien des Originaldokumentes erleichtern die Arbeit der Auslandsver-

oman_389 Foto: fk

Der Wärter des Forts von Rustaq

tretung. Wenn dies alles erfüllt ist, kann ein Antrag auf Ausstellung eines „Reiseausweises als Passersatz zur Rückkehr in das Heimatland" gestellt werden. Dieser Ersatz berechtigt aber nur zur direkten Heimreise. Wenn man einen Pass zur Weiterreise in andere Länder benötigt, müssen Zeitverluste in Kauf genommen werden. Dann muss die Auslandsvertretung die Passbehörde des ständigen Wohnsitzes des Antragstellers mit der Ausstellung eines neuen Passes beauftragen. Möchte man einen Europapass, so kann es aufgrund der zentralen Herstellung und des Versandweges zu einer Wartezeit von bis zu acht Wochen kommen. Kurzfristig kann aber auch ein in der Regel auf ein Jahr befristeter vorläufiger Reisepass durch die örtliche Auslandsvertretung ausgestellt werden.

Beim **Verlust von nicht unbedingt benötigten Dokumenten** wie Personalausweis oder Führerschein braucht man die Botschaften nicht zu kontaktieren, denn diese Papiere können sowieso nur von den Behörden des Heimatortes ersetzt werden.

Einen Ersatz von verlorenen **Flugtickets** bekommt man bei den Vertretungen der Fluggesellschaft (Adressen bei den praktischen Informationen zu den einzelnen Städten). Auch hier erleichtern Kopien die Arbeit, diese also immer separat von den Originalen aufbewahren.

Verlust von Geld

Geht die gesamte Reisekasse, die niemals nur aus Bargeld bestehen sollte, verloren, so kann man Angehörige im Heimatland mit einer **Auslandsüberweisung** beauftragen. Es ist kein Problem, Geld nach Oman zu überweisen, wenn auch die Gebühren der heimatlichen Banken teilweise sehr hoch sind (ca. 16 Euro pro Vorgang). Meist wird der Betrag innerhalb weniger Tage auf dem Konto gutgeschrieben, die Auszahlung kann in Devisen erfolgen. Zur Überbrückung helfen die Auslandsvertretungen mit einem Notfallkredit aus.

Der **Verlust von Reiseschecks** ist weniger schlimm, denn sie werden nach einer Meldung bei den Notfall-Servicestellen der Ausstellerfirma binnen 24 Stunden kostenlos ersetzt. Wichtig ist, dass man die Nummern der verlorengegangenen Schecks nennen kann. Das setzt voraus, dass man sich die der bereits eingetauschten notiert und separat aufbewahrt hat, oder dass man deren Wechselquittungen (mit den vermerkten Schecknummern) besitzt.

Bei **Verlust der Kreditkarte** sollte man diese schnellstmöglich sperren lassen, um Missbrauch zu verhindern.

Weitere Notfälle

Eine Informationsschrift des deutschen Auswärtigen Amtes besagt, dass „die Auslandsvertretungen in **Not geratene Reisende** bei Diebstahl, Verlust von Personaldokumenten, Tod oder Vermisstsein eines Angehörigen/Reisepartners, Verhaftung, Beurkundung, Nachlassangelegenheiten, inneren Unruhen und Naturkatastrophen unterstützen"; Informationen des deutschen Auswärtigen Amtes unter Tel. 01888/174444.

Öffentliche Verkehrsmittel

Welche öffentlichen Verkehrsmittel zwischen den omanischen Orten verkehren, wo sie abfahren und was sie kosten, steht ausführlich im dritten Teil dieses Buches („Unterwegs in Oman"). Zu den Entfernungen im Land vgl. auch die Tabelle im Anhang des Buches.

Stadtverkehr

Taxis

Die praktischsten und wichtigsten öffentlichen Verkehrsmittel für Touristen sind Taxis. Die weißen Fahrzeuge erkennt man leicht an ihrer großen, runden Plakette, dem Taxischild auf dem Dach und den grell-orange lackierten Kotflügeln.

Funkruftaxis gibt es nur in der Hauptstadtregion (siehe dort).

Entweder man hält ein Taxi durch Winken an der Straße an, oder man steigt in einen an den Taxiständen (siehe „Praktische Informationen" der einzelnen Städte) bzw. vor den Hotels bereitstehenden Wagen. Taxameter gibt es meist nicht, so dass der **Fahrpreis** erfragt werden muss. Entgegen vielen anderen arabischen und asiatischen Ländern wird man in Oman nicht, oder zumindest nur selten, übers Ohr gehauen. Die Fahrpreise sind, verglichen mit den anderen Golfstaaten, recht hoch, liegen jedoch noch immer deutlich unter den in Deutschland üblichen. Die gängigsten Strecken (beispielsweise von und zum Flughafen oder Streckenabschnitte entlang der Hauptstraßen) haben einen Festpreis, die Hoteltaxis nehmen allerdings durchweg höhere Tarife.

Der Preis richtet sich neben der Entfernung auch nach dem Umstand, ob man das Taxi alleine mietet (engl. **engaged**) oder ob unterwegs noch weitere Fahrgäste, die in die selbe Richtung möchten, mitgenommen werden (engl. **service**). Dabei wird der Preis auf die Anzahl der Mitfahrenden umgerechnet und beträgt meist nur einige hundert Baisa. Bei Touristen gehen die Fahrer häufig davon aus, dass sie keine weiteren Mitfahrer aufnehmen sollen – insbesondere, wenn man nicht irgendwo auf freier Strecke ein Taxi heranwinkt, sondern vor einem Hotel einsteigt.

Die Taxifahrer, die vor Hotels warten, können meist relativ gut englisch. Alle Taxifahrer sind Omanis (Ausländer erhalten keine Lizenz) und kennen sich daher meist gut aus. Jedoch ist es in Oman so, dass nur wenige **Straßennamen** gebräuchlich sind, Hausnummern gibt es überhaupt nicht. Am besten ist es, sich vor Fahrtantritt selber grob kundig zu machen und einen in der Nähe des Wunschziels gelegenen **Orientierungspunkt** zu nennen, etwa ein Hotel, einen zentralen Verkehrskreisel, ein Einkaufszentrum, eine Moschee oder ein markantes Bauwerk.

Stadtpläne der einzelnen omanischen Städte finden sich im Reiseteil des vorliegenden Buches. Unbekannte Adressen finden sich besser, wenn man zuvor kurz dort anruft und sich den Weg und die nahen Orientierungspunkte beschreiben lässt.

Busse

Ein gut ausgebautes Netz an Stadtbussen besteht **nur in der Hauptstadtregion.** Näheres dazu bei Muscat.

Fernverkehr

Sammeltaxis

Die zahlreichen Sammeltaxis, weiße japanische **Kleinbusse mit Taxischild,** sind die beste Möglichkeit, sich mit öffentlichen Verkehrsmitteln von Stadt zu Stadt fortzubewegen.

Sie fahren an festen Plätzen ab und haben einen festen Endpunkt. Man teilt sich das Auto mit weiteren Reisenden (vier bis sechs insgesamt), die das selbe Ziel haben. Sammeltaxis fahren in der Regel erst ab, wenn sie voll sind, der Fahrpreis pro Person ist festgelegt. Ist noch ein Platz frei, so nehmen die Taxis unterwegs noch Mitfahrer auf - auch für kurze Strecken.

Überlandbusse

Die meisten größeren Orte Omans sind an das Netz der **„Oman National Transport Co."** angeschlossen. Die Busse fahren häufig und regelmäßig und zudem stets pünktlich ab.

Die **Expressbusse** sind nicht nur schnell unterwegs, sondern auch von hohem Fahrkomfort sowie mit Klimaanlage und Video ausgestattet. Auch nach Salalah (Rückfahrticket 16 RO), nach Nizwa und Ibri, zu den Erdölfeldern von Fahud und nach Dubai/V.A.E. fahren täglich solche Expressbusse.

Die **Abfahrtszeiten** und die Zielorte sind an den Bushaltestellen durch ein Schild kenntlich gemacht, Fahrpläne (vgl. auch nebenstehende Tabelle) kann man z. B. in dem Fahrkartenhäuschen der Oman National Transport Co. in Ruwi bekommen, **Informationen** auch unter den nachstehenden Telefonnummern: Azaiba: 590046; Ruwi: 708522; Mutrah: 714422; Salalah: 292773; Dubai: 226241.

Im Fastenmonat Ramadhan gelten zum Teil andere Fahrpläne mit niedrigerer Frequenz.

Internationale Flüge

Siehe unter „Anreise".

Inlandsflüge

Die **nationale Fluglinie Oman Air** verbindet Muscat mit Salalah und Khasab (Flugtage siehe bei den jeweiligen Städten). Eine **Reservierung** sollte **rechtzeitig** erfolgen, mindestens am besten mehrere Wochen vor Flugantritt. Flugverzögerungen aufgrund des Wetters sind durchaus keine Seltenheit und müssen einkalkuliert werden, insbesondere nach Khasab. Daher sollte man seinen Flug von diesen Orten zurück nach Muscat nicht zu kurzfristig vor den Heimflug oder den Ablauf seines Visums legen.

Infos bei Oman Air in Muscat, Tel. 707222, 750812, Fax 795546, Website: www.oman-air.com/; Infos und Reservierung auch in den großen Reisebüros (siehe bei Muscat).

Die Flugverbindungen werden auch in den omanischen Tageszeitungen abgedruckt.

Überlandbusse

Route	Zeit	Ziel
Ab Ruwi (Muscat)		
100 E*	6.00, 19.00	Salalah; täglich
54 E*	8.00	Iraqi über Nizwa, Ibri; täglich
54 E*	14.30	Yanqul über Nizwa, Ibri; täglich
59	16.00	Dhank über Nizwa, Ibri; täglich
41 E*	13.00	Buraimi über Sohar; täglich
57	14.00	Al-Mudhaybi über Izki, Sanaw; täglich
52	17.30	Sanaw über Al-Mudhaybi; täglich
55	7.30, 14.30, 16.30	Sur über Ibra, Mintirib; täglich
62 E*	7.00	Fahud über Izki; Samstag bis Donnerstag
201 E*	7.30, 16.30	Dubai; täglich
202 E*	7.00	Abu Dhabi über Buraimi; täglich
Ab Salalah		
100 E*	6.00, 19.00	Muscat; täglich
Ab Nizwa		
54 E*	8.00, 17.50	Ruwi; täglich
59	10.15	Ruwi; täglich
54 E*	10.20	Ibri, Iraqi; täglich
54 E*	16.50	Ibri, Yanqul; täglich
59	18.50	Ibri, Dhank; täglich
Ab Ibri		
54 E*	6.45, 16.05	Nizwa, Ruwi; täglich
59	8.10	Nizwa, Ruwi; täglich
54 E*	12.25	Iraqi; täglich
54 E*	18.45	Yanqul; täglich
59	20.55	Dhank; täglich
Ab Dhank		
59	7.00	Ibri, Nizwa, Ruwi; täglich
Ab Iraqi		
54 E*	15.40	Ibri, Nizwa, Ruwi; täglich
Ab Yanqul		
54 E*	5.10	Ibri, Nizwa, Ruwi; täglich
Ab Buraimi		
41	7.00, 13.00	Sohar, Ruwi; täglich
Ab Sohar		
41	8.55, 15.00, 19.05	Ruwi; täglich
41	9.45, 15.55, 18.55	Buraimi; täglich

Überlandbusse

Route	Zeit	Ziel
Ab Sur		
55	6.00, 12.00	Ibra, Ruwi; täglich
55	14.30	Ibra, Ruwi; Samstag bis Donnerstag
55	16.30	Ibra, Ruwi; Freitag
61	17.00	Bani Bu Ali; täglich
Ab Sanaw		
57	6.20	Ruwi über Izki; täglich
52	7.00	Ruwi über Samad; täglich
Ab Al-Mudhaybi		
57	6.00	Ruwi über Izki; täglich
52	7.20	Ruwi über Samad; täglich
Ab Ibra		
55	9.45, 16.45, 19.20	Sur; täglich
55	8.00, 14.40	Ruwi; täglich
55	16.30	Ruwi; Sanstag bis Donnerstag
55	18.30	Ruwi; Freitag
Ab Bani Bu Ali		
61	6.15	Sur; täglich
Ab Fahud		
62 E*	14.00	Ruwi; Samstag bis Donnerstag
Ab Marmul		
101 E*	14.00	Ruwi; täglich
Ab Dubai		
201 E*	7.30, 17.30	Muscat; täglich
Ab Abu Dhabi		
202 E*	14.30	Muscat; täglich

Öffnungszeiten

In Oman sollte man nicht vergessen, dass das **muslimische Wochenende** der **Donnerstagnachmittag und** der **Freitag** sind; dementsprechend gelten die Büro-, Geschäfts- und Öffnungszeiten. Zur Zeit des wichtigen **Gebetes am Freitagmittag** haben viele Geschäfte, Geldwechsler, Imbisse, Restaurants oder sonstige Einrichtungen, die übers Wochenende und über Mittag offen sind, ungefähr zwischen 11.30 und 13.30 Uhr geschlossen.

Im muslimischen Fastenmonat **Ramadhan** gelten andere Öffnungszeiten, die vormittags stets reduziert und abends ausgeweitet werden.

Behörden, öffentliche Einrichtungen und Firmen

- **Behörden und Büros** (auch Ministerien, Botschaften und Konsulate) haben Donnerstagnachmittag und freitags geschlossen. Ihre offiziellen Öffnungszeiten sind samstags bis mittwochs von 7.30/8–13 oder 14 Uhr.
- Die meisten **private Firmen** arbeiten nachmittags (außer Donnerstag) wieder von etwa 16–19 oder 20 Uhr, und viele haben auch samstags geöffnet.
- **Banken** haben samstags bis mittwochs meist zwischen 8 und 12 Uhr offen, donnerstags schließen viele bereits um 11 Uhr. Während des Ramadhan öffnen sie erst um 9 Uhr.
- **Wechselstuben** öffnen samstags bis donnerstags etwa von 8–12 oder 13 Uhr und von 16–19 oder 20 Uhr. Einige wechseln auch über Mittag und sogar Freitagnachmittag Geld.
- Die meisten **Postämter** haben samstags bis Mittwoch vormittags von 7.30/8–13.30/14 Uhr sowie nachmittags von 15.30/16–18.30 oder 21 Uhr geöffnet; donnerstags nur vormittags von 8/9–11 Uhr. Freitags sind sie geschlossen. Die jeweiligen Postöffnungszeiten stehen bei den praktischen Informationen zu den einzelnen Städten.
- Bei **Museen, Forts und anderen Sehenswürdigkeiten** gibt es keine einheitlichen Öffnungszeiten. Museen haben meist nur vormittags von 7.30–14 Uhr geöffnet, sonst hat fast alles über Mittag geschlossen. Die einzelnen Öffnungszeiten stehen im Reiseteil dieses Führers unter „Sehenswertes". Besonders in kleineren, selten besuchten Festungen gibt es meist keine festen Zeiten, sondern die Öffnung ist davon abhängig, ob ein Verantwortlicher anwesend ist.

Geschäfte und Märkte

- Die allgemeine Öffnungszeit der meisten **Geschäfte** und **Boutiqen** auf der Straße und in den Einkaufszentren, der **Apotheken** sowie der **Reisebüros, Tourveranstalter** und **Fluggesellschaften** liegt Samstag bis Donnerstag von 8/9–13 Uhr sowie von 16–21/22 Uhr.
- Die Geschäfte in den großen **Souqs** haben vormittags die gleichen Ladenzeiten, nach der Mittagspause öffnen auch sie gegen 16 und schließen gegen 21 Uhr. Der Souq von Mutrah schließt bereits gegen 20 Uhr. Souqs und Märkte in kleineren Orten sind mitunter nur vormittags offen.
- Die meisten großen **Supermärkte** öffnen von 8–22 Uhr, manche auch bis Mitternacht. Auch viele **kleine Lebensmittelgeschäfte** haben durchgehend und bis in den späten Abend hinein offen.
- **Freitagvormittag** bleiben viele Läden geschlossen. Dementgegen herrscht auf den Souqs der Dörfer zu dieser Zeit Hochbetrieb, denn dort finden Freitagvormittag die beliebten und sehenswerten Freitagsmärkte (arab. souq al-jama'a) statt.

Restaurants und Bars

- Die meisten **Restaurants,** insbesondere die der Hotels, haben über Mittag und am Abend geöffnet. Die Öffnungszeiten liegen im Allgemeinen zwischen 12 und 15 sowie

19 und 23 Uhr. Freitagmittag öffnen sie allerdings erst nach dem Mittagsgebet, ab etwa 13 Uhr.

- Die **Coffeeshops und Lounges** der großen Hotels haben oft rund um die Uhr oder zumindest von frühmorgens bis spätabends geöffnet.
- **Restaurants und Cafés in den Einkaufszentren** haben meist die oben erwähnten Öffnungszeiten, auch wenn die benachbarten Geschäfte und Boutiquen geschlossen haben.
- Da es **im Ramadhan** untersagt ist, tagsüber öffentlich zu essen oder zu trinken, haben die Straßenrestaurants, Imbisse und Cafés vor Sonnenuntergang geschlossen und dafür abends länger offen. In den Hotels haben fast alle Restaurants geöffnet und auch tagsüber bekommt man wie gewohnt sein Essen serviert. Die Cafés und Lounges in den offenen Empfangshallen sind allerdings tagsüber zu. Manchmal wird in einer Ecke allerdings ein Bereich mit einem Vorhang blickdicht abgetrennt und man kann dahinter eine Erfrischung oder einen Snack zu sich nehmen. Alkoholische Getränke gibt es nicht.
- **Nachtclubs** öffnen meist erst gegen 19 Uhr, manche Bars oder Pubs haben aber auch über oder ab Mittag geöffnet. Discos sind oft kombiniert mit Bars oder Nachtclubs, Tanzmusik wird dann aber meist erst ab 22 Uhr gespielt. Viele Bars und Nachtclubs drehen den Bierhahn ab 23 Uhr zu.

Bei den praktischen Informationen zu den einzelnen Städten sind die **Öffnungszeiten** der Restaurants, Bars und Nachtclubs erwähnt. Da sie sich aber schnell ändern können, dienen sie eher als Orientierung und erheben keinen absoluten Anspruch auf Richtigkeit. Wer vor einem exklusiven Mahl oder einem Geschäftsessen auf Nummer Sicher gehen will, sollte vorher anrufen und sich kurz nach den aktuellen Öffnungszeiten und evtl. nach dem Thema des Buffet-Abends erkundigen und einen Tisch reservieren.

oman_076 Foto: fk

Post

Noch 1970 gab es in Oman nur ein Postamt, die Beförderung von Briefen hing vom Entgegenkommen Reisender ab. Doch das omanische Postwesen hat sich in den letzten drei Jahrzehnten unglaublich schnell entwickelt und entspricht mittlerweile mitteleuropäischem Standard.

Die meisten **Postämter** haben über Mittag, Donnerstagnachmittag und Freitag geschlossen. Kleinere Filialen haben auch nachmittags zu. Die Adressen der Postämter und die Öffnungszeiten stehen in den praktischen Informationen zu den einzelnen Städten.

Briefmarken kann man zudem in den Hotelshops und manchmal sogar an den Kassen der Lebensmittelgeschäfte kaufen. Oman bringt regelmäßig neue, teilweise sehr schöne Briefmarken heraus. Viele sind historischen, nationalen oder kulturellen Ereignissen gewidmet oder bilden Motive wie traditionelle Kleidung oder Tiere ab. **Sammler** finden eine große Auswahl auch an älteren Marken, Jahrgangsalben, Blöcken und Ersttagsbriefen im Philatelic Department im ersten Stock des Hauptpostamtes von Ruwi (beim Turm der Rundfunk und Fernsehgesellschaft). Die Postadresse lautet: Philatelic Department, P. O. Box 3338, Ruwi 112.

Modernes Einkaufszentrum
in der Capital Area

Die der Form von Dolchgriffen nachempfundenen **Briefkästen** kann man an ihrer **knallorangen Farbe** sehr gut erkennen.

Kurierdienste

- In Muscat und Salalah gibt es eine Anzahl verschiedener, auch international arbeitender Kurierdienste (z. B. **DHL, TNT).** Einige sind in den praktischen Informationen der jeweiligen Städte erwähnt.
- **data-post** und **EMS** (Express Mail Service) sind staatliche, weltweit operierende Eilzustelldienste; in vielen Postämtern der Hauptstadtregion und in Salalah.

Postadressen

Möchte man Post nach Oman schicken, so muss man bei den Adressenangaben **immer das Postfach** (engl. Abkürzung: **P. O. Box)** und den **postal code** angeben (z. B. Ruwi 112, Sohar 321). Der postal code ordnet jedem Postamt eine dreistellige Nummer zu und soll eine schnellere Zustellung gewährleisten. Eine Angabe der Straße kann man sich sparen, da sie überflüssig ist. Es gibt keine Briefträger, die wie bei uns die Post nach Hause transportieren. In Oman hat jeder ein Postfach, an dem er sich seine Briefe abholt. Die Postfächer vieler Omanis oder Firmen befinden sich aber nicht in dem Stadtteil, in dem sie wohnen, sondern mitunter bei einem ganz anderen Postamt, das beispielsweise günstig auf dem Weg zur Arbeit liegt. Am besten ist es, die Adressen in großen, deutlich geschriebenen Buchstaben zu notieren, und die P. O. Box und den postal code eindeutig zu kennzeichnen.

Kommt die Post mit einem **Kurierdienst,** so ist das Postfach nicht nötig. Wichtig sind genaue Ortsangaben, zur Sicherheit aber auch den Straßennamen vermerken.

Bei den Adressen in diesem Buch sind meist auch die Straßennamen vermerkt, denn so lässt sich mit Hilfe eines Stadtplanes alles leichter finden. **Keinesfalls darf man der Versuchung verfallen, bei einem angegebenen postal code auf die Wohnadresse des Empfängers zu schließen.**

Luftpostporto nach Europa

- Briefe bis 10 Gramm: 200 Bs
- Briefe bis 20 Gramm: 350 Bs
- Briefe bis 50 Gramm: 1 RO
- Briefe bis 100 Gramm: 1,800 RO
- Einschreiben: 200 Bs Aufschlag
- Postkarten: 150 Bs
- Aerogramme: 150 Bs
- Päckchen bis 100 Gramm: 600 Bs
- Päckchen bis 250 Gramm: 1 RO
- Päckchen bis 500 Gramm: 2 RO
- Päckchen bis 1000 Gramm: 4 RO

Luftpost nach Europa ist knapp eine Woche unterwegs, im Ramadan allerdings etwas länger.

Porto innerhalb Omans

- Briefe bis 20 Gramm: 50 Bs
- Postkarten: 30 Bs

Porto in die Golfstaaten (Luftpost)

- Briefe bis 20 Gramm: 80 Bs
- Postkarten: 50 Bs

Reisen mit Kindern

Die **Menschen in Oman** sind alle ausgesprochen **kinderfreundlich.** Auch fremde Kinder werden überall mit offenen Armen empfangen, ihnen wird jeder Wunsch von den Augen abgelesen. Oft werden sie mit kleinen Geschenken überhäuft und können sich so wie ein „kleiner Sultan" fühlen. Manchmal erleichtern Kinder so auch den Kontakt zu den Omanis.

In den **Hotels** kann man sich überall ein Zusatzbett aufstellen lassen und zahlt lediglich einen Aufschlag auf den Doppelzimmerpreis. Je nach Hotel und Alter des Kindes kann dieser Service auch gratis sein.

Alles was man so braucht, wenn man mit Kindern verreist, bekommt man auch in Oman, so dass nicht alles vorratsweise mitgebracht werden muss. Es ist nicht schlimm, wenn man das ein oder andere vergisst, denn von der Babynahrung über Windeln, Puder und Schnuller bis hin zu Spielzeug und Kleidung gibt es einfach alles zu kaufen. Viele Marken sind von zu Hause bekannt, denn es überwiegen Importe. In den großen Supermärkten gibt es ein vielfältiges Sortiment an Nahrungs- und Körperpflegeartikeln – und selbst in kleinen Kramläden findet man zumindest Plastikwindeln. Von dem Spielzeug- und Bekleidungsangebot in den Souqs und Kaufhäusern ganz zu schweigen.

In den vielen öffentlichen **Parks** gibt es immer eine Anzahl von **Spielgeräten** und für Frauen und Kinder reservierte

oman_090 Foto: fk

Tage. In zahlreichen **Restaurants** stehen extra **Familienräume** oder -bereiche bereit. Die weit verbreiteten Fast-Food-Restaurants verfügen über einen **Kinderspielbereich.** Man sollte immer bedenken, dass Omanis und viele Gastarbeiter, die im Sultanat leben, meist mehrere Kinder haben, und dass viele Bereiche kinderfreundlicher ausgestattet sind als bei uns.

Viele Buchten fallen flach ins Wasser ab, in den großen Hotels sind oft Kinderpools und Spielgeräte vorhanden.

Wer mit Kindern verreist, sollte besonders genau **auf ihre Gesundheit achten.** Beruhigend ist, dass Oman frei von den in tropischen Entwicklungsländern vorkommenden Ansteckungskrankheiten ist. Die im Abschnitt „Gesundheit" erwähnten Tipps sind bei Kindern besonders zu beherzigen. Zusammenfassend gilt:

Da Kinder infolge des veränderten Klimas besonders gegenüber Infektionskrankheiten oft anfälliger sind als Erwachsene, müssen sie über einen ausreichenden **Impfschutz** verfügen (Tetanus, Diphtherie, Kinderlähmung, Masern, Mumps, Röteln, Hepatitis A, Meningitis, Typhus). In jedem Falle sollten sich die Eltern vor einer Fernreise von einem Kinderarzt beraten lassen, sowohl über Impfungen, als auch über gut verträgliche Reisemedikamente.

Auch **Magen-Darm-Störungen** treten bei Kindern leichter als bei Erwach-

Junger Tierfutterverkäufer auf dem Wochenmarkt

senen auf, und man sollte die Ursachen so gut es geht vermeiden. Wird ein Säugling nicht gestillt, sondern erhält Flaschennahrung, so sollten Flasche und Sauger sorgfältig gesäubert, und die Milch nur mit Mineralwasser zubereitet werden. H-Milch, Milchpulver und sonstige Kindernahrung bekannter internationaler Firmen sind in jedem Supermarkt erhältlich.

Gerade **kindliche Haut** ist besonders empfindlich gegenüber Sonnenstrahlen, und ausreichender Sonnenschutz sollte stets gewährleistet sein. Eltern sollten darauf achten, dass ihre Kinder genug trinken. Auch das Risiko, dass sie sich bei dem ständigen Wechsel von der Hitze draußen zu den klimatisierten Räumen drinnen erkälten, ist bei Kindern höher als bei Erwachsenen.

In der Regel sind **Flugreisen** für Kinder unproblematisch, wenn auch etwas stressig. Da Kinder aufgrund der noch nicht komplett ausgebildeten Nebenhöhlen besonders empfindlich auf Druckveränderungen reagieren, sollte man ihnen etwas zum Kauen bzw. kleinen Kindern die Flasche geben, denn dann gelingt der Druckausgleich besser. Kinder mit akuten Infektionskrankheiten wie einer Mittelohrentzündung oder Nasen-Rachen-Infektion dürfen nicht fliegen.

Wegen der für fast jedermann unerträglich heißen Temperaturen sollte man **darauf verzichten, in den Sommermonaten mit Kindern auf die Arabische Halbinsel zu reisen.**

Reiseveranstalter

Bei der folgenden Auswahl von Reiseveranstaltern kann man seinen Urlaub pauschal buchen bzw. nur sein Hotel und/oder seinen Mietwagen. Viele bieten auch die Möglichkeit der Kombination mit anderen Ländern der Region. Alle Nennungen geschehen ohne Wertung, andere Veranstalter können ähnliche Programme im Angebot haben; weitere Adressen nennen Reisebüros.

Veranstalter in Deutschland

Große Veranstalter

Die Kataloge sind in den meisten Reisebüros erhältlich, ihre Programme können dort gebucht werden:

- **AIRTOURS**
- **DER Tour Deutsches Reisebüro**
- **FERIA**
- **GeBeCo**
- **Meier's Weltreisen**
- **OFT-Reisen**

Kleine und mittlere Veranstalter

Sie sind nur in wenigen Reisebüros vertreten, man sollte sie direkt kontaktieren:

- **Bedu Expeditionen**
Neureutherstr. 10, 80799 **München**
Tel. 089/62439791, Fax 62439885
e-Mail: mail@bedu.de
Website: www.bedu.de
(Oman-Spezialist, Geländewagenrundreisen, Trekking-, Kamel- und geologische Touren, individuelle Arrangements aus Flug, Hotel und Mietwagen)
- **Geoplan Touristik**
Steglitzer Damm 96b, 12169 **Berlin**
Tel. 030/7954021, Fax 7954025
e-Mail: geoplan@geoplan.net
Website: www.geoplan.net

(Flug- und Hotelbuchung, Rundreisen, individuelle Jeep-Touren, Trekking)

- **Geo-Tours**
Schopstraße 17, 20255 **Hamburg**
Tel. 040/4919832, Fax 4903227
e-Mail: info@ geo-tours.de
Website: www.geo-tours.de
(Expeditionsrundreisen)
- **Klaus Gehrmann Travel EMS Tours**
Eigelstein 98, 50668 **Köln**
Tel. 0221/160743, Fax 1607450
e-Mail: info@ems-tours.de
Website: www.ems-tours.de
(Rundreisen und Hotelaufenthalte)
- **Minitrek-Expeditionen**
Bergstr. 153, 69121 **Heidelberg**
Tel. 06221/401443, Fax 402688
(Expeditionsrundreisen)
- **Synform GmbH/Arabia Felix**
Schwere-Reiter-Str. 35/2b, 80797 **München**
Tel. 089/30779200, Fax 3002841
e-Mail: info@oman.de
Website: www.oman.de
(Individuelle Reisen)
- **Thron und Partner**
Eschersheimer Landstr. 325, 60320 **Frankfurt,** Tel. 069/5603455, Fax 561024
e-Mail: thron.fra@t-online.de
Website: www.thron-partner.de
(Geführte und Mietwagen-Rundreisen)
- **Windrose Fernreisen**
Neue Grünstr. 28, 10179 **Berlin**
Tel. 030/ 2017210, Fax 20172117
e-Mail: info@windrose.de
Website: www.windrose.de
(Flug- und Hotelbuchung, Geländewagenrundreisen)

Veranstalter in Österreich

- **Emad Tours**
Parkring 16, 1010 **Wien**
Tel. 0222/5127007, Fax 5127008
e-Mail: emad-tours@emad-tours.at
(Flug- und Hotelbuchung, Rundreisen)

Veranstalter in der Schweiz

- **ARABICA Orient-Reisen**
Dornhaldestr. 79, 3627 **Heimberg**
Tel. 079/3351100, Fax 033/4383839
e-Mail: eambros@arabica-orientreisen.ch
Website: www.arabica-orientreisen.ch
(Individuelle Kleingruppenreisen)
- **Bischofberger Info-Reisen**
Dufourstr. 157, 8034 **Zürich**
Tel. 01/3822484, Fax 3822433
e-Mail: bir@bluewin.ch
Website: www.bischofberger-reisen.ch
(Hotelbuchung, Rundreisen)
- **Holiday Maker Tours**
Postfach 7084, 8023 **Zürich**
Tel. 01/2213236, 2213385, Fax 2213576
e-Mail: holiday@holiday-maker.ch
Website: www.holiday-maker.ch
(Hotel- und Mietwagenbuchung, geführte Gruppenrundreisen, geführte individuelle Rundreisen und Self-Drive-Mietwagenreisen)
- **Imholz**
Bimensdorferstr. 108, 8036 **Zürich**
Tel. 01/4554444, Fax 4554419
Website: www.imholz.ch
(Hotelbuchung, geführte Rundreise, Mietwagen-Rundreise)

Reiserecht

Das **europäische Reisevertragsgesetz** gestattet dem Urlauber, bis zum Beginn der Reise jederzeit von seinem Vertrag zurückzutreten. Dafür muss der Reisende aber eine Pauschalentschädigung zahlen. Der Reiseveranstalter hat dabei die Pflicht, Schaden weitestgehend zu mindern, indem er dafür sorgt, dass die freigewordenen Plätze anderweitig vergeben werden und unnötige Aufwendungen erspart bleiben. Wer eine gebuchte Reise nicht antreten kann/will, dem eröffnet das Gesetz die Möglichkeit, bis zum Reisebeginn dem Veranstalter eine Ersatzperson zu benennen.

Sollte man **während seiner Reise** merken, dass man Grund zur **Klage über Mängel** hat, so sind auch diese rechtlichen Grundlagen im Reisevertragsgesetz geregelt. Die gesetzlichen Vorschriften gelten für Pauschalreisen, nicht aber für die bloße Vermittlung einer einzelnen Reiseleistung, wie beispielsweise eines Linienflugs oder eines Mietwagens.

oman_092 Foto: fk

Gebetsnische der Moschee in Muslimat

Folgende **Grundsätze** kommen zur Anwendung:

- Der Reiseveranstalter muss für alle Leistungen, die er in seinem Reiseprospekt anbietet, in eigener Verantwortung einstehen. Für Pannen beim Flug, für den Verlust des Gepäcks beim Transfer vom Flughafen zum Hotel oder für Mängel bei der Hotelunterbringung haftet also der Reiseveranstalter, nicht die Fluggesellschaft oder das Hotel.
- Weichen Leistungen zum Nachteil des Urlaubers von Versprechungen des Veranstalters (z. B. im Reiseprospekt und der Reisebestätigung) ab, so kann der Reisende Abhilfe verlangen. Hat etwa ein Feriengast laut Katalog und Reisebeschreibung ein „Zimmer auf der Meeresseite" seines Urlaubshotels gebucht, soll aber in ein Zimmer mit Blick auf die Hauptverkehrsstraße oder gar ohne Fenster untergebracht werden, kann er verlangen, dass man ihn wie versprochen unterbringt. Solange der Mangel nicht behoben wird, mindert sich der Reisepreis um den Betrag, den die Urlaubsreise dadurch weniger wert ist; der Reisende muss den Mangel allerdings unverzüglich anzeigen.
- Der Reisende hat die Möglichkeit (aber nicht die Pflicht), selbst Abhilfe zu schaffen und dem Reiseveranstalter die Kosten hierfür in Rechnung zu stellen. Voraussetzung ist, dass er dem Veranstalter bereits erfolglos eine Frist gesetzt hat, in der dieser dem Mangel hätte abhelfen können. Selbsthilfe kann zum Beispiel der Umzug in ein Ersatzhotel oder die Einnahme der Mahlzeiten in einem vergleichbaren Restaurant sein.
- Erreichen die Mängel ein solches Ausmaß, dass der gesamte Urlaub als verdorben anzusehen ist (im Gesetz „erhebliche Beeinträchtigungen der Reise"), so braucht der Urlauber die Reise nicht bis zum Ende durchzustehen. Er kann nach erfolglosem Ablauf einer dem Veranstalter gesetzten Frist kündigen, d. h. seine Reise abbrechen. In diesem Fall hat der Veranstalter ihn unverzüglich zurückzubefördern. Mehrkosten der Rückbeförde-

rung gehen zu seinen Lasten. Der Urlauber schuldet dem Veranstalter nicht den vollen Reisepreis. Er braucht ihm nur den Wert der Leistungen zu ersetzen, die er bis zum Abbruch der Reise in Anspruch genommen hat.
- In den Fällen der „erheblichen Beeinträchtigung der Reise" kann der Reisende auch eine Entschädigung für nutzlos aufgewendete Urlaubszeit verlangen. Im Gesetz ist die Höhe dieser Entschädigung nicht festgelegt. Die Gerichte orientieren sich u. a. am Ausmaß der Beeinträchtigung, an der Schwere des Verschuldens des Veranstalters sowie am Reisepreis.

Bei der Geltendmachung von Mängelansprüchen und der **Beantragung von Schadensersatz** sollte man die folgenden Punkte beachten:

- Der Reisende muss den Mangel bereits am Urlaubsort (dem Reiseleiter) anzeigen.
- Unabhängig davon muss der Reisende seine Mängelansprüche (z. B. Kosten der Selbsthilfe, Minderung, Schadensersatz) innerhalb eines Monats nach dem vertraglich vorgesehenen Abschluss der Reise gegen den Veranstalter geltend machen. Versäumt er diese Frist schuldhaft, so verliert er alle seine Ansprüche.
- Erkennt der Reiseveranstalter die geltend gemachten Mängel nicht an und verweigert er die Zahlung, so verjähren die Gewährleistungsansprüche sechs Monate nach dem vertraglich vereinbarten Ende der Reise. Im Streitfall muss der Reisende innerhalb dieser Frist Klage erheben und die Mängel beweisen. Es ist daher ratsam, die mangelhaften/fehlenden Leistungen sofort vom Reiseleiter schriftlich bestätigen zu lassen, Anschriften von Mitreisenden (Zeugen!) zu notieren und/oder Fotos zu machen.

Tourveranstalter in Oman

Denjenigen, die ihr Reiseprogramm nicht pauschal im Heimatland buchen möchten, weil sie nicht den ganzen Urlaub über in einem festen Veranstaltungsprogramm eingebunden sein wollen, bieten zahlreiche qualifizierte Tourveranstalter (engl. *tour operator*) in Oman die Möglichkeit, vor Ort **einzelne Ausflüge und Touren** zu organisieren. Das Angebot ist sehr vielfältig, es reicht von **Stadtrundfahrten und Tagesausflügen** zu den sehenswertesten Orten (Nizwa, Jabrin, Bahla, Rustaq, Nakhl, Sur) über **Bergtouren** (Jebel Shams, Dhofar-Gebirge), **Wadi- und Wüstenfahrten** (Wadi Shab, Wadi Dayqah, Wadi Bani Khalid, Wahiba Sands) mit oder ohne Übernachtung bis hin zu **Kamel- und Campingsafaris** und **Dhaufahrten.** Auch Touren in der omanischen Exklave **Musandam** können gebucht werden. Exkursionen in die Berge und durch die Wadis werden immer mit einem Allradwagen auf Pistenstrecken oder in der Wüste auch offroad abseits aller Wege gefahren. Nur so lassen sich die Naturschönheiten Omans erschließen. Die meisten Tourveranstalter bieten auf Anfrage auch **Mietwagen** an, die man selber steuern kann. Bei **Übernacht-Touren** wird oft an den reizvollsten Stellen gecampt, die nötige Ausrüstung stellen die Veranstalter zur Verfügung. Es ist auch möglich, nur das **Campingzubehör** (mit Ausnahme von Schlafsack und Schlafunterlage) anzumieten.

Ist man in einer kleinen Gruppe von drei Personen unterwegs oder lernt andere Reisende kennen, kann man sich mit ihnen zusammentun und gemeinsam einen **Wagen mit Fahrer** mieten, der dann die sehenswerten Ziele ansteuert.

Hat man ein besonderes Interesse, z. B. an geologischen, archäologischen, sportlichen (Kameltrecks, Reiten, Bergsteigen, Höhlenforschen, Tauchen, Hochseefischen) oder sonstigen (Vögelbeobachten, Dhaufahrten) Themen, so bieten nahezu alle Veranstalter den Service, ein an diesen Wünschen orientiertes **individuelles Programm** auszuarbeiten und zu organisieren. Längere, mehrwöchige Reiseverläufe sollte man frühzeitig reservieren und am besten von zu Hause ausarbeiten lassen, kürzere Touren können auch kurzfristig organisiert werden. Der Preis richtet sich dabei nach der Reisedauer und der Anzahl der Fahrzeuge, nicht unbedingt nach der Anzahl der Personen. Es ist also wesentlich günstiger, diesen „tailor made", also „maßgeschneiderten", Service mit mehreren Personen in Anspruch zu nehmen.

oman_515 Foto: fk

Im Souq von Salalah

Die Tour- oder Reisebegleiter sprechen meist englisch oder deutsch. Bei den renommierten Veranstaltern kommen sowohl die Guides als auch die Fahrer aus Europa und Oman. Preiswertere Agenturen heuern Inder an, deren Fahrpraxis und kulturelles Wissen über Oman nicht selten einiges zu wünschen übrig lassen.

Ausflugsbeispiele

Die folgenden Beispiele von **Standardtouren** werden in ähnlicher Ausgestaltung von vielen Veranstaltern angeboten. **Geländewagenfahrten** werden in komfortablen Großraumfahrzeugen mit Klimaanlage durchgeführt. Safaris und Bergtouren führen teils durch unwegsames Gelände und sind nichts für Kranke, Schwangere, kleine Kinder oder alte Leute. Bei Halbtages- und Tagesausflügen sind zumeist Softdrinks im Preis eingeschlossen, bei Tagestouren oft auch Mahlzeiten. Im Sommer fallen Touren eventuell aus.

Die Auflistung weiter unten beschreibt „Standardtouren", die bei ausreichender Gruppengröße regelmäßig, meist einmal pro Woche, stattfinden und an denen jedermann nach kurzfristiger Anmeldung teilnehmen kann. Die Liste dient der Orientierung und erhebt keinen Anspruch auf Vollständigkeit. Vollständige Programme und genaue

Preise können bei den einzelnen, unten genannten Veranstaltern angefordert werden. Die nachfolgend genannten Preise sind unverbindlich, Kinder bekommen meist eine Ermäßigung.

Preise bei Buchung als Einzelperson:
- **Halbtagesstadtrundfahrt Muscat im Bus:** ca. 11 RO
- **Dhau-cruise** etwa 2 Stunden vor Muscat: ca. 7 RO
- **Ganztagesausflüge mit einem Bus und Mittagessen,** z. B. von Muscat nach Nakhl, Rustaq, Al-Hazm sowie nach Nizwa, Bahla, Jabrin oder in die Städte der Küstenebene Batinah: 20–25 RO
- **Ganztagesexkursion von Muscat mit einem Allradwagen und Mittagessen,** z. B. auf den Jebel Shams; nach Al-Mudhaybi und Manah; über Quriat nach Sur; diverse Wadifahrten (z. B. Wadi Dayqah oder Wadi Bani Khalid) oder in die Wahiba Sands: 30–40 RO
- **Übernacht-Fahrten, eineinhalb Tage mit Allradwagen:** ca. 45 RO

Preise pro Auto inklusive Fahrer:
- **Halbtagesstadtrundfahrt Muscat:** ca. 25 RO
- **Ganztagesausflüge ohne Allradwagen** (im PKW) beispielsweise von Muscat nach Nakhl, Rustaq und Al-Hazm oder nach Nizwa, Bahla und Jabrin: 50–70 RO
- **Ganztagesexkursion von Muscat mit einem Allradwagen** z. B. auf den Jebel Shams; nach Quriat und Sur; diverse Wadifahrten oder in die Wahiba Sands: 100–140 RO

Adressen von Tourveranstaltern in Oman

Viele der im folgenden genannten omanischen Firmen bieten neben der Organisation von oben genannten Halbtages- und Tagesausflügen auch Serviceleistungen eines Reisebüros (engl. *Travel Agency)* wie Hotelzimmerbuchung, Autoverleihservice, Flugreservierung, -buchung oder -rückbestätigung. In den praktischen Informationen zu den einzelnen Städten finden sich weitere Reisebüroadressen.

Auch für die oben beschriebene individuelle Ausarbeitung kompletter Reisen oder mehrtägiger Touren stellen die meisten Agencies ihre Dienste zur Verfügung.

- **Al-Nahdha Tourism**
P. O. Box 2031, **Ruwi 112**
Tel. und Fax 799928
e-Mail: hbt123@omantel.net.om
(Individuelle Touren aller Art)
- **Arabian Sand Tours**
Tel. 9495175, Fax 296110
(Der aus dem Dhofar stammende Beduine *Musallim Hassan al-Mahri,* der englisch und etwas deutsch spricht, bietet individuell ausgearbeitete Wüstentouren.)
- **Arabian Sea Safaris**
P. O. Box 2785, **Muscat 111**
Tel. 693223, Fax 693224
e-Mail: arabseas@omantel.net.om
Website: www.arabianseasafari.com
(See-Safaris, Dhau-Fahrten, Tauchen, Strand-Camp Safaris)
- **Bahwan Tours**
P. O. Box 282, **Muscat 113**
Tel. 797405, Fax 799825
e-Mail: btatours@omantel.net.om
Website: www.bahwantravels.com
(Standardtouren, Kamel-, Campingsafaris)
- **Braema Tours**
P. O. Box 2789, **Muscat 111**
Tel. 9375243, Fax 555591
(Höhlenerforschung)
- **Desert Discovery**
Tel. 593232, Fax 590144
e-Mail: tours@omantel.net.om
Website: www.desert-discovery.com
(Wüsten- und Bergtouren)
- **Diving and Adventure Centre**
P. O. Box 552, **Al-Azaiba 130**
Tel. 685663, Fax 685774
e-Mail: info@oman-adventure.com
Website: www.oman-adventure.com
(Alle Arten von individuellen Abenteuer- und Tauchtouren)

- **Eihab Travels**
P. O. Box 889, **Muscat 113**
Tel. 799795, Fax 793849
e-Mail: eihabtra@omantel.net.om
(Standardtouren, Tauchausflüge, Campingsafaris)
- **Empty Quarter Tours**
P. O. Box 9, **Medinat Qaboos 115**
Tel. und Fax 698292
e-Mail: emptyqtr@omantel.net.om
Website: www.emptyquartertours.com
(Abenteuer- und Erlebnistouren)
- **Global Tours**
P. O. Box 133, **Al-Khuwair 494**
Tel. 684156, Fax 684098
e-Mail: globtour@omantel.net.om
(Standardtouren, Camping- und Abenteuersafaris)
- **Gulf Ventures**
P. O. Box 985, **Ruwi 112**
Tel. 700326, Fax 795237
e-Mail: sunilp@inchcape.com
(Standardtouren, Trekking, Tauchausflüge, Touren in und um Salalah)
- **Khasab Travel and Tours**
P. O. Box 50, **Khasab 811**
Tel. 830464, Fax 830364
e-Mail: khastour@omantel.net.om
(Musandam-Touren zu Lande und Wasser)
- **Mark Tours**
P. O. Box 3310, **Ruwi 112**
Tel. 562444, Fax 565434
e-Mail: markk@omantel.net.om
(Außergewöhnliche Abenteuer-Touren, auch Trekking)
- **Mezoon Travels**
P. O. Box 629, **Muscat 113**
Tel. 796680, 796685, Fax 795721 (in Muscat); Tel. 297846, Fax 297847 (in Salalah)
e-Mail: mzt@omzest.com
(Standardtouren, Tauchausflüge, Kamelsafaris, Touren in und um Salalah)
- **Musandam Sea Adventure Tourism**
P. O. Box 388, **Khasab 811**
Tel. 830069
e-Mail: m_a_t8@hotmail.com
(Alle Arten von Bootstouren in Musandam)
- **National Travel and Tourism**
P. O. Box 962, **Muscat 113**
Tel. 566046, Fax 566125
e-Mail: nttoman@omantel.net.om
(Diverse Standardtouren, Tauchausflüge, Kamel- und Campingsafaris)
- **Nomadic Adventures**
P. O. Box 517, **Al-Khuwair 113**
Tel. 504560, Fax 504507
e-Mail: mail@nomadic-adventures.com
Website: www.nomadic-adventures.com
(Individuelle Reisen, Kamel- und Trekkingtouren)
- **Oman Geo Tours**
P. O. Box 122, **Mina al-Fahal 116**
Tel. und Fax 565833
(Individuelle Touren mit Schwerpunkt auf dem Thema Geologie)
- **Oman Orient Tours**
P. O. Box 409, **Muscat**
Tel. 685066, Fax 683491
(Diverse Standardtouren, Kamel- und Campingsafaris)
- **Oman Travel and Tourism Bureau**
P. O. Box 532, **Wadi al-Kabir 117**
Tel. 789845, 789846, Fax 789843, 789836
e-Mail: niche@omantel.net.om
(Diverse Standardtouren, Kamel- und Campingsafaris)
- **Zubair Tours**
P. O. Box 833, **Ruwi 112**
Tel. 787563, 708071, Fax 794980, 787564 (in Muscat); Tel. und Fax 291145 (in Salalah)
(Auf Großgruppen spezialisiert, diverse Standardtouren, Kamel- und Campingsafaris, Tauchausflüge, Touren in und um Salalah)

Sicherheit

Die Sicherheit im Sultanat Oman ist vorbildlich. **Kriminalität ist nahezu ein Fremdwort** und wird hart bestraft. Sollte doch einmal ein Taschendiebstahl geschehen sein, so kann man am nächsten Tag davon in der Zeitung lesen. Bei aller Sicherheit sollte man seine Wertgegenstände aber trotzdem nicht zu nachlässig beaufsichtigen, wertvollen Schmuck oder Fotosachen nicht zu auffällig tragen, Wertsachen, Papiere und Bargeld in den Hoteltresor schließen lassen und wenn, dann nur in einem Bauchgürtel mit nach draußen nehmen. Am Pool sollte man seinen Zimmerschlüssel nicht unbeaufsichtigt lassen.

Souvenirs

Es gibt eine Vielzahl von Artikeln, die man als Souvenir mit nach Hause nehmen kann. Bei den Tipps zu „Sehenswürdigkeiten" und unter den praktischen Informationen zu den einzelnen Städten finden sich konkrete Hinweise, wo man etwas besonders gut, preiswert, exklusiv oder in großer Auswahl kaufen kann.

Die im folgenden aufgelisteten **traditionellen Gegenstände** eignen sich hervorragend als originelles Souvenir. Man findet sie in großer Auswahl in den **Souqs von Mutrah, Nizwa und Salalah.** Exklusivere Stücke gibt es in Antiquitätenläden in Muscat (Adressen stehen in den praktischen Informationen). Hintergründiges zu Bedeutung und Gebrauch ist in zahlreichen Abschnitten des „Land und Leute"-Teils nachzulesen.

- **Krummdolche** („khanjar"), deren Schaft teilweise aufwendig mit Silberschmiedearbeit verziert ist; dazu gehört auch ein mit Silberfäden handbestickter Gürtel; je nach Qualität ab 50 bis zu mehreren hundert RO
- **Traditioneller Silberschmuck:** Halsketten, Anhänger, Armreifen, Fingerringe, Ohrringe, Gürtel, Haarschmuck, Fußreifen, Zehringe in vielen Variationen, zum Teil auch Importe aus Indien, bezahlt wird nach Gewicht (ca. 200 Bs/Gramm)
- **Historische Münzen:** alte Silbermünzen wie die schweren „Maria-Theresia-Taler" oder kleinere indische Rupien
- **Traditionelle Kajal-Behälter:** „kohl", aus Silber
- **Rosenwassersprinkler:** aus Silber; das dazugehörige Rosenwasser gibt es in jedem Souq und Supermarkt
- **Kaffeekannen:** „dallah", mit dem markanten Schnabelausguss
- **Schwerter:** in gerader Form „saif", gebogen „kitarah", das dazugehörige Lederschild heißt „turse"
- **Kleine Dolche oder Messer:** ihr Schaft ist oft mit Silber verziert
- **Alte Vorderlader-Gewehre:** „buftilah"

Statussymbol und Festtagsschmuck der Omanis – der khanjar (Krummdolch)

oman_113 Foto: fk

- **Silberdosen:** in verschiedenen Größen und Formen, meist indischer Herkunft
- **Weihrauchverbrenner:** „mubkhar", aus Ton oder Silber, das Weihrauchharz nicht vergessen
- **Omanische Kappen:** „kumma", gibt es in allen Farben und diversen Qualitäten: maschinengefertigte Importwaren ab 3 RO, aus Salalah 10 RO, handbestickte von den Philippinen 20 RO, aus Oman 35–40 RO, sehr hochwertige omanische Handarbeitsstücke sind auf Bestellung lieferbar
- **Antike Holztruhen:** „sanduk", einst von den Beduinen genutzt
- **Holzschränkchen, Kisten und Figuren:** meist indische Massenware, aber dennoch teilweise sehr originell
- **Handgeknüpfte Teppiche:** Importware aus dem Iran, Afghanistan und Pakistan, wertvolle Stücke in guten Antik- und Teppichläden

„kummas" – traditionelle omanische Kopfbedeckung

- **Töpferwaren:** unglasierte Wasserkrüge, Schalen, Vasen aller Größen in Bahla und Mutrah
- **Flechtarbeiten** aus Palmzweigen: Matten, Körbe und Windfächer, in Musandam und Mutrah
- **Turbantücher:** „massar", viele verschiedene Farben, die erlesensten sind aus Kashmirwolle und müssen so fein sein, dass man sie durch einen Fingerring ziehen kann, je nach Qualität und Bestickung 3–60 RO
- **Traditionelle Frauenkleidung:** weite, bunte, an den Fesseln bestickte Hosen, „sirwal"; bunte bestickte Überkleider, „kandoura"; große bunte Kopftücher, „lahaf"
- **Gesichtsmasken:** „burqa", gelb oder violett schimmernd, auf den Beduinenmärkten
- **Parfüm** und individuell gemischte **Duftöle,** ebenso **Moschus** und **Amber,** in unzähligen Parfümerien und Kosmetikläden in den Souqs oder Einkaufszentren erhältlich
- **Räucherwerk:** Sandelholz, Myrrhe, Duftmischung „bokhur" (verschiedene Arten aus Sandelholz, Weihrauch, Myrrhe, Moschus, Rosenblättern, Ölen und Blüten)
- **Weihrauch:** arab. „luban", engl. „frankincence"; je heller, desto besser die Qualität, da er dann umso weniger verunreinigt ist; zu kaufen abgepackt in den Supermärkten oder lose in den Gewürzsouqs, 100 Gramm normaler Qualität ca. 200 Bs, guter Qualität ca. 400 Bs
- **Orientalische Gewürze:** Kardamom, Kurkuma, Safran oder die omanische Mischung „bizar"; sich einfach durch die Souqs schnuppern oder abgepackt im Supermarkt
- **Datteln:** in Souqs und Lebensmittelläden in vielen Qualitäts- und Preisstufen
- **Halwa:** eine typisch omanische Süßspeise, die sich aber deutlich von der bei uns bekannten türkischen Halwa unterscheidet
- **Omani Dolls:** Stoffpuppen, die in Handarbeit von einem Workshop der Omani Woman Association angefertigt wurden und die in detailgetreuen, traditionellen Trachten der verschiedenen Regionen gekleidet sind; die Jungen heißen Rashid, die Mädchen Zuwaina; erhältlich in den Family Bookshops
- Ein Souvenir besonderer Art bietet sich für Frauen an. Sie können in einem **Hennastudio** ihre Hände oder Füße mit Mustern aus

diesem absolut hautverträglichen Naturfarbstoff bemalen lassen. Einfache Muster kosten pro Handseite ab 1 RO und halten ca. drei Wochen.

Auch die folgenden Dinge kann man preiswert kaufen:

- **Gold- und Juwelenschmuck:** In den Einkaufszentren der Hauptstadtregion sowie im Souq von Mutrah und Salalah wird eine große Auswahl an 18-, 22- oder 24-karätigem Gold, auch bestückt mit Juwelen oder Perlen, angeboten. Die Stile der kunstvollen Verarbeitung sind meist arabisch oder indisch. Die Preise der Schmuckstücke setzen sich in erster Linie aus dem Gewicht und dem entsprechenden aktuellen Goldpreis sowie einem nur geringen Aufschlag für die Verarbeitung zusammen.
- **Stoffe und Saris:** aller Qualitätsstufen und Farben, lange Saribahnen und Meterware, Baumwolle, Kashmirwolle, Spitze, Seide oder Brokat, vorwiegend vom indischen Subkontinent, in allen Souqs erhältlich, größte Auswahl im Souq von Mutrah
- **Preisgünstige Bekleidung:** im Souq von Mutrah große Auswahl an Importwaren vom indischen Subkontinent und aus Südostasien
- **Maßgeschneiderte Anzüge oder sonstige Kleidungsstücke:** überall preiswerte Schneiderstuben, bessere nur in den großen Städten, am einfachsten passendes Musterstück mitnehmen
- **Bildbände:** großformatige Bände mit faszinierenden Hochglanzfotos, erhältlich in großen Buchläden mit englischsprachiger Literatur

Sport und Freizeit

In Oman kann man aus einem breiten **Angebot** an Sport- und Freizeitaktivitäten wählen, so dass jeder auf seine Kosten kommt. Was in den einzelnen omanischen Städten angeboten wird, steht ausführlich in den praktischen Informationen zu den einzelnen Städten. Viele interessante Tipps und Hinweise findet man auch im halbjährlich erscheinenden Magazin „Adventure Oman".

Angebote in den großen Hotels

Sportmöglichkeiten wie **Pool, Tennis, Squash oder Fitnessraum** bieten in erster Linie die großen Hotels. Diese Einrichtungen können von den Hotelgästen kostenlos benutzt werden. Alle weiteren Angebote werden extra berechnet, die Preise können von Hotel zu Hotel stark schwanken.

Auch Nicht-Hotelgästen bieten sie die Möglichkeit, ihre Sportanlagen zu benutzen; dazu zahlt man einen Beitrag für eine **Tagesmitgliedschaft** im Hotel-Sportclub. Natürlich kosten Unterricht und Sonderleistungen extra.

Wassersport

Das im Winter angenehme Klima, die warmen Wassertemperaturen, der Sonnenschein, die schönen Sandstrände und das saubere, azurblaue Meer lassen Oman zu einem Paradies für Wasserratten und Wassersportler werden. Die **Strandhotels und Beach Resorts** bieten diverse Sport- und Freizeitangebote an und stellen die entsprechende Ausrüstung bereit. Das Angebot umfasst **Wasserski, Windsurfen, Segeln, Katamaranfahrten, Hochseefischen** (Barrakudas, kleine Haie, King-Fish, Hamour), **Schnorcheltrips** und **Tauchen** (siehe übernächste Seite).

Baden

Das Sultanat erstreckt sich mit über 1700 km Küstenlinie entlang des Indischen Ozeans. Es gibt kilometerlange **Sandstrände,** die mit ihrem feinen weißen Sand und glasklarem Wasser zum **Baden und Schwimmen** einladen.

An den ausgedehnten **Stränden** der luxuriösen Strandhotels oder Beach Resorts kann man einige ruhige Badetage verbringen. In den meisten von ihnen gibt es eine breite Palette an Sport- und Freizeitaktivitäten.

Daneben sind auch sehr saubere **öffentliche Strände** vorhanden, die, mit Schattenschirmen, Spielplätzen und Toilettenhäuschen versehen, zum Badevergnügen einladen. An kilometerlangen einsamen **Strandstücken** hingegen wäre es unangebracht, im knappen Badedress in der Sonne zu liegen oder zu schwimmen. Sie sind aber ideal für lange Spaziergänge.

Trotz aller Modernität und Aufgeschlossenheit der Omanis sollte man nicht vergessen, dass sie **strenggläubige Muslime** sind. Muslimische Frauen entkleiden sich niemals, wenn Männer, mit Ausnahme ihres eigenen, sie sehen. Viele omanische Männer und auch Frauen empfinden das Zeigen von zu viel Haut als ein Ärgernis, als Beleidigung und als Verletzung ihres Schamgefühles. **„Oben ohne"** und FKK sind streng **verboten.**

Um sich nicht an **scharfkantigen Felsen** zu verletzen, ist es besser, Badeschuhe anzuziehen. Hin und wieder kann es sein, dass man einem stachligen Seeigel oder einer giftigen **Qualle** begegnet. Letztere besser nicht berühren, da ihre Nesselzellen einen Giftstoff ausscheiden, der unangenehme Hautreizungen nach sich zieht. Im Falle eines Falles: nicht reiben und die Haut mit Meerwasser oder weißem Essig (kein Leitungswasser) gründlich abspülen. **Kleine Haie,** wie man sie auf jedem Fischsouq sehen kann, leben ebenfalls in den omanischen Gewässern. Sie bevorzugen aber größere Tiefen, außerdem sind sie sehr scheu und wenn sie sich von einem Menschen bedroht fühlen, nehmen sie meist Reißaus. An der Südküste Omans lauert dagegen eine viel größere Gefahr in Form von **Hammerhaien.** Sie sind nicht nur größer, sondern auch angriffslustiger, und zudem jagen sie auch in Küstennähe.

Sonstige Sport- und Freizeitangebote

Die **Fahrt auf einer Dhau,** einem traditionellen Holzschiff, bietet die Möglichkeit zum Sightseeing der besonderen Art. In Muscat kann man so die einmalige Lage der Altstadt in ihrer versteckten Bucht am besten vergegenwärtigen. Der Anblick des monumentalen Palastes und der hoch auf den Felsen thronenden Forts ist fantastisch. Diverse Tourveranstalter bieten eine **Dhaucruise** an: Man kann ein ganzes Schiff samt Crew auch ganztags oder halbtags mieten, aus Kostengründen ist dies zu mehreren Personen empfehlenswert. In Musandam kann man mit einer Dhau durch die tief eingeschnittenen Buchten fahren, eingefleischte See-

Die Seeseite des Sultanats – Tauchen und Schnorcheln in Oman

von Peter Franzisky und Kirstin Kabasci

Die Gewässer Omans präsentieren sich allen Unterwassersportbegeisterten von ihrer schönsten Seite. Dementsprechend finden immer mehr Menschen Gefallen an Omans Meereswelt: Der Tauchsport ist eine der Freizeitaktivitäten mit dem schnellsten Wachstumsfaktor. Allerdings muss man dabei auch berücksichtigen, dass dieser Sport noch vor kurzem praktisch bei Null begonnen hat. Vor allem die in Muscat lebenden Europäer und Amerikaner begeistern sich für das Tauchen, doch zunehmend wagen sich auch Omanis unter Wasser.

Durch die 1700 km lange Küstenlinie weist das Sultanat eine sehr abwechslungs- und artenreiche Meeresflora und -fauna auf. Die Gewässer sind reich an Nahrung, was auch durch die stetige Vermischung von wärmeren und kühleren Wasserströmungen des Indischen Ozeans und des Golfes von Oman bedingt wird. Das Ergebnis ist eine Vielzahl an Fischen, wirbellosen Meeresbewohnern sowie Hart- und Weichkorallen. Allerdings gibt es in Oman aufgrund der Strömungskräfte keine riesigen Korallenriffe wie beispielsweise im Roten Meer. In geschützten Buchten finden sich dennoch ansehnliche Hartkorallenbänke, wohingegen die sehr variationsreichen Weichkorallen an zahlreichen Stellen wachsen und gedeihen.

Dennoch ist Oman auch für diejenigen Taucher ein interessantes Ziel, die schon die schönsten Tauchreviere der Welt kennen. Die Vielzahl an Doktorfischen, Clownfischen, Soldatenfischen, Papageienfischen, Lippfischen, Kugelfischen, Igelfischen, Tintenfischen, Meerengeln, Gauklern, Drachenköpfen, Schnäppern, Stören, Kardinalbarschen, Barrakudas, Muränen, Mantas und vielen mehr ist beeindruckend. Auch diverse Schildkrötenarten und Meeressäuger tummeln sich in omanischen Gewässern, wovon Wale und Delphine (siehe auch Exkurs „Zauberer einer blauen Welt: Delphine und Wale“) am auffälligsten sind.

Schöne Tauchgründe finden sich in den Buchten von Bandar Khayran

oman_116 Foto: fk

Ebenfalls heimisch ist der Walhai – doch entgegen dem gefährlich klingenden Namen sind diese Giganten harmlos, denn sie ernähren sich ausschließlich von kleinen Fischen und Plankton, die sie aus dem Wasser filtern. Diese weltgrößte Fischart kann die stolze Länge von 18 Metern und ein Gewicht von 10 Tonnen erreichen – ein Traum für jeden Taucher, einmal einem solchen Riesen nahe zu kommen. Auch vor den verschiedenen Arten von Riffhaien braucht man sich nicht übermäßig zu fürchten, denn sie sind eher scheu und greifen nur an, wenn sie sich bedroht oder eingeengt fühlen. Gegenüber den meist in Felsspalten heimischen Muränen sollte man die übliche Vorsicht walten lassen.

Wegen des üppigen Nahrungsmittelangebotes kommen viele Fische in großen Schwärmen vor. Andererseits wäre es auch nicht allzu ungewöhnlich, einer unbekannten Art zu begegnen. Wenn Sie eine seltene Spezis gesichtet haben, sollten Sie dies mit möglichst genauen Orts- und Zeitangaben der nationalen Tauch-Vereinigung, der „Oman Diving Federation" (Adresse siehe unten) mitteilen.

Die Zahl an Tauchzentren ist in den letzten Jahren stetig gestiegen. Sie alle bieten neben dem Verleih von Schnorchel- und Tauchausrüstung Schnuppertauchgänge, Tauchausflüge sowie den Erwerb von internationalen Tauchscheinen und Tauchlehrerausbildungen an. Auch Nachttauchgänge, Wracktauchen, Unterwasserfotografie und Videofilmen sind als „specialities" im Programm. Die Ausstattung der omanischen Diving-Centres entspricht den internationalen Standards, das Leihequipment ist in der Regel bestens und die Instruktoren gut ausgebildet und verantwortungsbewusst. Eine Dekompressionskammer befindet sich allerdings erst in 150 km Entfernung von Muscat in einem Marinestützpunkt in der Batinah.

Die „Oman Diving Federation" überwacht die Sicherheitsstandards der Tauchschulen, koordiniert deren Aktivitäten, publiziert Informationsschriften (u. a. „Dive Oman") und organisiert Ausstellungen sowie Projekte. Außerdem sollte sich jeder Taucher, der ohne die Organisation einer Tauchbasis tauchen gehen möchte, unbedingt an die Federation wenden, um den aktuellen Stand der benötigten Genemigungen zu erfragen.

Mit viel Engagement widmet sich die Oman Diving Federation auch dem Schutz der Meeresflora und -fauna, wozu sie eng mit den staatlichen Ministerien und Behörden zusammenarbeitet. So standen in den letzten Jahren die geschützten Daymaniyat Inseln im Zentrum eines vorbildlichen Öko-Tourismus Projektes: Jeder, der dort tauchen wollte, musste sich bereit erklären, auf dem Meeresgrund aufzuräumen, also Müll, alte Fischernetze und mit vereinten Kräften auch Schiffsanker einzusammeln. Jeder Taucher könnte sich verantwortlich zeigen und bei den omanischen Tauchzentren nachfragen, ob solche oder ähnliche Programme aktuell sind und ob es möglich wäre, dabei zu helfen. Doch grundsätzlich sollte es für alle Taucher selbstverständlich sein, die sensiblen maritimen Ökosysteme so wenig wie möglich belasten.

Die optimale Tauchsaison für die Hauptstadtregion, Musandam und Daymaniyats liegt zwischen April und Juli, wenn das Wasser am ruhigsten und am klarsten ist. In den Wintermonaten macht oft starker Wind eine weitere Ausfahrt unmöglich. Gerade aber rund um Muscat lässt sich immer ein interessanter, aber geschützter Platz finden. Dies ist ein großer Vorteil für die Basen in Muscat verglichen mit Sawadi, wo man auf die Ausfahrt zu den Daymaniyats angewiesen ist, oder zu Musandam, wo fast alle schönen Plätze nur im Rahmen einer längeren Bootstour erreichbar sind.

Hauptstadtregion

Rund um Muscat finden sich trotz aller Modernität und der weitgehenden Erschließung der Küstenlinie sehenswerte Tauchreviere nicht weit entfernt in ruhigen Buchten oder bei vorgelagerten Felseninseln. Interessant für Taucher und Schnorchler ist das Gebiet um die Insel Fahal (auch wenn diese vor dem Hafen Mina al-Fahal mit seinem Ölverladeterminal liegt), Cat Island bei Bandar al-Rowdah zwischen Muscat und Al-Bustan sowie die korallenüberwachsenen Buchten von Bandar Jissah und Bandar Khayran mit ihren bis zu 30 Meter tiefen Abbrüchen. Etwas weiter in Richtung Südosten liegt Ras Abu Daoud, wo man sich den Weg durch ein Felsenloch und durch dichte Fischschwärme bahnen kann. Der zweite Tauchgang dieser Ausfahrt führt üblicherweise zum Wrack bei Quriat (14 m Tiefe, 1982 gesunken). Weitere Wracks liegen z. B. direkt beim Al-Inshirah Restaurant zwischen Mutrah und Muscat (10 m Tiefe, ca. 1970 gesunken) und bei der Insel Fahal (in ca. 27 m Tiefe).

Halbinsel Musandam

Im hohen Norden des Oman erwartet Taucher eine besondere Attraktion. In den vielen fjordähnlichen Buchten und um unzählige Felseninseln herum eröffnet sich Ihnen eine besonders faszinierende Szenerie. Diese einsame und unberührte Natur präsentiert Korallen in einer breiten Farbpalette, und durch die vielfältige Unterwasserlandschaft kommen anspruchsvolle und erfahrene Taucher voll auf ihre Kosten. Diese Erfahrung ist aufgrund der starken Strömungen aber auch notwendig. Die schönsten Stellen liegen im Norden und Osten der Halbinsel. Der Westen dagegen ist wie der übrige Persich-Arabische Golf weniger interessant. Schnorchler finden rund um die Inseln im geschützten Khor Shimm schöne Riffs.

Daymaniyat-Inseln

Diese in Nordoman dem Ras al-Sawadi vorgelagerte Kette aus neun kleinen Felseninseln stehen unter Naturschutz. Wenn Sie in diesem maritimen Wunderland tauchen möchten, können Sie dies nur über die lokalen Tauchzentren arrangieren. Denn um Zugang zu erhalten, ist eine Genehmigung nötig. Auch wenn die weißen Sandstrände noch so locken: das Betreten der Inseln bleibt selbst mit Tauchgenehmigung fast überall verboten, denn auf ihnen nisten seltene Seevögel.

Mit einem Motorboot erreicht man die Juzor al-Daymaniyat ab Muscat in rund 50 Min., ab Ras al-Sawadi in etwa 20 Min. Ausgedehnte Riffe, steile Felsenwände, Abbrüche und vielfältige Korallengärten umgeben die Inseln. Eine mächtige Wand südlich von Kharabah, der östlichsten der Daymaniyats, reicht 40 Meter in die Tiefe. Ansonsten liegt die maximale Tiefe der meisten Tauchstellen bei 20–25 m. Rund um die Daymaniyats ist die Chance, auf Großfische wie den Walhai oder auf Schildkröten zu treffen, besonders gut.

Barr al-Hekman, Insel Masirah

Die von großen Schlickebenen geprägte Landzunge Barr al-Hekman ist ein attraktiver Anziehungspunkt für seltene Vogelarten, denn sie endet in einer einzigartigen Flachwasserzone. Weite Seegrasfelder bilden einen idealen Futterplatz für die seltene Art der „Unechten Karettschildkröte", deren weltgrößte Population rund um die Insel Masirah vorkommt. Auch zahlreiche Buckeldelphine ziehen ihre Kreise. Vom südlichen Ende der Landzunge verläuft ein 14 km langes Korallenriff zur Insel Masirah. Dieses Riff formiert sich ausschließlich aus einer Korallenart: aus der verschlungenen „cabbage coral".

Die Unterwasserwelt von Masirah ist, wie die der gesamten Küste Ost- und Südomans, geprägt von saisonalen Meeresumwälzungen. Diese Umwälzungen sind ein direktes Ergebnis des Sommermonsuns, dessen Zentrum weiter im Süden in der Provinz Dhofar liegt. Über vier Monate pro Jahr, zwischen Juni und September, trägt der Monsun kühlere, äußerst nahrungsmittelreiche Meeresströmungen heran. Diese fördern das Wachstum von riesigen Seetangwäldern, die nichts mit denen in Europa gemeinsam haben, sondern eher mit den berühmten Seetangfeldern vor der Küste Kaliforniens. Allerdings dominieren in Oman zwei Tangarten, von denen eine sogar der Wissenschaft bislang unbekannt war. In diesem Seetang-Dschungel tummelt sich eine Vielzahl an Meeresgetier, doch je näher die Wintermonate rücken und die Wassertemperatur nach dem Monsun wieder ansteigt, desto lichter wird ihr Bewuchs.

Tauchen in dieser Region stellt für Touristen allerdings ein logistisches Problem dar, da es keinerlei Tauchbasen gibt.

Dhofar

Auch vor der Küste des Dhofar dehnen sich zur und nach der Monsunzeit weite Seetangwälder aus. In ihnen zu tauchen übt eine besondere Faszination aus, stellt aber auch eine Herausforderung dar. Die beste Zeit zum Tang-Tauchen ist im September/Oktober, wenn die Monsunstürme abgeflaut sind und die See sich beruhigt hat. Ansonsten beginnt die beste Tauchsaison für den Dhofar etwa im Februar und wird ab etwa Anfang Juni durch den Monsun unmöglich. Allerdings gibt es momentan keine Tauchbasis in Salalah.

Doch es muss nicht immer gleich Tauchen sein. Für jedermann interessant ist **Schnorcheln** – und selbst „nur" mit Maske, Schnorchel und Flossen lassen sich viele Reize der omanischen Seewelt erkunden. Eindrucksvolle und einfach zu erreichende Schnorchelreviere gibt es genug, am einfachsten zu erreichen sind die vorgelagerten Inseln bei Ras al-Sawadi und bei Bandar Jissah. Hier kann man auch kleine Boote anmieten, um ein Stück hinauszufahren.

Wenn Sie sich eine Maske kaufen oder leihen, so sollten Sie darauf achten, dass sie gut passt. Zum Druckausgleich (also bei zugehaltener Nase schnaufen bis man ein Knacken im Trommelfell spürt) muss man die Nase noch umfassen können. Eine Maske sollte dicht auf Ihrem Gesicht sitzen bleiben, wenn man ohne um den Kopf geschnalltes Gummiband tief durch die Nase einatmet. Das Glas sollte auf jeden Fall Sicherheitsglas sein und eine Dichtlippe aus Silikon ist Gummi klar vorzuziehen. Schnorchelneulinge sollten beachten, dass man niemals minutenlang „auf Vorrat" atmen sollte. Denn danach gibt der Körper zuviel Kohlendioxid ab, und man verspürt keine Notwendigkeit mehr, frische (sauerstoffreiche) Luft einzuatmen – was zur Bewusstlosigkeit führen kann. Das Sauerstoff-Aufnahmevermögen des Blutes ist ohnehin begrenzt, so dass zwei- bis dreimaliges tiefes Einatmen ausreicht.

Buchtipps: Zum Thema Tauchen hält die Rategeberreihe „Praxis" von Reise Know-How drei informative und kompetente Bücher bereit:
- Klaus Becker, **Tauchen in warmen Gewässern**
- Klaus Becker, **Tauchen in kalten Gewässern**
- Klaus Becker, **Wracktauchen weltweit**

Literaturtipps:
- Rod Salm, Robert Baldwin: **Snorkelling and Diving in Oman.** Motivate Publishing, ca. 6 RO (praktischer Tauch- und Schnorchelführer)
- John E. Randall: **Coastal fishes of Oman.** Crawford House Publishing.
- Steve L Coles: **Corals of Oman.** Apex Publishing
- Frances Green: **The coral seas of Muscat.** MEED Publishing London 1986

Tauchzentren:
- **Oman Diving Federation / The Oman Dive Centre**
P. O. Box 199, Medinat Qaboos 115, Tel. 950261, Fax 9310512, 799600
e-Mail: diveoman@omantel.net.om
Tauchbasis mit sehr gutem Renomée in einer Privatbucht bei Bandar Jissah, südlich von Muscat, mit einfacher Unterkunftsmöglichkeit und Campgelegenheit
- **DivEco**
P. O. Box 175, Mina al-Fahal 116, Tel. 602101, Fax 602542
e-Mail: diveco@omantel.net.om
Basis am Grand Hyatt Hotel am Strand von Qurum,
mit der wir persönlich sehr gute Erfahrungen gemacht haben
- **Sunnyday Watersports Dive Centre**
P. O. Box 15, Wadi al-Kabir 117, Tel. 700712, 799666 und 698057, Fax 700812
im Al-Bustan Palace Hotel in Muscat
- **Blu Zone Watersports Diving Centre**
P. O. Box 940, Muscat 113, Tel. und Fax 737293, e-Mail: bluzone@omantel.net.om
im Marinehafen Bandar al-Rowdha südlich von Muscat, mit Tauchsportshop
- **Moon Light Dive Centre**
P. O. Box 747, Barka 320, Tel. 895545, 9317700, Fax 895535
e-Mail: sales@alsawadibeach.com
im Sawadi Beach Resort, Tauchgänge zu den Daymaniyat-Inseln
- **Khasab Dive Centre**
P. O. Box 50, Khasab 811, Tel. und Fax 830464, e-Mail: khastour@omantel.net.om
in Khasab/Musandam, geführt von Khasab Travel

Preisbeispiele:
- mit eigener Ausrüstung (außer Flasche und Blei): ein Tauchgang ca. 14 RO, zwei Tauchgänge ca. 21 RO
- mit komplett geliehener Ausrüstung: ein Tauchgang ca. 19 RO, zwei Tauchgänge ca. 26 RO
- Schnuppertauchgang (Theorie, Pool- und Meerestauchgang): 25 RO
- Open Water Course: 140 RO
- Advanced Open Water: 100 RO
- Halbtages-Schnorchelausflug mit Ausrüstung: ca. 10 RO

Checkliste für Taucher:
- unbedingt mitbringen: gut passende Taucherbrille, Schnorchel und evtl. Flossen; Tauchschein und Logbuch, sofern schon vorhanden
- auch vor Ort ausleihbar: Lungenautomat, Jacket, Taucheruhr/-computer, Tauchanzug (außer in den Wintermonaten Januar bis März reichen 6 mm Stärke)
- zu Hause lassen und ausleihen: Flasche und Bleigurt

An unsere geschätzten Bürger und Besucher

Ein Wahrzeichen der modernen Gesellschaft: die **Erhaltung der Natur!**

Erhalten Sie die großartige Schönheit von Omans Natur und schützen Sie die Gebiete des Landes; halten Sie sie sauber. Die Buchten, Strände und Seen Omans sind ein Geschenk; sie bieten viele Möglichkeiten für Wassersport und Picknick in prächtigen Lagen.

Damit Sie ihre Freizeit genießen können, ist die Regierung bemüht, die natürliche Umgebung zu erhalten und sie vor Verschmutzung und Ausbeutung zu bewahren.

Beim Bestreben, Sicherheit und Genuss der Strandbenutzung zu steigern, ist es untersagt, Abfälle zu hinterlassen und sich mit Fahrzeugen auf dem Strand zu bewegen.

Falls gestattet und die Bewilligung vorliegt: Oman bietet einmalige Möglichkeiten, Schildkröten auf ihren Brutstränden zu beobachten.

Als moderne Menschen sollten wir zusammenarbeiten und bestrebt sein, die Schönheit und den Reichtum des Meereslebens zu erhalten.

(Zusammenfassung einer Informationsschrift des „Zentrums für Meereswissenschaft und Fischerei")

bären können auf einem mehrtägigen Törn auch die gesamte Nordspitze umrunden.

In den Strandhotels von Muscat können **Ausflüge, Schnorcheltrips und Angeltouren** mit einem **Schnellboot** gebucht werden.

Wer lieber „in die Luft geht" und die grandiosen Landschaften des Oman aus der Vogelperspektive betrachtet, kann auch **Rundflüge** (Hubschrauber oder Propellermaschine) buchen.

Zum **Spazierengehen und Wandern** bieten sich besonders die Berglandschaften an. Leider gibt es dazu kein detailliertes Kartenmaterial, aber im Reiseteil finden sich diverse Anregungen. Eine gute und attraktive Möglichkeit ist es, dem Verlauf eines Wadis (Trockenflusstal) zu folgen – natürlich vorausgesetzt, dass es vorher keine lang anhaltenden Regenfälle gab und dass es auch nicht nach Regen aussieht. Nach Regenfällen führt so manches Wadi urplötzlich Wasser und teilweise können daraus reißende und zerstörerische Flüsse entstehen. Für größere, mehrtägige Trekks sollte man einen ortskundigen Führer dabei haben, die omanischen Tourveranstalter helfen weiter. Diverse Reiseveranstalter in Deutschland haben längere Trekks in ihrem Programm – diverse lokale Tourveranstalter arbeiten individuelle Touren aus.

Wer **klettern** möchte, kann sich von den omanischen Tourveranstaltern über die Möglichkeiten beraten lassen. Das Buch „Rock Climbing in Oman" von *M. A. McDonald* beschreibt zahlreiche Felswände, Klippen, Canyons und Gipfel verschiedener Schwierigkeitsstu-

Nur bei traditionellen Tänzen zücken Omanis ihre Schwerter

fen. Zahlreiche Fotos und Diagramme veranschaulichen die Routen.

Die Strände und Parks der Hauptstadtregion eignen sich ideal zum **Joggen,** vorausgesetzt man wählt dazu den frühen Morgen oder die späten Nachmittagsstunden. Joggen ist auch unter den Hauptstädtern sehr verbreitet, am besten kann man das gegen Abend am Strand Shati al-Qurum und im Gebiet der Qurum Heights beobachten. Von Zeit zu Zeit werden von den weltweit sehr aktiven Hash House Harriers auch leichte Querfeldeinläufe, so genannte *fun runs,* organisiert

Golfer können auf dem Sandplatz in Muscat die gewohnten „greens“ gegen sandige „browns“ eintauschen.

Wer eine typisch einheimische Freizeitbeschäftigung sucht, dem sei ein zünftiges **Picknick** empfohlen. Omanis wie Gastarbeiter sind die reinsten Picknick-Fans, und so treffen beide Kulturen an den Wochenenden in trauter Einigkeit unter schattigen Bäumen im Park oder unter Sonnenschirmen am Strand zusammen. Die in Oman lebenden Europäer sind größtenteils auch schon in diese Fangemeinde eingegliedert. Hotels stellen auf Anfrage üppig gefüllte Picknickkörbe zusammen, gut nutzen lässt sich dazu auch der „take-away-service“ vieler Restaurants.

Sport zum Zuschauen

Wenn sich die Gelegenheit ergibt, ist der Besuch eines **Kamelrennens** unbedingt ein „Muss“, jedoch finden sie nur in den Wintermonaten und meist nur am Wochenende oder an Feiertagen statt. Fünf Kamelrennbahnen gibt es in

oman_139 Foto: fk

Oman, am Freitagvormittag werden hier auch Trainingsläufe abgehalten. Die aktuellen Termine der Rennen werden kurz vorher in den Tageszeitungen angekündigt, aber auch die Hotelrezeption oder die Reiseleitung kann Auskünfte geben. Näheres steht im Exkurs „Das Kamel – O-man's best friend".

Genau wie Kamelrennen sind auch **Pferderennen** in Oman sehr beliebt. Die Rennen, Springturniere und Showparaden finden meist an Feiertagen statt und locken Tausende von Zuschauern auf die Tribünen und vor die Fernseher. Von besonderem Reiz sind die traditionellen Rennen und Reiterspiele, die im Landesinneren veranstaltet werden. Näheres findet sich im Exkurs „Das arabische Pferd – teurer Champion und treuer Companion".

Kaum zu glauben und kein Scherz: **Stierkampf** am Indischen Golf. In den Orten der Küstenebene Batinah werden im Winter regelmäßig sog. **bullfights** veranstaltet – völlig unblutig und daher einen Besuch wert (siehe Exkurs „Bullfight in der Batinah").

Strom

Da Oman seinen Strom durch die Verbrennung von Erdgas in großen Kraftwerken erzeugt, ist die Versorgung gesichert, Engpässe bestehen nicht.

Die **Spannung** im Stromnetz beträgt **220–250 Volt, 50 Hertz.** Es gibt keinerlei Probleme beim Betrieb von europäischen und japanischen Geräten.

Für den Anschluss braucht man englische, dreipolige Stecker. Flache Eurostecker kann man so einstecken, für Schukostecker benötigt man allerdings einen **Adapter.** In den Hotels ist zumindest eine Steckdose (im Bad) damit ausgestattet, weitere Adapter erhält man auf Anfrage. Ebenso kann man in den großen Hotels ein Bügeleisen und ein Bügelbrett bekommen. Viele Badezimmer sind mit einem Fön ausgestattet.

Es lohnt sich kaum, einen Adapter für viel Geld zu Hause zu kaufen. In Oman ist er für ein paar Mark in jedem Elektrogeschäft und größeren Supermärkten erhältlich.

Telekommunikation

Die omanische Telekommunikation hat sich in den letzten zwei Jahrzehnten unglaublich schnell entwickelt und entspricht heute mitteleuropäischem Standard. Digitale Übermittlung von Daten, Satellitenkommunikation, Mobiltelefondienst, Funkrufsystem, sonnenenergiebetriebene Kartentelefone und Internet sind für Omanis Alltag.

Telefon

Das **Telefonnetz** der staatlichen Fernmeldeorganisation Oman Telecommunications Company (Omantel) ist **hervorragend ausgebaut.**

Im gesamten Land gibt es **keine Städte-Vorwahlen,** sondern nur sechs- bis siebenstellige Teilnehmernummern, die bei internationalen Gesprächen direkt nach der **Landes-Vorwahl 00968** gewählt werden.

Öffentliche Telefone gibt es fast an jeder Straßenecke sowie in Kaufhäusern, Supermärkten, an Tankstellen, in Parks, an Bushaltestellen und in öffentlichen Gebäuden. Viele kleine Läden haben einen kleinen Fernsprecher installiert, der von jedermann benutzt werden kann. Omanische Telefonzellen sind rot oder kleinen Festungstürmen mit Zinnen nachempfunden.

Die meisten Apparate sind Kartentelefone. **Telefonkarten** gibt es überall dort zu kaufen, wo ein kleiner rechteckiger schwarzer Aufkleber oder ein selbstgemaltes Schild mit der Aufschrift „Pay Phone Cards" an der Ladentür oder in der Auslage zu sehen ist (z. B. an den Kassen der kleinen Lebensmittelläden und großen Supermärkte sowie an Kiosken und in Tankstellen). Außerdem in den Post- und Telefonämtern. Man kann Karten im Wert von 1½, 3 oder 5 Rial kaufen. Sie sind mit hübschen landestypischen Motiven versehen und nach Gebrauch für Sammler hierzulande ein nettes Mitbringsel.

Weiter verbreitet als bei uns sind **Mobiltelefone und pager** (Funkrufsystem, bei uns als „Scall" oder „Quix" bekannt). Wenn man die Nummer eines pagers anruft, so erscheint auf dem Display des angerufenen Gerätes die Nummer des Anrufers, die man dann zurückrufen kann. Fast alle Omanis besitzen ein Mobiltelefon bzw. einen Pager oder sogar beides.

Eine Einheit, die 25 Bs kostet, ist für einen Anruf zu einem mobilen Telefon

oman_101 Foto: fk

Der Omantel-Tower in Ruwi

etwa nur halb so lang wie zu einem normalen Telefon. Im Festnetz kann man im Ortsbereich für eine Einheit neun Minuten lang telefonieren. In den weiteren Zonen gibt es zwischen 20 und 6 Uhr verbilligte Nachttarife: 100–200 km tagsüber eine halbe Minute, abends dagegen eine Minute, über 500 km tagsüber zwölf Sekunden, abends und nachts sechzig Sekunden.

Inhaber von Mobiltelefonen können – je nach Netzanbieter – ihr Gerät in Oman nutzen. Aktuelle Infos liefern die Netzbetreiber (D1, D2, E Plus usw.).

Wer möchte, kann sich vorbezahlte **Guthabenkarten** (engl. **prepaid card**) des omanischen Mobilfunkbetreibers

Omantel kaufen und dann zu dessen Gebühren telefonieren. Diese vorbezahlten Guthabenkarten sind bei Omantel (Hauptbüro in der Hauptstadtregion, Al-Khuwair) zu kaufen, und nach Abtelefonieren des Guthabenbetrages ist es möglich, diesen bei Bedarf aufzustocken. Jedermann, der mit prepaid cards telefoniert, bekommt eine neue (omanische) Telefonnummer. Diese Möglichkeit lohnt in Oman nur bei längerem Aufenthalt oder für Vieltelefonierer, da der Kaufpreis der Karte deutlich höher ist als der abzutelefonierende Betrag.

oman_104 Foto: fk

Mit Zinnen bewehrte öffentliche Telefonzelle

Englischsprachige Servicenummern

- **Telefonauskunft national:** 198
- **Telefonauskunft international:** 143
- **Vermittlung international:** 195
- **Zeitansage:** 140
- **Wettervorhersage:** 1103
- **Schlagzeilen und Notfallapotheken:** 1105
- **Wechselkurse:** 1106
- **Internationale Flüge:** 510470
- **Inlandsflüge:** 510070
- **Omantel Service-Informationen:** 699910
- **Störungsstelle:** 192

Telefonbücher

- **Sultanate of Oman Telephone Directory** (mit „Oman Yellow Pages"): zu beziehen bei Omantel
- **Telefax and Telex Directory:** bei Omantel
- **Business Directory** von APEX Publishing: in großen Supermärkten und internationalen Buchläden (Adressen bei den praktischen Informationen zu den einzelnen Städten)

Internationale Telefongespräche

Eine Direktwahl nach Europa ist **von allen öffentlichen Fernsprechern** möglich. Das Telefonnetz ist so gut, dass dies meist problemlos klappt und die gute Verbindungsqualität eher ein Inlandsgespräch vermuten lässt. Gespräche nach Deutschland kosten 520 Baisa pro Minute. Sie sind teurer, wenn man sich durch einen „operator" (Tel. 195) verbinden lässt.

Am teuersten sind Auslandstelefonate vom Hotelzimmer aus. Dazu muss man vor der internationalen Vorwahlnummer noch die Nummer für das Amt wählen.

Internationale Vorwahlnummern

Nach der internationalen Vorwahlnummer muss man die erste Null der Ortskennzahl weglassen.

- **Oman: 00968** (in Oman gibt es keine Ortsnetzzahlen, man kann direkt die Teilnehmernummer wählen)

- **Deutschland: 0049**
- **Österreich: 0043** (die Wiener Ortskennzahl 0222 wird bei internationalen Verbindungen nicht gewählt, stattdessen folgt auf die Landesvorwahl die 1 und dann die Teilnehmernummer)
- **Schweiz: 0041**
- **V. A. Emirate: 00971**

Telefax

Der schnellste und zuverlässigste Weg, Nachrichten in das Sultanat zu übermitteln, ist per Fax, denn Telefaxgeräte sind weit verbreitet.

Für Gäste stehen **in den Hotels** Faxgeräte zur Verfügung, daneben kann man landesweit **in den Postämtern** auch das so genannte **Bureau Fax,** einen öffentlichen Faxdienst der Omantel, für ein- und ausgehende Sendungen in Anspruch nehmen (eine DIN A 4-Seite nach Europa ca. 1 RO). In der Hauptstadtregion finden sich außerdem zahlreiche kleine Büros (z. B. Ruwi und Mutrah Souq) bzw. Schalter **in den Einkaufszentren,** die einen preiswerten Fax-Service offerieren.

Internet

Webzugang und die Gelegenheit zum E-mailen bestehen in Businesszentren großer **Hotels** und in **Internet-Cafés** (Adressen bei den einzelnen Städten).

Unterkunft

Hotels

Im gesamten Land gibt es rund 100 Hotels und Gästehäuser – und die Kapazitäten werden ständig erweitert. Die größte Auswahl an Hotels verschiedener Klassen findet sich in der Hauptstadtregion.

In den großen Orten außerhalb der Hauptstadt stehen meist ein oder zwei Häuser. Wer dort übernachten möchte, sollte vorher ein Zimmer reserviert haben. Die **Adressen** nahezu aller omanischen Hotels finden sich bei den praktischen Informationen zu den einzelnen Städten, ebenso die **Zimmerpreise,** die sich allerdings auf **Direktbuchungen** beziehen. Bei einer Preisanfrage sollte man sich erkundigen, ob die etwa **17-prozentige „municipality tax and service charge"** schon enthalten ist. Alle Angaben in diesem Buch sind inklusive dieser Aufschläge. Bucht man über einen Reiseveranstalter, so sind die Zimmer oft etwas preiswerter.

Ein Großteil der omanischen Hotels gehört zur **Mittel- und Luxusklasse.** Der Standard ist hoch, und insbesondere der Service und die Ausstattung der Luxushotels zählen zu den besten der Welt. Alle Zimmer haben Klimaanlage, Badezimmer, Minibar, Fernseher und Radio sowie einen 24-Stunden-Zimmerservice. Zu den Hotels gehören meist mehrere Restaurants, ein Café, eine Cocktail-Lounge, eine Bar oder ein Nachtclub mit Disco, ein Coffee Shop, ein Zeitschriftengeschäft, Tagungs- und

Seminarräume, ein Business-Centre, ein Ballsaal, diverse Sport- und Freizeiteinrichtungen (Pool, Sauna, Fitnessraum, Tennis, Squash).

Einige der Häuser sind als **Hotel-Resort** mit Strand und einer Fülle an Sport- und Freizeitangeboten konzipiert. Dies fehlt den reinen **Business-Hotels,** die dafür aber ausgesprochen zentral liegen.

In der Wintersaison sind die omanischen Mittel- und Luxusklasse-Hotels gut besucht. Über Weihnachten, zu wichtigen Messen oder vor Feiertagen kann es leicht passieren, dass alles ausgebucht ist. Daher sollte man in jedem Fall **rechtzeitig** vor seiner Ankunft Zimmer **reserviert** haben. Einige internationale Hotelketten haben dafür ein (teils gebührenfreies) **Servicetelefon in Deutschland** eingerichtet:

- **Bass Hotels** (Holiday Inn: Al-Khuwair, Hauptstadtregion und Salalah; Inter-Continental: Qurum, Hauptstadtregion) Tel. 0800/1815131
Website: www.basshotels.com
- **Hyatt** (Al Khuwair, Hauptstadtregion), Tel. 0180/5231234
Website: www.www.hyatt.com
- **Sheraton** (Ruwi und Qurum, Hauptstadtregion) Tel. 0130/853535
Website: www.sheraton.com
- **Radisson** (Al Khuwair, Hauptstadtregion) Tel. 0800/814442
Website: www.radisson.com
- **Hilton** (Salalah) Tel. 0130/818146
Website: www.hilton.com

Die **Preise** in einem Fünf-Sterne-Hotel betragen für ein Doppelzimmer ab 70 RO. Wer möchte, kann auch eine Suite für einige hundert Rial mieten. Auch die Mittelklassehotels (DZ ab 35 RO) besitzen meist ein oder mehrere Restaurants und einen Pool; die Zimmer sind klimatisiert und haben ein Telefon, einen Fernseher sowie ein eigenes Bad. Es gibt auch diverse einfache und preiswerte Hotels, wenn auch vergleichsweise wenige. Die größte Auswahl findet sich an der Uferstraße von Mutrah. Hier kann man ein Doppelzimmer für 14 RO bekommen. Westliche Touristen trifft man nur relativ wenige, obwohl die Hotels über ein kleines Restaurant verfügen und die gepflegten Zimmer mit Bad, Klimaanlage, Telefon und Fernseher ausgestattet sind. Die zentrale Lage am Souq von Mutrah ist ein weiterer Pluspunkt.

Gästehäuser

Diese sog. **Rest Houses** stehen an viel befahrenen Überlandstraßen und sind im Grunde nichts anderes als preiswerte, zweckmäßig ausgestattete Hotels. Für Doppelzimmerpreise ab 13 RO steht immer auch ein gutes Restaurant zur Verfügung. An Wochenenden und Feiertagen ist eine Reservierung zu empfehlen.

Camping

In Oman gibt es **keine offiziellen Campingplätze.** Bei Ras al-Junayz besteht eine Campmöglichkeit für Besucher des Schutzgebietes für Meeresschildkröten, allerdings braucht man dafür eine Sondergenehmigung (siehe Exkurs „Meeresschildkröten im Mondschein").

In der freien und einsamen Natur, insbesondere in der Wüste, hat aber niemand etwas gegen ein Nachtlager einzuwenden, natürlich vorausgesetzt, dass es nicht zu nah an Dörfern liegt und dass sich die Camper **ordentlich und zurückhaltend benehmen,** niemanden stören und keinen Müll hinterlassen. Unbedingt vermeiden sollte man es, alkoholische Getränke mitzunehmen und zu konsumieren – auch wenn es noch so einsam sein sollte.

Niemals sollte man unmittelbar in einem **Wadibett** campen, besonders nicht, wenn es regnet oder regnerisch aussieht. Das Wasser versickert nämlich nur sehr langsam in den ausgetrockneten und harten Böden, und von den kahlen Felswänden rinnt es ungehindert ab. Bei ergiebigen Regenfällen – die vielleicht auch in einiger Entfernung fallen – sammelt sich das Wasser im Wadi sehr schnell und kann mitunter zu einem schnellen und reißenden Strom werden. Immer wieder kommt es zu tragischen Todesfällen unachtsamer Ausflügler.

Nahezu jeder omanische Tourveranstalter hat einen Ausflug in die Berge oder in die Wüste im Programm, letzteren oft mit **Übernachtung in Beduinenzelten oder unter freiem Sternen-**

Das Sohar Beach Hotel gehört zu den schönsten Hotels des Landes

oman_133 Foto: fk

himmel, manche in Verbindung mit einer Kamelsafari. Auch viele heimische Reiseanbieter neigen dazu, die Schönheiten Omans auf naturnahe Weise zu vermitteln und schlagen an den schönsten Stellen ihre Camps auf. Näheres und **Adressen dazu** im Abschnitt „Reiseveranstalter" und bei den praktischen Informationen zu Muscat, wo auch Adressen von Geschäften mit **Campingzubehör** aufgelistet sind; außerdem kann man sich in Musandam bei Khasab Travel Ausrüstung leihen.

Versicherungen

Private Policen wie Lebens-, Unfall-, Haftpflicht- und auch manche Rechtschutzversicherungen gelten weltweit, zumindest einen gewissen Zeitraum, den eine gewöhnliche Urlaubsreise jedoch selten übersteigt.

Besitzer von **Kreditkarten**, zu deren Serviceleistungen auch ein Versicherungspaket gehört, sollten vor Abreise genau die Versicherungsbedingungen (ggf. anfordern) durchlesen, da viele Leistungen bereits enthalten sind.

Zusätzlich kann bzw. sollte man vor seiner Auslandsreise die folgenden Versicherungen abschließen:

Reiserücktrittskostenversicherung

Reist man mit einer organisierten Gruppe über einen Reiseveranstalter nach Oman, so kann man sich mit dem Abschluss einer Reiserücktrittskostenversicherung dagegen versichern, dass die durch einen eventuellen Nichtantritt der Reise vertraglich fälligen Stornokosten an den Reiseveranstalter von der Versicherungsgesellschaft gezahlt werden. Triftige Gründe für den Nichtantritt einer gebuchten Reise können ein schwerer Unfall oder eine Krankheit sein – auch eines nahen Familienangehörigen.

Eine Selbstbeteiligung zwischen ca. 25 Euro und 20 Prozent der Stornokosten ist üblich.

Der Abschluss einer Reiserücktrittskostenversicherung ist meist nur innerhalb einer kurzen Frist (etwa eine Woche) nach Erhalt der Buchungsbestätigung möglich.

Auslandsreise-Krankenversicherung

Nötig ist sie, weil die deutschen **gesetzlichen Krankenkassen** und die Ersatzkassen die Kosten für Erkrankungen nur in den Ländern erstattet, mit denen ein Sozialabkommen besteht. Da sich dies auf die meisten europäischen Länder beschränkt, ist es besser, vor einer Fernreise eine zusätzliche Auslandsreise-Krankenversicherung auschließen.

Sie lohnt sich auch für **privat Krankenversicherte,** die wegen einer Urlaubserkrankung nicht ihren Anspruch auf Beitragsrückerstattung verlieren wollen. Private Krankenversicherungen gelten im außereuropäischen Ausland meist nur einen Monat.

Eine Auslandsreise-Krankenversicherung sollte im Krankheitsfall die Kosten von ambulanten und stationären Behandlungen, Operationen, Medikamenten und eines Krankenrücktransportes übernehmen. Für akute Erkrankungen, die bereits bei Vertragsabschluss bestehen, gilt diese Leistungspflicht nicht. Im Krankheitsfall muss man zunächst alle Kosten aus der eigenen Reisekasse zahlen. Zu Hause kann man dann innerhalb einer bestimmten Frist diese Aufwendungen von der Versicherung zurückfordern – allerdings nur, wenn man eine detaillierte Rechnung (Name des Arztes und des Patienten, Krankheitsbefund, erbrachte medizinische Leistungen und deren Kosten, Datum, Unterschrift des Arztes) vorlegen kann.

Die Erstattung der Kosten für einen **Krankenrücktransport** ist sehr wichtig, denn die Krankenkassen tragen auch diese Kosten, die leicht 5000 Euro übersteigen können, nicht. Am günstigsten ist es, man unterschreibt einen Versicherungsvertrag mit der Kostenerstattung eines vom im Ausland behandelnden Arztes angeordneten medizinisch *sinnvollen* Rücktransportes. Wird man Mitglied bei einem Rettungsflugdienst, übernimmt auch er die Aufwendungen, in jedem Fall übernimmt er die Organisation eines Rettungsfluges, egal wer ihn zahlt.

Krankenversicherungen für Auslandsreisen gibt es schon ab einem **Jahresbeitrag** von unter 10 Euro (z. B. Debeka, Deutsche Krankenversicherung, Deutscher Ring, Partner-Gruppe, Hallesche Nationale). Die Versicherungsbedingungen sind dabei nicht zwangsläufig schlechter als die der teureren Versicherungen. Chronisch Kranke, Schwangere und ältere Menschen zahlen höhere Beiträge. Angeboten werden zwei Varianten: Policen, die pro Person und Urlaubstag mit bestimmten Cent-Beträgen genau abgerechnet werden, und Verträge, bei denen innerhalb eines Versicherungsjahres für eine bestimmte Höchstzahl an Urlaubswochen ein Versicherungsschutz besteht. Meist liegt diese Höchstdauer eines Auslandsaufenthaltes zwischen sechs und acht Wochen, egal wann und wie oft man auf Reise geht.

Vor Abschluss sollte man die Verträge genau prüfen und vergleichen. Auch wichtig ist, ob Vorerkrankungen und Familienangehörige mitversichert sind.

Notfall-Versicherung

Notfall-Versicherungen gibt es in verschiedenen Varianten, sie **ergänzen** stets **andere Reiseversicherungen** und sind weltweit gültig.

Einzelne **Leistungen** in Kurzform: Bei Krankheit medizinisch notwendiger oder medizinisch sinnvoller Krankenrücktransport, bei Tod Überführung in die Heimat, Rettung und Bergungskostenerstattung, Kostenvorschuss für einen Krankenhausaufenthalt, Hilfe bei der Organisation einer wegen Krankheit abgebrochenen Reise, Hilfestellung bei der Beschaffung von Ersatzdokumenten, wenn man die Originale im Urlaub verlieren sollte, Hilfe bei Haft oder Haftandrohung, bei der Beschaffung von Rechtsanwälten oder Übersetzern sowie Vorstrecken einer Strafkaution und eventueller Gerichts- und Anwalts-

oman_013 Foto: fk

kosten bis zu einer bestimmten Höhe. Die meisten Leistungen beschränken sich auf **Hilfeleistung** und auf die **Vorleistung** von durch Notfälle entstandenen Kosten. Sollte man im Notfall allerdings keine Kopien verloren gegangener Papiere und nicht die entsprechenden Notrufnummern des Versicherers parat haben, so nützt diese Reiseversicherung reichlich wenig.

Reisegepäckversicherung

Eine Reisegepäckversicherung bewahrt vor finanziellem Schaden durch **Verlust, Zerstörung oder Beschädigung des persönlichen Reisegepäcks** und das der mitreisenden Familienangehörigen durch Dritte. Versichert ist der Zeitwert der mitgeführten Sachen, auch Sportgeräte, solange sie nicht gerade im „bestimmungsmäßigen Gebrauch" sind. Die Versicherungssumme sollte nicht unter diesem Zeitwert des gesamten Reisegepäcks liegen. Um ihn im Schadensfall auch zu kennen, ist es ratsam, vor der Reise eine Gepäckliste aufzustellen und diese zu Hause zu lassen.

Eine Reisegepäckversicherung kann man als Wochen-, Monats- oder Jahrespolice abschließen. Mit letzterer ist man nicht nur während Auslandsreisen, sondern auch auf Wochenendausflügen geschützt.

Allzu große Sorglosigkeit sollte bei den Versicherten allerdings nicht aufkommen, denn bei „grob fahrlässigem Verhalten" besteht kein Schutz – eine Formulierung, auf die sich die Versicherer gerne berufen und die so mancher Schadensfall vor Gericht enden lässt.

Will man teuren Schmuck oder eine wertvolle Foto-/Filmausrüstung mitnehmen, so empfiehlt es sich, dafür eine Zusatzversicherung auschließen.

Freude über gute Einnahmen

Insolvenzsicherung

Von deutschen Pauschalreiseveranstaltern verlangt das Reisevertragsgesetz, dass dem Reisenden durch Vorlage eines **Sicherungsscheins** nachgewiesen werden muss, dass die Risiken einer Zahlungsunfähigkeit des Reiseveranstalters abgesichert sind. Fällt die gesamte Reise wegen Konkurs aus, so bekommt der Kunde den gesamten bereits gezahlten Reisepreis bzw. die eventuellen Mehrkosten für einen besonderen Rücktransport vom Urlaubsort vom jeweiligen Träger dieser Insolvenzsicherung zurückerstattet.

In der Regel enthält der Reisepreis die Versicherungskosten. Die Zahlung des Reisepreises darf nur verlangt werden, wenn dem Reisenden ein solcher Sicherungsschein übergeben wird.

Urlaubsversicherungen im Paket

Reisebüros und Versicherungen bieten kurzfristige Versicherungen oft im Paket an. Diese Pakete orientieren sich an den Bedürfnissen der Mehrheit der Reisenden, sie gelten relativ kurz und enthalten keine Zusatzdeckungen z. B. für die teure Fotoausrüstung. Vor Abschluss sollte man prüfen, ob nicht zu viele Doppelversicherungen z. B. bei der Privathaftpflicht-, Unfall- oder der Rechtschutzversicherung entstehen.

Geschäftlich/ beruflich unterwegs

Wer sich als Angestellter oder Unternehmer auf Geschäftsreise begibt, ist für schuldhaft verursachte Schäden durch eine Betriebshaftpflichtversicherung geschützt. In diesem Fall würde die private Haftpflichtversicherung keine Schadensregulierung übernehmen.

Die gesetzliche Unfallversicherung der Berufsgenossenschaften zahlt nur dann, wenn während der Reise anlässlich einer beruflichen Beschäftigung ein Unfall geschieht, nicht bei einem Unglück z. B. im Rahmen eines privaten Hubschrauberrundflugs.

Private Policen wie Lebens-, Unfall- oder Reisegepäckversicherungen gelten auch auf einer Dienstreise.

Zeit

Zeitverschiebung

Oman ist der mitteleuropäischen Zeit **in der Winterzeit um drei,** während **der Sommerzeit um zwei Stunden voraus.**

In den Vereinigten Arabischen Emiraten ist die Zeit gleich der in Oman, in den anderen Golfstaaten liegt sie eine Stunde zurück.

Islamische Zeitrechnung

Der islamische Kalender richtet sich im Unterschied zu unserem gregorianischen Kalender nach dem **Stand des Mondes** und nicht nach der Sonne. Ein Mondjahr hat rund 354,5 Tage und ist somit im Durchschnitt elf Tage kürzer als unser „Sonnenjahr". Ein Mondmonat hat 29 oder 30 Tage.

Die **islamischen Monate** heißen: *Muharram, Safar, Rabi'a al-Awwal, Rabi'a al-Thani, Jumad al-Awwal, Jumad al-Thani, Rajab, Sha'aban, Ramadhan, Shawwal, Dhul-Qa'dah* und *Dhul-Hijja*. Die Anfangszeiten der islamischen Monate rücken genau wie die Termine religiöser Feste und Feiertage jedes Jahr etwa elf Tage nach vorne.

Die endgültigen Termine religiöser Feste und Feiertage werden nach dem aktuellen Stand des Mondes ermittelt, wodurch es sein kann, das sie von Land zu Land leicht unterschiedlich sind.

Der **Beginn der muslimischen Zeitrechnung** ist das (gregorianische) **Jahr 622,** in dem der Prophet Muhammad von Mekka nach Medina auswanderte. Das islamische Jahr 1423 hat am 15. März 2002 begonnen.

Zollbestimmungen

Oman

Die **Einfuhr alkoholischer Getränke** wird in geringen Mengen (ein bis zwei Flaschen) **toleriert.** Der persönliche

Reisebedarf einschließlich Computer, Tonbandgerät, Mobiltelefon, Foto- und Videokamera plus Zubehör und Filmen kann problemlos eingeführt werden. Bespielte Videokassetten werden gelegentlich geprüft und können – genau wie Zeitungen oder Zeitschriften mit „pornographischen" oder auch nur allzu freizügigen Abbildungen (wozu auch schon so manches Titelbild von Spiegel oder Stern zählt) – konfisziert werden.

Die **Einfuhr von pornographischen Artikeln** sowie **Falschgeld, Drogen** und **Waffen** ist **strengstens verboten,** genau wie ihr Erwerb und die spätere Ausfuhr. Zudem untersagt ist es, **frische Lebensmittel,** Nutzpflanzen, Blumen und Knollen einzuführen. Wer **Haustiere** mitbringen will, muss eine mehrwöchige Quarantäne einkalkulieren.

Bei der Ausreise besteht ein strenges Verbot für die Ausfuhr von **Fossilien, Korallen, archäologischen Fundstücken** und bedeutenden **historischen Kulturgütern.**

Die Ein- und Ausfuhr von **Devisen** sowie der omanischen Währung unterliegt keiner Beschränkung.

EU

Bei der Heimreise aus Oman muss man die **Zollbestimmungen des Heimatlandes beachten.**

Die **Mitgliedsstaaten der Europäischen Union** erlauben bei der Einreise aus Staaten, die nicht der EU angehören, die **zoll- und umsatzsteuerfreie Einfuhr der folgenden Waren:**

- 200 Zigaretten oder 100 Zigarillos oder 50 Zigarren oder 250 Gramm Tabak;
- 1 Liter Spirituosen mit einem Alkoholgehalt über 22%, oder 2 Liter mit einem Gehalt unter 22%;
- 50 Gramm Parfüm oder 0,25 Liter Eau de Toilette;
- 500 Gramm Kaffee;
- Urlaubsmitbringsel im Wert von 150 Euro, ausgenommen Goldlegierungen und -plattierungen, ungearbeitet oder halb verarbeitet. Nicht abgabenfrei ist auch eine unteilbare Ware (z. B. ein Schmuck- oder Kleidungsstück), die diese Wertgrenze übersteigt. Darauf werden Einfuhrabgaben vom vollen Wert erhoben, nicht nur auf den Betrag über 179 Euro. Sind die Waren weder zum Handel noch zur gewerblichen Nutzung bestimmt und ist ihr Wert nicht höher als 215 Euro, so werden Abgaben in Höhe von 20% des Wertes erhoben. Sind die Waren mehr wert, so hängt die Höhe der Einfuhrabgaben nicht alleine vom Wert, sondern auch von der Art der Ware ab. Dabei dient grundsätzlich der tatsächlich gezahlte Preis als Berechnungsgrundlage. Es ist also zweckmäßig, Rechnungen oder Quittungen aufzuheben, andernfalls wird der Wert der Ware von der Zollstelle geschätzt.
- Antiquitäten sind nach den zolltariflichen Bestimmungen nur Waren, die älter als 100 Jahre sind; weniger als 179 Euro wert, können sie zollfrei eingeführt werden. Für sie wird, anders als bei Waren neueren Datums, nur die Einfuhrumsatzsteuer erhoben. Es ist daher nützlich, wenn man das Alter mit Unterlagen belegen kann. Bei der Einfuhr von antiquarischen Waffen gelten unter Umständen die Bestimmungen des Waffenrechts.
- Die Einfuhr von gefälschten Markenprodukten ist verboten.
- Die aus dem Heimatland in den Urlaub mitgenommenen Waren des persönlichen Bedarfs unterliegen keinen mengen- oder wertmäßigen Einfuhrbeschränkungen.

oman B Foto: fk

Land und Leute

oman_038 Foto: fk

oman_068 Foto: fk

Bedu in der Rub al-Khali

Haushaltswaren auf dem Souq vcn Bahla

Das alte Lehmdorf Muslimat bei Nakhl

Geographie

Das Sultanat Oman liegt im äußersten Südosten der **Arabischen Halbinsel,** am so genannten „Horn von Arabien". Mit einer Fläche von rund 300.000 km² ist das Land kleiner als Deutschland (ungefähr 357.000 km²). Im Westen grenzt es an die Vereinigten Arabischen Emirate und an Saudi-Arabien, im Süden an den Jemen. Im Osten des Landes stellen der Golf von Oman und der Indische Ozean die natürliche Grenze dar, die Oman eine **1700 km** lange, teilweise sehr schöne **Küstenlinie** bescheren. Eine Besonderheit ist die **Exklave Musandam** an der Straße von Hormuz. Ganz von den Vereinigten Arabischen Emiraten umgeben, gehört sie doch zum Sultanat Oman.

Das geographische Relief des Landes ist relativ klar gegliedert. Im Norden wie im Süden erheben sich **Gebirgszüge,** denen ein schmaler **Küstenstreifen** vorgelagert ist. Dazwischen nimmt eine riesige Ebene den größten Teil des Landes ein. Im Osten reicht sie bis an den Indischen Ozean, im Westen bis an die Sandwüste **Rub al-Khali,** das „Leere Viertel".

Geographisch lässt sich das Land in **sieben Regionen** aufteilen. Dieser Unterteilung folgt nicht nur die folgende Beschreibung von Geographie und Geologie, sondern auch der dritte Teil dieses Buches „Unterwegs in Oman". Lediglich die Ebene im Landesinneren ist im Kapitel „Dhofar" beschrieben, da sie kaum touristisch Sehenswertes zu bieten hat.

Muscat und Umgebung (Capital Area)

Die dicht besiedelte Hauptstadtregion rund um das historische Muscat ist das moderne Herz des Landes und das **politische wie wirtschaftliche Zentrum.** Sie reicht von Seeb im Westen bis nach Quriat im Osten.

Im Westen verläuft die Küste bis Ras al-Hamra flach mit einem langen Sandstrand. Im Osten reichen die Felsen bis ans Meer, so dass viele Buchten noch heute nur per Boot zugänglich sind.

Die Hauptstadt Muscat liegt ebenfalls in einer solchen Bucht, die der Stadt in ihrer bewegten Geschichte häufig Schutz bot. In der Nachbarbucht liegt Mutrah mit dem Hafen Mina Qaboos, das schon in vergangenen Zeiten das Handelszentrum der Region war. Diese beiden Städte blicken auf eine lange Besiedlungsgeschichte zurück. Andere Stadtteile wie Ruwi, Qurum oder Medinat Qaboos, die weiter im Westen entstanden sind, sind jüngeren Datums.

Die nördliche Küstenebene (Batinah)

Westlich der Hauptstadtregion beginnt die nördliche Küstenebene, die so genannte Batinah. Sie ist das **Hauptanbaugebiet landwirtschaftlicher Produkte** und zieht sich über 250 km in Richtung Norden bis in die V.A.E. Die Batinah ist vom Fuß der Hajar-Berge bis zum Meer etwa 15–30 km breit, Landwirtschaft ist jedoch nur auf einem schmalen Streifen von wenigen Kilometern direkt am Strand möglich.

Entlang der **flachen Küste** verläuft ein langer Sandstrand, dem ein bis zu 15 m hoher Strandwall aufgelagert ist. Dieser Wall schützt die Siedlungen vor dem Meer und verhindert, dass das Regenwasser aus den Bergen nutzlos ins Meer fließt. So entstand ein Lagunenstreifen parallel zum Meer, der heute zu einem fast lückenlosen **Oasengürtel** geworden ist. Die Lagunen hat man trockengelegt und in Gärten verwandelt, die durch Kanäle aus dem Gebirge im Hinterland und über Grundwasserbrunnen bewässert werden.

Durch die Fruchtbarkeit dieses Oasenstreifens ist die Batinah **dicht besiedelt.** Die Menschen leben von der Landwirtschaft und der Fischerei. Die Geröllebene zwischen Meer und Bergen ist dagegen kaum bewachsen und praktisch nicht bewohnt. Erst unmittelbar am Fuße des Hajar sind Dörfer entstanden.

Inner-Oman (Al-Dakhiliyah)

Bestimmend für die Region Al-Dakhiliyah (von arab. *dakhl* = innen) ist das **Oman-Gebirge,** der **Hajar.** Diese Bergkette wird vom Wadi Suma'il, das zugleich der einzige einfache Zugang nach Inner-Oman ist, getrennt. Westlich des Wadis befindet sich der Hajar al-Gharbi, das „Westliche Felsengebirge“, östlich davon der Hajar al-Sharqi, das „Östliche Felsengebirge“, das zur Region Al-Sharqiyah zählt.

Im westlichen Teil erreicht der Hajar im Bergmassiv des **Jebel Akhdar** die größte Höhe. Der Gipfel des **Jebel Shams,** des „Bergs der Sonne“, ist 3009 m hoch. Die Nachbarmassive erreichen eine Höhe von bis zu 2000 m, in Richtung Norden fallen sie auf etwa 1000 m ab.

Am Südrand des Hajar finden sich zahlreiche **tief eingeschnittene Wadis,** die unterirdisch Wasser führen und die Grundlage für das **Kanalsystem der aflaj** bilden. Die zunächst unterirdisch, später an der Oberfläche verlaufenden Leitungen versorgen die vielen Oasen an den Wadiausgängen mit dem notwendigen Wasser. In der Vergangenheit war diese Oasenregion rund um Nizwa das Kernland Omans, das auch **„Proper Oman“,** das „eigentliche Oman“, genannt wurde.

Südlich dieser Oasen schließt sich eine von den Wadis aufgeschüttete Geröllebene an. Sie geht in die **Jiddat al-Harasis** im Landesinneren über.

Die **Region Al-Dhahirah,** die den westlichen Teil Nordomans bildet, ist ein nur dünn besiedeltes Wüstengebiet. Es reicht von der Südflanke des Hajar-Gebirges, wo sich die meisten Orte befinden, bis an die Sandwüste Rub al-Khali. Ganz im Westen liegt die Oase Buraimi zwischen der Grenze zu den V.A.E. und den Bergen.

Der Osten (Al-Sharqiyah)

Diese Region, die eine große landschaftliche Abwechslung bietet, wird vom **östlichen Teil des Hajar-Gebirges,** dem **Hajar al-Sharqi,** bestimmt. Das Gebirge erreicht hier eine Höhe von bis zu 2151 m. Kahle Kalksteinfelsen mit ähnlichem Aufbau wie im westlichen Oman-Gebirge prägen das Bild.

Auch hier finden sich tiefe Wadis: sowohl auf der Seite, die zum Meer steil abfällt, wie auch auf der landeinwärts gelegenen, flacheren Seite. Am Südrand der Berge liegt ein **Oasengürtel,** es ist das dichtbesiedeltste Gebiet der Sharqiyah.

Südlich der Oasen befindet sich eine von Wadis aufgeschüttete Geröllebene, die im Osten von den Dünen der Sandwüste Ramlat al-Wahiba begrenzt wird.

Die **Küste** der Sharqiyah ist bis kurz vor Ras al-Hadd, dem östlichsten Punkt Omans, steil und felsig. Es gibt nur wenige Buchten, die Fischfang zulassen. Dementsprechend ist das Gebiet dünn besiedelt, da es hier auch keinen fruchtbaren Küstenstreifen wie in der Batinah gibt. Lediglich an den Austritten der Wadis zum Meer ist stellenweise Landwirtschaft möglich.

Das Landesinnere

Die riesige, fast unbesiedelte Fläche zwischen Nordoman und der Südprovinz Dhofar wird nach dem hier lebenden Beduinenstamm der *Harasis* **Jiddat al-Harasis** genannt. Sie beginnt südlich der letzten Ausläufer des Hajar-Gebirges bei Adam.

Es handelt sich um eine **Wüstenebene,** die etwa 150 m über dem Meeresspiegel liegt. Auf ungefähr 500 km Länge findet sich fast keine Erhebung, die die monotone Geröll- und Schotterwüste überragen würde. Ihre Breite zwischen Indischem Ozean und der großen Sandwüste Rub al-Khali beträgt 250–300 km.

Die Region ist aufgrund ihrer **klimatischen Extremwerte** und Vegetationslosigkeit kaum bewohnt. Es sind haupt-

oman_124 Foto: fk

sächlich Beduinen, die hier leben, und in neuerer Zeit auch Arbeiter auf den Erdölfeldern, die der Region eine so große Bedeutung für den Staatshaushalt verschaffen.

Im Westen und Nordosten hat der beständig wehende Wind riesige **Sanddünengebiete,** die Rub al-Khali und die Ramlat al-Wahiba, geschaffen. Am Südrand der Wahiba liegt die Region Barr al-Hekman, ein Gebiet aus Salzebenen (arab. *sabkha),* die gelegentlich vom Meer überspült werden. Im Nordwesten der Jiddat al-Harasis befindet sich die Umm al-Samim, „die Mutter des Giftes", mit gefährlichen Treibsanden.

Die **Ostküste** verläuft durch geologische Verwerfungen zickzackartig. Die Flachküste ist teilweise eintönig, es finden sich jedoch auch sehr schöne Abschnitte. Vorgelagerte Riffe erschweren die Schifffahrt. Als Folge ist die Küstenregion ebenfalls nur dünn besiedelt.

Zwei vorgelagerte **Inseln** bzw. Inselgruppen sind erwähnenswert: Südöstlich der Ramlat al-Wahiba liegt die **Insel Masirah** und weiter im Süden die Gruppe der **Kuria-Muria Inseln.** Die wenigen Bewohner leben hauptsächlich von der Fischerei.

Der Süden (Dhofar)

Die südlichste Provinz Omans, der Dhofar, nimmt etwa ein **Drittel der gesamten Landesfläche** ein. Ein großer Teil davon, Wüste, gehört geographisch eher zum Landessinneren. Zum eigentlichen Dhofar zählen die Küstenebene rund um die Hauptstadt Salalah, das küstennahe Gebirge, das bis zu 1500 m aufragt, und das unmittelbar anschließende Hinterland der Berge. Dieses Gebiet ist das **historische Weihrauchland,** denn hier findet der Weihrauchbaum seine optimalen Lebensbedingungen.

Vom Naturraum her hat die Region größere Ähnlichkeit mit dem angrenzenden Jemen als mit dem Rest Omans. Das **Dhofar-Gebirge,** das parallel zum Meer liegt, ist ein Ausläufer der südlichen Randschwelle der Arabischen Tafel, die sich im Gefolge des Grabenbruchs des Roten Meeres bildete. Die Gipfel der Berge sind nicht markant, sondern eher wie Hochebenen, die von tiefen Wadis durchzogen werden. Landeinwärts flacht das Gebirge langsam ab und geht in eine Wüstenebene über, den so genannten Nejd, der sich bis zur Rub al-Khali fortsetzt. Im Osten geht er in die Jiddat al-Harasis über, im Westen setzt er sich in der jemenitischen Landschaft Mahra fort.

An der **Küste** des Dhofar reicht das Gebirge, das plötzlich zum Meer hin abbricht, bis nahe ans Wasser heran. Am Fuß der Berge besteht kaum eine Möglichkeit, Landwirtschaft zu betreiben, so dass die Bewohner der kleinen Dörfer hauptsächlich vom Fischfang leben. Lediglich rund um Salalah bietet eine fruchtbare Ebene die Möglichkeit, tropische Plantagen anzulegen. Die meeresseitigen Hänge der Berge sind mit Bäumen und Büschen bewachsen und nach dem Monsun von einem grünen Teppich überzogen.

Berge und Buchten Musandams

Oman – ein Paradies der Geologie

von Dr. Ingeborg Guba, Sultan Qaboos University, Muscat

Edle Metalle und Erze, wertvolle Mineralien, dekorative Gesteine, seltene Edelsteine und reiche Ölvorkommen – Oman hat alle diese Schätze. Seine bizarre Landschaft mit majestätischen Bergen, wilden Schluchten, glühenden Wüsten und goldenen endlosen Stränden bietet eine unglaubliche Vielfalt an Naturwundern. Wie in keinem anderen Land der Welt haben hier in Oman hochdramatische Geschehnisse der Erdgeschichte die Landschaft geformt, viele Millionen Jahre bevor der erste Mensch über die Erde wandelte.

Oman als Teil der Arabischen Platte war seit dem Präkambrium mehrfach vom Meer bedeckt, in dem sich riesige Massen sedimentären Gesteins ablagerten. Das Wasser war voller wohlgenährter Lebewesen, die heute noch als Fossilien erhalten sind, und die die reichen Ölvorkommen Omans formten. Das Öl in den 600 Millionen Jahre alten Gesteinen Südomans ist das geologisch älteste der Welt.

Während in der Kreidezeit die Dinosaurier über das Land spazierten, braute sich im Meer nördlich von Oman Dramatisches zusammen: Die Erde tat sich auf, und aus der Tiefe der unteren Erdkruste und des oberen Erdmantels drang glühendes Magma empor, floss als basaltische Lava auf dem Meeresboden aus oder kühlte im Gesteinsgrund steckenbleibend ab. Ungeheure tektonische Kräfte schoben diese dunklen schweren Gesteine, so genannte Ophiolithe, dann auf die kontinentalen Landmassen Omans. Diese Ophiolithdecke ist die größte intakte ozeanische Lithosphärensequenz der Welt.

Und während heute die Menschen in Oman von modernster Technologie umgeben sind, geht die Erde ihren milliardenjährigen Geschäften nach: Die Gesteine braten und zerbröseln in der heißen omanischen Sonne, die Berge werden vom ewigen Wind abgeschliffen, werden schließlich im eigenen Schutt begraben und sinken ins Meer zurück, aus dem sie gekommen sind. Die Arabische Platte mit der Halbinsel Musandam als Vorreiter driftet mit einer Geschwindigkeit von 2 cm pro Jahr nach Nordosten und verursacht dort im Zusammenstoß mit den iranischen Zagros-Bergen erhebliche Schäden in Form von Erdbeben.

Ein Fenster in die Vergangenheit

- **Was zu sehen ist:** Großstrukturen – Omans Grand Canyon – Schichtgesteine – Geologisches Fenster – Gesteinsabfolge über 600 Millionen Jahre – Erosionsformen – Dom-Kollaps
- **Wo es zu sehen ist:** Jebel Akhdar – Jebel Shams – Saiq-Plateau – Saih Hatat/Wadi Adai – Rusayl/Al-Jafnain

Von den kühlen Höhen des Jebel Akhdar kann man hinunterschauen in Omans größten Canyon, der ein „geologisches Fenster“ darstellt; d.h. man steht auf einer Gesteinsschicht, die ca. 90 Millionen Jahre alt ist, und blickt die gesamte Abfolge der Schichtgesteine hinunter und zurück in die Erdgeschichte auf das Grundgebirge (Abb. 2b), dessen Gesteine 600 Millionen Jahre alt sind! Wie kommt ein solches spektakuläres Fenster zustande? Im früheren intakten Zustand des Jebel Akhdar bildeten alle Gesteinseinheiten durchgehende Schichten von Rustaq im Nordosten bis Nizwa im Südwesten. Der Jebel Akhdar war früher also etwa doppelt so hoch wie heute (Abb. 2a). Beim Herausheben des Gebirges wurden die obersten Schichten in der Kulminationszone so stark gedehnt, dass sich senkrechte Spalten öffneten und die Domwölbung einbrach. Nun boten sich der Verwitterung viele Angriffsflächen; Regen und Wind transportierten das zerbrochene Gestein auf beiden Seiten bergabwärts, wo es am Fuß des Berges abgelagert wurde. So wurde der aufgewölbte Dom langsam ausgehöhlt und das erodierte Material in die Küstenebene im Nordosten und ins Landesinnere im Südwesten transportiert.

Die geologischen Fenster von Saih Hatat/Wadi Adai und Rusayl/Al-Jafnain schließen nur Teilabschnitte bzw. ältere und jüngere Etagen der Erdgeschichte auf.

Das Mekka der Geologen

- **Was zu sehen ist:** Gesteine der ozeanischen Lithosphäre (Ophiolithe) – Deckenüberschiebungen, Deckenfronten – Mohorovicic-Diskontinuität (Moho) – Kupfergruben – Gossan, Eiserner Hut – Goldlagerstätten
- **Wo es zu sehen ist:** Straße von Rusayl über Fanja und Bidbid nach Ibra –Straße von Nakhl nach Rustaq – Südöstliche Seite der Straße von Fanja über Suma'il nach Izki – Straße von Sohar nach Buraimi/Alte Kupfergruben Lasail, Aarja, Bayda – Goldgrube Yanqul/Raka

Die in Geologenkreisen weltberühmten omanischen Ophiolithe stellen einen derartig sensationellen Einblick in die Tiefen unserer Erde dar, dass Wissenschaftler aus der ganzen Welt einmal in ihrem Leben nach Oman pilgern, um die Hand auf die „Moho" legen zu können. Die Moho (Mohorovicic-Diskontinuität) ist die Grenze zwischen der Erdkruste und dem darunterliegenden Erdmantel. Sie ist auf den Kontinenten in ca. 40-80 km und unter dem Meeresboden in ca. 5–10 km Tiefe vorhanden – unerreichbar für Menschen und modernste Technologie. Wie kommt es dann, dass in Oman die Moho gesehen und berührt werden kann?

Die Moho wird repräsentiert durch Ophiolithe (Schlangengesteine). Dies sind magmatische Gesteine der unteren Erdkruste und des oberen Erdmantels. Sie steigen als geschmolzene Massen in einem Spaltensystem in der Erdkruste (mittelozeanischer Rücken, siehe Abb. 2a) empor. Dieses Rift hat sich vor mehr als 65 Millionen Jahren in einem Ozean nördlich von Oman geöffnet.

Die Ophiolithe bilden eine Familie von Erguss- und Erstarrungsgesteinen. Je eisenreicher und schwerer und dunkler das Gestein ist, aus umso größeren Tiefen kommt es – von der Moho. Düstere dunkelgrüne, schwarze und rostbraune massige Gesteine formen die Berge entlang der oben angegebenen Straßen.

Die Ophiolithe wurden vor etwa 65 Millionen Jahren als riesige Decke aus dem Meer im Norden auf die arabische kontinentale Platte geschoben (Abb. 2a, 2b). Diese Decke („Suma'il Ophiolithe") der ozeanischen Lithosphäre liegt nun als 5 km dicke übereinandergeschuppte Platte auf der Landoberfläche von Oman. Die enorme Auflast dieser schweren Gesteine quetscht die unterlagernden kontinentalen Sedimentgesteine in Schwächezonen nach oben (isostatische Bewegungen); es kommt auf diese Weise zur Heraushebung der omanischen Berge mit dem 3009 m hohen Jebel Shams.

Die oberste Einheit der Ophiolithe besteht aus vulkanischen Basaltgesteinen. Sie beherbergen Kupfererze, die schon seit 4500 Jahren abgebaut werden. Über den sulfidischen Kupferlagerstätten bildet sich durch Verwitterung eine Oxidationszone, die inmitten der düsteren dunkelgrauen Basalte schon von weitem durch leuchtende weiße, gelbe, orange, rote und braune Farben auffällt. In diesem „Gossan" oder „Eisernen Hut" können sich des Abbaus würdige Goldmengen angereichert haben. Zur Zeit wird eine Goldgrube in Yanqul betrieben.

Abfolge, Alter und Art der Gesteine und die tektonischen Bewegungsabläufe in den Omanbergen

Abb.1

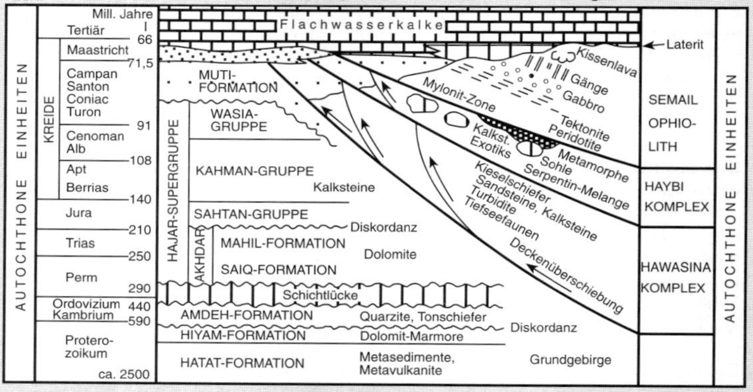

Schematische Darstellung (nicht maßstäblich) der geologischen Situation Omans vor ca. 100 Mill. Jahren in einem Schnitt von der Arabischen Platte zum Tethys-Meer. Entstehung und Herkunft der Ophiolithdecke, die eine große Fläche der Berge Nordomans bedeckt.

Abb.2a

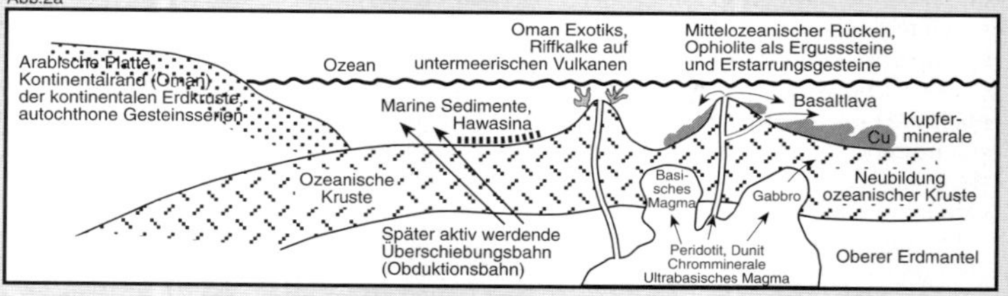

Schematische Darstellung (nicht maßstäblich) der heutigen geologischen Situation Omans in einem Schnitt durch die Omanberge vom Landesinneren im Südwesten zur Küstenebene und zum Oman-See im Nordosten. Innerhalb der Decken treten mehrfache Überschuppungen auf, so dass Gesteinsserien sich oft wiederholen oder in umgedrehter Reihenfolge vorliegen.

Abb.2b

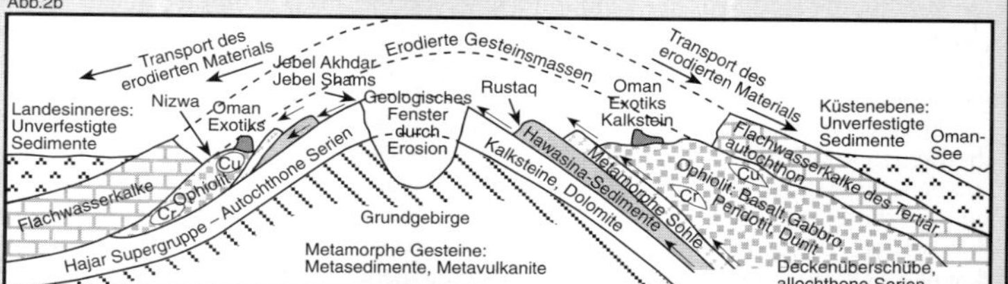

Die Marmorpaläste der Jinnen

●**Was zu sehen ist:** Kalkstein-Marmorvorkommen „Oman Exotics"
●**Wo es zu sehen ist:** Bei Suwaiq/am Fuß der Berge entlang der Küstenebene von Muscat nach Sohar – Auf der Südseite des Wadi Jizzi Staudammes auf der Straße von Sohar nach Buraimi – In der Gegend von Ibra auf der Straße nach Sur – Am Straßenabschnitt von Izki nach Nizwa – Jebel al-Kawr, Jebel Misht, Jebel Misfah entlang der Südflanke des Jebel Akhdar – Der Felsen, auf dem die Festung Nakhl steht

Die weißen Marmorfelsen der „Oman Exotics" erheben sich majestätisch von einem Sockel aus dunklem Basaltgestein. In den alten Legenden sind die Marmorfelsen wegen ihrer strahlenden Reinheit als bevorzugte Wohnsitze der gutwollenden Jinnen beschrieben; von den Zinnen ihrer glänzenden weißen Marmorschlösser und -paläste können sie sich frei in die Lüfte erheben, um Menschen in Not zu Hilfe zu kommen.

Das schöne Gestein wird auch von den Menschen sehr geschätzt – wird doch der Marmor von Oman allerorten zum Bau der schönsten Paläste und Gotteshäuser benutzt.

Es handelt sich eigentlich um einen fossilreichen Riffkalkstein, der vor mehr als 100 Millionen Jahren auf untermeerischen Erhebungen und Vulkanen massive isolierte Blöcke formte (Abb. 1, 2a, 2b). Bei der Deckenüberschiebung der Ophiolithe (siehe „Das Mekka der Geologen") wurde der Kalkstein samt basaltischer Unterlage auf den Kontinent aufgeschoben und durch die Reibungshitze teilweise in Marmor umgewandelt.

Vier omanische Firmen bauen zur Zeit den Marmor in Steinbruchbetrieben ab und verarbeiten ihn zu Boden- und Wandfliesen, Terrazzokacheln, Mosaiken, Säulen und dekorativen Gegenständen.

Edle Steine

●**Was zu sehen ist:** Farbige Steine, Schmucksteine der Quarzfamilie
●**Wo es zu sehen ist:** Im ganzen Lande, in Wadis, in Klüften im Gestein, in der Wüste, an den Stränden. Die Fundorte wertvoller Steine werden natürlich von den Entdeckern geheimgehalten!

Nach schönen Farbsteinen, die zu Schmuck verarbeitet werden können, braucht man in Oman nicht lange zu suchen: Jede Gesteinsart, sei es in der Wüste oder in den Bergen, hat ihre besonderen Schätze an Mineralien. In den dunklen magmatischen Ophiolithen (siehe „Das Mekka der Geologen" für Fundorte) findet man in den Klüften weißen Magnesit und grünen verkieselten plattigen oder faserigen Serpentin (Falkenauge) sowie den jadeähnlichen Bowenit. Im Gabbro kommt der bleiche Mondstein und der rosa Zoisit vor. In den Basalten treten in Verbindung mit den Kupferlagerstätten hellblaue Chalzedone, farbige Achate, gemeine Opale, oranger Karneol, blauschwarzer Hämatit und roter Eisenjaspis auf.

Ein faszinierender einmaliger neuer Edelstein ist seit kurzem unter dem Namen „Oman's Magic Perfume Gemstone" auf dem Markt. Es handelt sich um ein äußerst seltenes Opal-Mineraliengemisch. Von Natur aus opak und von unscheinbarer weiß-grünlicher Farbe, verwandelt er sich vor den Augen des Betrachters in einen durchscheinenden geheimnisvoll schimmernden glasigen Stein, wenn man ihn in Parfümölen oder Aromaölen tränkt. Er absorbiert das Öl und behält den Duft mehrere Jahre lang bei. Ein wahrhafter Wunderstein aus Tausendundeiner Nacht!

Die Farbsteine aus den Schichtgesteinen gehören meist in die Familie der Quarze: Bergkristalle, Geoden mit Kristallrasen (siehe „Auf den Spuren der verlorenen Stadt in Dhofar"), heller Amethyst, Zitrin, schwarzer Feuerstein, roter, grüner, türkiser und hellgelber Kieselschiefer, farbloses Wüstenglas, verkieseltes Holz. Die metamorphen Gesteine beherbergen einen wunderschönen achatähnlichen Bänderquarzit in allen Farben.

Die Schmucksteinverarbeitung hat in Oman erst vor kurzem mit dem „Magischen Parfümstein" angefangen, und es bleibt zu hoffen, dass diese herrlichen Schätze der Natur bald dem Betrachter und Käufer angeboten werden können.

„Ein Ausflug in die Hölle"

- **Was ist zu sehen:** Chromitlagerstätte – Ultrabasische Ophiolithe von der Moho
- **Wo es zu sehen ist:** Straße von Nakhl nach Rustaq, ca. 9,5 km hinter der Einfahrt nach Nakhl; beim Bushäuschen und dem Wegweiser „Tawaiyah" nach rechts abbiegen; ca. 1 km auf dem Kiesweg bis zum Wadi und dem Hügelchen der Chromitlagerstätte

Die Hölle ist ein schrecklicher Ort tief unten in der Erde, wo es so heiß ist, dass die Gesteine schmelzen und sich in dieser Feuerglut rabenschwarze giftige Substanzen niederschlagen. Hier in Oman können wir dieses höllischen Material direkt an der Oberfläche sehen, da die Gesteinsmassen des oberen Erdmantels (ultrabasische Ophiolithe) auf die kontinentalen Landmassen geschoben worden sind (Abb. 1, 2a, 2b). Der schwarzglänzende Chromit, ein Chrom-Eisen-Oxid, das hauptsächlich als Stahlveredler in der Industrie Verwendung findet, hat sich bereits in der Magmenkammer von der übrigen Schmelze abgesetzt und kommt nun in linsenförmigen kleinen Erzkörpern im Gestein der Moho vor. In Tawaiyah geht der Abbau voran; möglicherweise sind in Zukunft dort nur noch ein paar Reste zu besichtigen. Aber die Ophiolithe beherbergen noch mindestens 500 weitere solcher kleinen Chromitlinsen!

Krach mit dem mächtigen Nachbarn

- **Was zu sehen ist:** Wirkungen der rezenten Plattentektonik – Arabische Platte – Kollision mit der Eurasischen Platte
- **Wo es zu sehen ist:** Küstenlinie von Muscat nach Musandam

Stücke der Erdkruste, so genannte „Platten", „schwimmen" auf dem plastischen Material des Erdmantels umher und driften auseinander und zusammen wie Holzbretter auf dem Wasser. Ein solches Krustenstück ist die „Arabische Platte", die sich von der Arabischen See und Oman bis weit in den Norden nach Syrien erstreckt. Diese Platte driftet seit Jahrmillionen von Südwesten, wo sie sich von Afrika abgespalten hat, nach Nordosten, wo sie entlang einer Nordwest-Südost-Zone in der Golfregion und in den iranischen Zagrosbergen mit der mächtigen „Eurasischen Platte" zusammenstößt. Die Wirkung der Kollision ist ungeheurer: Im Süden Irans werden Berge aufgestaucht und gefaltet, die Erde bebt ständig, die Straße von Hormuz wird immer weiter zugeschoben.

Ein Blick auf die Karte von Nordoman genügt, um zu sehen, dass sich die Küstenebene gen Norden immer mehr verschmälert; in Musandam ist sie schließlich völlig verschwunden. Die Fischer an den Meeresufern im Norden müssen ihr Boot jeden Tag ein paar Zentimeter weiter den Strand hinaufziehen: Die Arabische Platte taucht unter die Eurasische Platte ab. Die Driftgeschwindigkeit Richtung Nordosten beträgt ca. 2 cm pro Jahr, d.h. in absehbarer Zeit (ca. 2,5 Mio. Jahre) wird die Straße von Hormuz geschlossen sein!

Auf dem Meeresboden

● **Was zu sehen ist:** Helle Kalksteine und Mergel mit Massen mariner Fossilien
● **Wo es zu sehen ist:** Strände von Bandar Jissah, Qantab, Yiti – Wadi Kabir in Richtung Al-Bustan Palace Hotel – Mina al-Fahal – Qurum-Anhöhen – In einer Kette nordöstlich vor den Omanbergen entlang der Küstenebene von Muscat nach Sohar – Entlang der Küste von Quriat nach Sur – Wadi Bani Khalid – Jebel Ja'alan – Die Inseln bei Al-Sawadi – Weite Gebiete des Dhofar

Fährt man durch das Wadi Kabir in Richtung Al-Bustan Palace Hotel, blickt man bei den Pferde-Monumenten nach links auf einen hohen Berg, wo auf einem dunklen Ophiolithsockel hellgelbe Schichtgesteine des Tertiär ruhen. Diese Kalksteine sind einstmals auf dem Meeresgrund entstanden! Sie sind die jüngsten sedimentären Festgesteine Omans (Abb. 1, 2a, 2b) und breiten sich über riesige Gebiete aus. Massenhaft marine Fossilien wie Schnecken, Muscheln und Korallen sind in diesen Schichten zu finden. Besonders die „Nummuliten" sind weit verbreitet und oft gesteinsbildend. Diese „Münzensteine" sind einzellige Großforaminiferen mit einem linsenförmigen Gehäuse aus Kalk. Eingelagert in den knolligen Flachwasserkalken gibt es auch kontinentale Sedimente in Form von Kohleflözen (Al-Kamil/Wadi Masawi) und Gips (Salalah/Dhofar), sowie Töpfer- und Strukturtone (Sur/Landesinneres).

Der weiche Kalkstein löst sich leicht in Wasser, und so kommt es zur Bildung von Karsthöhlen und zur Formung von Tropfsteinen. Die zweitgrößte Höhle der Welt, Majlis al-Jinn, befindet sich in den Kalksteinbergen bei Tiwi zwischen Quriat und Sur. Auch die Sinkholes von Bimah/Dibab sind durch Kalklösung entstanden.

Dinosaurier auf Muscats Straßen

● **Was zu sehen ist:** Dinosaurierknochen aus der Oberkreide
● **Wo es zu sehen ist:** Nur in Muscats naturkundlichem Museum!

Vor mehr als 65 Millionen Jahren, als der erste Auftritt des Menschen und das Herumflitzen glänzender Autos auf Muscats Straßen noch lange auf sich warten ließen, stapften hier die Monster der Urzeit herum. Die Deckenüberschiebung der Ophiolithe (Abb. 1) auf die kontinentalen Landmassen geschah in etwa zeitgleich mit einem großen Artensterben, dem in der Oberkreide auch Omans letzte Dinosaurier zum Opfer fielen. Den großen tektonischen Ereignissen zu dieser Zeit ist es wohl anzurechnen, dass sich bisher in Oman kein vollständig intaktes Dinosaurierskelett gefunden hat, sondern nur Teile. Diese aber zeigen, dass Oman während seiner langen geologischen Entwicklung mehrmals Klimaumschwünge, Meeresbedeckung, Heraushebung und Absenkung, Wüstenbildung und tropische Vegetation mitgemacht hat – ja sogar von Eis bedeckt war! Die Sedimente, die von den Gletschern abgelagert wurden, spielen heute bei der Ölgewinnung eine bedeutende Rolle.

Gestaltwechsel

● **Was zu sehen ist:** Metamorphe Gesteine – Schiefer, Phyllite, Quarzglimmerschiefer, Blauschiefer, Griffelschiefer
● **Wo es zu sehen ist:** Saih Hatat/Wadi Adai entlang der Straße von Muscat nach Quriat – Boden der Ghubrah Bowl/Fahrt ins Wadi Mistal – Boden des Wadi Sahtan im Verbindungsstück mit dem Wadi Bani Awf – Al-Sifah – Wadi Tayin

Eine Fahrt durch das geologische Fenster Saih Hatat (siehe „Ein Fenster in die Vergangenheit") erfreut den Betrachter durch die Reflexion des Lichtes an glatten Flächen des Gesteins: Hier leuchtet das Gestein grünschwarz, dort blitzt es rosa-silbern, und daneben schimmert es seidig in silbergrauen Farben. Schaut man genauer hin, sieht man, dass hauchdünne glatte blättrige Minerale, meist Glimmer, für dieses Lichtspiel sorgen. Derartige Gesteine entstehen in der Erdkruste, wenn eine Gesteinsmasse erhöhtem Druck und erhöhter Temperatur ausgesetzt ist. Dann verändern die ursprünglichen Mineralien ihre Zusammensetzung, kristallisieren erneut und wachsen oft in Abhängigkeit von der Druckrichtung. Das Gestein vollzieht einen Wechsel seiner Gestalt, eine Metamorphose. Manchmal bewirkt gerichteter Druck eine als Schieferung bezeichnete Aufspaltung des Gesteins in dünne Platten (Dachschiefer); manchmal zerschneidet er das Gestein in lange dünne Stengel, so genannte „Griffel". Diese sind besonders gut in der untersten Etage (Grundgebirge, siehe Abb. 2a) der geologischen Fenster des Jebel Akhdar zu sehen.

Auf den Spuren der verlorenen Stadt im Dhofar

- **Was zu sehen ist:** Großstrukturen – Landschaftsformen – Wadis – Schichtgesteine – Biologische Verwitterung – Gips – Inselberge – Geoden – Fata Morgana – Wüstenpflaster – Wadikiese – Wüstenlack – Archäologische Stätte Shisr – Karsthöhle – Oase
- **Wo es zu sehen ist:** Straße von Salalah durch Jebel Qara nach Thumrait und Shisr

Die Strecke von Salalah über Thumrait nach Shisr zeigt in unübertrefflicher Weise, wie die geologischen Gegebenheiten eines Gebietes das Klima, die Vegetation und die Landschaftsformen prägen.

Topographie, Entwässerung

Die Ebene von Salalah ist unterlagert von Blöcken sedimentären Gesteins, die sich ursprünglich auf der Höhe der umgebenden Berge des Jebel Qara befunden haben. Diese Blöcke sind vor Millionen von Jahren entlang von Verwerfungen stufenartig nach Süden zum Meer hin abgerutscht, während die ehemals horizontalen Gesteinsschichten auf der Bergseite nun leicht nach Norden zur Wüste hin unter die Sande des „Leeren Viertels" abkippen.

Durch diese Bewegungen haben sich die Dhofarberge um Salalah herum zur Wasserscheide entwickelt: Die Monsunwolken, die vom Meer kommen, regnen in den Bergen ab; ein Teil des Oberflächenwassers fließt rasch mit hoher Reliefenergie in Richtung Meer, schneidet dabei tiefe steilwandige Täler ein und transportiert das erodierte Material in die Küstenebene von Salalah. Der andere Teil des Wassers fließt mit geringem Gefälle auf den Schichtflächen nach Norden zur Wüste hin, wo es verdunstet oder im Sand versickert. Die Wadis sind daher hier sehr breit, flach und eben.

Schichtgesteine

Die Fahrt von Salalah aus nach Norden auf der Straße 31 führt uns durch die Erdgeschichte von der Oberkreide und dem Eozän bis ins Pliozän (Tertiär, siehe Abb. 1). Die Hunderte von Metern mächtigen sedimentären Schichten repräsentieren einen Ablagerungszeitraum von ca. 53 Millionen Jahren!

Weiße, beige, ockerfarbene, gelbe, rote und hellbraune karbonatische Gesteine und Mergel sind in den Wadis angeschnitten. Die knollige Ausbildung der Kalksteine und Kreidekalke ist ein Anzeichen dafür, dass diese Gesteine im marinen Flachwasserbereich unter Einwirkung der Wellen abgelagert wurden.

oman_145 Foto: fk

Land und Leute

Biologische Verwitterung

Alle dem Wetter ausgesetzten Gesteinsflächen und auch die Häuserwände in dieser Gegend sind von einer dünnen schwärzlichen Schicht überzogen: Hier siedeln sich Flechten und Moose an, die bei der hohen Luftfeuchtigkeit ideale Lebensbedingungen finden.

Gips

Auf der Hochebene vom Jebel Qara nach Thumrait, ca. 60 km nördlich von Salalah, sind an einigen Stellen entlang der Straße mächtige Gipsschichten angeschnitten. Das reinweiße Kalziumsulfat ist ein evaporitisches Mineral, das durch die Verdunstung salzreichen Meerwassers in flachen lagunenartigen oder abgeschlossenen Becken ausfällt. Das hochwertige Mineral wird aus mehreren Steinbrüchen zur Benutzung in der Bauindustrie gewonnen.

Inselberge

Nördlich der Wasserscheide haben die flach nach Norden hin entwässernden Wadis eine eigentümliche Inselberglandschaft geschaffen. Kleine spitze Hügelchen wurden aus den ursprünglich geschlossenen Schichtflächen herauspräpariert. Härtere Lagen stehen hervor und bilden Überhänge über stärker erodierten weicheren Schichten.

Geoden

Hier, 10–20 km vor Thumrait, ist ein El Dorado für Mineralienjäger: Auf der westlichen Straßenseite (die östliche ist militärisches Sperrgebiet) sind aus den Kalksteinen und Mergeln kartoffelgroße Feuersteinknollen und Geoden herausgewittert. Die Flintknollen sind innen schwarz und glasglänzend und oft konzentrisch gebändert. Die Geoden erkennt man am geringen Gewicht, da sie innen hohl sind. Die Innenwand ist mit kleinen glitzernden farblosen, milchigen, hellgelben oder hellblauen Quarzkriställchen ausgekleidet.

Fata Morgana

Nördlich von Thumrait biegt man von der Teerstraße auf eine Kiesstraße nach Nordwesten in Richtung Shisr ab. Die Fahrt geht 82 km durch eine flache Wüstenlandschaft mit herrlichen Luftspiegelungen: Am Horizont scheinen sich große Wasserflächen auszubreiten; kleine Hügelchen schweben abgelöst vom Boden in der Luft; Büsche verdoppeln sich zu großen Bäumen; Kamele verlängern ihre Beine und staksen als riesige urtümliche Monster in der Ferne herum.

Wüstenpflaster

Orangerote, beige, hellgelbe und graue Farben prägen diese Wüstenstrecke. Die feinen Sande sind vom Wind herangeweht – wie aber sind die Steinfelder entstanden, auf denen unzählige Steine gleicher Größe gleichmäßig verteilt liegen? Hier wurde eine horizontal liegende Gesteinsschicht durch den schroffen Wechsel von Tages- und Nachttemperaturen durch Klüfte aufgespaltet. Dann blies der Wind die feinen Partikel aus den Spalten heraus – übrig bleibt ein in situ entstandenes „Wüstenpflaster".

Wadikiese

Wie kommen aber abgerundete und polierte Kieselsteine hier in die Wüste? Bei genauerem Hinsehen entpuppt sich das Kiesfeld als Wadi, in dem die Steine durch Rollen im Wasser aus den höher gelegenen Gegenden hierher transportiert wurden.

Wüstenlack

Die den Wüstenboden bildenden Steine scheinen auf einer Seite schwarz angemalt zu sein! Dreht man sie nämlich herum oder schlägt sie auf, zeigen sie ihre ursprünglichen hellen Farben. Dieser „Wüstenlack" entsteht durch den Tau, der sich nachts auf den Steinen niederschlägt, in die Poren eindringt und dort Mineralien, meistens Eisenoxide, herauslöst. Tagsüber verdunstet der Tau und bringt dabei die gelösten Stoffe an die Oberfläche des Steines, wo sie sich als farbiger Überzug absetzen.

Archäologische Stätte Shisr („Ubar")

Die archäologische Stätte von Shisr liegt auf einer alten Handelsroute, auf der das im Altertum äußerst wertvolle Weihrauchharz (Frankincense) aus Dhofar nach Norden transportiert wurde. Hier rasteten die Karawanen und versorgten sich mit Wasser und Lebensmitteln. Die Anlage ruht auf einem kleinen Hügelchen auf gelblichen Kalksteinschichten, die von glasharten muschelig zersplitternden bunten Kieselschieferlinsen sowie von Feuersteinknollen und -lagen durchzogen sind. Die eingelagerten Mergel- und Kreideschichten sind voller Muschelfossilien und Spurenfossilien, z. B. den Grabgängen von Würmern.

Karsthöhle, Oase

Die von einer Mauer umgebene Anlage wurde wohl aus Gründen der Wasserversorgung direkt über einer Karsthöhle gebaut. Die Höhle ist schon im Altertum teilweise eingebrochen. Dabei ist ein Großteil der archäologischen Bauten mit in das Loch hineingerissen und verschüttet worden. Eine Karsthöhle entsteht in Kalksteinen durch Auflösung und Abtransport des Kalziumkarbonats durch unterirdische fließende Wässer. Shisr liegt genau auf einem unterirdischen Wasserlauf, der vom Regen in den Bergen im Süden gespeist wird. Die üppigen Pflanzungen der Oase Shisr werden auch heutzutage durch das aus der Karsthöhle gepumpte Wasser versorgt.

Der Norden (Musandam)

Die Exklave Musandam liegt im äußersten Norden Omans an der Straße von Hormuz. Sie ist durch einen Korridor von etwa 90 km Breite, der zu den V.A. Emiraten gehört, **vom restlichen Oman abgetrennt.** Das knapp **2000 km² große Gebiet** wird von mächtigen Bergen bestimmt, die eine geologische Fortsetzung des Oman-Gebirges sind. Die Kalksteinfelsen aus den Zeiten des Oberen Jura und der Unteren Kreide gehören zu den **schönsten Bergwelten der Arabischen Halbinsel.** Die Felsen werden von den Einheimischen „Ru'us al-Jibaal", die „Köpfe der Berge", genannt.

Seine größte Höhe erreicht das Gebirge mit 2087 m am **Jebel Harim.** Die steil zum Wasser abfallenden Berge bilden **fjordähnliche Buchten,** die Musandam den Beinamen „das Norwegen Arabiens" eingebracht haben.

Musandam teilt den Golf von Oman und den Persisch-Arabischen Golf. Die Halbinsel ragt steil in die Straße von Hormuz hinein, und die vorgelagerten Quoin-Inseln engen die schmale Meerenge weiter ein. Durch seine Lage hat Musandam eine **hohe strategische Bedeutung.** Wichtige Militärstützpunkte wurden hier errichtet (vgl. auch den Exkurs „Das Handelsreich Hormuz und der Persisch-Arabische Golf").

Zur Provinz Musandam gehört auch die kleine **Exklave Madha,** die mit einer Fläche von nur wenigen Quadratkilometern inmitten der V.A.E. nördlich von Fujairah liegt.

Klima

Aufgrund der geographischen Gliederung Omans unterscheidet sich das Klima von Region zu Region. Alle sind sie jedoch von klimatischen Extremen geprägt. **Drei Zonen** bestimmen die klimatischen Gegebenheiten des heutigen Oman: Im Norden und Osten entlang der Küste ist es heiß und feucht. Im Süden wird das Land vom Monsun gestreift, der im Sommer Feuchtigkeit

oman_148 Foto: fk

Üppiges Grün in einer der vielen Oasen

bringt. Dazwischen liegt die riesige Inlandswüste, die ganzjährig von einer extremen Trockenheit gezeichnet ist.

Die **Küstenebene** im Norden am Golf von Oman und die meeresseitigen Hänge des Hajar-Gebirges weisen ein **subtropisches Klima** auf. Die Sommer sind heiß und bringen dazu eine hohe Luftfeuchtigkeit, die die Hitze noch unerträglicher erscheinen lässt. Die durchschnittlichen Tageshöchsttemperaturen liegen über 40°C, an einzelnen Tagen kann das Thermometer auch mal auf über 50°C klettern. In der Nacht ist es noch immer 25–30°C warm. Im Winter herrschen dagegen angenehme Temperaturen. Die Maximalwerte erreichen dann um die 30°C, Baden ist also auch im Winter möglich. Der Nordost-Monsun bringt dem Küstenstreifen im Winter zwar nur wenig Niederschlag, aber die feuchte Luft regnet sich an den Hängen des Gebirges ab und füllt die Grundwasserreserven auf.

Klimatabelle

Durchschnittliche Temperaturen in Nordoman in °C

	min.	max.
Januar	14	26
Februar	15	27
März	18	30
April	22	34
Mai	27	38
Juni	29	39
Juli	29	39
August	27	41
September	24	38
Oktober	22	36
November	17	30
Dezember	15	27

Der **Gebirgszug des Hajar trennt die Klimazonen** des Nordens und der Mitte des Landes. Die zum Binnenland gelegene Seite der Berge steht unter dem Einfluss des trockenen Wüstenklimas. Im Sommer wird es noch heißer als an der Küste, jedoch ist die Luftfeuchtigkeit bedeutend geringer. Im Winter ist es mäßig warm, und in den Höhen des Jebel Akhdar im zentralen Hajar kann es nachts sogar zu Temperaturen unter 0° kommen. Hier oben ist es sogar im Hochsommer mit etwa 32°C relativ kühl. Ganzjährig sind die Schwankungen zwischen Tag und Nacht sehr hoch.

Je weiter man von den Bergen im Norden landeinwärts kommt, und je weiter man sich von der Küste im Osten entfernt, desto trockener wird das Klima. Niederschläge fallen nur sporadisch oder aber episodisch. Dies bedeutet, dass es im Einflussbereich der Rub al-Khali im Westen Omans nur alle paar Jahre regnet, dieser Niederschlag aber sehr heftig sein kann. Die Temperaturen sind im Winter warm, im Sommer bis über 50° heiß. Die Tag-Nacht-Schwankungen sind ganzjährig beträchtlich und liegen im Durchschnitt bei mehr als 25°C, was im Winter sogar zu Nachtfrösten führen kann. Trotz dieses extremen Klimas ist das Reisen im Landesinneren durch die extrem geringe Luftfeuchtigkeit und den leichten Wind relativ angenehm. Die Austrocknung des Körpers allerdings ist sehr groß, so dass reichliches Trinken unabdingbar ist.

Im Süden schließt sich an diese trockene Wüste die **Region des Dhofar** an. Die küstennahen Gebiete dieser einzigartigen Landschaft werden von Juni bis September vom **Südwest-Monsun,** dem „khareef", erreicht. Er entsteht durch die unterschiedlich schnelle Erwärmung des asiatischen Kontinents und des Meeres. Die Folge sind bodennahe Winde, die feuchtwarme Luft von Süden nach Norden transportieren, um den unterschiedlichen Luftdruck auszugleichen.

Ausläufer dieses Monsuns streifen auch die Küste des Dhofar und bewirken ein **tropisches Klima** mit schwülheißen Sommern und warmen Wintern, wobei die Durchschnittstemperaturen im Winterhalbjahr sogar höher als im Sommer liegen. Die höchsten Temperaturen werden unmittelbar vor Einsetzen des Monsuns im Mai/Juni erreicht, der dann Abkühlung bringt. Die meisten Niederschläge fallen als Nebel, aber gelegentlich auch als richtige Regengüsse, die dann trockene Wadis in Bäche verwandeln. Die Berghänge wechseln ihre Farbe von trockenem Braun zu urwaldähnlichem Grün. Doch schon wenige Kilometer landeinwärts, hinter dem Bergkamm des parallel zur Küste verlaufenden Gebirges, nehmen die Niederschläge schnell ab. Die landeinwärts gelegenen Berghänge sind noch als Steppe zu bezeichnen, direkt dahinter beginnt das trockene Wüstenklima.

Flora

Die Pflanzenwelt Omans ist wesentlich **vielfältiger als das trockene Klima es vermuten lässt.** Abhängig ist das Vorkommen von Pflanzen in erster Linie vom verfügbaren Wasser. Wo Wasser ist, ist Leben. Doch nicht nur dort, wo man es sieht, ist es vorhanden. Eine Reihe von Pflanzen hat sich darauf eingestellt, dass in den Wüstengebieten nur selten und unregelmäßig Niederschläge fallen. Nach einem Regenfall erblüht die Wüste im wahrsten Sinne des Wortes. Innerhalb kurzer Zeit keimen die im Boden liegenden Samen, treiben aus, blühen und bilden neue Samen. Diese überdauern dann vielleicht Jahre, bis sie der nächste kräftige Regenguss zum Leben erweckt.

Wildpflanzen

An der 1700 km langen **Küste** Omans wachsen nur wenige wilde Pflanzenarten. In der Batinah ist der Oasenstreifen fast vollständig kultiviert, da hier vergleichsweise viel Grundwasser vorhanden ist. Die übrige Küste ist dagegen nur spärlich bewachsen. Außer einigen Dauergräsern, die in den Dünen wachsen, und kleineren Büschen und Bäumen, trifft man vor allem auf **Mangroven.** Sie gedeihen bevorzugt in geschützten Buchten, wie beispielsweise im Schutzgebiet von Qurum bei Muscat oder bei Bandar Khayran südöstlich der Hauptstadt. Diese busch- bis baumgroßen Pflanzen erhalten durch ihre Wurzeln, die weit über dem Boden beginnen, das Aussehen eines Pfahlhauses. Im Schutz dieses Wurzeldickichts finden zahlreiche kleine Tierarten wie Fische und Krebse Unterschlupf.

In den **Bergen** und am **Fuße der Gebirge** hängt der Bewuchs stark vom vorhandenen Wasser ab. Die meisten Pflanzen findet man daher in den **Wadis,** den Trockenflusstälern, in denen unterirdisches Wasser vorhanden ist. Auf Gräser und Schilf trifft man am häufigsten, daneben aber auch auf verschiedene Akazienarten und Oleander.

Am Rande der Trockenflusstäler gedeiht der **Lotusbaum,** der im Hocharabischen „sidr" heißt, von den Einheimischen aber „'ilb" genannt wird. Sein lateinischer Name *Ziziphus spina christi* entstand aus dem Umstand, dass die Dornenkrone Christi aus den Zweigen dieses Baumes gemacht sein sollte. Dieses Kreuzdorngewächs wurde in Arabien bereits im Altertum kultiviert. In der altägyptischen Heilkunde war der Baum in den medizinischen Rezeptsammlungen enthalten. Die griechische Mythologie erwähnt ihn in den Erzählungen des Odysseus, in den Schilderungen über das Volk der Lotusesser, die sich im wesentlichen von den Früchten dieses Baumes ernährt haben. Der Qur'an erwähnt Lotusbäume und Tamarisken im Zusammenhang mit dem Untergang des altarabischen Reiches Saba (Sure 34, Vers 16). Noch heute wird der Lotusbaum auf vielfältige Weise genutzt. Seine kirsch- bis pflaumengroßen gelben Früchte sind essbar und wegen ihrer Süße sehr beliebt. Getrocknet, gemahlen und mit Wasser angerührt werden die unreifen Früchte als Haarshampoo benutzt. Mit kalter Milch angerührt ergibt das Pulver einen nahrhaften Brei. Die frischen Zweige mit noch grünen Blättern waren in der Vergangenheit wichtiges Viehfutter. Das Holz eignet sich hervorragend zum Haus- und Bootsbau. Und Fladenbrot wird besonders schmackhaft, wenn im Ofen (arab. *tanur)* das Holz des sidr verfeuert wird.

Auf den weiten **Kies- und Schotterflächen** im Inneren Omans ist die Vegetation sehr spärlich. Neben verschiedenen **Dornenbüschen und Akazien** findet man Gräser, die für die ziegen- und schafzüchtenden Nomaden als Futter für ihre Tiere von lebenswichtiger Bedeutung sind.

In der **Wüste** schließlich, in den Dünen der Ramlat al-Wahiba, sieht man einen stärkeren Bewuchs als man es von einer Sandwüste erwarten würde. Neben verschiedenen Gräsern und Büschen sind es die **ghaf-Bäume,** typische Wüstenbäume (lat. *Prosopis spicigeradie),* die mit ihren langen Wurzeln das Grundwasser erreichen und die Dünen stabilisieren.

Kulturpflanzen

In den **Oasengärten** Omans trifft man auch heute noch auf den typischen **Drei-Etagen-Anbau.** Die Dattelpalmen (siehe auch unter „Landwirtschaft"), die die Grundlage der Landwirtschaft in den Oasen bilden, schützen die unteren Pflanzen vor der sengenden Sonne. Auf der mittleren Etage findet man kleinere Obstbäume wie Bananen, Orangen und Zitronen, daneben wachsen auf dieser Zwischenetage auch Hibiskus- und Hennasträucher. Auf dem Boden schließlich werden verschiedene Gemüsesorten angepflanzt.

Die **modernen Farmen** in der Küstenregion Batinah und im Dhofar bauen neben Viehfutter *(Alfalfa)* verschiedene Getreidesorten einschließlich Mais und Hirse an. Außerdem wird durch den Anbau verschiedener Gemüsesorten, aber auch von Melonen und Tabak, versucht, den Eigenbedarf der Omanis möglichst zu decken.

In den **Höhen des Jebel Akhdar** auf dem Saiq-Plateau findet sich eine Vegetation, die der am Mittelmeer ähnelt. Das gemäßigte Klima und die relativ häufigen Niederschläge lassen auch den Anbau von Granatäpfeln, Pfirsichen, Feigen, Aprikosen, Pistazien, Walnüssen, Mandeln und Weintrauben zu. Daneben trifft man immer wieder auf Rosensträucher, aus deren Blüten das berühmte Rosenwasser des Jebel Akhdar hergestellt wird.

Pflanzen im Dhofar

Die Pflanzenwelt der südomanischen Region Dhofar unterscheidet sich grundlegend vom Rest des Landes.

Am charakteristischsten ist sicherlich der **Weihrauchbaum** (siehe auch Exkurs „Weihrauch – das duftende Goldharz des glücklichen Arabien"). Eigentlich gleicht er eher einem Strauch, denn wirklich große Exemplare sind selten. Der knorrige Baum mit kleinen Blättern, aus dessen Stamm das so begehrte Harz gewonnen wird, wächst nur wild und bevorzugt auf der landeinwärts gelegenen Seite des omanischen Küstengebirges.

In der Ebene von Salalah trifft man auf eine **tropische Vegetation. Plantagen** mit Kokospalmen, Bananen, Papayas und Mangos bestimmen das Bild. Papayas und Mangos sind sich auf den ersten Blick ähnlich: Beide sind grün und haben eine ovale Form. Papayas werden jedoch wesentlich größer und schwerer. Sie besitzen in ihrem Innern eine Vielzahl von kleinen Kernen, Mangos dagegen nur einen dicken Kern, von dem das Fruchtfleisch oft nur schwer zu trennen ist.

Einmalig für Oman, wenn nicht für die gesamte Arabische Halbinsel, sind die **Baobab-Bäume,** die man im Wadi

oman_139 Foto: fk

Weihrauchbaum im Dhofar

oman_140 Foto: fk

Hinna am Rand des Jebel Samhan findet. Diese Baumart, die an Flaschenbäume erinnert, kommt ansonsten hauptsächlich in Ostafrika vor, und belegt die enge Verwandtschaft zwischen der Vegetation des Dhofar und der Ostküste des schwarzen Kontinents.

In den **Gärten und Farmen** rund um Salalah werden neben den oben genannten tropischen Früchten auch verschiedene Gemüsesorten und vor allem Futtergras angebaut. Es wird günstig an die Viehzüchter in den Bergen abgegeben, um die dünne Vegetationsdecke der Gebirgshänge zu schonen. Durch Überweidung droht diesen mit Gras, Büschen und Bäumen bewachsenen Flächen die Verödung.

In den **Wüstenregionen** im Inneren Dhofars findet man eine Vegetation wie im übrigen Landesinneren.

Fauna

Auch wenn durch die intensive Jagd bis Anfang der 70er Jahre des 20. Jahrhunderts der Bestand an größeren wilden Tieren in Oman stark geschrumpft ist, so ist die Vielfalt der Arten für ein wüstenhaftes Land noch immer sehr groß.

Zwei Projekte stehen im Mittelpunkt des omanischen Artenerhaltungsprogrammes: Die **Arabische Oryx-Antilope,** die in Oman schon ausgerottet war, ist im Landesinneren wieder heimisch geworden (siehe Exkurs „Oryx – Königin der Antilopen"), und die letzten Exemplare der scheuen **Bergziegenart Tahr** haben am Jebel Aswad in der Sharqiyah einen geschützten Lebensraum gefunden.

Nur noch vereinzelt leben in Oman **Wildtiere** wie Steinböcke, Gazellen, Hyänen, Füchse, Wölfe, Leoparden und Wildkatzen. **Kleintiere** wie Echsen, Schlangen, Igel (darunter eine schwarze, nur in Oman vorkommende Art), Mäuse (darunter die Wüstenspringmaus) und Fledermäuse findet man dagegen sehr häufig. Auch Skorpione leben in Oman.

Ebenso häufig wie artenreich sind die **Insekten.** Schmetterlinge, Käfer, Spinnen, Bienen und Wespen findet man im gesamten Land – einige Arten haben sich sogar auf das Überleben in der regenlosen Sandwüste spezialisiert.

Im Wadi Dhayqah

Das Kamel – O-man's best friend

von Kirstin Kabasci und Peter Franzisky

„Das ist doch gar kein Kamel, das ist ein Dromedar!" – werden jetzt sicher einige von Ihnen denken. Ja, das stimmt, aber andererseits auch nicht. Richtig ist, dass das auf der Arabischen Halbinsel heimische einhöckrige Kamel streng gesehen ein Dromedar ist. Jedoch gehören auch die Dromedare zur Familie der Kamele. Der ewige Streit, ob nun Kamel oder Dromedar, ist also eigentlich gar keiner, denn es ist beides.

Den klimatischen Verhältnissen der Wüste ist das Kamel ideal angepasst. Selbst wenn die Temperaturen über 50 Grad steigen, braucht es nur jeden vierten Tag Wasser, ansonsten je nach körperlicher Anstrengung und Nahrungsangebot nur etwa alle zwei Wochen. Aber wenn ein Kamel einmal trinkt, so können es durchaus an die 200 Liter sein. Im Notfall halten es Kamele bis zu 25 Tage ohne Wasser aus und vertragen sogar Salzwasser. Aufgrund von Wasserverlust können Kamele bis zu 40% ihres Körpergewichtes verlieren, wohingegen Menschen bereits bei einem Verlust von 14% aufgrund der Eindickung des Blutes an Herzversagen sterben. Bei extremen Temperaturen kann es seine Körpertemperatur auf bis zu 42 Grad ansteigen lassen. Dieses „kontrollierte Fieber" verhindert Schwitzen und spart Wasser. Ein Kamel ist äußerst genügsam. Es frisst dürre Halme, Dornengestrüpp, trockene Blätter und, wie manchmal gescherzt wird, „even old newspapers".

Seit ca. 3000–3500 Jahren sind diese robusten Tiere in Süd- und Zentralarabien domestiziert. In einer Inschrift des zwischen 1115 und 1074 v.Chr. regierenden assyrischen Königs Tiglatpilesar I wird das Kamel zum ersten Mal schriftlich erwähnt. Die alten Semiten nannten es in ihrer Umgangssprache „gammalu", benutzten beim Schreiben allerdings das Keilschriftzeichen für „Meer" und nannten es „Tier der Meerländer". Dies bekräftigt die Annahme, das Kamel sei vom Persisch-Arabischen Golf, den man damals „Oberes Meer" nannte, auf die Arabische Halbinsel gekommen.

Erst die spätere Domestizierung des Kamels ermöglichte es auch den Menschen, in der Wüste zu überleben. Aus endlosen Wüsten wurden Meere, die man durchschreiten konnte. Mit Hilfe des „Wüstenschiffes" konnte sich in der Wüste eine nomadische Lebensform entwickeln. Als Reit- und Lastentier ermöglichte es Mobilität und die Durchführung von langen Wanderungen, Handelskarawanen und Raubzügen (arab. *ghazu*). Das Wohl der Kamele hatte bei den Beduinen stets Vorrang vor dem eigenen, so wurden bei der Ankunft an einem Brunnen nach einer harten Reise als erstes die Kamele entladen und mit Wasser versorgt. Der gesamte Lebensalltag von Beduinen und Karawanenführern war noch vor wenigen Jahrzehnten eng mit dem Kamel verknüpft. So maß sich die Dauer einer Reise in Kameltagen, Gewichtseinheiten wurden in Kamellasten gerechnet und ein Tag in zwei Melkzeiten eingeteilt. Frisch gemolkene Kamelmilch war oftmals die einzige Nahrung. Um an die in der Wüste so wertvolle Kamelmilch zu gelangen, müssen die Beduinen die Natur leicht „beschummeln": Nachdem eine Kamelmutter ihr Kalb etwa sechs Wochen lang gestillt hat, verhüllen sie ihr Euter mit einem Sack und geben dem Kalb nur von der am Morgen und am Abend gemolkenen Milch zu trinken, bis es im Alter von neun Monaten entwöhnt ist. Die Stute kann dann, wenn sie inzwischen nicht erneut gedeckt wird, etwa vier Jahre lang Milch geben. Wenn ein Kamelfohlen geschlachtet wird oder stirbt, ehe es entwöhnt ist, so lassen die Beduinen die Mutter vor dem Melken an einem Stück Haut des toten Tieres riechen, denn durch diese Illusion gibt sie weiter Milch. Kamelfleisch wird aber nur zu besonderen Anlässen und Zeremonien verspeist.

Nicht nur die Milch vermochten die Beduinen zu nutzen: Der Dung stellte wertvolles Brennmaterial dar, und die Wolle wurde zu strapazierfähigen Stoffen weiterverarbeitet. Zur Fleischversorgung hielten die Beduinen Ziegen. Kamelfleisch wurde nur zu besonderen Anlässen, wie Hochzeiten oder die Ankunft eines Gastes, aufgetischt. Meist wurden männliche Kamele geschlachtet, denn die weiblichen Tiere waren von größerem Nutzen, da sie Milch lieferten und letztendlich die Nachkommenschaft garantierten. Auch verkauft wurden die Tiere nur in Notzeiten oder wenn große Mengen Bargeld benötigt wurden. Ein sehr seltener und besonderer beduinischer Festtagsschmaus stellte „gefülltes Kamel" dar: Dazu wurde ein ca. acht Monate altes männliches Babykamel geschlachtet, gehäutet, ausgenommen, mit Dattelessig eingerieben und mit gekochtem Hühner- und Lammfleisch, Mandeln, Pistazien, Kardamom, Zimt und einer Unmenge Reis gefüllt. Gegart wurde das Ganze zwei Tage lang in einer unterirdischen Grube, die mit heißen Steinen ausgelegt war.

Schon immer brachte der Besitz von möglichst vielen Kamelen mit möglichst edler Abstammung seinem Eigentümer ein hohes Ansehen. Die Durchführung von Handelskarawanen stellte zudem ein einträgliches Geschäft dar.

Beduinen haben das Kamel immer als Kamerad angesehen und ihm viel Achtung und Zuneigung entgegengebracht. Es existieren 160 arabische Bezeichnungen für das Kamel. Die gebräuchlichste, „al-jamal", ist auch der Begriff für „Zuneigung", „Verehrung" und „Bewunderung". Die sprachliche Wurzel von „Kamel" und „Schönheit" ist dieselbe. Es sind unendlich viele Gedichte geschrieben worden, es gibt unendlich viele Redensarten, Weisheiten und Gleichnisse über das Kamel. Eine alte arabische Legende lautet: „Allah schuf sich die Wüste, damit es einen Ort gebe, darinnen er in Ruhe lustwandeln könne. Aber bald sah er seinen Irrtum ein, und er korrigierte ihn. Er rief den Südwind, den Nordwind und alle anderen Winde und befahl ihnen, sich zu vereinigen. Sie gehorchten ihm, er nahm eine Handvoll des Gemisches und so entstand zum Ruhme Allahs, zur Schande seiner Feinde und zum Nutzen der Menschen das Kamel. Er band an dessen Füße das Mitleid, legte auf seinen Rücken die Beute und in seine Flanken den Reichtum. Er gab ihm – auch ohne Flügel – den Flug der Vögel, und das Glück war an seinem Schwanze angeheftet."

Heute haben die Beduinen, die früheren „Herren der Wüste", ihren Lebensraum verlassen und sich in den Städten angesiedelt. Modernisierung und Landflucht führten dazu, dass das Kamel eine nur noch untergeordnete Rolle als Fortbewegungs- oder Transportmittel spielt. Doch entgegen aller Erwartungen, die technische Revolution und das moderne Straßennetz habe es zur Nutzlosigkeit verurteilt, erfreuen sich die Kamele unveränderter Wertschätzung. Die Beduinen haben ihren treuen Begleiter in die Gegenwart mitgenommen.

Wild lebende Dromedare gibt es nicht mehr. Jedes Tier, auch wenn es frei in (scheinbar) einsamen Wüstengegenden herumläuft, hat einen Besitzer. Kamele gehören jedem einzelnen und sind kein Familien- oder Stammesbesitz. Die Tiere sind zwar meist mit einem Brandzeichen (arab. *wasm)* am Hals oder an der Flanke gekennzeichnet, doch da manche Stammesgruppen dieselben Zeichen benutzen, ist es gut, dass jedermann seine Tiere ohnehin am Körperbau und Gesichtsausdruck identifizieren kann. Während der Brunftzeit, zwischen Dezember und März, ist es besonders wichtig, zu kontrollieren, welche Tiere zusammen sind. In einer Herde von 20–30 weiblichen Kamelen befindet sich ein Hengst, der – um die Herde zusammenzuhalten und unerwünschte „Kontakte" zu vermeiden – meist angebunden oder eingezäunt wird. Während dieser Zeit sind die Hengste stets darauf bedacht, ihre Potenz zu zeigen und ihre Weibchen zu verteidigen.

Kämpfe mit Konkurrenzhengsten können bis zum Tod gehen. Entsprechend aggressiv sind sie: Sie brüllen, fletschen ihre Zähne und stülpen eine lose rote Schleimhautblase seitlich aus dem Maul heraus. Kamele vollziehen den Paarungsakt im Sitzen und dabei muss ihnen der Mensch assistieren. Die Kamelfohlen werden über ein Jahr später geboren, nur alle zwei bis drei Jahre wird eine Stute trächtig. Eine reine Abstammung ist in der Kamelzucht des Sultanats selbstverständlich. Omanische Kamele sind wegen ihrer kleinen Größe und dem geringen Gewicht bekannt für ihre Schnelligkeit. Die ruhmreichste omanische Kamelrasse, die rötlich gefärbte „mussiaha", wird in der Küstenebene Batinah gezüchtet. Auch Kamele des Wahiba-Stammes, aus der Sandwüste Wahiba, sind auf der ganzen Arabischen Halbinsel begehrt.

Besonders lukrativ ist die Zucht von Rennkamelen. Die Preise für erfolgreiche Renner aus Oman sind astronomisch, ihr Wert kann locker den eines Rolls Royce übersteigen. Doch die Käufer aus den reichen Golfstaaten, wo Kamelrennen ein wahrlich millionenschweres Business sind, zahlen diese Beträge in der Hoffnung auf mindestens ebenso hohe Siegessummen. Anders als z. B. in den benachbarten V.A.E. sind Kamelrennen in Oman von der Tradition geprägt, nicht von der Jagd nach Preisgeldern und Trophäen. Den Gewinnern ist Ruhm wichtiger als cash. So liegen die Siegessummen der größten Rennen in Oman, der Eid Rennen in Al-Felaij in der Batinah, bei „nur" 400 RO. Auch werden in Oman keine kleinen Gastarbeiterkinder auf die holprigen Rennmaschinen geschnallt. Die Jockeys in Oman sind ausnahmslos Omanis, meist Bedukinder, die schon in jungen Jahren angefangen haben zu reiten und quasi auf dem Kamelrücken groß geworden sind. Das „Office of Camel Affairs" plant eine Regelung, nach der nur Kinder älter als 15 Jahre an Wettläufen teilnehmen dürfen. Aber auch erwachsene Omanis reiten Rennen – standesgemäß in hochgebundener dishdasha.

Ein gut trainiertes Rennkamel kann eine Geschwindigkeit von 60 km/h erreichen. In ihrer Topform befinden sich die meisten Tiere in einem Alter von drei bis vier Jahren, also zu Beginn ihrer Laufbahn als Rennkamel, die viele erst mit 15 Jahren beenden. Das Trainingsprogramm ist hart und besteht aus Schritt-, Trab- und Galoppassagen, die eine Distanz von 25 km betragen können. Um fit und vital zu sein, beinhaltet ihr Ernährungsplan auch Honig, Butter, Gerste, Alfalfa, Eier und Datteln – guten Appetit.

Wir selbst sind inzwischen zu echten Kamelfans geworden. Ein langer Ritt auf diesem sanft schaukelnden „Wüstenschiff" ist wesentlich angenehmer und weicher als der auf einem Pferderücken. Die besondere Mischung ist der stets liebenswert erhabene, aber absolut arrogante Blick mit der seltsamen Gestalt des Kamels – plump und elegant zugleich. Wir werden niemals verstehen, warum dieses störrische und eigenwillige Tier am Ende doch immer das macht, was sein Besitzer von ihm fordert. Doch nach lautem und markerschütterndem Protestgebrüll folgt stets wieder der gleiche gelangweilte, hochnäsige und stolze Gesichtsausdruck. Für diesen selbstbewussten und „coolen" Blick liefert eine alte Legende eine einleuchtende Erklärung: „Es gibt hundert Namen für Allah, doch Muhammad verriet seinen Anhängern nur neunundneunzig davon. Den hundertsten flüsterte er eines Tages seinem weißen Lieblingskamel ins Ohr als Dank dafür, dass es ihm im Momente einer Gefahr zur Flucht verhalf. Diese Nachricht wurde unter den anderen Kamelen schnell verbreitet. So kommt es, dass nun alle Kamele den hundertsten Namen Allahs kennen, die Menschen jedoch nicht. Und dies ist der wahre Grund, weshalb alle Kamele so entsetzlich blasiert, stolz, überheblich und hochnäsig sind, denn sie sind wissend."

Wilde Kamele gibt es auf der Arabischen Halbinsel **nicht mehr.** Jedes Dromedar, auch wenn es noch so einsam in der Wüste umherläuft, hat einen Besitzer. Bei näherem Hinsehen ist dies am Brandzeichen auch zu erkennen.

Haus- und Nutztiere

Das **Kamel,** genauer gesagt das einhöckrige Dromedar, ist das typischste und für die Menschen wertvollste Tier Omans (siehe dazu den Exkurs die Seiten zuvor).

Zahlenmäßig das am häufigsten vertretene Nutztier Omans ist die **Ziege.** Für die Nomaden war sie in der Vergangenheit die Existenzgrundlage. Sie ist bis heute nicht nur Fleischlieferant, sondern gibt auch ihre Haare für Zeltplanen und Seile. **Schafe** sind ebenfalls weit verbreitet.

Pferde spielten vor allem in der Vergangenheit Omans eine wichtige Rolle als Exportgut. Doch auch heute erfreuen sie sich wachsender Beliebtheit und Wertschätzung (siehe Exkurs „Das arabische Pferd – teurer Champion und treuer Companion").

In den unzugänglichen Bergregionen ist der **Esel** nach wie vor ein unentbehrliches Transportmittel.

Im Dhofar werden seit Jahrtausenden **Rinder** gezüchtet. Es handelt sich um Tiere einer kleinen und genügsamen Rasse, so dass sie auch die karge Zeit zwischen den Monsunen überstehen. Sie geben nur wenig Milch.

Die **Milchkühe** auf den modernen Farmen stammen aus europäischen Züchtungen. Sie lassen eine moderne Milchwirtschaft zu.

Kamele bei Salalah

oman_144 Foto: fk

Das Halten von **Katzen** und **Hunden** ist in arabischen Ländern wesentlich weniger verbreitet als in Europa. Hunde gelten als unrein: Eine Ausnahme macht nur der **Saluki,** eine Windhundrasse, die schon fast als heilig verehrt wird.

Vögel

Oman gilt mit über vierhundert Arten schon fast als **Vogelparadies.** Neben den zahlreichen einheimischen Vogelarten sind es vor allem Zugvögel und Wintergäste, die die Vogelwelt Omans so vielfältig machen (siehe auch Exkurs auf der nächsten Seite).

Die Regierung ist sich dieses reichen ornithologischen Schatzes und seiner Bedrohung durch den sich immer weiter ausbreitenden Menschen bewusst. Durch die Einrichtung von **Vogelschutzgebieten** bei Ras al-Sawadi und Bandar Khayran, in Salalah, in der Ramlat al-Wahiba, in der Jiddat al-Harasis und auf dem Jebel Akhdar versucht man, den Vögeln einen möglichst ungestörten Lebensraum zu bieten.

Die in anderen Ländern der Arabischen Halbinsel so beliebte **Falkenjagd** ist in Oman nicht besonders populär, außer bei einigen Stämmen in der Al-Dhahirah-Region.

Meerestiere

Die Unterwasserwelt an der omanischen Küste ist **äußerst vielfältig.** Ein Blick auf den frischen Fang, der auf den Fischmärkten verkauft wird, macht die Bandbreite des Meereslebens deutlich. Das Angebot reicht von Sardinen über Makrelen bis zu verschiedener Barsch-

An der Ostküste kommen Meeresschildkröten zur Eiablage an den Strand

oman_145-2 Foto: fk

Oman für Ornithologen

von Kirstin Kabasci

Vogelfreunde kommen in der abwechslungsreichen Landschaft Omans voll auf ihre Kosten: Die offizielle „Oman Bird List" (zusammengestellt von „Oman Bird Records", Adresse siehe unten, auch in großen Buchläden und im naturhistorischen Museum in Qurum käuflich erwerbbar) nennt **436 Arten.** Diese Artenvielfalt verblüfft, ist Oman doch ein überwiegend arides Land ohne große Seen und Wälder. Jedoch nur etwa 80 Arten sind im Sultanat beheimatet. Die meisten Vögel kommen lediglich als Gäste, die das Sultanat als Zwischenstopp auf ihren jährlichen Zugrouten aus paläarktischen Regionen nach Afrika und zurück nutzen oder hier überwintern. Warum Oman so viele Vogelarten anzieht, erklärt sich schnell durch eine Blick auf die Landkarte: Das Sultanat bildet eine Landbrücke zwischen Asien und Afrika und somit einen idealen Rastplatz zwischen den Kontinenten.

Endemische Arten gibt es in Oman zwar nicht, doch unter den Besuchern sind zahlreiche seltene Spezies, die hier leichter zu finden sind als irgendwo sonst. Ein Paradies dafür ist die Insel Masirah, auf der Wissenschaftler jedes Jahr während der Zugzeit mehrere bislang in Oman nicht gesichtete Arten entdecken.

Ein engagierter Ornithologe kann zur günstigsten Jahreszeit bei einer zwei- bis dreiwöchigen Reise durch das Sultanat mit etwas Glück und viel Ausdauer an die 200 verschiedene Arten vor sein Fernglas bekommen. Wer möglichst viele Arten beobachten möchte, muss sowohl den Norden wie auch den Süden bereisen. Dabei wird man in Nordoman auf vorwiegend europäische und asiatische Spezies treffen, wohingegen jenseits einer knapp 1000 km breiten Wüstenbarriere (die keinesfalls völlig vogelfrei ist) in der südomanischen Region Dhofar afrikanische Arten dominieren.

Die beste Zeit zum Vogelbeobachten bietet sich, wenn Zugvögelschwärme zwischen September und Oktober sowie zwischen Februar und April über das Sultanat fliegen. Im September und Oktober ist es allerdings noch relativ heiß, und die unausgefärbten Jungvögel erschweren ihre Bestimmung. Um möglichst viele Arten zu Gesicht zu bekommen, empfehlen sich der späte Herbst und das späte Frühjahr. Lohnend ist insbesondere das Frühjahr, denn dann zeigen sich zahlreiche Spezies der bevorstehenden Brutzeit wegen in ihrem prächtigsten Federkleid.

Vögel, die in Oman überwintern, kommen meist aus bis zu 5000 km entfernten Gebieten, wo sie während des dortigen Sommers mit seinen langen Tagen gebrütet haben. Ein bedeutender Landstrich für Tausende von Wintervögeln bilden die seichten, nahrungsreichen Schlickebenen an der Landzunge Bar al-Hikman, an der fast unbewohnten Ostküste Omans.

Ebenfalls an der Küste überwintern zahllose Möwen und Seeschwalben. Sie kommen im September, allerdings liegt ihre Heimat nicht ganz so weit entfernt in Europa und Zentralasien. Die großen Raubseeschwalben fühlen sich das ganze Jahr über wohl im Sultanat. Ab dem frühen Januar erreicht die größte Möwenart, die Fischmöwe, ihre Wahlheimat an den Stränden von Yiti und am Ras al-Hadd. In ihrem Winterkleid hat sie zwar einen weißen Kopf, doch im Brutkleid macht sie ihrem englischen Namen „Black-headed Gull" alle Ehre.

Ende März verlassen viele Wintergäste das Land, und es fliegen diverse Sommerbesucher ein, so auch die aus ihren Überwinterungsquartieren im östlichen und südlichen Afrika kommenden omanischen Brutvögel, wie z. B. Blauwangenspinte und Bienenfresser. Letztgenannte brüten in der nordomanischen Batinah-Ebene, wo sie tiefe Brutröhren in sandige Steilwände graben.

Der südomanische Dhofar dient in den Sommermonaten manchen Arten aus den genannten afrikanischen Regionen als „Überwinterungsplatz", denn aus Sicht ihrer eigentlichen Heimat jenseits des Äquators (wo sie brüten) verbringen sie hier die Wintermonate. Aufgrund des Sommermonsuns ist im Dhofar das Nahrungsangebot weitaus üppiger als in der winterlich trockenen Steppe Afrikas. Unter ihnen sind sehr farbenprächtige Spezies wie die Waaliataube, der Graukopffliest und der Goldkuckuck, der kein eigenes Nest baut, sondern die Gilbweber seine Jungen ausbrüten und aufziehen lässt.

Es folgt eine Aufzählung typischer und interessanter Arten, die in Oman beobachtet werden können. Die Nennung erfolgt zuerst mit dem deutschen, dann mit dem wissenschaftlichen und zuletzt mit dem englischen Namen. In Klammern folgt ihr Status in Oman (J = Jahresvogel, W = Wintervogel, S = Sommervogel, B = Brutvogel, D = Durchzügler).

Hauptstadtregion:

Parks und Gärten:

- **Hinduracke** Coracias benghalensis / Indian Roller (J)
- **Palmtaube** Streptopelia senegalensis / Palm Dove (J)
- **Streifenprinie** Prinia gracilis / Graceful Warbler (J)
- **Weidensperling** Passer hispaniolensis / Spanish Sparrow (J)
- **Haussperling** Passer domesticus / House Sparrow (J)
- **Purpur-Nektarvogel** Nectarinia asiatica / Purple Sunbird (J)
- **Haubenlerche** Galerida cristata / Crested Lark (J)
- **Malabarfasänchen** Euodice malabarica / Indian Silverbill (J)

Natural Reserve Park in Qurum und Al-Ansab Süßwasser-Lagune bei Bowshar:

- **Schelladler** Aquila clanga / Greater Spotted Eagle (W)
- **Habichtsadler** Hieraaetus fasciatus / Bonelli's Eagle (J)
- **Steppenadler** Aquila nipalensis / Steppe Eagle (W)
- **Kaiseradler** Aquila heliaca / Imperial Eagle (W)
- **Ohrengeier** Torgos tracheliotus / Lappet-faced Vulture (J)
- **Schmutzgeier (Aasgeier)** Neophron percnopterus / Egyptian Vulture (J)
- **Rüppellseeschwalbe** Sterna bengalensis / Lesser Crested Tern (D)
- **Weißwangenseeschwalbe** Sterna repressa / White-cheeked Tern (B)
- **Eilseeschwalbe** Sterna bergii / Swift Tern (J)
- **Wüstenregenpfeifer** Charadrius leschenaultii / Greater Sand Plover (J)
- **Küstenreiher** Egretta gularis / Western Reef Heron (J)
- **Moorente** Aythya nyroca / Ferruginous Duck (W)
- **Bruchwasserläufer** Tringa glareola / Wood Sandpiper (W)
- **Rohrweihe** Circus aeruginosus / Marsh Harrier (W)
- **Tüpfelsumpfhuhn** Porzana porzana / Spotted Crake (D, im Herbst)
- **Zwergsumpfhuhn** Porzana pusilla / Baillon's Crake (D, im Herbst)
- **Graureiher** Ardea cinerea / Grey Heron (W)
- **Krickente** Anas crecca / Common Teal (W)
- **Zwergstrandläufer** Calidris minuta / Little Stint (W)
- **Temminckstrandläufer** Calidris temminckii / Temminck's Stint (W)
- **Sichelstrandläufer** Calidris ferruginea / Curlew Sandpiper (W)
- **Stelzenläufer** Himantopus himantopus / Black winged Stilt (B)

- **Bruchwasserläufer** — Tringa glareola / Wood Sandpiper (W)
- **Waldwasserläufer** — Tringa ochropus / Green Sandpiper (W)
- **Teichwasserläufer** — Tringa stagnatilis / Marsh Sandpiper (W)
- **Schwarzhalstaucher** — Podiceps nigricollis / Black-necked Grebe (W)
- **Zwergtaucher** — Tachybaptus ruficollis / Little Grebe (B)
- **Löffler** — Platalea leucorodia / Common Spoonbill (W)
- **Sichler** — Plegadis falcinellus / Glossy Ibis (W)
- **Bachstelze** — Motacilla alba / White Wagtail (W)
- **Weißbartseeschwalbe** — Chlidonias hybridus / Whiskered Tern (W)
- **Weißflügelseeschwalbe** — Chlidonias leucopterus / White-winged Black Tern (D)
- **Raubseeschwalbe** — Sterna caspia / Caspian Tern (J)

Yiti, Bandar Khayran:

- **Weißkopfmöwe** — Larus cachinnans / Yellow-legged Gull (W)
- **Fischmöwe** — Larus ichthyaetus / Black-headed Gull (W)

Küstenebene Batinah:

- **Hinduracke** — Coracias benghalensis / Indian Roller (J)
- **Smaragdspint** — Merops orientalis / Little Green Bee-eater (J)
- **Blauracke** — Coracias garrulus / European Roller (D)
- **Bienenfresser** — Merops apiaster / European Bee-eater (S)
- **Blauwangenspint** — Merops persicus / Blue-cheecked Bee-eater (J)
- **Rötelfalke** — Falco naumanni / Lesser Kestrel (D, im April/Mai)

Ras al-Suwadi und vorgelagerte Inseln:

- **Fischmöwe** — Larus ichthyaetus / Black-headed Gull (W)
- **Schieferfalke (Blaufalke)** — Falco concolor / Sooty Falcon (B; Juni bis Okt.)
- **Rotschnabel-Tropikvogel** — Phaethon aethereus / Red-billed Tropicbird (B)
- **Schwarzgesichtsscharbe** — Phalacrocorax nigrogularis / Socotra Cormorant (J)

Ostküste:

Ras al-Hadd:

- **Reiherläufer** — Dromas ardeola / Crab Plover (J)

Bar al-Hikman und Insel Masirah:

- **Rosaflamingo** — Phoenicopterus ruber / Greater Flamingo (J)
- **Reiherläufer** — Dromas ardeola / Crab Plover (W)
- **Sumpfläufer** — Limicola falcinellus / Broad-billed Sandpiper (W)
- **Rauchschwalbe** — Hirundo rustica / Barn Swallow (D)
- **Blauracke** — Coracias garrulus / European Roller (D)
- **Sandlerche** — Ammomanes cincturus / Bar-tailed Desert Lark (B)
- **Anadyr-Knutt** — Calidris tenuirostris / Great Knot (W)

Jiddat al-Harasis, z. B. Oase Dauka:

- **Braunbauchflughuhn** Pterocles exustus / Chestnut-bellied Sandgrouse (B)
- **Tropfenflughuhn** Pterocles senegallus / Spotted Sandgrouse (J)
- **Kronenflughuhn** Pterocles coronatus / Crowned Sandgrouse (E)
- **Wüstenläuferlerche** Alaemon alaudipes / Hoopoe Lark (J)
- **Heckensänger** Cercotrichas galactotes / Rufous Bush Robin (D)
- **Adlerbussard** Buteo rufinus / Long-legged Buzzard (J)

Dhofar:

Südhänge des Jebel Qara und Jebel Samhan; insbesondere Quellen wie Ain Razat, Ain Hamran, das Tawi Attair Sinkhole sowie Wadi Haluf, Wadi Darbat, Wadi Hinna:

- **Wellenflughuhn** Pterocles lichtensteinii / Lichtenstein's Sandgrouse (B)
- **Tristramstar** Onychognathus tristramii / Tristram's Grackle (B)
- **Borstenrabe** Corvus rhipidurus / Fan-tailed Raven (B)
- **Schwarzkopfsteinhuhn** Alectoris melanocephala / Arabian Partridge (B)
- **Graukopfliest** Halcyon leucocephala / Grey-headed Kingfisher (S)
- **Gilbweber (Pirolweber)** Ploceus galbula / Rüppell's Weaver (J)
- **Jerichonektarvogel** Nectarinia osea / Palestine Sunbird (B)
- **Silberschnäbelchen** Euodice cantans / African Silverbill (B)
- **Bergammer** Emberiza tahapisi / African Rock Bunting (B)
- **Goldkuckuck** Chrysococcyx caprius / Didric Cuckoo (S)
- **Waaliataube** Treron waalia / Bruce's Green Pigeon (B)
- **Schlangenadler** Circaetus gallicus / Short-toed Eagle (W)
- **Kaiseradler** Aquila heliaca / Imperial Eagle (W)
- **Afrikan. Paradiesschnäpper** Terpsiphone viridis / African Paradise Flycatcher (B)
- **Schwarzrücken-Steinschmätzer** Oenanthe lugens / Mourning Wheatear (B)
- **Seidenreiher** Egretta garzetta / Little Egret (W)

Vogelschutzgebiet Khor Salalah (Zutritt nur in einem kleinen Teil gestattet; auch jenseits des Zaunes lassen sich interessante Arten beobachten), Khor Rouri, Khor Taqah und Khor Mughsayl:

- **Rosaflamingo** Phoenicopterus ruber / Greater Flamingo (J)
- **Spießente** Anas acuta / Pintail (W)
- **Zwergtaucher** Tachybaptus ruficollis / Little Grebe (B)
- **Löffler** Platalea leucorodia / White Spoonbill (J)
- **Sichler** Plegadis falcinellus / Glossy Ibis (J)
- **Seidenreiher** Egretta gazetta / Little Egret (W)
- **Wasserfasan** Hydrophasianus chirurgus / Pheasant-tailed Jacana (W)
- **Weißbartseeschwalbe** Chlidonias hybridus / Whiskered Tern (W)
- **Maskentölpel** Sula dactylatra / Masked Booby (D, im Frühherbst)
- **Rostgans** Tadornaferruginea / Ruddy Shelduck (W)
- **Reiherente** Aythya fuligula / Tufted Duck (W)
- **Fisch-/Graureiher** Ardea cinerea / Grey Hereon (W)

Farmland:

- **Weißstorch** Ciconia ciconia / White Stork (W)
- **Kuhreiher** Bubulcus ibis / Cattle Egret (W)

Adresse:

- **Oman Bird Records Committee**

P. O. Box 246, Muscat 113 (Informationen für Ornithologen, Oman Bird News, Oman Bird List, Breeding Atlas of Oman, nimmt gerne auch aktuelle und detaillierte Beobachtungslisten an)

Buchtipps:

- **Breeding Atlas of Oman**
  Oman Bird Records Committee, Muscat
- **The Birds of Oman**
  M. D. Gallagher, M. W. Woodcock; Quartet, London
- **Birds of Southern Arabia**
  D. Robinson, A. Chapman; Motivate Publishing, London, Dubai
- **Pareys Vogelbuch.** Alle Vögel Nordeuropas, Nordafrikas und des Nahen Ostens.
  H. Heinzel, R. Fitter, J. Parslow; Parey, Hamburg (Feldführer)
- **The Birds of the UAE**
  C. Richardson; Hobby Publications, Dubai (Feldführer für Nordoman)
- **Field Guide to the Birds of the Middle East**
  R. F. Porter, S. Christensen, P. Schiermacker-Hansen; T. & A. D. Poyser, London
- **Birds of the Middle East and North Africa**
  P. A. D. Hollom, R. F. Porter, S. Christensen, I. Willies; T. & A. D. Poyser, London
- **Birdwatching Guide to Oman**
  H. & J. Eriksen, P. & D. Sargeant, Al-Roya Publishing, Muscat
  (ca. 10 RO, gut aufgemachter und informativer Führer)

Listen/News/Zeitschriften:

- **Oman Bird List**
  Liste aller in Oman beobachteten Vogelarten, Oman Bird Records Committee
- **Oman Bird News**
  2x jährlich herausgegeben vom Oman Bird Records Committee
- In den internationalen Magazinen **„Birdwatch"** und **„Birding World"** finden sich regelmäßig Vogel-Neuigkeiten.

Internet:

- **www.netlink.co.uk/users/ag/osme/osmehome.html**
  Homepage der „Ornithological Society of the Middle East" inklusive deren Magazin „Sandgrouse"
- **www.arabianwildlife.com**
  Online-Version des „Arabian Wildlife Magazin", Informationen und Links zum Tierleben, auch Buch- und Zeitschriftentipps, Fotografiertipps, weitere Links zu „Best Wildlife Sites on the Web"
- **www.arabianimages.com**
  Hochwertige Tier- und Vogelfotos sowie Artikel über Fototechnik

arten. Auch **Haie** werden des öfteren gefangen und angeboten.

Delphine sind entlang der gesamten Küste sehr häufig zu sehen, gelegentlich auch **Wale** (siehe Exkurs „Zauberer einer blauen Welt: Delphine und Wale"). Auch gefährlichere Arten wie Rochen, Muränen und Seeschlangen kommen vor.

An den Korallenbänken, die der Küste teilweise vorgelagert sind, tummeln sich **tropische Fischarten.** Daneben leben hier unzählige Muschelarten, Seeschnecken, Seeigel und Krebse, darunter Langusten und Krabben. Letztere kann man ebenso wie Einsiedlerkrebse leicht am Strand beobachten.

Die Ostküste und die Strände Masirahs sind ein wichtiges Brutgebiet für **Meeresschildkröten** (siehe „Meeresschildkröten im Mondschein").

Religion – der Islam

Wohl kaum eine andere Gegend der Erde ist so stark vom Islam geprägt wie die Arabische Halbinsel. Hier, genauer im heutigen Saudi-Arabien, lebte vor gut 1300 Jahren der **Prophet Muhammad.** Ihm wurde das heilige Buch der Muslime, **der Qur'an,** offenbart. Damit begann die rasante Ausbreitung des Islam, dem heute weltweit über eine Milliarde Menschen angehört. In Oman

oman_158 Foto: fk

Minarett in Muscat

bekennt sich die überwiegende Mehrheit der Bevölkerung zum Islam. Lediglich unter den Gastarbeitern ist auch ein kleiner Anteil von Hindus und Christen, die ihren Glauben frei ausüben können.

Das **arabische Wort Islam** bedeutet **„vollständige Hingabe,** Ergebung und Unterwerfung in den Willen Allahs". **Muslim** bezeichnet jemanden, der den Islam ausübt. Religion und Leben lassen sich im Islam nicht voneinander trennen, denn der **Alltag soll gelebter Glaube sein.** So wäre es für einen Muslim unmöglich, seinen Glauben distanziert vom normalen Leben in Klöstern zu praktizieren. Daher orientiert sich der Islam an den Bedürfnissen des alltäglichen Lebens und gibt konkrete Richtlinien für nahezu jede Lebenslage: Tischsitten, Verhalten beim Niesen oder Händeschütteln, Almosenvorschriften,

Grundsätze zur Erziehung, **Rechtsprechung (shari'a),** Erb- und Staatsrecht, gesellschaftliche Aufgaben von Mann und Frau und selbstverständlich religiöse Grundsätze. Damit ist er weit mehr als „nur" eine Religion.

Der Islam ist ein **streng monotheistisch ausgerichteter Glaube, es gibt nur einen Gott (arab.: Allah).** Es ist derselbe Gott, an den auch die Christen glauben.

Muhammad ist der Gesandte Gottes, also ein Mensch. Er wird nicht als Sohn Gottes angesehen, da Allah keinen Sohn haben kann. Deshalb würde sich auch kein Muslim selber als „Mohammedaner" bezeichnen. Manche sehen das sogar als Beleidigung an.

Geistliche und Priester haben im Islam keine Existenzberechtigung. Zwischen Schöpfer und Geschöpf soll kein Mittler stehen, da der Glaube die direkte Angelegenheit zwischen ihnen ist. *„Allah ist den Menschen näher als die eigene Halsschlagader"* heißt es im Qur'an. Alle Menschen sind vor Allah gleich und bilden zusammen die **umma,** die Gemeinschaft der Gläubigen.

„Muhammad"

Die **Gemeinsamkeiten von christlichem und muslimischem Glauben** sind größer als oft angenommen. Zahlreiche biblische Stammväter und Propheten wie *Abraham, Moses* und *Jesus* werden als wichtige Wegbereiter des Islam angesehen, allerdings hätten die Menschen ihre Botschaften oft missverstanden und verzerrt. Muhammad war der letzte und endgültige Prophet, dem der Qur'an als das Wort Gottes übermittelt wurde. Er basiert teilweise auf dem Alten Testament, viele Grundideen der beiden anderen „Buchreligionen" Christentum und Judentum finden sich im Qur'an wieder. Nach muslimischer Auffassung ist der Islam jedoch die endgültige Gestalt der Religion. Auch Bibel und Thora gelten als heilige Bücher, und der Qur'an ruft in der 60. Sure zur Gerechtigkeit gegenüber den anderen Buchreligionen auf.

Wie steht es also um die weit verbreiteten **Vorurteile,** der Islam sei eine gegenüber Andersgläubigen intolerante, grausame und kriegerische Religion? Der Qur'an selber sagt: *„Und tötet die heidnischen Gegner, wo immer ihr sie zu fassen bekommt, ... denn das ist der Lohn der Ungläubigen ..."* (Sure 2, Vers 191). Doch dieses Zitat steht ohne den notwendigen inhaltlichen Zusammenhang. Dem Aufruf des Qur'an, die Ungläubigen zu ermorden, folgt im Vers 192: *„... greifen sie euch an, dann schlagt sie tot, ... aber wenn sie ablassen, ist Allah verzeihend und barmherzig, ... so sie ablassen, sei keine Feindschaft."* Es finden sich zahlreiche Qur'anstellen, in denen Gnade und Frieden gefordert oder verheißen werden. Die Worte „Islam" und „Muslim" sind verwandt mit „Salam", dem „Frieden", denn sie basieren auf der gleichen Wurzel s–l–m.

Ähnlich steht es mit der **Pauschalisierung,** den „Jihad" als „Heiligen Krieg des Islam gegen die Ungläubigen" zu bezeichnen. „Jihad" beinhaltet die Wurzel j–h–d, die übersetzt „sich anstrengen" bedeutet. Gemeint ist die Anstrengung auf dem Weg des Glaubens. Es ist in erster Linie die „Anstrengung des Geistes", der Kampf gegen den eigenen Unglauben. Doch durch das Einfügen des Buchstaben *Alif,* eines langen a, und die daraus entstehende andere Betonung, wird der Jihad zum „Kampf". Der wiederum ist nach der Auslegung des Qur'an nur als Verteidigung des Islam gegen Ungläubige erlaubt. Die Übersetzung sollte besser „Kampf um die heilige Sache" lauten, denn der Krieg an sich ist nicht heilig. Die Kämpfe zwischen muslimischen Staaten untereinander oder gegen andere waren und sind meistens politisch motiviert, auch wenn die Religion oft als Rechtfertigung für einen Krieg herhalten muss.

Die Entwicklung des Islam

Der Prophet Muhammad

Im Jahre **570 n. Chr.** wurde der Prophet Muhammad („Der Gepriesene") geboren. Zu dieser Zeit waren die Bewohner der Arabischen Halbinsel zum größten Teil Beduinen und streng in Stämmen organisiert. Doch es zeigten sich auch die ersten Anzeichen einer Struktur, die über die Stämme hinausging. Es entstanden eine gemeinsame Literatursprache und ein Handelssystem mit Märkten und kleinen Städten. Die Ka'aba in Mekka war schon in vorislamischer Zeit ein Heiligtum der Beduinen. Allah war einer ihrer Götter, der allerdings eine nur untergeordnete Rolle spielte. Von größerer Bedeutung waren die lokalen Gottheiten.

Muhammad gehörte dem bedeutenden **Stamm der Quraish** an. Sein Vater war Kaufmann, starb allerdings früh, so dass er bei seinem Onkel aufwuchs. Um seinen Lebensunterhalt zu verdienen, arbeitete er als Karawanenführer für die Kaufmannswitwe *Khadija,* die er später heiratete. Durch die weit reichenden Handelsverbindungen erhielt er schon früh Kenntnisse über andere Völker und andere Religionen. Im Alter von vierzig Jahren erschien ihm der Engel *Gabriel,* der ihm nach und nach die Worte Allahs, den „Qur'an", übermittelte. Nachdem Muhammad begann, die neue monotheistische Religion des Islam zu verkünden, standen ihm viele Einwohner Mekkas feindselig gegenüber. Sie fürchteten, dass ihre Stadt ihre Position als Wallfahrtsort und damit als Wirtschaftszentrum verlieren könnte.

622 n. Chr. zog Muhammad mit seinem Gefolge von Mekka nach Yathrib. In seiner Heimatstadt sah er keine Möglichkeit, die neue Religion gegen die alteingesessenen Priester und Händler durchzusetzen. Der **Hijra,** der „Auswanderung", wird in der islamischen Welt eine so große Bedeutung beigemessen, dass sie den **Beginn der islamischen Zeitrechnung** markiert. Yathrib wurde fortan *Medinat al-Nabi,* „die Stadt des Propheten", genannt, was sich später zu Medina verkürzte.

Hier fand Muhammad schnell weitere Anhänger, und er begann, feste Regeln für das Miteinander der Gläubigen aufzustellen.

Muhammad erhob sein Wort gegen den gesellschaftlichen und moralischen Niedergang der damaligen Zeit. Spannungen, Konflikte und auch Kriege zwischen den Stämmen waren an der Tagesordnung. Der Übergang von der matrilinearen zur patrilinearen Stammesorganisation war in vollem Gang, gesellschaftliche Missstände spitzten sich immer mehr zu. Ein schweres Los hatten die Frauen, denn sie galten zunehmend als eine Art Ware, die man kaufen, verkaufen oder vererben konnte. Muhammad wollte nicht nur diese **sozialen Missstände** beseitigen, er hatte auch die Vision, die **Stammesgesellschaft** zugunsten einer großen Gemeinschaft aller Gläubigen, der *umma*, zu überwinden.

Mit den Bewohnern seiner Heimatstadt Mekka begann eine kriegerische Auseinandersetzung, die mit einem **Sieg Muhammads** und seiner Anerkennung als Führer endete. Die Pilgerfahrten zur Ka'aba mit ihrem heiligen Stein wurden wieder aufgenommen, und die neue Religion breitete sich innerhalb kurzer Zeit über fast die gesamte Arabische Halbinsel aus. Teilweise geschah dies durch Kämpfe und Eroberungen, zum Teil wurde der Glaube – so wie in Oman im Jahre 630 – freiwillig angenommen (siehe unter „Geschichte", „Der Einzug des Islam").

Muhammad starb im Jahre 632 in Medina, wo auch seine Grabesmoschee steht.

Die Zeit nach Muhammad

Nach dem Tode Muhammads entbrannte ein **Streit um die Führung** der Gläubigen, da der Prophet keinerlei Verfügungen für seine Nachfolge erlassen hatte. So kam es auch in Oman zu einer Rebellion gegen Khalif Abu Bakr in Mekka, die jedoch niedergeschlagen wurde.

Die **ersten vier Khalifen** (arab. *khalifa,* Nachfolger bzw. Stellvertreter) **Abu Bakr, Omar, Othman** und **Ali** werden auch „die Rechtgeleiteten" genannt. Unter ihnen breitete sich der neue Glaube innerhalb von nur etwa dreißig Jahren bis zum heutigen Afghanistan im Osten und bis Libyen im Westen aus, wenig später sogar bis auf die Iberische Halbinsel. Omanis spielten bei dieser Verbreitung eine wichtige Rolle.

Es gab verschiedene Gründe für die **rasche Ausbreitung des Islam.** Vor allem gelang es, die zuvor zerstrittenen Stämme zu vereinen, die fortan gemeinsam im Dienste Allahs kämpften. Der Islam zeigte zudem die erstaunliche Fähigkeit, Elemente anderer Kulturen wie der hellinistischen, persischen und indischen aufzunehmen und zu etwas Neuem zu verschmelzen. So taten sich auch die Besiegten leichter, die neue Religion anzunehmen. Der Ausbreitung kam aber auch zugute, dass die mächtigen Reiche der damaligen Zeit – Perser, Byzantiner und Römer – gegen große innere Probleme anzukämpfen hatten, bzw. im Untergang begriffen waren.

Um die Führung dieses Reiches gab es immer wieder Zwist. Nach der Ermordung des vierten Khalifen Ali, dem

Schwiegersohn und Vetter Muhammads, spitzte sich der Streit um die Macht zu – die Folge war die endgültige **Spaltung des Islam in Sunniten und Schiiten.** Die Schiiten („Shi'a Ali", „die Partei Alis") erkennen nur die Nachkommen Alis als rechtmäßige Khalifen an, während die Sunniten Blutsverwandtschaft mit dem Propheten als nicht unbedingt notwendig ansehen. Sie sind den Schiiten zahlenmäßig weit überlegen und stellen heute einen Anteil von über 80 Prozent aller Muslime. In dieser frühen Zeit entstand jedoch noch eine weitere Glaubensrichtung, die der Kharijiten, aus denen wiederum die **Ibaditen** hervorgingen. Sie wurden von den Sunniten verfolgt und fanden u. a. in den Bergen Omans Schutz. Die **Mehrheit der omanischen Bevölkerung** bekennt sich heute zur ibaditischen Lehre, die als gemäßigt gilt.

Tolerant und liberal – der Ibadismus in Oman

Die Anhänger der *Ibadiyya,* wie die Lehre auf Arabisch genannt wird, werden üblicherweise als eine Splittergruppe der Kharijiten angesehen. Sie selbst erachten sich als unabhängig. Beide Gruppierungen haben ihren **Ursprung unter dem dritten Khalifen Othman.** Nach seiner recht kurzen Regierungszeit war seine Nachfolge im Amt des Khalifen ungeklärt. *Ali,* der Schwiegersohn Muhammads, und *Mu'awiya,* der spätere Begründer der Dynastie der Omayyaden, erhoben Anspruch auf das Amt. Ali wurde zwar Khalif, aber schon bald ermordet. So begann die

„Im Namen des barmherzigen und gnädigen Gottes"

Zeit der Omayyaden unter Mu'awiya. Dies brachte nicht nur die Spaltung der Gläubigen in Sunniten und Schiiten mit sich, sondern es entstand in dieser Zeit auch die Gruppe der **Kharijiten,** die weder Ali noch Mu'awiya anerkannten.

Zur Zeit des ersten Omayyadenkhalifen entwickelte **Abdallah ibn Ibad** die Lehre der Kharijiten in Basra weiter. Er sah seine Glaubensrichtung als authentischen Fortlauf des Islam unter Muhammad und den ersten beiden Khalifen *Abu Bakr* und *Omar* an.

Doch schon nach einer kurzen Zeit des Dialogs zwischen Ibaditen und Sunniten kam es zum Streit und zu **Verfolgungen** der Anhänger der ibaditischen Lehre. Als Ungläubige verfolgt, flohen sie in ihre ursprüngliche Heimat, Oman und Nordafrika. Ihr wichtigstes Rückzugsgebiet waren die nur schwer zugänglichen Berge in Oman. Hier konnten sie sich gegen Repressionen abschotten, und von hier aus kam es zu Aufständen und Kriegen, sogar zur Eroberung der Heiligen Stätten von Mekka für eine kurze Zeit.

Die Ibaditen sind jedoch alles andere als kriegerisch. In ihren Augen darf die Religion nicht als Grund für Kriege und Auseinandersetzungen missbraucht werden. Mit ihrer **liberalen Einstellung** gegenüber Andersgläubigen und ihren demokratischen Strukturen sind sie eher als gemäßigt und tolerant zu bezeichnen. Trotz ihrer puritanischen Auffassung kann man sie auch als Modernisten sehen: Sie sind der Meinung, dass der Qur'an und andere Glaubensinhalte immer neu der Zeit entsprechend interpretiert werden können.

Im Unterschied zu den Sunniten und Schiiten soll bei den Ibaditen der **Führer** (der **Imam**) frei von der *umma*, der Gemeinschaft der Gläubigen, gewählt werden. Jeder gläubige und theologisch gebildete Muslim kann sich für das Amt bewerben, sofern er seine religiöse Gelehrsamkeit *('ilm)* und sein politisches Geschick *(wilaya)* unter Beweis stellt. Von welchem Stamm er kommt, spielt keine Rolle.

Eine dynastische **Herrschaft** mit einer automatischen Übertragung des Amtes vom Vater auf den Sohn ist **ausgeschlossen.** Allerdings blieb der Titel des Imams zumeist doch innerhalb einer Familie, wobei sich aber jeder neue Imam der Wahl zu stellen hatte. Die Gemeinschaft erwartete von ihrem Imam, dass er sich nach innen für Gerechtigkeit und nach außen für Sicherheit einsetzte. In schwierigen Fragen hatte er die **ulema,** die gelehrten Stammesnotablen, zu Rate zu ziehen. In der Auffassung der Ibaditen besteht zwischen Volk und Imam eine Art Sozialab-

oman_164 Foto: fk

kommen. Für seine Rechte als Führer hat der Imam auch seinen Pflichten nachzukommen, ansonsten droht ihm die **Abwahl,** die jederzeit möglich ist.

Die theoretische Form des Imamats lässt Parallelen zu den **politischen Prinzipien der Stammesgesellschaft** erkennen, die sich in Oman bis heute in weiten Teilen erhalten hat (siehe Abschnitt „Bevölkerungsgruppen und Sozialstruktur"). Genau wie die Stammesführer war auch der Imam in der Regel von „edler" Abstammung, musste jedoch seine persönliche Eignung erst unter Beweis stellen. Und genau wie sie musste auch der Imam bei der Ausführung seines Amtes auf ein hohes Maß an Konsultation und Konsens achten. Es kann also die Frage gestellt werden, ob das Imamat dazu beigetragen hat, dass sich die Strukturen der Stammesgesellschaft bis heute erhalten haben? Es war wohl umgekehrt: Durch die Verwurzelung in diesen Strukturen erhielt das Amt des ibaditischen Imams seine Plausibilität.

Das Amt des Imams blieb **unbesetzt,** wenn sich kein geeigneter Führer fand. Der Imam besaß religiöse Autorität, jedoch eine geringere weltliche Macht als der Khalif der Sunniten. Daher bildete sich in Oman daneben ein zweites Amt, das des **Sultans,** heraus. Beide Ämter konnten durchaus von einer Person ausgeübt werden, wenn sie von den Gläubigen für fähig gehalten und gewählt wurde.

Der Qu'ran – die Grundlage des Islam

In der Geschichte kam es zu ständigen Kämpfen, so dass der Sultan zeitweise regierte, ohne als Imam anerkannt zu sein. Für eine kurze Zeit Anfang des 20. Jahrhunderts gab es sogar einen Vertrag, der das Herrschaftsgebiet der beiden Kontrahenten regelte: Der Sultan war weltlicher Herrscher an der Küste, der Imam geistlicher Führer in Inner-Oman. Erst in den 1950er Jahren konnte sich der Sultan endgültig gegen den Imam durchsetzen. Das Amt des Imams gibt es seither in Oman nicht mehr.

Die Blütezeit des Islam

Nach dem Tode Alis wurde das Amt des Khalifen erblich. Es folgte ihm zunächst die Dynastie der **Omayyaden** in Damaskus, anschließend die der **Abbasiden** in Bagdad. Wirtschaftlich und kulturell erlebte die gesamte arabisch besetzte Welt eine glänzende Zeit. Die Araber übersetzten zahlreiche Bücher des antiken Griechenland ins Arabische und entwickelten deren Kenntnisse weiter. Die Wissenschaften nahmen zu dieser Zeit einen enormen Aufschwung. Doch den Abbasiden gelang es nicht, das riesige Reich zusammenzuhalten. In Spanien, dann auch in Ägypten und Syrien, übernahmen andere Dynastien die Macht. Das Reich der Khalifen ging endgültig unter, als 1258 die Mongolen Bagdad eroberten.

Im frühen Mittelalter herrschte zunächst noch Toleranz zwischen den drei Buchreligionen. Diese endete zur Zeit der **Kreuzzüge,** die das Grab Jesu zum Ziel hatten. Schon bald nach Beginn des ersten Kreuzzuges wurde Jeru-

„Der Heilige Qu'ran"

salem gestürmt und ein Blutbad unter der muslimischen und jüdischen Bevölkerung angerichtet. Dies war der Beginn der offenen Feindseligkeiten zwischen Muslimen und Christen. Die **Rückeroberung Spaniens,** die 1492 mit der Einnahme Granadas endete, wurde von Verfolgungen, Zwangstaufen und der Vertreibung von Muslimen und Juden begleitet.

Kaum hatten die Europäer die Muslime im Westen verdrängt, sahen sie sich einer neuen Bedrohung von Osten gegenüber gestellt. Das Reich der **Osmanen** dehnte sich vom 15. bis zum 17. Jahrhundert stark aus. Nachdem die Herrschaft von Byzanz gebrochen war, tauften sie Konstantinopel in Istanbul um und eroberten sehr schnell den Nahen Osten. Ihr Herrschaftsbereich umfasste nahezu die gesamte arabische Welt (außer Teilen der Arabischen Halbinsel und Marokkos), schloss zeitweise sogar Kroatien und Ungarn ein und reichte 1529 und 1683 bis vor die Tore Wiens. Doch mit der zweiten (erfolglosen) Belagerung der österreichischen Hauptstadt hatte die Macht der Osmanen ihren Höhepunkt überschritten. Langsam wurden sie zurückgedrängt. Obwohl sie die Christen nur in Ausnahmefällen zur Konvertierung gezwungen hatten, hinterließen sie in Albanien und Bosnien große muslimische Gemeinden.

Mit dem Niedergang des osmanischen Reiches begann für viele muslimische Länder die Zeit der **Kolonialisierung.** Sie hatten den Anschluss an die moderne Entwicklung verloren. Aus der jahrhundertelangen Überlegenheit der islamischen Welt wurde eine **Rückständigkeit gegenüber Europa.** Mitte des 18. Jahrhunderts übernahmen die Briten die Macht in Teilen von Indien. Die Franzosen landeten zunächst 1798 in Ägypten, dann eroberten sie 1830 Algerien und 1881 Tunesien. Marokko wurde unter Frankreich und Spanien aufgeteilt, Ägypten fiel an die Briten, Libyen an die Italiener. Diese Entwicklung setzte sich nach der endgültigen Vernichtung des Osmanenreiches im Ersten Weltkrieg auch im Nahen Osten und auf der Arabischen Halbinsel fort. Fast alle arabischen Länder befanden sich nun in Abhängigkeit der europäischen Großmächte. Oman war zu dieser Zeit zwar keine Kolonie, befand sich jedoch in faktischer Abhängigkeit von Großbritannien (siehe „Geschichte", „Großbritannien als Schutzmacht").

Nach dieser Phase der Fremdherrschaft, die erst im Laufe des 20. Jahrhunderts endete, sind viele arabische

Staaten heute auf der **Suche nach der eigenen Identität.** Die Verweltlichung, die Trennung von Religion und Staat, aber auch soziale Probleme sind die Ursache für die immer lauter werdende Forderung nach einer Rückbesinnung auf den Islam. In Oman sind diese Tendenzen bisher allerdings praktisch nicht zu erkennen. Das Land hat es geschafft, ein modernes Staatswesen mit den Grundprinzipien der islamischen Religion zu vereinbaren.

Die Grundsätze des Islam

Der Qur'an

Die wichtigsten Grundsätze des Islam sind im Qur'an („das Gelesene", „der Vortrag"), dem **heiligen Buch der Muslime,** niedergeschrieben. Er besteht aus **114 Suren** (Abschnitten), die weder historisch noch thematisch geordnet sind. Vielmehr ist die Reihenfolge durch die Länge der Suren bestimmt: Mit Ausnahme der ersten stehen die längsten Suren am Anfang, die kürzesten am Ende des Qur'an. Die **erste Sure** ist zugleich eine der bedeutendsten und wird zudem für ihre Poesie gerühmt, die allerdings in der deutschen Übersetzung weitgehend verloren geht:

Im Namen des barmherzigen und gnädigen Gottes. Lob sei Gott, dem Herrn der Menschen in aller Welt, dem Barmherzigen und Gnädigen, der am Tag des Gerichts regiert!

Dir dienen wir, und dich bitten wir um Hilfe. Führe uns den geraden Weg, den Weg derer, denen du Gnade erwiesen hast, nicht den Weg derer, die deinem Zorn verfallen sind und irregehen!

Der Prophet **Muhammad empfing diese Offenbarungen** über einen Zeitraum von 23 Jahren. Die Chronologie der Offenbarung der einzelnen Suren war jedoch in den meisten Fällen gegenteilig der späteren Reihenfolge im Qur'an: Die kürzeren Suren gehörten zu den ersten, die längeren empfing Muhammad erst später in Medina. Zu Zeiten des Propheten gab es noch keine schriftliche Aufzeichnung des kompletten Qur'an. Erst unter den Khalifen wurden die Texte gesammelt, und es dauerte bis Anfang des 20. Jahrhunderts, bis eine von allen Muslimen akzeptierte Fassung erschien.

Der Qur'an gibt **neben den religiösen Leitlinien auch lebenspraktische Dinge** vor. Es ist bestimmt, was Muslime essen und trinken dürfen (z. B. kein Schweinefleisch und keinen Alkohol), dass Männer maximal vier Ehefrauen haben dürfen (zur Zeit des Propheten eine Beschränkung), das Verbot des Zinses und viele weitere Vorschriften, auf denen die **shari'a,** die **islamische Rechtsordnung,** basiert. Auch das Verbot menschlicher Abbildungen geht auf den Qur'an zurück, womit die Anbetung von Götzenbildern, wie sie in der vorislamischen Zeit in Mekka üblich war, abgeschafft werden sollte.

Die Inhalte wurden von Allah selbst offenbart (Sure 69, Vers 43: *„... eine Offenbarung vom Herrn der Menschen ..."*). Muhammad war im Grunde nur ein „Sprachrohr" Allahs. Der Qur'an ist für Muslime das **unverfälschte Wort Gottes** und besitzt absolute Autorität. Deshalb muss dem Buch der entsprechende Respekt entgegengebracht werden.

Es darf nur an sauberen Orten – im hygienischen und moralischen Sinne – aufbewahrt und gelesen werden, es darf kein anderes Buch auf ihm abgelegt werden, und bevor man in ihm liest, sollte man sich waschen.

Der Qur'an wird nicht nur wegen seiner Inhalte geschätzt, sondern auch wegen seiner Sprache. In den Augen vieler ist das heilige Buch zugleich ein **Meisterwerk der Prosa.** Dieser literarische Rang gilt als ein Beweis für seinen göttlichen Charakter.

Es ist nicht einfach, Qur'an-Texte sinngemäß und treffend aus dem Arabischen zu übersetzen – abgesehen davon, dass die sprachliche Brillanz natürlich verloren geht. Für viele Wörter gibt es keine gleichwertigen und eindeutigen anderssprachigen Ausdrücke. **Jede Übersetzung ist** somit eine **Interpretation.** So wird die Segensformel „Bismillah ar-Rahman ar-Rahim" z. B. mit „Im Namen des barmherzigen und gnädigen Gottes" übersetzt. Das arabische Wort „Rahman" steht aber allein für die Gnade und das Erbarmen Gottes, während das deutsche Wort „Erbarmen" auch eine menschliche Eigenschaft sein kann. Daher erkennen Muslime den Qur'an nur in Arabisch an, und weltweit wird er nur in der arabischen Sprache gelehrt. Bis heute gilt es für einen ernsthaften Muslim als besonders verdienstvoll, einmal im Leben den kompletten Qur'an von Hand abzuschreiben oder ihn auswendig zu lernen.

Die Sunna

Für die Sunniten ist neben dem Qur'an die Sunna („Tradition", „Brauch"), die **Taten und Zitate des Propheten Muhammad,** eine wichtige religiöse Richtschnur und eine wichtige Quelle des islamischen Rechts. Die Schiiten erkennen die Sunna zwar auch an, daneben ist für sie aber die Lebenspraxis ihrer Imame von großer Wichtigkeit.

Das Leben Muhammads gilt den Muslimen als beispielhaft, sie sammeln deshalb die Berichte über seine Worte und Taten. Im 9. und 10. Jahrhundert wurden sechs mehrbändige Sammlungen zusammengestellt. Diese **Hadithe** („Aussprüche", „Gespräche") gelten als eine Art „Gebrauchsanweisung" für die Religion und den Alltag. Ein Hadith fordert zum Beispiel beim Essen zum Benutzen der Finger der rechten Hand auf, andere beschreiben Grußformeln und Gebetsriten oder geben Hinweise über vorteilhafte Schlafstellungen. Dort heißt es *„In der Eile liegt keine Tugend"*, und *„Der Beste unter euch ist derjenige, der eine Frau am besten behandelt"*.

Die Sunna hat zugleich einen großen **Einfluss auf die Interpretation des Qur'an.** Unter den Gelehrten hat sich die Meinung durchgesetzt, dass der Text des Qur'an nur auf der Basis der Sunna zu verstehen ist. Daher werden für unklare Qur'anstellen oft Hadithe zur Interpretation hinzugezogen.

Die Moschee

Die Moschee ist der **heilige und zentrale Ort des muslimischen Glaubens.** Hier sollen die Gebete stattfinden, hier trifft man sich zu religiösen

Said bin Taimur Moschee in Al-Khuwair

oman_161 Foto: fk

Diskussionen, und auch die ersten islamischen Universitäten entstanden in Moscheen.

Daneben ist sie natürlich auch ein Platz zum Beten, Sammeln und Besinnen. Der arabische Begriff „masjid“, aus dem sich „Moschee“ ableitet, bedeutet übersetzt „Ort der Niederwerfung“, also **Ort des Gebets.** Daneben hat sie eine wichtige soziale Funktion: Sie ist ein Treffpunkt der Gläubigen zum täglichen Gespräch. Die Atmosphäre in den meisten Moscheen ist nicht mit der in einer Kirche zu vergleichen.

Für ein muslimisches Gebetshaus ist **keine bestimmte Bauform** vorgeschrieben. Es kommt dafür jeder Raum in Frage, der im Inneren religiös rein und von außen allen Muslimen zugänglich ist. So heißen auch die Gebetsräume, die sich an Flughäfen oder großen Rasthäusern befinden, *masjid,* Moschee. Die ersten Moscheen waren einfache Häuser, ohne Minarett (Moscheeturm) und ohne die heutzutage oftmals aufwändigen ornamentalen Verzierungen.

Die großen Moscheen, die *masjid al-jami',* dienen in erster Linie dem **Freitagsgebet.** Am Freitag, dem *yom al-jama'a* (Versammlungstag), treffen sich die Bewohner der ganzen Stadt oder des Stadtteils in der Freitagsmoschee. Der Prediger, der *khatib,* hält an diesem Tag eine Ansprache, die *khutba.* Das Ziel dieser Versammlungen ist es (oder war es in der medienfreien Vergangenheit), einmal in der Woche eine städtische Öffentlichkeit herzustellen.

Im Allgemeinen beten Männer und Frauen zu den Gebetszeiten in getrennten Bereichen oder verschiedenen Räumen, außerhalb dieser festen Zeiten aber auch nebeneinander. Beten sie gemeinsam, stehen die Frauen in den hinteren Reihen. Nicht aus Diskriminierung, sondern so soll verhindert werden, dass ein betender Mann durch einen Frauenpo vor ihm abgelenkt und auf „unreine" Gedanken gebracht wird.

Omanische Moscheen sind zumeist sehr schlicht, da die eher puritanische ibaditische Lehre keine großartigen Ornamente zulässt. Lediglich der *mihrab,* die Gebetsnische, ist reich mit Stuckarbeiten verziert und die Eingangstür oft mit Schnitzereien versehen. Ein Minarett gehört nicht unbedingt zu einer ibaditischen Moschee. Der Gebetsausrufer kletterte in den Tagen vor den elektrischen Lautsprechern für gewöhnlich über einige Stufen direkt auf das Dach der Moschee, um von hier die Gläubigen zum Gebet zu rufen.

Die Gebetsnische weist stets in Richtung Mekka

oman_161 Foto: fk

Viele historische Moscheen in Oman sind renoviert worden. An den alten Moscheen kann man sehr gut erkennen, dass sie immer wenn es möglich war, an einem Bewässerungskanal (arab. *falaj,* siehe unter „Landwirtschaft") erbaut sind. Dies diente dem Zweck, dass die Gläubigen vor dem Gebet ihre rituellen Waschungen vornehmen konnten. Mit der Verfügbarkeit des Leitungswassers hat dieser Aspekt heute keinerlei Bedeutung mehr.

In Omans Moscheen ist nur Muslimen der Zutritt gestattet. Einzige offizielle Ausnahme ist die größte Moschee des Landes, die Sultan Qaboos Moschee in Muscat.

Glaubensinhalte

Das Bekenntnis zum Islam beinhaltet die folgenden **sechs Aspekte:**

Der Glaube an Gott

Für Muslime ist der Glaube an Gott, an den **einen und ewigen Gott,** dem keiner gleich kommt, in der 112. Sure festgeschrieben und bildet die herausragende Forderung des Islam. Sie sehen Gott als Schöpfer des Himmels, der Erde und seiner Geschöpfe sowie den Herrn des Jüngsten Gerichtes an.

Der Glaube an Gottes Engel

Im Dienste von Gott steht eine unbekannte Zahl geschlechtsloser und unsichtbarer Engel, die den Gläubigen leiten, begleiten, Fürbitte einlegen und ihm Botschaften vermitteln. Jedem Menschen sind zwei namenlose Schutzengel zugeteilt. Engel dienen nur Gott, sie sind aus Licht erschaffene Wesen, die über Raum und Zeit stehen, aber über Vernunft und Sprache verfügen.

Im Qur'an sind **vier Erzengel** erwähnt, darunter *Gabriel,* der Muhammad die Offenbarungen Gottes vermittelte, und *Michael,* der

Gottes Befehle in der außerirdischen Welt ausführt.

Der Glaube an Gottes Bücher

Qur'an und **Hadith** sind Schriften verschiedener Art. Im Qur'an findet sich das verkündete Wort Gottes, wohingegen die Hadith Überlieferungen der Worte und Taten Muhammads (Sunna) aufzeichnet, die allerdings als Offenbarung angesehen werden.

Der Glaube an Gottes Gesandte

Gott beauftragte diverse Auserwählte mit der Verkündung seiner Botschaften. Sein erster Gesandter war **Adam,** sein letzter **Muhammad,** doch auch **Noah, Abraham, Moses** und **Jesus** verkündeten Gottes Worte. Doch da die Menschen deren Aussagen oftmals missverstanden und verzerrt haben, sandte Gott Muhammad, damit er Gottes wahre Worte kundtun sollte. Nach Muhammad wird es keine weiteren Offenbarungen geben, weshalb Muslime die von Muhammad verkündeten Botschaften als letzte und unveränderliche Religion ansehen. An Muhammad und alle anderen Gesandten zu glauben, ist Pflicht eines jeden Muslim.

Der Glaube an göttliche Vorbestimmung

Für Muslime liegt ihr Schicksal allein in Gottes Hand. Der Mensch besitzt zwar einen freien Willen, nach dem er handelt, doch über diesem stehen Gottes Bestimmungen. Alles, was war, und alles, was sein wird, alle guten und alle bösen Taten sind demnach vorbestimmt. **„Insha'allah", „so Gott will",** lautet die **Grundeinstellung der Muslime.** Dennoch sollen sie ihr Leben verantwortungsbewusst und zielstrebig führen und sich nicht willen- und tatenlos der Erwartung, Gott würde alles fügen, hingeben. Der Qur'an betont nachdrücklich, dass Vernunft, Denken, Wissen und Erkenntnis vom Menschen als zugängliche Fähigkeiten gebraucht werden sollen (Sure 30, Vers 24, 28; Sure 10 Vers 24; Sure 6, Vers 97). Ferner lässt der Glaube an die göttliche Vorbestimmung Schicksalsschläge leichter verkraften.

Der Glaube an Wiederauferstehung am Jüngsten Tag

Für Muslime bedeutet Leben einen vorübergehenden Zustand, und nach dem Tod besteht der Glaube an ein **Fortleben im Jenseits.** Sie glauben, dass die Seele nach dem Tod in einem traumlosen Schlafzustand dahindämmert, empfindungslos und ohne Zeitgefühl, aber in Gottes Nähe. Am Jüngsten Tag, den Gott bestimmt, wird Gott Gericht halten und diejenigen, die in der irdischen Zeit ein gläubiges, rechtschaffenes und verdienstvolles Leben geführt haben, ins Paradies einlassen.

Religiöse Pflichten

Diese sind auch als die **„fünf Pfeiler des Islam"** bekannt:

Das Glaubensbekenntnis

Das Glaubensbekenntnis (arab. **shahada**) eines jeden Muslim lautet „La ilaha illa Allah, Muhammad rasul Allah", „Es gibt keinen Gott außer Gott, und Muhammad ist sein Gesandter". Mit diesem Zeugnis nimmt der Gläubige die Pflichten als Muslim auf sich. Theoretisch tritt jeder, der dieses Bekenntnis in ernster Absicht und mit der Einleitung „Ich bezeuge" ausspricht, dem Islam bei. Der **Eintritt in die muslimische Glaubensgemeinschaft** (arab. **umma**) ist irreversibel, eine Abkehr kann nur durch den Tod erfolgen.

Die Pilgerfahrt nach Mekka

Jeder Muslim, der dazu gesundheitlich und finanziell in der Lage ist, sollte einmal in seinem Leben an der jährlich im 12. Monat des islamischen Jahres stattfindenden Pilgerfahrt (arab. **hajj**) nach Mekka mitmachen (Sure 2, Verse 194 ff). Der Besuch der heiligen Stätten Mekka und Medina (heute in Saudi-Arabien) und die Teilnahme an allen zugehörigen Wallfahrtszeremonien stellt für Muslime den Höhepunkt ihres Lebens dar. Am 10. Tag des Pilgermonats beginnt das Opferfest (arab. **Eid al-Adha),** das höchste islamische Fest. Weltweit schlachtet jeder Muslim, der es sich leisten kann, ein Opfertier (Schaf, Ziege, Rind oder Kamel), verteilt Fleisch an die Armen und verzehrt den Rest in der Gemeinschaft anderer.

Das Fasten

Es gibt eine Reihe von Zeiten, zu denen das Fasten fromme Sitte der Muslime ist. Pflicht ist es allerdings während des **Ramadhan,** dem **9. Monat des islamischen Kalenders.** In diesem erhielt Muhammad seine erste Offenbarung, weshalb der Ramadhan heilig ist. Das Fasten (arab. **saum)** bedeutet für alle Muslime, dass sie einen Monat lang von Sonnenaufgang bis Sonnenuntergang auf Essen, Trinken, Rauchen und geschlechtliche Beziehungen verzichten (Sure 2, Vers 183 ff). Doch zudem soll jeder seine bösen Gedanken besiegen und ein besonders vorbildliches und religiöses Leben führen. Mit dem Konsumverzicht soll zum Nachdenken über den Sinn dieses Gebotes angeregt und eine symbolische Gleichheit zwischen Arm und Reich angestrebt werden. Die Nächte des Ramadhan dagegen sollen eine gesegnete Zeit sein, denn es war in einer Nacht, in der Muhammad Gottes erste Bestimmung erhielt (Sure 97, Verse 1-5). Und so wird in den Nächten des Ramadhan üppig gegessen und man trifft sich mit Freunden. Der Rhythmus des Ramadhan soll bestimmt sein von der asketischen Anstrengung der Tage und der Entspannung der Nächte.

Alle gesunden Muslime sind ab der Pubertät zum Einhalten des Ramadhan verpflichtet. Alte, Kranke, Reisende, Schwangere und stillende Mütter dürfen das Fasten brechen, müssen die Fastentage jedoch nachholen.

Die Almosengabe

Das Geben von Almosen dient als symbolischer Beitrag, um die soziale Spannung zwischen armen und reichen Muslimen gering zu halten. Dabei wird zwischen freiwilligen Gaben, arab. **sadaka,** und jährlichen Pflichtalmosen, arab. **zakat,** unterschieden. Zakat bedeutet übersetzt sowohl „Reinigung" als auch „Wachstum". In Sure 9, Vers 60 des Qur'an ist geregelt, welchen Personengruppen diese Schenkung zukommen soll. Wer wann wieviel zu zahlen hat, ist allerdings hart umstritten. Jeder wohlhabende Städter soll, sofern er finanziell dazu in der Lage ist, einmal im Jahr 2,5 Prozent seines Vermögens als zakat zahlen.

Der Gebetsruf lautet:

„*Allahu akbar. Allahu akbar.* Gott ist größer. Gott ist größer.	الله أكبر. الله أكبر.
Ashhadu 'an la illaha illa Allah. Ich bezeuge, es gibt keinen Gott außer Gott.	أشهد أن لا إله إلا الله.
Ashhadu 'an Muhammad rasul Allah. Ich bezeuge, Muhammad ist der Gesandte Gottes.	أشهد أن محمدا رسول الله.
Haiya ala-s-salat! Auf zum Gebet!	حي على الصلاة.
Haiya ala-l-falah! Auf zum Erfolg!	حي على الفلاح.
Allahu akbar. Allahu akbar. Gott ist größer. Gott ist größer.	الله أكبر. الله أكبر.
La illaha illa Allah. Es gibt keinen Gott außer Gott."	لا إله إلا الله.

In der anbrechenden Morgendämmerung fügt der Muezzin dem Gebet noch die Zeile „Das Gebet ist besser als der Schlaf" ein.

Das Beten

Theoretisch sollte jeder Muslim (Kinder und Frauen während ihrer Periode und nach der Niederkunft ausgenommen) **fünfmal am Tag zu festgesetzten Zeiten** beten (arab. **salat):** zur Morgendämmerung, am Mittag, am Nachmittag, bei Sonnenuntergang und am Abend. Diese Pflichtgebete können überall verrichtet werden, doch gilt es als besonders verdienstvoll, sie gemeinsam in der Moschee auszuführen. Daher schallen zu diesen Gebetszeiten die Gebetsrufe der Muezzine („Ausrufer") von sämtlichen Moscheetürmen (Minarett).

Neben diesen täglichen Gebeten gibt es zwei weitere Arten von Pflichtgebeten: die **Freitagsgebete** sowie die **Festgebete** zum Ende des Fastenmonats und zum Opferfest. Diese Gebete sind nur gültig, wenn sie unter der Anweisung eines Vorbeters (arab. imam) vorgenommen werden. Daneben sind **persönliche Gebete** (arab. **du'a)** zu jeder Zeit möglich.

Vor und während der Gebete sind genaue Vorschriften, Reihenfolgen und Bewegungsabläufe zu beachten, denn Beten ist eine rituelle Handlung die nur im in einem Weihezustand (arab. **ihram)** vorgenommen werden darf. Diesen erreicht der Muslim durch die Loslösung der profanen Umgebung, durch rituelle Waschungen und durch der Aussprechen der Formen „Allahu akbar", „Gott ist allmächtig".

Beim Gebet verneigen sich die Gläubigen in Richtung Mekka, die in den Moscheen durch eine halbrunde Wandnische, dem mihrab, angezeigt wird.

Die Stellung der Frau im Qur'an

Um die Stellung der muslimischen Frau ranken sich oftmals viele **stereotype Vorstellungen und Vorurteile:** Harem, Bauchtanz, Schleier und Unterdrückung sind nur einige davon. Gerade in unserer abendländischen Gesellschaft herrscht bei vielen eine Art Schreckensbild der entrechteten, zwangsweise versteckten und in unansehnliche schwarze Tücher gehüllten Muslima

Will man sich mit der Rolle und Position der Frauen im Islam beschäftigen, so muss man bedenken, dass im Laufe der Jahrhunderte trotz dieser allumfassenden Religions- und Lebensideologie eine Vielfalt von Meinungen und Ausformungen möglich war, in die **kulturelle, ethnische und politische Faktoren** eingriff. Die heutige Stellung der Frauen in den Gesellschaftssystemen verschiedener muslimischer Länder ist unterschiedlich, auch innerhalb der jeweiligen Gesellschaften gibt es zum Teil stark **konträre Auffassungen** zwischen den verschiedenen islamischen Rechtsschulen sowie zwischen muslimischen Reformisten und Fundamentalisten. Einzelne muslimische Frauen beurteilen ihre gesellschaftliche Position oft sehr unterschiedlich und verhalten sich – wenn das politische System und ihr familiäres Umfeld es zulassen – in einer Bandbreite, die sozusagen von „streng gläubig" bis „emanzipiert" reicht.

Als sich der **Islam im 7. Jahrhundert** immer mehr ausbreitete, war er mehr als „nur" eine Religion, mit der die vorherrschende „Vielgötterei" bekämpft werden sollte. Der Islam war zugleich eine **sozialreformerische Bewegung,** die auch die Stellung der Frau verbessern wollte. Er erkannte den Frauen Rechte und Pflichten zu, und insbesondere im Erb- und Eherecht **verbesserte der Islam die Position der Frauen erheblich.** Von nun an bedurfte es bei einer Eheschließung der Einwilligung der Frau. Das Recht des Ehemannes, seine

Frau jederzeit zu verstoßen, wurde eingegrenzt. Um sicher zu gehen, dass die Frau zum Zeitpunkt der Trennung nicht schwanger war, galt die Scheidung erst nach einer Wartezeit von drei Monaten als endgültig vollzogen. Die Frau durfte nun auch eigenständig Güter erben, einen Beruf ausüben und selber vor Gericht ziehen. Die im Qur'an festgeschriebenen Gesetze garantieren den Frauen, dass sie ihr ganzes Leben versorgt sind.

Auch das heute bei uns oft vorurteilhaft als „Vielweiberei" angesehene **Recht auf vier Ehefrauen** (Sure 4, Vers 3) bedeutete in dieser Zeit eine Beschränkung auf „nur" vier. Zuvor war keine Ausnahme, dass ein Mann mehrere Geliebte oder Konkubinen unter seinen Sklavinnen hatte und Ehen nach seinem Belieben lösen konnte. Laut Qur'an müssen jedoch alle Ehefrauen absolut gleich und gerecht behandelt werden. Islamische Reformisten und moderne Muslime legen diese Qur'anstelle so aus, dass sie eigentlich die **Polygamie** untersage, denn eine Gleichbehandlung mehrerer Ehefrauen sei im Grunde nicht realisierbar. Ihrer Meinung nach kann man dieses Qur'angebot auch nicht zeitlos sehen, denn der erste Teil des Verses lasse darauf schließen, dass es hier vor allem um die Versorgung der nach den Schlachten in den ersten Jahren der Islamisierung zurückgebliebenen Witwen und ihrer Töchter ging.

Eine Offenbarung bedeutete für die Frauen jedoch, dass sie den Vorrang des Mannes in Gesellschaft, Familie und Ehe anerkennen mussten: *„Die Männer stehen über den Frauen, wegen dessen, was Allah den einen vor den anderen gegeben hat und weil sie von ihrem Geld (für die Frauen) auslegen"* (Sure 4, Vers 34). Die männliche Überlegenheit ist gottgewollt, sie wird begründet durch natürliche Vorzüge und damit, dass die Männer die Frauen ökonomisch unterhalten. Damit war das Fundament für eine **patriarchalische Gesellschaftsordnung** gelegt.

Vor der Islamisierung waren die Stämme Arabiens – im Gegensatz zu heute – nicht durchweg patrilinear strukturiert. Viele Stämme führten sich auf ihre Ahninnen mütterlicherseits zurück und waren matrilinear organisiert. Etwa ab 400 n. Chr. geriet diese matrilineare Organisationsform ins Wanken. Mit der Übernahme der patrilinearen Erbfolge setzte es sich auch immer mehr durch, die Frau in die Familie des Ehemannes einzugliedern. Die Familie der Frau wurde mit einem **Brautgeld** dafür entschädigt. Es diente als eine Art Ausgleich, den der Vater dafür erhielt, weil er eine Tochter großgezogen hatte, die – anders als Söhne – ab dem Zeitpunkt ihrer Heirat in einer anderen Familie lebte und in deren Haushalt half. Das Geld war auch eine Kompensation, weil dem Stamm der Frau die Söhne, die sie gebären würde, verlorengingen.

Beduinenfrau mit burqa
in der Ramlat al-Wahiba

oman_167 Foto: fk

Die **sozialen Strukturen** sollten auf dem Idealbild der Großfamilie, auf der **Anerkennung des Mannes als Patriarchen** und auf der Ehrung alter Frauen und Männer basieren. Der Mann besaß durch seine Rolle zwar Privilegien, er hatte aber auch die Verantwortung und musste vielen Verpflichtungen gegenüber seiner Familie und Verwandtschaft entsprechen – ökonomisch, rechtlich und moralisch. Blutsverwandtschaft, Abstammung und Familienehre waren wichtige Werte, über die er zu wachen hatte. Diese Verantwortungen des Mannes, verbunden mit den Prinzipien der familiären Ehre, haben seine Stellung gegenüber der Frau verstärkt.

Von der Mitte des 8. Jahrhunderts an, als mit dem Sieg der Abbasiden über die Omayyaden **persische Einflüsse** die arabisch-islamische Gesellschaft nachhaltig zu prägen begannen, widmeten sich die Rechtsgelehrten verstärkt der Frauenfrage, insbesondere der **Verschleierung.** Vornehme Bürgerinnen der Handelsstadt Mekka trugen schon in vorislamischer Zeit einen Schleier. Und auch in Persien, das erst später von den Muslimen erobert wurde, gab es den Schleier bereits. Im alten Orient bei den Assyrerinnen und Babylonierinnen kennzeichnete der Schleier Standesunterschiede. Nur die freie Frau durfte ihn tragen.

Sure 24, Vers 31 ist wichtig, sagt in den Augen vieler Religionsgelehrter aber eigentlich nichts Eindeutiges über die Verschleierung aus: *„Und sagt den gläubigen Frauen, sie sollen ihre Augen niederschlagen, und sie sollen darauf achten, daß ihre Scham bedeckt ist ..., daß sie ihren Schal über den Schlitz des Kleides ziehen ...“.* Ebenso umstritten ist die Aussage von **Sure 33, Vers 59:** *„Oh Prophet, sprich zu deinen Gattinnen und Töchtern und den Weibern der Gläubigen, daß sie sich in ihrem Überwurf verhüllen. So werden sie als ehrbar erkannt und werden nicht belästigt ...“.* Islamische Reformisten deuten daraus keine Verschleierungspflicht für alle Frauen, denn diese Qur'anstelle sei nur an die Frauen des Propheten gerichtet. Muhammad empfing diese Offenbarung nämlich, nachdem seine Frauen nachts belästigt worden waren, denn sie trugen keinen Schleier und wurden für ehrlose Sklavinnen gehalten. Daraufhin breitete sich das Tragen eines Schleiers schnell aus – zumindest in den höheren Gesellschaftsschichten. Auf dem Lande und bei den Beduinen wurde diese Sitte nicht beachtet.

Die „Pflicht“ für die Frauen, einen Schleier zu tragen, wurde erst unter Muhammads Nachfolgern, den **Khalifen,** etwa ein Jahrhundert nach seinem Tod eingeführt. Allerdings geschah dies damals weniger in der Absicht, den Frauen „Fesseln“ anzulegen, als vielmehr, um sie vor den Blicken, Zudringlichkeiten und Nachstellungen der Männer zu schützen und um soziale Ungleichheiten zu verdecken.

So zweideutig manche Qur'anverse auch interpretiert werden können, die meisten Gebote in Bezug auf die Frau wurden damals so formuliert, um ihnen einen **Status als Rechtssubjekt** zukommen zu lassen. Vor dem Hintergrund der europäischen Aufklärung mag Nichtmuslimen manches nachteilig erscheinen, doch es ist wichtig, die Vorschriften in die gesellschaftlichen und historischen Zusammenhänge ihrer Entstehungszeit einzubetten. In der von gesellschaftlichen Missständen geprägten arabischen Welt zur Zeit Muhammads, in der Frauen ähnlich rechtlos wie die damaligen Sklaven behandelt wurden, waren all diese Neuerungen wichtige Errungenschaften.

Heute wird in vielen muslimischen Ländern das Familienrecht den aktuellen, teilweise gewandelten gesellschaftlichen Verhältnissen angepasst, so dass es nicht mehr auf dem eigentlichen islamischen Recht basiert.

Geschichte

Schon vor etwa 5000 Jahren entstand die erste Hochkultur, als in den Bergen Omans **Kupfer** gewonnen wurde. Der **Weihrauch** brachte später dem Süden des Landes Wohlstand. Nach dem friedlichen Einzug des Islam im 7. Jahrhundert begann eine Phase reger Handelsbeziehungen, die das Land über die nächsten Jahrhunderte zu einer der wichtigsten Mächte am Indischen Ozean werden ließ. Bis ins 19. Jahrhundert war Oman wegen seiner weitläufigen Kontakte eine Art Bindeglied zwischen den Kulturen des fernen Ostens, Indiens und Ostafrikas. Diese Einflüsse verschmolzen auf eine ganz eigenständige Weise mit der islamisch-arabischen Kultur – und prägen heute noch den Alltag der Omanis.

Frühgeschichte

Die Frühgeschichte Omans ist erst in Ansätzen erforscht. Aufgrund der politischen Situation und der Isolierung des Landes konnte mit systematischen Forschungen erst in den 1970er Jahren begonnen werden. Da man zunächst Grabbauten untersuchte, sind die **archäologischen Perioden** nach **Fundorten solcher Gräber** benannt.

In **Wattayah,** einem Ortsteil Muscats, hat man Besiedlungsspuren gefunden, deren Alter auf fast 10.000 Jahre geschätzt wird. Die wichtigste Fundstelle der frühgeschichtlichen Epoche ist jedoch **Ras al-Hamra,** ebenfalls in der Nähe von Muscat. Anhand von so genannten Muschelhaufen, eigentlich Abfallberge, konnte man Rückschlüsse auf Siedlungs- und Lebensweise der Menschen im 5. Jahrtausend v. Chr. ziehen. Sie lebten in einfachen Hütten und ernährten sich von Jagd und Fischfang. Das angrenzende Mangrovengebiet mit seiner Vielfalt an Tieren und Pflanzen stellte ebenfalls einen Teil ihrer Existenzgrundlage dar. In den Gräbern, die als einfache Gruben angelegt wurden, lagen Beigaben wie Steinwerkzeuge, Perlen und Schildkrötenpanzer. Das Meer bildete schon zu dieser Zeit die Lebensgrundlage der Menschen. Funde von Bootsteilen belegen, dass die Menschen schon damals zur See fuhren.

In den Jahrtausenden vor der Einführung des „falaj-Systems" im 6. Jahrhundert v. Chr. war die **Wasserversorgung** das größte Problem der Menschen. Sie lebten in den Unterläufen großer Wadis (Andam, Batha, Ibri, Samad, Halfayn), in denen sich Niederschläge sammelten. Dort fließen sie, anders als in den Bergen, nicht ab, sondern versickern langsam im Schotterbett des Wadis. Das Gestein vermag das Wasser wie ein Schwamm zu speichern, so dass es in den Unterläufen der Wadis auch zu Trockenzeiten Wasser gibt, das durch Brunnenschächte zutage gefördert werden kann. Archäologische Funde von Dattelkernen bezeugen, dass so **schon vor 5000 Jahren Dattelpalmen landwirtschaftlich genutzt** wurden. Da die Bäume allerdings viel und vor allem kontinuierlich bewässert werden müssen, fiel die Ernte eher dürftig aus. War der Boden ausgelaugt oder blieben die Wasserströme aus, so verlegten die Menschen ihren Ort wadiauf- oder abwärts.

Während die Siedlungsgeschichte vieler Epochen noch unerforscht ist, hat man von den **Bestattungsformen** der frühgeschichtlichen Bewohner Omans mittlerweile ein recht gutes Bild gewonnen. Durch die Beigaben von mehr oder weniger wertvollen Gegenständen wie Schmuck und Werkzeug sollte das nächste Leben des Toten möglichst angenehm gestaltet werden.

Anhand der verschiedenen Grabtypen hat man die archäologische Geschichte in Perioden eingeteilt. Aus der so genannten **Hafit-Periode,** ca. 3000–2700 v. Chr., sind an verschiedenen Orten in den Bergen Omans oberirdische Grabbauten entdeckt worden. Benannt ist diese Epoche nach dem ersten Fundort der **„Bienenkorbgräber"** am Jebel Hafit bei Buraimi, die für diese Zeit typisch waren. Sie wurden aus Bruchsteinen aufgeschichtet und erinnern mit ihrem runden Grundriss und dem kuppelförmigen Dach an Bienenkörbe. Die wichtigste Siedlung dieser Zeit, **Hili,** liegt ebenfalls in der Nähe von Buraimi.

Geschichtlich wie archäologisch sehr interessant ist die unmittelbar nachfol-

Motiv einer 4000 Jahre alten Felsgravur in Hili

gende Periode, die **Umm al-Nar-Kultur (2700–2000 v. Chr., Frühe Bronzezeit),** die ebenfalls zur Kupferzeit gerechnet wird. Sie ist nach der Insel Umm al-Nar („Mutter des Feuers") bei Abu Dhabi (V. A. Emirate) benannt. Die archäologische Erforschung des Südostens Arabiens begann im Jahr 1958, als ein dänisches Grabungsteam unter der Leitung von *Geoffrey Bibby* etwa fünfzig große Rundgräber freilegte. Die Bauten der Umm al-Nar-Kultur sind die größten und schönsten Grabbauten der Golfregion und wurden aus sorgfältig behauenen Steinen errichtet. Typisch für sie sind eine runde Form und ein Boden aus Steinplatten. Ob sie nach oben hin offen waren oder eine Kuppel trugen, ist noch unklar, da man bisher noch kein komplett erhaltenes Grab entdeckt hat. Der Innenraum wurde durch Mauern aus Stein in mehrere kleinere Räume unterteilt. Der Eingang konnte jederzeit wieder geöffnet werden, da die Gräber für Kollektivbestattungen über einen langen Zeitraum genutzt wurden.

Die wichtigsten **Fundorte von Gräbern** aus dieser Zeit sind Bat bei Ibri, das Wadi Samad und Hili bei Buraimi. In Bat und in Maysar im Wadi Samad entdeckte man auch die Reste von Siedlungen, zu denen große Türme gehörten. Ihr genauer Zweck – ob nun Fluchtburg, Lagerhaus oder Wohnsitz – ist noch nicht geklärt.

Bei Maysar im Wadi Samad hat man Schmelzöfen für Kupfer entdeckt. Die **Umm al-Nar-Periode** war die erste **Glanzzeit des Kupferabbaus und seiner Verhüttung.** In sumerischen Keilschrifttexten ist vom Land Magan die Rede, von dem heute angenommen wird, dass es auf dem Gebiet des heutigen Nordoman lag (siehe Exkurs „Sumer, Dilmun, Magan und Meluhha").

Die Menschen lebten in kleinen Dorfgemeinschaften, meist an den Rändern der Wadis, und betrieben Landwirtschaft durch Überflutungsbewässerung. Sie wohnten in Häusern aus Stein sowie in zum Teil heute noch gebräuchlichen Palmwedelhütten, den *barastis* (siehe „Barastis" im Kapitel „Kultur und Traditionen"). Als Transportmittel nutzten sie Esel und wohl auch schon Kamele (die spätestens zu dieser Zeit domestiziert wurden), um ihre Waren zur Verschiffung an die Küste zu bringen.

Die folgende Zeit ist geschichtliche Dunkelzone. Archäologisch gesehen werden die folgenden Epochen **Wadi Souq-Periode** (2000–1500 v. Chr., Mittlere Bronzezeit), **Späte Wadi Souq-Periode** (1500–1200 v. Chr., Späte Bronzezeit), **Lizq-Periode** (1200–300 v. Chr., Frühe Eisenzeit) und **Samad-Periode** (300 v. Chr.–900 n. Chr., Späte Eisenzeit) genannt. Auch sie sind nach Fundorten von Gräbern benannt.

Aus der **Wadi Souq-Periode** sind zahlreiche Gräber bekannt. Die Toten wurden nun zumeist einzeln in Grubengräbern bestattet, weitaus seltener in länglichen Kollektivgräbern mit dreißig bis sechzig Skeletten.

Der Begriff Eisenzeit ist für die folgende **Lizq-Periode** eigentlich nicht ganz zutreffend, denn in Oman wurde weiterhin hauptsächlich Bronze verwendet. Die Bezeichnung wird jedoch von der Epocheneinteilung im Vorderen Orient

oman_172 Foto: fk

übernommen, wo die Nutzung des Eisens schon zu dieser Zeit begann.

Die Gewinnung von Kupfer erlebte in der Folgezeit einen neuen Aufschwung, da man erstmals auch unter Tage abbaute. Die Kenntnisse aus dem Bau der Stollen haben möglicherweise auch zur erfolgreichen Einführung des Bewässerungssystems durch falaj-Kanäle geführt, das etwa 600 v. Chr. durch die Perser nach Oman gebracht wurde.

Die Herrschaft der Perser

Es wird vermutet, dass die Perser schon vor Beginn des 1. Jahrtausends v. Chr. Einfluss auf Oman gewannen. Allerdings gibt es dafür keine festen Beweise. Historisch gesichert ist die **persische Eroberung durch den Achämenidenkönig Kyros II. im Jahre 563 v. Chr.** Für die nächsten ungefähr eintausend Jahre wurde Oman durch Herrscher verschiedener persischer Dynastien (Achämeniden, Parther und Sassaniden) regiert. Auch in der Zeit, als Persien unter griechischer Besatzung stand, übten die Perser ihre Macht in Oman aus.

Aus der Zeit der persischen Herrschaft sind vor allem zwei wichtige Dinge überliefert: Sie führten die im persischen Hochland entwickelten **„falaj-Kanäle“** auch in Oman ein. Diese bis heute erhaltene Technik ermöglichte ei-

5000 Jahre alter Grabturm in der Sharqiyah

Sumer, Dilmun, Magan und Meluhha:
Die Handelsbeziehungen zwischen Oman, Mesopotamien und dem Industal in der „Kupferzeit"

von Julietta Baums, Archäologin M.A.

Dilmun, Magan und Meluhha – das sind die klangvollen Namen jener Reiche, mit denen die Könige des Zweistromlandes schon im 3. Jahrtausend v.Chr. regen Handel trieben. Denn das Tiefland zwischen Euphrat und Tigris (im heutigen Irak) war zwar reich an fruchtbarem Land, arm jedoch an Rohstoffen wie Holz, Stein und Metall.

So vermerkt zum Beispiel Gudea, um 2150 v.Chr. Herrscher über die Stadt Lagasch in Südmesopotamien, dass er zum Bau des wichtigsten Tempels seiner Stadt Goldstaub, Silber, Kupfer und Zinn sowie Karneol und Lapislazuli (Halbedelsteine, wobei Lapislazuli zu jener Zeit aus dem fernen Afghanistan kam) aus Meluhha einführte.

In anderen Texten, genauer in einer Art Buchhaltung auf Tontafeln (dem damals üblicherweise verwendeten Schreibmaterial) aus Häusern im mesopotamischen Ur, finden sich Abrechnungen von Händlern, die auf dem Seeweg nach Dilmun, Magan und Meluhha unterwegs waren: Sie tauschten Kupfer, Elfenbein, kostbare Steine und Ebenholz in jenen fernen Ländern gegen Stoffe, Öl und Silber aus heimischer Produktion.

Wenn die damaligen Händler auch genau wussten, wie sie nach Dilmun, Magan oder Meluhha kamen, bereitete die Lokalisierung dieser Länder den Historikern lange Zeit Kopfschmerzen. Bei Dilmun und Meluhha, das kann man heute mit ziemlicher Bestimmtheit sagen, handelt es sich um Bahrain und das Gebiet des Industals, in dem damals die Harappa-Kultur ihr Zentrum hatte. Schwieriger war die Lokalisierung von Magan. Denn in den wenigen alten Schriftquellen wird nur gesagt, dass es im Königreich Magan hohe Berge gibt, in denen man einen harten, dunklen Stein, der für Skulpturen Verwendung fand, brechen kann, dass aus Magan das begehrte Kupfer kommt und dass jenes Land von der Euphratmündung aus gesehen südlich liegt. Neben dem Gebiet Omans kommt damit auch die gegenüberliegende Küste des heutigen Iran in Frage. Dennoch gehen die meisten Forscher davon aus, dass das Land Magan im heutigen Sultanat gelegen hat: Das Deutsche Bergbau-Museum begann 1977 mit Grabungen in Oman und mit Untersuchungen der Metallfunde und Schlacken. Man stellte fest, dass das Metall einiger im 3. Jahrtausend v.Chr. in Mesopotamien produzierter Kupfergegenstände aus omanischen Bergwerken stammt.

Der schwunghafte Handel mit Gütern aus dem Süden setzt nach Ausweis von Funden in den Königsgräbern der Metropole Ur (heute Irak) bereits um die Mitte des 3. Jahrtausends v.Chr. ein: in den Gräbern fanden sich Karneolperlen und wertvolle Arbeiten aus Lapislazuli. Sargon, um 2350 v.Chr. Herrscher über Akkad, verfügte in einem Dekret, dass Schiffe mit Ware aus Magan, Meluhha und Dilmun ab sofort ihre Ladung an den Kais von Akkad – und nicht wie vordem an den Ankerplätzen bei Ur – zu löschen hatten.

Aber die Beziehungen waren nicht immer friedlicher Natur: es ist überliefert, dass die Könige von Akkad Kriege gegen Magan führten. Naram-sin, der Enkel Sargons, feierte seinen Sieg mit einer Statue, die er aus omanischem Diorit anfertigen ließ, und vermerkte auf anderen Beutestücken wie Alabasterschalen, dass er sie in Magan erobert habe.

Etwa drei Jahrhunderte später, genauer zu Beginn des 2. Jahrtausends v.Chr., verschwinden Magan und Meluhha aus dem Blickfeld der Sumerer: zwar werden nach wie vor Kupfer und andere Güter aus dem Süden importiert, aber diese kommen nun ausschließlich aus Dilmun. Da Bahrain ebensowenig wie Mesopotamien über derartige Rohstoffe verfügt, vermutet man, dass es die Händler aus Dilmun zu diesem Zeitpunkt geschafft hatten, den lukrativen Handel im Persischen Golf in ihren Händen zu konzentrieren. Doch wiederum zwei Jahrhunderte später werden auch die Dilmuner nicht mehr erwähnt. Dies könnte damit zusammenhängen, dass ab dieser Zeit die Verhüttung von Kupfer in den Bergwerken Zyperns begann und die Ware aus Oman nicht mehr konkurrenzfähig war.

Aus sumerischen Quellen wissen wir also manches über die Handelskontakte Omans zu den Nachbarn am Nordende des Persischen Golfes. Diese Informationen werden durch Funde in Sumer und vereinzelt auch durch archäologische Beobachtungen in Oman bestätigt.

Schwieriger wird die Sache allerdings, wenn man sich fragt, ob und welche Kontakte es in jener Zeit zwischen Oman und anderen Kulturen im Indischen Ozean gegeben hat. Hier helfen schriftliche Quellen nicht weiter. Denn der zweite potenzielle Handelspartner – die Leute aus Meluhha, also der Kultur, die wir heute mit dem Namen Harappa-Kultur bezeichnen – kannten zwar eine Schrift, diese konnte aber bislang nicht entziffert werden. Deswegen sind wir hier ganz auf archäologische Indizien angewiesen. Das können Funde sein, die sich anhand ihres Materials, ihrer Machart oder ihres Stils von den einheimischen Produkten unterscheiden lassen. Solche Gegenstände können entweder importiert sein oder Importe nachahmen. Manchmal lassen sich auch neue Technologien auf Kontakte zu anderen Kulturen zurückführen.

Bei Ras al-Junayz wurden, nachdem man zuvor eine Scherbe mit Schriftzeichen der Harappa-Kultur am Strand gefunden hatte, ab 1985 Ausgrabungen durchgeführt. Die französischen und italienischen Archäologen gruben ein großes Lehmziegelgebäude mit gut verschließbaren Türen aus der Zeit um 2300 v.Chr. aus, in dem wohl zunächst Handelsgüter gelagert wurden. Einige der Funde, darunter Keramikfragmente, Steatitsiegel, Alabastervasen und ein Elfenbeinkamm konnten als Importe aus dem Industal identifiziert werden. Daraus schlossen die Ausgräber, dass bereits zu dieser Zeit Händler von den Küsten des heutigen Indien bzw. Pakistan den Indischen Ozean auf der auch später benutzten Route überquerten und auf ihrem Weg in den Persischen Golf oder entlang der Südküste Omans in der Siedlung am Ras al-Junayz Station machten.

Aber auch im Landesinneren lassen sich anhand der Funde Kontakte zur Harappa-Kultur nachweisen. Neben Perlen aus Karneol und Lapislazuli, die man wie in Sumer in Gräbern gefunden hat, wurden weitere wichtige Funde gemacht.

In Maysar, einer Siedlung im Wadi Samad, die vom Deutschen Bergbau-Museum Bochum ausgegraben wurde, entdeckte man Keramik mit Verzierungen, wie sie aus dem Industal bekannt sind. Zwei Siegel gaben zunächst Rätsel auf. Siegel wurden damals insbesondere in Mesopotamien verwendet, aber auch in Bahrain und im Industal gab es diese kleinen, mit figürlichen oder ornamentalen Motiven verzierten Steine. Dagegen waren sie in Oman kaum verbreitet. Zur Form und Darstellung der beiden Stücke aus Maysar gibt es nur wenige Vergleichsbeispiele. Sie wurden in Bahrain und wiederum im Gebiet der Harappa-Kultur gefunden. Es muss demnach einen Austausch zwischen den Menschen im Wadi Samad und jenen fernen Gebieten gegeben haben. Der Grund für diesen Kontakt wird – wie schon im Fall Mesopotamien – das omanische Kupfer gewesen sein. Und tatsächlich haben die Ausgräber von Mohenjo-Daro, einer der wichtigsten Siedlungen im Industal, Kupferbarren entdeckt, die eine ähnliche Herstellungstechnologie wie Kupferbarren aus Oman zeigen. Und mehr – in Mohenjo-Daro wurden steinerne Gefäße aus weichem, grauen Stein mit einem charakteristischen, am oberen Rand umlaufenden Band aus konzentrischen Kreisaugen entdeckt, die wiederum in großer Anzahl in Maysar zum Vorschein kamen und von denen man annimmt, dass sie in dieser Gegend in größerer Zahl produziert wurden.

Aus all diesen Indizien lässt sich schließen, dass die Bewohner Omans bereits in der Kupferzeit einen regen Austausch mit anderen, zum Teil weit entfernten Kulturen gepflegt haben. Dabei werden sie nicht nur Güter ausgetauscht, sondern sicher auch technische Neuerungen von ihren Nachbarn übernommen haben. So schlugen die Omanis den Weg, der sie in späteren Jahrhunderten zu den wichtigsten und bedeutendsten Händlern in den Ländern am Indischen Ozean werden ließ, bereits im 3. Jahrtausend v.Chr. ein.

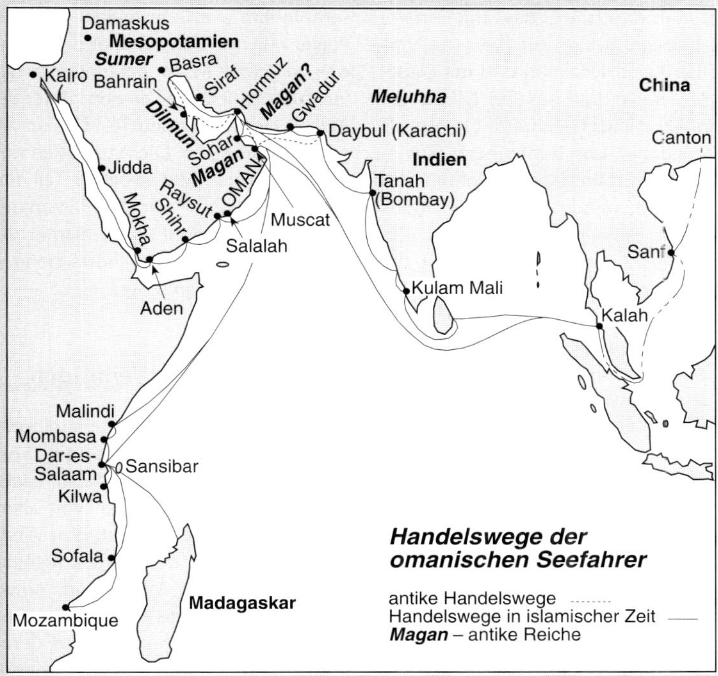

Handelswege der omanischen Seefahrer

antike Handelswege ....
Handelswege in islamischer Zeit ——
Magan – antike Reiche

ne stetige Bewässerung der Felder, so dass man nicht mehr auf die unregelmäßige Überflutungsbewässerung angewiesen war.

Außerdem kam es zum **Wiederaufschwung des Überseehandels.** Handelsbeziehungen zu Indien, Ceylon und Ostafrika wurden intensiviert, so dass der römische Schriftsteller Plinius kurz nach der Zeitenwende in seiner Beschreibung der arabischen Küste drei wichtige omanische Hafenstädte nennt. Zwar ist nicht mit Sicherheit geklärt, wo diese Städte einzuordnen sind, doch geht man davon aus, dass mit *Omana* das heutige Sohar, mit *Batrasave* das heutige Ras al-Khaimah und mit *Dabenegoris Regio* das heutige Dibba gemeint ist. Plinius beschreibt Omana als eine sassanidische Besitzung, was wiederum den dauerhaften Einfluss der Perser auf zumindest Teile des Landes belegt.

Die Perser waren jedoch nicht die einzigen Invasoren in Nordoman. Andere kamen friedlich, so wie der arabische **Stamm der Azd,** der ab etwa 200 n. Chr. von Südjemen her einwanderte. In der omanischen Geschichtsschreibung wird davon ausgegangen, dass die Azd den Jemen verließen, nachdem der große Staudamm von Marib gebrochen war und sie ein neues Siedlungsgebiet suchten.

Laut *Sirhan ibn Said,* einem omanischen Autor aus dem 18. Jahrhundert, führte **Malik ibn Fahm** eine Gruppe von 6000 Mann nach Nordoman. Hier traf er auf den persischen Regenten, den er um Land zum Siedeln bat. Nachdem ihm dies verwehrt wurde, kam es zu einer dreitägigen Schlacht. Nach der Legende tötete Malik persönlich den persischen Führer am dritten Tag, worauf die Perser einen Waffenstillstand suchten. Malik wählte Nizwa als Residenz und wurde zum Herrscher über weite Teile Omans – er gilt als der erste Regent über Oman einschließlich des Dhofar.

In der Folgezeit wanderten weitere **arabische Stammesangehörige** ein, die ihren Einfluss auf das Land ausdehnen konnten. Sie erreichten sogar ein Abkommen mit den sassanidischen Persern. In ihm wurde festgelegt, dass die Perser nur noch das Gebiet um Sohar, was sie damals *Mazoon* nannten, behalten durften, und dass sie den Führer der Azd als Herrn über den Rest Omans anerkennen mussten. Die Azd hatten nun Kontrolle über den größten Teil des Landes, ihr Führer war den Sassaniden als *Julanda* bekannt – ein Name, der zum Familienname der herrschenden Azd-Führer werden sollte.

Dhofar – Reichtum durch Weihrauch

Die Südprovinz Omans entwickelte sich vollkommen **unabhängig vom Norden des Landes.** Der Dhofar (siehe auch Text nebenan) war vor allem durch zwei Dinge geprägt: den Weihrauchhandel und den daraus resultierenden relativen Wohlstand sowie durch die zeitweilige Abhängigkeit von anderen südarabischen Reichen, deren Kerngebiete im heutigen Jemen lagen (siehe Exkurs „Weihrauch – das duftende Goldharz des glücklichen Arabien“).

Archäologie im Dhofar

von Peter Franzisky nach einem Interview mit Prof. Dr. Juris Zarins

Die Anfänge der Geschichte der Arabischen Halbinsel liegen im Zeitalter des Pleistozän. Diese Periode, die auch vereinfacht als Eiszeit bezeichnet wird, begann vor etwa einer Million Jahren und dauerte bis vor ungefähr 10.000 Jahren. Zwei Dinge waren während dieser Zeit von entscheidender Bedeutung für die Arabische Halbinsel: Wegen des Eises auf der Erde lag der Wasserspiegel des Meeres hier wesentlich niedriger. Während der verschiedenen Phasen, in denen es mal wärmer und mal kälter war, sank dementsprechend der Wasserspiegel ab und stieg wieder an. Zudem regnete es während der wärmeren Perioden sehr viel. In dieser Zeit breiteten sich die Menschen von Afrika über die ganze Erde aus. Arabien wurde vor etwa einer Million Jahren erstmals von Menschen bevölkert.

Aufgrund der trockenen und nassen Zeiträume während der Eiszeit führen auch die Flüsse in Arabien mal Wasser, mal nicht. Aus archäologischer Sicht ist dies von großer Bedeutung, denn die Flüsse gruben sich immer tiefer in den Grund ein, bildeten nach und nach Terrassen. Die Menschen lebten an ihren Ufern und wohnten somit in jeder Epoche auf einer anderen Terrasse. Eine Zuordnung des Alters von Siedlungsresten aus dieser Zeit ist also relativ einfach.

Vor etwa 10.000 Jahren endete die Eiszeit. Jedenfalls wird dies allgemein so angenommen – es könnte sich natürlich auch lediglich um eine Zwischenzeit handeln. Am Nordrand der Arabischen Halbinsel wurden die Menschen sesshaft und begannen erstmals, Landwirtschaft zu betreiben. Ihre Lebensgewohnheiten änderten sich zu dieser Zeit grundlegend. Pflanzen und Tiere wurden domestiziert, größere Siedlungen entstanden.

Von etwa 6000–2000 v.Chr. waren die Lebensbedingungen auf der Arabischen Halbinsel sehr gut, da es ausreichend regnete. Der Sommermonsun im Dhofar reichte wesentlich weiter landeinwärts als heute. Auf dem Gebiet der Rub al-Khali existierten Seen. Rinder wurden gehalten, denn Weideflächen gab es reichlich.

Doch vor etwa 4000 Jahren veränderte sich das Klima. Die Seen trockneten aus, aus den Flüssen wurden Wadis. Das Wasser aus den Regenphasen hat sich jedoch im Boden gesammelt. Wenn man heute also einen tiefen Brunnen in der Wüste bohrt, so stößt man zunächst vielleicht auf 6000 Jahre altes Wasser, in tieferen Schichten auf immer älteres.

Dem veränderten Klima mussten die Menschen ihre Lebensgewohnheiten anpassen. Sie zogen in die Oasen, in denen das Grundwasser aus dem Boden trat. So entstanden die ersten größeren Siedlungen in Arabien. Zugleich musste man auf das Halten von Rindern verzichten, sie benötigten zuviel Wasser. In diese Zeit fällt die Domestizierung des Kamels, das den neuen Gegebenheiten wesentlich besser angepasst ist. Mit seiner Hilfe war auch Handel zwischen den Oasen möglich. In Nordoman, in Magan, begann dieser Handel schon früher, da man mit anderen Reichen der Golfregion in Kontakt stand.

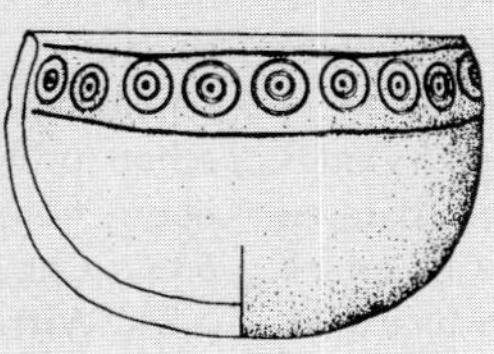

Im Süden Omans trieb man Handel mit Weihrauch, dessen Bäume damals auch weiter landeinwärts noch wuchsen. Als es trockener wurde, und der Monsun das Landesinnere nicht mehr erreichte, zogen die Menschen im Dhofar in die Berge. Hier war es weiterhin grün genug, um Rinder zu halten. Die Berge des Dhofar sind heute der einzige Ort der Arabischen Halbinsel, an dem das freie Halten von Rindern möglich ist.

Hier konnten die Bewohner auch den Weihrauch ernten und den Handel mit ihm kontrollieren. Eine der Aufgaben der Archäologie ist es, diesen Handel zu rekonstruieren. Es gab zwei Möglichkeiten, den Weihrauch zu transportieren: landeinwärts durch die Wüste oder über die Berge ans Meer und weiter per Schiff. Der Seeweg wurde durch die Römer bekannt, die sich allerdings nur für den Weihrauch interessierten. Über die Menschen, die im Dhofar lebten, haben sie nichts berichtet.

Die Route durch die Wüste ist auf der Karte des griechischen Geographen Ptolemäus vermerkt. Er hat Orte eingezeichnet, von denen ihm berichtet wurde, dass sie wichtig seien. So wurde begonnen, nach Plätzen aus seiner Epoche etwa 100 n.Chr. zu suchen. Der beste Ort dafür war Shisr, denn hier gibt es Wasser. Es wurde eine fortähnliche Anlage freigelegt, und man fand Material aus der Zeit kurz nach der Zeitenwende. Man geht davon aus, dass es sich um Ubar handelt, das legendäre „Atlantis der Wüste" (siehe Exkurs „Ubar – das versunkene Atlantis der Wüste"). Es war die wichtigste Station der alten Weihrauchstraße vor dem Leeren Viertel, der Rub al-Khali. Die Karawanen zogen durch das Leere Viertel, und man hat auch auf der saudiarabischen Seite Reste von Karawansereien gefunden.

Der Einzug des Islam und die ersten Imame

Nachdem der Prophet Muhammad 622 n. Chr. von Mekka nach Medina umgezogen war, breitete sich der neue Glaube schnell über die Arabische Halbinsel aus. Dies geschah nicht nur durch Kriegszüge, sondern Muhammad versuchte zunächst, die Völker zur **freiwilligen Übernahme** des Islam zu bewegen. Dazu schickte er Boten aus, die den jeweiligen Herrschern Briefe überbrachten. Darin forderte er die Menschen auf, ihn als den Propheten Gottes anzuerkennen und sich zum Islam zu bekennen. Im Jahre 630 n. Chr. erhielten auch die Brüder *Abd* und *Jaifar al-Julandi,* die regierenden Söhne des Al-Julanda-Königs von Oman, einen solchen Brief. Sie nahmen den neuen Glauben nach Beratung mit den Rechtsgelehrten an. Die Perser, die zu dieser Zeit nur noch die Gegend um Sohar besetzt hielten, wurden ebenfalls zur Annahme des Islam aufgefordert, lehnten jedoch ab. Für sie bedeutete dies das Ende ihrer Besatzung in Oman, sie wurden von den Azd aus dem Land getrieben. Der Bote des Briefes, **Amr ibn al-As,** blieb noch bis zum Tode Muhammads in Oman, wo er Unterricht in der islamischen Lehre gab. Ein Großteil der Menschen in Oman war bereits zum Islam übergetreten als der Prophet im Jahre 632 n. Chr. starb.

Die **Wirren um die Nachfolge Muhammads,** der für diesen Fall keinerlei

Verfügungen getroffen hatte, hatten auch Einfluss auf Oman. **Dhu't Taj Lakit,** ein Konkurrent der Julanda-Brüder um die Macht über Oman, erklärte sich selbst zum neuen Propheten. Die Julandas zogen sich in das unwegsame Hajar-Gebirge zurück, von wo aus sie gemeinsam mit dem Nachfolger Muhammads, dem Khalifen *Abu Bakr,* gegen den selbst ernannten Propheten vorgingen. Bei Dibba, nahe den Bergen Musandams, kam es um das Jahr 633 zu einer großen Schlacht. *Dhu't Taj Lakit* und seine Anhänger wurden geschlagen, der Ausbreitung des Islam stand in Oman nichts mehr im Wege.

An der schnellen Durchsetzung der neuen Religion unter den Nachfolgern Muhammads hatten die Omanis großen Anteil. Da sie den Glauben freiwillig angenommen hatten, bildeten sie eine wesentliche Stütze der Truppen im Osten des neuen islamischen Reiches. Die Stadt **Basra** im heutigen Irak wurde zu einer Metropole, von der aus das persische Imperium erobert werden sollte. Nach und nach gelangte Basra unter den **Einfluss der omanischen Azd.** Dies gipfelte darin, dass die Stadt etwa sechzig Jahre nach Muhammads Tod *Basra al-Muhallab* nach dem Führer der Azd, *Muhallab,* genannt wurde.

Doch nach dem Tod von Muhallab fand die Macht der Azd ein Ende. Der Khalif der Omayyaden in Damaskus sah sich in seinem Reich verschiedener Oppositionen ausgesetzt, die noch aus der Zeit der Machtkämpfe zwischen Ali, dem vierten Khalifen, und Mu'awiya, dem Begründer der Omayyaden-Dynastie, stammten. Er sandte den Gouverneur und Feldherrn *Hujjaj* nach Basra, der die Schiiten und Kharijiten, die das sunnitische Khalifat stürzen wollten, bekämpfen sollte. Hujjaj verhaftete den Sohn Muhallabs und brach zu einem Feldzug nach Oman auf.

Oman wurde zu dieser Zeit von *Sulaiman* und *Said al-Julanda,* Enke des *Abd al-Julanda,* regiert. Sie leisteten den einfallenden Truppen Hujjajs erbitterten Widerstand, mussten letztendlich aber aus dem Land flüchten. Oman stand nun unter dem direkten Einfluss des Khalifen in Damaskus.

Auch aus Basra mussten die letzten der hier lebenden Azd, die inzwischen der ibaditischen Lehre des Islam angehörten, nach einer verlustreichen Schlacht gegen den Omayyadenkhalifen im Jahre 720 n. Chr. fliehen. Sie kehrten in ihre Heimat Oman zurück.

Nach dem Tod des letzten Khalifen der Omayyaden 750 n. Chr. strebte Oman nach Unabhängigkeit. Inzwischen war der ibaditische Glaube fest etabliert, und man wählte 751 n. Chr. den **ersten ibaditischen Imam.** Dem Imam *Julanda bin Mas'ud,* der den in der Ideologie der Ibaditen wahren muslimischen Staat führen sollte, war jedoch nur eine kurze Amtszeit beschert. Er starb im Kampf gegen die Armee des ersten Abbasiden-Khalifen, der von seiner neuen Hauptstadt Bagdad Oman zum sunnitischen Glauben zurückführen wollte.

Die Omanis ließen jedoch nicht von der ibaditischen Lehre ab und wählten nach einer Phase der Tyrannei und des Chaos im Jahre 801 n. Chr. einen neuen Imam. In den folgenden Jahrhunderten konnte sich das Imamat trotz wiederholter Angriffe von außen etablieren. Die Macht der Abbasiden reichte nicht mehr bis nach Oman, so dass das Land sogar vom Ende des Khalifats 1258, als Bagdad von den Mongolen eingenommen wurde, unberührt blieb.

Die **Aufgaben des Imams** beinhalteten sowohl die **religiöse,** als auch die **politische und militärische Führung des Landes.** Allerdings war seine Macht im weltlichen Bereich begrenzt, da die politischen Strukturen der Stämme eine starke Position ihrer Shaikhs mit sich brachten. Diese musste der Imam bei allen wichtigen Entscheidungen um Rat fragen.

Oman wird zur führenden Handelsmacht

Seit der Wahl des ersten Imams muss man die Geschichte des Landes von zwei Seiten betrachten: von der des ibaditischen Imamats im Landesinneren und von der der Küstenregion, die vornehmlich von Sunniten und Schiiten bewohnt wurde und intensiven Fernhandel betrieb.

Die **Küstenregion** erlebte im 10. Jahrhundert einen enormen Aufschwung, Sohar wurde sogar zur wichtigsten Hafenstadt des gesamten islamischen Reiches. Der **Seehandel** der Omanis hat eine lange Tradition. Die Lage an der Straße von Hormuz, durch die schon vor fast 5000 Jahren Handelsschiffe verkehrten, ließ omanische Händler schon früh am Warenaustausch teilhaben. Sumerische Inschriften aus dem 3. vorchristlichen Jahrtausend belegen diese Seehandelsbeziehungen. Teakholz wurde von Dilmun (Bahrain) nach Sumer (Mesopotamien) verschifft. Das Herkunftsland des Holzes war jedoch Indien. Auch der Kupferhandel Magans wurde zum großen Teil von Sohar über den Persisch-Arabischen Golf und den Indischen Ozean abgewickelt.

Während man zunächst immer in Sichtweite der Küste nach Indien segelte, wurde zur Zeit der Griechen erstmals der direkte Weg über den offenen Ozean bekannt. Man hatte den **Monsunwind** entdeckt, der alle sechs Monate seine Richtung wechselt. Es war nun möglich, direkt nach Indien oder Ostafrika zu segeln und sechs Monate später mit dem gedrehten Wind zurückzukehren. Aus römischer Zeit ist bekannt, dass sich die Handelsbeziehungen verstärkten und bis zum heutigen Malaysia reichten. Auch der Handel mit Ostafrika wurde intensiviert und lag fest in arabischer Hand.

Unter der persischen Dynastie der Sassaniden verlagerte sich ab dem 3. Jahrhundert n. Chr. der Indienhandel vom Roten Meer zum Persisch-Arabischen Golf. Es gelang ihnen auch, in den indischen Häfen ein Handelsmonopol zu erlangen. Zur Kontrolle des Weges nach Indien wählten die Sassaniden **Sohar,** dessen erneuter Aufstieg als **Handelsmetropole** nun begann.

Im 9. und 10. Jahrhundert erlebte die Stadt ihre Blüte. **Omanische Händler segelten bis Kanton,** wo sich eine Kolonie von arabischen Händlern niedergelassen hatte. Von hier brachten die Omanis chinesisches Porzellan, Moschus, Seide und Juwelen mit nach

Hause, exportierten dafür hochwertige Produkte aus Leinen, Baumwolle und Wolle sowie Teppiche und möglicherweise Datteln. Hinzu kamen Waren wie Elfenbein, die omanische Seefahrer aus Ostafrika mitbrachten und die von Oman weiterverschifft wurden.

878 n. Chr. endete der direkte Chinahandel, als es in Kanton zu einem Aufstand kam, bei dem die ausländischen Händler ermordet wurden. Der Warenaustausch lief jedoch weiter, arabische und chinesische Händler trafen sich im malaiischen Kalah. Erst 100 Jahre nach dem Massaker von Kanton segelten omanische Schiffe wieder bis China.

Neben dem Handel mit China waren zwei andere Gebiete von großer Bedeutung für Oman. Zum einen **Indien,** von wo man das für den Schiffsbau benötigte Teakholz sowie Reis einführte. Daneben war es die **Ostküste Afrikas,** die in den folgenden Jahrhunderten immer weiter unter omanischen Einfluss geriet. Die Monsunwinde nutzend, fuhren omanische Seeleute bis Mombasa und Sansibar, um dort Elfenbein, Gold und Gewürze zu laden. Die Omanis hatten sich ein **Seeimperium** geschaffen, **das nahezu den gesamten Indischen Ozean** umfasste.

Immer wieder hatte sich Oman aber auch gegen Angriffe von außen zu wehren. Als Folge von inneren Streitigkeiten wandten sich die Stämme, die aus dem inneren und nördlichen Arabien eingewandert waren, an den Khalifen und baten ihn um Hilfe. Eine Armee von rund 25.000 Mann überrannte daraufhin 893 n. Chr. das Land und verwüstete es. Die falaj-Kanäle wurden verschüttet, ibaditische Bücher verbrannt.

Erst im Laufe des nächsten Jahrhunderts konnte sich Oman von dieser Invasion erholen. Es profitierte dabei vom Niedergang des Khalifats, das in viele kleine Herrschaftsbereiche zerfiel. Doch auch diese kurze Phase der Ruhe endete bald. Aus Bagdad setzte sich 965 n. Chr. eine Flotte der **Buyiden,** die faktisch die Macht des Khalifen übernommen hatten, in Bewegung. Sie landete bei Julfar (heute Ras al-Khaimah in den Vereinigten Arabischen Emiraten),

oman_183 Foto: fk

Wohlstand durch Seehandel – Handelshaus in Mutrah

marschierte weiter nach Sohar, legte die Stadt in Schutt und Asche, versenkte die omanischen Schiffe und tötete fast alle Bewohner. Die blühende Handelsmetropole war mit einem Schlag ausgelöscht.

Die Herrschaft der Buyiden im Golf war jedoch nicht von langer Dauer. 1055 n. Chr. fiel eine Welle von **Seldschuken** aus Zentralasien ein und besetzte zunächst Persien. Neun Jahre später starteten sie zu einer Invasion nach Oman und eroberten das Land. Eine äußerst instabile Epoche begann, die für rund 300 Jahre anhalten sollte.

Die Seldschuken konnten ihre Herrschaft etwa über 80 Jahre halten, bevor sie in der Folgezeit von anderen Invasoren aus Basra, aus Persien und von der Insel Qais abgelöst wurden. Kurzzeitig kontrollierten auch Omanis aus dem Landesinneren die Küstengebiete.

Der arabische Chronist *Sirhan ibn Said* berichtet, dass er von 1153 bis zur Herrschaft von Imam *Habis ibn Muhammad,* der 1406 starb, keinerlei Anzeichen für einen ibaditischen Imam finden konnte. Die einstige Position Sohars, das nun als ein Dorf in Ruinen beschrieben wird, übernahm zunächst Qais, später dann Hormuz, beides kleine Inseln im Golf nahe der persischen Küste. **Hormuz** konnte sich als führende Macht in der Golfregion etablieren (siehe Exkurs „Das Handelsreich Hormuz und der Persisch-Arabische Golf"). Im 13. Jahrhundert landeten Truppen aus Hormuz unter der Führung ihres Emirs *Mahmud ibn Ahmad al-Kusi* an der omanischen Küste. Ihr Interesse galt

oman_195 Foto: fk

den Hafenstädten, um ihre Machtposition im Seehandel weiter zu untermauern. Sohar und Muscat entwickelten sich unter ihrer Kontrolle zu wichtigen Zentren. Zum wichtigsten Ort auf omanischem Territorium erblühte **Qalhat,** östlich von Muscat; es wurde bald als **Zwillingsstadt von Hormuz** bezeichnet. Zahlreiche Reisende wie *Ibn Battuta* und *Marco Polo* beschrieben es voller Begeisterung in ihren Reiseberichten. Doch im 15. Jahrhundert setzte ein verheerendes Erdbeben der Glanzzeit von Qalhat ein Ende. Den Rest erledigten die Portugiesen, die 1507 in Oman einfielen.

Die Herrschaft der Portugiesen

Das Eintreffen der Portugiesen in Oman hatte zum Ziel, mit den wichtigen Hafenstädten den **Seehandel nach Indien kontrollieren** zu können. Indien und der Ferne Osten waren zu sagenumwobenen Märchenländern geworden, aus denen der Strom der Luxuswaren wie Gewürze und Stoffe nie zu enden schien.

Interessant wurde dieser Seeweg, da die Osmanen 1453 Konstantinopel erobert hatten und der Landweg vom Arabischen Meer zum Mittelmeer nun in Gefahr zu geraten schien. Daneben wollten die Portugiesen aber auch das Monopol brechen, das arabische Seefahrer, insbesondere Omanis, seit Jahrhunderten im Ostasienhandel inne hatten. Sie besaßen eine wichtige Position als Zwischenhändler, die den großen Händlerfamilien in Europa ein Dorn im Auge war.

Die Reisen von **Marco Polo** im 13. Jahrhundert waren ein erster Versuch, die Herkunft der Luxusgüter zu erkunden. Doch ernsthafte Unternehmungen wurden erst im ausgehenden 15. Jahrhundert gestartet. Der Portugiese **Bartolomeo Diaz** war 1497/98 der erste Europäer, dem es gelang, die **Südspitze Afrikas** zu **umsegeln.** Sein Landsmann **Vasco da Gama** folgte ihm kurze Zeit später. In Ostafrika angekommen, war es angeblich ausgerechnet ein Omani – der berühmte Seefahrer **Ahmad ibn Majid** – der da Gama den weiteren Weg nach Calicut in Indien zeigte. Das arabische Monopol auf dieser Strecke war damit gebrochen.

Die Reise von *Vasco da Gama* veränderte den Handel Europas entscheidend. Die Portugiesen verstärkten ihr Engagement im Indischen Ozean, und der portugiesische König schickte 1506 **Afonso de Albuquerque** mit einer Flotte von fünf Schiffen auf die Reise in den Osten. Sein Auftrag lautete, im Indischen Ozean ein **portugiesisches Kolonialreich** aufzubauen. Als persönlichen Anreiz für ihn wurde er auch direkt zum Gouverneur Indiens ernannt – was freilich erst noch zu erobern war.

Albuquerque sollte vor allem den **Seehandel kontrollieren** helfen, indem er die Einfahrten in das Rote Meer, das „Tor der Tränen", und zum Persisch-

Qalhat, einst eine blühende Handelsstadt, wurde im 16. Jahrhundert zerstört

Arabischen Golf, die „Straße von Hormuz", blockierte. Durch diese beiden Engstellen war seit Jahrhunderten der Strom der Luxuswaren geflossen. Die heute zum Jemen gehörende Insel Soqotra wurde zuerst erobert und bildete den Stützpunkt für die Blockade des Roten Meeres. Von hier segelte Albuquerque weiter in Richtung Norden, wobei jedes arabische Schiff, das ihm in den Weg kam, versenkt wurde.

Die **omanischen Hafenstädte** als wichtige Zentren des Indien-Handels waren seine nächsten Ziele. Überrascht vom blühenden Leben fielen ihm in Qalhat, Muscat und Sohar die Gärten, aber auch der Handel mit Datteln und Pferden sowie die reich mit Getreide gefüllten Märkte auf.

Qalhat wurde zunächst noch von Albuquerque verschont, seine nächsten Stationen, Quriat und Muscat, jedoch **geplündert und niedergebrannt,** die Bewohner getötet. Schließlich schlug Albuquerque auch die Flotte von Hormuz und nahm die Insel ein. Hier errichtete er ein großes Fort – das erste einer ganzen Reihe im Golf und im Indischen Ozean. Auf seinem Rückweg entlang der omanischen Küste fiel dann auch Qalhat seinem grausamen Feldzug zum Opfer. Albuquerque starb 1515 in Goa, hatte also sein großes Ziel Indien erreicht, hinterließ jedoch eine Spur der Verwüstung.

Möglich waren diese schnellen Erfolge der Portugiesen nur, weil sie mit ihren schweren Kanonen den Arabern **militärisch überlegen** waren. Auch in den folgenden Seeschlachten blieben ihre Gegner ohne Chance.

In der Folgezeit brachten die Portugiesen weite Teile des Handels im Indischen Ozean unter ihre Kontrolle. An den Küsten legten sie Stützpunkte an, die sie durch **wehrhafte Forts** sicherten. In dieser Zeit entstanden die Festungen Mirani und Jalali in Muscat, weitere in Khasab und Quriat.

Auch wenn die Portugiesen eigentlich nie mehr besaßen als einige Forts, in denen sie abgekapselt von der Bevölkerung lebten, und auch nicht in die historisch gewachsenen Handelsbeziehungen eindringen konnten, so gelang es ihnen durch ihre militärische Übermacht doch, das **Gewürzmonopol** für Europa zu erlangen und einen direkten Handel zwischen Fernost und Lissabon aufzubauen. Die portugiesische Hauptstadt entwickelte sich für die nächsten fünfzig Jahre zum führenden Handelshafen Europas.

Mehrere Male hatten sich die Portugiesen der **Türken** zu erwehren. Diese hatten 1517 Ägypten erobert; 1538 schickten sie eine große Flotte, die die Blockade des Roten Meeres beenden sollte. 1550 konnten sie zwar kurzzeitig Muscat einnehmen, nicht jedoch die Macht der Portugiesen brechen. 1581 erfolgte ein erneuter Versuch, ebenfalls ohne dauerhaften Erfolg.

Ende des 16. Jahrhunderts begann der Stern der Portugiesen zu sinken. Ihre Macht in Europa schwand, zudem mischten nun auch die **Briten und Niederländer** kräftig im Indien- und Afrika-Handel mit. Sie gründeten Niederlassungen und fügten den Portugiesen in einer Seeschlacht vor der indischen Küste eine Niederlage zu.

Nachdem die Portugiesen 1622 Hormuz an die von Großbritannien unterstützten Perser verloren, konzentrierten sie sich auf ihre Festungen in Oman. Doch der 1624 gewählte **Imam Nasir bin Murshid al-Ya'aruba,** der Begründer der späteren Al-Ya'aruba-Dynastie, einte die omanischen Stämme, und es gelang ihnen, die Portugiesen aus allen Orten außer Muscat zu drängen. 1649 starb Imam Nasir, ohne die Besatzer gänzlich vertrieben zu haben. Sein Nachfolger, ebenfalls ein Al-Ya'aruba, wagte 1650 den Angriff auf die beiden Forts von Muscat von der Landseite. Die Portugiesen hatten sich sicher gefühlt, da sie einen Angriff nur von der Seeseite erwartet hatten, von der die Forts praktisch uneinnehmbar waren. Sie wurden überrascht und mussten sich ergeben. Mit dieser Niederlage war die **portugiesische Herrschaft in Oman und am Golf beendet.** Nicht durch Europäer waren sie besiegt worden, sondern durch Omanis. Oman wurde in der Folgezeit nie wieder von ausländischen Truppen besetzt, wenn man von einer kurzen persischen Besatzungszeit im 18. Jahrhundert absieht.

Die Al-Ya'aruba-Dynastie

Die Epoche der Al-Ya'aruba-Herrscher, an deren **Anfang Imam Nasir** stand, sollte etwa 100 Jahre dauern. Sie begann mit der Vertreibung der gehassten Portugiesen, brachte einen Wiederaufschwung des Seehandels, den Bau von mächtigen Forts und endete tragisch: im Bürgerkrieg. Die Omanis wichen in dieser Zeit erstmals von ihrem Grundsatz ab, dass der Würdigste – unabhängig von seiner Herkunft – das Amt des Imams übernehmen solle. Zwar wurden die Imame auch weiterhin gewählt, aber es wurden ausschließlich Angehörige der Familie der Al-Ya'aruba zum Herrscher erkoren.

Der erste Al-Ya'aruba-Imam **Nasir** und sein Nachfolger **Sultan bin Saif** erlangten durch ihre Erfolge gegen die Portugiesen **großes Ansehen** in der Bevölkerung. Die Auseinandersetzungen mit den Südeuropäern waren jedoch noch nicht zu Ende. In Indien und in Ostafrika hielten sie noch wichtige Hafenstädte besetzt, nach denen die Omanis trachteten, um ihre Vorherrschaft im Indischen Ozean zurückzugewinnen. 1652 wurden die Portugiesen aus Sansibar, 1698 aus Mombasa vertrieben. Damit hatten sie alle ihre ostafrikanischen Besitzungen nördlich von Madagaskar verloren. Oman war nicht nur im Golf, sondern auch vor der Küste Ostafrikas die **führende Seemacht.**

Auch die stabilen Zustände im Landesinneren brachten dem Land eine Phase von großem Wohlstand. Sie wurde nur kurz unterbrochen, als es zwischen dem Nachfolger Sultans, **Imam Bil'arub bin Sultan,** und seinem Bruder **Saif bin Sultan** sowie dem Rest des Familienclans zu **Auseinandersetzungen um die Regierungsmacht** kam. Saif nahm nach und nach die wichtigen Forts des Landes ein und setzte sogar noch während der Amtszeit seines Bruders seine Wahl als Imam durch. Er nahm schließlich mit Hilfe einer großen Armee Jabrin ein, wo sich sein Bruder Bil'arub verschanzt hielt. Bil'arub starb kurze Zeit später und wurde in Jabrin begraben.

Saif führte das Land mit starker Hand, kämpfte weiter gegen die Portugiesen in Übersee und profitierte vom aufkommenden **Sklavenhandel.** Ihm wird nachgesagt, dass er 700 männliche Sklaven besaß. Doch er nutzte den Reichtum auch zum Aufbau des Landes: Falaj-Kanäle wurden gegraben oder repariert und große Mengen von Palmen gepflanzt – Saif galt als der „Onassis seiner Zeit".

Sein Sohn **Sultan bin Saif II.** setzte die Politik Saifs fort, doch er regierte nur die kurze Zeit von sieben Jahren, bis er 1718 in Al-Hazm starb. Mit seinem Tod endete die Glanzzeit der Al-Ya'aruba-Imame.

Während der Al-Ya'aruba-Dynastie sind die größten und bedeutendsten **Forts** Omans entstanden. In der Zeit der ersten zwei Imame *Nasir* und *Sultan* wurde Rustaq erbaut, Sultan ließ anschließend auch die gewaltige Festung von Nizwa errichten, sein Sohn *Bil'arub* erbaute das Fort von Jabrin, und *Sultan bin Saif II.* schließlich fügte mit Al-Hazm eine weitere mächtige Anlage hinzu.

Der Bürgerkrieg

Ausgelöst wurde der Bürgerkrieg, der mehr als zwanzig Jahre dauern sollte, durch die **umstrittene Nachfolge von Imam Sultan bin Saif II.** Das Volk erwartete nach der langen Regierungszeit der Dynastie, dass auch jetzt der direkte Nachfahre in das Amt des Imams folgen würde. Doch *Saif,* der Sohn des verstorbenen Imams, war noch minderjährig. Die **ulema,** die Gruppe der gelehrten Männer, argumentierte, dass Saif nicht einmal über seinen eigenen Besitz verfügen dürfe, wie könne er dann ein Land führen? Sie hielten **Muhanna bin Sultan** für den richtigen Nachfolger.

Trotzdem beugte sich die ulema der Meinung des Volkes und proklamierte den jungen *Saif* als neuen Imam. Doch schon im folgenden Jahr schmuggelte sie *Muhanna* in das Fort von Rustaq ein und riefen ihn zum **Gegenimam** aus. Für eine kurze Weile konnte Muhanna das Land regieren. Obwohl es den Menschen unter seiner Regierung wirtschaftlich nicht schlecht ging, war ihm das Volk nicht wohl gesonnen. Diese Stimmung nutzte **Ya'rub bin Bila'rub,** Sohn des ehemaligen Imams Bila'rub. Er belagerte Rustaq, forderte Muhanna auf, sich zu ergeben, lockte ihn aus dem Fort und ermordete ihn.

Zum Imam gewählt, zog Ya'rub nach Nizwa, wohin er den jungen Saif mitnahm. Dies erzürnte die Stämme, die der Meinung waren, das Imamat müsse für Saif reserviert bleiben, bis er volljährig sei. Eine Revolte brach aus, die von *Bila'rub bin Nasir* mit Unterstützung der Bani Hina angeführt wurde. **Ya'rub musste zugunsten von Saif abdanken,** der zum zweiten Mal zum Imam gewählt wurde.

Doch was zu einer Phase der Ruhe hätte führen können, schlug ins genaue Gegenteil um. Alte Rivalitäten zwischen den **Bani Ghafir (Ghafiri)** und den **Bani Hina (Hinawi),** den beiden größten Stammesfraktionen des Landes, brachen wieder auf. Die Ghafiri fürchteten, dass die Hinawi den noch minderjährigen Saif nutzen könnten, um in Wirklichkeit selbst die Macht zu übernehmen.

Ein **blutiger Bürgerkrieg** erfasste das gesamte Land. Schließlich wurde es zweigeteilt: Die Hinawi hielten Rustaq, Jabrin und die Batinah-Küste, die Ghafiri Nizwa, große Teile des Landesinneren und die Sharqiyah. Als die Stammesführer beider Parteien kurz nacheinander starben, übernahm der inzwischen zum dritten Male gewählte *Saif* das Gebiet der Hinawi und *Bila'rub bin Himyar,* der als Gegenimam gekürt worden war, das Gebiet der Ghafiri.

Saif fühlte sich Bila'rub unterlegen, und in seiner Not rief er erstmals ein Söldnerheer aus Balutschistan von der anderen Golfseite zu Hilfe. Doch auch mit ihnen war er Bila'rub nicht ebenbürtig. Er schrieb an *Nadir Shah,* den Herrscher von Persien, und bat ihn um Unterstützung. Zwar wurde Bila'rub nun geschlagen, doch ein Jahr später musste Saif einsehen, dass die Perser keineswegs nur gekommen waren, um ihm zu helfen. 6000 Mann trafen bei Julfar (heute Ras al-Khaimah/V.A.E.) ein, besetzten die Region Al-Dhahirah und führten sogar Steuern ein.

Saif wandte sich an die Ghafiri, um sie zu überzeugen, sich mit den Hinawi **gegen die Perser** zu verbünden. Die Ghafiri akzeptierten sogar seinen Anspruch auf das Imamat, und gemeinsam konnte man die Besatzer zurückdrängen. Saif befreite zwar das Volk von den Persern und ihren Steuern, doch bei der ulema fand er noch immer wenig Gegenliebe. 1741 ernannte sie Sultan *bin Murshid al-Ya'aruba* zum neuen Imam.

Zwei rivalisierende Imame – für das Land bedeutete dies **erneut Krieg.** Nach dem Verlust von Muscat wandte sich Saif wiederum an die Perser, die noch in Julfar stationiert waren. Doch nicht nur sie kamen, sondern noch eine zusätzliche Flotte, so dass die Perser in kurzer Zeit die gesamte Batinah-Küste bis Muscat eroberten. Die ganze Küste? Nein, im Fort von Sohar leisteten die Bewohner unter der Führung von *Ahmad bin Said,* dem Begründer der heute noch herrschenden Al Bu Said-Familie, erbitterten Widerstand gegen die Belagerer. Es gelang den Persern nicht, das Fort einzunehmen.

1743 starben beide Imame: Sultan im Kampf gegen die Perser, Saif angeblich mit gebrochenem Herzen, weil es ihm nach Sultans Tod nicht gelang, die Perser wieder aus dem Land zu treiben. Die Linie der Al-Ya'aruba-Dynastie war damit unterbrochen, denn es stand kein weiterer Anwärter für das Amt des Imams bereit.

Die Al Bu Said-Dynastie

Ahmad bin Said, der **Begründer der Al Bu Said-Dynastie,** wurde in Adam, südlich von Nizwa, geboren. Es heißt, schon in seiner Jugend sei ihm prophezeit worden, er würde einmal zum Imam ernannt werden. Nach dem Tod von Saif und Sultan lag es in seiner Hand, den Kampf gegen die Perser fortzuführen. Ihm gelang es, die neunmonatige persische Belagerung von Sohar zu beenden, wofür er ihnen allerdings Muscat zugestehen musste. In Barka ließ er einen großen Markt entstehen,

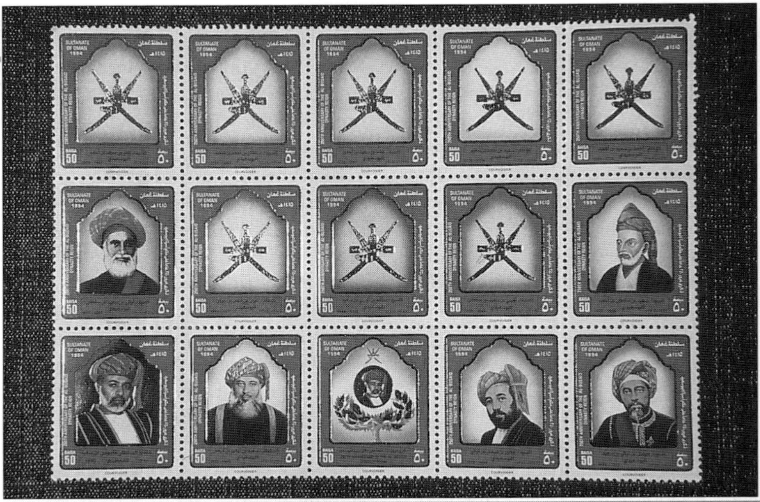

oman_190 Foto: fk

um Muscat als Handelsmittelpunkt abzulösen. Schließlich holte er **1747** zum entscheidenden **Schlag gegen die Perser** aus, als er sie zu einem Festessen nach Barka einlud. Doch als die Trommel des Forts geschlagen wurde, gab der Ausruf „Jeder, der einen Groll gegen die Perser hegt, möge nun Rache nehmen" den Startschuss zu einem **Massaker.** Lediglich 200 der Besatzer überlebten.

Ahmad bin Said wurde zum neuen Imam gewählt (der offizielle Beginn seiner Herrschaft variiert in den Geschichtsbüchern zwischen 1741 und 1749). Doch die **Spaltung des omanischen Volkes** verschwand nicht von heute auf morgen. Zunächst kam es zu einem Kampf zwischen den Hinawi unter Ahmad und den Ghafiri unter dem ehemaligen Imam Bila'rub. Bei Nizwa wurden Bila'rubs Truppen geschlagen und er selbst getötet. Später wollte der Emir von Julfar Unstimmigkeiten zwischen Ahmad und seinen Söhnen nutzen und belagerte Rustaq. Doch die Solidarität zwischen Vater und Söhnen war größer, und die Belagerer wurden mit vereinter Kraft vertrieben. Eine weitere Oppositionsbewegung der Ghafiri konnte Ahmad durch eine Heirat beilegen, die ihn zum Schwager des Ghafiri-Anführers machte.

Ahmad gelang es nicht nur, die **innenpolitischen Schwierigkeiten** zu überwinden, sondern er etablierte Oman auch nach außen wieder als wichtige Macht. Er konnte die Kontrolle über den Handel im Golf gewinnen und stärkte auch den omanischen Einfluss auf Ostafrika. Mit den Portugiesen schloss er ein Abkommen, das die Aufteilung der Interessensgebiete zwischen beiden Ländern regelte. Die Portugiesen begnügten sich mit den Gebieten südlich von Sansibar, Oman erhielt alle nördlich gelegenen.

Als Ahmad 1783 in Rustaq starb, war er bekannt für seinen Führungsstil, der auf einer starken Zentralgewalt beruhte. Seine Nachfolge war umstritten, denn sein Sohn *Hillal,* der als der geeignetste Anwärter erachtet wurde, hielt sich zu einer Kur in Pakistan auf und kehrte nie zurück. Sein Bruder *Said* wurde zum Imam gewählt, obwohl er im Volk alles andere als beliebt war. So wurde schon bald seine Ablösung vorangetrieben.

Saids Sohn *Hamad* konnte von Muscat aus weite Teile des Landes unter seine Herrschaft bringen. Sein Vater blieb weiterhin in Rustaq, wo er den Imamstitel bis zu seinem Tode 1811 beanspruchte. Hamad legte keinen Wert darauf, sich zum Imam wählen zu lassen, sondern konzentrierte sich auf die Ausübung der weltlichen Macht. Der Einfluss der Al Bu Said-Dynastie auf das Landesinnere schwand in der Folgezeit und eine **Spaltung des Landes in Sultanat und Imamat** war die Folge.

Hamad ließ sich, wie auch seine Nachfolger, als **„Sayyid"** (Herr) anreden. Den Titel „Sultan" erhielten die omanischen Herrscher erst später durch die Briten. Hamad hatte große Ambitionen, baute Forts in Ruwi und Barka, wollte Mombasa und Bombay einnehmen. Doch es kam nicht dazu, denn er starb bereits 1792.

Hamads Vater, *Imam Said,* kam zwar zur Beerdigung nach Muscat, doch kehrte er schon bald nach Rustaq zurück, ohne ernsthaftes Interesse am Regieren. So wurde sein Bruder **Sultan bin Ahmad,** der im Land sehr angesehen war, neuer Herrscher in Muscat und hatte schon bald Kontrolle über weite Teile des Landes.

Unter seiner Regierung etablierte sich Muscat als der wichtigste Umschlaghafen, über den fünf Achtel des gesamten Handelsvolumens des Golfes mit den Häfen im Indischen Ozean liefen. Sultan garantierte den Händlern in Muscat Unabhängigkeit für sie persönlich und für ihren Besitz. Er selbst profitierte vom Handel durch die Zölle, die auf alle Waren erhoben wurden. Engländer und Franzosen erkannten Sultan als Herrscher an, und der eigentliche Imam spielte nach außen keinerlei Rolle.

Sultan geriet in der Folgezeit in die Auseinandersetzungen zwischen den beiden europäischen Mächten. Die französischen Ambitionen im Indischen Ozean nach der Einnahme Ägyptens durch Napoleon heizten die Feindschaft zwischen den zwei Staaten weiter an. Die Briten hatten inzwischen ihren Einfluss in Indien gefestigt und begannen nun einen Wettlauf mit den Franzosen um die Gunst des omanischen Herrschers.

Die **Briten** schlossen 1798 ein **Abkommen mit Sultan,** das die Omanis verpflichtete, sie in internationalen An-

Gedenkmarken zum 250. Jahrestag der Al Bu Said-Dynastie

gelegenheiten zu unterstützen, und weder den Franzosen noch den Holländern die Einrichtung eines Stützpunktes oder einer Vertretung in Oman zu ermöglichen, solange der Krieg zwischen ihnen und den Briten andauerte.

Zwei Gründe waren ausschlaggebend für die Zustimmung Sultans zu diesem Abkommen: Zum einen brachen in der zweiten Hälfte des 18. Jahrhunderts **alte Stammesrivalitäten** zwischen den Omanis und dem Stamm der **Qawasim** in Ras al-Khaimah auf, die die Macht des Herrschers in Muscat nicht anerkannten. Von Ras al-Khaimah griffen sie immer wieder omanische wie auch britische Schiffe an, was der Gegend bald den Beinamen „Piratenküste" einbrachte.

Zum anderen gestalteten sich die **Wahhabiten** zu einer zunehmenden Bedrohung für Oman. Diese religiöse Bewegung, gegründet von *Muhammad ibn Abdul Wahhab,* forderte eine Rückbesinnung auf den Glauben an den einen Gott und die wörtliche Befolgung des Qur'an. Schon bald gewannen sie die Al Sa'ud-Shaikhs Inner-Arabiens für ihre Glaubensrichtung, und nach dem Tode des Muhammad ibn Abdul Wahhab übernahm ein Al Sa'ud das Amt des Imams der Wahhabiten. Durch regelrechte Feldzüge dehnten sie ihr Einflussgebiet zunehmend aus, unterwarfen die Qawasim und marschierten gemeinsam mit ihnen im Jahre 1800 sogar in Buraimi ein.

Briten und Omanis gingen nun gemeinsam daran, die Überfälle der Qawasim auf Schiffe im Persisch-Arabischen Golf zu unterbinden. Diese hatten seit dem Einzug des Wahhabismus unter den Qawasim noch zugenommen, da man nun eine religiöse Legitimation für den Kampf gegen die Briten gefunden hatte: Er wurde als *jihad* bezeichnet, was in diesem Fall allerdings einen Missbrauch des Begriffs für den „Heiligen Krieg gegen die Ungläubigen" darstellte (siehe „Religion – der Islam"). Oman und Großbritannien waren nun aufeinander angewiesen.

Der Kampf mit den Wahhabiten und Qawasim verstärkte sich, als diese Barka an der Batinah-Küste einnahmen. Sultan stach 1804 mit einer Flotte von 14 Kriegsschiffen zu einer Strafexpedition in See, wurde aber auf dem Rückweg nach Muscat von den Qawasim getötet.

Die Regierungszeit von Said bin Sultan

Der Tod Sultans verursachte Auseinandersetzungen um seine Nachfolge. *Badr bin Saif,* ein Neffe Sultans, kam schon nach drei Jahren unter mysteriösen, nicht ganz geklärten Umständen ums Leben. Die beiden Söhne Sultans, *Said* und *Salim,* wurden nun zu gemeinsamen Herrschern ernannt, deren Regierungsbeginn offiziell auf 1804 datiert wird. Salim blieb bis zu seinem Tode 1821 Mitregent, doch die erste Hälfte des 19. Jahrhunderts steht klar im Zeichen von **Sultan Said,** der bis 1856 regierte und unter dessen Herrschaft **Oman** seine **größte Ausdehnung** erreichte. Zwar konnte er den Dhofar nicht unter seine Kontrolle bringen, aber er beherrschte weite Gebiete der gegenüberliegenden Seite des Golfes

(Bandar Abbas, Bandar Lingeh und Gwadur) und zudem die Insel Sansibar und Teile der ostafrikanischen Küste.

In seiner Ära festigten die Briten ihren Einfluss auf die Golfregion weiter, und man ging gemeinsam gegen die Qawasim vor. Doch es dauerte bis 1820, bis sie entscheidend geschlagen werden konnten. Die Gegend hieß fortan nicht mehr „Piratenküste", sondern „Waffenstillstandsküste" **(Trucial Coast).**

Möglich geworden war dieser Erfolg durch den Niedergang des Wahhabitenreiches, das 1818 durch den Angriff der Türken und die Hinrichtung ihres Emirs erheblich geschwächt worden war. Doch die Wahhabiten erholten sich schnell und erlangten durch den Stamm der Bani Bu Ali auch Einfluss in Oman (siehe Kapitel „Der Osten", „Rundfahrt durch den Ja'alan"). Die Auseinandersetzungen mit den Wahhabiten blieben auch in den folgenden Jahren und Jahrzehnten ein ständiger Konfliktherd, und nur durch die Unterstützung der Briten konnten sich die Omanis vor einer Invasion retten.

Said, der auch *Said der Große* genannt wird, konzentrierte sich auf die **Besitzungen in Ostafrika.** 1829 nahm er Mombasa ein und beendete die Herrschaft der Mazari, einer ebenfalls omanischen Dynastie. Sansibar wurde zu seiner zweiten Hauptstadt, wohin er später sogar seinen Amtssitz verlegte.

Sansibar entwickelte sich unter Sultan Said zum wirtschaftlichen Mittelpunkt des Sultanates. Zwei Dinge waren hierfür ausschlaggebend: Zum einen wurde die aus Indonesien eingeführte **Gewürznelke** verstärkt angebaut, so dass man Mitte des 19. Jahrhunderts praktisch sogar eine Monopolstellung in diesem Bereich erlangte. Darüber hinaus war Sansibar eines der Zentren des **Sklavenhandels,** dessen Zwischenhandel fest in der Hand von Omanis lag.

Zu dieser Zeit hatte der Verkauf von Menschen, in den Araber wie Europäer gleichermaßen verstrickt waren, seinen Höhepunkt allerdings schon überschritten. Die Briten waren bestrebt, die Sklavenarbeit in ihren Kolonien abzuschaffen, woraufhin Said notgedrungen zusagte, auch den Handel zu unterbin-

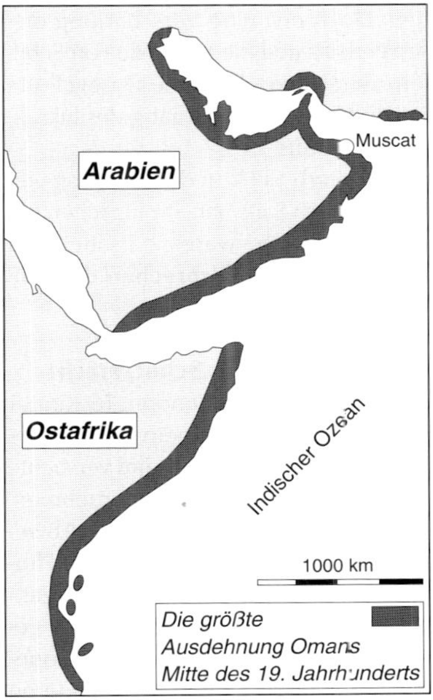

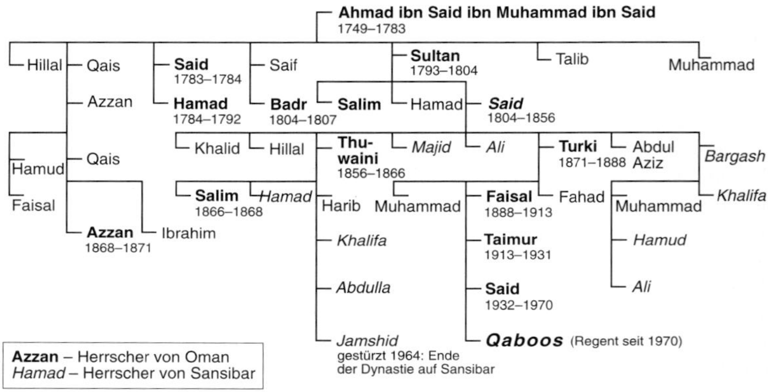

Stammbaum der Al Bu Said-Dynastie

den. Doch erst eine Verschärfung dieses Verbots und die Kontrolle von Schiffen durch die britische Kriegsflotte brachten einen Niedergang des lukrativen Geschäfts.

1856 starb *Said* auf dem Seeweg von Muscat nach Sansibar. Streitigkeiten um seine Nachfolge waren entscheidend für das **Auseinanderbrechen des Sultanates** in zwei Teile.

Großbritannien als Schutzmacht

Zwei der noch lebenden 36 Kinder Saids stritten nach seinem Tod um die Herrschaft im Sultanat. **Majid** versuchte die Macht in Sansibar zu übernehmen, wo er schon zuvor während der Abwesenheit seines Vaters regiert hatte. **Thuwaini,** der älteste Sohn Saids, beanspruchte dagegen die Führung des gesamten Sultanates für sich. Keiner konnte sich jedoch gegen den anderen durchsetzen, und so kam es de facto zu einer **Teilung des Landes.** Man einigte sich auf eine Ausgleichszahlung, die das reichere Sansibar dem Mutterland jährlich zu leisten hatte. Als Majid sich 1860 weigerte zu zahlen, schickte Thuwaini eine Flotte auf den Weg nach Sansibar. Die Briten griffen ein, verhinderten eine kriegerische Auseinandersetzung und setzten die formelle Teilung des Landes in ein **„Sultanat von Sansibar"** und ein **„Sultanat von Muscat und Oman"** durch. Sansibar wurde zur Zahlung der Abgabe verpflichtet, entwickelte sich jedoch fortan völlig unabhängig vom Rest Omans. Die omanische Dynastie der Al Bu Said bestand noch fort, bis sie 1964 durch eine blutige Revolution beendet wurde. Sansibar vereinigte sich mit Tanganyika (zeitweise deutsche Kolonie) zum Bundesstaat Tansania.

Für das Kernland Omans bedeutete die Abtrennung Sansibars und der übrigen ostafrikanischen Besitzungen einen herben Verlust, da der größte Teil der Handelseinnahmen wegfiel. Doch es traf das Land noch schlimmer: Die **Öffnung des Suez-Kanals** brachte dem Land einen schnellen **wirtschaftlichen Verfall.** Die internationalen Schifffahrtsrouten verlagerten sich, da das Rote Meer nun die Hauptstrecke in den Indischen Ozean bildete. Der mühsame Weg um die Südspitze Afrikas hatte ausgedient. Die Briten etablierten eine Dampfschifflinie zwischen dem Golf und Indien und versetzten damit dem omanischen Seehandel den endgültigen Todesstoß. Mit den geringeren Staatseinnahmen schwand die Macht der Al Bu Said-Sultane auch in Muscat. Viele Stämme im Landesinneren wandten sich von ihnen ab.

Innenpolitisch begann eine **turbulente Zeit.** *Thuwaini* sah sich 1861 der Opposition seines Bruders *Turki* gegenübergestellt; 1864 gelang es nur mit Hilfe der Briten, einen erneuten Angriff der Wahhabiten, die bis Sur vordrangen, zurückzuschlagen. Zwei Jahre später endete seine Regierung, er wurde von seinem eigenen Sohn *Salim* erschossen.

Doch Salims Ende kam schnell. *Azzan bin Qais,* der aus einer Seitenlinie der Al Bu Said-Dynastie stammte, nahm 1868 Barka, Mutrah und Muscat ein und zwang Salim, das Land zu verlassen. **Azzan wurde zum Imam gewählt** – der erste seit Imam Said, der 1784 entmachtet worden war – und führte das Land mit starker, konservativer Hand. Seine größte Tat war die Vertreibung der Wahhabiten aus Buraimi.

Auch Azzan war nur eine kurze Regierungszeit vergönnt. Sein Bruder **Turki** besiegte ihn mit Unterstützung der Shaikhs von Dubai, Ajman und Ras al-Khaimah (heute alle V.A.E.) in einer Schlacht. Turki wurde 1871 vor den Briten als Sultan anerkannt.

Turkis Regentschaft war wie die seines Sohnes und Nachfolgers **Faisal** von ständigen innenpolitischen Schwierigkeiten gekennzeichnet. Die Rivalitäten zwischen Hinawi und Ghafiri bestanden weiter, und 1895 musste Faisal sich sogar eines Umsturzversuches aus Sansibar erwehren.

Der **britische Einfluss** nahm weiter zu. Nicht zuletzt die leeren Staatskassen brachten den Sultan in völlige Abhängigkeit. Nach einer Beulenpest-Epidemie übernahmen die Engländer sogar noch das Gesundheitssystem.

Nachdem die letzten Jahre seiner Regierung recht ruhig verlaufen waren, starb *Faisal* 1913. Sein Nachfolger *Taimur bin Faisal* wurde jedoch sofort wieder in Machtkämpfe mit den Stämmen im Landesinneren verstrickt.

Nach einer Zeit ohne Imam (der letzte, *Azzan,* war 1868 gewählt worden) wurde 1913 in Inner-Oman erneut ein Imam gewählt. **Salim bin Rashid al-Kharusi** gelang es, Hinawi und Ghafiri zu einem Kampf gegen den Sultan zu vereinen. Erst vor den Toren Muscats konnten britische Truppen die Stämme stoppen. Eine Verhandlungsrunde zwischen Imam und Sultan scheiterte, doch 1920 wurde der **„Vertrag von Seeb"** geschlossen. Er legte die Einflussbereiche von Imam und Sultan fest. Für die Zusage des Imams, die Macht des Sultans an der Küste zu respektieren und keine weiteren Auseinandersetzungen zu beginnen, machte auch der Sultan weitreichende Zugeständnisse. Er versicherte, sich nicht in die inneren Angelegenheiten des Imams einzumischen, nicht mehr als fünf Prozent Zoll auf Waren aus dem Landesinneren zu erheben und den Stämmen Zugang zu den Küstenstädten zu gewähren.

Diese Zweiteilung sollte für gut **30 Jahre Frieden** bringen. Doch die Staatskasse Sultan *Taimurs* blieb weiterhin leer. In seiner Not ernannte er den Briten *Bertram Thomas,* der als Arabist und Reiseautor zu großer Bekanntheit gelangte, zu seinem Finanzberater, später sogar zu seinem Minister. Nach und nach setzte sich der Sultan nach Indien ab und verbrachte nur noch drei Monate im Jahr in Oman. Kaum hatte sein Sohn *Said* die Volljährigkeit erreicht, übergab er ihm 1932 sein Amt und vergnügte sich den Rest seines Lebens in Asien. 1965 starb er in Bombay.

Die Briten knüpften hohe Erwartungen an **Said bin Taimur.** Er war in Indien ausgebildet worden, sprach fließend englisch und entsprach genau ihren Erwartungen an einen Herrscher, der Oman aus der Phase des Niedergangs herausführen könnte. An der Abhängigkeit von den Briten hatte sich nichts geändert. Said war klar, dass er eine Unabhängigkeit für sein Land nur erreichen konnte, wenn er den gewaltigen Schuldenberg abbauen und den Staatshaushalt ausgleichen würde. Sein Ziel war es auch, die **Kontrolle über das Landesinnere** zu erreichen. Schließlich hatte man inzwischen das **erste Öl** in der Golfregion gefunden. Ölgesellschaften waren bereit, hohe Summen für Konzessionen zu zahlen, doch dafür musste der Sultan das ganze Land regieren. Said begann, hohe Stammesshaikhs nach Muscat einzuladen und mit Geld zu beschenken. 1945 hatte er die Ghafiri-Stammesfraktion auf seine Seite gebracht und die Neutralität der Hinawi erreicht.

Anfang der 1950er Jahre sah sich der Sultan **neuen Auseinandersetzungen** gegenübergestellt. Die Wahhabiten besetzten erneut Buraimi und zwangen so den Sultan, wieder einmal die Hilfe der Briten in Anspruch zu nehmen. Erst 1955 wurden die Saudis endgültig aus Buraimi vertrieben.

Im Landesinneren war es der neu gewählte **Imam Ghalib bin Ali,** der einen unabhängigen Staat errichten wollte und nach internationaler Anerkennung strebte. Die vermuteten Erdöl-Vorkommen trugen zur Verschärfung des Konfliktes zwischen Sultan und Imam bei. Der Sultan konnte eine völlige Abspaltung Inner-Omans nicht tolerieren, marschierte mit seinen Truppen ein und stieß auf nur wenig Widerstand. Der Imam zog sich in sein Heimatdorf zurück, doch sein Bruder und Mitkämpfer entkam nach Saudi-Arabien.

Er kehrte 1957 zurück und sammelte eine Reihe von Gefolgsleuten um sich, darunter auch **Sulaiman bin Himyar.**

Perfekte Formgebung im Fort Khandaq

Als oberster Shaikh der Bani Riyam galt er als der „Herr des Jebel Akhdar". Gemeinsam wollten sie Nizwa zurückerobern, doch bei Firq, wenige Kilometer südlich von Nizwa, wurden sie von den Truppen des Sultans und der Briten geschlagen. Wieder gelang den Führern die Flucht, und sie zogen sich an den Fuß des Jebel Akhdar zurück. 1959 beendete die britische Luftwaffe endgültig den Aufstand und legte den Ort Tanuf in Schutt und Asche.

Dem Sultan brachte diese Auseinandersetzung zwar die **Herrschaft über ganz Oman,** doch sein Ziel, die Unabhängigkeit, erreichte er nicht. Die Niederschlagung der Aufstände hatte ihn viel Geld gekostet, so dass er sogar Gwadur auf der anderen Seite des Golfs von Oman verkaufen musste.

1958 verabschiedete sich Said aus Muscat, um fortan in Salalah zu residieren. Er sollte die Hauptstadt nie wieder betreten. Für den Rückzug gab es verschiedene Gründe: Zum einen fühlte er sich im Dhofar sicherer, zum anderen hatte er hier die größte Freiheit vor den Briten.

Schließlich versuchte er, die **Zeit anzuhalten,** das 20. Jahrhundert von Oman und insbesondere vom Dhofar fernzuhalten. Nur so sind Anordnungen wie das Rundfunk- und Sonnenbrillenverbot zu verstehen. Straßen, Schulen und Krankenhäuser wurden nicht gebaut, Ausländer erhielten kein Visum. Die Einnahmen aus der beginnenden Erdölsuche flossen in seine Taschen, ohne dass die Bevölkerung davor Nutzen hatte. Damit setze er eine Entwicklung

oman_434 Foto: fk

Die Geschichte Omans im Überblick

um 10.000 v.Chr.: erste steinzeitliche Siedlungsfunde
3000–2000 v.Chr.: Hafit-Periode, die in die Umm al-Nar Kultur übergeht;
zahlreiche Grabfunde im Nordoman;
erste Blütezeit des Kupferhandels;
Magan wird in mesopotamischen Texten erwähnt
563 v.Chr.: persische Eroberung durch Kyros II.;
Einführung des „falaj-Bewässerungssystems“
ab 200 n.Chr.: Einwanderungswellen aus Süd- und Zentralarabien;
630: durch einen Boten gelangt der Islam friedlich in den Oman;
Vertreibung der Perser
751: Wahl des ersten ibaditischen Imams Julanda bin Mas'ud
893: Eroberung Omans durch Truppen des Khalifen aus Bagdad
10. Jh.: Sohar wird zur wichtigsten Hafenstadt des islamischen Reiches;
intensiver Überseehandel mit China, Indien und Ostafrika
1064: Invasion der Seldschuken
14. Jh.: unter der Herrschaft von Hormuz wird Qalhat zu einer blühenden Stadt
1507: Invasion durch die Portugiesen
1550 und 1581: türkische Angriffe auf Muscat
1624: Wahl von Nasir bin Murshid, dem ersten Imam der Al-Ya'aruba-Dynastie
1650: Imam Sultan bin Saif vertreibt die Portugiesen aus dem Oman, anschließend auch aus Ostafrika
1718: Beginn des Bürgerkriegs;
persische Invasionen
1747: Ahmad bin Said, erster Herrscher der Al Bu Said-Dynastie, vertreibt die Perser und beendet den Bürgerkrieg
1784: Hamad bin Said regiert von Muscat aus, ohne sich als Imam wählen zu lassen;
Beginn der Spaltung in Sultanat und Imamat
1792: unter Sultan bin Ahmad wird Oman zur führenden Macht im Golf
1804: Beginn der Regierung von Said bin Sultan, unter dem Oman seine größte Ausdehnung erreicht;
Bund mit Großbritannien im Kampf gegen die Qawasim
1829: Sansibar wird zur zweiten Hauptstadt, später sogar Amtssitz des Sultans
1856: Tod von Said bin Sultan;
daraufhin Teilung des Landes in Sultanate von Oman und Sansibar;
Oman gerät in Abhängigkeit von Großbritannien
1913: Auseinandersetzung zwischen Sultan Taimur und dem Imam
1920: Vertrag von Seeb, der das Land zwischen Sultan und Imam aufteilt
1955–59: Aufstand im Jebel Akhdar gegen den Sultan; Ende des Imamats
1965–75: Krieg im Dhofar
1970: Sultan Qaboos übernimmt die Regierung

gegen sich selbst in Gang. Zunächst begann 1965 mit Unterstützung des sozialistischen Südjemen der Krieg im Dhofar (siehe Kapitel „Dhofar"), dann **stürzte ihn 1970 sein eigener Sohn.**

Die „Renaissance" unter Sultan Qaboos

Am **23. Juli 1970** endete die Regierung von Sultan Said, und eine **neue Ära unter** seinem Sohn **Qaboos** begann. In einer (fast) unblutigen Palastrevolte wurde Said entmachtet. Lediglich er selbst wurde leicht verletzt und flog direkt ins Exil nach London, wo er zwei Jahre später starb.

Qaboos reiste nach Muscat, präsentierte sich dem Volk als neuer Sultan und wurde begeistert empfangen. Die „Renaissance" Omans, das „Wiederaufleben" des Landes, konnte beginnen.

Staat und Politik

Staatsorganisation und Verwaltung

Das Sultanat Oman ist ein **arabischer und islamischer Staat,** in dem viele Lebensbereiche von der Tradition und vom **Qur'an** bestimmt werden. So bildet auch die **shari'a,** die islamische Gesetzgebung, die juristische Grundlage des Landes.

Sultan Qaboos bin Said Al Said ist das **Staatsoberhaupt** Omans. Parteien und ein gesetzgebendes Parlament gibt es nicht. Alle Macht geht vom Sultan aus, der die oberste exekutive, legislative und judikative Gewalt innehat. Alle Gesetze werden von Qaboos persönlich in Form von „Königlichen Erlassen" verabschiedet. Die vollständigen Texte aller Erlasse sowie ministerielle Beschlüsse oder internationale Vertragsunterzeichnungen werden in einem Amtsblatt veröffentlicht.

Trotz dieser Machtbefugnisse sehen Omanis in ihrem Staatsoberhaupt alles andere als einen „absolutistischen Monarchen". Sie erkennen ihn vielmehr als einen weisen Vater an, der ihrem Land eine neue, glanzvolle Epoche und ihnen Freiheit, Modernität und Wohlstand beschert hat. Nach über einhundert Jahren Stagnation wurden Leben, Geist und Zivilisation „wiedergeboren".

Sultan Qaboos hält an vielen Elementen des **traditionellen islamischen Herrschaftssystems** fest und versucht sie in Einklang mit der **modernen Staatsverwaltung** zu bringen. Daneben entstand ein **Regierungsapparat** mit einem Kabinett aus Ministern, Staatssekretären und diversen Sonderbeiräten, die von Sultan Qaboos bestimmt werden und ihm direkt verantwortlich sind. Er selbst hat die Posten des Premierministers sowie des Verteidigungs-, Finanz- und Außenministers inne. Wenn ein Staatsangehöriger sich von der Verwaltung ungerecht behandelt fühlt, kann er mit seinen Problemen oder Anliegen direkt ein Gespräch mit dem zuständigen Minister führen, ohne einen zermürbenden Weg durch die Mühlen der Bürokratie zu nehmen. Bis 1970 war das Innenministerium übrigens das einzige Ministerium im Land.

Der **Kontakt zum Volk** ist Sultan Qaboos sehr wichtig, und so begibt er sich jedes Jahr persönlich auf eine Reise durch sein Land. Auf dieser vierwöchigen, offiziell **„Meet the People-Tour"** genannten Reise fährt er, begleitet von Ministern und anderen wichtigen Entscheidungsträgern, quer durchs Land, übernachtet in Camps und empfängt zur Audienz. Jeder Omani kann theoretisch dem Sultan seine Probleme, Ideen oder Beschwerden direkt vortragen und mit ihm zusammen besprechen und diskutieren. Damit die Angelegenheiten sofort erledigt werden, wird auch der zuständige Minister miteinbezogen. Omanis bezeichnen diese Einrichtung als ein **„offenes Parlament"**, und die Fernsehübertragungen dieser Sitzungen sind sehr beliebt. Sultan Qaboos behält so den direkten Draht zu seinem Volk und versucht, dessen Bedürfnisse und Probleme näher kennen zu lernen.

1981 gründete Sultan Qaboos den **„Konsultativen Staatsrat".** Das Prinzip orientierte sich an den alten Stammesbräuchen (siehe „Bevölkerungsgruppen und Sozialstruktur"). Die zunächst 35, später 55 vom Sultan ernannten Mitglieder stammten sowohl aus der Regierung als auch aus dem Volk. Sie sollten ihre Meinungen untereinander austauschen und somit eine ergänzende Zusammenarbeit zwischen der Regierung und den Bürgern einleiten.

1991 wurde der Konsultative Staatsrat durch die **„Majlis al-Shura"** abgelöst. Auch sie hat die Funktion eines beratenden Staatsrates, besteht aber nur aus Volksvertretern ohne Regierungszugehörigkeit. **„Konsultation" und „Beratung"** (arab. *shura)* sind als wesentliche Elemente der muslimischen Gesellschaftsordnung auch im Qur'an (Sure 42) festgeschrieben. Zu den Hauptaufgaben der Majlis gehört die Prüfung aller von den Ministerien ausgearbeiteten Gesetzesvorlagen. Innerhalb der Versammlungen hat jeder uneingeschränkte Redefreiheit, die Sitzungen werden unzensiert vom Fernsehen übertragen. Doch viele Aufgaben des Rates werden in Komitees bearbeitet, deren Sitzungen unter Ausschluss der Öffentlichkeit stattfinden.

Die **Ernennung der Majlis al-Shura-Mitglieder** geschah zunächst wie folgt: Jeder der 59 Regierungsbezirke (siehe unten) wählt, je nach seiner Einwohnerzahl, zwei oder vier Kandidaten, von denen der Sultan dann einen bzw. zwei als Mitglied in die Majlis bestimmt. Im Jahr 2000 wurde dieses Auswahlverfahren durch den Sultan abgeschafft. Seither ziehen direkt diejenigen Kandidaten mit den meisten Stimmen ins Parlament ein. Allerdings sind bislang **nicht alle Omanis wahlberechtigt,** sondern nur die Oberschicht – unabhängig vom Geschlecht.

Die Anzahl der Mitglieder wurde von 59 auf nun 82 erhöht, und es gehören dem beratenden Staatsrat auch Frauen an. Eine Amtsperiode beträgt drei Jahre, eine erneute Kandidatur ist jedoch möglich. Der Präsident der Majlis wird durch den Sultan ernannt.

Nicht nur diese Maßnahmen weisen deutlich darauf hin, dass die Tage des traditionellen Sultanats gezählt sind und Oman sich auf seinem Weg in eine ei-

oman_200 Foto: moi

Sultan Qaboos bin Said Al Said

Porträt des omanischen Informationsministeriums

Sultan Qaboos wurde am 18. November 1940 in Salalah, in der Südprovinz Dhofar, geboren. Er ist in direkter Linie der achte Nachkomme der Al Bu Said-Dynastie, die 1744 von Imam Ahmed bin Said, der das Land nach vielen Jahren des Bürgerkriegs einigte, begründet wurde.

Qaboos ist der Nachfolger und einzige Sohn seines 1972 verstorbenen Vaters Sultan Said bin Taimur. Seine Kindheit verbrachte der Sultan in Salalah, bis er mit 16 Jahren von seinem Vater auf eine Privatschule in England geschickt wurde. 1960 trat er als Kadett der Königlichen Militärakademie in Sandhurst bei. Während seiner zweijährigen Ausbildung leistete er sechs Monate seiner Dienstpflicht auch bei einer britischen Infanteriebataillon in Deutschland (als Offizier bei der „Rheinarmee") ab. Danach studierte er in England Verwaltungswesen und unternahm im Anschluss daran eine dreimonatige Weltreise.

1964 kehrte Sultan Qaboos nach Oman zurück und verbrachte auf Wunsch seines Vaters die nächsten sechs Jahre in Salalah. Während dieser Zeit beschäftigte er sich mit dem Studium des Islam und der kulturellen und historischen Vergangenheit seines Landes. Im Juli 1970 sah er die Chance zur Öffnung und Modernisierung seines isolierten, verarmten und von einem Guerillakrieg geplagten Landes und löste seinen Vater ab. Nach seiner Abdankung übernahm Qaboos die Regierungsgeschäfte und zog nach Muscat. Dort wurde er von seinem Volk stürmisch begrüßt.

Am Tag seiner Thronbesteigung am 23. Juli 1970 wandte er sich mit den folgenden Worten an sein Volk:

„Ich verspreche Euch, daß ich umgehend mit dem Aufbau einer modernen Regierung beginnen werde. Meine erste Maßnahme wird sein, mit sofortiger Wirkung alle unnötigen Bestimmungen, die Euer Handeln einschränken, aufzuheben.

Mein Volk, ich werde so schnell wie möglich damit beginnen, Euch ein Leben und eine Zukunft in Wohlstand aufzubauen. Ein jeder von Euch muß seinen Beitrag dazu leisten. Unser Land war einst stark und berühmt. Wenn wir mit vereinten Kräften arbeiten, werden wie diese ruhmreiche Vergangenheit wieder aufleben lassen und den uns angemessenen Platz in der Welt einnehmen können.

Mein Volk, meine Brüder, gestern herrschte völlige Dunkelheit, aber mit der Hilfe Gottes wird morgen ein neues Licht über Muscat, Oman und seinem Volk scheinen.

Möge Gott uns alle segnen, und möge er unseren Bemühungen Erfolg schenken."

genständige islamische Demokratie befindet: Im November **1996** wurde auf Geheiß von Sultan Qaboos die **Verfassung** des Staates verkündet. In 81 Artikeln werden alle Aspekte des Staatsapparates geregelt und die Richtlinien zur Thronfolge formuliert. Mit dem Erlass dieser Verfassung hat der Sultan eine solide Grundlage für soziale und politische Stabilität und die Garantie der Rechte und Freiheiten des Individuums geschaffen. Das Parlament wurde um eine zweite Kammer erweitert, den **Staatsrat** (engl. *Oman Council*), der in Zusammenarbeit mit der Majlis al-Shura Entscheidungsprozesse erleichtern und die Zusammenarbeit zwischen dem Volk und der Regierung fördern soll. Näheres zur omanischen Verfassung siehe ab der nächsten Seite.

Bei diesen Demokratisierungsprozessen ist Sultan Qaboos stets bemüht, sein Volk nicht zu überfordern, fürsorglich zu handeln, die Kultur zu bewahren und die Natur nicht auszubeuten – traditionsbewusst aber weltoffen, autoritär aber gerecht.

Innenpolitik

Um die Verwaltung zu erleichtern gibt es drei **Regierungsbezirke: Muscat, Dhofar und Musandam.** Daneben gibt es 44 Gemeindebezirke (arab. *wilayat*, Einzahl *wilaya*).

An der Spitze jedes Gemeindesbezirkes steht der **wali,** der **Gemeindeverwalter.** Die walis stellen eine wichtige Verbindung zwischen alten Traditionen (siehe „Bevölkerung und Gesellschaft") und moderner Verwaltung dar. Sie haben in administrativen Fragen ihres Verwaltungsbereiches eine große Entscheidungsbefugnis. Den walis fällt die Aufgabe zu, Regierungsangelegenheiten in ihrem Zuständigkeitsgebiet zu koordinieren, wichtige Angelegenheiten mit dem Innenministerium zu beraten und staatliche Anliegen oder Richtlinien an die Stammesoberhäupter weiterzuleiten, die diese dann wiederum der Allgemeinheit kundtun. Die walis diskutieren auch die Angelegenheiten ihres wilayas mit den Stammesältesten und anderen hohen Würdenträgern. Jeder Omani kann zur **monatlichen Audienz** seines wali, der **barzah,** gehen, um ihm seine Bitten oder Beschwerden vorzutragen. Auch bei der Schlichtung von Streitfällen kommt dem wali eine bedeutende Rolle zu.

In den drei Regierungsbezirken gibt es **15 walis,** die mit ihrer Entscheidungsgewalt dem jeweils zuständigen Gouverneur unterstellt sind. Die 44 walis aus den anderen Landesteilen sind dem Innenminister gegenüber verantwortlich.

Die meisten walis sind angesehene **Stammesshaikhs,** deren Ernennung in der Vergangenheit außerhalb ihres Stammesgebietes geschah, damit ihre Neutralität gewahrt blieb. Einst standen ihnen auch bewaffnete Truppen zur Aufrechterhaltung von Gesetz und Ordnung zur Verfügung. Heute sind dafür die Königlich Omanische Polizei und die Gerichtshöfe mit ihren Richtern *(qadi)* zuständig.

Die **Gesetzgebung und Rechtsprechung** folgt in Oman der **shari'a,** der islamischen Gesetzesordnung, denn im

Die omanische Verfassung

von Nikolaus A. Siegfried, Universität Hamburg

Im November 1996 überraschte Sultan Qaboos die omanische und internationale Öffentlichkeit, als er ein Grundgesetz für Oman, das Dekret Nr. 101/96, erließ. Während seiner jährlichen „meet the people tour" verkündete er das bereits fertig gestellte Dokument. Wie schon bei der Gründung des Nationalrates im Jahr 1981 war auch in diesem Fall während der Planungsphase keine Information über die bevorstehende Legislation nach außen gedrungen. Erst als das Gesetz fertig gestellt war, präsentierte Qaboos es seinem Volk.

Das Dekret besteht wie viele omanische Gesetze aus zwei Teilen. Der erste Abschnitt enthält eine Präambel, die den Hintergrund des Gesetzes erläutert, und zwei Artikel, in denen zum einen der Erlass eines Gesetzes bekanntgegeben und auf den anhängenden Gesetzestext hingewiesen wird und zum anderen Veröffentlichung und Inkrafttreten des Gesetzes bestimmt werden.

Es folgt ein zweiter Teil, der das eigentliche Grundgesetz enthält. Dieser Teil besteht aus 81 Artikeln, die in sieben Abschnitte *(Bab,* Pl. *Abwab)* aufgeteilt und mit Teilüberschriften versehen sind. Die Anzahl der Artikel ist insofern bemerkenswert, als die Grundgesetze der parlamentarisch orientierten Golfstaaten Bahrain und Kuwait 109 bzw. 183 Artikel enthalten, das der föderalistisch organisierten Emirate 152. Die stärker auf die Rolle des Monarchen als Herrschaftsträger ausgerichteten Verfassungsdokumente Saudi-Arabiens und Qatars enthalten dagegen nur 71 bzw. 83 Artikel. Eine auf das Volk verteilte Souveränität verlangt eine genauere Ordnung des Staatsapparates und Zuteilung von Rechten im Grundgesetz als eine Monarchie aus Gottes Gnaden, da ein souveräner Herrscher auch nach Erscheinen der Verfassung noch in der Lage ist, ohne langwierige Verhandlungen genauer die Strukturen des Staates zu definieren.

An mehreren Stellen des Dekretes wird die nationale Einheit betont. Im Abschnitt „Gesellschaftliche Prinzipien" weist Artikel 12 (2) es als Pflicht jeden Bürgers aus, die nationale Einheit zu wahren, Artikel 38 im Kapitel „Bürgerrechte und -pflichten" wiederholt dies. Stolz auf Nation, Volk und kulturelles Erbe herzustellen, ist ein erklärtes Ziel der Erziehung nach Artikel 13 (2), der Staat schützt explizit das nationale Erbe nach Artikel 13 (4). Diese Betonung nationaler Gemeinsamkeiten ist im Hinblick auf die interne Zersplitterung Omans in Stämme, Sprachen, Religionen und Regionen naheliegend, da das Grundgesetz für das gesamte Staatsgebiet gelten soll und daher Einigkeit voraussetzen muss. Der Erlass einer Verfassung für ganz Oman ist dann selbst ein einigendes Element.

Eine bemerkenswerte Regelung ist, dass Artikel 17, der die Gleichheit der Omanis vor dem Gesetz zum Thema hat, explizit eine Nichtdiskriminierung zwischen Geschlechtern vorschreibt. Das klingt zunächst nach einer Neuerung, wird jedoch dadurch relativiert, dass nach Artikel 11 (5) Erbschaft nach der Sharia geregelt wird. Das bedeutet beispielsweise, dass nach dem Qur'an einer Tochter nur der halbe Anteil von dem eines Sohnes zusteht. Diese und andere Erbschaftsfragen sind im Qur'an, Sure 4: 11–12, geregelt.

سلطنة عمان

Eine wirkliche Änderung ist dagegen die Rechtssicherheit, die durch Regelungen zum Umgang der Judikative mit den Bürgern entsteht. Im Gegensatz zu den anderen Golfstaaten wird die Position der Kläger und Beklagten durch das Grundgesetz in einigen Punkten verbessert: Artikel 23 zufolge hat jeder Beklagte das Recht auf einen Anwalt, finanziell Schwache darüber hinaus auf staatliche Unterstützung. Neu ist ebenfalls, dass nach Artikel 19 die Gefängnisse soziale und gesundheitliche Versorgung der Insassen sicherstellen. Artikel 20 verbietet Folter unter Strafandrohung und erklärt erpresste Geständnisse für unwirksam.

Weitere Sicherheiten im Umgang mit staatlichen Organen und Einrichtungen bieten die Artikel 16, der Deportation und Exilierung von Staatsbürgern untersagt, und 26, nach dem keine medizinischen oder wissenschaftlichen Versuche an Menschen ohne deren Einwilligung gemacht werden dürfen.

Nach Artikel 28 ist zwar die Ausübung religiöser Zeremonien gestattet, sie dürfen jedoch nicht den Sitten zuwiderlaufen. Dies bedeutet beispielsweise, dass Hindus und Zoroastrier ihre religiösen Feste nicht in der Öffentlichkeit feiern dürfen und die Errichtung religiöser Stätten aller nichtmuslimischen Religionen auf Land beschränkt ist, das der Sultan den Gruppierungen zur Verfügung stellt.

Artikel 29 garantiert Meinungsfreiheit, jedoch nur im Rahmen des Gesetzes. Kritik an der Person des Sultans etwa ist unter Strafe gestellt und insofern von der Regelung ausgenommen. Die Pressefreiheit, die in Artikel 31 garantiert wird, wird sogar im selben Artikel eingeschränkt: Es darf nichts gedruckt werden, das den vom Islam geforderten sozialen Frieden störte. Damit ist es möglich, alle gegen die Regierung gerichteten Aussagen in der Presse zu verbieten.

Es wird deutlich, dass Grundrechte im privaten Raum zugestanden werden. Außer den betrachteten Neuerungen im prozess- und strafrechtlichen Bereich ist auch die Wohnung unverletzlich (Artikel 27) und nach Artikel 30 das Post- und Telekommunikationsgeheimnis garantiert. Im öffentlichen Raum sind dagegen Grundrechte stark eingeschränkt, gesellschaftliche Aktivitäten bleiben dem Staat vorbehalten.

Die Macht des Sultans wird in Artikel 42 (1) ausführlich beschrieben: Er allein ist für die Integrität Omans, seine innere und äußere Sicherheit und die Rechte und Freiheiten seiner Bürger zuständig. Nach Artikel 42 (2) kann er alle für die Verteidigung dieser Werte notwendigen Maßnahmen ergreifen. Auch die Truppen bleiben unter seiner ausschließlichen Herrschaft: Nur der Staat darf laut Artikel 14 (2) Streitkräfte in irgendeiner Form aufstellen. Sie unterstehen dem Sultan als Mittel zur Verteidigung des Landes. Diese Souveränität des Herrschers ist auch Grundlage für die Verfassungsurkunde. Er hat nach der Präambel dabei die bereits bestehenden Prinzipien der Politik berücksichtigt, also die materielle Verfassung (Artikel 42 (2)). Diese sind bereits vom Sultan mitgestaltet worden. Andererseits zielt der Sultan mit dem Dekret auf eine bessere Zukunft für Land und Volk. Den Standort zwischen diesen beiden Polen, zwischen Kontinuität und Innovation, wählt allein der souveräne Herrscher. Ebenso ist die Quelle der Verfassungsurkunde allein der Sultan, ohne dass er sich auf Gott oder Volk als Souverän bezöge. Die fettgedruckte Herkunft der Verfassungsurkunde ist allein der Sultan selbst: „Wir, Qaboos bin Said, der Sultan Omans, ..., haben folgendes erlassen ...". Diese unumschränkte Macht des Sultans wird auch durch die Urkunde in keiner Weise vermindert.

Dagegen wird die rationale Legitimation, die durch die Verschriftlichung entsteht, genutzt, um die Herrschaft des Sultans zu untermauern. Zum ersten wird dem Herrschenden eine Legitimation durch Abstammung zugeschrieben, indem Artikel fünf die Regierungsgewalt einem männlichen Nachfolger von Sayyid Turki bin Sultan zuschreibt. Damit wird die Auswahl der Nachfolger reduziert, denn Turki bin Sultan ist nicht derjenige der Al Bu Said, der im 18. Jahrhundert Imam wurde und damit diese Familie an die Macht brachte, sondern ein späterer Sultan und direkter Vorfahr von Qaboos, der ab 1871 regierte. Diese Auswahl ist nicht ganz zufällig: Der letzte Herrscher vor Turki, der aus einem anderen Zweig der Al Bu Said stammte, hatte für drei Jahre als Imam in Muscat geherrscht.

Der Nachfolger des Sultans wird nach Artikel 6 entweder innerhalb von drei Tagen vom Familienrat oder vom Verteidigungsrat nach dem Ratschluss des vorherigen Sultans bestimmt. Damit ist sichergestellt, dass binnen kurzem ein Nachfolger im Amt und damit eine Zentralgewalt feststeht. Die rechtliche Sicherheit in Oman ist damit über Qaboos' Tod hinweg erwartbar geworden. Dies fördert die Investitionsbereitschaft internationaler Anleger. Dieser neue Sultan muss dann vor Verteidigungs- und Omanrat bei Gott auf die Einhaltung der Verfassung schwören.

Schließlich wird mit Hilfe des Dekretes Charisma geschaffen. In Artikel 41 werden dem Sultan nicht nur Funktionen im Staat zugeschrieben, sondern seine Person ist darüber hinaus beschützt und unanatastbar, ihm muss Ehrerbietung entgegengebracht werden und seinen Befehlen ist Gehorsam zu leisten. Außerdem wird er als Verteidiger, Wächter und vor allem Symbol der nationalen Einheit bezeichnet. Diese Bezeichnungen haben keine konkrete Folgerung für das Recht, so dass ihr Zweck offenbar darin besteht, die Person des Sultans als außergewöhnlich herauszustellen. Dieses Ziel ist keine Besonderheit des Grundgesetzes: Auch in den Medien wird sein Name immer mit dem Zusatz „Gott bewahre ihn!" versehen, was an die Tradition erinnert, den Namen des Propheten und der Khalifen nie ohne einen Zusatz zu verwenden, der sie mit Gott in Verbindung bringt.

Ministerium für Islamische Angelegenheiten in Al-Khuwair

oman_203 Foto: fk

Islam sind **Justiz und Religion** eng miteinander verknüpft. Daher werden seit dem Amtsantritt von Sultan Qaboos Justiz- und Religionsangelegenheiten von ein und demselben Ministerium, dem **„Ministerium für Justiz, Awqaf und Islamische Angelegenheiten“** verwaltet. Unter „Awqaf“ versteht man Spenden und Vermächtnisse an religiöse oder gemeinnützige Stiftungen, die das Ministerium zusammen mit der *zakat*-Steuer (siehe „Religion – der Islam“, „Die Almosengabe“) einsammelt, verwaltet und verteilt.

Dem Ministerium unterstehen die knapp **fünfzig shari'a-Gerichte** des Landes, an denen **sowohl Zivil- als auch Strafprozesse** geführt werden. Für die straffrechtlichen Fälle gibt es ein Gericht erster Instanz, das leichte Vergehen verhandelt und ein Gericht höherer Instanz, das sich mit schwereren Fällen befasst, sowie ein Berufungsgericht in Muscat. Zudem sind in allen Gebieten des Landes regionale Gerichtshöfe eingerichtet. Die shari'a bildet die Grundlage des Familienrechts und regelt Scheidungs- und Erbschaftsangelegenheiten. Doch für Rechtsfälle, auf die sich nicht die shari'a-Gesetze anwenden lassen, wurden **unabhängige Gerichte** eingerichtet. Davon betroffen sind z. B. Handelsdispute und alle Fälle, in denen ein Ausländer angeklagt ist. Das **Studium der Rechtswissenschaften** wird am Institut für „Shari'a-Recht, Beratung und Religiöse Betreuung“ in Muscat gelehrt, ein höheres Institut für Rechtswissenschaften bildet Richter und Rechtsgelehrte in Nizwa heran.

Auch für Bau, Unterhalt, Verwaltung und Restauration von Moscheen, islamischen Bibliotheken und über 400 Qur'anschulen, in denen Jungen und Mädchen vor ihrer Schulzeit mit religiösen Lehren, Lese- und Schreibübungen vertraut gemacht werden, ist das Ministerium für Justiz, Awqaf und Islamische Angelegenheiten zuständig. Außerdem stellt es religiöse Dienste und geistige Beratung in den Moscheen zur Verfügung und betreut die Ausbildung und Ernennung neuer Imame.

Ein weiteres, innenpolitisch bedeutendes Ministerium ist das „Ministerium für den öffentlichen Dienst“. Vor 1970 gab es in Oman keinen **öffentlichen Dienst,** da die damals wenigen Regierungsaufgaben von einer Handvoll Bediensteter erfüllt wurden. Um den Erfordernissen einer modernen Entwicklung und Staatsverwaltung nachzukommen, stieg die Zahl der Regierungsbediensteten sprunghaft an. Das Ministerium soll den Regierungsapparat modernisieren und ihm unterstützende Dienstleistungen erbringen sowie die Verwaltung kontrollieren. Ein Schwerpunkt des öffentlichen Dienstes ist, den zahlreichen omanischen Schulabgängern den Erwerb angemessener Qualifikationen zu ermöglichen, um ihnen eine attraktive und gesicherte Zukunftsperspektive zu bieten und sie ihren Fähigkeiten entsprechend an der Entwicklung ihres Landes beitragen zu lassen.

Die Schaffung von Arbeitsplätzen in Regierung und Verwaltung und die staatlich geförderte qualifizierte Ausbildung von Einheimischen soll den **Prozess der Omanisierung** unterstützen.

Ziel dieses Prozesses ist es, einen Großteil der ausländischen Arbeitskräfte durch Omanis zu ersetzen. 1995 betrugen die absoluten Beschäftigungszahlen: 271.200 Omanis, 482.127 Ausländer, der Omanisierungsgrad wird insgesamt auf 36 Prozent geschätzt, einzelne Bereiche erreichen einen höheren Prozentsatz, wie etwa in der Ölindustrie mit über 70 oder im Bankensektor mit etwa 85 Prozent (1996). Mittelfristig soll der Prozentsatz auf durchschnittlich über 40 Prozent, langfristig noch weiter gesteigert werden. Um dieses Ziel zu erreichen, wurden konkrete **Ausbildungsprogramme** entworfen, in denen die Berufsanwärter eng mit den ausländischen Fachkräften zusammenarbeiten, um ihre Fertigkeiten zu entwickeln. Mit solchen Programmen soll die berufsbezogene Kompetenz der Omanis nicht nur im öffentlichen, sondern auch im privaten Sektor verbessert werden (siehe auch Abschnitt „Gastarbeiter" weiter unten). Zudem muss für jede Arbeitskraft, die einen bestimmten Mindestlohn verdient, vom Arbeitgeber eine jährliche Abgabe an die Berufsausbildungsbehörde gezahlt werden.

Außenpolitik

Nach Jahrhunderten reger Kontakte und Beziehungen zu Ländern innerhalb und außerhalb der arabischen Welt fiel das Land 1856, als Sayyid Said bin Sultan starb und eine Abtrennung von den ostafrikanischen Besitzungen Omans stattfand, über hundert Jahre in einen Zustand der Isolation, der erst unter Sultan Qaboos endete. Dieser stand bei seinem Amtsantritt 1970 vor der Aufgabe, sein Land international bekannt zu machen.

Zu den **Grundsätzen von Sultan Qaboos** gehören eine gute Nachbarschaft, die Nichteinmischung in die inneren Angelegenheiten anderer Länder, gegenseitige Achtung, friedliche Koexistenz und gute Zusammenarbeit mit den benachbarten Staaten. Aber auch zu den westlichen Industriestaaten unterhält Oman intensive Beziehungen. Sultan Qaboos betrachtet internationale Kontakte, diplomatische Beziehungen sowie den persönlichen Austausch als äußerst wichtig beim Streben nach Weltfrieden und Völkerverständigung.

Diese Politik war erfolgreich, denn in den wenigen Jahren, die der omanische Staat besteht, konnten **zu über 120 Ländern diplomatische Beziehungen** aufgebaut werden.

Bereits 1971 trat Oman der „Arabischen Liga", den „Vereinten Nationen" (UN), dem „Internationalen Währungsfond" (IWF) und der „Weltgesundheitsorganisation" (WHO) bei. 1972 schloss sich das Land der „Islamischen Konferenz", der „Weltorganisation für Erziehung, Kultur und Wissenschaft" (UNESCO) und „Interpol" an. 1973 vollzog sich mit dem Beitritt zur „Organisation der Blockfreien Staaten" ein politisch bezeichnender Schritt. 1981 war das Sultanat **Gründungsmitglied des „Arabischen Golf Kooperationsrates" (GCC),** der die sechs Golfstaaten (Oman, V.A.E., Saudi-Arabien, Kuwait, Qatar, Bahrain) umfasst. Der GCC ist eine Art Gegenstück zur „Europäischen Union", dessen Mitglieder eine enge

Zusammenarbeit auf wirtschaftlicher, politischer und kultureller Ebene anstreben. Dabei nimmt die Frage gemeinsamer Sicherheit eine zentrale Rolle ein. Im Januar 1994 wurde Oman zum Mitglied des Sicherheitsrates der „Vereinten Nationen" gewählt. Obwohl ein Großteil seines Staatshaushaltes derzeit aus der Erdölförderung stammt, legt das Land auf eine Mitgliedschaft in der machtvollen und teils marktbestimmenden „Organisation erdölexportierender Länder" (OPEC) keinen Wert.

Nach der **Ölkrise** im Jahr **1973** gaben erdölabhängige westliche Industrienationen Oman besonders gerne Aufbaukredite, denn man wollte das Vertrauen des zwar neuen, aber offenbar weisen und tatkräftigen Staatsmannes am Golf gewinnen. Zum einen, um in Zukunft mit Öl beliefert zu werden, zum anderen, um in dieser strategisch wichtigen Region einen umsichtigen Partner zu haben. Nach dem Sturz des Schah von Persien und dem Krieg von *Saddam Hussein* gegen *Khomeinis* Iran wurde das politisch stabile und berechenbare Sultanat zu einer Art **„Wächter am Golf"** erkoren.

Der Beginn der **Golfkrise 1990** stellte die Region vor ernste Schwierigkeiten. Sultan Qaboos setzte sich für eine friedliche Lösung ein und unterstützte die UN-Resolution nach einem Rückzug des Irak aus dem besetzten Kuwait. Gleichzeitig bot er den fliehenden Kuwaitis eine sichere Zuflucht. Als die Krise sich jedoch immer mehr zuspitzte, handelte Oman in voller Übereinstimmung mit dem GCC, stellte sich auf die Seite der von den USA angeführten Alliierten und entsandte ein Kontingent zu ihrer Unterstützung. Während andere GCC-Staaten sich erst ab diesem Zeitpunkt zu einer engeren militärischen Kooperation mit dem Westen veranlasst sahen, hatte Oman bereits zehn Jahre früher diese Richtung festgelegt. Auch beim Krieg der Amerikaner und Briten in Afghanistan Ende 2001 unterstützte Oman den Westen.

Die **Palästinenserfrage** ist noch immer der Hauptkonfliktherd im Nahen Osten. Oman fördert das palästinensische Volk bei der Gründung eines unabhängigen Staates und fordert den Rückzug der israelischen Truppen aus dem Südlibanon. Zugleich unterstützt es die Verhandlungen zwischen Israel und Palästina, die zu einer friedlichen Lösung führen sollen. Außer Ägypten und Jordanien, die mit Israel Frieden geschlossen haben, war es das einzige Land im Nahen Osten, das den damaligen israelischen Ministerpräsidenten *Yizhak Rabin* zu einem Staatsbesuch empfing. Anfang 1996 wollten Oman und Israel ihre Beziehungen im wirtschaftlichen Bereich vertiefen und unterzeichneten Abmachungen über die Errichtung von Handelsvertretungen in Muscat und Tel Aviv. Im Dezember desselben Jahres entschied Oman jedoch, seine Beziehungen so lange einzufrieren, bis die israelische Regierung ihre Haltung gegenüber den Palästinensern ändert.

1995 hat Oman mit seinem Nachbarland, der Republik Jemen, eine Vereinbarung über den gemeinsamen **Grenzverlauf** abgeschlossen, nachdem Anfang der 1970er Jahre die ehemalige

oman_206 Foto: fk

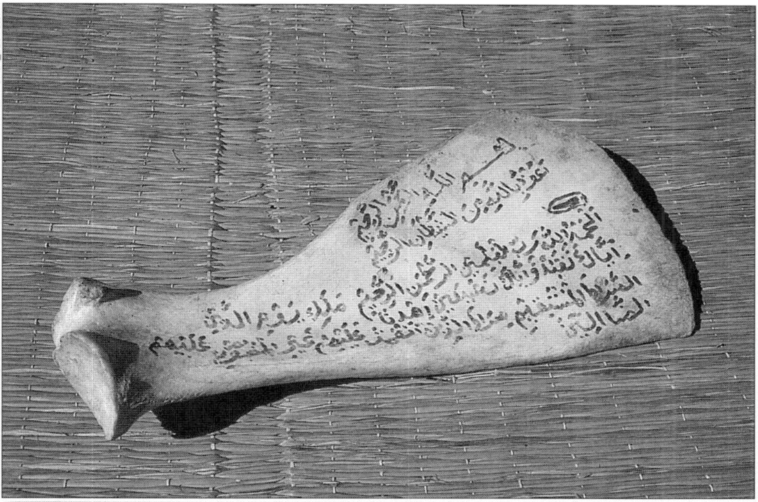

Republik Südjemen die Widerstandsbewegung im Dhofar unterstützt und den Sturz des Sultans gefordert hatte. Im selben Jahr unterzeichnete Oman auch mit Saudi-Arabien ein Abkommen, das den Verlauf der gemeinsamen Grenze endgültig festlegt. Somit sind heute alle Landgrenzen eindeutig geregelt.

Schul- und Bildungssystem

Die Bildung aller Omanis ist ein wichtiger Pfeiler der aktuellen Politik. Vor 1970 gab es neben den auf die Vermittlung religiöser Werte ausgerichteten Qur'anschulen nur drei Schulen im gesamten Land: je eine Knabengrundschule in Muscat, Mutrah und Salalah mit insgesamt gerade mal 909 Schülern und dreißig Lehrern.

Das Verlangen nach Wissen war in den ersten Jahren nach dem Neuanfang so groß, dass Schulen in Zelten entstanden, und die Schüler in Schichten unterrichtet wurden. Da es nur wenige qualifizierte omanische Lehrkräfte gab, wurden LehrerInnen aus anderen Ländern (meist aus Ägypten) angeworben. Lehrpläne mussten erst ausgearbeitet, Lehrbücher gedruckt und Prüfungsnormen festgelegt werden.

2001 gab es **1045 staatliche und 123 private Schulen** mit über einer halben Million SchülerInnen. Das gesamte staatliche Bildungswesen ist **kostenlos**. Entsprechend dem Bevölkerungsanteil

Aus früheren Schulzeiten – Tierknochen als Tafelersatz

sind knapp die Hälfte der Schüler Mädchen – ein Verhältnis, das viele arabische Länder leider nicht erreichen, da Mädchen dort der Schulbesuch oft verwehrt wird. Knapp ein Viertel der Zivilausgaben des Staatshaushaltes entfallen auf das Erziehungs- und Bildungssystem. Beispielhaft ist, dass auch im Landesinneren ein flächendeckendes Netz an Schulen entstand. Insgesamt besuchen heute über 90 Prozent der Jungen und Mädchen eine Grundschule, in denen übrigens etwa 62 Prozent der Lehrer Omanis sind. Ihr Anteil soll weiter ausgebaut werden.

Das omanische Schulsystem orientiert sich an dem britischen Schulaufbau, der aus drei Stufen, einer **Grund-, Mittel- und Oberstufe,** besteht. Mit dem Oberschulabschluss erhalten die Schüler die Möglichkeit, ihre Ausbildung an höheren Bildungseinrichtungen fortzuführen.

Mit Beginn des Schuljahres 1998/99 wurde ein neues System eingeführt, nach dem eine **zehnjährige Grundausbildung** in zwei Phasen, eingeteilt in die Klassen 1–4 und 5–10, vermittelt wird. Dieses neue Modell wird zunächst an ausgewählten Schulen getestet.

Mit dem Hauptziel, junge omanische Männer und Frauen auszubilden, die zur Modernisierung und Entwicklung des Landes beitragen, eröffnete 1986 die **Sultan Qaboos Universität** in Al-Khoudh im Westen von Muscat. Damals wurden 520 Studierende zugelassen, und 1990 entließ die Universität die ersten im eigenen Land ausgebildeten Hochschulabsolventen. Heute können sich die StudentInnen in **sieben Fakultäten** einschreiben: Erziehung und islamische Wissenschaften, Medizin, Naturwissenschaften, Ingenieurwesen, Agrarwirtschaft, Handel- und Wirtschaftswissenschaft sowie Kunstgeschichte. Die Einrichtung weiterer Fachbereiche ist geplant. Über 6000 Studierende waren im Jahr 2001 an der Universität eingeschrieben, davon etwa zwei Drittel Frauen. Die Uni verfügt über ein hochmodernes Ausbildungskrankenhaus, das als Lehrstätte für die Ausbildung von omanischen Fachärzten dient.

Die Verantwortung über die Universität hat das **Ministerium für höhere Bildung,** womit es in Oman neben dem Ministerium für Erziehung ein weiteres Ministerium für das Bildungswesen gibt. Ihm unterstehen auch vier **private Hochschulen** in Muscat und Sohar, an denen eine weiterführende Ausbildung in Unternehmensverwaltung, Wirtschaft, Handel und Computeranwendung vermittelt wird. Nach dem Abschluss haben die Absolventen die Zugangsberechtigung, um an ausländischen Universitäten zu studieren. Zudem gibt es diverse **Fachhochschulen und Ausbildungsinstitute.**

Um den Prozess der Omanisierung zu beschleunigen und den Standard der technischen und beruflichen Ausbildung anzuheben, wurden 1995 an einigen Fach- und Hochschulen grundlegende Veränderungen bezüglich des Niveaus und der Dauer der Lehrpläne vorgenommen und Programme zur **„Allgemeinen Nationalen Berufsqualifikation“** eingeführt. Mit einem solchen Ausbildungsabschluss kann der um die 16 Jahre alte Absolvent entweder direkt ins Berufsleben einsteigen oder sich an einer weiterführenden Schule einschreiben. Ein breites Spektrum an Berufsbereichen wird in arabischer Sprache in privaten Ausbildungsinstituten angeboten.

Getreu dem Motto des Sultans „Bildung für alle" verläuft die **Erwachsenenbildung** parallel zum normalen Erziehungssystem. Landesweit stehen ungefähr 250 Erwachsenen- und 180 Alphabetisierungszentren jedem omanischen Bürger offen. Insbesondere ältere Frauen in ländlichen Regionen nutzen das Angebot, denn viele von ihnen hatten in ihrem bisherigen Leben noch nicht die Möglichkeit, Lesen und Schreiben zu erlernen oder eine Ausbildung zu erhalten.

Gesundheitssystem

1970 gab es in ganz Oman lediglich ein Krankenhaus mit 23 Betten – es lag in Mutrah, wurde von amerikanischen Missionaren geleitet, und eine Behandlung war kostenpflichtig. Im Land herrschte die damals weltweit höchste Sterblichkeitsrate bei Säuglingen, Krankheiten wie Tuberkulose oder Malaria waren an der Tagesordnung. Es gab einen einzigen ausgebildeten und qualifizierten omanischen Arzt, der jedoch in den V.A.E. tätig war. Zur Thronbesteigung von Sultan Qaboos kehrte er zurück, und kurz darauf wurde er zum ersten omanischen Gesundheitsminister ernannt.

Heute gibt es in Oman 47 staatliche, moderne Krankenhäuser und **116 ambulante Kliniken,** davon sieben integrierte medizinische Zentren. Dazu kommen insgesamt **491 weitere private Kliniken** und **zwei private Krankenhäuser.** Die Königlich Omanische Polizei und die Erdölgesellschaft PDO bieten ihren Angestellten und deren Familien medizinische Versorgungsdienste und Einrichtungen.

Über 90 Prozent aller Geburten finden in Krankenhäusern statt, und statistisch gesehen leben nur noch 5 Prozent der Bevölkerung mehr als eine Stunde von einem Gesundheitszentrum oder Krankenhaus entfernt. Abgelegene Ortschaften werden durch mobile Einheiten betreut. Jeder omanische Staatsbürger kann sämtliche medizinischen Leistungen, einschließlich Medikamenten, Krankenhausaufenthalten oder Spezialoperationen, **kostenfrei** für sich in Anspruch nehmen.

Diverse Gesundheitsprogramme und Projekte führten in den wenigen Jahren seit Bestehen des omanischen Staates zu beträchtlichen Erfolgen. In den 1980er Jahren begannen **Massenimpfungen** für Kinder, in denen fast alle kleinen Omanis gegen Tuberkulose, Diphtherie, Keuchhusten, Tetanus, Kinderlähmung, Masern, Röteln – und ab 1990 auch gegen Hepatitis B – immunisiert wurden. Die Erfolge sprechen für sich, denn schon zwei Jahre nach dem Start des Kontrollprogrammes sank die Zahl der Tuberkulose-Erkrankungen auf knapp ein Drittel, 1994 verzeichnete man keine Fälle mehr von Diphtherie, Kinderlähmung und Tetanus. Insgesamt konnte die **Kindersterblichkeitsrate** erheblich gesenkt werden: von statistisch

118 Todesfällen pro 1000 Geburten im Jahr 1972 auf etwa 17 im Jahr 1999. Die allgemeine **Lebenserwartung** stieg von 49,3 auf über 72 Jahre.

Besonders schwer war es, die **Malaria** unter Kontrolle zu bringen, denn gegen das Wechselfieber kann man sich nicht durch Impfungen schützen. 1990 gab es immerhin noch über 32.000 Erkrankte. 1999 wurden nur noch 696 Malariafälle registriert – und davon wurden etwa 85% aus Indien oder Ostafrika eingeschleppt. Wegen der durchschlagenden Erfolge soll ganz Oman in wenigen Jahren malariafrei sein.

Mit der rapiden Entwicklung des Landes und dem sich ändernden Lebensstil stieg in den letzten Jahren die Zahl **nicht-übertragbarer Krankheiten** wie Diabetes, Herz- und Venenleiden stetig an. Um dem vorzubeugen, werden zahlreiche Aufklärungsprogramme, etwa gegen das Rauchen und für eine gesunde Ernährung, geschaltet. Ein ernst zu nehmendes Problem ist auch die steigende Zahl von **Verkehrsopfern:** Im Durchschnitt sterben in Oman jeden Tag 1,4 Menschen durch Verkehrsunfälle. Staatliche Gesundheitsprogramme widmen sich auch der Aufklärung über Aids und Hepatitis, die man auch einzudämmen versucht, indem man bereits 1990 die Einfuhr von Blut und Blutprodukten stoppte. Gerade in den Anfängen steckt der Aufbau eines psychiatrischen Gesundheitsdienstes.

Im Hinblick auf die hohe Geburtenrate, die dazu führt, dass sich die Bevölke-

oman_019 Foto: fk

rungszahl in nur zwanzig Jahren verdoppelt, steht auch die **Geburtenkontrolle** im staatlichen Interesse. Aufklärungskampagnen propagieren, dass Familienplanung und Geburtenkontrolle nicht im Gegensatz zu den Traditionen des Landes oder zur Religion stehen, sondern notwendig sind, um das Wohlergehen der gesamten Familie und des Landes zu sichern. Dies ist auch ein Hauptanliegen von Sultan Qaboos, das er in zahlreichen Reden an sein Volk trägt.

Sozialsystem

Das **Ministerium für Soziale Angelegenheiten** war eines der ersten Ministerien, das in den frühen 1970er Jahren gegründet wurde. Durch seine Arbeit verfügt das Sultanat heute über ein sehr gut ausgebildetes Wohlfahrtssystem.

Nach dem omanischen Sozialgesetz haben folgende Staatsbürger einen Anspruch auf **Sozialhilfe:** Familien, die aufgrund von Arbeitsunfähigkeit oder Tod des Ernährers oder zu geringem Einkommen bedürftig sind, Alte, Witwen, Waisen, Geschiedene, verlassene Frauen und Frauen von Inhaftierten.

Auch die Integration und Rehabilitation körperlich und geistig **Behinderter** liegt im Aufgabenbereich des Ministeriums. Um ihnen reelle Ausbildungs- und Arbeitsmöglichkeiten zu schaffen, wurde eine Sonderwohlfahrtsabteilung eingerichtet. Es gibt diverse hochmoderne Behindertenzentren, in denen sie nicht nur betreut, sondern auch berufsorientiert ausgebildet werden. Öffentlichkeitsarbeit und der Abbau von Vorurteilen in der Bevölkerung werden hier großgeschrieben. Viele Projekte finden in Zusammenarbeit mit UNICEF statt.

Das Ministerium erteilt auch Katastrophenhilfe, organisiert Mutter-Kind-Programme, kümmert sich um Forschungen und Studien zu Sozial- und Gesellschaftsfragen, unterhält karitative Einrichtungen, die omanische Frauenorganisation, Ausbildungszentren für Frauen, Kindertagesstätten, (mobile) Bibliotheken, Kinder- und Frauenwohlfahrt, es beaufsichtigt Qur'anschulen, führt Programme für die Entwicklung ländlicher Gemeinden durch, schützt Arbeiter vor berufsbedingten Gefährdungen u.v.m.

Für Bürger mit niedrigem Einkommen existieren vom Ministerium für Wohnungsbau getragene Maßnahmen zum **sozialen Wohnungsbau.** Auch zinsfreie Kredite zum Bau, Kauf oder Ausbau eines Hauses und Wohnbeihilfen können Omanis in Anspruch nehmen.

Traditionell existiert in der omanischen Gesellschaft bereits seit Jahrhunderten das **zakat-System,** eine der fünf Säulen des Islam. Es ist eine **Art religiöse Steuer** (über deren Zahlung aber keine weltliche Finanzinstanz wacht), die etwa fünf bis zehn Prozent der Erträge des Besitzes eines jeden Gläubigen betragen sollte. In Oman gehen diese Einkünfte an das Ministerium für Justiz, Awqaf und Islamische Angelegenheiten, und sie werden auch von ihm an Bedürftige verteilt (siehe auch Abschnitt „Innenpolitik").

Empfangsraum (majlis) im Fort von Nakhl

Praktizierter Umweltschutz

Touristen können in Oman einiges für den Naturschutz tun und die nachstehenden Punkte (die natürlich auch für Omanis gelten) beachten.

Verboten sind:

- das achtlose Wegwerfen von Abfall;
- Autofahren abseits der Straßen und Pisten, insbesondere am Strand;
- das Einsammeln, der Erwerb und die Ausfuhr von Korallen, Hummern, Langusten, Seesternen, lebenden Muscheln, Schildkröten- und Vogeleiern;
- das Jagen oder Stören wild lebender Tiere, insbesondere der Meeresschildkröten;
- das Fischen mit Speer und Harpune.
- Sportangeln mit Haken und Leine ist nur mit Genehmigung des Directorate of Fisheries erlaubt.

Natur- und Umweltschutz

Oman ist ein außergewöhnlich sauberes Land. In den Straßen und Grünanlagen liegt kaum Müll, die Strände sind sehr gepflegt und das Wasser in den Wadis klar. Allmorgendlich kann man beobachten, wie fleißige Müllaufsammler entlang der weitläufigen Straßenbegrünung und Strände jeden noch so vereinsamten Zigarettenstummel in ihren Müllsack stecken.

Natur- und Umweltschutz haben in der omanischen Politik einen hohen Stellenwert. Vor 1970 war das Land gänzlich abgeschnitten von allen modernen, industriellen und wirtschaftlichen Entwicklungen. Es gab keine Luft verschmutzenden Fabriken, kaum Autos und keine großen Städte. Bis auf die äußeren Auswirkungen der globalen Umweltverschmutzung war die Natur Omans noch völlig intakt. Um dies möglichst zu bewahren, war Oman **1974** der erste arabische Staat, der Umweltschutzgesetze erließ und ein **Ministerium für Umweltschutz** gründete. Das Ministerium trägt die Verantwortung für die Einführung eines nationalen Planes zum Schutz der Umwelt und für die Einhaltung der Gesetzesvorschriften. Neue Industrieunternehmen, Straßen, Neubaugebiete, Einkaufszentren, Hotels etc dürfen ohne eine ministerielle Umweltverträglichkeitsbescheinigung nicht gebaut werden.

Das Sultanat hat immer versucht, bei der Landesentwicklung auch die Erfordernisse zur Erhaltung einer intakten Umwelt im Auge zu behalten. Damit spielt es eine wichtige **Vorreiterrolle in**

Oryx – Königin der Antilopen

von Kirstin Kabasci

Der Morgennebel der nahen Küste liegt tief über der Jiddat al-Harasis, der großen omanischen Zentralwüste, und überzieht die öde Kiesebene mit einem dünnen Feuchtigkeitsfilm. An den wenigen und dürren Pflanzen sammeln sich lebenspendende Tautropfen. Doch einige Stunden später wird die Feuchtigkeit durch die glühende Sonne verschwunden sein, die Temperatur steigt auch im Winter fast jeden Tag über die 40-Gradmarke.

In diesem Glutofen lebt die Königin aller Antilopenarten: die schneeweiße arabische Oryx *(Oryx leucoryx)*. Das Auffälligste an den edlen Tieren ist ihre schwarze Kopfzeichnung und ihre spitzen knapp einen Meter lang und spiralförmig gedrehten Hörner. Die sechzig bis achtzig Kilogramm schweren Spießböcke ernähren sich von vertrockneten Wüstengräsern und Kräutern, für die sie in ihrer kargen und unwirtlichen Umwelt oft weite Wege auf sich nehmen müssen. Manche Tiere durchstreifen einen Lebensraum von über 10.000 km². Oryx können besser als jedes Kamel sehr lange ohne Wasser leben. Ihnen reicht die Feuchtigkeit, die sie durch die Nahrung und den Morgentau aufnehmen – der längste bekannte Zeitraum ohne zu trinken beträgt elf Monate. In den heißen Sommermonaten grasen die anspruchslosen Antilopen nur nachts oder in den kühlen Morgen- und Abendstunden. Den Rest des Tages verbringen sie dösend im Schatten eines Baumes und vermeiden jegliche Anstrengung. Trotz ihrer blendend weißen Farbe sind die Oryx sehr gut getarnt, denn im gleißenden Sonnenlicht und der flimmernden Hitze scheinen sie nahezu „unsichtbar". Einst waren sie auf der gesamten arabischen Halbinsel und im Nahen Osten verbreitet, doch erlegten 1972 (ausländische) Wilderer die letzten freilebenden omanischen Oryx. Die Tiere wurden Opfer eines brennenden Jagdfiebers, das durch das Aufkommen von Allradwagen ausbrechen konnte – sogar aus Hubschraubern wurden sie unter Beschuss genommen.

Schon zehn Jahre zuvor wurde vom „World Wildlife Found" und von der „Fauna and Flora Preservation Society" in London die „Operation Oryx" ins Leben gerufen und von diversen arabischen Herrschern unterstützt. Das Projekt sollte das edle weiße Tier vor dem endgültigen Aussterben retten und bewirkte, dass neun der seltenen Tiere im Zoo von Phoenix/Arizona Stammväter und -mütter einer „Weltherde" wurden. In einem Aufzuchtprogramm wurden die Antilopen so erfolgreich vermehrt, dass sie schon nach wenigen Jahren in andere Zoos und Tierparks gegeben werden konnten.

Sultan Qaboos rief 1976 ein Projekt ins Leben, das die Spießböcke wieder in die omanische Wüste zurückbringen sollte. Vier Jahre später erreichte die erste Herde von zehn Tieren das geschützte Wildreservat in der Jiddat al-Harasis. Sie wurden zunächst in einem 1 km² großen Gehege im Wadi Ja'alouni gehalten, wo sie sich langsam an Klima und Nahrung gewöhnten und zu vermehren begannen. Dann wurden die Tiere ausgewildert und in die Freiheit der großen omanischen Kieswüste entlassen.

Im Camp von Ja'alouni siedelten sich diejenigen Familien der Harasis-Beduinen an, deren Männer sich von der Regierung als Wildhüter anlernen und einstellen lassen wollten. Aber auch alle anderen Beduinen in dem riesigen Schutzgebiet unterstützen das Projekt und erhalten vom Sultan eine Finanzhilfe. So ist das Oryx-Projekt auch für einige der Harasis ein Glücksfall, denn so brauchen sie sich keine neuen Jobs (z. B. auf den nahen Ölfeldern) zu suchen und können in ihrer traditionellen Lebensweise weiterleben. Zusammen mit europäischen Zoologen sorgen die Ranger dafür, dass die Antilopen ungestört durch ihren riesigen Lebensraum von 17.000 km² ziehen können. Sie begleiten die scheuen Tiere in fürsorglicher Distanz bei ihren Wanderungen von Weidegrund zu Weidegrund. Oft sind sie tagelang unterwegs und melden jeden Standortwechsel, Paarungen, Geburten, Nahrungsgewohnheiten, Veränderungen in der Gruppenzugehörigkeit oder Besonderheiten im Verhalten per Funk an das Camp in Ja'alouni, wo alle Daten notiert werden. Wohl kaum eine andere Tierart der Welt erfährt heute solch eine Fürsorge und Dokumentation wie die Oryx. So hat auch jede Antilope einen Namen – es sind die gleichen, die auch die Frauen und Töchter der Harasis tragen.

Von jedem Tier ist der Stammbaum und die Familiengeschichte bis ins kleinste Detail bekannt. Die Abstammung ist für das Zuchtprogramm enorm wichtig, denn das Erbgut soll kontrolliert verteilt werden, da so die Überlebenschancen in der Wüste steigen, und Inzucht vermieden wird.

Ende 1994 wurde das Oryx-Reservat in die UNESCO-Liste der Weltkulturgüter aufgenommen.

Mitte 2001 lebten 220 weiße Oryx-Antilopen in der Jiddat al-Harasis. Durch Wilderei war der Bestand zurückgegangen, und man hat nun die Schutzmaßnahmen verstärkt. 150 Tiere befinden sich in Freiheit und 70 (noch) unter Aufsicht in einem Gehege. Und auch in Zukunft will Oman weiter in Gefangenschaft aufgezogene Oryx renaturieren – mindestens acht bis zehn Stück pro Jahr. Dank der Einrichtung des Naturschutzgebietes haben sich auch seltene Gazellenarten wieder vermehrt dort niedergelassen und Leben in die große, öde, aber gar nicht so lebensfeindliche Zentralwüste Omans gebracht.

oman_214 Foto: fk

der arabischen Welt und hat internationale Anerkennung gefunden. Das „Umweltprogramm der Vereinten Nationen" (UNEP) hat Oman als ein Land gewürdigt, das mit die besten Ergebnisse im Umweltschutz ausweist, um Land, Luft und Wasser zu schützen und das ökologische Gleichgewicht zu wahren. Außerdem hat UNEP eine Reihe von Umweltschutzvorschlägen des Sultanats angenommen. 1989 wurde Sultan Qaboos im UNESCO Hauptquartier in Paris für die Errungenschaften seiner Umweltschutzpolitik geehrt.

Besonders in den letzten Jahren hat der Staat mit einer **Vielzahl von Umweltschutzprojekten** begonnen. Viele befassen sich mit der Eindämmung der Bodenerosion, der Lärmvermeidung, der Grundwasserreinhaltung und der Abwasserbeseitigung, angepassten und Grundwasser sparenden Bewässerungsmethoden, der Trinkwasseraufbereitung und der verstärkten Nutzung der Sonnenenergie. Durch Informationsbroschüren und Fernsehsendungen wird die Bevölkerung immer wieder auf den Wert der intakten Natur und die Bedeutung des Umweltschutzes aufmerksam gemacht – auch in der Schule sind diese Themen fest im Lehrplan verankert. Die alljährlich im Oktober stattfindende Aktion „Monat der Gemeinden", in dem vorbildlich umweltbewusst handelnde Dörfer mit Preisen geehrt werden, findet in der Bevölkerung großen Anklang. Ebenfalls alljährlich seit 1996 begeht Oman jeden **8. Januar** den **„Tag der Umwelt".** Das Jahr 2001 wurde sogar zum „Jahr der Umwelt" ausgerufen.

Da das Sultanat der Bewahrung seiner reichen Tier- und Pflanzenwelt sehr große Bedeutung zumisst, wurden zahlreiche **Naturschutzgebiete und Wildreservate** eingerichtet und strenge Jagdbeschränkungen erlassen. So können die vom Aussterben bedrohten **Meeresschildkröten** in verschiedenen Schutzgebieten an der Küste und an den vorgelagerten Inseln ungestört brüten, in der großen Zentralwüste Jiddat al-Harasis entstand ein Reservat für die in freier Wildbahn ausgerottete weiße **Oryx-Antilope.** Das Wadi Sarin im östlichen Hajar-Gebirge wurde der seltenen **Arabischen Tahr,** einer Wildziegenart, zur neuen geschützten Heimat eingerichtet. Auch zahlreiche Lagunen und Buchten sowie zahlreiche bedrohte Tier- und Pflanzenarten stehen unter Naturschutz. Da die Küste verstärkt durch städtische Entwicklung gefährdet war, wurde eine siebenjährige Studie zur Erfassung des ökologischen und ökonomischen Potenzials der 1700 km langen Küstenlinie abgeschlossen. Dabei wurden zahlreiche neue Fisch- und Korallenarten sowie bislang unbekannte Brutgebiete seltener Vögel und Meeresschildkröten entdeckt. Aus den umfassenden biologischen, geologischen und ökologischen Erkenntnissen dieser Studie sollen Projekte hervorgehen, die zum Ziel haben, die wertvollen Ressourcen und die einmalige Natur für kommende Generationen zu schützen und zu bewahren.

Mit alledem zeigt das Sultanat, dass ein Gleichgewicht zwischen den modernen Entwicklungen und der Umwelt hergestellt werden kann.

Wirtschaft

Bis zu Beginn der Erdölproduktion Ende der 1960er Jahre verfügte Oman über eine nur spärlich entwickelte Wirtschaft, die sich in erster Linie auf den **Agrarbereich** und die **Fischerei** beschränkte. Die Exportgüter umfassten Datteln, Limonen, Fisch, Gemüse und Rindsleder. Bis auf die Einfuhr von Reis konnte sich das Land weitgehend selber mit Nahrungsmitteln versorgen.

Es fehlte aber nahezu an allem, was für eine moderne Wirtschaft unerlässlich ist. Straßen, Häfen, Flughäfen, allgemeinbildende und berufsqualifizierende Schulen waren weitgehend nicht vorhanden, moderne Kommunikationsmittel gab es nicht oder nur in sehr bescheidenem Maße.

Seit dem **Beginn der Erdölexporte** im Jahr **1967** entwickelte sich dieser Wirtschaftszweig zur Stütze und Haupteinnahmequelle des Staates. In den ersten Jahren machte Rohöl nahezu die gesamte Exportbilanz aus. Zunächst waren weitreichende Investitionen in die Infrastruktur sowie den Ausbau anderer Wirtschaftszweige notwendig, doch dank der Petrodollar ging der Aufbau des modernen Oman rasant voran. Innerhalb von nur zwei Jahrzehnten entwickelte das Land sich vom verarmten Agrarland zum wohlhabenden Ölstaat. Dies führte zu einer großen **Abhängigkeit von den internationalen Ölpreisen,** dem Dollarkurs und den ausländischen Absatzmärkten. Die negativen Folgen wurden Mitte der 1980er Jahre deutlich, als der Rohölpreis von 30 auf unter 10 Dollar pro Barrel (159 Liter) fiel und der Rial daraufhin um mehr als 11 Prozent abgewertet wurde. Oman hatte Glück im Unglück, denn zu dieser Zeit war die empfindliche und kostspielige Anfangsphase des Aufbaus bereits beendet. Wenige Jahre später, zur Zeit des Golfkrieges, stieg der Ölpreis dann auf über 30 Dollar an. Nach einem erneuten Tief 1998 bei etwa 10 Dollar schwankt er seither zwischen 17 und 25 Dollar.

Diese Abhängigkeit vom Öl führte dazu, dass heute rund 75 Prozent der **Staatseinnahmen** aus dem Erdölexport stammen. Im Jahr 2000 betrugen die Staatseinnahmen rund 2,1 Milliarden Rial, die Bruttostaatsausgaben einschließlich laufender Investitionen dagegen etwa 2,4 Milliarden Rial. Daraus ergibt sich ein sattes **Haushaltsdefizit,** das in den letzten Jahren stets angewachsen ist. So kommt auch Oman um Kürzungen in einigen Etatbereichen nicht herum. Das Ziel des derzeitigen **Fünfjahresplans (2001–2005)** ist ein ausgeglichener Staatshaushalt. Nach dem rapiden Ölpreisverfall 1998 wurden **Sparmaßnahmen und Steuererhöhungen** durchgeführt. So stiegen die Steuer auf Luxusgüter und der Zoll auf PKW von 5 auf 15%, die Steuer auf Unternehmensgewinne von 7,5 auf 12% und die Tabaksteuer von 75 auf 100%. Zwar ist das Ziel des ausgeglichenen Haushalts auch durch den wieder gestiegenen Ölpreis näher gerückt, doch bleibt die Unsicherheit in den Planungen durch die hohe Abhängigkeit von der Ölpreisentwicklung. Daher ist nun vorrangiges Ziel, diese Abhängigkeit zu verringern.

Eine der angestrebten Sparmaßnahmen besteht darin, sich beim Ausbau der Industrie und Infrastruktur stärker auf **private und ausländische Investoren** zu stützen. Und im Gegensatz zu anderen Golfstaaten baut Oman auch auf Staatseinnahmen durch Steuern auf Unternehmergewinne und Gebühren, die insgesamt immerhin 20 Prozent der Einnahmen ausmachen. Etwa ein Drittel der Staatsausgaben fließt in die Verteidigung, und rund 23 Prozent gehen als Angestelltengehälter in den öffentlichen Dienst.

Die Grundzüge der **Entwicklungsstrategie bis zum Jahr 2020** wurden 1995 auf einer „Konferenz über die Zukunftsaussichten der omanischen Wirtschaft" entwickelt. Neben **Omanisierung** (siehe „Staat und Politik") sollen **Privatisierung und Diversifizierung** die Schlagworte sein, mit denen wirtschaftliche und finanzielle Stabilität erreicht und die Vorsorge für das Wohl der kommenden Generationen getroffen werden soll. Sie bieten auch Wege, jungen omanischen Schul- und Studienabgängern einen gesicherten und vielfältigen Arbeitsmarkt zu eröffnen.

Die Regierung will ihre Wirtschaftspolitik umorientieren. Auf der Grundlage des freien Wettbewerbs wird dem **privaten Sektor** eine **Schlüsselrolle** eingeräumt. Daher werden in Zukunft immer mehr Regierungsanteile in freie Unternehmerhände verkauft, und auch der öffentliche Dienst übergibt seine Verantwortung zunehmend an den Privatsektor. Dazu wurde 1996 auf Erlass des Sultans das „Omanische Zentrum zur Förderung von Investitionen und der Entwicklung des Exportes" unter der Schirmherrschaft des Handels- und Industrieministeriums gegründet. Seine Hauptaufgabe besteht darin, die wirtschaftliche Entwicklung Omans durch Maximierung des Investitionsbeitrages des Privatsektors voranzutreiben. Davon betroffen ist die bis vor kurzem zu 100 Prozent staatliche **Energieversorgung:** Das erste private Kraftwerk aller Golfstaaten wurde 1996 in Manah eröffnet – allerdings wird es nach einem festgelegten Zeitraum in den Besitz der Regierung übergeben. Es bestehen auch Pläne, Straßen von privaten Investoren bauen zu lassen, die dann Gebühren für die Benutzung erheben können. Auch soll das Kapital der regierungseigenen Fernmeldeorganisation Omantel nach dem Zwischenstadium einer staatseigenen Aktiengesellschaft schrittweise über die Börse zum privatwirtschaftlichen Erwerb angeboten werden. Zudem soll Privatisierung auch eine Abwanderung des Kapitals ins Ausland drosseln. Diesen Zweck verfolgt ebenfalls die 1989 errichtete **Börse (Muscat Securities Market).**

Oman will seine Wirtschaft schrittweise umstrukturieren und verstärkt in die **Nicht-Erdölbereiche** investieren – denn „die Zeit nach dem Öl" liegt in nicht allzu ferner Zukunft. Grundlage ist, dass das Sultanat im Unterschied zu anderen Staaten der Golfregion neben dem Kohlenwasserstoffsektor auch über andere Wirtschaftszweige verfügt. Die wichtigsten sind die Landwirtschaft, die Fischerei, der Abbau der mineralischen Bodenschätze, die Leichtindustrie und der Tourismus. Nach Regierungsplanungen soll der Anteil des Rohölsektors am Bruttoinlandsprodukt bis zum Jahr 2020 auf nur 9 Prozent sinken, gleichzeitig soll der Anteil des Gassektors von 1 (1996) auf 10 Prozent steigen.

Eine verstärkte **Förderung des Industriesektors** und der Produktion von Verbrauchsgütern soll zu einer weiteren Ausdehnung des Handels, des Finanzwesens und des Dienstleistungssektors führen. Dies ist insbesondere für eine stabile Erweiterung der privatwirtschaftlichen Aktivitäten von großer Bedeutung. Unternehmen, die exportorientiert produzieren, lokale Materialien verwerten und einheimische Arbeitskräfte einstellen, können zinsgünstige Kredite und Exportbürgschaften in Anspruch nehmen. Auch für ausländische Investoren bietet die Regierung eine breite Palette von Anreizen und Hilfestellungen (siehe Text nebenan). Diese **Öffnung für das Auslandskapital** soll die Struktur der omanischen Wirtschaft erweitern.

Zu guter Letzt dienen alle diese Maßnahmen auch einer Anpassung der omanischen Wirtschaft an weltwirtschaftliche Verhältnisse, denn Oman ist im Oktober 2000 der **Welthandelsorganisation** WTO als 139. Mitglied beigetreten. Eine weitere Liberalisierung und Privatisierung ist daher unausweichlich.

Gastarbeiter

Von den etwa 2,3 Millionen Einwohnern Omans sind **26 Prozent Nicht-Omanis.** In der Hauptstadtregion ist der Ausländeranteil mit knapp 50 Prozent am höchsten. Zum Vergleich: In den benachbarten Emiraten liegt der Ausländeranteil bei etwa 80 Prozent, in Deutschland lediglich bei 9 Prozent.

Ein Großteil der Ausländer lebt als **Gastarbeiter** in Oman. Über die Hälfte von ihnen stammt aus **Indien** und ist im Handel, im Dienstleistungsgewerbe und auf dem Bau tätig. **Pakistan, Bangladesch, Sri Lanka** und die **Philippinen** stellen den Rest der Arbeitsmigranten. In Oman werden asiatische Gastarbeiter vor denen arabischer Länder bevorzugt. Ohne dieses Heer an Hilfskräften wäre die Errichtung des modernen Staates Oman nicht in der kurzen Zeit seit 1970 zu schaffen gewesen.

Die Konzeption und Organisation des Landesaufbaus war – und ist – dagegen fest in der Hand **europäischer Experten.** Über 3000 leben in Oman, knapp zwei Drittel von ihnen sind britische Staatsbürger.

Dem **Ausländergesetz** nach brauchen alle Gastarbeiter für eine Aufenthaltsgenehmigung einen einheimischen Bürgen für ihr Visum (Sponsor). Dem Gesetz nach dürfen die Generalinspekteure der Polizei Ausländer des Landes verweisen, wenn sie z. B. die „moralische Ordnung Omans" stören.

Gab es früher zu wenig qualifizierte Omanis, so hat sich diese Situation aufgrund des guten Bildungswesens innerhalb der letzten Jahre gewandelt. Immer mehr einheimische Fachleute ersetzen die ausländischen. Das ist ganz im Sinne der **Omanisierungs-Politik,** wonach der Ausländeranteil im Sultanat langfristig nur noch etwa 10–15 Pro-

Auslandsinvestitionen in Oman

Im Zuge der Wirtschaftsumstellungen und der Privatisierungspolitik öffnet sich Oman verstärkt für Auslandsinvestitionen. Begrüßt werden Investitionen in der verarbeitenden Industrie, in der Petrochemie, im Präzisionsmaschinenbau, in der Landwirtschaft und Fischerei, im Handel und Tourismus sowie in Produktionszentren für multinationale Unternehmen. Projekte, die dazu beitragen, Importe zu ersetzen, die weitgehend lokale Rohstoffe verwenden, viel Kapital und Entwicklungstechnologien einbringen, Naturgas als Hauptenergiequelle nutzen und möglichst viele omanische Arbeitskräfte beschäftigen, sind besonders willkommen.

An **Standortvorteilen** bietet das Sultanat eine günstige geographische Lage, politische Stabilität, billige und ergiebige Energiereserven (Erdgas), eine gut ausgebaute Infrastruktur, freie, wettbewerbsorientierte Marktstrategien, ein modernes Bankenwesen, eine stabile Währung mit voller Konvertibilität, freien und unkontrollierten Devisentransfer, stabile Preise, Langzeitpacht von Grundstücken zu niedrigen Preisen.

Hinzu kommen subventionierte Strom-, Wasser- und Energietarife, die Zurverfügungstellung von Anfangsdurchführbarkeitsstudien (engl. *Initial Feasibility Studies),* die Befreiung von der Einkommenssteuer für fünf Jahre mit einer möglichen Verlängerung auf zehn Jahre, die Befreiung von Zollgebühren beim Import von Fabrikausstattungen und Rohmaterialien für herstellende und Schlüsselindustrien (ansonsten 5% Einfuhrsteuer).

Ein 1994 erweitertes Investitionsgesetz gestattet eine ausländische Beteiligung bis zu 49% an omanischen Unternehmen. Auf Empfehlung des „Komitees für ausländische Kapitalanlagen" (engl. *Foreign Capital Investment Committee)* kann dieser Anteil auf 65% erhöht werden. Sollte das Projekt von nationaler Bedeutung sein und bringt ein Mindestkapital von 500.000 Rial ein, so kann nach einer Empfehlung durch den Minister für Handel und Industrie vom „Entwicklungsrat" (engl. *Development Council)* ein 100%iger Besitz genehmigt werden.

In der neu geschaffenen **Freihandelszone im Hafen von Salalah** sind die Bedingungen wesentlich vereinfacht worden. 100%iger ausländischer Besitz, Zollfreiheit und eine nur 10%ige Omanisierungsquote sollen in Verbindung mit der guten Infrastruktur des Hafens ausländische Firmen locken.

Alle ausländischen Investoren genießen gesetzlich garantierten Investitionsschutz. Unternehmen mit ausländischem Kapital dürfen weder beschlagnahmt noch enteignet werden. Die Ausnahme ist, dass öffentliches Interesse gegen das Projekt spricht, doch dann müssen Entschädigungen gezahlt werden.

Informationsstellen in Deutschland

- **Auswärtiges Amt**
Werderscher Markt 1, D-10117 Berlin, Tel. 01888-170, Fax 01888-173402
www.auswaertiges-amt.de, poststelle@auswaertiges-amt.de
- **Bundesministerium für Wirtschaft**
Scharnhorststr. 36, D-10115 Berlin, Tel. 030/20147228, Fax 030/2014703
www.bmwi.de, buero-li@bonn1.bmwi1.bund400.de
- **Bundesstelle für Außenhandelsinformationen**
Postfach 10 05 22, D-50445 Köln, Tel. 0221/2057-0, Fax 0221/2057-212, -262, -275
www.bfai.com, presseinfo@bfai.com
- **Deutsches Institut für Wirtschaftsforschung**
Königin-Luise-Str. 5, D-14195 Berlin, Tel. 030/897890, Fax 030/89789200
www.diw.de, postmaster@diw.de
- **Nah- und Mittelost-Verein e.V.**
Mittelweg 151, D-20148 Hamburg, Tel. 040/450331-0, Fax 040/45033131
www.numuv.de, numuv@numuv.de
- **Deutscher Industrie und Handelstag**
Breite Str. 29, D-10148 Berlin, Tel. 030/203080, Fax 030/203081000
www.diht.de, diht@bonn.diht.de
- **Ghorfa – Arabisch-Deutsche Vereinigung für Handel und Industrie e.V.**
Garnisonskirchplatz 1, D-10178 Berlin, Tel. 030/2789070, Fax 030/27890749
www.ghorfa.com, ghorfa-berlin@t-online.de

Informationsstellen in Österreich

- **Bundesministerium für Wirtschaft und Arbeit**
Stubenring. 1, A-1011 Wien, Tel. 01/711000, Fax 01/7159651
www.bmwa.gv.at, service@bmwa.gv.at
- **Bundeskammer der gewerblichen Wirtschaft**
Wiedener Str. 63, A-1045 Wien, Tel. 01/501050, Fax 01/50206250
www.wko.at, wkoe@wko.at

Informationsstellen in der Schweiz

- **Office Suisse d'Expansion Commerciale**
Stampfehachstr. 85, Postfach 310, CH-8006 Zürich
Tel. 01/3655151, Fax 01/355221, www.osec.ch, info.zuerich@osec.ch

Informationsstellen in Oman

- **Ministry of Commerce and Industry**
Gegenüber des Sheraton Hotels, Ruwi (Postadresse: P. O. Box 550, Muscat 113)
Tel. 799500, Fax 794238, 794239
- **Oman Chamber of Commerce and Industry**
Gegenüber des Sheraton Hotels, Ruwi (Postadresse: P. O. Box 1400, Ruwi 112)
Tel. 707684, Fax 708497
- **Salalah Port Services**
Salalah (Postadresse: P. O. Box 369, Salalah 211), Tel. 219500, Fax 219236
Muscat (Postadresse: P. O. Box 105, PC 118), Tel. 567188, Fax 567166
www.salalahport.com, mktg@salalahport.com

zent betragen soll. Die Kapazitäten der Universität und der anderen Ausbildungsstätten genügen jedoch noch nicht, um den gesamten Wirtschaftsausbau in omanische Expertenhände zu geben.

Im Bereich des öffentlichen Dienstes ist die Situation anders, denn diese Jobs sind höher bezahlt und bieten bessere Arbeitszeiten als die in privaten Bereichen und sind daher bei den Omanis sehr begehrt, so dass es dort an Stellen mangelt. Die **Arbeitsplatzproblematik** der Omanis wird dadurch noch verstärkt, dass der dominierende Kohlenwasserstoffsektor vergleichsweise wenig Arbeitsplätze bietet. Hinzu kommt, dass über die Hälfte aller Omanis jünger als 15 Jahre ist und allmählich auf den Arbeitsmarkt drängt. Die Regierung bemüht sich, dem entgegenzusteuern. So wurde zusätzlich zu den bestehenden Regelungen eine **„Ausländersteuer"** eingeführt, die sowohl private Unternehmen als auch Haushalte betrifft und nach der Ausländer nur dann eingestellt werden dürfen, wenn sich kein Omani für die ausgeschriebene Stelle meldet. Bestimmte Berufe wie der des Fischers, Handwerkers und Taxifahrers bleiben Ausländern generell verwehrt.

In Zukunft sollen Omanis auch einen Großteil der weniger attraktiven Stellen im Dienstleistungsgewerbe, im Handel und in der Baubranche besetzen. Die Begeisterung der Omanis für solche Tätigkeiten hält sich jedoch in Grenzen, und damit besteht die Gefahr, dass die Omanisierungs-Kampagne ins Leere läuft.

Erdöl

Heute bildet der Erdölsektor das stützende Rückgrat der omanischen Wirtschaft, denn die **Ölerträge machen 75 Prozent der gesamten Staatseinnahmen aus.** Als am 1. August 1967 das erste Schiff mit omanischem Öl an Bord auslief, bedeutete dies für das damals noch unterentwickelte und verarmte Land den **Anbruch eines neuen Zeitalters.** Die Gewinne wurden zunächst vorrangig für die Vergrößerung und Aufrüstung der omanischen Streitkräfte verwendet oder als Sonderzahlungen zur Befriedung der vom Bürgerkrieg betroffenen Provinzen weitergeleitet. Erst mit Beginn der Herrschaft von Sultan Qaboos und dem Mitte der 1970er Jahre im gesamten Land hergestellten Frieden wurde verstärkt in Modernisierungsmaßnahmen investiert.

Von **Fahud,** dem damals größten Ölfeld am Rande der unwirtlichen Rub al-Khali an der saudiarabischen Grenze, wurde eine unterirdische Pipeline durch Wüste und Berge zum Hafen von **Mina al-Fahal** nahe der Hauptstadt an der Küste des omanischen Golfes gelegt. Mina al-Fahal entwickelte sich zum Exportterminal und zum Verschiffungshafen für das gesamte landeseigene Erdöl. 1982 entstand dort auch eine **Raffinerie (Oman Refinery),** die bis heute die einzige des Sultanats ist.

Die gesamte Menge des geförderten Erdöls wird auch aus dem entlegensten der Ende 1999 etwa 100 erschlossenen Ölfelder über Pipelines Hunderte von Kilometern quer durch das Land nach Mina al-Fahal gepumpt. Dieser gigantische technische Aufwand ist immer noch kostengünstiger als die Errichtung eines zweiten Ölhafens im Süden des Landes. Da es keinen natürlichen, ausbaufähigen und geschützten Standort für einen Hafen solcher Größenordnung gibt, müsste mit viel technischem Aufwand und noch mehr Geld ein künstlicher Hafen gebaut werden.

Schätzungen des Ministeriums für Erdöl und Bodenschätze besagen, dass die **Ölvorräte** Omans sich auf etwa 5,7 Milliarden Barrel (ein Barrel = 159 Liter) belaufen. Bei der 1999er Durchschnittsfördermenge von ca. 900.000 Barrel pro Tag würden diese noch etwa 15–20 Jahre reichen (zum Vergleich: Die tägliche Fördermenge von Kuwait beträgt ca. 1,8 Millionen, die von Saudi-Arabien über 8 Millionen Barrel). Die Omanis erwarten aber, dass durch die Entdeckung neuer Ölfelder und die Verbesserung der Produktionstechniken das omanische Erdölzeitalter noch deutlich länger anhält. Diese Hoffnungen stützen sich auf die Tatsache, dass in den vergangenen Jahren stets mehr Öl neu entdeckt als gefördert wurde. Insbesondere im Offshore-Bereich werden weitere bedeutende Vorkommen vermutet. 10 Prozent der heutigen Fördermenge decken den Inlandsbedarf, der Großteil der Gesamtexportmenge (1999: 330 Millionen Barrel) geht nach Japan und Korea.

In den späten 1980er Jahren gründete die Regierung ihre eigene **Ölgesellschaft,** die **Oman Oil Company,** um so in ausländische Unternehmen und Ölhandelsgesellschaften investieren zu können. Der **Hauptölproduzent** im Sultanat ist die Gesellschaft **„Petroleum Development Oman", PDO.** Sie fördert rund 90 Prozent des omanischen Erdöls und ist zu 60 Prozent in Staatsbesitz. Den Rest teilen sich die Firmen Shell, Total und Partex untereinander auf.

Aufgrund des immer wiederkehrenden **Ölpreisverfalls** strebt Oman, das selbst kein OPEC-Mitglied ist, eine Verknappung seiner Fördermengen an. Gesandte des Sultans suchen innerhalb und außerhalb der OPEC Verbündete dieser Kürzungspolitik.

Unklar bleibt, was geschehen wird, wenn die Sanktionen gegen den Irak eines Tages vollkommen aufgehoben werden und Bagdad mit einer gewaltigen Ölmenge auf den Markt drängt. Würden die Iraker ihre alten Fördermengen (3,5 Millionen Barrel täglich) wieder aufnehmen, so könnte dies einen weiteren Verfall des Ölpreises zur Folge haben. Die wirtschaftlichen Folgen für das Sultanat – sowie für andere Staaten mit relativ geringen Fördermengen – wären fatal.

Erdgas

Die Erdgasvorkommen scheinen nahezu unbegrenzt: 2001 wurden sie auf rund 22 Trillionen Kubikfuß geschätzt, dabei sind die Vorkommen noch längst nicht gänzlich erschlossen. Bei diesen Mengen wundert es nicht, dass Omans Entwicklungsplaner in der Erschließung dieser Gasreserven den **Schlüssel zum zukünftigen Wohlstand** sehen und diesen Sektor fest in die wirtschaftliche Zukunftsplanung einbeziehen. In eini-

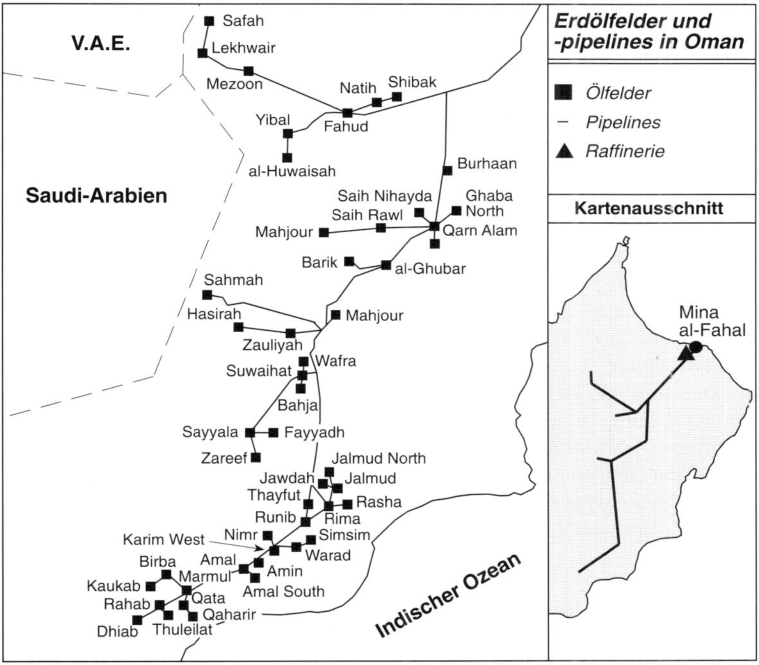

gen Jahren sollen die Einnahmen aus der Erdgasförderung über den Erträgen des Ölexports liegen.

Mit einem Milliardenprojekt versucht die **Oman LNG LLC** (LNG = engl. *Liquified Natural Gas)* die internationale Vermarktung ihres Erdgases voranzutreiben: Im November 1996 legte der Sultan in der Nähe von Qalhat am Indischen Ozean den Grundstein für eine **Gasverflüssigungsanlage,** im April 2000 wurde die erste Schiffstankladung nach Korea exportiert. Die Baukosten werden mit 2 Milliarden Dollar angegeben. Dies ist nicht nur das umfangreichste Industrieprojekt in Oman, sondern auch eines der größten Gasprojekte weltweit. An der Finanzierung beteiligt sind sieben internationale Finanzierungsbanken, unterstützt von diversen Exportkreditgesellschaften. An der Oman LNG LLC-Gesellschaft ist die Regierung mit 51 Prozent größter Teilhaber. Sie wurde auf königlichen Erlass hin gegründet und ist für alle anfallenden Verarbeitungs- und Vertriebsprozesse verantwortlich. Die Gasexploration und -förderung obliegt ebenfalls der Regierung, wird jedoch von der Gesellschaft Petroleum Development Oman betrieben. Sie übernimmt die Erschließung, Förderung und den Transport des Gases von den im Landesinneren gelegenen Quellen bis zum Verladeterminal der Verflüssigungsanlage bei Qalhat. Dort sollen nun – sobald die Anlage mit voller Kapazität arbeitet – jährlich 6,6 Millionen Tonnen Flüssiggas produziert werden. Der Großteil davon (6,4 Mio. Tonnen) wird in südostasiatische Länder verschifft; ein kleinerer Anteil soll zur Versorgung landeseigener Industrieanlagen, etwa in der Petrochemie und bei der Düngemittelherstellung sowie der Aluminiumverarbeitung, dienen. In Zukunft will Oman auch seine Stromversorgung umstellen und verstärkt Gaskraftwerke (statt mit Diesel betriebene Anlagen) bauen. Ein neues Pipelinesystem bis nach Salalah und Sohar wird dafür sorgen, dass einheimische Industrieanlagen verstärkt Gas einsetzen können.

Landwirtschaft

Bis zur Abtrennung Omans von seinen ostafrikanischen Gebieten Mitte des 19. Jahrhunderts erlangte das Land seinen Reichtum vor allem aus diesen Besitzungen und dem Überseehandel. In den folgenden Jahren war die Wirtschaft gänzlich auf Agrarwesen und Fischerei aufgebaut und erlaubte eine eher bescheidene Subsistenzwirtschaft – und das trotz der Wasserknappheit,

oman_218 Foto: fk

des ariden Klimas und der Tatsache, dass **weniger als 5 Prozent des Staatsterritoriums landwirtschaftlich kultiviert** werden können.

Als unter Sultan Qaboos die wirtschaftliche Aufwärtsentwicklung einsetzte, wanderten immer mehr Omanis aus ihren Dörfern ab, da sie glaubten, in den Städten höhere Löhne als in der Landwirtschaft zu erlangen. Der Regierung war der hohe Stellenwert der Landwirtschaft bewusst, und sie läutete direkt umfangreiche und wirkungsvolle Maßnahmen ein, um die **Abwanderung** zu stoppen und die Bauern in ihren Berufen zu halten. Die Einnahmen der Öl- und Gasindustrie dienten daher auch einer umfassenden Modernisierung sowie der Schaffung von Ausbildungsmöglichkeiten im landwirtschaftlichen Bereich.

Heute ist ländliche Abwanderung kein Problem mehr, ein hoher Prozentsatz der Omanis lebt in infrastrukturell sehr gut entwickelten Dörfern, in denen **traditionelle Kleinbetriebe** das Bild bestimmen. Auch viele Stadtbewohner besitzen Land und Eigentum in dörflichen Gebieten. Obwohl die Regierung im Zuge ihrer Wirtschaftsdiversifizierung zahlreiche neue Beschäftigungsmöglichkeiten geschaffen hat, arbeitet über die Hälfte der omanischen Bevölkerung in den Bereichen Landwirtschaft und Fischerei. Dennoch konnte die Lebensmittelindustrie Ende 1999 nur eine Eigenversorgung von knapp 50 Prozent

Terrassenfelder im westlichen Hajar

erreichen, weshalb das Land auf umfangreiche Importe angewiesen ist. Die Selbstversorgungsrate zu steigern, ist ein wichtiges Arbeitsziel des Landwirtschaftsministeriums. **Angestrebt ist die vollständige Eigenversorgung,** was vor dem Hintergrund eines begrenzten Potenzials an Nutzland und Wasser sowie eines jährlichen Bevölkerungswachstums von 3 Prozent nur schwer zu erreichen sein wird. Im Jahr 1996 betrug die Selbstversorgungsrate für Obst zwar immerhin 93 Prozent, für Hammelfleisch und Geflügel allerdings nur 22 Prozent.

Neben der Ölindustrie stellen Landwirtschaft und Fischerei heute die bedeutendsten **Exportgüter**. Ihr Anteil am ölunabhängigen Sektor lag 1996 bei über 35 Prozent, ihr Wert bei rund 61 Millionen Rial. Die wichtigsten für die Ausfuhr bestimmten Erzeugnisse, die weit über der Selbstversorgungsrate produziert werden, sind z. B. Datteln, Limonen, Bananen, Mangos, Kokosnüsse und Tabak. Hauptabnehmer sind die GCC-Staaten.

Viele Bauern nutzen die **staatlichen Projekte und Beihilfen** zum Ackerbau und zur Viehzucht. So werden vom Ministerium für Landwirtschaft und Fischerei landwirtschaftliche Geräte, Gewächshäuser, Dünger und Saatgut zur Verfügung gestellt bzw. bezuschusst. Die „Omanische Bank für Landwirtschaft und Fischerei" verteilt großzügig Kredite an Bauern, vorrangig für Kleinbauern und landwirtschaftliche Produktionsvorhaben. Die „Behörde für die Vermarktung landwirtschaftlicher Erzeugnisse" (engl. **Public Authority for**

Marketing Agricultural Produce, Abk. PAMAP) wurde bereits 1981 gegründet und hat das Ziel, die omanischen Bauern zur Steigerung ihrer Produktion anzuregen und bei der Vermarktung im In- und Ausland zu helfen. PAMAP besitzt ein umfangreiches Netz von Sammelstationen, Verteilerzentren, Nachreifehallen, Verpackungseinrichtungen sowie Kühlräume und unzählige Kühlfahrzeuge. Die Behörde organisiert auch landesweite Seminare und technische Schulungsprogramme für die Bauernschaft.

Die am intensivsten landwirtschaftlich bebaute Region Omans ist die nordwestlich der Hauptstadtregion beginnende **Küstenebene Batinah.** Neben Datteln (siehe unten) werden in großen Mengen Limonen, Mangos, Bananen, Orangen, Melonen, Feigen, Trauben, Tomaten, Kartoffeln, Pfeffer, Zwiebeln, Auberginen, Tabak und Futtergras produziert. In regenreichen Jahren wird auch Getreide in Form von Weizen und Gerste angebaut. Die **Bewässerung** erfolgt in der Batinah ausschließlich **durch Grundwasser,** das mittels Diesel- oder Elektropumpen aus den Brunnenschächten gepumpt wird. Die Brunnen werden gespeist durch Niederschläge, die im Hinterland des aufsteigenden Hajar-Gebirges fallen und versickern, bevor sie mit den Grundwasserströmen an die Küste gelangen. Entnimmt man den Brunnen zuviel Wasser, besteht die Gefahr, dass der Grundwasserspiegel absinkt und Meerwasser eindringt. Um dies unter Kontrolle zu bringen, wurden zahlreiche hydrologische Studien durchgeführt und vorbeugende Maßnahmen eingeleitet. Einer gezielten und sparsamen Bewässerung widmen sich diverse Ministerien und staatliche Stellen mit großer Intensität und beachtlichen Erfolgen. Des Weiteren wurden in den Wadis der angrenzenden Berge zahlreiche **Grundwasseranreicherungsdämme** und Stauanlagen angelegt. Nach heftigen und lang anhaltenden Regenfällen stauen sie das Wasser in den Wadis auf, verhindern ein Abfließen und sorgen dafür, dass durch langsames Versickern die Grundwasseradern auf natürliche Weise aufgefüllt werden.

In den heißen und trockenen **Gebirgsebenen des Hajar** liegen landwirtschaftliche Anbauflächen in den Oasen und Wadibetten. Datteln gedeihen in diesem Klima besonders gut, daher sind sie das Hauptanbauprodukt der Gegend. Dank der **Bewässerung durch** das ausgeklügelte **falaj-System** ist im Schatten der Dattelpalmen aber auch die Anpflanzung anderer Obst- und Gemüsesorten möglich und durchaus ertragreich. In der Jebel Akhdar-Region spielt die Kultivierung von Rosen zur Gewinnung von Rosenwasser eine wichtige Rolle.

In der südlichsten Provinz Omans, im **Dhofar,** gedeihen aufgrund der hohen Luftfeuchtigkeit und der Monsunwinde neben zahlreichen Obst- und Gemüsesorten tropische Früchte wie Kokosnüsse, Mangos, Bananen und Papayas besonders gut. Auch Viehfutter wird auf großen Flächen intensiv angebaut. In bestimmten Regionen wachsen Weihrauchbäume, aus denen das berühmte Weihrauchharz gewonnen wird (siehe

oman_223 Foto: fk

auch Exkurs „Weihrauch – das duftende Goldharz des glücklichen Arabien"). Verarbeitung und Vertrieb liegen ebenfalls im Aufgabenbereich von PAMAP. In den Bergen des Dhofar befinden sich die traditionellen Weidegründe des Jebali-Stammes, der neben Kamelen auch Kühe züchtet.

Falaj – sprudelnder Lebensquell omanischer Oasen

Landwirtschaft ist nahezu im gesamten Land nur mittels **intensiver künstlicher Bewässerung** möglich. Die Landwirtschaft verbraucht die unglaubliche Menge von 90 Prozent des vorhandenen Wassers. Regen ist die einzige Quelle für Grundwasser. Die durchschnittliche Menge an Regen liegt in weiten Landesteilen unter 50 mm pro Jahr, in den Bergen beträgt sie immerhin ca. 300 mm. Nur in der südlichen Provinz Dhofar, wo sich entlang der Küstenebene und an den seewärts gerichteten Berghängen von Juni bis September leichte Monsunregen abregnen, gibt es regelmäßige Niederschläge.

Eine **Legende** besagt, dass **vor etwa 3000 Jahren** der sagenumwobene Salomo, Sohn des David, auf einem fliegenden Teppich über Oman schwebte. Er bemerkte die Trockenheit des Landes, das von einer großen Dürreperiode heimgesucht war, und fragte die hungernden Menschen, ob er ihnen helfen könne. Sie baten ihn um Wasser für die Gärten, woraufhin er seinen Geistern, den *jinnen,* befahl, Bewässe-

Körperpflege mit kristallklarem Wasser aus einem falaj-Kanal

rungskanäle zu bauen. In sieben Tagen erbauten die fleißigen Geister ein 7000 km langes Netz an unterirdischen Tunneln, die das Leben spendende Nass aus den Bergen zu den ausgedörrten Feldern führten.

Diese sagenhaften, unterirdischen Kanäle gibt es noch heute in Oman, sie werden *aflaj* (Sing. *falaj*) genannt und ihre **Ursprünge** liegen tatsächlich in der Zeit des Salomo. Im 6. Jahrhundert v. Chr. wird diese Bewässerungsmethode das erste Mal in historischen Quellen erwähnt. **Im persischen Hochland** entwickelt, wurde sie aller Wahrscheinlichkeit nach von dort nach Nordoman eingeführt, das damals unter der persischen Herrschaft von *Kyros dem Großen* stand.

Aber auch in anderen Regionen der Welt wurden ähnliche unterirdische Wassersammelsysteme unter anderen Namen verbreitet: in Ost-Turkestan als *korag,* in Afghanistan und Balutschistan als *karez,* im Jemen als *ghayl* und in Nordafrika als *foggara.* Von Nordafrika aus gelangte das Wissen über diese Bewässerungstechnik weiter auf die Iberische Halbinsel und von dort sogar bis in das lateinamerikanische Hochland.

Das **Bauprinzip** dieser Anlagen ist mehr oder weniger gleich. Das Wasser wird in **unterirdischen Sickergalerien** oder Stollen mit leichtem Gefälle talabwärts geleitet, um dann am Ende in einer offenen Rinne in die Siedlung oder die Gärten zu fließen. Die Kunst, die vorhandenen Wasservorräte bestmöglichst zu nutzen, ist von den Omanis über Jahrhunderte perfektioniert worden. Falaj-Kanäle, diese regelrechten Lebensadern, findet man in Oman in zahlreichen Oasen **beidseitig des Hajar-Gebirges.** Eine Ausnahme bildet die Exklave Musandam, wo das Regenwasser in Zisternen *(birkah)* gesammelt wird. In der Küstenregion fließt das Grundwasser weniger tief als in Inner-Oman, deshalb kann man hier Brunnen *(bir)* in die Grundwasseradern bohren.

Man unterscheidet in Oman **zwei Arten von aflaj-Anlagen:** die ghayl-aflaj und die qanat-aflaj. Bei den **ghayl-aflaj** dient unterirdisch gestautes Wasser als Quelle, wohingegen beim **qanat-aflaj** grundwasserführende Erdschichten angezapft werden. Bei seinem Bau gräbt man zunächst breite, vertikale Schächte in den Erdboden, die dann unterirdisch durch einen horizontalen Stollen *(umm-falaj)* miteinander verbunden werden. Der teils mannshohe Tunnel muss bis in eine grundwasserführende Schicht hineingegraben werden. Sein Gefälle darf nicht mehr als 0,5 Prozent betragen, da sonst die Erosion das System zerstören würde. Die Schächte dienen den Arbeitern als Einstieg in den Stollen und stellen zugleich ihre Luftversorgung sicher. Von oben sehen sie aus wie große Maulwurfshügel, denn die Erde wird um die Schachtöffnung herum aufgeschüttet. Später können von diesen Schächten aus Wartungs- und Reparaturarbeiten im Stollen erledigt werden. Diese Inspektions- und Ventilationsschächte haben den qanat-aflaj den irreführenden deutschen Namen „Kettenbrunnen" gegeben. Bei den meisten qanat-aflaj fließt das Wasser ganzjährig in etwa ausgeglichener Menge. Sollte es aber dennoch zu Schwankungen kommen, oder droht das Wasser gar zu versiegen, kann man den Stollen so lange verlängern oder Seitenstollen anlegen, bis sie auf eine Felsbarriere treffen. Andernfalls bleibt nur die Möglichkeit, einen neuen, tieferen Wassertunnel zu graben.

Ghayl-aflaj können nur in Wadis angelegt werden, und auch nur dann, wenn die oberste Erdschicht nicht zu mächtig ist und man in nicht allzu großer Tiefe auf eine wasserundurchlässige Schicht trifft. Ghayl-aflaj erschließen das im Wadibett unterirdisch

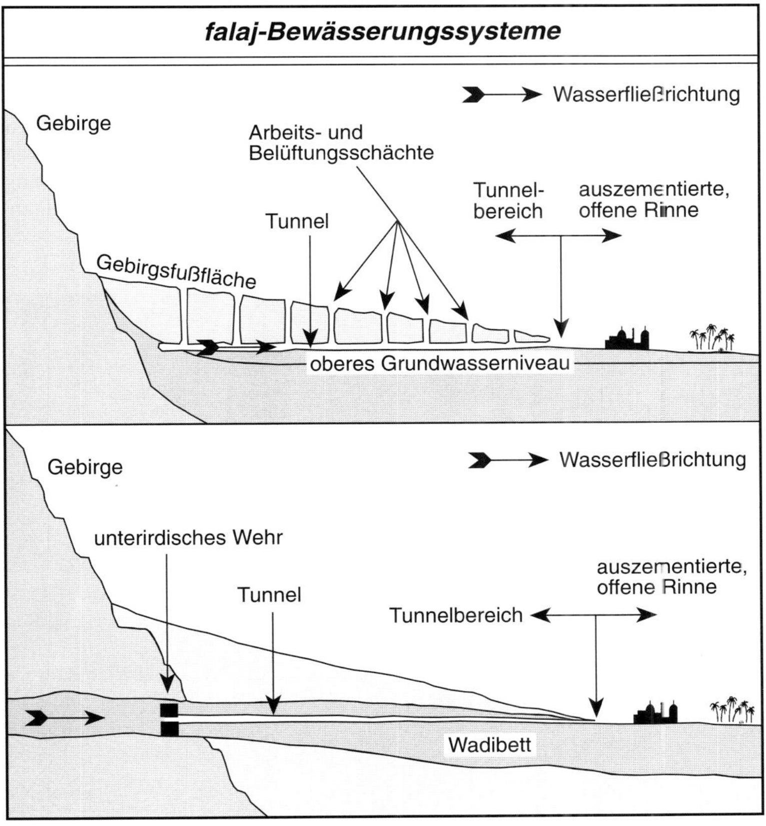

durch ein natürliches Hindernis (Felsbank) gestaute Wasser. In vielen Fällen wird auch eine künstliche Sperre geschaffen, indem eine unterirdische Mauer in den Schotter des Flussbettes eingegraben wird. Hinter der Barriere beginnen Stollen oder Kanäle, durch die das Wasser dann in die Oasen geleitet wird.

Der Bau von aflaj-Anlagen ist nicht nur sehr arbeitsaufwändig, sondern auch risikoreich. Darüber hinaus sind ein hohes Maß an Geschick und großes Wissen über hydrogeologische und geomorphologische Zusammenhänge nötig. Unbestrittene **Wasserexperten** Omans sind die **Al-Awamir,** ein in der Sharqiyah ansässiger Stamm. Sie sind landesweit die kompetentesten Fachleute, und ihnen kam noch bis vor wenigen Jahren sowohl beim Bau als auch bei der Wartung der aflaj eine Monopolstellung zu. Wohlhabende Dörfer beauftragten die Awamir mit der Wartung und Ergänzung ihrer Bewässerungssysteme, ärmere Orte ließen sich nur beraten und führten die Arbeiten selber aus. Inzwischen hat der Staat diese wichtige Aufgabe übernommen.

Sobald das Wasser an die Erdoberfläche tritt, werden die weiteren Sanierungs- und Bauarbeiten von der Dorfgemeinschaft durchgeführt. Am Ende des Stollens wird es in offenen, gemauerten oder auszementierten **Kanälen** weitergeleitet. Dank der Baufertigkeit der Omanis können diese auch entlang fast senkrechter Felswände verlaufen,

oman_208 Foto: fk

über Aquädukte führen oder durch einen Siphon Straßen und Wadis unterqueren.

Die meisten aflaj werden von allen Oasenbewohnern genutzt *(amwal)*, es gibt aber auch Farmen, die ihren eigenen falaj besitzen *(mazra)*. Da dem Wasser eine so große ökonomische Bedeutung zukommt, ist seine **Verteilung** an die einzelnen Teilhaber **genau geregelt.** Kleine Tore, die wie Rechen aussehen, teilen den falaj-Kanal in mehrere gleich große Rinnen. Je nachdem, wie groß die Wasserrechte eines Oasenbauern sind, bekommt er ein oder mehrere solcher Tore zugeteilt. Kleine Stauwehre, die mit Steinen geöffnet oder verschlossen werden können, bilden den Eingang in die einzelnen Gartenparzellen. Auch die Zeiten, zu denen Wasser in die Gärten geleitet wird, sind nach einem traditionellen **Rotationssystem (dawran)** streng festgelegt. Während des Sommer- und Winterhalbjahres sind diese Rotationen unterschiedlich bemessen. Über die Richtigkeit der Wasserverteilung wacht der **waqil,** quasi der Chef eines Gemeinschafts-falaj. Für die Pflege und Wartung der Kanäle und aller zugehörigen Anlagen ist der **arrif** mit seinen Arbeitern zuständig; die Wassergebühren sammelt der **qabidh,** der „Zahlmeister", von allen Teilhabern ein. Bei Problemen beraten sich die Besitzer von Wasseranteilen in einer Versammlung.

Auf dem Tiermarkt von Nizwa

Auch wenn heute Armbanduhren die traditionellen Bewässerungs-Sonnenuhren und den Sternenkalender ersetzt haben, so wird an den Grundsätzen dieser Wasserzuteilungsprinzipien festgehalten, denn sie haben sich jahrhundertelang bewährt. Um ihren Wasserbedarf zu decken und unabhängig von Rechten und Rotationszeiten zu sein, haben viele Garteneigner allerdings zusätzliche, **mit Motorpumpen betriebene Brunnen** installiert. Durch diese neue Technik besteht die Gefahr, dass dem Boden zuviel Wasser entnommen wird und der Grundwasserspiegel schneller sinkt, als er sich wieder auffüllen kann. Die Existenz mancher aflaj könnte also ernsthaft in **Gefahr** geraten. Das „Ministerium für Wasserressourcen", dessen Ziel die Erhaltung natürlicher Wasservorkommen ist, versucht dem entgegenzulenken. Zu den Aufgaben des Ministeriums gehören auch die Erteilung von Genehmigungen zum Brunnenbau und der Bau von Dämmen, die das Abfließen von Regenwasser in den Wadibetten verhindern, damit sie auf natürliche Weise langsam in das Grundwasser einsickern können.

Dient ein falaj neben der Bewässerung auch zur **Versorgung der Siedlung,** so wird das Wasser, bevor es in die Gärten fließt, noch für andere Zwecke genutzt: Kurz hinter dem Austritt des Stollens in die Oase liegt zunächst die Stelle der Trinkwasserentnahme. Wenn auch viele Oasenbewohner ihr Wasser durch den Wasserhahn ins Haus geliefert bekommen, so wird das Wasser aus dem falaj wegen seiner hervorragenden Reinheit und Qualität besonders geschätzt. Unterhalb liegen in Moscheennähe die Plätze für die rituellen Waschungen, noch weiter kanalabwärts die Tränkstellen für das Vieh. Es folgen die von hohen Mauern umgebenen Waschplätze der Männer und Frauen, die Plätze zum Wäschewaschen und schließlich ein Becken, an dem die Leichen vor der Bestattung gereinigt werden. Erst dann wird das kostbare Nass zum Bewässern der Felder genutzt.

Noch vor wenigen Jahren bezogen alle privaten Haushalte ihr Wasser aus den schätzungsweise 4000 aflaj-Systemen oder aus Brunnen, heute verbraucht die Landwirtschaft nahezu all das aflaj-Wasser. Den in den letzten Jahren durch die wachsende Bevölkerungszahl und den höheren Lebensstandard drastisch gestiegenen Wasserbedarf hätten die traditionellen Systeme auf Dauer nicht decken können. Daher stammt das **Haushaltswasser der Küstenbewohner,** die den größten Teil der Bevölkerung darstellen, **fast ausschließlich aus Meerwasserentsalzungsanlagen,** die über das ganze Land verteilt sind. Die größte Anlage ist die Entsalzungs- und Krafterzeugungsanlage von Al-Ghubrah bei Muscat, die täglich über 100 Millionen Liter Trinkwasser produziert. Dort verwendet man das **Destillationsverfahren:** Mit Erdgas wird das Meerwasser auf 90–130°C erhitzt. Das Wasser verdampft und kondensiert in mehreren Destillationsanlagen – das Salz bleibt zurück. Dem in Al-Ghubah entsalzten Wasser wird Grundwasser aus Brunnen im Wadi Dhayqah und Wadi al-Khoudh untergemischt. Die meisten der kleineren Meerwasserentsalzungsanlagen bedienen sich der **Technik der Umkehrosmose,** wobei Salzwasser durch eine halb durchlässige Membran, die zwar das Wasser, nicht aber das Salz passieren lässt, gepresst wird. Entlegene ländliche Gebiete werden entweder mit traditionellen Methoden oder aus **Tankwagen mit Trinkwasser** versorgt. Um die Versorgung entlegener Ortschaften in den Wüstenregionen zu sichern und zu erleichtern, werden Versuche durchgeführt, unter der Verwendung von Solarenergie brackiges Grundwasser zu entsalzen. Andere Methoden sollen das Brackwasser mittels Windenergie zu Umkehrosmoseanlagen pumpen, um ihm dort das Salz zu entziehen.

Datteln – Süße Früchte vom „Baum des Lebens"

Seit Menschengedenken spielt die Dattelpalme eine bedeutende Rolle im Leben der Wüstenvölker. Ausgrabungen lassen den Schluss zu, dass Datteln **schon vor 8000 Jahren** eine wichtige Nahrung der Wüstenbewohner waren, schriftliche Aufzeichnungen der Griechen belegen, dass Oman bereits im Jahre 80 n. Chr. Datteln nach Indien exportierte. In den Jahrhunderten der großen omanischen Seefahrerzeit waren sie die **wichtigste Handelsware:** So wurde die Frachtkapazität einer Dhau in Dattelsäcken bemessen. Die nahrhaften Früchte waren zusammen mit Fisch die Hauptnahrung der Seefahrer, die dank ihnen nicht an Skorbut erkrankten. In den Zeiten des kriegerischen Mittelalters waren die Lagerräume der Forts stets bis unter die Decke gefüllt mit Dattelsäcken, und auch jeder Haushalt hatte seinen Dattelvorrat, der in Tonkrügen über mehrere Jahre haltbar war.

Von Muhammad stammt der Ausspruch: *„Wer eine Dattelpalme pflanzt, spendet Schatten in der Hölle und hilft einem hungernden Bruder zu überleben"*. Der Qur'an erwähnt den Baum mit seinen Leben spendenden Früchten in 26 Textstellen. Er wird **„Baum des Lebens"** genannt und als ein **Geschenk Allahs** angesehen.

Doch der größte Nutzen dieses Wunderbaumes liegt in der Verwendung der Datteln, die wegen ihrer **langen Haltbarkeit** und ihres **hohen Nährwerts** besonders wichtig und bemerkenswert sind. Die getrockneten Früchte sind sehr eiweiß- und kohlehydrathaltig sowie reich an Vitamin A, D und B, außerdem an Magnesium, Kalzium, Kalium und Eisen. Der hohe Zuckergehalt von durchschnittlich 70 Prozent setzt die sog. Wasseraktivität herab, verhindert so die Vermehrung von Mikroorganismen und erleichtert das Dörren. In Fällen von Nahrungsmittelknappheit ist dieser hohe Zuckergehalt zum raschen Energiespenden durchaus vorteilhaft. Hundert Gramm (ungefähr 15 Stück) getrocknete Datteln enthalten ca. 270 Kilokalorien. In dieser geringen Menge ist nahezu der gesamte Tagesbedarf eines Erwachsenen an einem Großteil wichtiger Mineralien enthalten. Eine Hand voll Datteln, zusammen mit Kamel- oder Ziegenmilch, war – und ist – für viele Nomaden auf ihren langen Wüstenwanderungen die einzige Nahrung. Diese geringe, aber überaus wertvolle Menge, sicherte ihr Überleben.

Vor der Entdeckung des Erdöls waren Datteln einer der wenigen **Exportartikel** des Sultanates. Sie sind noch immer begehrte und teure Handelsprodukte und in der ganzen arabischen Welt für ihre hohe Qualität bekannt.

Die Dattelpalme bringt jedoch nicht nur süße und nahrhafte Früchte hervor. Ihr **Holz** war noch vor wenigen Jahren ein wichtiges Material beim Hausbau (Deckenbalken und Türen) und neben Tierdung das einzige Brennmaterial. Die **Palmwedel** werden zum Herstellen von Seilen, Matten, Säcken, Taschen, Kleiderständern, Fischreusen, Körben, Fischerbooten (sasha) oder Hütten (barasti) verwendet. Selbst die **Dattelker-**

Köstlich und nahrhaft – omanische Datteln

oman_225 Foto_fk

Land und Leute

ne sind kein Abfall, sie eignen sich zum Auspressen von Öl und können zerrieben als Kaffee-Ersatz oder als Futter für die alles fressenden Ziegen, Esel und Kamele genutzt werden.

Dattelpalmen *(Phoenix dectylifera)* gibt es reichlich in Oman – schätzungsweise nicht weniger als sieben Millionen. Sie bedecken eine Fläche von 20.000 Hektar und wachsen im ganzen Land bis zu einer Höhe von 700 Metern. Eine Ausnahme bildet der Dhofar, denn dort ist das Klima für Datteln zu feucht – dafür gedeihen dort Kokospalmen umso besser. Dattelbäume benötigen neben trockener Luft und viel Sonne auch reichlich Wasser. Nach einem alten arabischen Sprichwort gehören „ihr Kopf ins Feuer und ihre Füße ins Wasser". Sie vertragen durchaus auch leicht salzhaltiges Wasser, weshalb mehr als die Hälfte der omanischen Dattelbäume in der nördlichen Küstenebene Batinah gedeiht. Jedoch sind die dort geernteten Früchte klein und nur von minderer Qualität. Die besten Datteln kommen aus dem westlichen und östlichen Hajar, aus Buraimi, Rustaq, Nizwa, Suma'il und Ibri.

In Oman wachsen **157 verschiedene Sorten von Dattelpalmen,** daher ist Dattel genauso wenig gleich Dattel wie Palme gleich Palme. Die omanische Königin der Datteln ist die Sorte „khalas". Ihr Geschmack ist so hervorragend, dass die glücklichen Dattelbauern sie nicht gerne verkaufen, sondern lieber zusammen mit ihrer Familie genießen. Andere Sorten haben so blumige Namen wie „halawi" („die Süße"), „qushsh zabad" („wie Butter"), „qushsh lahm" („wie Fleisch"), „qushsh mozah" („wie eine Banane").

Im Wadi Quriat und in Al-Kamil werden in zwei großen staatlichen **Zuchtbetrieben** hochwertige Palmen kultiviert. Im Wadi Quriat stehen alle 157 Sorten der omanischen Dattelpalme. Sie bilden eine Art genetische Samenbank, um neue ertragreiche und standortgerechte Sorten zu züchten. In einem 1992 eröffneten gentechnischen Labor werden Dattelpalmensetzlinge gezogen. Es ist nicht einfach, eine neue Dattelpalme aus einem Ableger zu ziehen. **Ein Baum** produziert in seinem langen Leben von sechzig bis achtzig Jahren höchstens **zwanzig Ableger,** die aber alle seine guten Qualitäten erben. Daher zieht man Dattelkeime nicht aus Kernen, denn diese Bäume sind nur von schwachem Wuchs und produzieren kaum Früchte, die noch dazu von schlechter Qualität sind. Mit den gentechnisch gezüchteten jungen Palmen sollen bald über zehn Millionen Stück in Oman stehen.

Datteln wachsen zwar auch von alleine, doch nicht in den Mengen und der Qualität wie mit der mühevollen **Pflege des Oasenbauern,** des **bidr.** Neben regelmäßigem Wässern, Düngen und Beschneiden des Baumes fällt der Bestäubung und der weiteren Pflege der heranreifenden Früchte eine wichtige Rolle zu. Von allen Palmen sind gerade einmal fünf Prozent männlich, denn da sie keine Früchte tragen, werden sie auch

Männliche Dattelsamenkapseln werden auf den Souqs feilgeboten

oman_136 Foto: fk

nicht in den Dattelhainen angepflanzt. So legt der Oasenbauer bei der **Befruchtung** seiner weiblichen Bäume selber Hand an. Dazu muss er während der Blütezeit, die je nach Art zwischen Januar und März liegt, zunächst die männlichen Pollen auf dem Souq einkaufen. Auf allen großen Märkten werden sie feilgeboten. In einer einzigen Kapsel befinden sich genügend männliche Pollenwedel, um über 200 Palmen zu bestäuben. Wenn die weiblichen Bäume in voller Blüte stehen, klettert der bidr die Stämme hinauf und bindet in mühevoller Kleinarbeit immer mehrere Blütenrispen mit einer Pollenrispe zusammen. Zum Schutz wickelt er noch ein Palmblatt außen herum, denn schon ein einziger Regenschauer oder starker Sturm kann den Erfolg der ganzen Arbeit zunichte machen, und die Blüten müssten erneut bestäubt werden. In den Monaten bis sie ihre volle Größe erreichen und eine gelbliche oder rote Farbe annehmen, brauchen sie viel Pflege und einen besonderen Schutz vor starkem Wind, der Sand auf die weichen, klebrigen Datteln wehen könnte. Zur **Ernte** steigt der bidr auf die Bäume, legt einen Strick um ein stabiles Stück Baumrinde und knotet es an das Stängelende der Dattelbüschel. Dann schneidet er den Stiel durch, und ein oder zwei Männer seilen die schweren Bündel vom Boden aus ab. Zwischen zehn und zwanzig solcher Büschel können an einer Palme wachsen, und ein Ernteertrag von über hundert Kilo Datteln ist pro Saison möglich. Früher war es die Aufgabe von Verwandten, Frauen und Kindern, bei der Pflege und Ernte der Früchte zu helfen, besonders bei kleinen Familienbetrieben. Heute haben jedoch immer mehr Bauern ausländische Lohnarbeiter angestellt.

Wegen der Artenvielfalt kann man in Oman die ganze Zeit zwischen Juni und November erstklassige **frische Datteln (rutab)** kaufen und genießen. Der Prophet Muhammad empfiehlt, das Fastenbrechen im Ramadhan mit frischen und saftigen Datteln zu begehen. **Getrocknete Datteln (tamr)** kann man in großen Lebensmittelgeschäften und in jedem Souq kaufen. Besonders gut sind mit Mandeln gefüllte Datteln, oder solche, die in kleinen geknüpften Taschen aus Palmblättern verkauft werden. In der traditionellen omanischen Küche hat die Dattel ihren festen Platz, nicht nur als süße Nachspeise, sondern auch als Zutat zu vielen Suppen und Soßen sowie Reis- und Fleischgerichten. Sehr beliebt ist auch Dattelsirup oder Marmelade, die sowohl mit Mandeln als auch mit Kardamom und Pfeffer verfeinert sein kann.

Die vielseitigen Früchte vom „Baum des Lebens" sind zugleich Lebensspender, Alltagsnahrung, Delikatesse und Luxusgeschenk. Sie sind auch ein bedeutendes Zeichen der Gastfreundschaft, das man nie ausschlagen, sondern in Ruhe genießen und würdigen sollte.

Viehzucht

Oman ist der größte Viehzüchter der Arabischen Halbinsel. Seit den 1970er Jahren hat das Land verstärkt mit seiner eigenen **industriellen Fleischversor-**

gung begonnen. Vollklimatisierte Farmen für Kühe und Hühner, die neben Fleisch auch Milch und Eier produzieren, gibt es heute landesweit in ansehnlicher Zahl. Da die Inlandsproduktion von Rind- und Hammelfleisch jedoch nicht zur Eigenversorgung ausreicht, ist eine Steigerung der Produktion geplant.

Neben dieser industriellen Fleischproduktion hält sich jede omanische Familie wie seit Jahrhunderten einen **Eigenbestand** an Ziegen, Schafen, Hühnern oder Kamelen. Insbesondere die anspruchslosen und alles fressenden Ziegen sieht man überall. Kamele werden meist von den Beduinen gezüchtet. Im Dhofar gibt es die einzigen frei lebenden Kühe auf der Arabischen Halbinsel. Insgesamt werden in Oman 23.000 Tonnen industrielle Fleischwaren produziert – die gefangene Fischmenge ist über fünfmal so hoch.

Fischerei

Das Sultanat besitzt eine 1700 km lange Küste und den Reichtum von **150 verschiedenen Fisch- und Schalentierarten,** von der Sardine über die Makrele, den Schwertfisch und Barracuda bis zum Thunfisch. Unter ihnen sind alleine 35 Arten aus der Familie der Barsche, in Oman „hamour" genannt. Als hochwertigster Fisch gilt die **Königsmakrele,** der **kingfish.** Die unzähligen kleinen Sardinen, die überall an den Stränden zum Trocknen ausgebreitet sind, werden mit Fangnetzen gefangen und seit jeher als Viehfutter und Düngemittel verwendet. Die omanischen Fangmengen übersteigen bei weitem den nationalen Bedarf, so dass ein Großteil in die benachbarten Golfstaaten, die USA, nach Japan oder Europa exportiert werden kann. In jedem omanischen Dorf wird frischer Fisch verkauft, der höchstens einen Tag zuvor direkt am Strand in Kühlwagen gepackt wurde.

Die Fischerei zählte immer zu den wichtigsten Wirtschaftszweigen des Landes, und Oman ist stolz auf seine lange und **traditionsreiche Fischereigeschichte.** Vor 1970 gab es weder Kühlhäuser noch Transportmöglichkeiten, so dass der Großteil der gefangenen Fische von den Küstenbewohnern selbst verbraucht wurde. Ein bescheidener Handel bestand mit manchen Beduinenstämmen, die Datteln gegen getrockneten Fisch tauschten und die Waren mit ihren Kamelen transportierten. Die Fischer besaßen Holzboote, kleine Dhaus oder ruderten mit einfachen, aus Palmwedelstrünken erbauten sashas aufs Meer hinaus. Sie entwickelten eine Reihe von ausgeklügelten Fischfangtechniken, die man auch heute manchmal noch beobachten kann.

Ähnlich wie in der Landwirtschaft versuchten Anfang der 1970er Jahre zahlreiche Fischer, in der neu entstehenden Ölindustrie einen Geld versprechenden Job zu finden und hingen ihr Fischernetz an den Nagel. Auch diese Entwicklung konnte durch ein Hilfsprogramm gestoppt werden. **Finanzielle Beihilfen** zur Anschaffung neuer Glasfaserboote, dieselbetriebener Außenbordmotoren und der technischen Ausrüstung erwiesen sich als äußerst wirksam.

Auch heute noch erhalten kleine Fischereibetriebe und Fischfangunternehmen günstige Kredite, und Fischer können ihre technischen Geräte in ministeriumseigenen Werkshallen kostenlos instand setzen lassen. Große Fortschritte werden auch durch die Errichtung von Fischereihäfen, die Ansiedlung von Fisch verarbeitenden Betrieben, Kühllagern, Verarbeitungsvorrichtungen sowie bei der Schaffung von Transportmöglichkeiten gemacht. In Musandam, wo die Menschen fast ausschließlich vom Fischfang leben, leistet die Regierung besonders intensive Beihilfe. Und schließlich können nur omanische Staatsangehörige eine Fischereilizenz erwerben. So stieg die Zahl der omanischen Fischer in den letzten zwanzig Jahren stetig an: 1998 waren 27.000 Omanis in der Fischereiwirtschaft beschäftigt. **Fischereiprodukte sind nach Erdöl die wichtigste Exportwaren.**

Parallel zum Ausbau der Fischereiindustrie hat das Ministerium für Landwirtschaft und Fischerei eine Reihe von Maßnahmen ergriffen, um die **Fischbestände** zu **erhalten** und Überfischung zu verhindern. So werden Gebiete, Tiefen, Mengen und Fischarten für den kommerziellen Fang genau definiert, für diverse Fischarten Fangzeiten eingeschränkt und die Größe von Netzen und Geräten festgelegt. Kommerzielle Fischerei ist auf 15 Prozent des gesamten Fanges beschränkt.

In Zusammenarbeit mit der Sultan Qaboos University erstellt das **„Zentrum für Meereskunde und Fischerei"** in Sidab bei Muscat wissenschaftliche Untersuchungen über die verschiedenartigen Vorkommen, die Meeresbeschaffenheit und die zukünftige effektive, aber dennoch schonende Nutzung der omanischen Fischbestände. Besonderer Nachdruck wird auf die Erhaltung der Ökosysteme und bedrohter Tierarten gelegt. Das Zentrum untersucht zudem die Zuchtmöglichkeiten von Weichtieren (Miesmuscheln, Austern, Jakobsmuscheln) und diverser Fischarten (Königsmakrelen und Barsche). Um die Gewässer vor Überfischung zu schützen, sind Meerwasser-Zuchtanlagen im großen Stil geplant, denn die Zukunft der omanischen Fischereiwirtschaft soll in der Fischzucht, der sog. Aquakultur, liegen. Die in Sidab entwickelten Methoden können später von den Fischern übernommen werden.

Handel

Bereits zur Zeit der Kupferexporte Magans vor 5000 Jahren war Oman ein wichtiges Handelszentrum. Vom 7. bis 15. Jahrhundert erlebte Omans Seehandel seine Blütezeit. Heute werden **hauptsächlich Erdöl und -gas** exportiert, ansonsten kommt dem Sultanat eher die Rolle eines kaufkräftigen Absatzmarktes zu. Das Angebot in den Geschäften ist seit den 70er Jahren des 20. Jahrhunderts geprägt von Importwaren. Omanische Produkte sind mit Ausnahme von landwirtschaftlichen Erzeugnissen und Fisch in der Minderheit. Der externe Handel ist für Oman von existenzieller Bedeutung.

Außenhandel

Durch die staatlichen Diversifizierungsmaßnahmen wachsen Omans ölunabhängige **Exporte** zwar kontinuierlich an, dennoch dominiert der Ölexport den Außenhandel. 1996 machten **Ölexporte** im Wert von 2264,2 Millionen Rial rund 80 Prozent der Gesamtexporte aus, während die Exporte im Nicht-Ölbereich 560,3 Millionen Rial betrugen (vor allem Lebendvieh, Tierprodukte, Gemüse, Bekleidung und mineralische Produkte). Der Gesamtwert der Exporte belief sich 1996 auf ca. 2824 Millionen Rial, wovon 13,7 Prozent Reexporte waren.

Um die Warennachfrage im Land zu befriedigen, ist Oman auf den **Import** einer Vielzahl von Waren angewiesen. 1996 führte das Sultanat Güter im Wert von ca. 1760,2 Millionen Rial ein. Der größte Anteil entfiel auf elektronische und elektrotechnische Erzeugnisse, Fahrzeuge und Nahrungsmittel. Hauptlieferländer waren die V.A.E. (ca. 25 Prozent), Japan (ca. 21 Prozent), Großbritannien (ca. 10 Prozent), die USA (ca. 7 Prozent) und Deutschland (ca. 5 Prozent).

Die **V.A.E.,** der wichtigste Handelspartner im Nicht-Ölbereich, fungieren als **Mittler zwischen Erzeugern und Abnehmern.** Sie bilden mit ihren besser ausgebauten Häfen (insbesondere Dubai) eine Zwischenstation für den omanischen Überseehandel. Der Warenverkehr von und in die V.A.E. wird hauptsächlich über die Straßen oder über kleine Frachtschiffe, die Dhaus, abgewickelt. Doch selbst Waren, die aus Drittländern nach Oman geliefert werden sollen, kommen oft auf indirektem Weg über die V.A.E. ins Land.

Vom insgesamt wachsenden Schiffsverkehr in der Region hat das Sultanat nur in den Jahren des Golfkrieges etwas abbekommen. Damals liefen viele Reedereien Oman an, weil es außerhalb des Krisengebietes lag und damit keine teuren Risikoaufschläge an die Schiffsversicherer zu zahlen waren. Der einzige **Container-Überseehafen** Omans war bis 1998 der in Mutrah gelegene **Mina Qaboos.** Seine Kapazitäten sind aber nicht allzu groß, und seit seinem Bau 1974 fanden keine größeren Investitionen mehr statt. Im November 1998 wurde **Port Salalah** eröffnet. wo auch große Containerschiffe be- und entladen werden können. Mit seiner Hilfe hofft Oman, sich als Umschlagsplatz für die Region etablieren zu können, da die Schiffe auf dem Weg nach Südostasien sich nun den Umweg in den Golf nach Dubai sparen und damit die krisenbedrohte Straße von Hormuz umgehen können. Eine Freihandelszone soll diese Entwicklung weiter voranbringen und ausländische Investoren anlocken.

Das **Handelsverhältnis zur Bundesrepublik Deutschland** gestaltet sich gespalten. Unter den Lieferanten Omans steht Deutschland immerhin auf Rang fünf, doch die omanischen Exporte nach Deutschland sind mit einem Gesamtwert von etwa 8 Millionen Euro relativ bescheiden und umfassen hauptsächlich Fische und Fischzubereitungen. Erdöl bezieht Deutschland seit 1991 nicht mehr aus Oman. Im deutschen Export war in den letzten Jahren eine Steigerung zu verzeichnen (1996: 340,7 Millionen DM). Dabei standen Kraftfahrzeuge, Produkte des Maschinenbaus sowie elektrotechnische und chemische Erzeugnisse wertmäßig an

oman_231 Foto: fk

Der ursprüngliche East Souq in Nizwa

Körbe werden meist aus Palmwedeln geflochten

oman_232 Foto: fk

der Spitze. Das Ungleichgewicht in den deutsch-omanischen Handelsbeziehungen ist stark, doch wird das zu Lasten des Sultanats gehende Defizit teilweise durch die wachsende Zahl deutscher Touristen ausgeglichen, die die größte Gruppe westlicher Reisender stellen (siehe auch „Tourismus“).

Lokaler Handel

Die Zentren des lokalen Handels sind die **Souqs.** Hier erlebt der Besucher **„Orient pur“,** mit all den wechselnden Eindrücken, den Gerüchen und dem unumgänglichem Handeln um den günstigsten Preis. Es gibt verschiedene **Märkte** für Obst und Gemüse, Fleisch, Fisch und Tiere, die von den anderen Souqs, auf denen allerlei Waren des täglichen Bedarfs angeboten werden, räumlich getrennt sind. Allwöchentlich abgehaltene Souqs (wie die vielen Freitagsmärkte, arab. *souq al-jama'a)* finden unter freiem Himmel statt.

Traditionell waren Märkte und Souqs ein wichtiger Ort, an denen die sesshaften Oasenbauern, Händler, Handwerker und Beduinen ihre Waren untereinander umschlagen konnten. Die Souqs befanden sich in abgegrenzten Vierteln, die oftmals durch mächtige Tore verschlossen werden konnten. In diesen Bezirken lagen die eingeschossigen Geschäfte dicht an dicht und nach Branchen geordnet. Nicht selten gehörten die Läden ganz oder zum größten Teil der lokalen Freitagsmoschee, an die die Händler eine Pacht zu zahlen hatten (waqf-Eigentum). Durch die Souqs zogen sich schmale Gassen, die meist überdacht waren und so vor der sengenden Sonne schützten. In einem Bereich oder in einer Gasse wurden Bekleidungsartikel und Stoffe, in einer anderen Schmiedearbeiten, Silberwaren, Seile, Matten, Töpferartikel, Trockenfisch, Satteltaschen, Gewürze oder Kosmetika feilgeboten.

Solch traditionelle Souq-Anlagen sind in Oman vergleichsweise selten, und auch das Warenangebot hat sich zu Gunsten der Importwaren aus aller Welt gewandelt. In der Hauptstadtregion wurden sie ersetzt von **Kaufhäusern,** in unzähligen anderen Orten durch **Straßensouqs,** also einer Reihe von Geschäften entlang der Hauptdurchgangsstraße, deren Waren- und Dienstleistungsangebot auf die durchreisende Kundschaft zugeschnitten ist (Imbisse, kleine Lebensmittelläden und Werkstätten).

Annähernd **historische Souqs** finden sich noch in **Bahla** und **Ibri** in Inner-Oman. Omans schönste alte Souq-Anlage in der Lehmstadt Al-Hamra am Jebel Akhdar-Massiv wurde leider schon vor Jahren aufgegeben.

Die **größten Souqs** mit der ausgewogensten Warenvielfalt sind die von **Mutrah** (Hauptstadtregion) und **Nizwa** (Inner-Oman). Beide sind heute renoviert, haben dadurch aber nicht unbedingt an Reiz verloren. Mutrah und Nizwa sind bekannt für ihr großes Angebot an ornamentreichem Silberschmuck, der in Nizwa auch hergestellt wird. Der Souq von Mutrah ist durch seine Hauptgasse noch heute zweigeteilt: in den Bereich des Einzelhandels und in den Bereich des Großhandels (engl. *wholesale)* samt Lagern.

Handwerk

Das **traditionelle Handwerk** ist fest in omanischer Hand, jedoch ist **nur noch wenig erhalten** geblieben. Seit 1970 nimmt die Zahl der Brunnenbauer, Färber, Ziegelhersteller, Maurer, Sattler, Palmwedelmattenmacher, Schiffsbauer, Seilemacher, Gerber, Töpfer und Weber stetig ab. Nur noch wenige junge Menschen erlernen einen dieser Berufe, denn die Löhne sind gering und erreichen nicht das Niveau, das Verwaltung und Industrie vorgeben. Außerdem verliert die Produktion traditioneller Handwerksgüter wegen der Massenimporte preiswerter Produkte aus asiatischen Billiglohnländern immer mehr an Bedeutung. Omanische Töpferei und Weberei spielen kaum noch eine Rolle, die jahrhundertealte Silberschmiedekunst (siehe unter „Kultur und Traditionen") scheint nur noch durch den Tourismus erhalten zu werden. Immer mehr Schmiede geben die Herstellung von Silberschmuck auf, denn es ist billiger, die Stücke in Indien oder Pakistan in Auftrag zu geben. Lediglich die Herstellung von Krummdolchen ist wie eh und je ein einträgliches Geschäft. Die Regierung hat dies erkannt und versucht durch finanzielle Förderung und den Aufkauf einiger Produkte die Handwerkstraditionen am Leben zu erhalten. In Nizwa ist die Errichtung eines traditionellen Dorfes geplant, in dem omanische Handwerker ihre traditionsreichen Zünfte ausüben können.

Moderne handwerkliche Tätigkeiten (Mechaniker, Elektriker, Schreiner etc.) werden in Oman kaum von Einheimischen ausgeführt. Bis sich durchschlagende Erfolge der Omanisierungspolitik zeigen, werden sie weiterhin eine Domäne der Gastarbeiter bleiben.

Industrie

Infolge der Anstrengungen zur Diversifizierung der Wirtschaft hat das Sultanat eine relativ zügige Industrialisierung erfahren, dennoch befindet sich der **Nichterdölsektor** noch in der Aufbauphase. Klein- und Leichtindustrie sowie Handel prägen die Wirtschaftsstruktur.

Der Anteil des ölunabhängigen Industriesektors am Bruttosozialeinkommen lag 1995 bei etwa 8,4 Prozent, soll aber bis zum Jahr 2020 auf 29 Prozent steigen. Die insgesamt 1416 industriellen Unternehmen beschäftigen 26.000 Arbeiter (Zählung von 1994). Mehr als die Hälfte der Unternehmen produziert Zementprodukte und Metalle.

Ziel der omanischen Industrialisierung ist ein schnelles Wachstum lebensfähiger Industrien unter größtmöglichem **Einsatz lokaler Rohstoffe und einheimischer Arbeitskräfte.** Industriezweige, die dies berücksichtigen, sollen ebenso Vorrang haben wie die, die auf Produktion der Landwirtschaft und Fischerei aufbauen. Bei dieser Entwicklung spielen das private Unternehmertum und der freie Wettbewerb untereinander eine führende Rolle.

Um das Industriewachstum zu beschleunigen, kommt der **Errichtung von Industriegebieten,** in denen sich in- und ausländische Firmen der Leicht- und Mittelindustrie ansiedeln, eine große Rolle zu. 1983 begann man mit dem

Aufbau des **Industriegebietes von Rusayl,** knapp 50 km südwestlich der Hauptstadt an der Straße nach Nizwa. Heute ist es voll erschlossen mit einem eigenen Kraftwerk, eigener Wasserversorgung, Unterkünften und Geschäften. Unternehmer können die Grundstücke mit kompletter Infrastruktur, teils auch mit fertigen Fabrikgebäuden, zu einem sehr günstigen Preis erwerben. Sie brauchen auf bestimmte Warengruppen keine Importzölle zu zahlen und sind die ersten Jahre von der Körperschaftssteuer befreit. Die über neunzig Fabriken in Rusayl produzieren hauptsächlich exportorientiert, da der Binnenmarkt nur klein ist. Landesweit gab es Ende 1996 insgesamt 121 Fabriken, die in weiteren Industriegebieten wie etwa in Sohar im Norden und in Raysut im Süden des Landes liegen. Um den industriellen Aufschwung in den Provinzen zu fördern, stehen weitere Industriegebiete in Sur (im Osten des Landes), Buraimi und Nizwa (im Landesinneren) sowie Khasab (Musandam) in Vorbereitung.

Die derzeit größten **Industrieprojekte** sind eine Düngemittelfabrik bei Sur sowie ein Aluminiumschmelzwerk und eine Petrochemiefabrik bei Sohar.

Bodenschätze und Bergbau

Oman ist eines der an Bodenschätzen reichsten Gebiete der Arabischen Halbinsel. Zu den bekannten zählen Kupfer, Chrom, Gold, Kohle, Eisen, Magnesit, Nickel, Mangan und Zink. Von den großen **Vorkommen** an industriellem Gesteinsmaterial wie Silikatsand, Dolomit, Kalkstein, Marmor, Asbest, Ton, Steinwolle oder Barit werden nur einige bislang genutzt. Bergbau gehört zu jenen Wirtschaftszweigen, die Oman auch über das Erdölzeitalter hinaus eine fundierte Wirtschaftsgrundlage bieten, denn durch ihn ergibt sich die Möglichkeit, den Sektor der weiterverarbeitenden Industrie auf- und auszubauen.

Der Bergbau in Oman blickt auf eine lange Geschichte zurück. **Bereits 3000 Jahre v. Chr.** baute man z. B. im Wadi Jizzi in Nordoman im beachtlichen Ausmaß **Kupfererz** ab. Um seine Qualität zu verbessern, wurde es mehrmals geschmolzen und dann in die alten Reiche jenseits des Golfes exportiert. Auch in

oman_203 Foto: fk

13 km misst die längste Stadtmauer Omans (um Bahla)

Land und Leute

der jüngsten Geschichte wird Kupfer aus denselben Minen gewonnen, denn 1984 eröffnete dort eine hochmoderne Kupfer- und Schmelzhütte. Das bei Sohar zu hochwertigen Kupferkathoden veredelte Metall hat einen Reinheitsgrad von 99,9 Prozent und geht hauptsächlich in den Export. 1994 waren die alten Minen zwar erschöpft, es wurden jedoch neue erschlossenen und weitere Kupfervorkommen im Wilaya Yanqul entdeckt. Die Reserven werden auf 14,3 Millionen Tonnen geschätzt.

Ebenfalls in Nordoman gibt es **Chromeisenerz,** dessen Vorkommen mehr als zwei Millionen Tonnen betragen soll. Für Goldgräberstimmung sorgen die **Goldvorkommen,** von denen das Sultanat bereits eine halbe Tonne pro Jahr exportiert. Gefördert wird es bei Ibri im Landesinneren, weitere Minenprojekte sind in Planung. Im zentralen Oman lagert Silikatsand, der in absehbarer Zeit für den Aufbau einer Glasindustrie verwendet werden soll. In der Nähe von Sur gibt es ausgedehnte

Bodenschätze in Oman

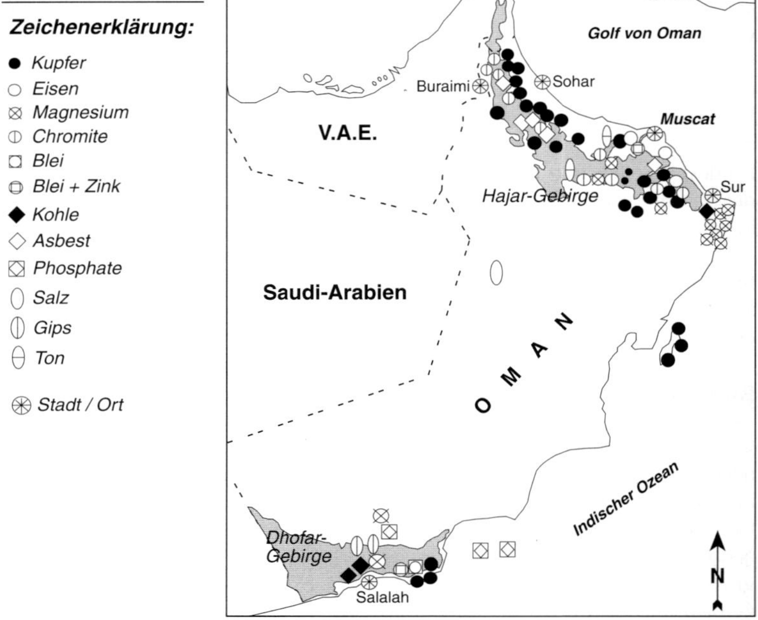

Kohlevorkommen, schätzungsweise 122 Millionen Tonnen. Untersuchungen haben ergeben, dass beim südomanischen Ort Shuwaymiya große Reserven von hochwertigem **Gips** lagern. Die günstige Lage an der Küste machen diese Vorkommen äußerst attraktiv für den Export.

Tourismus

Oman hat Urlaubern viel zu bieten – und in Zukunft soll der Tourismus eine immer finanzkräftigere Rolle in der Wirtschaft des Sultanates spielen. **Gegenwärtig trägt er weniger als 1 Prozent zum Bruttoinlandsprodukt bei.** Die Regierung ist sich jedoch durchaus der negativen Folgen einer zu starken „Vermarktung" des Landes und zu großer Touristenzahlen bewusst. Die Schäden für Bevölkerung und Umwelt sollen vermieden werden, „Billigtourismus" lehnt die Regierung ab.

Das Sultanat hat sich erst vor wenigen Jahren **vorsichtig dem internationalen Tourismus geöffnet.** Zu Anfang wurden nur wenige Reisegruppen ins Land gelassen, sozusagen zum „Antesten", wie die Bevölkerung – insbesondere die Fremde kaum gewohnte Landbevölkerung – auf die Besucher reagieren würde. Die Touristenzahlen stiegen langsam an, und seit 1988 werden nicht nur Business-, sondern auch Touristenvisa ausgestellt. Zwei Jahre später erarbeitete die „Welttourismusorganisation" im Auftrag der Regierung einen Rahmenplan für die touristische Entwicklung des Sultanats. Dieses Konzept bestätigt die begonnene Politik der Regierung und stellt einen Planungs- und Entwicklungsrahmen auf, in dem der **anspruchsvolle Reisende** die besondere Kultur und die Naturschönheiten Omans kennen lernen soll. **„Qualitativ hochwertiger Tourismus"** lautet die Zauberformel der omanischen Tourismuspolitik. Die Schwelle zum Massentourismus soll dabei nicht überschritten werden. Auch der Umweltschutz soll nicht zu kurz kommen, so arbeitet das Umweltschutzministerium eng mit der Tourismusabteilung zusammen, um Umwelt- und Naturschäden beim Bau neuer **Tourismusprojekte** abzuwenden. Solche Projekte umfassen z. B. den Bau von Luxushotels in der Hauptstadtregion und in Salalah, die Errichtung diverser Motels und Rasthäuser auf dem Lande, die Errichtung eines Urlaubsgebietes bei Al-Sawadi an der Küste der Batinah sowie den Aufbau von mehreren speziellen Touristenzentren aus verlassenen alten Dörfern. Dabei ist die Regierung darum bemüht, den Privatsektor maßgeblich an der Entwicklung des Fremdenverkehrs zu beteiligen, und im Zuge der Omanisierung sollen in den nächsten Jahren auch immer mehr Omanis in der Tourismusbranche Arbeit finden.

Heute gibt es landesweit **etwa 100 Hotels,** davon rund die Hälfte in der Hauptstadtregion – eine beachtliche Entwicklung, bedenkt man, dass 1970 gerade mal ein einziges kleines Hotel in Mutrah stand. 1995 besuchten etwa 180.000 Ausländer das Sultanat – nach Regierungswünschen soll sich diese Zahl bis zum Jahr 2005 verdoppeln. Um diese Gäste auch in Zukunft alle beherbergen zu können, werden beim Ausbau der touristischen Infrastruktur insbesondere die Kapazitäten der Hotels erweitert. Allerdings ist in den letzten Jahren die Zahl der Hotels schneller als die Anzahl der Besucher gestiegen, was fallende Auslastungsquoten und einen verstärkten Konkurrenzkampf zur Folge hat.

Nahezu die Hälfte der Besucher kommt des **Business** wegen in das Sultanat. Die Luxushotels offerieren ihnen die entsprechenden Einrichtungen wie gut ausgestattete Geschäfts- und Konferenzzentren.

Die Zahl der Oman-Reisenden, die aus vornehmlich touristischen Gründen kommen, nimmt immerhin 20 Prozent des Marktes ein. Von diesen 45.000 Besuchern in Jahr 2000 stammte etwa jeder vierte **aus Europa,** vor allem aus deutschsprachigen Ländern. Die Gäste lieben insbesondere das milde, meist sonnige Winterklima, die Vielfalt und Schönheit der Natur, die Gastfreundschaft der Omanis und die Mischung aus Tradition und Moderne.

Die meisten aller ausländischen Gäste kommen **aus den benachbarten Golfstaaten.** Viele von ihnen reisen während des Sommermonsuns in den Süden des Landes, um sich dieses auf der Arabischen Halbinsel einmalige vernieselte Naturschauspiel nicht entgehen zu lassen.

Bevölkerung und Gesellschaft

Einwohnerzahlen und Besiedlung

1999 wurde die Einwohnerzahl offiziell mit **2,325 Millionen Menschen** angegeben, davon waren 74,4 Prozent Omanis. In der Hauptstadtregion ist der Ausländeranteil mit knapp 50 Prozent der höchste des Landes.

Die **Geburtenrate** ist mit ungefähr **3 Prozent** relativ hoch. Da aufgrund des guten Gesundheitssystems die Säuglingssterblichkeit niedrig und die **Lebenserwartung** mit **fast 73 Jahren** hoch sind, wächst die Bevölkerungszahl schnell. **Über die Hälfte der Bevölkerung ist 15 Jahre oder jünger.** Lediglich 3 Prozent sind älter als 64.

Etwa 60 Prozent der Einwohner leben in der Hauptstadtregion und der nördlichen Küstenebene Batinah. Der Dhofar ist die Provinz mit der zweithöchsten Einwohnerzahl. Der Rest des Sultanats ist nur punktuell besiedelt. Die durchschnittliche **Bevölkerungsdichte** liegt in diesem Land, das knapp so groß ist wie die alte Bundesrepublik, bei **weniger als 7 Einwohnern pro Quadratkilometer** (Deutschland: ca. 220/km²). Damit ist Oman eines der am dünnsten besiedelten Länder der Erde.

Herkunft

Die Besiedlung des omanischen Gebietes reicht Schätzungen zufolge über 50.000 Jahre zurück, jedoch ist nicht bekannt, woher diese frühen Bewohner ursprünglich stammten. Vor mehr als 5000 Jahren entwickelte sich eine der ältesten bisher bekannten Kulturen – heute bekannt unter dem Namen **Magan.** Als um 500 v. Chr. die **Perser** (unter der Dynastie der Achämeniden) einfielen, trafen sie auf die Nachfolger der Begründer von Magan, die sich energisch gegen die fremden Eindringlinge verteidigten, letztendlich aber doch geschlagen geben mussten.

Wenige Jahrhunderte später wanderten **Araber** nach Oman ein. Eine Gruppe stammte aus dem südwestlichen Jemen, aus dem Gebiet um Marib, damals Mittelpunkt des südarabischen Reiches Saba (ca. 1000 v. Chr. bis 200 n. Chr.). In **Marib,** einem strategisch wichtigen Rast- und Umschlagplatz an der Weihrauchstraße, war – dank seines berühmten Staudammes (er gilt als achtes Weltwunder) – eine ausgedehnte landwirtschaftliche Bewirtschaftung möglich. Nach mehreren Dammbrüchen (siehe auch Qur'an, Sure 34, Vers 15–18) und dem Bedeutungsverlust der Weihrauchstraße gaben die Bewohner Marib auf und siedelten sich auf der gesamten Arabischen Halbinsel an. Der Hauptteil des Stammes zog in Richtung Mekka und Medina. Zwischen 100 und 200 n. Chr. wanderten in mehreren Einwanderungswellen **Mitglieder der Azd** (auch als „yamani“, „Jemeniten“ bezeichnet) nach Oman ein (auch die heutige Herrscherfamilie stammt von dieser Stammesgruppe ab). Unter der Führung von *Malik bin Fahm* gelangten sie in das Oman-Gebirge und vertrieben die dort machthabenden Perser. In den Jahren zwischen 150 und 600 n. Chr. beherrschten die Azd weite Teile des omanischen Kernlandes.

Im 4. und 5. Jahrhundert gelangte eine andere Gruppe von Arabern, die den **Adnan** *(Nizari)* angehörte, aus Zentralarabien (Hejas, Nejd, Sarat) nach Oman. Mit weiteren Einwanderern aus dem südlichen und südöstlichen Jemen bildete die arabische Bevölkerung wenige Jahrhunderte nach der christlichen Zeitrechnung die Mehrheit in Oman.

Bevölkerungsgruppen und Sozialstruktur

Die meisten Omanis sind Araber und gehören einem bestimmten Stamm an. Alle Stämme sind patrilinear organisiert, d. h. sie richten sich nach der vaterrechtlichen Abstammung. Die gesellschaftliche Stellung eines jeden wird vornehmlich dadurch definiert, ob er einem Stamm angehört, wie dessen Ruf ist und welche Position er in ihm einnimmt *(qabili)*.

Das größte Ansehen genießt der **Stammesführer,** der **Shaikh,** der meist auch der Stammesälteste ist. Aber auch andere weise und würdevolle ältere Stammesangehörige tragen den Titel Shaikh, den mit hohem Ansehen verbundenen Ehrentitel. Selbst jüngere Personen werden manchmal als Shaikh bezeichnet. Bis 1970 hatten die Shaikhs direkte Verantwortung gegenüber dem Vertreter des Sultans oder dem Wali.

Die Shaikhs eines Stammes bilden als Gruppe den **Stammesrat,** die sog. **majlis.** Jeder hat das Recht, den Shaikhs seine Probleme vorzutragen, die sich dann im Stammesrat um eine Lösung oder Rechtsprechung bemühen. Dieses System findet sich in seinen Grundzügen in Form der „Majlis al-Shura" auch in der modernen Staatsführung (siehe auch „Staat und Politik"). Manche Stämme bestimmen ihr Oberhaupt durch Abstimmung. In langen Diskussionen werden die Plus- und Minuspunkte des Kandidaten gegeneinander abgewogen. Hat man sich auf einen Führer geeinigt, so wird dieser durch die persönliche Zustimmung der Stammesmitglieder in seinem Amt bestätigt.

Wurde ein neuer Shaikh von einem Teil des Stammes nicht anerkannt, kam es in der Vergangenheit häufig zu einer **Spaltung des Stammesverbandes.** Infolge dieser Abspaltungen oder auch durch Verselbstständigungen von Teil- oder Unterstämmen, hat sich die Zahl der Stämme im Laufe der Zeit erhöht. Die Frage nach ihrer heutigen Anzahl lässt sich wegen der Schwierigkeit der Definition in einzelne Stammesgruppen, Föderationen, Fraktionen, Familienclans, Unterstämme oder Teilstämme und dem damit verbundenen Selbstverständnis der einzelnen Gruppen nicht eindeutig beantworten. Ihre Anzahl beläuft sich auf mehrere hundert, doch kann man die Mehrheit **zwei Hauptfraktionen,** den **Hinawi und Ghafiri,** zuordnen. Beide Gruppen führen ihren Stammbaum auf die ersten arabischen Einwanderer aus Süd- und Zentralarabien zurück, doch die Polarisierung beruht auf politischen Spannungen, die in den Streitigkeiten um das Nachfolgeamt des Imam im 18. Jahrhundert entstanden. Die Folge war ein landesweiter Bürgerkrieg zwischen den Hinawi und den Ghafiri (zur Geschichte des Bürgerkrieges siehe auch im Kapitel „Geschichte", „Die Al-Ya'aruba-Dynastie"). In diesem komplexen und tief wurzelnden Konflikt spielen auch Streitigkeiten zwischen den **Wüstenstämmen (bedu)** und der **sesshaften Küstenbevölkerung (hadr)** hinein, denn deren Interessen sind konträr: Die Ghafiri sind mehrheitlich Bedu, wohingegen das Siedlungsgebiet der Hinawi sich auf die Orte in der Batinah und um Muscat konzentriert. Bedingt durch den saisonalen Wechsel von Sesshaftigkeit und Nomadentum können hadr und bedu auch dem gleichen Stamm angehören (siehe unten).

Wie die Mehrheit aller Omanis gehören beide Fraktionen dem **muslimischen Glauben** an, knapp zwei Drittel der Bevölkerung zählt zu den **Ibaditen** (siehe „Religion – der Islam"). Die zweitwichtigste Rolle spielen die Sunniten shafiitischer Richtung. Schiiten (meist von der Sekte der Khojahs in Mutrah) und Wahhabiten (vornehmlich im Ja'alan und in Buraimi) sind Minderheiten islamischer Glaubensrichtungen in Oman.

Wenn auch die meisten Einwohner Omans Araber sind, so leben daneben zahlreiche **andere Bevölkerungsgruppen** – mehr als in jedem anderen Land der Arabischen Halbinsel.

Auffallend viele Omanis erscheinen stark afrikanisch oder negrid. Sie werden allgemein als **Sansibaris** bezeichnet, und die meisten von ihnen sind Nachkommen der in die ehemals **oma-**

gesicht Foto: pl

nisch-ostafrikanischen Gebiete ausgewanderten und später zurückgekehrten Omanis. Diese Auswanderer lebten oft mehrere Generationen in Afrika, behielten aber ihre sozialen Beziehungen zu ihrem Herkunftsland bei. Viele von ihnen verfügen über einen sehr hohen Bildungsstand, da sie in den Zeiten vor der omanischen Renaissance an Universitäten in den USA, Großbritannien oder Britisch-Ostafrika studiert haben. Somit waren sie zusammen mit westlichen Experten maßgeblich am technischen und administrativen Aufbau des Landes beteiligt. Obwohl sie den arabischen Stammesstrukturen relativ gering verhaftet sind, ist ihr sozialer Rang nicht unbedingt niedrig, denn heute haben viele Sansibaris hohe und einflussreiche Posten in der Verwaltung inne. Sie halten neben ihrer omanischen auch ihre afrikanische Identität, z. B. durch die Sprache Swahili, lebendig.

Ebenfalls zu den „Neu-Omanis" gehören die **Inder, Pakistanis** oder **Balutschi,** die **in der Küstenregion Nordomans** leben. Alle drei ethnischen Gruppen sind nichtarabischer Abstammung und sprechen ihre heimische Sprache (Hindi, Urdu), jedoch gehört die Mehrzahl der Pakistanis und Balutschi einer muslimischen Glaubensrichtung an. Die Balutschi gelangten über den bis 1958 zum Sultanat gehörenden Hafen Gwadur in Westpakistan ins Land.

Viele Angehörige dieser Volksgruppen leben seit Generationen mit ihren Familien im Land. Seit Beginn des internationalen Seehandels ließen sie sich in den Küstenstädten nieder. Heute sind sie nationalisiert und gehören als Händler, Kaufleute, Betreiber von Handwerksbetrieben oder mittlere Bedienstete im privaten und staatlichen Sektor zur omanischen **Mittelschicht.** Die breite Masse der Menschen vom indischen Subkontinent sowie aus Südostasien kam allerdings erst mit Anbruch des Erdölzeitalters als Gastarbeiter in das Sultanat und zählt eher zur sozialen **Unterschicht.**

Zur omanischen **Oberschicht** gehören alle Angehörigen der Herrscherfamilie. Weiterhin zählen Oberhäupter und Stammesälteste *(shaikhs)* traditionell bedeutender Stämme, Minister und hohe Angestellte in staatlichen und halbstaatlichen Institutionen, Inhaber von hohen Posten im Militär und bei der Polizei, reiche „Neu-Omanis", einflussreiche Geschäftsleute und westliche Experten zu dieser Schicht.

Im Norden und Süden Omans zeigt sich eine andere Zusammensetzung der Bevölkerung. In der **Exklave Musandam** leben die zu den Hinawi zählenden sunnitischen **Shihuh,** eine Volksgruppe, die sowohl arabische als auch persische Elemente aufweist. Die Shihuh leben bzw. lebten meist vom Fischfang, doch manche Stammesgruppen zogen bis vor wenigen Jahren als Halbnomaden umher, allerdings gaben viele diese Lebensform auf und nahmen Jobs in den benachbarten V.A. Emiraten an.

In der südlichsten **Provinz Dhofar** gibt es **mehrere Volksgruppen:** In der Küstenzone überwiegen Araber, die vom Typ her mit den kleinen schlankwüchsigen Jemeniten aus dem Hadramaut verwandt sind. Im Gebirge leben viehzüchtende und nomadisierende *Jebalis,* die ihren eigenen, dem Arabischen ähnelnden Sprachdialekt sprechen. Daneben gibt es im Dhofar diverse Stämme, deren Mutterdialekt nicht arabisch ist, und die zusammenfassend als *hadarah* bezeichnet werden. In einigen abgeschiedenen Bergtälern sind Menschen ansässig, die eine dem Semitischen zuzuordnende Sprache sprechen, deren Herkunft jedoch weitgehend unbekannt ist.

Traditionelle und neuzeitliche Lebensformen

Die Lebensformen der Omanis stehen seit jeher in engem Zusammenhang zur naturräumlichen Landesgliederung und sind charakterisiert durch **Fischerei, Oasenbewirtschaftung und Nomadentum.** Von wirtschaftlicher Bedeutung ist weiterhin der **Handel** (früher See- und Karawanenhandel). Das traditionelle **Handwerk** dagegen spielte schon immer eher eine Nebenrolle. Die Zahl der dort Beschäftigten war noch nie allzu groß, und nur ein kleiner Teil der Handwerker fand in seinem Beruf eine Vollbeschäftigung. Seit Beginn der „omanischen Renaissance" 1970 sterben Berufe dieser Zunft langsam aus. Das **städtische Leben** gibt es in Oman eigentlich erst wenige Jahre.

Sesshaftes Leben

Obwohl Ansiedlungen von Händlern und Fischern bereits im 4. Jahrtausend vor der christlichen Zeitrechnung in Oman bestanden, gibt es keinerlei Anzeichen für eine entwickelte **städtische Zivilisation** in dieser frühen Zeit. Noch in den 60er Jahren des letzten Jahrhunderts gab es lediglich drei Siedlungen, die die Bezeichnung „Stadt" verdienten: Muscat, Mutrah und Sur. Alle anderen Orte Omans waren relativ klein und besaßen einen ländlichen Charakter, denn die Existenz ihrer Bewohner basierte überwiegend auf der Oasenlandwirtschaft und der Bewirtschaftung der Dattelpalme.

Ein Großteil der Omanis lebt heute sesshaft in festen Siedlungen, entweder in einem der unzähligen kleinen **Fischerdörfer,** in einer der **Hafenstädte,** in der **Hauptstadtregion** oder in **Oasen.** Insbesondere die Oasen unterschieden sich früher durch ihren Standort, ihre Größe, ihre Bedeutung als Regionalzentrum und ihrer funktionalen Ausstattung noch stärker voneinander als heute.

Leben an der Küste

An der 1700 km langen Küste haben sich die Menschen in ihrer Lebensform schon seit Jahrhunderten seewärts orientiert. Vom 7. bis 15. Jahrhundert erlebte der internationale **Seehandel** seine Glanzzeit in Oman. Einheimische Navigatoren segelten bis zu den Häfen Chinas, und Schiffe aus aller Welt legten in den damals blühenden omanischen Hafenstädten an. Ab der Mitte des 17. Jahrhunderts war Oman Mittelpunkt eines Handelsreiches, das sich über den gesamten Indischen Ozean erstreckte.

Reich wurden allerdings nur wenige Händler und Seefahrer, die breite Masse der Küstenbewohner musste sich mit den vergleichsweise bescheidenen Verdienstmöglichkeiten der **Fischerei** oder des Bootsbaus (siehe „Kultur und Traditionen", „Jahrhundertealte Schiffsbautraditionen – Dhaus") zufrieden geben. Fisch sicherte nicht nur die Ernährung der Küstenbewohner; getrocknet war er auch eine wichtige Proteinquelle der inneromanischen Oasenbewohner und Beduinen. Der Handel mit Trockenfisch stellte daher ein einträgliches Geschäft dar, an dem sowohl die Fischer als auch die Bedu beteiligt waren.

Seit der Ausbreitung des britischen Herrschaftsgebietes östlich von Suez Mitte des 19. Jahrhunderts stieg die internationale Seefahrt in Oman zur Bedeutungslosigkeit ab. Das omanische Handelsimperium verfiel. Die Fischerei allerdings verlor vergleichsweise wenig an Gewicht. Noch immer sichert der inzwischen modernisierte Fischfang das Einkommen zahlreicher Küstenbewohner nicht zuletzt dadurch, dass Oman große Mengen an Fisch exportiert. Allerdings ist der Handel mit Trockenfisch heute kaum noch von Bedeutung, da der Fang in Kühlwagen frisch ins Landesinnere transportiert werden kann.

Die bedeutenden **Küstenoasen entlang der Batinah** (Shinas, Sohar, Barka) waren bis Anfang der 1970er Jahre von einem Fort oder einer Fluchtburg dominiert. In seinem Schutz standen der Souq und der Fischmarkt, daran schlossen sich Hütten und Gehöfte in traditioneller Bauweise aus Palmzweigen an

oman_237 Foto: fk

(zu Festungsarchitektur und *barastis* siehe „Traditionelle Bauweise" im Kapitel „Kultur und Traditionen"). Palmenhaine und Gärten *(bustan)* umgaben die Siedlungen. Dort besaßen die Gartenbesitzer früher weitere Hütten, in die sie zur Zeit der Dattelernte zogen. In der Sommerhitze war dies eine gute Möglichkeit, sich der unerträglich hohen Luftfeuchtigkeit der Strandnähe ein wenig zu entziehen. Heute hält die intensive landwirtschaftliche Nutzung der Küstenebene an, jedoch sind die Palmzweighütten durch feste Steinhäuser mit Klimaanlage ersetzt worden. Eine schnurgerade Küstenautobahn durchzieht die Batinah, das Leben samt Handel und Dienstleistungssektor orientiert sich entlang dieser Teerspur.

In der **Hauptstadtregion** verläuft das Leben der über eine halbe Million Einwohner in anderen Bahnen. In diesem riesigen, sich in Ost-West-Richtung 60 km ausdehnenden Gebiet gab es vor 1970 lediglich die beiden regionalen Hafenstädte Muscat und Mutrah sowie wenige kleine Oasensiedlungen und Fischerorte. Sie waren nur über holprige Pisten oder per Boot zu erreichen. Dank der Petrodollar und der Politik von Sultan Qaboos entwickelte sich die **Capital Area** in weniger als dreißig Jahren zu einem bedeutenden Entwicklungspol und zu der modernen „Stadt", die sie heute ist. Der Ausbau einer modernen Infrastruktur ist weitgehend abgeschlossen. Die Bewohner lieben die **neuzeitlichen Errungenschaften** wie die klimatisierten Einkaufszentren, die mehrspurigen Autobahnen, die imposanten Regierungsgebäude, die prachtvollen Villen, die noblen Restaurants, die luxuriösen First-Class-Hotels, die grünen Parks, die verschwenderisch Wasser speienden Brunnenskulpturen, die gepflegten Strände, die Golf- und Tennisplätze und die Kinos.

Stämme prägen das soziale Gefüge Omans

Leben im Landesinneren

War das Leben an der Küste über Jahrhunderte von fremden Mächten und Einflüssen geprägt, so können die Orte Inner-Omans als typisch omanisch angesehen werden. Bei den inneromanischen Orten kann man unterscheiden zwischen den großen Oasen entlang der wichtigen **Wadis des westlichen Hajar (Hajar al-Gharbi)** und denen **des östlichen Hajar (Hajar al-Sharqi)** in der Region Sharqiyah.

Die bedeutenden **Oasen des westlichen Hajar,** wie Nizwa, Birkat al-Mauz, Suma'il, Fanja, Ibri, Bahla, Rustaq und Nakhl, werden von einem mächtigen Fort oder einer Stadtburg *(hisn,* in der Geschichte oftmals auch Sitz des herrschenden Imam) dominiert. Häufig bestehen diese Oasen aus zwei geographisch getrennten Ortsteilen: Den wadiabwärts gelegenen bezeichnet man mit dem Zusatz *sufalat,* den wadiaufwärts gelegenen mit *alayat.* Das Zentrum der Oase bildet das **Fort** mit dem angegliederten Souq und der Freitagsmoschee. Die teilweise durch eine Mauer geschützten Wohnquartiere *(harat)* liegen verstreut um die mittels falaj-Kanälen bewässerten Dattelgärten *(bustan).*

Eine Sonderform nehmen die **kleinen Gebirgsoasen** im Wadi Bani Kharus, Wadi Sahtan, auf dem Saiq-Plateau oder am Fuße des Jebel Akhdar ein. Sie befinden sich auf Hochebenen oder sind Adlerhorsten gleich an Berghängen errichtet. Das Baumaterial stammt vom umgebenden Gestein, das grob gebrochen und teils ohne Mörtel zu dicken, standfesten Hausmauern aufgeschichtet wurde. Steile, in den Fels gehauene Treppen verbinden die Häuser. Ihre Felder haben die Bewohner mühevoll in Terrassenform angelegt, das Wasser für die Bewässerung stammt aus Hang- oder Karstquellen. Neben der Landwirtschaft sichert die Ziegenhaltung die Ernährung der Menschen.

In der Sharqiyah gibt es im Gegensatz zur westlichen Hajar-Region kaum mächtige Forts. Wichtige Ortsteile sind als ein geschlossenes Viertel von einer Stadtmauer umgeben. Zahlreiche Wachtürme und wehrhafte Wohnhäuser komplettierten den Schutz vor feindlichen Angreifern (z. B. in Al-Kamil, Al-Mudayrib).

Seitdem der Fortschritt in Oman Einzug gehalten hat, unterliegen auch die großen inneromanischen Oasen einer **Wandlung.** Strom- und Wasserversorgung, Schulen, Krankenhäuser, Verwaltungsgebäude und neue Moscheen entstanden. Teerstraßen schlossen sie an den Rest des Landes an, Tankstellen, Werkstätten oder kleine Restaurants eröffneten neue Verdienstmöglichkeiten und bedeuteten Zugang zu den neuen Jobs der Hauptstadtregion oder zu den Ölfördergebieten. Obwohl die Bewohner ihre alten Lehmhäuser verließen und in moderne Neubausiedlungen zogen, sind die historischen Oasenzentren nicht etwa verwaist oder dem Verfall preisgegeben. Die Regierung finanziert die aufwändige Restaurierung der alten Bausubstanz. Oft entstehen am Rande der alten Orte auch moderne Satellitenstädte im Kleinformat oder Areale des sozialen Wohnungsbaus.

Die kleinen Gebirgsoasen werden trotz staatlicher Beihilfe (Brunnenbau, Vermarktung der Ernteerzeugnisse, Errichtung von Schulen und Krankenstationen, kostenloser Waren- und Personenlufttransport) von immer mehr Bewohnern verlassen, die auf bessere Verdienstmöglichkeiten und ein leichteres, moderneres Leben hoffen.

Nomadisches Leben

Die **nomadisierenden Araber** – im Arabischen **bedu** genannt – repräsentieren die älteste und traditionsreichste Lebens- und Wirtschaftsform Omans. Die ab dem 2. Jahrhundert n. Chr. eingewanderten arabischen Stämme waren nomadische Hirtengemeinschaften, die dann immer mehr zur Sesshaftigkeit übergingen. Anfang der 70er Jahre des 20. Jahrhunderts lebte immerhin noch etwa die Hälfte der Bevölkerung nomadisch. Heute sind die Nomaden den Sesshaften jedoch zahlenmäßig weit unterlegen, ihr Anteil wird auf weniger als 10 Prozent geschätzt.

Die meisten omanischen Nomaden lebten als **Kamel-, Schaf- und Ziegenzüchter** in der unendlichen Weite des wüstenhaften Binnenlandes. Ziegen und Schafe sicherten als Milch- und

Fleischlieferanten ihre Ernährung, waren aber auch wichtige Handelsgüter. Die Kamele dienten neben der Versorgung mit Milch und Leder auch als Transporttier (siehe Exkurs „Das Kamel – O-man's best friend"). Mit ihren Herden suchten die Beduinen wechselnde Weidestandorte auf, und als Ergänzung ihrer Ernährung nutzten sie auch den **Oasengartenbau,** den **Karawanenhandel** oder die **Fischerei.**

Der **Sommer** war die Zeit der **Dattelernte,** daher zogen die Nomaden dann mit ihren Familien und Tieren in die Oasen. Viele Gruppen besaßen dort eigene oder gepachtete Pflanzungen und führten die Ernte selbst durch oder überwachten sie. Weniger wohlhabende bedu halfen als Pflücker. Einige Gartenbesitzer aus der Wüstenregion Wahiba rekrutierten Oasenbewohner als Erntehelfer, während die Männer in dieser Zeit der Tierzucht oder der Ausführung von Transportaufträgen, z. B. von Datteln, Tierhäuten oder Butterfett zu entfernten Märkten, nachgingen. Zur Zeit der Ernte lebten die Nomaden in einfachen, aus Palmzweigen gefertigten barasti-Hütten, die zusammen mit Vorratshütten für Datteln und Heu in einiger Entfernung zu den Gärten standen (siehe Abschnitt „Traditionelle Bauweise"). Die Ziegen und Schafe gehörten den Frauen, die sie mit Hilfe der Kinder täglich nach dem Tränken zu wechselnden Weiden trieben. Kamele waren im Besitz der Männer und wurden von Hirten *(rayi)* auf entferntere Weiden geführt. Je länger die Nomaden in den Oasen verbrachten, desto größer wurde die Überweidung, die oft zu Streitigkeiten führte und in Futterknappheit endete. Daher blieben die Bedu nur so lange in Oasennähe, wie es die dort erforderliche Arbeit nötig machte.

Spätestens Ende September zogen die Familien oder Sippen wieder in ihre angestammten **Winterweidegebiete.** Die je nach Futter- und Wasserangebot im wechselnden Rhythmus aufgesuchten verschiedenen Winterlager lagen meist in Wadis und in der Nähe von Brunnen oder Wasserlöchern. Manche Stämme in der Sandwüste Wahiba holten das Wasser auch aus etlichen Kilometern Entfernung zu den Familienlagern. Dort lebten die Bedu, anders als in den Oasen, nicht in Hütten, und auch die sonst typischen schwarzen Ziegenhaarzelte findet man in Oman nicht. Schirmartige Bäume oder große Büsche wurden mit Palmzweigmatten umgeben und bildeten im wahren Wortsinn ihr „Dach" über dem Kopf. Oft haben die bedu noch nicht einmal diese Wände aufgestellt, ihre Dattelvorräte und Habseligkeiten wurden dann unerreichbar für das Vieh in die Äste gehängt. Die Kamele zogen frei umher und suchten sich ihr Gras selbst. Da sie nicht allzu weit laufen sollten, wurden den Leittieren entweder die Vorderbeine zusammengebunden oder ein Vorderhuf am Knie festgewickelt. Die Kleintiere wurden tagsüber von Hirten zu den Weiden geführt, nachts wurden sie in aus Reisig gesteckten Pferche gesperrt, um sie vor Wildtieren zu schützen.

In den Winterlagern hielten sich oft nur Frauen, Kinder und einige Hirten permanent auf. Die Männer zogen zeitweise mit einigen Lastkamelen an die Küste, um dort in der **Fischerei** zu arbeiten. Gesalzener Trockenfisch war neben Fleisch, Milch und Datteln ihre wichtigste Nahrung. Außerdem diente er als Tauschobjekt (in den Oasen gegen Datteln, Getreide oder andere landwirtschaftliche Produkte).

Bei einigen Stämmen der Sharqiyah spielte die Tierhaltung im Vergleich zur Fischerei und Oasenwirtschaft eine nur untergeordnete Rolle. So bei den Einwohnern der **Orte südöstlich von Al-Kamil.** Im Sommerhalbjahr arbeiteten sie in ihren eigenen oder, gegen Entlohnung in Naturalien, in fremden Gärten, führten mit ihren Kamelen Warentransporte durch oder übten einen handwerklichen Beruf aus. Nur wenige widmeten sich der Viehzucht. Ende September verließen alle Familienmitglieder die Oasen und wanderten in wenigen Tagen bis zur Küste. Hier wie dort lebten sie in barastis. Die Männer gingen dem Fischfang nach, den Frauen oblag neben dem Haushalt die Versorgung des Kleinviehs und die Beschaffung des Trinkwassers aus den zum Teil weit entfernten Quellen.

Zahlreiche **Stämme des östlichen Inner-Oman** betrieben gar keinen Fischfang, denn ihnen fehlte der Zugang zum Meer. Sie bauten dagegen **Salz** ab und verkauften es gewinnbringend in den Souqs oder bei den Erzeugern von Trockenfisch.

In der **Bergregion Nordomans** lebten die **shawawi-Bergnomaden.** Im westlichen Hajar siedelten sie in entlegenen Gebirgsoasen und betrieben neben dem Anbau auf ihren Terrassenfeldern auch **Ziegenzucht.** Sie nutzten das Futter- und Wasserangebot der verschiedenen Höhenstufen und wanderten somit nicht wie alle anderen Nomaden horizontal, sondern vertikal. Im östlichen Hajar zogen die shawawi innerhalb der Wadis umher, denn im dort vorwiegend aus vulkanischem Gestein aufgebauten Gebirge sind Quellen selten. Außerdem sind die Hänge meist zu steil, so dass dort die Anlage von Siedlungen und der Terrassenfeldbau nur bedingt möglich war.

In der südlichsten Provinz Omans, im **Dhofar,** lebten noch bis vor wenigen Jahrzehnten einige nomadische Stämme von der Tierzucht, der Landwirtschaft, dem Fischfang und auch vom Weihrauchsammeln.

Das Leben der omanischen Nomaden unterlag in den letzten Jahrzehnten einem starken **Wandel.** Nur noch wenige ziehen umher, die meisten sind weitgehend sesshaft geworden. Ein Großteil von ihnen lebt in einer nomadischen „Zwischenform", bei der die Winterlager nicht mehr als eine Landrover-Stunde von den Oasen entfernt liegen. Dort wohnen die Familien in besseren Häusern, in der Wüste auch in einfachen Hütten. Die einstigen Wirtschaftsformen Tierhaltung und Fischfang spielen kaum noch eine Rolle. Geländewagen haben das Kamel in seiner Funktion als Reit- und Lasttier ersetzt. Viele bedu-Kinder werden auch aus weit entfernt

Kinder verkaufen gewebte Decken auf dem Weg zum Jebel Shams

gelegenen Winterlagern mit dem Auto in die Schule gefahren. Viehfutter wird mit dem Auto in die Wüstencamps transportiert, ebenso die Tiere, die auf dem Markt in der Stadt verkauft werden sollen. Selbst Wasser in großen Tanks kommt mit dem Pick-up. Wohlhabende bedu-Familien leisten sich sogar einen Zweitwagen für ihre Frauen, die damit zu den Weidegründen fahren.

Den traditionellen Tauschhandel gibt es nicht mehr, denn **Geld regiert** seit knapp einem Vierteljahrhundert auch die bedu-Welt. So arbeiten viele Männer auf den Ölfeldern in Inner-Oman oder in den benachbarten Emiraten, wenn auch zum Teil nur für einige Monate. In dieser Zeit kümmern sich die Frauen alleine um den Haushalt, jedoch bleibt die Pflege der Kamele reine Männersache – auch wenn dafür Gastarbeiter angestellt werden müssen. Die Ernährung wird bestimmt durch die Faszination an neuen, importierten Lebensmitteln: Milchpulver statt frischer Ziegen- oder Kamelmilch, konservierte Ananas und Pfirsiche statt nahrhafter Datteln, Thunfisch und Sardinen in Dosen statt getrocknetem Fisch, amerikanisches Corned-beef statt Ziegenbraten ... Die Hoffnung, dass die einstigen Herren der Wüste ihre traditionelle Lebensweise nicht ganz aufgeben, wird mit jedem Tag geringer.

Der **britische Forschungsreisende Wilfred Thesiger,** mit Beduinen von 1945 bis 1950 in Oman und den angrenzenden Wüstengebieten unterwegs, formulierte seine Gedanken zum Wandel des nomadischen Lebens so:

Land und Leute

oman_097 Foto: fk

„Man hat mich oft gefragt: „Weshalb leben die Bedu in der Wüste unter den furchtbaren Bedingungen, die Sie schildern? Weshalb verlassen sie die Wüste nicht, um anderswo ein leichteres Leben zu führen?“ Und ich stieß fast immer auf Unglauben, wenn ich antwortete: „Sie leben aus freien Stücken in der Wüste.“ ... Ich war mir darüber klar, daß die Bedu, mit denen ich gelebt hatte und gereist war und in deren Gesellschaft ich mich wohlgefühlt hatte, dem Untergang geweiht waren. Manche Menschen sind der Ansicht, es wird den Bedu in Zukunft besser gehen, da sie die Entbehrungen und die Armut der Wüste gegen die Sicherheit einer materialistischen Welt eintauschen werden. Ich teile diese Ansicht nicht. Ich werde nie vergessen, wie oft ich mir diesen analphabetischen Hirten gegenüber armselig vorgekommen bin, weil sie soviel großzügiger, soviel mutiger, ausdauernder, geduldiger und ritterlicher waren als ich. Bei keinem anderen Volk der Erde habe ich je ein ähnliches Gefühl der Minderwertigkeit verspürt ... Dennoch wußte ich, daß die Menschen nicht an der Härte ihres Daseins zugrunde gehen würden, sondern nur an der Langeweile und Ohnmacht, die sie empfanden, wenn sie diesem Leben entsagen müßten. Die Tragödie bestand darin, daß die Entscheidung darüber nicht bei ihnen lag. Wirtschaftliche Faktoren, die sich ihrem Einfluß entzogen, würden sie schließlich in die Städte treiben, wo sie dann als ‚ungelernte Arbeiter‘ an den Straßenecken lungerten.“

(Quelle: W. Thesiger, Die Brunnen der Wüste. Piper Verlag 1997, S. 339–342)

Frauen in Oman

In Oman wird jeder Besucher schnell feststellen, dass die Frauen entgegen gängiger Vorurteile **keineswegs aus dem öffentlichen Leben „verbannt“** sind. In den Souqs verkaufen sie ihre Waren und feilschen als Käuferinnen lautstark um den Preis, heiter flanieren sie mit ihrer Familie durch die Parks oder durch die Einkaufszentren, genießen im Café mit ihren Freundinnen einen Eisbecher und steuern ihre Jeeps selber durch die Straßen. Sie arbeiten auf Postämtern, in Banken, Verwaltungsbüros, Ministerien, Museen und sogar bei der Polizei. Als Labortechnikerin, Lehrerin oder Fernsehmoderatorin stehen sie selbstbewusst und engagiert „ihren Mann“ – als Angestellte und oft auch in leitenden Positionen. Für ihre Arbeit bekommen sie den gleichen Lohn wie ihre männlichen Kollegen – ein Zeichen von **Gleichberechtigung,** das in „westlichen“ Ländern noch längst nicht überall erreicht ist.

In ihren farbenfrohen Kleidern strahlen omanische Frauen ein natürliches und starkes **Selbstbewusstsein** aus – das Trugbild der unterdrückten arabischen Frau zerstören sie grundlegend. Das Leben der Landfrauen unterliegt natürlich – wie in vielen Gesellschaften – noch weitaus stärker traditionalistischen Einflüssen.

Das Ziel Muhammads und des Qur'an, die Rechte der Frauen zu stärken, wird von den Omanis erfolgreich fortgeführt. Ein Grund liegt darin, dass nach Auffassung der **Ibaditen** die islamischen Glaubensgrundsätze immer

O_99_287 Foto: fk

wieder überdacht und angepasst werden müssen. Nur in der Aktualität kann der Islam seine Kraft bewahren (siehe „Religion – der Islam“, Abschnitt „Tolerant und liberal – der Ibadismus in Oman“). Ein weiterer entscheidender Grund liegt in der Politik von Sultan Qaboos. Nur wenige arabische Herrscher fordern und fördern so engagiert wie er die Gleichstellung der Frauen. Schon in den frühen Jahren seiner Herrschaft betonte er, es sei kein Problem und durchaus mit dem Islam vereinbar, wenn Frauen sich nicht verschleiern. In politischer Hinsicht gelten Frauen als ein ebenso **staatstragender Teil der Gesellschaft** wie Männer. In seinen Reden appelliert der Sultan immer wieder, dass Frauen ihre Rolle bei der Staatsentwicklung wahrnehmen sollten und dass es ihr Recht sei, ihre Gedanken und Ansichten über die Angelegenheiten ihres Landes miteinzubringen. So können auch Frauen als Volksvertreter in die „Majlis al-Shura“, den beratenden Staatsrat, gewählt werden. In Regierungsposten wie auch in anderen Berufen ist es selbstverständlich, dass sie wichtige und leitende Stellungen einnehmen.

Nach Auffassung des Sultans kann eine ungebildete Frau keine freien Kinder erziehen. Daher kommt der **Bildung** der Frauen in Oman eine wichtige Rolle zu. Der Mädchenanteil an den Grundschulen liegt entsprechend des Bevölkerungsanteils bei knapp der Hälfte, ähnlich hoch ist der Prozentsatz der Absolventinnen an den Fachschulen zur Lehrerausbildung und am „Technical

Auf dem Frauenmarkt in Ibra

College". In diversen staatlichen Frauenausbildungs- und Wohlfahrtszentren nutzen zahlreiche Frauen die Chance zur Weiterbildung. Landesweit gibt es das Netz der omanischen **Frauenorganisationen** (OWA), von denen die erste 1971 in Muscat gegründet wurde. Auch hier können die Frauen sich bilden und je nach Interesse an Ernährungs-, Koch-, Näh-, Literatur-, Handarbeits-, Schreibmaschinen-, Computer-, Englisch-, Tanz- und Erste-Hilfe-Kursen teilnehmen. Viele Programme und Aktivitäten sind speziell auf die Verbesserung der sozialen und medizinischen Lage der Landfrauen zugeschnitten. Soziale Aufgaben in den örtlichen Gemeinden können Frauen in Frauenverbänden wahrnehmen.

Auch in finanzieller Hinsicht werden Frauen vom Staat unterstützt, denn das **Sozialgesetz** sichert sowohl Witwen als auch geschiedenen und verlassenen Frauen Sozialhilfe zu.

Der Sprung von der noch vor wenigen Jahren bestehenden traditionell-patriarchalischen Gesellschaft in die Moderne benötigt behutsame Anpassung. Obwohl der **Prozess der Modernisierung und Verwestlichung** in Oman erst seit den 70er Jahren des 20. Jahrhunderts einsetzte, überrollte er nicht die tradierten Gesellschaftsstrukturen. Auch dies beruht zum einen wieder auf den Lehren des Ibadismus und seiner Toleranz, zum anderen auf der klugen Politik von Sultan Qaboos. Die Omanis gehen bewusst mit den Traditionen um und nehmen nicht alles Neue kritiklos und uneingeschränkt an. So sind den Frauen an der Universität bestimmte Bereiche wie Appartements, Pausenräume oder Benutzerzeiten der Bibliotheken reserviert. Daher fällt es auch denjenigen Eltern, die ihre Töchter streng traditionell und rollenspezifisch erzogen haben, leichter, sie diesen Schritt in die Fremde und in die „Emanzipation" gehen zu lassen. Jedoch sollte man Emanzipation nicht im Sinne so mancher Frauenrechtlerin unserer Gesellschaft verstehen, sondern immer den Rahmen des sozio-kulturell Machbaren bedenken.

oman_169 Foto: fk

Die sozialen Rollen von Frau und Mann sind im Qu'ran festgeschrieben

Ein Beispiel, wie omanische Frauen sich in diesem Rahmen **gesellschaftsangepasst „emanzipieren"** und dabei Neuerungen und westliche Einflüsse kritisch aufnehmen und ihrem Lebensstil anpassen, zeigt die Modebranche. 1993 fand unter der Schirmherrschaft von Sultan Qaboos im Al-Bustan Hotel die erste arabische Modenschau des Mittleren Ostens, die **Omani Fashion Parade,** statt. Solche Modenschauen, auf denen ausschließlich die Kollektionen junger omanischer Modedesignerinnen gezeigt werden, finden inzwischen mehrmals im Jahr statt. In anderen arabischen Ländern wären solche Vorführungen undenkbar, doch für die Omanis sind schöne und unverschleierte Frauen nichts Neues. Das, was gezeigt wird, ist geprägt von traditionellen omanischen Einflüssen, von langen Gewändern, verspielten Schals, elegant geschlungenen Kopftüchern und weiten Übermänteln – alte Formen mit neuen Stoffen und neuen Farben, die – von den Models stilvoll präsentiert – auf großes Interesse in der internationalen Modewelt stoßen. Dies ist zum einen ein Balanceakt zwischen traditioneller und moderner Mode, zum anderen aber auch eine interessante Neufusion. Bezeichnend ist, dass die omanische Modetradition nicht verändert, sondern modernisiert werden soll: Die schwarzen abayas sollen nach den Worten der omanischen Stardesignerin Kifah Sadiq Abduwani in bunte getauscht werden.

Kultur und Traditionen

Tradition und Moderne – Symbiose statt Widerspruch

Bis zu Beginn der „omanischen Renaissance" durch die Herrschaft von Sultan Qaboos im Jahr **1970** lebten die Omanis **fernab jeglicher Moderne.** Es klingt unglaublich, aber unter der Herrschaft seines Vaters Sultan *Said bin Taimur* gab es weder Rundfunk noch Fernsehen, nur drei Knabenschulen, eine Krankenstation, ein Postamt und gerade mal zehn Kilometer geteerte Straßen (die natürlich zum Palast führten). Es war verboten, Fahrrad zu fahren, ein Radio zu besitzen oder Sonnenbrillen zu tragen. Der Import von Büchern wurde mit Gefängnis bestraft. Die Menschen lebten in einfachen Häusern aus Lehmziegeln oder Hütten aus Palmblättern, Strom und Wasseranschlüsse gab es dort nicht. Ausländern war es kaum möglich, das Sultanat zu besuchen, und Omanis nicht gestattet auszureisen, denn für beides benötigte man eine Sondergenehmigung des Sultans. 1970 ging eine Epoche zu Ende, in der das Land für mehr als einhundert Jahre fast vollständig **von der Außenwelt abgeschirmt** war.

Etwa die Hälfte aller Omanis lebte nomadisch. Oasenbauern und Fischer waren die häufigsten Berufe. Den meisten Menschen gelang damit gerade einmal die Selbstversorgung, einen gewissen Reichtum konnten lediglich wenige Händler erwirtschaften – denn auch der Handel wurde von *Said bin Taimur* unterdrückt. Wirtschaftlich gesehen war Oman ein Entwicklungsland.

Die Menschen lebten damals noch stärker als heute in ihrer **traditionellen Sozialstruktur und Rollenverteilung,** die im engen Zusammenhang mit dem Islam stehen. Dabei obliegt es alleine dem Mann, für seine Familie zu sorgen und sich um die Angelegenheiten in der Gemeinde zu kümmern. Das Aufgabenfeld der Frau liegt im häuslichen Bereich und in der Erziehung der Kinder. Auch waren der Zusammenhalt der einzelnen Stämme und die inneren **Stammesstrukturen** vor 1970 noch bedeutsamer als heute – was nicht heißt, dass sie inzwischen bedeutungslos sind. In keinem anderen Land Arabiens, außer dem Jemen, waren die alten Gesellschaftsstrukturen noch so lebendig und die Stammesgesetze noch so machtvoll wie in Oman.

Im Jahr 1970 läutete Sultan Qaboos dann sozusagen **die „Neuzeit" ein.** Oman gelang in nur wenigen Jahrzehnten ein gewaltiger Schritt vom Mittelalter in die moderne Zeit der Computer und Datenbanken. Die Lebensbedingungen und die wirtschaftliche Situation der Menschen haben sich stark verbessert. Basis dafür waren die Einnahmen aus der Erdölförderung, die Sultan Qaboos sinnvoll in die Entwicklung des Landes investierte. Schon bald konnte jeder ein Steinhaus errichten, einen Stromanschluss legen lassen, seinen Esel oder sein Kamel gegen ein Auto eintauschen, das Wasser für seine Felder mit Dieselpumpen fördern, eine Klimaanlage installieren und Nachrichten aus aller Welt im Fernsehen verfolgen. Heute sind diese Neuerungen auch in abgelegenen Landesteilen kein Fremdwort mehr. Die Hauptstadtregion zeigt sich heute als großes Stadtgebiet mit allen modernen Errungenschaften. Im weiten Rest des Sultanats setzte sich der Fortschritt allerdings nicht in dem Maße und nicht mit dieser Schnelligkeit durch, so dass ein „Kulturschock" weitgehend ausblieb.

Omanis wollen **nicht „Modernisierung um jeden Preis".** Sie haben erkannt, dass man die alten Lebensweisen nicht vollständig aufzugeben braucht, und dass Fortschritt nicht zwangsläufig mit dem totalen Verlust der **kulturellen Identität** einhergehen muss. Diese Fehler der Industrialisierung, die man im Westen oder in Entwicklungsländern beobachten kann, sollen nach Möglichkeit vermieden werden. Anlehnung, aber nicht Abhängigkeit, lautet der goldene Grundsatz. So nehmen die Omanis die für sie nützlichen Errungenschaften des Fortschritts behutsam und kritisch an – und bewahren bewusst ihre kulturelle Eigenart und ihren Lebensrhythmus. Auch omanische Architekten bemühen sich, eine Verbindung moderner und traditioneller Stilelemente zu schaffen. Besonders beliebt ist es, Elemente der alten Festungsarchitektur aufzugreifen, z. B. Zinnen und kleine Wehrtürme bei Telefonzellen. Dachterrassen sind häufig durch eine Mauerkrone eingefasst, Wassertanks auf den Terrassen den Türmen der Forts nachempfunden. Als Ergebnis zeigt sich eine **Einheit von Tradition und Moderne.** Im Gegensatz zu anderen Ölstaaten am

Persisch-Arabischen Golf hat Oman die Entwicklungsfehler seiner Nachbarstaaten vermieden und die Petrodollar nicht in verspiegelte Hochhausfassaden oder Golfplätze der Superlative investiert.

Die Bewahrung der eigenen Kultur ist ein wichtiges politisches Ziel. Seit 1976 gibt es sogar ein „Ministerium für Nationales Erbe und Kultur". Es restauriert im ganzen Land erhaltenswerte historische Bauwerke (vor allem Forts), veröffentlicht Bücher, engagiert sich um den Erhalt alter Handschriften und Dokumente, organisiert inländische Ausstellungen und Kulturwochen im Ausland, organisiert archäologische Ausgrabungsprojekte und richtet mobile Büchereien ein. Daneben unterhält es zahlreiche **Museen,** u. a. das „Oman Museum", das „Nationalmuseum" und das „Naturgeschichtliche Museum", die alle in der Hauptstadtregion beheimatet sind und im praktischen Reiseteil beschrieben werden.

Eine Form dieses Nationalstolzes findet man in den allgegenwärtigen „Kunstwerken" der sog. **„beautification".** Diese englische Vokabel bezeichnet nicht nur das staatliche Verschönerungsprogramm und das neue stadtplanerische Schönheitsideal, sondern steht als Synonym für den aktuellen Zeitgeist nationaler Selbstdarstellung. Dieses Phänomen erschließt dem Fremden trefflich den spielerischen,

oman_254 Foto: fk

Stolzer Omani mit dishdasha, khanjar und massar

stolzen und unbekümmerten Umgang der Omanis mit ihrem kulturellen Erbe. Getreu dem Motto „Unser Land soll schöner werden" trifft man am Rande der Straßen, inmitten von Verkehrskreiseln oder in Parks überall auf **Monumente der neuen omanischen Landesfolklore:** Krummdolche, Schwerter oder funkelnde Schnabelkannen aus Plastik auf zylindrischen Sockeln, Betonpalmen mit Blumenkübeln, überquellende Schatztruhen, lebensgroße Pferde, überdimensionale Weihrauchbrenner-Brunnen samt nachgebildeter Glut, riesige mit Glocken bestückte Uhrtürme, Wasser speiende Fische, hausgroße Fortnachbauten, lebensecht wirkende Gazellen, die teilweise in eine (echte) Felswand gestellt sind ... In der Hauptstadt ist das Aufkommen dieser postmodernen Schaustücke außerordentlich dicht. Besonders futuristisch mutet das strahlend weiße, gigantische „Ufo“ an der Straße von Muscat nach Mutrah an. Für westliche Augen kaum erkennbar stellt es einen traditionellen Weihrauchbrenner dar, den in Oman jedes Kind (er)kennt. Einzig echt ist die vor dem Al-Bustan Palace Hotel stehende Dhau „Sohar“, die noch vor wenigen Jahren bis nach China segelte (siehe Exkurs „Timothy Severin und die Sohar“). Touristen sollten den praktischen Wert der Skulpturen als Orientierungshilfen nicht unterschätzen.

Wer durch Oman reist, wird neben all den anderen Reizen wie den atemberaubenden Landschaften auch ein Auge für die verschiedenen Formen der **Symbiose von traditionell-omanischer Lebensweise und Moderne** haben. Dank dieses Phänomens können Urlauber sowohl die Annehmlichkeiten einer modernen Infrastruktur genießen als auch auf Entdeckungstour nach Traditionellem gehen. Die Omanis mit ihrer offenen, toleranten Art und ihrer Gastfreundschaft tragen ihren Teil dazu bei, dass diese Suche erfolgreich sein wird.

Ein Blick hinter die Maske – Traditionelle Kleidung

Auch heute noch erfreut sich traditionelle Kleidung bei allen Omanis größter Beliebtheit; **„modische“ Anzüge, Blue Jeans, Kleider oder Kostüme sind selten.** Besonders bei wichtigen Anlässen werden selbst die „aufgeschlossensten“ Omanis immer bewusst ihre traditionelle Kleidung wählen, denn sie sind sehr stolz auf sie.

Obwohl man in Farbe und Ausführung der Trachten deutliche Unterschiede zwischen den einzelnen Regionen und ethnischen Gruppen erkennen kann, gibt es durchaus bestimmte Gemeinsamkeiten.

Frauenkleidung

Die **Mannigfaltigkeit der Farben,** mit der sich omanische Frauen kleiden, widerlegt die Vorstellung der von Kopf bis Fuß in Schwarz gehüllten und stereotyp gekleideten arabischen Frau grundlegend. Omanische Frauen zeigen sich selbstbewusst und individuell in hellen, farbenfrohen Stoffen, und sie haben keinerlei Scheu, die verschiedensten Farben und Muster miteinander zu kombinieren.

Die **Hose** der Frauen, der **sirwal,** ist weit geschnitten, doch an den Waden verengt sie sich. Das Stück oberhalb der Knöchel ist stets mit aufwändigen gold- oder silberfarbenen Stickereien verziert. Meist besteht die Hose aus Baumwolle, manchmal aus Seide (Sur) und in der Jebel Akhdar-Region auch aus Wolle.

Das gerade und weit geschnittene **Überkleid,** die **kandoura,** reicht bis unter die Knie und ist ebenfalls reich mit Gold- oder Silberapplikationen von geometrischer oder diamantförmiger Gestalt versehen. Frauen im Dhofar tragen ein dunkles Überkleid aus Samt, das vorne bis kurz über den Knöchel reicht, hinten jedoch einige Zentimeter lang auf der Erde schleift. Der Name dieses Kostüms lautet „Abu Dhail“, „die mit einem Schwanz“. Eine alte Legende besagt, dieser habe den Zweck, die

Fußspuren der Frauen im Sand zu verwischen, damit sie schwerer gekidnappt werden könnten.

Das **Kopftuch (lahaf)** gibt es in vielen Ausführungen. Seine Farbpalette und die aufgedruckten Muster sind nahezu unerschöpflich, im Landesinneren und in der Sharqiyah genauso bunt wie der Rest der Kleidung. Schwarze Schals tragen meist nur die Beduinenfrauen (aus Chiffon) sowie die der Batinah, der Capital Area und des Dhofar. Die großen Tücher reichen mindestens bis unter die Schultern, meist aber bis zur Taille und im Dhofar sogar bis zu den Füßen, viele Frauen hüllen sich auch in zwei Kopftücher. Die meisten wickeln den Stoff einmal unter dem Kinn entlang um den Kopf und befestigen ihn mit einer Goldbrosche neben der Stirn.

Überhaupt tragen omanische Frauen sehr gerne und sehr viel **Goldschmuck,** auch wenn man ihn meist nicht sieht, weil er von der Kleidung bedeckt wird. Besonders prachtvollen Goldschmuck besitzen die Frauen im Dhofar. Gold hat heute größtenteils den alten traditionellen Silberschmuck ersetzt.

Besonders farbenfroh sind die Kleider der Frauen der Sharqiyah, zu bewundern auf dem einmaligen Frauensouq von Ibra. Bei den Frauen balutischer Herkunft (meist in Muscat) sind die Kleidungsstücke alle in einer Farbe gehalten und mit reichlich Goldapplikationen verziert. Auch wenn viele Frauen sich in den leichten **schwarzen Überhang,** die **abaya,** hüllen, geht es unter dieser „Tarnkappe" nicht unbedingt schwarz, sondern meist recht bunt zu.

Frauen der Sharqiyah in traditioneller Kleidung

oman_249 Foto: fk

Die abaya soll zum einen die wertvollen Stoffe vor Staub und Schmutz schützen, zum anderen ist sie aber auch ein Zeichen von Anstand, Keuschheit und Religiosität und wird bei offiziellen Anlässen und im heiligen Fastenmonat Ramadhan besonders oft getragen.

Frauen mit einem Gesichtsschleier wird man in Oman kaum sehen. In der Batinah und unter den Beduinenfrauen ist das Tragen einer **Gesichtsmaske,** der **burqa,** aber weit verbreitet. Dient der Schleier in erster Linie dazu, der angeblich im Qur'an geforderten Verhüllung der Frau Sorge zu tragen, so wird die burqa aus anderen Gründen getragen. Der Hauptgrund ist, weil sie die empfindliche Gesichtshaut vor der prallen Sonne, dem Staub und den Sandstürmen schützen soll. Die Masken der in der Wüste lebenden Beduinen bedecken das gesamte Gesicht von der Stirn bis zum Kinn und lassen nur einen ovalen Schlitz für die Augen frei. Häufig schimmert der Stoff in hellem Gelb oder in Violett, gelegentlich sind die burqas schwarz. Viele junge bedu-Frauen bringen ihre dunklen Augen mit dicken **Kajalstrichen (khol)** besonders reizvoll zur Geltung. Manchmal reiben sie sich die freie Haut um die Augen mit einer Paste aus Safran und Wasser ein – sie schützt besser als jede Sonnencreme. Die burqas der Frauen in der Batinah-Ebene oder in Musandam fallen wesentlich kleiner aus als die Beduinenmasken und sind daher als Schutz fast nutzlos. Sie bestehen oft nur aus zwei schmalen Streifen, einem über den Augenbrauen und einem über dem Mund, die mit einem Querstreben auf der Nase verbunden sind. Die Maske dient hier eher als ein Zeichen der Tradition denn als Sonnenschutz. Sie zeigt außerdem, dass „Frau" verheiratet ist. Meist legen die Frauen die burqa wenige Tage nach den Hochzeitsfeierlichkeiten das erste Mal an – aber dann immer, wenn sie ihr Haus verlassen. Eine Ausnahme sind die Balutschen. Bei ihnen ist es üblich, dass Mädchen die burqa ab der Pubertät tragen. Natürlich dient die burqa in gewisser Weise auch dazu, die Frau vor den Blicken der Männer zu schützen.

Auch wenn die kleinen Masken die Haut nicht in dem Maße schützen wie die großen, und auch wenn weder Ehemann noch Familie verlangen, die burqa anzulegen, so tun es viele omanische Frauen, weil *sie* es möchten. Viele fühlen sich ohne sie unwohl, quasi nackt, und sie nehmen sie auch nicht ab, wenn sie mit ihren Schwestern oder besten Freundinnen alleine sind. Die Maske verleiht ihnen mehr Selbstsicherheit, Schutz, Stolz und Würde, viele Frauen sind der Ansicht, die Maske verschönere sie. So verwenden sie viel Sorgfalt damit, ihre Masken millimetergenau zu nähen oder nähen zu lassen. Manche Frauen möchten ihre Backenknochen höher oder niedriger erscheinen lassen, andere betonen mit der burqa ihr längliches Gesicht, oder sie lassen sie so schneidern, dass es rund wirkt. Burqa ist also nicht gleich burqa – jede ist so individuell angepasst wie eine Brille. Viele europäische Frauen können nicht verstehen, dass diese „Papageienmaske" verschönern soll, doch genauso wenig verstehen viele omanische Frauen, warum dies eine teure Designerbrille oder braun gebrannte Haut angeblich tut. Eine omanische Frau sagte einmal: *„Es ist nicht so, dass wir die burqa tragen, weil es schamvoll ist, sich ohne sie zu zeigen, sondern weil es schön ist, sich mit ihr zu zeigen."*

Männerkleidung

Das unverkennbare Kleidungsstück jedes omanischen Mannes ist die **dishdasha – ein knöchellanges Gewand,** das **stets langärmlig und gerade geschnitten** ist. Egal ob Fischer oder Minister, für jeden ist sie standesgemäß, und jeder findet sie äußerst bequem. Mit einem entsprechenden Turban, einem prachtvollen khanjar und, wenn es ganz formell oder festlich sein soll, zusätzlich noch mit einem eleganten Übermantel werden in einer weißen dishdasha höchste nationale und internationale Staatstreffen abgehalten. Sie hat in Oman (anders als in den Emiraten) einen runden, bestickten Kragen und wird mit einem kleinen Stoffknopf unterhalb des Halses geschlossen. Die Knopfschlaufe endet in einer kleinen Quaste, die in Parfüm, Rosenwasser oder Duftöl getaucht wird und so einen dezenten Wohlgeruch verbreitet. Die meisten dishdashas bestehen aus dünner Baumwolle, vielen Stoffen ist aber auch Synthetik zugewebt. Weiß ist die formelle Farbe: Alle Omanis im öffentlichen Dienst müssen Weiß tragen. In der Freizeit hingegen sind modische Pastelltöne sehr beliebt. Die meisten Männer bevorzugen helle Farbtöne, Beduinen dagegen dunklere. Im Gegensatz zum benachbarten Jemen tragen die Omanis nie ein Jackett über ihrer dishdasha.

Unter dem Rock trägt der Omani einen **Unterrock,** den **wizar** oder **lunghi.** Diese lange Stoffbahn besitzt keine Knöpfe, wird wie ein Badetuch fest um die Hüfte geschlungen und dann mehrere Male nach unten gefaltet, bis sie sicher und bequem hält. Früher wurde der leichte Baumwollstoff von Hand gewebt, doch wie nahezu alle Stoffe wird er heute aus Indien importiert.

Harmonische Eintracht besteht auch bei der Fußbekleidung, denn nahezu jedermann trägt luftige **Ledersandalen** – selbst Sultan Qaboos auf hohen Staatsempfängen.

Es fällt schwer, sich einen omanischen Mann ohne **Kopfbedeckung** vorzustellen. Er kann zwischen einer bunt bestickten Kappe, der *kumma,* und einem Turban (je nach Stil *ammama* oder *massar* genannt) wählen. Eine **kumma** besteht aus zwei Teilen: einem runden „Deckel" mit einem angenähten Rechteck als Seitenteil. Beide Teile sind mit bunten Stickereien verziert, aber erst bei näherem Betrachten erkennt man zahllose fein umstickte Löcher. Die Vielfalt der Farben und Ornamente ist erstaunlich, man wird kaum zwei gleiche handgearbeitete Kappen finden. Traditionell ist es die Aufgabe der Frau, für ihren Mann und die Söhne kummas herzustellen. Dabei kann alleine die Stickerei bei drei Stunden Arbeit täglich über einen Monat dauern. Der Preis für ein handgearbeitetes Exemplar kann bei bis zu 80 Rial liegen, doch werden in den Souqs neben handbestickten omanischen Kappen auch relativ preiswerte

oman_215 Foto: fk

Omani mit massar (Turban)

Importwaren sowie maschinengestickte Stücke angeboten.

Obwohl eine kumma sehr wertvoll sein kann, ist sie nicht die richtige Kleidung für formelle Anlässe. In solchen Fällen ist es besser, wenn „Mann" sich einen **Turban**, einen **massar**, umwickelt. Meist besteht er aus kostbarer Kaschmirwolle, deren Ränder ebenfalls reich bestickt sind. Qualitativ hochwertigen Stoff muss man durch einen Fingerring ziehen können. Eine Eigenart der Omanis ist es, sich ihren massar nicht immer abzuwickeln, wenn sie ihn kurz ablegen. Sie nehmen den gebundenen Turban wie einen Hut ab und setzen ihn später auch so wieder auf. Manche Männer tragen unter dem Turban noch eine kleine Häkelkappe oder eine kumma.

Inhaber hoher Ämter, Shaikhs, angesehene Würdenträger und ältere Männer schmücken sich zu offiziellen oder festlichen Anlässen sowie am Wochenende mit ihrem handgearbeiteten, silbernen **Krummdolch**, dem **khanjar**, der im Abschnitt „Waffen" weiter unten näher beschrieben wird. Ebenfalls nur zu besonderen Anlässe wird der **bisht**, ein weiter **Überwurf**, der an der Vorderseite mit einer Goldbordüre eingefasst ist, getragen.

Die **Jebalis** im Dhofar kleiden sich anders als oben beschrieben. Vom nahen Jemen beeinflusst tragen sie einen meist dunklen Fransen-Wickelrock mit Hemd oder freiem Oberkörper und einem über eine Schulter gefalteten Übertuch. Manche tragen einen dunklen Stoffturban, doch typisch für die Jebali-Männer ist es, dass sie ihr langes Haar mit einem bis zu zehn Meter messenden Lederriemen umwickeln. Am Ende des Riemens befindet sich eine in Parfüm getränkte Baumwolltassel.

Omanisches Silberhandwerk – alt, magisch und vielfältig

Geschichte und Bedeutung

Omanische Silberschmiedekunst besitzt eine lange Tradition. Die Wurzeln des schmucken Handwerks liegen bereits weit vor unserer Zeitrechnung, in der Zeit der frühen Kulturen von Sumer, Ägypten und Somalia. Während der Jahrhunderte des Seehandels gelangten immer wieder fremde **Einflüsse aus verschiedenen Kulturen** in das Land und entwickelten sich allmählich zu einem festen Teil der omanischen Tradition. Dabei verschmolzen **verschiedene Arbeitstechniken und unterschiedliche Gestaltungsmöglichkeiten** der Silberherstellung zu eigenständigen neuen Entwicklungen, die in Oman auf hohem handwerklichen Niveau ausgearbeitet wurden. Der Islam sorgte mit seinem Abbildungsverbot für das Aufkommen von Ornamenten und einfachen geometrischen Figuren. Schmuckstücke haben oft die Form von einem Halbmond, kleinen Qur'anboxen oder der Hand von *Fatima,* der Tochter des Propheten Muhammad. Die Portugiesen führten neue Waffen ein, die von den omanischen Silberschmieden in eigener Weise verziert wurden. Omanische Arm- und Fußreifen ähneln sehr denen aus Südindien und Pakistan, im Südiran kann man nahezu die gleichen Silberarbeiten kaufen wie im Sultanat, und die rasselnden Armbänder und Glöckchen stammen eigentlich aus China. Weitere Einflüsse sind byzantinisch, keltisch, jemenitisch, ostafrikanisch oder marokkanisch – es scheint fast unmöglich, die Ursprünge der vielen omanischen Silberhandwerks-Elemente herauszufinden. Das Silberschmiedehandwerk und der Handel mit den fertigen Produkten lag im gesamten Nahen und Mittleren Osten über Jahrhunderte zum Großteil in jüdischer Hand.

In Oman wurden – damals wie heute – **zwei Haupttechniken** angewandt: Zum einen ziseliert, prägt oder graviert man das ebene Material, zum anderen fügt man den Stücken durch Granulation, Filigranarbeit oder Applikation eine höhere Dimension an.

Silber war aber stets mehr als bloß ein gut zu bearbeitendes Material, um dekorative Gebrauchsgegenstände oder Schmuck herzustellen. Dem Silber kam schon immer eine **mystische Bedeutung** zu. Es symbolisiert die Kräfte des Mondes, und Omanis glauben, Silber würde seinen Träger vor dem so genannten „bösen Blick" schützen. Als **Talisman oder Amulett** soll es Glück und Gesundheit bringen – verstärkt wird diese Kraft durch das Einarbeiten von anderen „magischen" Materialien wie Zähnen, Münzen, Quarz oder Korallen. Letztere werden *marjan* genannt und sollen Weisheit bescheren. Besonders wichtig sind bunte Halbedelsteine oder stattdessen auch preiswertere Glas- oder Plastikstückchen, denn die Farbe beeinflusst die Wirkung des Amuletts entscheidend. Blau bannt die Kräfte des „bösen Blickes", Grün symbolisiert Fruchtbarkeit, Rot beschützt vor Krankheiten. Im Dienste dieses auch heute noch lebendigen Volksglaubens stehen sogar Bruchstücke roter Fahrradrückstrahler. Omanische Frauen bevorzugen ihre Amulette in Form von Kettenanhängern, Männer und Kinder hingegen tragen sie meist als Fingerringe.

Bis vor wenigen Jahren besaß Silber auch noch eine wichtige **materielle Funktion.** Der Besitz des Edelmetalles bedeutete Reichtum und Absicherung, in vielen Familien, insbesondere bei den Beduinen, stellte Silberschmuck den größten Teil des Familienreichtums dar. Der sicherste „Tresor" dieser Schätze war zweifelsohne der Körper der Frau, da es selbst in kriegerischen Auseinandersetzungen absolut tabu war, ihn anzurühren.

Bis 1968 waren Silbermünzen in Form von „Maria-Theresia-Talern" Hauptzahlungsmittel in Oman. Diese erstmals 1751 in Österreich geprägte Münze wurde nach der 1780 verstorbenen Monarchin benannt. Ein Taler wiegt 28 Gramm und besteht zu rund 84 Prozent aus purem Silber (Feingehalt 833 1/3). Durch den standardisierten Materialwert entwickelte sich dieser Münztyp in der ersten Hälfte des 19. Jahrhunderts in der gesamten Region zwischen China, Indien, dem Mittleren Osten und Westafrika schnell zum beliebtesten Zahlungsmittel. Bis nach dem Zweiten Weltkrieg wurden sie unter Regie der Briten in Bombay geprägt. Nach dem Niedergang als Zahlungsmittel verarbeiteten die omanischen Schmiede Maria-Theresien-Taler zu Kettenanhängern, die zusammen mit kleineren Münzen ein Kollier bildeten und noch heute in großer Auswahl in den Silbergeschäften zu kaufen sind. Durch das Schmelzen der Münzen konnten sie weitere Silbererzeugnisse herstellen. In den letzten Jahrhunderten war Silber das bevorzugte Material, weil es nicht nur billiger, sondern auch leichter zu beschaffen war als Gold.

Nicht zu vergessen ist die große **soziale Bedeutung** wertvollen Schmucks und von Juwelen in der arabischen Gesellschaft. Edle Geschmeide stellen einen Großteil des Brautgeldes dar (siehe „Traditionelle Hochzeitszeremonien" weiter unten) und sichern die Frau im Falle des Todes ihres Mannes oder einer Scheidung ab. Außerdem bedeutet Schmuck Wohlstand und verleiht nicht nur Frauen, sondern ebenfalls Männern Prestige und Ansehen.

Jedoch ist **Silberschmuck** durch den in den letzten Jahrzehnten aufgekommenen Wohlstand immer mehr aus der Mode gekommen und **durch Gold ersetzt** worden. Aus vielen omanischen Silberschmieden sind inzwischen Goldschmiede geworden, die aber zumindest einen Teil der traditionellen Formen und Muster des Silberschmucks imitieren. Gold muss allerdings mit anderen Techniken bearbeitet werden. Da der Werkstoff außerdem keinerlei farblichen Kontrast aufweist (an den vertieften, unpolierbaren Stellen schwärzt Silber durch Oxydation) verlangt Gold nach anderen und eigenen Gestaltungsideen. Viele ehemalige Silberschmiede kommen daher mit dem neuen Handwerk nicht klar. Deshalb übernehmen immer mehr Gastarbeiter diese Arbeit. Aber auch Importe aus Indien bestimmen zunehmend den omanischen Goldmarkt.

Im Landesinneren sind diese Veränderungen nicht so stark zu spüren wie in der Hauptstadtregion. Insbesondere in Nizwa und Bahla kann man die variationsreichen Schmuckstücke der omanischen Silberschmiedekunst mit ihrer Vielfalt an Ornamenten (noch) bestaunen und erwerben. Allerdings ist längst nicht mehr alles original omanische Handarbeit, denn speziell für die Touristen gefertigte **Billigimporte aus Indien und Pakistan** nehmen einen immer größeren Marktanteil an.

Schmuck

Jede omanische Frau besitzt einen schwergewichtigen Fundus traditionellen Silberschmucks, der in Form und Design **regionalen Eigenheiten** unterliegt. Die große Palette an traditionellen Schmuckstücken kann man am besten in den Souqs von Mutrah und Nizwa überblicken. Sie umfasst Halsketten, Armreife, Fußspangen, Schnallen, Broschen, Haaranhänger, Ohr-, Finger-, Nasen- und Zehenringe sowie Kappen und Spangen für den Kopfschmuck.

Besonders vielfältig präsentieren sich die omanischen **Halsketten.** An ihnen hängen unterschiedlich große quadratische oder zigarrenförmige **Boxen,** die sog. **hirz.** Qur'aninschriften, Papierstücke mit Segensformeln sowie kleine Stücke von Holz oder Blättern sollen dem Besitzer Glück bringen. Die hirz der Sharqiyah-Beduinen sind mit Goldapplikationen verziert. Ketten mit großen halbrunden, glatten oder stacheligen Silberperlen oder auch roten Keramikperlen werden nur von den Balutschi getragen. Andere Kettentypen besitzen Anhänger aus Münzen oder einer großen zentralen Scheibe, dem *sumt.* Auf dessen Rückseite ist ein gefesselter Geist *(jinn)* symbolisiert, der dem Träger kein Unheil zufügen kann. Viele Ketten bestehen auch aus einem oder mehreren Silberbändern, die von zahlreichen kleinen, klirrenden Anhängern umsäumt sind.

Die omanischen **Arm- und Fußreife** sind meist sehr dick, und da sie massiv sind, auch entsprechend schwer. Daher werden die Beinreife meist nur zu besonderen Anlässen getragen. Beide gibt es immer paarweise, manche können aufgeklappt und mit einem Silberpin verschlossen werden. In hohlen Varianten sorgen kleine Steinchen bei jeder Bewegung für rasselnde Geräusche, Kinder tragen oft Fußreife, an denen Glöckchen baumeln.

Die **Fingerringe** der Frauen bestehen aus einem **Set von fünf Ringen.** Traditionell wird an jedem Finger ein bestimmter Ringtyp getragen. Ihre Namen variieren, abhängig davon, ob sie von bedu im Landesinneren oder hadr an der Küste getragen werden. Der Daumenring ist der breiteste von ihnen. Der Ring des Zeigefingers lässt sich an seiner spitzen Form erkennen. Er heißt *al-shahid,* weil die Muslime beim Aufsagen ihres Glaubensbekenntnisses *(shahada)* mit diesem Finger gerade nach oben zeigen. Der Ring des Mittelfingers besitzt eine runde oder rhombische Form, der des dritten Fingers eine viereckige. Am auffallendsten ist der Ring des kleinen Fingers, in den Steine eingearbeitet oder Silberkugeln aufgesetzt sind. Männer tragen meist nur ein oder zwei Ringe, in die rote oder blaue Halbedelsteine eingefasst sind. Der *zar* ist ein magischer Ring, den sowohl Frauen als auch Männer bei bestimmten zeremoniellen Anlässen und Trance-Tänzen anlegen.

Nasenringe werden vornehmlich von Frauen ostafrikanischer Herkunft getragen, **Ohranhänger** dagegen sowohl von Frauen als auch von Männern und Kindern. Sie sind sehr dick und erinnern oft eher an einen Reif mit Anhängern. Bei Frauen und Mädchen sind bis zu einem Dutzend dicker Ringe je Ohr nichts Ungewöhnliches. Sie sind so schwer, dass sie, je nach Anzahl, von einer über den Kopf verlaufenden Kette oder sogar von einer Lederkappe gehalten werden müssen.

Es gibt noch **weitere Formen des Kopf- und Haarschmucks.** Zahlreiche Frauen flechten sich kleine zylindrische Anhänger in die Haare, in die sie dann parfümierte Stoffstücke stecken. In den Zöpfen können auch flache, mit kleinen Anhängern versehene Silberstücke hängen. Unverheiratete Frauen tragen eine andere Frisur und einen anderen Haarschmuck als verheiratete. An Hochzeiten wird der Braut ein besonders hübsches und großes Schmuckstück über die Stirn gehängt. Im Süden, im Dhofar, sind zehn Silberanhänger, die an einem Wollfaden befestigt am Hinterkopf getragen werden, am gebräuchlichsten. Viele verheiratete und wohlhabende Frauen schmücken sich dort mit einer aufwändig gearbeiteten Kappe, die mit zahllosen kleinen Silberformen (Kügelchen, Blumen, Rechtecke, Rauten, Ketten), Münzen und Anhängern bestickt ist.

Waffen

Eines der ersten Schmuckstücke, die dem Besucher in Oman auffallen, ist der **Krummdolch,** der **khanjar,** den Männer bei offiziellen oder feierlichen Anlässen stolz um den Bauch geschnallt präsentieren. Diente der khanjar früher als Waffe, so ist er heute ausschließlich **Statussymbol und Festtagsschmuck.**

An der Ausstattung und Art der Verzierung von Klinge, Griff, Scheide und Gürtel können Omanis **Rückschlüsse auf Ansehen und Herkunft seines Besitzers** ziehen. Die Klinge eines guten Dolches sollte aus Vollstahl gefertigt sein, preiswertere Ausführungen sind aus dünnen Stahlblechen zusammengesetzt. Der Griff besteht heute meist aus Tierknochen oder Horn, manchmal auch aus Holz, wohingegen früher viele aus Nashorn-Elfenbein gefertigt wurden. An den meisten Griffen kann man wegen des üppigen Silberbeschlags aber nichts mehr von diesen Materialien sehen. Die omanischen khanjars haben alle einen flachen Griff – mit Ausnahme der Al Bu Saidi-khanjars, die von der Familie des Sultans getragen werden. Das Schönste und Wertvollste an einem omanischen Krummdolch ist seine fast rechtwinklig gebogene Scheide, die (im Gegensatz zu jemenitischen Dolchen) vollständig mit Silber dekoriert ist. Manche Scheiden haben auf der Rückseite eine kleine Ledertasche angenäht, in die ein Messer eingesteckt werden kann. Auch in den Gürtel des Krummdolchs sind feine Silberfäden eingewebt.

Eine weitere große Leidenschaft der omanischen Männer sind ihre **Schwerter, in gerader Form saif, in gebogener Form kitarah** genannt. Griff und Scheide zeigen sich reich mit Silberschmiedearbeiten dekoriert. Viele Klingen haben schon blutige Schlachten gesehen. Heute zücken die Omanis ihre Schwerter nur noch an Festen oder Feiertagen, wenn sie einen Hochzeitstanz oder alten Kriegstanz (z. B. den *habout)* zelebrieren. Bei manchen traditionellen Schaukämpfen tragen die Tänzer auch ein kleines, im Durchmesser

etwa dreißig Zentimeter messendes dickes **Lederschild (turse),** das einst zum Abwehren der Schwertschläge diente. Die Omanis sagen, sie bräuchten kein größeres Schild, da sie mutige und geschickte Kämpfer seien. Bei manchen Exemplaren sorgt eine in der Mitte aufgesetzte Silberplatte für Verstärkung.

Auf Festen schmücken sich viele alte Männer außerdem mit einem alten **Vorderladergewehr,** der **abu fatiylah,** dessen Holm und Lauf ebenfalls Silberschmiedearbeiten aufweisen. Wie Krummdolch und Schwert erfüllen auch die abu fatiylahs heute keinen militärischen Zweck mehr und sind ein Zeichen hoher Manneswürde.

Das Staatswappen des Sultanats besteht übrigens aus zwei gekreuzten Bogenschwertern *(kitarah)* und einem Al Bu Saidi-khanjar (Abb. auf S. 42).

Andere Alltagsgegenstände

Auch **Schnabelkannen, Rosenwassersprinkler, Weihrauchbrenner, Kajal-Behälter** und kleine **Dosen** werden aus Silber geschmiedet und mit eingravierten Ornamenten und filigranen Mustern verziert. Sie dienen heute als wertvolle Gebrauchsgegenstände und Statussymbol vieler omanischer Heime.

Andere Dinge dagegen haben heute fast vollständig an Bedeutung verloren, sind aber noch immer in den Silbergeschäften zu erwerben. So der **talahiq** – ein hornförmiger, mit Silber verzierter **Behälter,** in dem einst Schießpulver aufbewahrt wurde. Interessant sind kleine Sets, bestehend aus Zahnstocher,

Pinzette und einem Stäbchen zum Ohrensäubern, die an einer feinen Kette hängen und an den khanjar oder in den Kopfschmuck gehängt werden können. Mit der Pinzette zog man sich Dornen aus den Fußsohlen - noch vor wenigen Jahren liefen viele Omanis barfuß.

Orientalische Genüsse – Arabische und omanische Küche

Die **arabische Küche** gibt es genauso wenig wie eine einheitlich europäische. Der Begriff umschreibt eine Vielzahl an Speisen aus diversen arabischen Ländern. Von überregionaler Bedeutung und in vielen anderen arabischen Ländern anzutreffen sind die Kochkünste der Ägypter, der Libanesen und der Syrer. Die arabische Küche ist also ein kulinarischer Mix, ein buntes Spektrum verschiedener arabischer Speisen, Gerichte und süßer Leckereien.

oman_263 Foto: fk

Getrocknete Limonen werden gerne zum Würzen verwendet

Die **omanische Landesküche** ist eine völlig andere als die gemein-arabische. Delikat, gehaltvoll, nahrhaft, süß, salzig, sauer und würzig sind nur wenige der Worte, mit denen man die traditionell omanische Küche beschreiben kann. Omanische Gerichte bieten eine ungeheure Vielfalt, denn sie unterlagen über Jahrhunderte den **Einflüssen aus Ostafrika, Indien, Pakistan und dem Fernen Osten.** Zutaten, Kräuter und Gewürze aus diesen Erdteilen prägen den Geschmack der Gerichte nachhaltig.

Die traditionelle omanische Küche ist nicht so scharf wie die vieler anderer asiatischer Länder, im Gegenteil - Omanis bevorzugen würzige, aber nicht allzu scharfe Speisen. Nicht Chili, sondern Kardamom, schwarzer Pfeffer, Kurkuma (Gelbwurz), Safran, Zimt und Rosenwasser sind die prägenden **Gewürze.** Als säuerliche Zutaten kommen in viele Speisen Tamarhinde oder getrocknete Limonen (ganz oder die abgeriebene Schale). Knoblauch ist nicht nur wegen seines Geschmacks, sondern auch wegen seiner antibakteriellen Wirkung sehr beliebt. Eine typisch omanische Gewürzmischung, die nahezu in allen Fleisch- und Fischgerichten verwendet werden kann, heißt **bizar.** Sie besteht aus schwarzem und rotem Pfeffer, Koriander, Cumin, Kardamom, Ingwer und Zimt und ist in jedem Souq erhältlich.

Qahwa – arabischer Zaubertrank mit Tradition

von Kirstin Kabasci

Was ist das bloß für ein Getränk, das in so vielen Hotellobbys in winzigen Porzellantässchen gereicht wird und dessen bitterer Geschmack den Atem stocken lässt? Klarer Fall: Es handelt sich um original arabischen Kaffee, pardon, Qahwa.

Der Powerdrink ist ein Paradesymbol arabischer Gastfreundschaft. Wie ein Zaubertrank bringt er sowohl Freunde als auch Fremde und Feinde zusammen. In gemütlichem Beisammensein tauschen sie Neuigkeiten aus, feilschen über Geschäfte oder diskutieren über Politik – heute noch genauso wie in vergangenen Beduinenzeiten.

Ihren Ursprung hat die Kaffeepflanze in Äthiopien, wo sie wild wächst. Doch schon vor über 400 Jahren wurde sie nach Arabien importiert. Eine alte Legende besagt, ein Ziegenhirte bemerkte, dass seine Tiere nicht mehr schlafen konnten, nachdem sie die Blätter und Früchte eines seltsamen Busches gefressen hatten. So probierte er die Früchte und stellte fest, dass sie ihm Energie gaben und er nicht müde wurde. Er pflückte sich einige Beeren und nahm sie mit sich auf Wanderschaft. Nach einigen Tagen waren sie allerdings getrocknet und zum Essen zu hart. Bei dem Versuch, sie in Wasser weich zu kochen, entdeckte der Hirte das Getränk Kaffee.

Kaffee kochen kann jeder, aber die Zubereitung des traditionellen Qahwa birgt Geheimnisse und Finessen: zunächst Wasser kochen, am besten in der typischen Schnabelkanne (dallah) aus Metall oder in einem Tonkrug. Dann heißt es Rösten – eine Hand voll Kaffeebohnen pro Kanne genügt. Richtiges Rösten ist eine schwierige Angelegenheit, die viel Erfahrung voraussetzt. Erst durch gleichmäßiges Bräunen entfalten die Bohnen ihr volles Aroma. Die Temperatur und die Länge des Röstens beeinflussen das Ergebnis entscheidend. Außerdem muss man aufpassen, dass die Bohnen nicht verbrennen, also immer alles in Bewegung halten.

Beduinen rösten über offenem Feuer, in einer Pfanne mit einem langstieligem Messinglöffel zum Wenden. Für milden Geschmack müssen die Bohnen nur kurz über dem Feuer bleiben, wer es stark liebt, röstet entsprechend länger. Wenn die Bohnen vom austretenden Öl zu glänzen beginnen, sollte man sie aus der Pfanne nehmen, denn sonst verdunsten die aromatischen Öle.

Noch heiß werden die Bohnen in einem Mörser zerstoßen. Im selben Mörser zerkleinert man das, was dem Qahwa seinen unvergleichlichen Geschmack gibt: Kardamom. Schon wenige Samenhülsen dieses ursprünglich an der indischen Malaba-Küste wachsenden Gewürzes reichen.

Die gemahlene Kaffee-Kardamom-Mischung muss dann etwa fünf Minuten mit Wasser aufgekocht werden. Nach dieser Zeit setzt sich auch das Kaffeepulver ab. Kocht es zu lange, so wird der Qahwa zu bitter. Ein gewisser bitterer Geschmack ist aber typisch – und auch nicht durch Zucker zu überdecken, denn im Gegensatz zu Tee wird Qahwa stets schwarz getrunken. Besonders lecker schmeckt es, wenn einige Blüten Safran und ein Schuss Rosenwasser hinzugegeben werden.

Normalerweise besteht jede Qahwa-Runde aus drei kleinen Tässchen. Wer möchte, kann gerne mehr trinken. Wer aber genug hat, sollte seine Tasse umgedreht aufs Tablett stellen oder das leere Gefäß mit lockerem Schwung aus dem Handgelenk kurz hin und her schwenken. Beides sind eindeutige und höfliche Zeichen, dass man genug hat. Doch Vorsicht: Schnell naht eine weitere Runde, und so sollte man gegebenenfalls den Rückzug vorbereiten.

Die omanische Küche unterliegt **regionalen Eigenheiten:** Die Beduinen der Wahiba kennen andere Speisen als die Fischer von Musandam oder die Nachkommen der Sansibaris in der Sharqiyah. Dennoch werden viele Gerichte landesweit gekocht; sie können aber in der Zubereitung variieren und sogar einen anderen Namen tragen. Manches wird nur **zu besonderen Anlässen** serviert, z. B. das unterirdisch gegrillte shoowah an den Eid-Feiertagen. Einige Speisen werden im Ramadhan gekocht, und bestimmte Gerichte gibt es für freudige oder traurige Anlässe. Datteln, halwa und qahwa gibt es dagegen immer und überall.

Reis, Brot, einheimische Gemüsesorten und Datteln waren lange Zeit Hauptbestandteile der omanischen Alltagsnahrung. An der Küste erfuhr der Speiseplan eine Bereicherung durch **Fisch (samak)** und Importgüter aus dem Überseehandel.

Fleisch (laham) gab es in vielen Familien bis zu den 1970er Jahren nur an Fest- und Feiertagen. Bevorzugt gegessen werden Lamm-, Rinder-, Hühner- oder Ziegenfleisch. Der Verzehr von Schweinefleisch ist im Qur'an aus hygienischen Gründen untersagt. Nach islamischem Brauch müssen alle Tiere geschächtet werden, d. h. nach dem Aufsagen einer Segensformel wird dem Tier mit einem scharfen Messer die Kehle durchgeschnitten, so dass es schnell stirbt und gut ausbluten kann.

Reis und Brot bilden die Grundlage der meisten Gerichte. Reis (arab. **ruz,** oman. **aish** und **arous)** ist nicht gleich Reis, es gibt eine Vielzahl von Sorten, die auf unterschiedliche Weise zubereitet und serviert werden. Weißer Reis, schwarzer Reis, ungeschälter Reis, Bamasti-Hochlandreis oder Langkornreis werden entweder körnig gekocht oder in Öl gebraten, dann mit unterschiedlichen Gewürzen verfeinert sowie mit Gemüse, Nüssen oder Rosinen vermischt. Viele omanische Gerichte werden auch mit Weizen gekocht, z. B. diverse Varianten des hareis.

Arabisches **Brot – khobs –** ist stets Weißbrot: rund, flach und gar nicht oder nur leicht gesäuert. Zu allen arabischen Gerichten wird ein großer Stapel Brot gereicht, denn traditionell ersetzen Brotstückchen Gabel und Löffel. Man formt aus einer kleinen Brotecke eine mundgerechte Tasche, schiebt die Speisen hinein und steckt das Ganze in den Mund. Dabei sollte nur die rechte Hand zum Mund geführt werden. Manche Brotsorten bestehen aus einer Art Tasche, und sie eignen sich ideal, um ein Sandwich daraus zu machen. So auch bei dem preiswerten **Nationalimbiss shawarmah,** bei dem gegrilltes Lamm- oder Hühnerfleisch samt Salat in eine Brottasche gerollt wird.

Die omanische Küche kennt auch viele **pfannenkuchenähnliche Speisen** *(khobs muhalla, khobs al-murdouf, khobs al-khameer)* oder **kleine Kuchen,** die ebenso als „khobs" bezeichnet werden *(khobs al-warim, khobs al-aish).*

Auch **Gemüse und Hülsenfrüchte** spielen eine wichtige Rolle in der arabischen und omanischen Küche. Gemüse ist mehr als nur eine Beilage, und insbesondere in den heißen Sommermonaten bevorzugen Omanis leichte Gemüsegerichte. Wegen ihres hohen Nährwertes sind Bohnen, Erbsen und Linsen beliebt. Zudem halten sie in getrockneter Form lange.

Eier werden als Omelett gern zum Frühstück gegessen, zu anderen Mahlzeiten werden sie zusammen mit Gemüse und reichlich Gewürzen gebraten.

Nüsse, Mandeln und **Rosinen** dienen dem Verfeinern und Garnieren, beispielsweise in Reisgerichten und Süßspeisen. Besonders beliebt sind Mandeln, Wal- und Haselnüsse, Pinien- und Cashewkerne.

Seit den 70er Jahren des letzten Jahrhunderts hat sich die Palette der Nahrungsmittel und das **Essverhalten** der Omanis stark **gewandelt** – wie ein Blick in die Regale der Supermärkte und auf die Tische der amerikanischen Fast-Food-Restaurants zeigt. Trotz all der neuartigen kulinarischen Verführungen hat die einheimische Küche aber eine herausragende Bedeutung für die Omanis. Besonders deutlich wird dies an Fest- und Feiertagen, an denen fast ausschließlich omanische Gerichte gekocht und genossen werden. Um diesen Genuss zu erleben, bieten sich für Touristen leider nicht allzu viele Möglichkeiten, denn **Restaurants mit omanischer Küche** existieren viel zu wenige – auch wenn in den letzten Jahren einige neu eröffnet haben.

Einige Rial teurer ist die allwöchentliche **Omani Night** im Al-Bustan Hotel in Muscat, aber dafür genießt man die üppigen Gerichte im herrlichen Hotelgarten mit Beduinenzelten und traditioneller Musik.

Arabisch-indische Restaurants findet man dagegen quasi an jeder Ecke. Es gibt zahllose Imbisse, kleine und große Straßenrestaurants, exklusive Hotelrestaurants und regelmäßige Buffet-Abende diverser Restaurants.

Omanische Hauptspeisen

- **japati:** in Fett gebackenes Fladenbrot
- **khobs rakhal:** Brot, das wie Crêpe gebacken wird – soll so „zart wie ein Schmetterlingsflügel" sein
- **makhbous laham:** Lammfleisch mit Limonen, Pfeffer, Zwiebeln und Knoblauch gewürzt mit Reis
- **arous abiadh laham/samak/dijaj:** weißer Reis mit Fleisch/Fisch/Huhn
- **arous abiadh ma awal:** weißer Reis mit getrocknetem Haifischfleisch, mit Zwiebeln, Knoblauch, Ingwer, Limone gewürzt
- **kabouli laham/samak/dijaj:** Reis mit Rosinen, mit getrockneten Limonen, Zimtrinde, Pfeffer und Kardamom und Fleisch/Fisch/Huhn
- **briyani:** ursprünglich indisches Reisgericht in verschiedenen Varianten mit Fleisch, Gemüsesorten und Nüssen
- **hareis laham:** gekochtes Lammfleisch mit Weizen
- **shorbat laham:** weicher Brei aus gekochtem Lammfleisch und Weizen, beliebt im Ramadhan
- **mashakik:** marinierte und gegrillte Fleischspieße
- **laham ibil mageen:** gebratenes, getrocknetes Kamelfleisch
- **ouzi:** am Spieß gegrilltes ganzes Lamm, auf einem Bett aus Reis und Nüssen serviert, sehr beliebt an Festtagen
- **samak pablo:** Fisch in Kokosnussmilch mit Kurkuma
- **al-ma'asour:** im Backofen oder über Feuer gebackene Fischstückchen mit Limonensauce
- **al-baqeel:** frisches, gekochtes Haifischfleisch, mariniert in einer Knoblauch-, Zimt-, Chilisauce, dann gebraten und mit Limonensaft serviert

Omans süßeste Versuchung – Halwa

von Kirstin Kabasci

Halwa ist die klassische omanische Süßspeise, die neben Datteln bei jeder Einladung gereicht wird. Übersetzt bedeutet Halwa „süß“ – was den Geschmack der weichen, braunen Masse sehr treffend beschreibt.

Es gibt verschiedene Sorten von halwa, aber die Basismasse besteht immer aus Butter, Stärke, karamelisiertem Zucker, Eiern, Gewürzen und Nüssen. Royal-halwa ist mit 10 Rial pro Kilo die teuerste Sorte, sie enthält nur die allerbesten Zutaten. Omanischer Rohrzucker, große Walnuss- und Mandelstücke sowie ein kräftiger Schuss vom wertvollen Jebel Akhdar-Rosenwasser verleihen ihr einen einzigartigen Geschmack – aber auch die anderen Sorten sollte jeder einmal probieren. Die Süßigkeit gibt es in jedem Lebensmittelladen und auch in speziellen Geschäften, auf deren Regalen nur Emailleschüsseln, Plastikdosen oder die traditionellen Palmzweigkörbchen, die „kazkouz“, gefüllt mit köstlicher halwa, stehen. Ein Kilo der Sorte Special kostet um 5 Rial, Muza'farah (viel Safran) um 2,5 Rial und die einfachen Sorten Red (mit braunem Zucker), Yellow (Safran) oder White um 1,5 Rial.

Die Herstellung der süßen Versuchung ist eine Kunst für sich. Selbst in den omanischen Fabriken wie der Omani Sweets Factory wird halwa noch wie vor Jahrhunderten hergestellt – nur in größeren Mengen (bis zu 1100 Kilo pro Tag). Die Masse muss in einem großen Kupferkessel, dem etwa 1 Meter durchmessenden und 30 Zentimeter tiefen margil, unter ständigem Rühren zweieinhalb bis vier Stunden gekocht werden. Kenner schwören darauf, dass der Kessel mit Holz und nicht mit Gas erhitzt wird, denn nur Holz verleihe halwa eine einzigartige Geschmacksnote. Um einen Kessel der Sorte Muza'farah herzustellen benötigt man: 20 l Wasser, 16 kg Zucker, 4 kg Butter, 2 kg Stärkemehl, 300 Gramm gemahlenen Kardamom, 100 Gramm Cumin, 100 ml iranisches Rosenwasser, 3–12 Gramm spanischen Safran und Nüsse zur Dekoration. Viel Übung ist nötig, die Zutaten in der richtigen Reihenfolge (erst Wasser mit Zucker, später Stärke, dann Butter und Gewürze) einzurühren, ohne dass die Mischung zu dünn oder zu dick wird oder anbrennt. Mit einem langen Löffel rührt der Koch die schwere und heiße Masse unablässig, bis nach Stunden die dickflüssige halwa fertig ist.

Vor Familienfesten und Feiertagen haben die Halwa-Kocher Hochkonjunktur, denn jede Familie bestellt sich ihre mehrere Kilo schwere Ration. In der Sommerhitze essen viele Omanis halwa nicht so gerne, sondern bevorzugen leichtere Speisen. Für Reisende ist sie ein originelles Mitbringsel, denn sie ist ein typisches Zeichen omanischer Gastfreundschaft und Genussfreude.

oman_266 Foto: fk

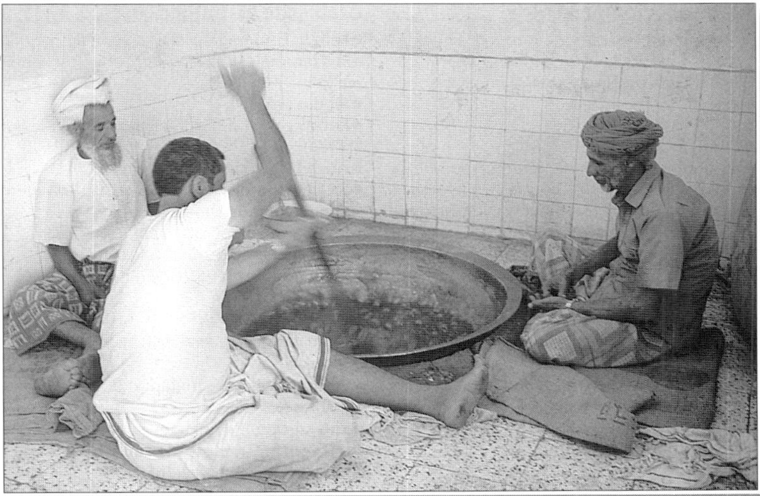

Omanische Süßspeisen

- **asal tamar:** Dattelsirup oder gekochtes Dattelmus mit Gewürzen
- **mandazi:** Dreiecke aus frittiertem süßen Teig
- **al-hesauah:** Reis mit Milch, Rosenwasser und Kardamom
- **lokhemat:** Bällchen aus ungesüßtem, mit Kardamom gewürzten Rührteig, die frittiert und in Sirup getränkt werden
- **halwa al-tamar:** je 1 Tasse Mehl und Butter werden mit 2 Tassen Datteln zu weicher Masse gekocht, mit Kardamom und Rosenwasser gewürzt
- **halwa al-jezar:** süße Masse aus Möhren, Zucker, Eiern, Fett, mit Kardamom und Rosenwasser gewürzt
- **halwa al-tohum:** je 1 Tasse Milch, Butter und Zucker mit Knoblauch zu süßem Brei verkocht
- **assida:** weicher Teig aus gekochtem Wasser mit Mehl und Zucker, mit Butter serviert, gewürzt mit Rosenwasser, Safran oder Kardamom; Zubereitung auch mit Datteln, Bananen oder Möhren

Omanische Getränke

- **qahwa:** Kaffee aus frisch gerösteten Bohnen mit Gewürzen
- **shai:** Sehr beliebt sind Tees aus Zimt, Ingwer, Thymian oder einer Mischung dieser Zutaten; **shai bil-halib:** Tee mit Milch (im Gegensatz zu anderen Arabern trinken Omanis ihren Tee auch gerne mit Milch; Wasser, Teeblätter, Kardamom und Ingwer werden erhitzt, dann wird Milch zugegeben und das Ganze aufgekocht)
- **laban:** Joghurt mit Wasser gemischt, auch mit Thymian, Kumin oder Knoblauch versetzt
- **Weihrauchwasser:** sehr erfrischend; unter einem umgestülpten Tonkrug wir ca. 1 Stunde lang Weihrauch verbrannt; der Rauch zieht in den Ton und aromatisiert später hineingefülltes Wasser.

Halwa-Kocher beim Herstellen der beliebten Süßspeise

Arabische Vorspeisen

Vorspeisen *(mezze)* werden mit eingelegten Gemüsestücken *(achar)* und *khobs* gegessen. Dips aus Joghurt sind auch sehr beliebt.

- **tahina:** Sesampaste
- **hummus:** Paste aus Kichererbsen und Olivenöl
- **sambousa:** mit Käse oder Hackfleisch gefüllte Teigtaschen
- **felafel:** Gemüse-Kichererbsen-Frikadellen
- **tabouleh:** Tomaten-Petersiliensalat mit zermahlenem Weizen und Minze
- **mutabbal:** gebratene und pürrierte Auberginen mit Knoblauch und Zitrone
- **foul:** weichgekochter Bohnenbrei, manchmal mit Zwiebeln und Tomaten
- **warra ainab:** mit Reis gefüllte Weinblätter
- **kubbeh:** gefüllte Fleischklöße
- **shaurbut adas:** Linsensuppe
- **shaurbut al-samak:** Fischsuppe

Arabische Hauptgerichte

- **kebab:** Fisch- oder Fleischspieße aus gegrillten Hammel-, Rind-, oder Leberstückchen auf Reis
- **kibda:** Leber
- **kofta:** gegrillte Hammelhackwürstchen auf Spießen
- **ruz bil tamar:** Reis mit Datteln
- **foul mesdames:** dicke Bohnen in Tomatensoße mit Gemüse und Zwiebeln
- **koussa mashi:** Zuchini mit Reis gefüllt
- **mechui:** gegrilltes Lammfleisch
- **makbous:** Lamm-Eintopf mit Reis

Arabische Süßspeisen

- **umm ali:** gebackener Milchauflauf mit Nüssen und Rosinen
- **mehlabaiya:** Reismehlpudding mit Pistazien und Rosenwasser
- **kurs al-tabi:** Pfannkuchen
- **basboosa:** Grießmandelkuchen
- **halwa tamar:** Dattelkonfekt

Ziegen sind ein beliebter Festtagsschmaus

oman_270 Foto: fk

Eid – Festtage des Glaubens und Schlemmens

Die zwei Eid-Feste sind die wichtigsten und feierlichsten Ereignisse im omanischen Kalender. Religiöse Zeremonien, Gesang, Tanz, Danksagungen, Familientreffen und Festmahle prägen die Tage – ähnlich wie bei uns zu Weihnachten. Alle haben Urlaub, die Geschäfte sind geschlossen und überall wird gefeiert. Jeder wünscht jedem ein herzliches „Eid mubarak", ein „glückliches Fest".

Die Bedeutung der beiden Eid-Feste ist religiöser Art: **Zum Fastenbrechen nach Ramadhan wird das viertägige Eid al-Fitr zelebriert.** Allerdings sollte der Grund des Feierns nicht der sein, dass man das Fasten „hinter sich hat", sondern dass man in den vergangenen

Wochen ein vorbildlich-religiöses Leben geführt und daraus spirituelle Stärkung erfahren hat. Allerdings kommt dem Schlemmen dennoch eine große Bedeutung zu. **Das Eid al-Adha, das fünftägige, große Opferfest zur Pilgerfahrt nach Mekka (hajj), wird siebzig Tage nach Ende des Fastenmonats Ramadhan begangen.**

An beiden Festen opfern Omanis, wie alle Muslime, ein Tier. Zum Eid al-Adha für gewöhnlich eine Kuh, wohingegen zum Eid al-Fitr schon eine Ziege reicht. Kaufen kann man die Tiere auf den **großen Märkten vor Eid,** den so genannten **habta souqs,** z. B. in Seeb, Fanja, Nizwa, Suma'il und Al-Kamil. Es geht zu wie auf einem Jahrmarkt, alle freuen sich auf die bevorstehenden Festtage und kaufen ein, was die Arme tragen können. Ein Teil des Souqs ist **Tiermarkt,** auf dem Händler und Käufer lautstark und wortgewandt um die fettesten Ziegen, Schafe, Kühe, Hühner und Gänse feilschen. Die Tiere müssen sich immer wieder prüfende Kniffe in die Wirbelsäule und die Rippen gefallen lassen. Doch auf den Eid-Märkten kann man nicht nur Tiere kaufen, sondern alles, was man so für die Festtage benötigt, z. B. Schuhe und Bekleidung, denn neue Kleider gehören unbedingt zum Eid.

Die Eid-Tage verbringen Omanis zusammen mit ihrer Familie und ihren Freunden zumeist in ihrem Heimatdorf – die Capital Area wirkt nahezu entvölkert. Fährt man durch die Dörfer, so sieht man allenorts Qualm aus der Erde dringen, denn hier wird *shoowah* zubereitet. **Shoowah ist eine traditionsreiche Art, Fleisch äußerst schmackhaft unterirdisch zu garen.** Dazu wird zunächst eine etwa zwei Meter tiefe, einen Meter durchmessende und mit Steinen ausgekleidete Grube mit brennendem Holz gefüllt, das mindestens zwölf Stunden abgefackelt wird. Das ist wichtig, denn nur so nehmen die Steine die Hitze auf und speichern sie. Als nächstes zerteilen die Männer eine ganze Kuh, ein Schaf oder eine Ziege in grobe Stücke, dippen sie in eine Marinade aus Honig, Knoblauch, Kreuzkümmel sowie anderen Gewürzen und packen sie samt Haut und Knochen in Alufolie. Dann werden diese mit Bananen- und Palmblättern zu einem großen Bündel geschnürt, bevor das Ganze schließlich in Wasser getaucht und mit einem metallenen Namensschild versehen wird. Jede Familie bringt ihr Fleischpaket zu der Grube und legt es auf die restliche glimmende Holzkohle. Das Ganze wird mit einer Blechplatte bedeckt und mit Erde zugeschaufelt, um es abzudichten. Jetzt muss das Fleisch nur noch lange genug garen, in manchen Dörfern über Nacht, wohingegen andere Dörfer auf 24 oder 48 Stunden Garzeit schwören. Wie auch immer – shoowah-Fleisch schmeckt sehr aromatisch, ist butterweich und fällt quasi alleine vom Knochen. Für Omanis ist das Hirn des geschlachteten Tieres eine besondere Delikatesse – es wird samt Schädel mitgekocht. Bevor sie aber in den Genuss dieser besten Stücke kommen, werden sie zunächst den beiwohnenden Gästen angeboten – Augen zu und guten Appetit, denn Kneifen gilt als äußerst unhöflich ...!

An Eid al-Fitr wird ein Drittel des Fleisches den Armen und Bedürftigen gestiftet, es ist eine Form der **Zakat al-Fitr,** einer besonderen **Almosenabgabe,** zu der jeder wohlhabende Muslim verpflichtet ist. Die Spende sollte in Form von Lebensmitteln, empfehlungsweise knapp drei Kilo Reis, Weizen, Datteln oder ähnlichem, direkt an die Bedürftigen abgegeben werden.

Weitere **Spezialitäten** an Eid sind **mashakik:** marinierte und gegrillte **Fleischspieße,** die entweder frisch gegessen oder in der Sonne getrocknet an Freunde verschenkt werden. **Al-Arsia** ist ein Gericht aus **Reis und Huhn,** das nach dem Kochen zerdrückt, dann mit Honig verrührt und zusammen mit getrockneten Grapefruits serviert wird. **Muqalab** sind mit Gewürzen und Knoblauch gekochte **Innereien.**

Omanis nehmen auch an langen Eid-Predigten in den Moscheen teil, erweisen dem Wali ihre Aufwartung und besuchen die Gräber ihrer Toten.

An den späten Nachmittagen kommen die Omanis zum **Tanzen und Singen** zusammen, Gäste sind herzlich willkommen. Eid ist eine der wenigen Gelegenheiten, traditionelle Tänze zu sehen. Beliebt sind die **razha, alte Kriegstänze,** bei denen die Männer sich in einer langen Reihe gegenüberstehen und zum scharfen Trommelrhythmus singend und mit großer Geschicklichkeit ihre Säbel *(saif, kitarah),* Gewehre *(buftilah)*, Schilde *(turse)* und Kamelstöckchen *(assa)* schwingen.

In manchen Orten finden an den Eid-Vormittagen auch große Pferde- oder Kamelrennen statt, in den Oasen am Rande der Wahiba und in Seeb zum Beispiel. Aktuelle Termine der Eid-Rennen und habta-souqs stehen in den Tageszeitungen.

1001 Wohlgerüche Arabiens

Düfte spielen in der Arabischen Welt eine wichtige Rolle. Die Herstellung von zahlreichen wohlriechenden Duft- und Räucherstoffen sowie Parfümen gilt als eines der ältesten traditionellen Gewerbe der Arabischen Halbinsel. Allerdings sind Düfte nicht nur „Gerüche", sondern vielmehr ein **wichtiger Teil der omanischen Kultur.** Sie prägen viele Bereiche des Alltagslebens und des sozialen Zusammenseins. Vielen Düften und Duftzeremonien kommt zu großen Ereignissen wie Hochzeiten, Geburten, Eid-Festen oder Todesfällen eine besonders wichtige Bedeutung zu.

Jede omanische Frau besitzt eine Vielzahl an diversen Flaschen, Flacons, Tiegeln und Döschen mit den aromatischsten Duftstoffen, aber auch viele Männer lieben es, sich zu parfümieren – anders als in unserer abendländischen Gesellschaft nicht unbedingt dezent, denn schwere Düfte oder auffällige Duftwolken gelten nicht als aufdringlich oder penetrant: Sie sind ein Wohlgeruch, der alle Sinne anregt.

Weihrauch ist der am weitesten verbreitete Duftstoff, der in der gesamten muslimischen Welt Verwendung findet (siehe Exkurs „Weihrauch – das duftende Goldharz des glücklichen Arabien"). Das Duftharz ist auch **Bestandteil anderer Duftmischungen,** wie z. B. dem *bokhur.*

Bokhur ist ein Sammelbegriff für eine **Vielzahl cremeartiger oder fest gepresster Mischungen** aus wechselnden Ingredienzen wie eben Weihrauch, Sandelholz, Myrrhe, Moschus, Safran, Rosenblättern oder diversen Blütenölen. Jede Familie hat ihre eigenen Rezepte, die von der Mutter an die Tochter weitergegeben werden. Von den omanischen Frauen in Eigenproduktion hergestellt, werden die festen Stoffe zuerst zermahlen, dann mit Zucker, Wasser und Duftölen vermischt, gepresst und in der Sonne oder einem Ofen gebrannt.

Auch **oud,** ein wertvolles **Duftholz** eines 200–300 Jahre alten Baums, der vornehmlich in Indien, Malaysia und Kambodscha wächst, ist ein wertvoller Bestandteil des bokhur. Knapp 12 Gramm oud können zwischen 80 und 1000 Rial kosten. Es findet auch in Form von **Duftöl (haloud)** Verwendung, vor den Zeiten des Aftershave war es ein beliebter Männerduft. Heute kommt haloud bei den rituellen Waschungen eines Leichnams als Vorbereitung für seine Verbrennung eine wichtige Bedeutung zu.

Mit diesen oder ähnlichen Räucherstoffen (z. B. Myrrhe und Sandelholz) parfümieren Omanis ihre Wohnräume und Kleidung. Dazu wird der Duftstoff zusammen mit glühender Kohle auf einen **Räuchertopf,** den **mubkhar,** gelegt, wo er langsam verbrennt. Traditionell sind diese Brenngefäße aus Ton gefertigt, heute gibt es aber auch elektrische mubkhars. Zum Parfümieren der Kleidung werden die einzelnen Stücke über Nacht über einen etwa sechzig Zentimeter hohen, pyramidenförmigen Holzständer gehängt, unter dem der qualmende mubkhar steht. Das Gewebe wird vom Rauch durchzogen und nimmt einen angenehmen Geruch an. Der Duft wird über mehrere Tage hinweg abgegeben und überdeckt so jeglichen Schweißgeruch – selbst Waschen beeinträchtigt diese ausgezeichnete Wirkung kaum. Zum Auffrischen heben Männer wie Frauen gerne auch zwischendurch ihre Röcke einige Augenblicke über die Weihrauchschwaden. Mit den duftenden Rauchwolken parfümieren viele auch ihre Haare und Bärte. Insbesondere an Festtagen oder zum Empfang von Gästen verbrennen Omanis gern ihre besten Räucherstoffe. Ein Sprichwort in Oman besagt: *„Nach dem Räucherwerk gibt es kein längeres Verweilen".*

Ein ehrvoller Willkommens- oder Abschiedsgruß ist das Besprengen des Kopfes und der Hände mit **Rosenwasser** mittels einer traditionellen, aus Silber gearbeiteten Sprinklerflasche. Auch nach dem Essen beträufelt man sich die Hände gerne mit Rosenwasser oder hält sie über einen qualmenden mubkhar. Das Rosenwasser vom Jebel Akhdar ist das wertvollste Omans und bekannt für sein tiefes und schweres Aroma. Ein weiterer Duftstoff ist **attar,** eine auf Ölbasis hergestellte Parfümart, meist aus blumigen Essenzen. Attar wird sowohl von Frauen als auch von Männern auf Kleidung und Kopfbedeckung getropft. Jasmin-, Zitronen- und Limonenöle sind bevorzugte Aromen, **Amber und Moschus** sind als Aphrodisiaka beliebt.

oman_273 Foto: fk

Duftstoffe im Souq von Mutrah

Die Krönung aller omanischen Duftstoffe – wenn auch nicht jedermanns Geschmack – ist sicherlich **Amouage,** das kostbarste Parfüm der Welt (siehe entsprechenden Exkurs).

Aber nicht nur traditionelle oder lokale Substanzen kommen in Oman zur Verwendung, auch moderne, **„westliche" Düfte** – französisches Parfüm, Eau de Toilette, Eau de Cologne, Crèmes oder Rasierwasser – finden begeisterte AbnehmerInnen. Zu so mancher attar-Mischung gehören Estee Lauder, Chanel, Gucci oder Dior genauso dazu wie Rosenwasser, Moschus-, oud- oder Sandelöl.

Die Omanis sind nicht nur wegen ihrer unzähligen typischen Duft- und Räucherstoffe bekannt. Sie sind auch in der Herstellung **wohlriechender Naturkosmetika** wahre Meister. Es gibt eine Vielzahl an traditionellen Rezepten, deren regionale Verbreitung zum Teil unterschiedlich ist. Viele Mittel dienen nicht nur der Schönheitspflege, sondern auch als medizinische Hilfe, z. B. bei Hautproblemen oder als Sonnenschutz. So gibt es z. B. diverse Körperpuder aus fein gemahlenen Dufthölzern, solche zum Bleichen der Haut (eine möglichst helle Haut entspricht dem Schönheitsideal der AraberIn), pflegende Parfümöls für die Beine und Füße, eine Salbe aus eingeweichten Rosenblüten und diversen lokalen Pflanzen, eine Haarcreme mit verschiedenen Pflanzenextrakten, die mit Datteln zu einem geschmeidigen Brei geknetet wird, eine Körperlotion mit zermahlenem Moschus, Safran, oud, Rosenblättern, Öl und *nafia,* einer Muschelart.

Nahezu alle omanischen Frauen benutzen auch die beiden Substanzen kohl und henna. **Khol** wird wie **Kajal** zum Schwärzen der Augen benutzt – auch von vielen Männern. In traditionellen Rezepten wird es aus dem Rauch des verbranntem Fischöls „sal", dem gepuderten mineralischen Antimon oder aus Asche von verkohltem Holz, die mit Öl und Rosenwasser vermischt wird, hergestellt. **Henna** ist eine Pflanzenart, die, zu einer Paste zubereitet, einen pflegenden rotbraunen Farbstoff freigibt, mit dem sich die omanischen Frauen feine Ornamente auf Hände und Füße zeichnen. Näheres zum Henna steht im Exkurs „Im Hennastudio".

Neugierige können Weihrauch, bokhur und attar auf jedem größeren **Souq** kaufen. Bei Weihrauch gilt: je heller seine Farbe, desto besser ist seine Qualität. Bokhur wird meist fertig gemischt in kleinen gold- und silberfarbenen Blechdöschen angeboten. Beim attar jedoch kann man sich durch diverse große Flaschen durchschnuppern und seine eigene Komposition aus verschiedenen Konzentraten und Ölen in einen Flacon abfüllen lassen. Die größte Auswahl an traditionellen Duftstoffen bieten der Souq von Mutrah und der Weihrauchsouq in Salalah, wo man übrigens auch eine Vielfalt an traditionellen Brenngefäßen aus lackiertem Ton findet.

Traditionelle Hochzeitszeremonien

Aufgrund der ethnischen Vielfalt in Oman haben sich im Laufe der Zeit zum Teil **unterschiedliche Hochzeitstraditionen** und Riten entwickelt. Beduinen der Wahiba heiraten anders als Balutschi in Mutrah, Jebali im Dhofar, Shihuh in Musandam oder Oasenbauern in den Bergen und die stark ostafrikanisch beeinflusste Bevölkerung von Sur. Viele junge Paare in der Hauptstadtregion heiraten heute nicht mehr haarklein nach den althergebrachten, traditionellen Zeremonien, sie sind modernen westlichen Einflüssen gegenüber bis zu einem gewissen Grad aufgeschlossen. Es kommt immer häufiger vor, dass junge Leute heiraten, weil sie sich – unter Wahrung aller muslimischen Anstandsregeln – vorher kennen gelernt haben und mögen. Allerdings gibt es neben den moralischen auch politische Grenzen, denn im Zuge der Omanisierungs-Kampagne (siehe dazu „Staat und Politik" und „Wirtschaft") erließ Sultan Qaboos 1986 ein Dekret, das die Ehe zwischen Omanis und Ausländern zunächst verbot, später genehmigungspflichtig machte.

Obwohl der Qur'an Männern zugesteht, unter gewissen Umständen und bei Gleichbehandlung aller Frauen bis zu vier Ehefrauen zu heiraten, ist in Oman die **Einehe** üblich.

Traditionsgemäß finden junge omanische Männer und Frauen ihren Ehepartner durch **Vermittlung der Eltern.** Dabei kann es durchaus sein, dass sie sich kaum kennen oder sogar noch nie gesehen haben. Wichtige Auswahlkriterien für die Eltern eines jungen Mannes sind der ethnische und soziale Status des Mädchens, ihre Stammeszugehörigkeit und insbesondere das Ansehen ihrer Familie. Aber auch die Wünsche des Sohnes werden berücksichtigt. Auf dem Lande ist es bei einfachen Familien nicht ungewöhnlich, dass eine junge Frau ihren Cousin heiratet. Eines Tages wird der Vater des zukünftigen Bräutigams zusammen mit einem weiteren männlichen Verwandten die Eltern der Auserwählten besuchen, um diese von der beabsichtigten Heirat zu unterrichten. Akzeptieren die Brauteltern, so hält der Vater des Bräutigams bei ihnen um die Hand ihrer Tochter an. Der Brautvater wird das Angebot abwägen. Meist wird auch die Braut nach ihrer Zustimmung gefragt. Letztendlich ist es ihre Einwilligung oder Absage, die zählt.

Die Antwort wird der Brautvater den Eltern des zukünftigen Bräutigams innerhalb einer Woche mitteilen. Stimmen alle zu, so setzt er die Höhe des **Brautgeldes (mahr)** fest. Es ist von der Familie des Bräutigams zu zahlen und besteht aus drei Teilen: dem „hader", dem „ghayeb" und dem „mashtara". Der Hauptteil ist das *hader,* das vor der Hochzeit in Form von Bargeld an den Vater der Braut zu zahlen ist. Das *ghayeb* ist eine Art Versicherung, die der Ehemann zahlen muss, falls er die Scheidung einreicht. Geht eine Scheidung von der Frau aus, so muss sie dem Mann das hader zurückzahlen. Das *mashtara* hat der Ehemann in Form von Einrichtungsgegenständen für das zukünftige Heim und Kleidern für die Braut zu entrichten.

Der ausschlaggebende Punkt bei der **Festsetzung der Höhe des Brautgeldes** ist, ob die Braut noch Jungfrau *(bint)* ist oder nicht mehr *(horma),* weil sie z. B. schon einmal verheiratet war. Der Brautpreis für Jungfrauen ist gewöhnlich drei- bis fünfmal so hoch. Auch muss für arabische Frauen mehr gezahlt werden als z. B. für omanische Mädchen ostafrikanischer oder balutschischer Herkunft. Zu Buche schlägt auch, ob sich der Bräutigam das Privileg leisten kann, dass die Zukünftige seine Zweitfrau wird. 1973 wurde die Höhe des Brautpreises auf maximal 300 Rial festgelegt, allerdings streiten sich die Gemüter immer wieder, was genau zu dieser Höchstgrenze zuzurechnen ist.

Im Anschluss an die Festsetzung des Brautpreises besuchen die Mutter und Schwestern des Bräutigams die Zukünftige, um das genaue Datum der Hochzeit festzulegen.

Am Tag der **Brautgeldübergabe** bringen die Dorfbewohnerinnen ihre Geschenke. Sie überreichen sie auf Tabletts, die sie auf ihrem Kopf balancieren. In ihrem Beisein packt die Braut alle Pakete aus. Es herrscht große Aufregung und Spannung, jedes Geschenk wird mit Lob überschüttet. Die Hauptgeschenke kommen natürlich von der Bräutigamsfamilie, Geld, wertvoller Schmuck, edles Parfüm, hochwertiger Weihrauch, elegante Kleidung, teure Stoffe und diverse Ausstattungsgegenstände für das zukünftige Heim.

Etwa eine Woche vor dem Hochzeitstag besucht der Mann zusammen mit Verwandten die **Moschee,** während die Frau ihrerseits zu Hause auf den Shaikh wartet. Sie trägt grüne Kleider und einen grünen Gesichtsschleier, denn diese Farbe symbolisiert die Fruchtbarkeit. Der Shaikh fragt die Braut dreimal, ob sie mit der Heirat einverstanden ist, und nachdem sie bejaht hat, geht der Shaikh zum Bräutigam in die Moschee. Er rezitiert Verse aus dem heiligen Qur'an und erteilt Ratschläge. Dann verlässt der Bräutigam die Moschee, um mit der Zeremonie bei seiner Braut fortzufahren. Er legt seine Hand auf ihren (immer noch verschleierten) Kopf und sagt feierlich die wichtigsten Verse der ersten Qur'ansure auf.

Wenige Tage vor der Hochzeit wird die Braut für ihren Zukünftigen möglichst schön hergerichtet. Eine erste Zeremonie ist streng geheim, und nur die Braut und ihre engsten weiblichen Familienangehörigen dürfen mitmachen.

Über viele Stunden werden Körper und Haar der Braut mit speziellen Ölen gewaschen und parfümiert und ihre Kleider mit den besten Räucherstoffen aromatisiert. In der zweiten Nacht findet eine offizielle Feier statt, an der die verschleierte Braut und alle weiblichen Verwandten und Freundinnen beider Parteien teilnehmen. Ihre Schwestern, gute Freundinnen und eine professionelle Henna-Künstlerin bemalen ihre Hände und Füße mit speziellen, besonders kunstvollen und aufwändigen Mustern. Die Braut sitzt auf einem Bett aus grünen Kissen und Stoffen, der Duft von verbranntem Weihrauch durchzieht den Raum. Die Stimmung ist ausgelassen, es wird gesungen und getanzt. Das Auftragen und Trocknen der sehr feinen Hennamotive dauert mehrere Stunden. Während dieser Zeit besucht auch der Bräutigam mit einigen engen Verwandten seine Zukünftige. Er erweist ihr Ehrerbietung und streut symbolisch Papiergeld über sie. Zuvor wurde ihm in einer zeremoniellen Waschung sein Kopfhaar abrasiert.

Einen Tag vor der Hochzeitsfeier unterzeichnen Bräutigam und Brautvater den **Ehevertrag** vor einem Richter, dem *qadi,* denn bei der Ehe handelt es sich um eine weltliche Angelegenheit. Sie hat im Islam keinen vergleichbaren Rang wie im Christentum.

Am **Hochzeitstag** trägt die traditionell gekleidete Braut ein grünes Gewand mit einem grünen Gesichtsschleier. In der Hauptstadt bevorzugen aber immer mehr Frauen ein weißes und mit Spitzen verziertes modernes Hochzeitskleid, an dem der Schleier lediglich das Haar, nicht aber das Gesicht verhüllt. Die Mutter der Braut kleidet sich häufig weniger hübsch, um damit symbolisch ihren Schmerz über den Verlust ihrer Tochter auszudrücken. Die Feierlichkeiten der Familie des Bräutigams dauern insgesamt drei Tage, die der Braut dagegen nur ein oder zwei. Die Kosten beider Hochzeitsfeste zahlt der Bräutigam. In der Hauptstadt mieten sich reiche Familien dazu einen Ballsaal in einem großen Hotel. In beiden Familien wird viel gesungen und getanzt, die Braut darf allerdings nicht mitmachen. Sie wartet, bis der Bräutigam sie abholt. Am späten Vormittag kommt er zusammen mit seinen engsten Verwandten. In einem Gesangsspiel fragen sie nach der Braut, doch ihre Verwandten antworten, sie hätten keine Braut zu übergeben. Es dauert eine Weile bis die Zukünftige mit einem heiligen Qur'an über dem Kopf zum Haus des Bräutigams geleitet wird. Vor der Eingangstür legt ein Freund seine Hände auf die Köpfe beider und der Bräutigam stellt seinen großen Zeh auf den seiner Braut, darüber wird ein Ei zerschlagen und mit Rosenwasser weggespült. Dann erst darf der Mann seine Frau ins Haus führen.

Lebt die Bräutigamfamilie auf dem Land, so verbringen manche Paare der Tradition folgend ihre **Hochzeitsnacht** in einer von Freunden des Bräutigams erbauten kleinen barasti-Hütte aus Palmzweigen, der „kille". Im Inneren ist sie mit zahlreichen Kissen und Stoffen gemütlich eingerichtet und dekoriert. Die Jungfräulichkeit der Frau muss am nächsten Morgen durch ein blutiges Taschentuch *(xalaq)* belegt werden. Andernfalls schadet das nicht nur der Ehre *(sharaf)* der Braut, sondern insbesondere dem Ansehen ihrer Familie. Sollte die Frau wider Erwarten keine Jungfrau mehr sein (was durch das fehlende Blut nach der Hochzeitsnacht manchmal auch fälschlicherweise angenommen wird), so kann sich der Mann scheiden lassen und den vollen Brautpreis zurückverlangen; möchte er aber verheiratet bleiben, so kann er den halben Betrag zurückfordern. Das junge Paar wird sieben Tage in Abgeschiedenheit verbringen.

Meist lebt die Braut zunächst eine Weile bei der Familie ihres Mannes, bevor das Paar seinen eigenen Weg geht. In der ersten Woche wohnt auch oft ein Freund der Brautfamilie mit im Haushalt, um zu helfen und zu sehen, ob alles klappt. Eine Woche nach der Hochzeitsnacht verbringt die Frau einen feierlichen Tag mit ihrer Familie und ihren Freundinnen. Auch der Bräutigam feiert ein Fest, an dem oft sogar eine Ziege geschlachtet wird. Die Hochzeitsformalitäten sind damit beendet, und der Ehealltag beginnt.

Eine **Scheidung** kann in Oman von beiden Seiten beantragt werden. Die Frau behält dann als Sicherheit den Großteil des Brautgeldes, meist kehrt sie in ihr Elternhaus zurück. Um sicher zu gehen, dass sie von ihrem geschiedenen Mann nicht schwanger ist, darf sie erst nach einer im Qur'an festgelegten Wartezeit erneut heiraten. Kinder unter fünf Jahren bleiben bei der Mutter, ältere dagegen beim Vater. Witwen und Waisen haben bis zu einer Neuverheiratung Anspruch auf finanzielle Unterstützung vom Staat.

Traditionelle Bauweise – Natur pur

Bis zu Beginn der 1970er Jahre war Hausbau in Oman noch eine traditionelle Sache – ohne moderne oder importierte Materialien. Zwei Bauformen dominierten: feste Häuser, Paläste oder Forts aus Lehmziegeln und die barasti-Hütten aus Palmzweigen.

Barastis

Alles benötigte Baumaterial lieferte die Dattelpalme: Die Stämme alter, nicht mehr ertragreicher Palmen wurden zu Balken gesägt und mit geflochtenen Palmfaserseilen zu einem Rahmen zusammengebunden. Die Decken und Wände bestanden aus Palmwedeln. Die Außenwände waren blickdicht, die Innenwände nicht unbedingt – oft bestanden sie nur aus den grob geflochtenen Strünken der Palmwedel. Es gab unterschiedliche Ausfertigungen von barastis: extra luftdurchlässige Sommerhütten und wind- und regendichte Winterbarastis. Mit dicken Matten konnten jedoch auch die Wände der Sommerbarastis winterdicht gemacht werden.

Die luftigen barasti-Hütten und -Häuser passten sich dem heißen Klima Omans bestens an. Die stets einstöckigen Häuser waren in einen Wohn- und Schlafbereich sowie in eine Küche, Lagerräume, Waschbereiche und eine Toilette unterteilt. Auch große Höfe mit Viehställen, Vorrats- und Gästehütten gab es. Einfacher gebaute Hütten dienten oft nur als Sommerlager, wenn die Beduinen z. B. zum Fischfang an die Küste zogen. Die Bauweise dieser Hütten war nicht so stabil wie die eines ständig bewohnten barastis.

Heute sieht man in Oman nur noch wenige bewohnte barastis. Die meisten dienen nur noch als Tierstall oder Abstellhütte.

Lehmarchitektur

Die **Lehmziegel-Bauweise** ist **im ganzen südarabischen Raum** und auch in Oman verbreitet, denn sie hat sich bestens bewährt – zahlreiche gut erhaltene Lehmdörfer bezeugen dies. Der größte Vorteil ist, dass die luftdurchlässigen Ziegel für ein angenehmes und kühles Wohnklima sorgen. Zudem ist der Baustoff billig, überall vorhanden und leicht zu verarbeiten.

Zunächst muss der Lehm in einer Grube mit Wasser vermischt werden, am besten durch die Füße einiger Männer, die durch den Lehmschlamm waten. Damit die Masse sich besser verarbeiten lässt, werden Strohhäxel und eventuell Gips zugemischt. Nach erneutem Kneten entsteht eine streichfähige Masse, die dann in einen Holzkasten gekippt und glatt gestrichen wird. Nach Entfernen der Form lässt man die rechteckigen Ziegel zunächst eine Weile antrocknen. Wenn sie gehärtet sind, werden sie auf einen luftigen Stapel geschichtet, um dort in der Sonne zu trocknen. Nach dem vollständigen Austrocknen können sie verbaut werden. Gebrannt werden Ziegel in Oman nicht.

Als **Mörtel** eignet sich wiederum Lehm, gemischt mit Wasser, Stroh und Gips. Zum Schluss muss das Gebäude unbedingt **verputzt** werden – meist ebenfalls mit Lehmmörtel. Um zu vermeiden, dass ihr innerer Kern nass wird, sind die Ziegel häufig mit einer etwa zwei Zentimeter dicken Lehmschicht verputzt. Hat diese einmal eine größere Menge Feuchtigkeit aufgenommen, so wird sie wasserabweisend wie eine Lederhaut. Wenn der Putz regelmäßig ausgebessert wird, können Lehmhäuser unbeschadet mehrere Jahrhunderte überstehen.

Omanis bei Renovierungsarbeiten

oman_383 Foto: fk

Saruj ist ein **Baustoff,** der traditionell in Oman verwendet wird. Es ist eine extrem haltbare Mischung aus Lehm und Kalk, die als Mörtel und als Putz verwendet werden kann. Die Herstellung von saruj ist sehr zeit- und arbeitsaufwändig: Lehm wird zunächst mehrere Wochen in Wasser eingeweicht und in der Sonne getrocknet. Dann wird er unter höheren Temperaturen in einem Ofen gebrannt, bevor er wieder in der Sonne getrocknet und zum Schluss mit Kalk vermischt gebrauchsfertig angerührt wird.

Zur Stabilisierung eines Bauwerkes werden in den untersten Teil häufig **grobe Natursteine** eingearbeitet, insbesondere bei großen und wehrhaften Gebäuden.

Forts und Festungen

Besonders beeindruckend ist die Konstruktion der unzähligen **Forts und Festungen,** der **Wohnburgen und Wehrhäuser,** die man im ganzen Sultanat verstreut findet und die Geschichten aus längst vergangenen Zeiten erzählen. Wie Trutzburgen muten sie an, und vor dem Hintergrund grandioser Berglandschaften, inmitten von Oasengärten oder erhaben auf Felsen thronend, sind viele von ihnen nicht zu Unrecht eine der **touristischen Attraktionen** des Sultanats. In Muscat, Nizwa, Birkat al-Mauz, Jabrin, Bahla, Barka, Sur, Sohar, Nakhl, Rustaq, Al-Hazm und Buraimi stehen die berühmtesten.

Viele alte Dörfer sind von einer **Stadtmauer samt Wehrtürmen** und bewachten Stadttoren umsäumt. Etwa ab dem 10. Jahrhundert bildete diese Bauform die Norm im Landesinneren. Gute Beispiele sind Nizwa, Bahla, Muslimat, Tanuf, Fanja, Manah und Sulaif in Inner-Oman sowie Al-Kamil, Al-Minzafah und Al-Mudayrib in der Sharqiyah. Stammeskriege und Kämpfe einzelner Herrscherdynastien um die Vormachtstellung prägten die folgenden Jahrhunderte. In zahlreichen alten Dörfern stehen mächtige Wehrhäuser mit drei oder vier Etagen, Aussichtstürmen und Schießscharten, die einflussreichen Familien oder Stammesführern als sicherer Unterschlupf dienten. Musterbeispiele solcher Wohnhäuser finden sich in vielen alten Oasendörfern in der Sharqiyah, vor allem in Al-Mudayrib.

Zu all diesen Wehranlagen gesellen sich unzählige **Wach- und Wehrtürme,** die zwar einzeln stehen, meist aber zusammen mit anderen eine strategische Kette bildeten, um wichtige Karawanenwege (wie die Wadis Jizzi und Suma'il), Oasendörfer oder Wasservorkommen zu bewachen.

Die meisten großen Forts spielten eine wichtige Rolle in der bewegten Geschichte Omans. Bei der **Bauform der Forts** muss man unterscheiden zwischen denen, die von Fremden oder Einheimischen an der Küste, und denen, die von Omanis im Landesinneren errichtet wurden. Der Küstenstreifen stand jahrhundertelang unter dem Einfluss fremder Besatzer, deren Macht sich aber nie ins Landesinnere ausdehnen konnte. Das Landesinnere dagegen war von Kämpfen zwischen verschiedenen Stämmen bestimmt.

Die **Portugiesen** besetzten im 16. Jahrhundert die für sie strategisch wich-

Forts und Festungen im Nordoman

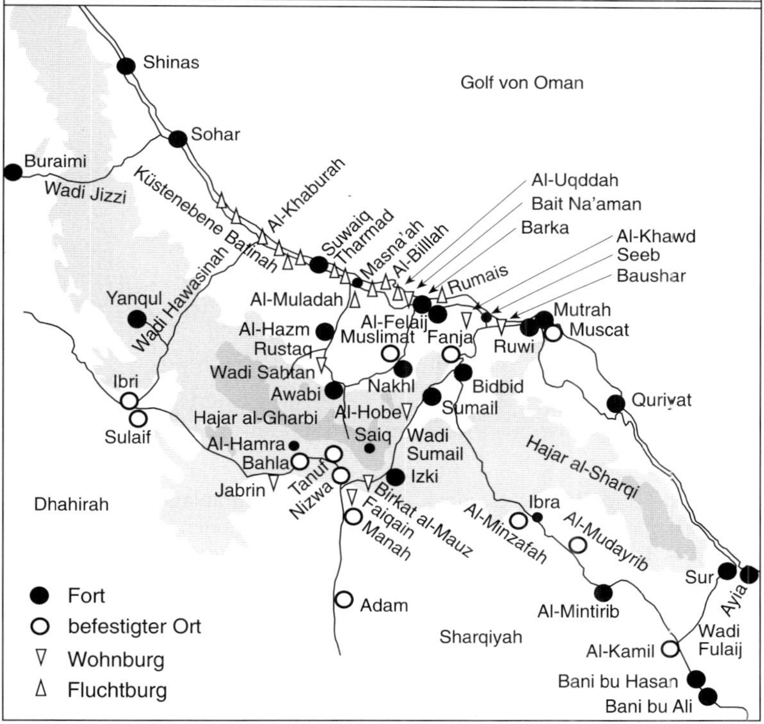

tige Küste Omans. Dadurch waren sie in der Lage, den gesamten Warenverkehr im Indischen Ozean zu kontrollieren. Die omanischen Hafenstädte mussten als wichtige Stützpunkte entsprechend gesichert werden. So errichteten sie mächtige Forts (Muscat, Mutrah, Quriat, Sur, Barka, Sohar, Khasab), von denen sie die Städte bestens bewachen und verteidigen konnten. Viele der Anlagen wurden sozusagen als „Fertigforts" zusammengesetzt. Dazu lieferten drei bis vier Schiffe die nötige Anzahl an nummerierten Steinen, vorgefertigten Türen und schussbereiten Kanonen. 500 Bauarbeiter und 100 Steinmetze errichteten dann in Windeseile das Fort. Doch nur vergleichsweise

oman_280 Foto: fk

wenige der unzähligen Festungen in Oman stammen aus portugiesischer Zeit. Die beeindruckendsten Monumente, **Jalali** und **Mirani,** stehen hoch über der felsigen Bucht von Muscat und dominieren das Stadtbild. Nachdem die Portugiesen Mitte des 17. Jahrhunderts von *Sultan bin Saif I.* endgültig vertrieben waren, erweiterten die Omanis zahlreiche ihrer Forts und versahen sie mit omanischen Elementen.

Kleinere Forts und **Fluchtburgen** (Sing. **sur,** Pl. *aswar)* dienten den Bewohnern der Fischerdörfer und Küstenoasen im Falle eines Angriffes fremder Eroberer als Unterschlupf. Ein sur ist die älteste und einfachste Form einer **omanischen Wehranlage,** bestehend aus einem ummauerten Hof und mehreren in die Mauer integrierten Türmen. Viele aswar besaßen weiterhin einen (trockenen) Burggraben, einen zweiten Mauerring oder weitere Wachtürme auf Hügeln in einiger Entfernung. Die Fluchtburgen lagen im Gemeinschaftsbesitz des Dorfes und wurden nur zeitweise genutzt. Alleine in der Batinah-Ebene stehen an die hundert aswar, allerdings sind die meisten von ihnen heute bis zur Unkenntlichkeit verfallen.

Auf dem mächtigen Festungsturm von Nizwa

Der Einfluss der Fremdbesatzer beschränkte sich auf die Küstenebene. Die mächtigen **Forts in Nordoman,** auf beiden Seiten der Hajar-Berge, sind alle **von Omanis erbaut** – ihr Design ist arabisch, mit persischen und portugiesischen Einflüssen. Ein Großteil dieser Festungen wurde in der Ya'aruba- und

Al Bu Said-Dynastie ab Mitte des 17. Jahrhunderts errichtet. Sie gehören entweder zu einem befestigten Dorf oder stehen einzeln am Rande. Sie waren Militärforts oder Sitz des Wali bzw. Wohnschloss des herrschenden Imam (Nizwa, Al-Hazm, Rustaq).

Entscheidend für die **Entwicklung des omanischen Festungsbaus** sind weniger die architektonischen Einflüsse der Portugiesen, als vielmehr ihre Einführung neuer Waffentechniken. Mit Schwefel, Salpeter und Holzkohle konnte man Feuerwaffen wie Kanonen und Gewehre zwar schon seit Mitte des 14. Jahrhunderts betreiben, allerdings brachten die Portugiesen diese Technik erst viel später nach Oman. Die Mauern der Festungsanlagen und Wachtürme wurden verstärkt, eckige Türme ersetzte man durch runde. Von zwei diagonal angeordneten Rundtürmen aus konnte man feindliche Angreifer im gesamten Umland erblicken und beschießen. Die Forts von **Al-Hazm** und **Rustaq** sind gute Beispiele dieses neuen Prototyps. Die beste Verteidigungsanlage war zweifelsohne die mit nur einem einzigen, massiven, runden Geschützturm, wie sie in **Nizwa** perfekt und uneinnehmbar verwirklicht wurde. Mit Kanonen konnten Feinde bereits in großer Entfernung beschossen werden. Vorgerückte Angreifer konnte man durch zahlreiche Schießscharten und im Schutz der Zinnen vom Dach aus unter Beschuss nehmen. Massive Holztore sicherten die Eingänge – sie haben eine eingearbeitete kleine Tür, die nur einer Person Einlass gewährte und die im Notfall schneller als jedes große Tor verschlossen werden konnte. Über den Eingängen sind längliche Schlitze, durch die vom Inneren des Forts aus heißer Dattelhonig *(asal)* oder Öl über die Eindringlinge geschüttet werden konnte. Hinter dem Eingangsbereich befinden sich zunächst die Wach- und Vorräume. Im Erdgeschoss sind Waffenlager, Vorratsspeicher, Küche, Bad und Gebetsräume untergebracht, wohingegen die Wohn- und Schlafräume stets in der oberen Etage liegen. Um den Feinden das Eindringen zu erschweren, gibt es im Erdgeschoss keine Fenster, sondern nur hochgelegte kleine Lüftungsschlitze. Ein unübersichtliches Gewirr verschachtelter Räume, verschiedener Ebenen, verwinkelter Treppen mit Scheintüren und Verteidigungsschächten bot zusätzlichen Schutz. In geheimen Zwischenräumen konnten sich die Hausherren verstecken, ihre Versorgung war durch üppige Dattelvorräte und ein eigenes Wasservorkommen gesichert. Flüchten konnten sie im Ernstfall durch unterirdische Gänge oder über versteckte Seile. Gefangene wurden in Verließen oder Kerkern eingesperrt – wobei man auch an die Geschlechtertrennung gedacht hatte, denn es gab separate Gefängnisse für Männer und Frauen.

In den 80er Jahren des 20. Jahrhunderts begann das „Ministerium für Nationalerbe und Kultur" mit einem umfassenden und kostspieligen **Wiederaufbau- und Renovierungsprogramm** der zum Teil sehr desolaten Wehranlagen. Es galt, die kulturelle Identität des Landes für die Zukunft zu bewahren. Bis weit in das 20. Jahrhundert wurden

oman_294 Foto: fk

sie vielfach von den Walis als Amtssitz genutzt. Man behob auftretende Schäden wie Risse in den Wänden, morsche Deckenbalken, abgeblätterten Putz regelmäßig. Mit dem Verfall und Wandel der Machtverhältnisse sowie der Einführung neuer Militärstrategien verfielen sie immer mehr. In den letzten Jahrzehnten haben Sonne, Wind und Regen den meisten Festungen arg zugesetzt. Doch obwohl fast vollständig aus Lehm errichtet, war bei vielen die Bausubstanz noch erstaunlich gut erhalten.

Manche Forts waren allerdings völlig verfallen, glichen nur noch großen Lehmhaufen mit herausragenden Mauerstümpfen. Dennoch wurden auch viele dieser Ruinen aufwändig wieder aufgebaut. Ein Grundsatz lautete, sich bei der Renovierung möglichst originalgetreu an der historischen Bauform zu orientieren; ein weiterer, möglichst lokales Baumaterial nach traditionellen Methoden einzusetzen.

Manche dieser renovierten Forts sind wie ein **Museum** liebevoll mit allerlei alten Alltagsgegenständen eingerichtet. Sie vermitteln einen besonders guten Eindruck des traditionellen Lebens in vergangenen Zeiten. Leider bilden diese eingerichteten Häuser wie Jabrin in Inner-Oman, Bait Na'aman bei Barka, Quriat südöstlich von Muscat und Taqah bei Salalah die Ausnahme – die meisten wirken eher kahl und unhistorisch. Auch von außen fehlt vielen der frisch renovierten Anlagen jede geschichtliche Ausstrahlung. In diesem makellosen Zustand passen sie zum Teil gar nicht in ihre schroffe, wilde und ursprüngliche Umgebung – jedenfalls so lange nicht, bis der Zahn der Zeit wieder ein wenig an ihrer Fassade geknabbert hat.

Das alte Fort von Nizwa und die neue Sultan Qaboos Moschee

Jahrhundertealte Schiffsbautradition – Dhaus

Verwendung und Typen

Die traditionellen arabischen Holzdhaus sind **einer der ältesten Schiffstypen;** seit Jahrhunderten werden sie von geschickten Seefahrern und berühmten Navigatoren über die Weltmeere gesteuert. Von den Küsten der Arabischen Halbinsel segelten arabische Seefahrer bereits im 8. Jahrhundert allen Stürmen, Piraten und sonstigen Gefahren zum Trotz bis nach China (siehe Exkurs „Timothy Severin und die Sohar"). Der omanische Seefahrer *Ahmed bin Majid* gilt als der „Erfinder" des Kompasses.

Vom Beginn des 16. bis zum Ende des 17. Jahrhunderts brachten die **Portugiesen,** die als Kolonialmacht diverse Stützpunkte entlang der Golfküste kontrollierten, **neue Einflüsse** in den arabischen Bootsbau, die mit der Zeit weiterentwickelt und „arabisiert" wurden.

Bis ins 20. Jahrhundert dienten Holzdhaus dem gesamten **Warentransport** und der **Fischerei,** in den Staaten am Persisch-Arabischen Golf auch der Perlentaucherei. In Oman werden sie heute aber kaum noch für den Seehandel und fast nur noch zum Fischfang benutzt. Die hochseetüchtigen Dhaus haben ihren Rang zwar weitgehend an ihre modernen Konkurrenten aus Stahl abgetreten, aber die kleinen Typen sind (noch) immer gefragt, denn sie haben nur geringen Tiefgang und können so fast überall in Küstennähe fahren und auch außerhalb der Häfen ankern. In den letzten beiden Jahrzehnten wurden auch kleine Holzdhaus immer mehr von Fiberglasbooten verdrängt, denn man glaubte, sie seien leichtgewichtiger, pflegeleichter, schneller und haltbarer. Allerdings stellt sich dieser Schluss inzwischen als voreilig heraus, denn eine gut gepflegte Dhau kann die Lebensdauer ihrer Kunststoffkonkurrenz um einige Jahrzehnte übersteigen.

Der Ausdruck „Dhau" stammt ursprünglich nicht aus dem Arabischen, sondern ist ein von Europäern benutzter Sammelbegriff für verschiedene traditionell-arabische Holzschiffstypen, den aber auch viele Araber in ihren Wortschatz aufgenommen haben.

Man unterscheidet die folgenden **Modelle:**

- **Sambuq:** plattes Heck und geknickter Vordersteven, zwei Masten, sehr wendig, ozeantüchtiger Universaltyp, eignet sich am besten für Küstengewässer, wurde einst hauptsächlich in der Perlentaucherei im Persisch-Arabischen Golf verwendet, heute sind sie als Fischerboote weit verbreitet
- **Shu'i:** kleine Version der sambuq, allerdings mit geradem Vordersteven, meist um die 14 m lang, Standardtyp der omanischen Fischer
- **Jailbut:** ca. 15 m lang, zwischen vierzig und siebzig Tonnen Fracht, sowohl Küsten- als auch ozeantauglich, früher bei der Perlentaucherei im Persisch-Arabischen Golf genutzt, in Oman nur zum Warentransport
- **Badan:** Schiff mit spitzem Bug und hoher Heckflosse, bis zu 100 Tonnen Fracht, für die Fischerei und den lokalen Handel, da man keinen Motor ergänzen kann, wird dieser Typ heute nicht mehr gebraucht und viele Boote verrotten an den Stränden
- **Batill:** Fischerboote in Musandam
- **Baghlah:** größer als sambuq, flaches Heck, spitzer Bug, bis zu 40 m lang, bis zu 400 Tonnen Fracht, Fracht-Hochseesegler, wurde in den 50er Jahren von der kuwaitischen boom abgelöst und gibt es heute in Oman nicht mehr
- **Boom:** spitzes Heck und hoch aufragender Vordersteven, bis zu 40 m lang, bis zu 400 Tonnen Fracht, bis zu drei Masten, Transport von Waren bis China oder Ostafrika, der letzte Großsegeltyp, der allerdings Oman nicht mehr anläuft
- **Ghanjah:** der baghlah ähnlich, aber kleiner und schmaler, großer Hochseesegler für schwere Ladungen, typisch ist seine aufwändige Holzschnitzerei, die teilweise blau-weiß bemalt ist, wird heute nicht mehr gebaut
- **Al-Huri:** 3–6 m langes, schmales Boot aus indischem Mangoholz, als Fischerboot oder zum Fährbetrieb
- **Al-Sashah:** Ein-Mann Ruderboot aus Palmrispen, an der Batinah-Küste in Gebrauch

Bau einer Dhau

An einer mittelgroßen Dhau bauen sechs Schiffsleute ungefähr drei Monate. Für große Schiffstypen wie eine Sambuq oder Baghala wird knapp ein Jahr Bauzeit veranschlagt. Augenmaß und Formgefühl sind die wichtigsten Fähigkeiten eines Bootsbauers, denn **gezeichnete Baupläne gibt es nicht.** Jeder Zimmermann hat im Kopf, wie eine Boom, Sambuq oder Baghala gebaut werden muss. Daneben muss er natürlich auch großes handwerkliches

Eine Dhau unter Segeln – heute ein seltener Anblick

Geschick und viel Erfahrung besitzen. Für die Überwachung der Arbeiten ist ein besonders erfahrener **Schiffsbauer,** der **ustadh,** verantwortlich.

Da in Oman kaum große Bäume wachsen, wird das Bauholz größtenteils aus Indien (Malabar-Küste) oder Myanmar importiert. Wie in alten Zeiten wird es hauptsächlich von Hand mit Axt, Meißel und Hobel bearbeitet. Statt einem Zollstock dienen der Unterarm und die Spanne der Finger als Längenmaße. Nur wenige Geräte wie Ketten- oder Kreissägen sowie die Bohrmaschinen werden mit Strom betrieben.

Zunächst wird der aus einem einzigen Baum beschaffene Kiel in den Sand gelegt. Daraus wächst dann langsam das Schiffsgerippe, das von außen von Krummhölzern gehalten wird. Planke für Planke (meist aus Teakholz, arab. saj) wird in beschwerlicher Handarbeit zurechtgesägt, individuell angepasst und mit Holzbolzen oder langen Stahlnägeln am fertigen Skelett befestigt. Hunderte, manchmal Tausende von Löchern und entsprechend viele ca. 10–20 cm lange Nägel sind notwendig, um einem Splittern des Holzes vorzubeugen. Zum Abdichten trägt man auf alle Nahtstellen einen dicken Klecks Baumharz auf. In die Ritzen zwischen den Brettern werden mit Hammer und Meißel lange, in Harz getränkte Stofftücher gestopft. Improvisierte Schattendächer schützen nicht nur die Handwerker vor der sengenden Sonne, sie verhindern auch, dass das Holz zu schnell austrocknet. Die Außenseite des Rumpfes wird zum Abdichten – sowie

oman_284 Foto: fk

zum Schutz vor Muscheln, Algen und Holzwürmern – unterhalb der Wasserlinie mit Haifischfett, dass durch einmonatiges Lagern zu Tran wurde, eingestrichen. Alternativ kann man auch eine Mischung aus Ziegenfett und Limonensaft verwenden. Alle anderen Holzteile werden mit Öl oder Lack imprägniert. Später werden noch die Wände für den Laderaum und die Kabinen in das Innere des Rumpfes eingesetzt – bei traditionellen Dhaus sind keine Unterteilungswände üblich, Kabinen gibt es nur im Aufbau. Dann fehlen dem Schiff nur noch die Außenbord-Toilette und die Segel, allerdings ersetzen heute japanische Dieselmotoren die Windkraft.

Moderne Kunst

Die omanische Kunst orientierte sich viele Jahrhunderte an den althergebrachten Traditionen. **Kunst war zumeist Kunsthandwerk** – die geschaffenen Gegenstände hatten einen praktischen Zweck zu erfüllen. Wie gefertigt oder gestaltet wurde, hing neben dem Zweck in erster Linie von überlieferten Mustern ab. Die persönliche Gestaltungsfreiheit und Kreativität des Kunsthandwerkers fand darin ihren Rahmen, so dass sich neue Tendenzen, Stilrichtungen und Inhalte nur schwer behaupten konnten. Künstlerisches Schaffen als Selbstverwirklichung gab es in Oman bis vor wenigen Jahrzehnten eigentlich nicht, Werke der „Modernen Kunst" waren unbekannt.

Besonders die **omanische Malerei** „erwachte" erst in den 1970er Jahren, doch nimmt sie heute einen festen Platz in der modernen Kunst Omans ein. Zu verdanken ist diese Entwicklung der Öffnung des Landes. Neue und „fremde" Kunsteinflüsse schwappten ins Land und wurden von den wissenshungrigen Omanis aufgegriffen.

Heute spielen die **Vermittlung von Kunst** und die **Förderung der Kreativität** schon in der Grundschule eine wichtige Rolle. An der Sultan Qaboos University können die Schulabgänger Kunstgeschichte studieren. Junge omanische Künstler finden Unterstützung ihrer Begabung und Möglichkeiten zum Austausch am **„Oman's Youth Drawing Centre"**, das 1980 vom „Ministerium für Bildung und Jugend" gegründet wurde, und bei der **„Omani Association For Fine Arts"**, deren Träger der „Diwan of Royal Court", das Büro des königlichen Hofes, ist. Um in einer der Gesellschaften Mitglied zu werden, muss man nicht unbedingt Kunst studiert haben, denn Begabung und Leidenschaft sind die wichtigsten Voraussetzungen. Beide Organisationen bieten nicht nur ihren Mitgliedern, sondern auch anderen interessierten Erwachsenen oder Kindern kostenfreie Kurse und Seminare zur Schulung ihrer künstlerischen Fähigkeiten sowie zum Erlernen verschiedener Techniken an. Sie veranstalten auch zahlreiche (öffentliche) Ausstellungen und finanzieren und organisieren Aufenthalte für Künstler, die zu Ausstellungen ins Ausland eingeladen werden. Beide Gesellschaften legen viel Wert auf die **Pflege des nationalen Erbes,** unterstützen aber auch andere Tendenzen wie abstrakte Malerei, die Karikatur oder Bildhauerei.

Auch die Fotokunst wird gefördert und gewinnt immer mehr Liebhaber im Land.

Viele Werke der jungen omanischen Künstler sind grandiosen Landschaften gewidmet, deren Spektrum an Farben und Formen besonders breit gefächerte gestalterische Möglichkeiten bietet. Zahlreiche Maler stellen das traditionelle Leben der Omanis dar und schaffen somit eine künstlerisch-harmonische Verschmelzung von Tradition und Moderne. Ähnlich ist es bei den modernen Bildern, die sich mit der ältesten und edelsten aller arabischen Künste, der **Kalligraphie,** befassen. Nicht „nur" elegante Formen wachsen aus den schön geschwungenen Buchstaben, viel wichtiger ist der religiöse oder philosophische Kontext. Moderne omanische Kalligraphen schöpfen aus den Buchstaben auch phantasievolle surreale Gebilde sowie diverse reale traditionelle Gegenstände wie Segelschiffe oder Krummdolche.

Eine neue Entwicklung ist die künstlerische **Darstellung des menschlichen Körpers,** dem streng ausgelegten Qur'an nach eigentlich nicht gestattet. In Oman widmen sich immer mehr Künstler mit einer unerwarteten Aufgeschlossenheit diesem Thema – sei es in der Malerei oder in Form von Skulpturen.

Der Trend, das Alte neu zu gestalten, findet sich auch in einer anderen Form der modernen omanischen Kunst. In den letzten Jahren wurde es ein einträgliches Geschäft, traditionelle Gegenstände zu **repräsentativen Kunsthandwerksobjekten** umzugestalten. So werden vom Alter gezeichnete traditionelle Schwerter, Krummdolche, Schnabelkannen, Silberschmuckstücke, Musikinstrumente oder Truhen *(sanduk)* detailgetreu restauriert und als Antiquitäten in renommierten Geschäften zum Kauf angeboten. Andere Stücke erhalten eine neue Funktion: Aufwändig geschnitzte Holztüren dienen als Tischplatte oder als Türen einer ansehnlichen Vitrine, reich verzierte Fensterrahmen umranden große Spiegel, hinter Glas gerahmte prachtvolle khanjars oder seltene Silberketten können wie ein Bild an die Wand gehängt werden. aus Ziegenwolle gewebte Decken, die ursprünglich zu Satteltaschen vernäht wurden, werden heute als Teppich oder Polsterstoff genutzt. Durch diese Arbeiten erhält das omanische Kunsthandwerk neue Impulse, denn in den letzten Jahren wollten immer weniger junge Omanis diesen Beruf erlernen. Antiquitäten und „neue alte" Kunstwerke sind besonders bei den in Oman und in den benachbarten Golfstaaten lebenden Europäern beliebt, aber auch von Touristen werden sie gerne gekauft.

oman C Foto: tk

Unterwegs in Oman

oman_X Foto: fk

oman_XXX Foto: fk

Razha – ein traditioneller Kriegstanz

Kamele in der Rub al-Khali

Said bin Taimur Moschee in Al-Khuwair

Tipps zur Routenplanung

Wie man die Reiseroute plant, hängt außer von den persönlichen Vorlieben und Schwerpunkten besonders von der Wahl des Verkehrsmittels ab. Wer mit einem Allradwagen (4WD) unterwegs ist und vielleicht auch Campübernachtungen einplant, hat ganz andere Möglichkeiten als derjenige, der mit öffentlichen Verkehrsmitteln oder einem Pkw reist. Die folgenden Vorschläge können daher nur eine grobe Orientierung geben.

Pkw oder öffentliche Verkehrsmittel

● 7 Tage

1 Tag Muscat, Tagesausflug Nakhl/Rustaq/Al-Hazm, 2 Tage Nizwa/Bahla/Jabrin, 1 Tag Sur, plus 1–2 Tage für die Fahrtstrecken und mögliche Abstecher.

● 14 Tage

10 Tage Nordoman: wie das siebentägige Programm, aber mit mehr Zeit für weitere Abstecher; anschließend ca. 4 Tage Dhofar per Flugzeug.

● 21 Tage

Drei Wochen sind ohne 4WD recht lang. Man kann das 14-tägige Programm noch etwas geruhsamer angehen oder auch einige Badetage anhängen. Alternativ bietet sich ein Abstecher nach Musandam an (ca. 3–4 Tage).

4WD

● 7 Tage

1 Tag Muscat, entlang der Küste nach Sur, Abstecher in die Wahiba, ca. 3 Tage Nizwa und Umgebung (Bahla, Jabrin, Jebel Shams, Jebel Akhdar), Tagestour Al-Hazm/Wadi Sahtan/Wadi Bani Awf/Nakhl.

● 14 Tage

Wie siebentägige Tour, aber mit mehr Zeit für weitere Ziele unterwegs, Rückfahrt von Nizwa nach Muscat auch über Ibri und Sohar möglich; anschließend Flug nach Salalah oder Fahrt bzw. Flug nach Musandam (3–4 Tage).

● 21 Tage

Ideale Dauer für eine große Rundreise, bei der das 14-tägige Programm mit genügend Muße und beiden Abstechern nach Musandam und Salalah möglich ist. Wenn man Campnächte einplant, kann man auf dem Landweg nach Salalah entlang der Ostküste fahren (ca. 4 Tage). Auf dem Rückweg nach Norden bietet sich ein Abstecher über Shisr in die Rub al-Khali an.

Markttage

Da bei der Wahl der Reiseroute auch die Markttage eine Rolle spielen können, hier eine Übersicht der wichtigsten Wochenmärkte (alle am Vormittag):

- Tiermarkt Nizwa: freitags (gelegentlich auch donnerstags)
- Tiermarkt Bahla: donnerstags
- Frauenmarkt Ibra: mittwochs
- Wochenmarkt Mintirib: mittwochs
- Wochenmarkt Sanaw: freitags
- Wochenmarkt Al-Kamil: donnerstags

Capital Area – die Hauptstadtregion

مسقط

Bezeichnet man heute **Muscat** als die **Hauptstadt Omans,** dann ist damit nicht allein der historische Ort Muscat gemeint, sondern die Capital Area, also die ganze Hauptstadtregion. Muscat allein ist flächenmäßig viel zu klein, um all den hauptstadttypischen Verwaltungseinrichtungen, Ministerien, Botschaften und Behörden Platz zu bieten. Hier wohnt auch nur ein kleiner Teil der insgesamt etwa 650.000 Einwohner.

Die **Hauptstadtregion** dehnt sich als schmaler Streifen von Ost nach West über etwa 60 km aus. Ein hervorragend ausgebautes Netz an Schnellstraßen verbindet alle wichtigen Stadtteile miteinander. Die Capital Area reicht von der Stadt Seeb im Westen bis zu den Fischerdörfern Al-Bustan und Qantab im Osten, verwaltungstechnisch gehört sogar Quriat noch zu Muscat.

Bei der **Landspitze Ras al-Hamra** wird das Gebiet in zwei Teile getrennt. Westlich von ihr tritt das Hajar-Gebirge in einem weiten Bogen landeinwärts zurück. Hier dehnt sich eine nur wenige Kilometer breite Küstenebene aus, die sich westwärts zur Batinah erweitert. Diese Ebene hat es ermöglicht, dass die Stadtteile Qurum, Medinat Qaboos, Al-Khuwair, Ghubrah und Ghalla zumindest an der Autobahn (Sultan Qaboos Street) zu einer Siedlungsfläche zusammengewachsen sind. Bei den Oasen um Bowshar, beim Industriegebiet von Rusayl und bei Seeb (internationaler Flughafen) erreicht die Capital Area ihre weiteste Ausdehnung ins Landesinnere. Östlich von Ras al-Hamra erheben sich mächtige schwarze Lavaberge bis direkt an das Meer. Die

Felsmassen rahmen die Stadt ein und begrenzen die Siedlungsfläche, so dass die meisten Stadtteile in **Buchten** (Muscat, Mutrah, Sidab, Al-Bustan, Qantab) oder in **Wadi-Mündungen** (Darsayt, Wadi Kabir, Ruwi, Wattayah) liegen. Hier finden sich vornehmlich Wohn- und Regierungsbereiche mit Geschäftsansiedlungen.

Der Ausbau und das Wachstum der Capital Area gehen weiter – langsam, aber unaufhaltsam werden überall freie Flächen erschlossen und neue Straßen angelegt. In manchen der östlichen Gebiete hat man bereits begonnen, flachere Berghänge zu bebauen.

Geschichte

Muscat, diese sagenumwobene und märchenhafte Stadt am Golf von Oman, besitzt eine **lange und bewegte Vergangenheit** – die Spuren der Besiedlung reichen schätzungsweise fast 10.000 Jahre zurück. An Bedeutung gewann sie aber erst im Mittelalter. Die ältesten historischen Quellen belegen Muscat namentlich im 9. Jahrhundert, als Angehörige des Azd-Stammes mit ihren Schiffen bis Madagaskar segelten. Schriften aus dem späten 10. Jahrhundert berichten von Handelsbeziehungen mit dem Jemen und Indien. Auch Berühmtheiten wie *Idrisi, Ibn Battuta* und *Marco Polo* schenken Muscat in ihren Abhandlungen Aufmerksamkeit – doch war die Stadt zu dieser Zeit eher eine **Küstensiedlung** als eine bedeutende Handelsstadt. Diesen Rang hatte damals einzig Sohar inne.

Seit 1270 stand Muscat zusammen mit Sohar und Qalhat unter dem **Einfluss von Hormuz** (siehe auch Exkurs „Das Handelsreich Hormuz und der Persisch-Arabische Golf" im Kapitel „Musandam"). Aufgrund seiner geschützten Hafenbucht, die durch vorgelagerte Inseln und Halbinseln einzig eine enge, vom Meer her kaum zu erkennende Einfahrt besitzt, entwickelte sich Muscat zu einer wichtigen Hafenstadt. Die Seeleute konnten sich die **günstigen Monsunwinde** zunutze machen, außerdem war die Stadt leicht zu verteidigen, da die Berge einen mächtigen natürlichen Felsenriegel bilden und vor Angriffen aus dem Landesinneren bewahrten. Der berühmte omanische Navigator *Ahmad bin Majid* beschreibt Muscat im Jahr 1490 als *„weltweit einzigartige Hafenstadt. Jahr für Jahr werden in enormer Geschäftigkeit Datteln, Pferde, Pflanzenöle und Stoffe gehandelt. Muscat liegt vor den Winden geborgen, sichert die Versorgung mit frischem Wasser, und seine freundlichen Einwohner lieben die Fremden."*

Diese Vorteile erkannten 1507 auch die **Portugiesen.** Unter der Führung von *Afonso de Albuquerque* eroberten sie Muscat und verleibten es ihrem Kolonialreich ein. 150 Jahre lang stand Muscat unter portugiesischer Herrschaft, die zur militärischen Sicherung diverse Festungsanlagen (u. a. auch die beiden mächtigen Forts Mirani und Jalali) errichteten. Als die Portugiesen 1622 Hormuz an die Briten und Perser verloren, verlegten sie ihre Flotte von dort nach Muscat, doch schon wenige Jahrzehnte später gelang es Imam Sultan bin Saif, sie endgültig aus Oman zu vertreiben.

Im **Bürgerkrieg Anfang des 18. Jahrhunderts,** der aus den Nachfolgestreitigkeiten der Al-Ya'aruba-Dynastie entstand, rief Imam Saif die Perser zu Hilfe. Sie kamen nicht uneigennützig, sondern besetzten gleich Teile Nordomans, darunter auch Muscat. Mitte des 18. Jahrhunderts gelang es *Ahmed bin Said Al Bu Said,* die Perser in die Flucht zu schlagen, und er übernahm die Herrschaft des Imamats. Die Auseinandersetzungen um die Nachfolge des Imams und die Stammeskämpfe fanden ein Ende.

Unter dem Aufstieg der noch heute regierenden **Al Bu Said-Dynastie** begann ein neues Kapitel der Geschichtsschreibung von Muscat, denn *Hamad bin Said* verlegte den Regierungssitz Ende des 18. Jahrhunderts in diese Stadt. Die omanischen Handelsbeziehungen dehnten sich weiter aus, und Muscat wuchs zum Zentrum und zur **Drehscheibe eines führenden Handelsimperiums** heran. Bis Mitte des 19. Jahrhunderts kontrollierte Oman weite Teile des Indischen Ozeans bis nach Ostafrika. Diese Seehandelsbeziehungen waren es, die Muscat in der Folgezeit maßgeblich prägten. Die Stadt orientierte sich immer eher seewärts als auf die Arabische Halbinsel. Internationalität und kosmopolitische Offenheit gehören daher bis heute zu den Wesenszügen von Muscat, das dennoch eine arabische Stadt ist.

Nach der Spaltung des Sultanates in einen omanischen und einen sansibarischen Teil Mitte des 19. Jahrhunderts versank Muscat wie der Rest des Landes für etwa einhundert Jahre in historischer Stille, wirtschaftlicher Stagnation und **internationaler Isolation.** Erst 1929 entstand die erste Teerstraße in Oman – eine Verbindung zwischen dem Palast in Muscat und dem Handelshafen in Mutrah.

Die **Geschichte Muscats als omanische Hauptstadt** ist noch gar nicht so alt. Erst unter der Dynastie der *Al Bu Said* vor gut 200 Jahren wurde sie zum Regierungssitz ernannt und der Sultanssitz von Rustaq in den damals neu erbauten Palast verlegt. Die Buchten von Muscat und dem benachbarten Mutrah waren schon länger Handelszentrum. Doch Muscat war nicht die Hauptstadt des gesamten Landes, denn im Landesinneren entstand unter der Führung des Imams ein eigenständiger Herrschaftsbereich. Der Widerstand der Imame im Landesinneren gegen den Sultan an der Küste hielt noch lange Zeit an. Erst 1959 gelang es Sultan *Said bin Taimur,* Vater von Sultan *Qaboos,* diesen mit Hilfe der Briten endgültig zu brechen und seine Herrschaft über ganz Oman auszubreiten. Trotzdem war Muscat noch immer nicht die wirkliche Hauptstadt, denn Sultan *Taimur* lebte abgeschieden in Salalah. In Muscat gab es lediglich drei kleine „Regierungsbüros", die von Briten unterhalten und geführt wurden.

Als 1970 sein Sohn Sultan *Qaboos* die Regierung übernahm, konzentrierte sich seine Aufmerksamkeit besonders auf Muscat, denn ihr **Ausbau zur Capital Area** sollte einen Entwicklungsschub für das ganze Land mit sich bringen und eine Identifikation mit der neuen omanischen Staatlichkeit bewirken. Schulen, Krankenhäuser und Einrichtungen zur Wasser- und Stromversorgung entstanden. Pläne zur Stadt- und Verkehrsentwicklung wurden ausgearbeitet. Der Ausbau des **Hafens von Mutrah** zu einem internationalen Handelshafen begann. Die Stadt expandierte in einem unglaublichen Tempo. Wo heute die modernen Verwaltungsgebäude Muscats stehen, befanden sich vor dreißig Jahren noch Lehm-, Stein- oder Palmwedelhütten *(barasti),* die oft mit Plastikplanen, Wellblech oder Sperrholz erweitert wurden. Das Gebiet der noblen Vorstadtvillen (in Qurum und Al-Khuwair), der großen Einkaufszentren und der vielen Parks war ödes und trockenes Land. Zur **Expansion** gehörten aber auch nachhaltige **Umstrukturierungen,** besonders im Gebiet der Bucht von Muscat. Nichts erinnert heute mehr an die historische Stadt mit ihrem lebhaften Souq und dem einst so wichtigen Hafen. Der stadtplanerische Ehrgeiz hat diesem, aber auch anderen Stadtteilen seinen Stempel aufgedrückt – nicht die geschichtliche Entwicklung. Dabei herrscht seit Mitte der 70er Jahre des 20. Jahrhunderts der Trend vor, traditionell **omanische Architekturmerkmale** aufzugreifen. Heute ist dieser Grundgedanke fester Bestandteil der gültigen Bauverordnung des Landes. Dadurch gewinnen die neuen Gebäude eine nationale Identität, und die Stadt wird vor dem Phänomen bewahrt, dass in vielen aufstrebenden Städten Modernität mit Gesichtslosigkeit einhergeht.

Aufteilung der Capital Area

Aufgrund der historischen und auch geographischen Gegebenheiten bietet sich eine Aufteilung der Capital Area **in vier Zonen** an:

- **Muscat und die südlichen Orte;**
- **Mutrah mit dem Hafen Mina Qaboos;**
- **Ruwi, Wadi Kabir und der „Mutrah Business District";**
- **die westlichen Vororte.**

Durch diese Differenzierung gewinnt die riesige Capital Area an **Übersichtlichkeit.** Anhand dieser Aufteilung werden die einzelnen Stadtteile, deren Gestalt, Funktionen sowie Sehenswürdigkeiten vorgestellt – diese Struktur findet sich auch in den daran anschließenden praktischen Informationen.

Muscat مسقط

Übersetzt bedeutet „Muscat", von der arabischen Wortwurzel „saqat" abgeleitet, „der Ort des Fallens". Im übertragenen Sinn steht der **Name** für einen Anker, der ins Wasser fällt, also „der Ankerplatz", oder für die Berge, die zum Wasser hin steil abfallen.

Durch diese zwar malerische, eingekesselte Lage zwischen den hohen, tiefschwarzen Felsen gleicht das **Klima** in Muscat im Sommer manchmal durchaus dem eines Backofens. Im 14. Jahrhundert schrieb der arabische Geograph *Abdul Razak: „Die Hitze in Muscat war so groß, daß einem das Knochenmark verbrannte, das Schwert im Schaft schmolz und die Edelsteine der Degen in Kohlestückchen verwandelt wurden."* Die Wintertemperaturen, die in den Monaten von Dezember bis Fe-

Muscat und das rettende „Weiberregiment“

In der langen und glanzvollen Geschichte Muscats findet ein Ereignis nur relativ wenig Beachtung. Kaum jemand weiß, dass die Geschicke der Stadt und auch die Eroberung Sansibars zu Beginn des 19. Jahrhunderts in den Händen einer Frau lagen. Die damaligen politischen Verknüpfungen und gesellschaftlichen Vorgänge werden in den 1886 verfassten Memoiren der damaligen Prinzessin Salme von Oman und Sansibar aufschlussreich beschrieben. Auch Innenansichten aus dem turbulenten und farbenfrohen Leben am Sultanspalast in Sansibar fehlen nicht.

Salme war die Tochter des ruhmreichen Sultan Said bin Sultan, sie verließ 1866 heimlich Sansibar, um einen deutschen Kaufmann zu heiraten. Fortan lebte sie in Hamburg, fernab jeglicher höfischer Präsenz, unter dem Namen Emily Ruete.

„Einer Persönlichkeit aus unserer Familie will ich noch gedenken, die vor allem jene Fabeln von der Inferiorität der Orientalin Lügen straft. Meine Großtante, die Schwester meines Großvaters, gilt noch heute bei uns als Musterbild einer klugen, mutigen und tatkräftigen Frau: Ihr Leben und ihre Taten werden immer wieder erzählt und jung und alt hört mit wahrer Andacht zu.

Als mein Großvater Sultan Imam von Muskat in Oman starb, hinterließ er drei Kinder, meinen Vater Said, meinen Oheim Salum und meine Tante Asche. Mein Vater war erst neun Jahre alt und deshalb war die Einsetzung einer Regentschaft notwendig. Indes gegen allen Brauch erklärte meine Großtante sehr entschieden, sie werde selbst die Regierung bis zur Großjährigkeit ihres Neffen übernehmen und verbat sich jeden Widerspruch. Die Minister, welche an eine solche Entscheidung nicht gedacht, vielmehr sich im stillen schon darauf gefreut hatten, einige Jahre selbst die Herren des Landes spielen zu können, mußten gehorchen. Alltäglich berief die Regentin sie zu sich, um zu berichten und Befehle und Anordnungen zu empfangen. Sie wachte über alles und wußte von allem Bescheid; vor ihrem scharfen Blick blieb, zum Ärger der Pflichtvergessenen und Faulen, nichts verborgen. (...)

Bald sollte sie die ernsteste Probe zu bestehen haben. Noch führte sie nicht lange die Zügel der Regierung, als, wie es in Oman leider so häufig ist, ein sehr gefährlicher Krieg ausbrach. Unsere nächsten Stammverwandten vermeinten, das Weiberregiment und damit unser Haus mit leichter Mühe stürzen und sich selbst die Herrschaft erobern zu können. Brennend und mordend durchzogen ihre Scharen das Land und lagerten sich endlich vor der Hauptstadt Muskat. Viele Tausende von Landleuten aus den ruinierten Provinzen hatten sich, Hab und Gut im Stiche lassend, hierher geflüchtet, um Schutz und Beistand zu suchen. Muskat ist gut befestigt und vermag einer Belagerung zu trotzen. Aber was nützen die festesten Mauern, wenn Proviant und Munition ausgehen? (...)

Die Nächte beritt sie immer einsam in Männertracht die Postenlinien; auf allen gefährlichen Plätzen kontrollierte sie ihre Soldaten und manchmal vermochte sie nur durch die Schnelligkeit ihres Rosses einem unerwarteten Angriff zu entrinnen. Eines Abends ritt sie besonders sorgenvoll aus; sie hatte erfahren, daß der Feind es mit Bestechung versuchen wolle, um nächtlicherweise in die Festung eindringen und alles niedermetzeln zu können. Sie gedachte deshalb die Treue ihrer Soldaten zu erproben. Mit größter Vorsicht ritt sie an eine Wache heran, verlangte den Akid (das ist ein höherer Offizier) zu sprechen und machte diesem im Namen der Belagerer höchst verführerische Anerbietungen. Der losbrechende Zorn des Braven benahm ihr jede Sorge um die Gesinnungen ihrer Soldaten, brachte sie selbst jedoch in die größte Lebensgefahr. Man wollte den vermeintlichen Spion augenblicklich niederhauen, und sie hatte ihre größte Gewandtheit aufzubieten, um nicht durch ihre eigenen Leute den Tod zu finden.

Die Lage von Muskat wurde immer schwerer. Hungersnot brach aus, und Hoffnungslosigkeit bemächtigte sich der Herzen. Von außen war keine Hilfe mehr zu erwarten; um wenigstens ehrenvoll zu fallen, beschloß man, einen letzten, verzweifelten Ausfall zu unternehmen. Der Pulvervorrat reichte für ein Gefecht gerade noch hin; dagegen das für die Gewehre und Kanonen notwendige tödliche Blei war ganz ausgegangen. Da befahl die Regentin, alle nur aufzutreibenden Nägel für die Gewehre zu sammeln, selbst passende Kieselsteine zu suchen und an Stelle der Kugeln zu verwenden. Was nur an eisernen und messingenen Gegenständen zu finden war, wurde zerschlagen und in die Kanonen geladen. Ja die Herrscherin öffnete die Türen ihrer Schatzkammer und ließ aus ihren Mariatheresientalern Kugeln gießen. Alles bot man auf und siehe da, die verzweifelte Anstrengung fand ihren Lohn. Der Feind wurde glücklich überrascht und stob nach allen Himmelsgegenden auseinander, mehr als die Hälfte von seinen Leuten tot oder verwundet zurücklassend. Muskat war gerettet. Von schwerer Sorge befreit, sank die mutige Frau auf ihre Knie und dankte dem Allmächtigen in inbrünstigen Gebeten für seinen gnädigen Beistand.

Seitdem war ihre Regierung eine ruhige, und sie konnte ihrem Neffen, meinem Vater, das Reich in solcher Ordnung übergeben, daß er imstande war, sein Auge auch auf andere, fernere Ziele zu richten und vor allem Sansibar zu erobern. Daß die Erwerbung dieses zweiten Reiches überhaupt möglich war, verdanken wir also zum Teil ihr, meiner Großtante.

Das war auch eine orientalische Frau!“

(„Leben im Sultanspalast“, Athenäum Verlag, Frankfurt 1989, S. 140–142)

bruar im Durchschnitt zwischen 20 und 25°C liegen, sind dagegen für Reisende sehr angenehm.

Im Einklang zu dieser schroffen Landschaft und der bewegten Geschichte der Stadt stehen die alles überragenden **Festungen Mirani und Jalali.** Wie aus einer anderen Welt wirkt dagegen der monumentale **Sultanspalast,** dessen eigentümliche Form gar nicht in das Bild passt. Architektonisch ist Muscat eine sehr interessante Fusion aus Vergangenheit und Gegenwart – wobei die Vergangenheit nicht tatsächlich alt ist, sondern durch moderne Architekturelemente und Stadtplanung neu dargestellt wird. Vom ehemaligen „Leben" Muscats existieren nur noch historische Beschreibungen und Zeichnungen.

1688 besuchte der Deutsche **Engelbert Kaempfer** als einer der ersten Europäer Muscat auf seinem Weg nach Indien. In seinen von *K. Meier Lemgo* bearbeiteten Reisetagebüchern (erschienen im Franz Steiner Verlag 1968) schreibt er: *„Die Häuser der Stadt sind teils Tamerhütten (Hütten aus Palmzweigmatten, Anm. d. Verfasser) ... und in der Mehrzahl gibt es Steinhäuser, luftig und hinreichend geräumig. ...*

Der Bazar oder Markt bedeckte einen großen Raum, bestand aus bedeckten und teils auch gewölbten Gassen, die sich kreuzweise oder quadratisch kreuzweise regelmäßig schneiden und parallel durchlaufen. Sie waren reich versehen mit halb- und ganzseidenen Leinwandwaren, Gewürzen, Gummata, Kaffee und Esswaren: große, süße, fleischige Mangopflaumen, die besten und lieblichsten, die ich jemals in indischen Ländern gefunden. ... Ferner allerhand süße, kleine, steinige, frische und vom vorigen Jahre eingepackte Datteln ... kleine, saure Limonen, ... Zwiebeln und Knoblauch: alles das war in größtem Überfluß vorhanden ... Wir fanden wenig Butter, Milch und Hühner zu kaufen, wiewohl es dem Lande nicht daran gebricht, wie auch an Schafen, Ziegen und Rindern, sondern all das so guten Preises ... Oberwähntes wird von den Bauern allhier mehr zu Wasser als zu Lande von den Dörfern herangebracht."

Der deutsche Forschungsreisende **Carsten Niebuhr** schildert in seinen Reisebeschreibungen aus dem Jahr 1778, auf dem Markt herrsche *„... ein Überfluß von allerhand schönen Früchten. Das Fleisch ist hier in Menge und sehr gut, und die See liefert einen Überfluß von Fischen. Von den Produkten, die von Oman ausgeführt werden, sind die Datteln das Vornehmste. Hiervon gehen aus verschiedenen Häfen ganze Schiffsladungen voll nach dem arabischen Meerbusen, nach Indien und anderen Gegenden. Maskat ist auch die Niederlage der meisten Waren, die aus dem persischen Meerbusen nach Hadramaut, Jemen, Hedjas und ganz Indien oder von da an den persischen Meerbusen gebracht werden sollen."*

Die Hauptstadt des „neuen" Oman sollte ein für alle sichtbares Zeichen des Neuanfangs und der Modernisierung werden. Innerhalb der Stadtmauer stehen heute zum größten Teil **Palast- und Regierungsgebäude** – Muscat hat sich in einen piekfein herausgeputzten **Verwaltungs- und Repräsentierbezirk** gewandelt.

Bis in die frühen 80er Jahre wurden nur wenige Zugeständnisse an den Autoverkehr gemacht. Doch 1984 riss man einen Großteil der Altstadt und des Souqs ab, um Platz für den **Diwan** des Sultans und seine Garde zu schaffen. Die engen Gassen des Souq Dakhel sind verschwunden, und das Stadtbild wird nun von breiten Straßen, großen prächtigen Gebäuden und gepflegten Grünanlagen bestimmt – Wohnhäuser gibt es nur noch wenige. Der zweite Teil von **Muscats Souq,** der außerhalb der Stadtmauer gelegene kleinere Bereich namens „Haji", existiert noch – allerdings mit vergleichsweise wenigen Läden und einem alltäglichen Warenangebot.

Besonders am Wochenende, wenn der Verwaltungsapparat zum Stillstand kommt, ist die Altstadt wie ausgestorben. Die autofreie Innenstadt wird dann fast zur Realität, auch wenn man das Leben auf der Straße vermissen mag. Die meisten Menschen, die man dann hier trifft, sind indische Gärtner und Straßenfeger sowie das omanische Wachpersonal vor den Regierungsgebäuden.

Sehenswertes

Die Altstadt

Obwohl die „Altstadt" von Muscat heute **eher stadtplanerisches Ideal als historisches Wachstum** beschreibt, ist eine Besichtigung sehr lohnend – vielleicht auch gerade deshalb.

Blick auf Muscat von der alten Pass-Straße

oman_291 Foto: fk

Zwar sind viele der alten prächtigen Wohnhäuser verschwunden, aber einige dieser sog. **Baits** stehen noch heute. Das arabische Wort „Bait" bedeutet eigentlich nichts weiter als „Haus", steht hier aber für **große Häuser wohlhabender Handelsfamilien.** Fast alle Baits besitzen einen rechteckigen Grundriss und zwei Stockwerke mit dicken Mauern, die im Sommer vor der Hitze schützten. In der unteren Etage waren Ställe, Lager und Küche untergebracht, darüber befanden sich die Wohnräume. Während unten allein durch schmale Schlitze, zugleich Schießscharten zur Verteidigung, Licht einfiel, gab es im oberen Stockwerk hohe, teilweise mit Stukkaturen verblendete Spitzbogenfenster, die eine gute Belüftung zuließen. Fenster und Türen bestanden aus massivem, reich mit Schnitzwerk verziertem Holz. Um den Innenhof verliefen schattige Galerien, die mit Holzbrüstungen versehen waren. Das Flachdach diente als Schlafplatz in den heißen Sommermonaten. Zum Teil war hier ein kleiner weiterer Raum aufgesetzt, der als luftiger Empfangsraum genutzt wurde. Das **Bait Fransa,** das heute das Omani-French Museum beherbergt, ist momentan das einzige dieser Gebäude, das auch von innen zu besichtigen ist (siehe weiter unten).

Seit dem späten Mittelalter besitzt Muscat eine Stadtmauer, und noch heute wird die Altstadt und die Bucht von Muscat von einer geschlossenen **Stadtmauer** umgeben, die von Berg-

Muscat – Arbeitspalast von Sultan Qaboos

oman_294 Foto: fk

rücken zu Bergrücken verläuft. Die portugiesischen Besatzer ließen sie Anfang des 17. Jahrhunderts neu erbauen und verstärken. Wenige Jahrzehnte später wurde sie von einem Graben umgeben. Er sollte Flutwellen durch das nördlichste Stadttor (Bab al-Mithaib) und weiter durch das Wadi al-Uwar am Fuß der nördlich begrenzenden Felswand ins Meer leiten. Im Juni 1890 regnete es allerdings so stark, dass der Mauergraben seine Funktion nicht mehr erfüllen konnte und von den 5000 Einwohnern Muscats 700 ertranken. Sultan Said hatte zuvor eine neue Einfassung mit mächtigen Kanonentürmen und vier Toreingängen errichten lassen. Im Laufe der Zeit verfiel die Stadtmauer jedoch stark. Die 1979 rekonstruierte Anlage mit ihren modernen Toren, die man heute sieht, hat nichts mehr mit dem alten Bauwerk gemein.

oman_297 Foto: fk

Neues Regierungsgebäude mit traditionellen Stilelementen

Da die Altstadt überschaubar ist, empfiehlt sich eine Besichtigung zu Fuß. Als Startpunkt bietet sich das **Bab Kabir,** das „große Tor", an. Heute ein breiter Betondurchlass, war es früher so schmal, dass es mit aufkommendem Autoverkehr immer wieder angefahren wurde. Vor 1970 war es üblich, das Tor drei Stunden nach Sonnenuntergang zu schließen. Danach durfte es nur mit schriftlicher Genehmigung des Stadtkommandanten passiert werden.

Betritt man vom Bab Kabir das Innere der Altstadt, so befindet sich linker Hand die **Polizeistation** Muscats. Früher stand hier ein kleineres einstöckiges Gebäude, in dem das Hauptquartier der gesamten omanischen Polizei untergebracht war.

Auf der rechten Straßenseite liegt das **Bait Fransa,** das „Franzosenhaus", in dem heute das Omani-French Museum eingerichtet ist. Im übernächsten Abschnitt wird es genauer beschrieben.

Einige Meter weiter, ebenfalls auf der rechten Seite der Straße, folgt das **Bait Nadir** aus dem 18. Jahrhundert. Es ist nach *Sayyid Nadir bin Faisal,* einem Großonkel des heutigen Sultans, benannt. In ihm war von den 70er Jahren bis 1988 ein Museum untergebracht. Heute steht das ansehnliche Kaufmannshaus leer, da es renoviert werden soll, und vor seiner blauen Eingangstür hängt ein dickes Schloss.

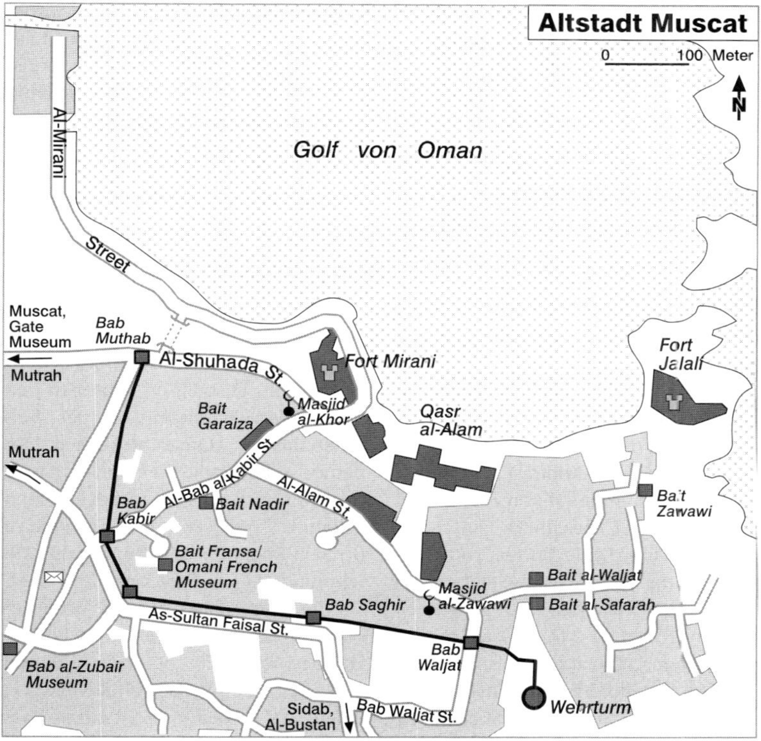

Gegenüber des Bait Nadir erkennt man die kleine Moschee **Masjid al-Wakil** an ihrer bunt gekachelten Kuppel. Ein Stück weiter steht auf der gleichen Straßenseite das **Bait Garaiza,** das größte der alten Handelshäuser Muscats. Es wurde etwa 1630 an der Stelle errichtet, wo zuvor Gebäude der Portugiesen aus der Zeit um 1527 standen. Darin hatte sich eine Faktorei, die Wohnung des Kommandeurs und auch eine Kapelle befunden. Von dieser Kirche (portugiesisch *Igrezia)* stammt der heutige Name des Gebäudes, der nur leicht ins Arabische abgewandelt wurde. Nach der Vertreibung der Portugiesen nutzten die omanischen Imame das Haus als Residenz, wenn sie sich in Muscat aufhielten. Sultan *bin Ahmed* residierte im Bait Garaiza von seiner Amtsübernahme 1792 bis zum Bau des benachbarten Palastes. Nach seinem

Umzug wurde das Haus aufgegeben und verfiel. Das heutige Gebäude ist eine Mischung aus Restauration und Rekonstruktion und wird von der Regierung als Gästehaus genutzt.

Vor dem Bait Garaiza stecken, auf den ersten Blick wie simple Poller wirkend, **14 Kanonen** kopfüber in den Pflastersteinen des Bürgersteigs. Sie waren Ende des 19. Jahrhunderts ein Geschenk des indischen Gouverneurs an Sultan *Faisal bin Turki,* der sie allerdings als nutzlos empfand und in die Erde versenken ließ.

Rechts neben dem Bait Garaiza steht die **Masjid al-Khor.** Mit ihrer blauen Kuppel und den blauen Kacheln bietet sie einen schönen Kontrast zum dahinter liegenden graubraunen Fort Mirani (siehe nächster Abschnitt). Hinter der Moschee führt eine Straße zum Bab Muthab, dem westlichsten Stadttor.

Geht man noch ein Stück geradeaus bis zum Meer, so erreicht man an der von hohen, schwarzen Felsen eingeschlossenen **Bucht von Muscat** eine der schönsten Stellen der Stadt. Hier, wo sich einst der Hafen Khor Jetty befand, genießt man eine herrliche Aussicht auf die an beiden Flanken befindlichen Forts Mirani im Westen und Jalali im Osten und auf den die Bucht dominierenden Sultanspalast mit der östlich gelegenen ehemaligen Residenz der britischen Botschafter. Die Bucht wird durch die Insel Jazirat Muscat begrenzt, auf der sich ebenfalls eine kleine Befestigungsanlage (Sirat al-Sharqiyah) befindet. Die Felsenwand der Insel ist übersät mit Inschriften. Sie stammen von Seeleuten, die sich verewigt haben, während sie auf ihre Weiterfahrt warteten. Als Hafen besitzen die Gewässer heute lediglich noch Bedeutung für die Marine, die am nordwestlichen Ende der benachbarten **Bucht Mukalla** einen Stützpunkt unterhält. Ihr westlicher Ausgang wird von der 1985 renovierten Festungsanlage Sirat al-Gharbiyah bewacht.

Von der Bucht ein Stück zurück, gegenüber des Bait Garaiza links abgebogen, befinden sich zu beiden Seiten der Straße große neue Regierungsgebäude. Sie beherbergen den **Diwan,** das Büro des Sultans. Danach erreicht man den prunkvollen Haupteingang des **Sultanspalastes (Qasr al-Alam).** Der pompöse Bau stellt, im wahrsten Sinne des Wortes, die gesamte Stadt in seinen Schatten. An dieser Stelle haben die Al Bu Said-Regenten seit Beginn des 19. Jahrhunderts ihre Residenzen platziert. Die heutige Anlage ist ein erweiterter Neubau aus den frühen 70er Jahren. Das alte Gebäude entsprach in Baustil und Größe den Baits, war allerdings in einem sehr schlechten Zustand, so dass man es komplett abriss. Eine indische Firma übernahm Planung und Konzeption des neuen Palastes. Zunächst entstand er auf der Fläche des alten Gebäudes, doch schon bald begann man, ihn zu erweitern. Diese Expansion war einer der Hauptgründe für die Veränderung und Einebnung der Altstadt Muscats. Um Platz für den Ausbau zu schaffen, siedelte man indische Händler, die

Erst auf den zweiten Blick erkennt man die 14 Kanonen vor dem Bait Garaiza

oman_300 Foto: fk

im Viertel neben dem Palast wohnten, gegen großzügige Entschädigungen um und riss den alten Souq Dakhel ab. Nach und nach entwickelte sich die Stadt zu einem **Palastbezirk** ohne eigentliches Leben. In der Bevölkerung wurde Kritik an der Anlage laut, da die Kosten immer weiter anstiegen. Auch der Baustil, der sich nicht an omanischen Traditionen orientiert, und die übermäßige, die Stadt beherrschende Größe des Palastes, fand nicht nur Freunde.

Neben dem Hauptgebäude, das von einem großen Flachdach überragt wird, befinden sich links die Frauengemächer und ein Bereich für Gäste. Rechts schließen sich der Thronsaal sowie die Empfangshalle an. Genutzt wird der Palast für offizielle Anlässe sowie den Empfang und die Bewirtung von Staatsgästen. Die Wohnresidenz des Sultans befindet sich dagegen am westlichen Rand der Capital Area bei Seeb.

Gegenüber des Palasteingangs steht die kleine, aber sehr schöne Moschee **Masjid al-Zawawi.** Ihr Minarett ist kein massiver Bau, sondern eine luftige Konstruktion aus Säulen und Bögen. Unter der mit blau-goldenen Mosaiken geschmückten Kuppel hängt eine große Messinglampe.

Links neben der Moschee befinden sich ein kleines Krankenhaus für das Personal des Palastbezirkes und anschließend das östlichste Stadttor, das **Bab Waljat.** Dahinter, ebenfalls auf der rechten Straßenseite, folgt das **Bait al-Safarah,** in dem früher das omanische Außenministerium untergebracht war. Besonders sehenswert ist die hölzerne, graue Eingangstür mit ihren aufwändigen Schnitzereien. Im mächtigen Bau gegenüber, dem **Bait al-Waljat,** ist die Königliche Garde *(Royal Guard)* des Sultans untergebracht.

Biegt man hinter dem Bait al-Waljat nach links ab, so führt die Straße geradeaus auf die Stelle zu, an der sich bis vor kurzem das Gebäude der **ehemaligen britischen Botschaft** befand, das abgerissen wurde. Die Anwesenheit britischer Repräsentanten in Muscat hat eine lange Geschichte. Doch nachdem von 1800–1809 vier Engländer im Dienst verstarben, wurde die Vertretung wegen des „ungesunden Klimas" geschlossen. Dreißig Jahre später entsandte man erneut einen Briten, der jedoch auf Sansibar residierte, das zu dieser Zeit Hauptstadt Omans war. Erst nach der Teilung des Sultanats verlegte man den Sitz 1861 wieder nach Muscat. Seit 1995 befindet sich die Botschaft von Großbritannien in einem neuen Gebäude in Al-Khuwair, wo sich der Großteil der ausländischen Vertretungen niedergelassen hat.

Durch die kleine Straße nach rechts gelangt man zu zwei weiteren Baits mit prachtvollen Fassaden. Das **Bait Nasib** mit seiner braunen, hölzernen Eingangstür ist bis heute in Familienbesitz. Das 1890 errichtete Gebäude wurde im typisch arabischen Stil gestaltet. Es verfügt über eine eigene unterirdische Wasserversorgung von außerhalb Muscats. Das **Bait Zawawi** nebenan, ebenfalls im 19. Jahrhundert errichtet, war früher Sitz der amerikanischen Botschaft. Mit seinen schwarzen Holztüren, den Spitzbogenfenstern und dem stuckverzierten Balkon gehört das einstige Kaufmannshaus zu den schönsten Gebäuden der Altstadt. Leider ist es in keinem besonders guten Zustand und renovierungsbedürftig. Zurzeit steht es leer, die weitere Verwendung ist unklar. Geht man von den Baits noch ein Stück in Richtung Meer, so ergibt sich ein schöner Blick auf das **Fort Jalali.**

In der südöstlichen Ecke der Altstadt befindet sich ein **kleines Wohngebiet.** Die einfachen Häuser und die belebte Straße geben nur eine kleine Vorstellung davon, wie es in diesem Stadtteil einst ausgesehen hat. Der Abriss des gesamten Viertels rund um diese Baits hat begonnen, um Platz für eine Erweiterung des Palastes zu schaffen.

Die Forts Mirani und Jalali

Aufgrund seiner bewegten Geschichte waren **Wach- und Verteidigungsanlagen** für Muscat schon immer von großer Bedeutung. Dazu gehörte ein System korrespondierender Wachtürme (arab. *burj*) auf den umliegenden Bergkuppen, Mauerwerke mit Toren an den Passübergängen zu den Nachbarorten, die Stadtmauer, kleinere Festungsanlagen und die alles überragenden Forts Mirani und Jalali.

Die Festung **Sirat al-Gharbiyah** erhebt sich am westlichen Ende der Bucht nördlich des Marinestützpunktes. Gegenüber auf der Insel Jazirat Muscat steht eine weitere kleine Wehranlage.

Die beiden wichtigsten Forts der Stadt liegen am Rand des Palastbezirkes und der Altstadt und bilden so den Abschluss der Stadtmauer zum Meer hin. Westlich vom Palast des Sultans steht das **Fort Mirani.** Sein Bau wurde von dem Portugiesen *Don Manuel da Souza Coutinho* Anfang des 16. Jahrhunderts auf den Resten einer omanischen Befestigungsanlage begonnen, jedoch erst fertig gestellt, nachdem die Osmanen in den Jahren 1550 und 1581 Muscat angriffen, plünderten und für kurze Zeit einnahmen. Man hatte nun die Wichtigkeit einer soliden Festung erkannt, beendete zügig die Bauarbeiten und legte auch eine riesige Zisterne an, die 300 Männer zwei Jahre lang mit Wasser versorgen konnte.

Das Fort hieß unter den Portugiesen „Capitan", weil hier ihr Kommandeur wohnte. Der heutige Name Mirani ist möglicherweise aus dem portugiesischen Wort „Almirante", was übersetzt Admiral bedeutet, entstanden.

Die Lage des Forts erlaubt es, sowohl die Bucht als auch das Gebiet vor den Stadttoren unter Beschuss zu nehmen. Die Kanonen des Forts wurden jedoch bis auf wenige Ausnahmen dazu verwendet, ankommende Schiffe zu begrüßen oder davor zu warnen, bei Dunkelheit in den Hafen einzulaufen, da dies nicht erlaubt war. Auch das Schließen der Stadttore nach Einbruch der Dunkelheit wurde durch drei Kanonenschüsse bekannt gemacht.

Um das Fort rankt sich eine nette **Legende:** Als sich die Besatzungszeit der Portugiesen ihrem Ende zuneigte, konnte Imam Sultan *bin Saif Mirani* es nur durch eine List einnehmen. Zu Hilfe kam ihm ein indischer Kaufmann, der die Portugiesen mit allen notwendigen Dingen versorgte. Der portugiesische Kommandant hatte ein Auge auf die schöne Tochter des Kaufmanns geworfen und wollte sie gerne heiraten. Der Kaufmann lehnte jedoch ab, worauf ihm die Aufkündigung der Lieferverträge angedroht wurde. So willigte er schließlich doch ein, erbat sich aber eine einjährige Vorbereitungszeit. Einige Zeit später erstattete er dem Kommandanten Bericht, dass das Fort und seine Ausstattung nicht in einem Zustand sei, der einer längeren Belagerung standhalten könnte. Er schlug den Austausch des Wassers in den Zisternen, der Vorräte und des Pulvers vor. Alles wurde aus dem Fort entfernt – jedoch nicht ersetzt. Stattdessen informierte der Kaufmann den Imam, der das Fort einnehmen konnte und die Portugiesen endgültig vertrieb.

Am östlichen Ende Muscats steht auf einem vorgelagerten Felsen hoch über der Stadt das **Fort Jalali.** Die Quellen über den Namen des portugiesischen Erbauers sind widersprüchlich; sie sind sich jedoch einig, dass die Anlage im Jahre 1588 an der Stelle eines älteren Forts fertiggestellt wurde.

Auch vom Fort Jalali aus konnte die Seite des offenen Meeres überwacht und beschossen werden. Beide Forts zusammen machten Bucht und Hafen von Muscat nahezu uneinnehmbar. Der Zweck der Anlagen war es, Muscat als einen wichtigen portugiesischen Seestützpunkt aufzubauen. Die Portugiesen erhofften sich davon eine Monopolstellung im ertragreichen Seehandel vom Roten Meer nach Indien.

Nachdem die Portugiesen 1622 Hormuz im Persisch-Arabischen Golf an die Perser verloren, wurde Muscat zu ihrer wichtigsten Stellung in der Golfregion.

Sie bauten die Forts als Schutz gegen die Perser aus.

Die Anlagen wurden oft verändert und erweitert. Fort Jalali war bis in die frühen 70er Jahre ein Gefängnis. Heute präsentieren sich alle Forts renoviert, können allerdings momentan nicht von innen besichtigt werden. Das als Museum eingerichtete Fort Jalali steht nur Staatsgästen offen.

Omani-French Museum

Das omanisch-französische Museum ist im **Bait Fransa,** der ehemaligen französischen Botschaft, untergebracht. Es dokumentiert die 200-jährige Geschichte der omanisch-französischen Beziehungen. Ein ganzer Raum ist einem Staatsbesuch von Sultan *Qaboos* in Frankreich gewidmet. Daneben werden die Handelswege und -beziehungen zwischen Oman und Frankreich dargestellt.

Ursprünglich war das Bait Fransa Wohnhaus von *Ghaliah bint Salim,* einer Nichte des Sultans *Said bin Sultan* (1804–1856). 1896 bot Sultan *Faisal bin Turki* das Haus den Franzosen als Konsulat an, worauf es bis 1920 das Büro der Botschaft und die Wohnung verschiedener Konsuln beherbergte. Die Kosten für die Renovierung und den Ausbau als Museum übernahm der französische Staat. 1992 wurde es feierlich eröffnet, wobei sogar der damalige französische Staatspräsident *Francois Mitterrand* anwesend war.

Auch wenn die **Ausstellung** aus nicht-französischer Sicht nicht übermäßig interessant erscheint, so lohnt

oman_303 Foto: fk

ein Besuch allein schon wegen des **Gebäudes.** Bait Fransa ist das einzige der alten Baits, das auch von innen besichtigt werden kann. Es besitzt wie alle traditionellen großen Muscat-Häuser einen rechteckigen Grundriss und hat zwei Stockwerke, die sich um einen Innenhof gruppieren. Das Erdgeschoss diente als Lageretage, die Wohnräume befanden sich im ersten Stock, der majlis-Empfangsraum auf der Dachterrasse. Das Besondere am Bait Fransa ist eine Kombination arabischer und indischer Stilelemente. Diese Bauart entsprach dem persönlichen Wunsch der ursprünglichen Bewohnerin Ghaliah bint Salim. Die oberste Etage verfügt über eine zum Innenhof gelegene Galerie. Im Inneren zeigen sich die vielen geschnitzten Holztüren und Fenstergitter besonders schön restauriert.

Das Museum ist Sa bis Do von 9–13 und täglich von 16–18 Uhr geöffnet, Tel. 736613, der Eintritt kostet 500 Bs.

Bait al-Zubair Museum

Dieses in einem rekonstruierten Altstadthaus eingerichtete Museum zeigt vor allem das **kulturelle Erbe des Landes.** Die 1998 eröffnete Ausstellung ist sehr übersichtlich und informativ präsentiert. Neben schönen Schmuckstücken, Kunsthandwerk und Waffen sind auch historische Dokumente, Landkarten und Fotos zu sehen. Besonders interessant sind die **traditionellen Gewänder,** mit denen die unterschiedlichen Stile der verschiedenen Landesteile verdeutlicht werden. Alle Gegenstände stammen aus Privatbesitz der prominenten Familie *Zubair.* Komplettiert wird das Museum durch ein Café und ein Souvenirlädchen.

Gegenüber des Bab Kabir, geöffnet Sa bis Do 9.30–13 und 16–19 Uhr, Tel. 736688, Eintritt 1 RO.

Fort Jalali

Muscat Gate Museum (Brückenmuseum)

Im neu erbauten **Stadttor** am Ortseingang aus Richtung Mutrah befindet sich seit dem Jahr 2000 eine Ausstellung zur Geschichte der Stadt. Sie wurde unter anderem von Geologiestudenten der Universität Sultan Qaboos ausgestattet.

Auf einer Ebene zeigt das Museum mit vielen detailgetreuen Darstellungen, Bildern und Schautafeln in englischer Sprache die **Geschichte Muscats.** Dabei wird besonders auf die Al Bu Said-Dynastie eingegangen, da diese Dynastie ausschlaggebend dafür war, dass Muscat heute die Hauptstadt des Landes ist. In sehr detaillierten Modellen wird die Geologie rund um Muscat dargestellt. Das Ganze kann man in einem 20-minütigen Film noch vertiefen.

In dem kleinen, überschaubaren Museum kann sich der Besucher in einer knappen Stunde mit der Geschichte der Stadt vertraut machen. Die Wachen, die dort ihren Dienst tun, sehen mit ihren Maschinenpistolen zwar ein wenig bedrohlich aus, aber nach einem freundlichen Hallo hellen sich ihre Gesichter auf.

Geöffnet Sa bis Do von 9.30–13 und 16–19 Uhr, Eintritt frei.

Aussichtspunkte

Der schönste Blick auf die Bucht von Muscat ergibt sich (am späten Nachmittag und in der Nacht) von der **alten Passstraße** aus, die von Mutrah über Riyam nach Muscat führt. Sie wurde 1929 eröffnet, war die erste Teerstraße des Landes und bis zum Bau der Uferstraße von Mutrah die einzige Verbindung für Fahrzeuge in die Hauptstadt. Sämtlicher Verkehr lief bis dahin durch dieses schmale und kurvenreiche Nadelöhr. Hat man die **Passhöhe** hinter sich gelassen, so hat man einen schönen Blick auf die Altstadt. Kurz danach zweigt eine kleine Straße nach rechts ab. Sie führt zum **Wasserreservoir** Muscats und darf nicht befahren werden. Lässt man jedoch das Auto an der Gabelung stehen, so kann man zu Fuß hinauflaufen und links um das Gelände herum sogar noch weiter bis zu einem alten Wachturm gehen. Von hier hat man einen **Überblick über die ganze Stadt,** den Palastbezirk und die alten Forts.

Beim **Bab Waljat,** dem östlichsten Stadttor der Altstadt von Muscat, führen 87 Stufen zu einem **Wehrturm** hinauf. Von hier erkennt man deutlich die unterschiedliche Gestaltung des Palastviertels innerhalb und der Wohnviertel außerhalb der Stadtmauer.

Beim Restaurant Inshirah an der **Corniche** zwischen Muscat und Mutrah steht ein **Wachturm,** der zu besteigen ist. Von hier erkennt man die Ausmaße des Hafens von Mutrah, der die Bucht beherrscht, besonders gut.

Aquarium

In der Bucht des Yachthafens Marina Bandar al-Rowdha liegt das **Marine Science and Fisheries Center,** ein Meeresforschungszentrum, das auch ein öffentliches Aquarium beherbergt. Allerdings ist es sehr klein und in Anbetracht des Fischreichtums Omans eine Enttäuschung. In einigen wenigen Aquarien befinden sich verschiedene Fisch-, Muschel- und Korallenarten. In einem länglichen Bassin tummeln sich einige **Meeresschildkröten,** die die größte Attraktion sind.

Geöffnet Sa bis Mi 8–14 Uhr, Do 8–13 Uhr, Tel. 740061, Eintritt frei.

Al-Bustan Palace Hotel

Wenn auf irgendein öffentlich zugängliches Gebäude in Oman die allgemein verbreitete Vorstellung eines Palastes aus 1001 Nacht zutrifft, dann auf das Al-Bustan Palace Hotel (siehe Abb. auf S. 350).

Schon von weitem kann man das **achteckige Monument** mit seinen neun Stockwerken und den golden schimmernden Kuppeln erkennen. Es liegt von dunkelbraunen Felsen umgeben in der malerischen Bucht des Örtchens Al-Bustan etwa 8 km südlich von Muscat. Rund um das Hotel legte man einen riesigen Garten – arabisch *bustan* – künstlich an. Die fruchtbare Gartenerde stammt aus der Gegend südlich von Fujairah (V.A.E.), die meisten Pflanzen sind indischer Herkunft.

Noch märchenhafter als die äußere Fassade zeigt sich das **Innere des Prunkbaus.** Beim Eintritt raubt dem Besucher nicht nur die weihrauchverhangene Luft den Atem, sondern auch der Anblick der fast 40 m hohen, mit Brunnen, Spiegeln und Marmor geschmückten Lobby. Zum Hotel gehören neben diversen Shops, Banken, Cafés, Restaurants und verschiedenen Sportstätten auch Konferenzräume, ein Ballsaal und ein Auditorium. Nicht zu Unrecht wurde es wiederholt als „Best Hotel in the Middle East" ausgezeichnet.

Der **Majan Ballsaal** wird vornehmlich für große Hochzeitsfeierlichkeiten, Konferenzen oder Modenschauen genutzt. In ihm finden 1000 Gäste Platz. Eine Orgel, die dem Sultan gehört, darf nur mit einer Sondererlaubnis benutzt werden. Manchmal spielt der Sultan auch persönlich auf ihr.

Das mit knallrotem Samt ausgelegte **Auditorium** bietet 600 Sitzplätze und eine Ehrenloge für Sultan *Qaboos*. Hier werden für den musikliebenden Herrscher gelegentlich klassische Konzerte veranstaltet, die er manchmal sogar selbst dirigiert.

Neben alledem verfügt das Hotel über **250 Zimmer, Appartements und Suiten.** Die gesamte oberste Etage mit sechs Suiten ist den Gästen des Sultans vorbehalten. Hier bestehen die Wasserhähne aus purem Gold. Aber auch die Suiten der siebten und achten Etage besitzen mit bis zu 160 m² die Ausmaße einer geräumigen Wohnung. Und die Wasserhähne sind immerhin noch vergoldet.

Ursprünglich wurde das Gebäude nicht als Hotel konzipiert, sondern anlässlich einer Golfstaaten-Konferenz als Gästehaus der Teilnehmer in Planung gegeben. Das Konzept entwarfen europäische Architekten. Die sechs Suiten der obersten Etage waren für die Präsidenten der sechs Golfstaaten vorgesehen, der achte Stock für die Ministerpräsidenten und die darunter liegenden Stockwerke für entsprechend rangniedere Konferenzteilnehmer. In nur zwei Jahren wurden 70.000 Kubikmeter Beton, 7000 Tonnen Stahl und 300 Tonnen Marmor verbaut. Über 3500 meist indische Arbeiter waren an der Großbaustelle beschäftigt. 1985, nachdem 250 Millionen US-Dollar verbaut waren, wurde das Hotel rechtzeitig zur Konferenz fertig gestellt.

Um weitere Einblicke zu erlangen, kann jedermann an einer **Hotelführung** teilnehmen. Sie startet täglich um 11 Uhr an der Rezeption – es sei denn, das Hotel ist ausgebucht oder es finden wichtige Konferenzen oder Festlichkeiten statt.

Die Orte südlich von Muscat

Die Dörfer und Buchten südlich von Muscat sind erst seit relativ kurzer Zeit **über eine Teerstraße zu erreichen.** Die Straße windet sich zum Teil eindrucksvoll an den Felswänden entlang, und man muss steile Steigungen bewältigen. Dabei ergeben sich immer wieder schöne Ausblicke auf die Bergwelt und die kleinen Buchten, in denen man Dörfer, den Yachtclub, das Aquarium, das Al-Bustan Palace Hotel, schöne Strände und eine Tauchschule findet.

Verlässt man Muscat in Richtung Süden, so gelangt man durch eine freigesprengte Felswand schon nach einem

Kilometer in das kleine Städtchen **Sidab.** Es besitzt einen belebten Fischerhafen, und in der Bucht liegen häufig Dhaus vor Anker.

Hinter einer BP-Tankstelle zweigt eine Straße links in das Dorf **Haramel** ab. Erst der Bau dieser Straße 1983 ermöglichte die Fahrt mit dem Auto direkt in den kleinen Ort. Früher war es nur mit Boot zu erreichen. In der Bucht stehen die Ruinen eines alten Gebäudes, das in früheren Zeiten einmal als Quarantänestation für ankommende Schiffe diente.

In der nächsten Bucht liegt der alte **Yachthafen** der Capital Area, zu dem nur Mitglieder Zutritt haben. In der übernächsten Bucht befindet sich das oben beschriebene Meeresforschungslabor mit seinem kleinen **Aquarium** und der **neue Yachthafen Marina Bandar al-Rowdha.** Verschiedene Wassersportarten und Bootstouren sind von hier aus möglich, eine Preisliste ist ausgehängt. Ein Café und Restaurant laden zum Verweilen ein, den Pool können Gäste gegen Gebühr nutzen.

Kurz darauf erreicht man die weite Bucht von **Al-Bustan.** In ihrer nördlichen Hälfte befindet sich heute das Dorf Al-Bustan. Die Bewohner wurden vor dem Bau des Palasthotels hierher in neue Häuser umgesiedelt, um im südlichen Teil der Bucht Platz für den riesigen Hotelkomplex zu schaffen. Daraufhin begann man, dort die Felsen wegzusprengen, so dass eine große, ebene Fläche entstand. Lediglich einen Felsen hat man als Sichtschutz zwischen Dorf und Hotel stehen gelassen.

Vom Al-Bustan Palace Hotel führt die Straße in Richtung Südwesten über einen steilen Bergpass weiter in die Stadtteile Wadi Kabir und Ruwi. Nach der Hälfte des steilen Anstiegs passiert man ein **Mosaik,** das als Hintergrund für einen beleuchteten künstlichen **Wasserfall** dient.

Kurz hinter dem Mosaik teilt sich die Straße. Südwärts, nach Qantab, führt sie noch weiter bergauf. Diese neue, spektakuläre Straße verbindet drei weitere Buchten im Süden Muscats mit der Hauptstadt. In der nördlichsten Bucht liegt das kleine **Fischerdorf Qantab,** ein ruhiger Ort mit einem kleinen Palmenhain.

Gazelle

oman_C1 Foto: fk

Timothy Severin und die „Sohar"

Vor dem Palasthotel „Al-Bustan" steht eine Original-Dhau, die auf den Namen „Sohar" getauft ist und mit der der Ire Timothy Severin von Oman nach China segelte.

Er startete diese ganz besondere Seefahrt zum zehnten omanischen Nationalfeiertag am 23.11.1980. Severin wollte beweisen, dass die im achten Jahrhundert stattgefundenen Schiffsreisen zwischen Arabien und China technisch möglich gewesen sind.

Severin organisierte den detailgetreuen Nachbau eines mittelalterlichen arabischen Segelbootes, dem der Name der Geburtsstadt von Sindbad dem Seefahrer gegeben wurde. Sultan Qaboos persönlich unterstützte dieses Projekt, finanziert wurde es vom „Ministerium für Nationales Erbe und Kultur".

Die Sohar besteht aus 140 Tonnen rohem Holz, die mit 640.000 m Kokosfäden (von ca. 50.000 Kokosnüssen) in traditionell arabischer Schiffsbautechnik „vernäht" wurden. Die Sohar ist das letzte Schiff, das in dieser früher in Oman weit verbreiteten Technik gebaut wurde. Heute werden die Planken mit langen Stahlnägeln festgenagelt. An Bord der Sohar gingen zwanzig Mann Besatzung, darunter Timothy Severin als Kapitän und drei Wissenschaftler. Als Reiseproviant befanden sich u.a. eine Tonne edelster omanischer Datteln unter Deck.

Für die knapp 6000 Meilen von Muscat bis Kanton benötigte das Segelschiff knapp siebeneinhalb Monate. Dabei folgte es exakt der alten arabischen Route über die Lakkadiven, die Malabarküste, Sri Lanka, die Straße von Malakka und das chinesische Meer. Die Fahrt war genauso abenteuerlich und gefährlich wie Jahrhunderte zuvor, begleitet von Krankheiten, Wassermangel, Proviantknappheit, Hitze, Stürmen, Mastbruch und Piraten.

Nach der Fahrt hat Timothy Severin seine Abenteuer aufgeschrieben, „Auf den Spuren Sindbads von Arabien nach China" (hrsg. von Hoffmann und Campe). Hier ein Zusammenschnitt der ersten fünf Kapitel:

„Hatte es Sindbad wirklich gegeben? Wenn meine Nachforschungen auf diese spezielle Frage vielleicht auch keine Antwort ergaben, so konnte ich doch wenigstens versuchen, die Abenteuer in Dichtung und Wahrheit aufzuteilen und herauszufinden, was aus den Geschichten von Sindbad dem Seefahrer auf tatsächliche Taten und Errungenschaften arabischer Seeleute zurückgeht.

Aber wenn ich das tun wollte, müßte ich den Umfang meiner Untersuchungen ausdehnen und alle Quellen miteinbeziehen, die für die Geschichten von Sindbad in Frage kamen. Ich würde mich mit der alten arabischen Navigationskunst vertraut machen müssen, um zu erfahren, wie die Araber ihre Schiffe steuerten. Ich würde mich mit den Charakteristiken der alten arabischen Handelsflotte befassen müssen. Und ich würde die Geschichten von Sindbad mit anderen arabischen Erzählungen vergleichen müssen. Kurz und gut, Sindbad der Seefahrer war ein Symbol für die ungewöhnlich weit entwickelte frühe Seefahrt der Araber. So wird es wohl auch der Autor von Sindbads Abenteuern gesehen haben, der aus verschiedenen Quellen eine ganze Serie tollkühner Begebenheiten zusammentrug. In Tausendundeiner Nacht begibt sich Sindbad auf sieben Reisen, immer erleidet er Schiffbruch, wird ausgeplündert oder von anderem Unglück heimgesucht, so daß er ganz gegen seinen Willen in immer neue Abenteuer getrieben wird. Anhand dieser Konstruktion kann der Erzähler seinen Stoff in Form einer fortlaufenden Serie berichten und seine Zuhörer in Spannung halten von einer Episode zur anderen. Ich dagegen hatte die Absicht, den Prozeß umzukehren, eine einzige Reise zu unternehmen, um zu erfahren, wie sich die verschiedenen Elemente in den Geschichten verbinden und welche Verbindung sich zu den großen Tagen der arabischen Expansion auf den Meeren

oman_308 Foto: fk

herstellen ließ. Eines wurde schon jetzt deutlich: Beim nochmaligen Lesen von Tausendundeiner Nacht erkannte ich, daß die meisten der bei Sindbad erwähnten Orte auf der Meeresstraße östlich des arabischen Golfs liegen. Es konnte einfach kein Zufall sein; diese Meeresstraße war mit Hilfe der großen Navigationskunst arabischer Seeleute entdeckt worden. Vor mir lag eine Reise von nicht weniger als sechstausend Meilen, über Ceylon und Südostasien, bis hin zu den sagenumwobenen Häfen Chinas.

Aber zuvor galt es erst einmal, ein schier unüberwindbares Problem ganz anderer Art zu lösen – mein Schiff mußte ohne einen einzigen Nagel gebaut und zusammengehalten werden. Das war eine echte Herausforderung. Die alten Schriften ließen keinen Zweifel: Arabische Seeleute hatten ihre Schiffe ohne Nägel gebaut; statt dessen wurden die Planken mit Fäden aus Kokosnußschalen »zusammengenäht«. Es hieß, ein genähtes Schiff sei flexibler, es könne nicht so leicht auseinanderbrechen, wenn es gegen ein Korallenriff stieß, sondern den Aufprall geschmeidig abfangen. Einer behauptete gar, daß sich am Meeresboden ein großer Magnet befände, der die Eisennägel aus dem Rumpf zöge, wenn man mit dem Schiff darüber hinwegfuhr. Für mich klang das alles wie gutes, altes Seemannsgarn, und ich überlegte, wer hier wohl wen zum Narren hielt. Doch selbst Marco Polo, ein bemerkenswert genauer und verläßlicher Beobachter, hatte die zusammengenähten arabischen Schiffsrümpfe erwähnt, obgleich er davon nicht weiter beeindruckt war. (...)

Das Holz zum Bau der omanischen Schiffe wird, über eine Entfernung von fast 1300 Meilen, von der Malabarküste in Indien geholt. Dieser Handel besteht schon so lange, wie es schriftliche Aufzeichnungen gibt: In Oman gibt es keine Bäume, die groß genug wären, um gutes Holz für den Schiffbau zu liefern. Daher fuhr ich jetzt an die Malabarküste, um große Bäume auszusuchen, wie sie für den Bau des Schiffs benötigt wurden. Im Verlauf der nächsten sieben Monate sollte ich noch ein halbes Dutzend weiterer Reisen nach Indien unternehmen, um alles erforderliche Material zu kaufen. (...)

Wir erwarteten von unseren Zimmerleuten ungewöhnliche Präzision. Da der Rumpf zusammengenäht wurde, konnte er nicht verstemmt werden, wir konnten also kein Füllmaterial in die Ritzen zwischen den Planken stopfen, bevor das Schiff zu Wasser gelassen wurde. Beim Festklopfen des Füllmaterials würden die Nahtstiche nur gedehnt und die Planken auseinandergedrückt werden. Die Planken mußten einwandfrei aneinandergesetzt werden, so daß auch nicht die kleinste Ritze offenblieb. Europäische Ingenieure, die unsere Arbeit besichtigten, hielten unseren Plan nicht nur für undurchführbar, sondern auch für absolut unfinanzierbar. Der erforderlichen Präzision wegen wurde jede Planke mindestens dreimal eingepaßt, bevor sie endlich angenäht werden konnte. Erst wenn beide Oberflächen sich nahtlos aneinanderfügten, gab Mohammed grünes Licht für die letzte Arbeitsphase: Die Holzoberfläche wurde dünn mit aufgetautem Baumgumm bestrichen und darüber wiederum ein dünner Streifen Musselingewebe festgeklopft. Zuletzt ergriff Mohammed dann die vorstehenden Ränder eines Musselinstreifens und versuchte den Stoff mit einem scharfen Ruck herauszuziehen. Danach ordnete er an, den gesamten Vorgang zu wiederholen. Wir hatten einen Ingenieur zu Gast, der errechnete, daß diese Arbeit entlang der vollen Länge der Planke eine Genauigkeit von mehr als 1,64 Zoll erforderte. Die exquisite Sorgfalt hatte ihren Preis: Ein solches Schiff zu bauen erforderte zwei- oder dreimal soviel Zeit, als wenn man es genagelt hätte. (...)

Wir waren nun dabei, die letzten Spanten einzusetzen, und auch sie wurden an Ort und Stelle eingenäht, so daß sie sich gegen die Haut des Schiffes biegen und glätten konnten. Quer über dem Schiff wurde ein großer Balken angebracht, der das Gewicht des Mastes trug; dann wurde das Deck auf die Planken gelegt, und die Agatti-Männer, die mit dem Nähen fertig waren, verbrachten eine Woche damit, Pfropfen aus Kokosnußfasern in die Nahtlöcher in den Planken zu stopfen. Das war eine mühsame, aber notwendige Arbeit. Ich schätze, wir hatten über zwanzigtausend Löcher in die Planken gebohrt, und wenn diese Löcher nicht ordentlich abgedichtet waren, würde das Schiff so durchlässig sein wie ein riesiges Sieb. An der Außenseite des Rumpfes wurden die Löcher mit Kitt abgedichtet, der aus geschmolzenem Baumgummi gemischt mit gestampften Schalen und auf einem Brett ausgerollt hergestellt wurde. Endlich kletterten die Agatti-Männer ins Innere des Rumpfes. Wir reichten ihnen Dosen mit Pflanzenöl hinunter, das sie mit Lappen und Bürsten auf die Nähte der „Pythonschlangen“ verteilten. Die Kokosnußfasern saugten das Öl auf. Die Seilmacher sagten mir, daß es wichtig sei, das Seil immer zu ölen, sonst könne das Schiff nicht überleben. Wenn das Seil alle vier bis sechs Wochen in Öl getaucht würde, sei das eine Garantie dafür, daß das Schiff sechs Jahre hielte, vielleicht sogar hundert Jahre. Ich zweifelte nicht daran, daß sie recht hatten. Ich hatte die Planken eines sechzig Jahre alten Schiffes gesehen und seine Nähte untersucht. Das Kokosseil war so gut wie neu.

In der letzten Woche vor dem Stapellauf des Schiffes bestrichen wir die Außenseite des Rumpfes mit Holzschutzmittel, das den Angriff von Schiffswürmern abwehren sollte. Holzanstrich war ein traditionelles Mittel, Überzug aus Kalk, vermischt mit Hammelfett. Es wird per Hand aufgetragen. Wir kochten Fettklumpen, rührten Kalkpuder hinein und machten uns an die Arbeit. (...)

Auf Anordnung des Sultans erhielt unser Schiff den Namen »Sohar« – zu Ehren des alten Handelshafens Sohar, einst blühende Stadt in ganz Oman, berühmt für die vornehmen Häuser seiner Kaufleute und für seinen großen Marktplatz mit allen erderklichen

Waren aus dem Osten. Der Hafen Sohar an der Batinah-Küste wurde in alten Zeiten regelmäßig von Schiffen angelaufen, die auf dem Weg in den Orient waren oder von dort zurückkehrten, und wurde »Tor von China« genannt. (...)

Die »Sohar« war startklar. Mit Proviant und Waffen ausgerüstet, war sie gut vorbereitet für das große Abenteuer. Am 23. November versammelten sich die Würdenträger im Marinestützpunkt. Zwei fertige Kanonenboote, zwei Polizeibarkassen und die weiße königliche Jacht hatten sich eingefunden, um uns das Geleit zu geben. Es wurden Reden gehalten – von Sayyid Faisal und einem chinesischen Gesandten, der eigens aus Peking eingeflogen worden war, um uns auslaufen zu sehen. Ein religiöser Führer gab uns den Segen, und Khamees Navy bekam ein besonders schön ausgestattetes Exemplar des Koran in einem Samtkästchen, mit der Anweisung, es den chinesischen Moslems zu überreichen. Dann sagte ein alter Kapitän aus Sur mit wildem rotem Bart ein Gedicht auf, das von der Tapferkeit der alten omanischen Seeleute und den guten Aussichten unserer Reise handelte und das er selbst geschrieben hatte. Sayyid Faisal schüttelte mir die Hand und sagte Lebewohl. Der chinesische Gesandte hoffte, uns in Kanton begrüßen zu können. Die königlich-omanische Polizeiband spielte die Nationalhymne.

Um genau elf Uhr vormittags gab ein Gewehrschuß das Signal. In diesem Augenblick zogen wir den scharlachroten Wimpel hoch, einen goldenen Phönix an seiner Längsseite und darüber die Aufschrift »Bismillah er Rahman er Rahim« – »im Namen von Allah dem Mitfühlenden und Barmherzigen«.“

oman_310 Foto: fk

In der nächsten Bucht befinden sich die Ruinen von **Jissah,** für die Portugiesen einst ein Ort von Bedeutung. Sie landeten zunächst hier, um dann Muscat einzunehmen. Später war Jissah als Kohlenstation für französische Dampfschiffe geplant. Allerdings führte dies zu Zwistigkeiten mit den Briten, so dass die Übereinkunft mit Frankreich aufgekündigt wurde. Ein schöner öffentlicher **Strand** erfreut sich besonders am Wochenende großer Beliebtheit. Dementsprechend ist er mit Palmen, Sonnendächern, einem Kiosk, Toiletten und einem Spielplatz ausgestattet worden. Am Strand liegen kleine Boote, die von ihren Besitzern für Fahrten in benachbarte **einsame Buchten** und zu vorgelagerten **Inseln** angeboten werden. Für wenige Rial kann man sich ein Stück nach Süden fahren lassen, einen Abholtermin ausmachen (bei dem dann erst der volle Fahrpreis bezahlt wird) und einen Tag in völliger Ruhe genießen oder mit einem Schnorchelset die faszinierende Unterwasserwelt entdecken.

Allerdings wird es mit dem öffentlichen Strand wohl bald vorbei sein: In der Bucht ist ein riesiger Hotelkomplex mit mehr als 700 Betten geplant, der sogar über eine eigene Meerwasserentsalzungsanlage verfügen soll.

Von Jissah führt die Straße noch eine Bucht weiter. Sie ist in Privatbesitz der empfehlenswerten **Tauchschule Oman Dive Centre** der Oman Diving Federation. Die Schule bietet sowohl einzelne Tauchgänge mit Ausrüstungsverleih als auch ganze Kurse an und verfügt auch über einen Swimmingpool (siehe auch Exkurs „Die Seeseite des Sultanats").

Mutrah مطرح

Die **Nachbarstadt Muscats,** oft als ihre „Zwillingsstadt" bezeichnet, liegt nur etwa **3 km westlich der Hauptstadt** und stand in der Geschichte lange Zeit hinter ihr zurück. Denn obwohl auch hier eine **geschützte Bucht** einen **natürlichen Hafen** bildet, war Mutrah leicht von der Landseite her angreifbar, da es anders als Muscat nicht durch hohe Bergketten geschützt ist.

In historischen Quellen findet Mutrah kaum Erwähnung. Erst ab Anfang des 19. Jahrhunderts wird über ihre Bedeutung als Hafen- und Handelsstadt berichtet. Dass Mutrah aus dem Schatten von Muscat heraustreten konnte, lag am Niedergang der internationalen Seehandelsbeziehungen Omans. Für die Händler in Muscat wurde die Nachbarstadt interessant, weil der **Inlandsmarkt** an Bedeutung gewann. Eine gute Anbindung ans Landesinnere war jetzt kein Nachteil mehr, sondern beschleunigte den wirtschaftlichen Aufstieg Mutrahs umso stärker. Die Zeit als **Handelszentrum** brach an.

Anfang des 20. Jahrhunderts hatte Mutrah sogar mehr Einwohner als Muscat. Ein weiterer Vorteil dieses Standortes war die größere und tiefere Bucht, die sich besser für die nun aufkommenden Dampfschiffe eignete.

In der **Anlage der Nachbarstädte** finden sich einige Parallelen. Wie in Muscat schützten auch in Mutrah zwei Festungen an den äußeren Enden die Bucht. Allerdings ist heute nur noch eines von ihnen erhalten. Die Wohn- und

Geschäftsviertel befanden sich entlang des Strandes und waren durch eine Stadtmauer zu den Bergen hin abgesichert. Auch in Mutrah wurden diese Befestigungsanlagen durch zahlreiche Wachtürme ergänzt.

Bei allen Gemeinsamkeiten unterscheidet sich Mutrah heute deutlich von ihrer Schwesterstadt. Durch den modernen Hafen ist sie die **Handelsmetropole** des Landes. Doch trotz aller Modernisierungen ist Mutrah sehr **ursprünglich** geblieben. Ob auf dem Fisch- oder Gemüsemarkt, im Souq oder entlang der Corniche: Hier findet man das **orientalische Flair,** das man in Muscat oft vermisst. Wirkt die Hauptstadt vornehm und zurückhaltend, so ist Mutrah laut, manchmal hektisch, aber immer lebhaft und interessant.

Sehenswertes

Der Souq

Auch wenn in den vergangenen Jahren weite Teile des Landes, besonders der Hauptstadtregion, modernisiert worden sind, und der Souq von Mutrah davon nicht verschont blieb, so wirkt er doch nach wie vor sehr orientalisch. Bis 1970 galt das Verbot von Sultan Taimur, bauliche Veränderungen vorzunehmen. Lediglich im Falle eines Brandes durften Gebäude erneuert werden, doch auch dann mussten die alte Form und Größe wieder hergestellt werden.

Betritt man den Souq durch das Haupteingangstor, das genau auf der Höhe der einzigen Verkehrsampel (sogar mit akustischem Signal für Blinde) der Corniche steht, so gelangt man in die **Hauptgasse Khor Bamba.** Sie trennt das Souqgebiet in zwei Hälften: Östlich liegt der **Souq Kabir,** der Markt der Großhändler, westlich der **Souq Saghir,** der Einzelhandelsmarkt. Bis Mitte dieses Jahrhunderts gab es eine strikte Trennung zwischen diesen beiden Bereichen. Heute ist diese Struktur zwar noch immer erkennbar, doch sie löst sich langsam auf.

Am Eingangstor und am Rand der breiteren Hauptgasse haben **fliegende Händler** ihr Angebot ausgebreitet. Und auch etliche Läden beziehen den Raum vor ihrem Geschäft in ihre Ausstellungsfläche ein. Das bunte und geschäftige Treiben macht den Markt zum orientalischsten Souq in Oman. Die meisten Geschäfte haben von 8–13 und von 16–20 Uhr geöffnet, freitags bleiben einige geschlossen.

Die engen, verwinkelten Gassen lassen das Gebiet wie ein **Labyrinth** erscheinen. Nur da und dort dringen ein paar Sonnenstrahlen durch kleine Öffnungen in den Dächern der gedeckten Gassen. Überall riecht es nach Süßigkeiten, Gewürzen, Weihrauch, Räucherwerk, Duftölen und Parfüm.

Das Angebot ist dabei **nach Warengruppen getrennt,** so wie dies auf arabischen Märkten traditionell üblich ist. Waren des täglichen Bedarfs werden hier genauso feilgeboten wie traditionelle Handwerksartikel und orientalische Souvenirs. Natürlich dürfen auch **Weihrauch** und Weihrauchbrenner nicht fehlen. Viele Stände und Geschäfte bieten die wohlriechende Produktpalette der omanischen **Duftwelt** an. In

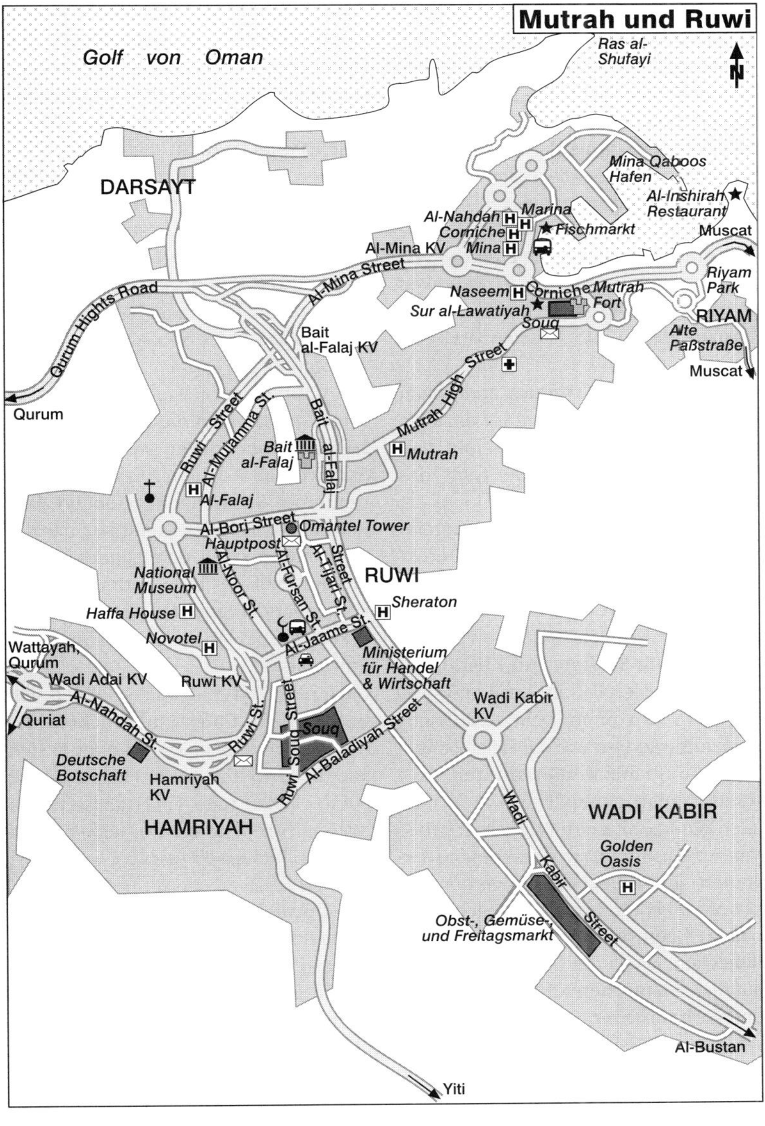

Capital Area – die Hauptstadtregion

Blechdosen, meist gold- oder silberfarben, schlummert eine Vielfalt an Duftstoffen, die zum Gebrauch auf einem Weihrauchbrenner mit glühender Kohle verbrannt werden. Daneben findet man **Gewürze** – nicht nur omanische, sondern auch viele, die in der indischen Küche Verwendung finden. **Henna** wird als Pulver und fertige Tubenpaste verkauft. **Halwa-Läden** bieten die verschiedenen Varianten dieser Süßigkeit an. Und dazwischen immer wieder Plastikprodukte und Textilien aus Fernost und Indien.

Läden mit **Goldschmuck** findet man am Rand des Souqs zum Sur al-Lawatiyah. **Geldwechsler** haben ihre Geschäfte hauptsächlich in der Nähe des Haupteingangs.

Biegt man hinter dem Haupteingangstor von der Hauptgasse direkt den ersten Seitenweg nach rechts ab, so wird der erste Teil dieser Gasse, die parallel zur Corniche verläuft, von den Auslagen mit **Stoffen und Kleidungsstücken** in allen Farben bestimmt. Die meisten sind vom indischen Subkontinent importiert, so wie die vielen Saris – lange Stoffbahnen, die von den indischen Frauen getragen werden. Aber auch bunte, mit gold- oder silberfarbenen Applikationen verzierte omanische Frauen- und Kinderkleider werden angeboten. Hinter Stapeln farbiger Stoffballen sitzen die Händler in ihren Ladenzeilen. Einige der Läden haben sich auf die **omanischen Kappen (kumma)** und **Turbantücher** aus feiner Kaschmirwolle spezialisiert, die in allen Qualitätsabstufungen und Preislagen verkauft werden.

In der westlichen Hälfte dieser Gasse (an der Engstelle rechts halten!) finden sich zahlreiche Läden mit **Silberwaren** wie Schmuck, Schwertern, Kaffeekannen, Rosenwassersprinklern, Weihrauchbrennern und Dosen in allen Größen. Auch kunstvoll gearbeitete, alte und neue **Krummdolche** *(khanjar)* hängen an den Eingangstüren. Sie sind der Stolz eines jeden Omani, vom Beduinen bis zum Minister. Auch Töpferwaren wie Krüge zum Wasserkühlen und große Truhen *(sanduq)* werden angeboten.

Am oberen Ende der Hauptgasse Khor Bamba endet das überdachte Gebiet des Souqs. Hier, am ehemaligen Stadttor Bab Addarwazah, hat sich ein moderner **Straßensouq** etabliert. Früher befand sich der Lagerplatz der Kamelkarawanen aus dem Landesinneren an diesem Tor. Heute findet man hier vorwiegend Waren des täglichen Gebrauchs, aber auch einige Läden mit Souvenirs.

Für eine Verschnaufpause bieten sich verschiedene **Cafés und Fruchtsaftläden** an. Ein kleines Café befindet sich kurz hinter dem oberen Haupteingang auf der linken Seite, ein Fruchtsaftladen mit Imbiss liegt an der Corniche wenige Meter in Richtung Muscat.

Die Corniche

Die 1982 in ihrer heutigen Form fertig gestellte Uferstraße ist die wichtigste Straße Mutrahs und der Stolz der Bewohner. Im Nordosten beginnt sie am Hafen Mina Qaboos und führt dann entlang der Bucht über den Ortsteil Riyam bis zum Dorf Kalbooh. Die „Sharia al-Bahri", die **„Meeresstraße"**, ist künstlich angelegt. Sie verläuft streckenweise auf Betonpfeilern und liegt deutlich höher als der ehemalige Strand.

Fährt man die Corniche von West nach Ost, so liegt am Anfang der Strecke der **Hafen Mina Qaboos.** Aus dem durch die Bucht gebildeten Naturhafen entstanden, ist er heute der größte Hafen Omans. 1974 gebaut, wurde er oft erweitert, um mit dem wachsenden Warenumschlag Schritt halten zu können. Eine moderne Container-Verladestation bestimmt das Bild des Hafens. Die früher so zahlreichen Dhaus sind fast völlig verschwunden. Einst stand auch hier ein Fort, das aber dem Bau der Hafenanlagen zum Opfer fiel.

Vor dem Hafen liegt der **Obst-, Gemüse-, Fleisch- und Fischsouq.** In dem überdachten Gebäude mit Innenhof wird ein großes Sortiment an Obst und Gemüse, lebenden Hühnern, Fleisch und Fisch angeboten. Besonders am Vormittag bietet der belebte Markt ein buntes Bild.

Der **Fischmarkt** dehnt sich auf den angrenzenden Strand aus, wo die Fischer ihren Fang frisch anliefern. Besonders frühmorgens ist die Bucht voller kleiner Fiberglasboote. Kleine Fische werden direkt aus dem Boot verkauft, größere dagegen auf Decken oder Plastikmatten ausgebreitet oder in die benachbarte Souqhalle getragen. Die Auswahl reicht von kleinen Sardinen über Thunfische und den beliebten Kingfish (Königsmakrele) bis hin zu Haien. Kleine Katzenhaie werden jeden Tag in großen Mengen verkauft, zwei schöne Exemplare kosten einen Rial. Oft liegt aber auch ein zwei Meter langer Hai im Sand. Diese Sensation wird sogar von den Einheimischen bestaunt. Manche werfen nur schnell einen ängstlichen Blick darauf, andere wiederum posieren stolz davor, als hätten sie ihn eigenhändig erlegt.

Die Uferstraße wird gesäumt von **Handelshäusern** aus dem 19. Jahrhundert, die den Reichtum der vergangenen Zeiten offenbaren. Ihr Stil mit Spitzbogenfenstern, Balkonen, Gesimsen und kunstvollen Gittern unterscheidet sich deutlich von anderen Kaufmannsresidenzen im Land. Die aufwändig dekorierten, weißgetünchten Häuser zeugen von indischen und pakistanischen Einflüssen.

Vor dem Bau der Corniche standen die Häuser direkt am Strand. Die Schiffe wurden davor ausgeladen und die Waren in die untersten Etagen der Häuser gebracht, die als Lager- und Büroräume dienten. In den oberen Stockwerken befanden sich die Wohnräume der Familie.

Hinter der Front dieser alten Handelshäuser liegt der „verbotene" Stadtteil **Hellat Sur al-Lawatiyah.** Es ist ein typisch orientalisch-islamisches enges Gassengewirr mit vielen Sackgassen. In dem Viertel lebt die schiitische Sekte der Lawatis, die im 16. Jahrhundert aus Pakistan zugewandert war. In der Vergangenheit arbeiteten sie als Handwerker (Zimmermänner, Schiffsbauer und Weber), heute betätigen sie sich hauptsächlich im Handel. Daher stammt auch die Bezeichnung *khojah* – der arabische Begriff für „Händler" –, wie die

oman_317 Foto: fk

Glaubensgemeinschaft der Lawatis oft genannt wird. Viele der Händler im Souq von Mutrah sind Lawatis. Das Viertel ist rundherum von einer hohen Mauer umgeben und hat nur zwei Eingänge. Am Tor an der Hafenseite weist ein großes Schild „Residential Area" darauf hin, dass Fremde unerwünscht sind. Jeder Nicht-Lawati wird höflich, aber bestimmt aus dem Viertel verwiesen, was die Omanis schon seit Jahrhunderten respektieren.

Wenn man den Haupteingang zum Souq (siehe oben) passiert, fällt der Blick auf das auf einem steilen Felsen thronende **Fort** von Mutrah. Es stammt aus der Zeit der Portugiesen, ist heute in Staatsbesitz und renoviert, aber nicht zugänglich.

Auf der linken Seite der Straße befindet sich ein **Felsen mit Wasserfällen,** die abends beleuchtet werden. Daneben stehen lebensgroße Tiere aus Kunststoff. Mit solchen Plastiken versucht man im ganzen Land, die Straßenränder zu verschönern. „Beautification" heißt das Stichwort, unter dem Dinge aus Kultur und Natur des Landes nachgebildet werden.

Am östlichen Ende der Corniche liegt der Stadtteil Riyam mit dem **Riyam Park.** Seine größte Attraktion ist schon von weitem sichtbar: ein weißer Aussichtsturm in Form eines „UFOs" auf einer abgetragenen Bergkuppe. Dieses für ausländische Augen so futuristisch anmutende Gebilde ist ein alltäglicher omanischer Weihrauchbrenner.

Fassade in Mutrahs Stadtteil Al-Lawatiyah

Geöffnet ist der Park Sa bis Do 15–24 Uhr, Fr 8–24 Uhr, der Dienstag ist Frauen und Kindern vorbehalten.

In dem kleinen Ort Riyam beginnt die **alte Passstraße** nach Muscat. Im Jahr 1929 erbaut, war sie die erste Teerstraße in Oman und fünfzig Jahre lang die einzige Straßenverbindung in die Hauptstadt.

Vorbei am **Inshirah Restaurant,** das mit seinen Tischen im Freien und einem Aussichtsturm sehr schön gelegen ist, erreicht man den kleinen Ort **Kalbooh** am Ende der Corniche. Vor dem Bau der Straße war er vom Rest der Welt abgeschnitten und nur über kleine Fußwege durch die Berge oder mit dem Boot zu erreichen. Auch Kalbooh hat einen neuen öffentlichen **Park** mit Palmen, Rasen, einem Kinderspielplatz, Toiletten und einem Pizza-Hut-Kiosk, der am Abend ein beliebter Treffpunkt zum Bummeln ist. Hinter dem Dorf beginnt der oben beschriebene Stadtbereich von Muscat.

Ruwi روي

Im Gegensatz zu Muscat und Mutrah ist Ruwi keine historisch gewachsene Stadt, sondern ein im Zuge des Ausbaus der Capital Area **neu geplanter Stadtteil.** Schon 1970 wurde die Notwendigkeit einer Ausweitung von Mutrah erkannt, da sowohl hier wie auch in Muscat die Berge das Siedlungs- und Gewerbegebiet beschränken. Das Becken von Ruwi, das nur durch einen Bergrücken von Mutrah getrennt liegt, bot sich an. Mit Ausnahme des Militärcamps Bait al-Falaj und einer Landepiste für Flugzeuge war das Gebiet bis dahin unbebaut.

Das Gelände zwischen dem Bergrücken und der eigentlichen kleinen Siedlung Ruwi im Südwesten des Beckens entwickelte sich zum modernen **Geschäfts- und Bankenviertel.** In der Erschließungsphase wurde es **Greater Mutrah** genannt, eine Bezeichnung, die man noch heute oft hört. Alternativ hierzu wird das Gebiet auch als **Mutrah Business District (MBD)** betitelt. Nach und nach setzt sich aber der Name Ruwi für das gesamte Becken durch. Zu dem Gebiet zählen auch die **Ortsteile Wadi Kabir,** südöstlich von Ruwi, und **Hamriyah,** südlich davon.

Ruwi, vor allem aber die kleineren Ortsteile wie Hamriyah, Wadi Adai und Wadi Kabir sowie das landeinwärts an der Straße nach Quriat gelegene Medinat al-Nahdah, gelten als Wohngebiete einkommensschwacher Bevölkerungsschichten. Der Anteil an asiatischen Gastarbeitern ist hier besonders hoch.

Drei wichtige **Orientierungspunkte** Ruwis sind der Omantel-Tower, der Turm der staatlichen Telefongesellschaft, das Sheraton Hotel und der Ruwi Roundabout beim Oman Commercial Centre (OCC) und dem Ruwi Novotel. Die Verbindung zwischen Sheraton und Ruwi Roundabout, die Al-Jaame Street, ist die zentrale Straße Ruwis. Geht oder fährt man sie vom Hotel in Richtung Ruwi Roundabout, so liegt zunächst links der Straße das Ministerium für Handel und Industrie, zu dem auch die Abteilung für Tourismus gehört. Daneben folgt eine gewaltige Uhrsäule, in deren Sockel etliche Fernsehmonitore eingearbeitet wurden. Am Abend ist sie Treffpunkt der Gastarbeiter. Etwas weiter liegen rechter Hand die Sultan Qaboos Moschee und die zentrale Busstation. Gegenüber befindet sich der Abfahrtsort der Minibusse und Sammeltaxis, und wenige Meter weiter beginnt die Ruwi Souq Street.

Die Al-Tijari Straße, die auf den Omantel-Tower zuführt, war bis 1973 Teil des Flughafens von Muscat, der nach dem Bau des neuen Flughafens in Seeb geschlossen wurde. Hier liegt die omanische Zentralbank, und viele große Banken haben ihren Hauptsitz in diesem Viertel.

Sehenswertes

Sultan's Armed Forces Museum im Bait al-Falaj

Das Bait al-Falaj, 1845 als **Sommergartenhaus des Sultans Said bin Sultan** errichtet, wurde wegen seiner strategisch bedeutenden Lage am Hauptweg von Muscat ins Landesinnere in Form eines Forts angelegt. Die nachfolgenden Sultane nutzten das Gebäude dann auch als solches: Ab 1913 war es Hauptquartier von Sultan *Taimur bin Faisals* Armee. 1915 spielte das Fort eine wichtige Rolle bei der Verteidigung gegen die Truppen des Imams, die wieder einmal versuchten, Muscat zu erobern und die Macht des Sultans zu brechen. Vom Jahr 1921 an fungierte die Anlage als Hauptquartier der „Muscat Levy Corps", der ersten Militäreinheit der Royal Oman Police. Und von 1957 bis 1978 wurde das Bait al-Falaj als **Armeehauptquartier** Omans genutzt. Anschließend gestaltete man es zu einem **militärhistorischen Museum** um.

Ein Besuch lohnt sich nicht nur für Militär- und Waffenbegeisterte; die erste Etage vermittelt einen guten Überblick über die **Geschichte Omans.** Im zweiten Stock werden die verschiedenen Gattungen der omanischen Streitkräfte – Armee, Luftwaffe, Marine und die königliche Garde des Sultans – vorgestellt. Die Ausstellungsräume sind alle sehr ideenreich eingerichtet und ausstaffiert. Auf dem angrenzenden Gelände befindet sich eine **Kaserne,** und auch das Museum ist noch fest in Soldatenhänden. Besucher werden von einem (nicht unbedingt englisch sprechenden) Armeebediensteten herumgeführt, das Fotografieren ist nur in wenigen Räumen gestattet.

Geöffnet Sa bis Do 8.30–13.30 Uhr, Eintritt 1 RO, Tel. 312646.

National Museum

Etwas nördlich des Al-Falaj Hotels, in der Al-Noor Street in Ruwi, liegt das so genannte National Museum. Der Name übertreibt etwas, denn es handelt sich eigentlich nur um eine eher **kleine Sammlung traditioneller und antiker Handwerksstücke.** Darunter befinden sich einige Gegenstände aus dem alten Sultanspalast sowie Küchengeräte, Silberschmuck, Waffen, Münzen, Kleider und Porzellan. In einer Vitrine werden Schmuckstücke der Prinzessin *Salme* von Oman und Sansibar ausgestellt (einen Auszug aus ihrer Biographie enthält der Exkurs „Muscat und das rettende Weiberregiment“). Außerdem zählen Modelle verschiedener Dhau- und anderer Bootstypen zu den Exponaten.

Die Sammlung ist von Sa bis Do von 9–13 und täglich von 16–18 Uhr zu besichtigen, Tel. 701289.

Ruwi Souq

Der Souq von Ruwi breitet sich **rund um die Ruwi Souq Street** aus. Ein omanischer Spruch lautet: „Was man im Ruwi Souq nicht kaufen kann, findet man in ganz Oman nicht.“ Dabei muss man die traditionellen Handwerksgegenstände, wie sie in Mutrah zu erstehen sind, allerdings ausklammern, denn sie sucht man in Ruwi vergeblich. Das Spektrum der Läden dieses Straßensouqs reicht vom Videoverleih über Schuhgeschäfte und Baumaterialien bis zum großen Supermarkt. Die meisten Läden bieten Elektroartikel, Stoffe und Bekleidung an.

Außerdem finden sich zahlreiche kleine, vorwiegend indische **Imbisslokale.** Statt omanischer dishdashas sieht man hier vornehmlich Träger indischer Sarongs und Saris – zu manchen Tageszeiten scheint Bombay näher als Oman. Besonders abends herrscht hier reges, indisch dominiertes Leben, das man von der Terrasse des Arab World Restaurant in der Souq Street am besten beobachten kann.

Souq al-Jama'a

Auf dem **Freitagsmarkt,** dem Souq al-Jama'a, in Wadi Kabir bekommt man von Sicherheitsnadeln über gebrauchte Waschmaschinen bis l[illegible] ver fast alles. Das bunte [illegible] früh am Morgen und d[illegible] Abend hinein. Zwar ist [illegible]sortiment nicht übermäßig spektakulär, jedoch zeigt der Markt ein Stück Alltagsleben der Omanis.

Das Gelände liegt in Wadi Kabir direkt an der Hauptstraße von Ruwi nach Al-Bustan neben den Hallen des großen Obst- und Gemüsemarktes.

Sonstiges

Fährt man die Jamee Street vom Sheraton Hotel zum OC Centre, so kann man am Berghang oberhalb des Einkaufszentrums deutlich das **Felsprofil eines Kopfes** erkennen.

In der ersten Etage des Postamtes am Turm der Telefongesellschaft in Ruwi befindet sich in der Philatelie-Abteilung eine **Briefmarkenausstellung.** Hier kann man alle omanischen Briefmarken, auch die aus Sansibar, bewundern. Anhand der teils sehr schönen Marken erhält man zugleich einen bunten Einblick in Geschichte und Kultur des Landes. Geöffnet Sa bis Mi 7.30–14 Uhr.

…RUM, Al-Khuwair … Bowshar

بوشار الخوير قرم

Die **Orte westlich von Muscat und Mutrah** entstanden zum größten Teil erst nach 1970 oder entwickelten sich seither von einem kleinen Dorf zu einem modernen Stadtteil. Sie liegen fast alle entlang der Küste; nur wenige Siedlungen wie z. B. Bowshar befinden sich weiter im Landesinneren. Seit den 70er Jahren wurden hier Wohn-, Regierungs- und Geschäftsviertel errichtet.

Fährt man vom Hafen in Mutrah in Richtung Westen, so passiert man zunächst **Darsayt,** eine kleinere Ortschaft, anschließend **Mina al-Fahal.** Hier stehen eine moderne Raffinerie, ein Ölverladeterminal und das Hauptquartier der wichtigsten Ölgesellschaft PDO. Dahinter liegen rechts der Straße die **Qurum Hights,** ein landschaftlich reizvolles Villenwohngebiet höherer Einkommensschichten, und die **Landspitze Ras al-Hamra,** bekannt vor allem durch ihre frühgeschichtlichen Ausgrabungen (siehe „Geschichte").

Am Seih al-Malih Kreisverkehr geht es rechts zu den Qurum Hights mit dem Crowne Plaza Hotel, dem Sultan Qaboos Garden und zur Petrol Exhibition. Links, entlang des Wadis, ist ein **modernes Einkaufsviertel** entstanden. Große Shopping-Centres sind hier in den letzten Jahren wie Pilze aus dem Boden geschossen.

Kurz darauf erreicht man das Naturschutzgebiet Qurum Natural Reserve Park. Hier beginnt der **Strand Shati al-Qurum,** der sich die ganze Küste bis Seeb entlangzieht. Abends wird er als riesiges Fußballfeld von einheimischen Jugendkickern und auch von Joggern genutzt. Im Fastenmonat Ramadhan herrscht an diesem Strandabschnitt schon fast Volksfestatmosphäre, wenn nach Sonnenuntergang das Essen wieder gestattet ist. Zahlreiche Restaurants und Imbissbuden bauen im Freien Sitzgelegenheiten auf, und man sitzt zum Essen oder für eine Wasserpfeife zusammen. An diesem Strand liegt auch das Inter-Continental Hotel, das nun rechter Hand auftaucht. In seiner Nähe befindet sich das interessante **Children's Museum.**

Der **Highway** ist auch auf dem folgenden Stück **vier- bis sechsspurig** ausgebaut. Fußgänger haben keine Chance, da kaum an den Bau von Über- oder Unterführungen gedacht wurde. Diese einseitige Ausrichtung auf das Auto ist typisch für diesen Teil der Hauptstadtregion mit seinen relativ großen Entfernungen. Interessanter als die Fahrt auf der Schnellstraße ist es, eine der **Parallelstraßen** links oder rechts des Highways zu benutzen.

Links des Highways passiert man den **Stadtteil** Medinat Qaboos, der heute **Medinat al-Sultan Qaboos** heißt. Er wurde als Siedlung für etwa 6000 Menschen höherer Einkommensgruppen geplant. Zur Siedlung gehören ein eigenes Geschäftszentrum sowie Moscheen, Schulen, Krankenhaus, Sportanlagen und Verwaltungen. Privat finanziert ließen sich die Wohnungen durch ihren hohen Preis jedoch nur langsam verkaufen. In den Häusern, die in einer

Mixtur von traditionellen und modernen Elementen gebaut sind, leben überwiegend Europäer.

Am Al-Khuwair Roundabout beginnt der **Ortsteil Al-Khuwair,** der von Banken, Ministerien und Botschaften bestimmt wird. Viele der Ministerien sind architektonisch durchaus ansprechend gebaut, ohne dabei protzig zu wirken. Auf dem Gelände des *Ministry of National Heritage and Culture* liegt das **Naturkundemuseum.**

Am Strand von Al-Khuwair hat das stilvolle Luxushotel Hyatt Regency seine Pforten für zahlungskräftige Touristen geöffnet.

Fährt man am Ghubrah Kreisverkehr nach links, erreicht man das **Wadi Bowshar.** Die nächsten Orte am Highway sind **Ghubrah** und **Al-Azaiba**, in denen große Gewerbeflächen liegen. Hier befindet sich auch die **Sultan Qaboos Grand Mosque,** die mit Abstand größte Moschee des Landes und die einzige, die auch Nicht-Muslime besuchen dürfen. Die bisher fast durchgehende Bebauung endet nun, doch in der Zukunft steht wohl zu erwarten, dass auch diese Flächen genutzt werden.

Auf der weiteren Fahrt in den Westen der Capital Area kann man sich gut anhand der **Kreisverkehre** orientieren:

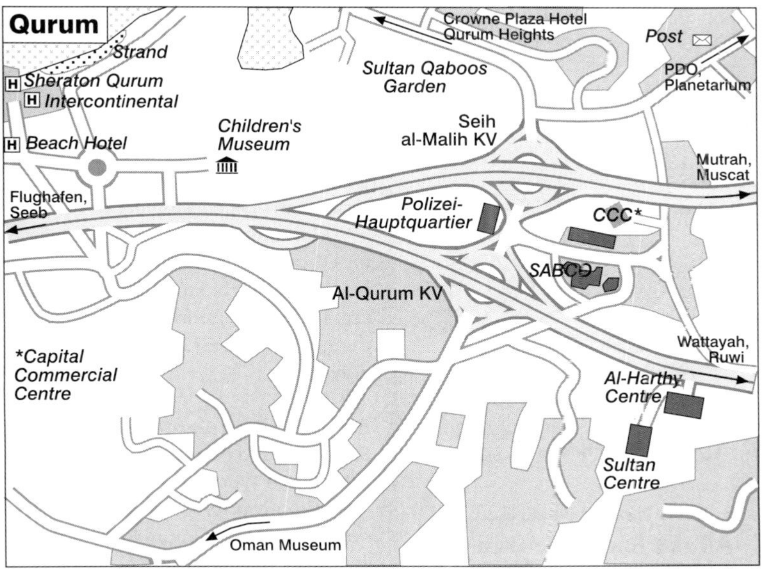

- **Al-Matar Kreisverkehr:** am Flughafen, Gebäude und Uhr in der Mitte (37 km hinter Muscat);
- **Sahwa Tower Kreisverkehr:** Abzweig nach Nizwa, große Mosaike, Highway führt allerdings am Kreisverkehr vorbei (41 km);
- **Al-Mawaleh Kreisverkehr:** mit riesigem Fortnachbau (44 km);
- **Al-Khoudh Kreisverkehr:** Abzweig nach Seeb (50 km).

Sehenswertes

Petrol Exibition Centre und Planetarium

Auf dem Gelände des Ölhafens in Mina al-Fahal hat die halbstaatliche Gesellschaft PDO, Petrol Development Oman, ein **kleines Museum** eingerichtet. Diese Ausstellung zeigt anschaulich, wie **Erdöl** entsteht und wie es in Oman entdeckt, gefördert, verarbeitet und exportiert wird. Multimedial wird dem Besucher mit Hilfe von Texten, Diagrammen, Modellen, Dias und Tonbändern das Thema Öl und seine Bedeutung für das moderne Oman nahe gebracht.

Man erreicht die Ausstellung, wenn man am Seih al-Malih Kreisverkehr in Richtung Qurum Hights (Norden) fährt und direkt nach dem Kreisverkehr rechts zum Mina al-Fahal abbiegt. Immer geradeaus kommt man an den Haupteingang vom PDO-Gelände, rechts davor befindet sich das Museum.

Geöffnet Sa bis Mi 7–12 und 13–15.45 Uhr, Do 8–12 Uhr, Tel. 677834, Eintritt frei.

funworld Foto: fk

Direkt daneben wurde im November 2000 zum 30. Nationalfeiertag ein neues **Planetarium** eingeweiht, das im Stil eines Forts erbaut wurde. Innen ist es mit modernster Projektionstechnik ausgestattet. Das Programm wechselt jeweils nach einigen Monaten.

Vorführungen (arabisch und englisch im Wechsel) erfolgen täglich außer Fr jeweils am Nachmittag, Do am Vormittag. Der Eintritt ist frei, eine Voranmeldung unter Tel. 675542 oder 677044 notwendig.

Sultan Qaboos Garden / Funworld und Naturschutzgebiet

Mitten in Qurum, unterhalb der noblen Wohnviertel der Qurum Hights, nordwestlich des Qurum Roundabouts, liegt der Sultan Qaboos Garden – ein riesiger **öffentlicher Park,** dessen größte Attraktion (neben dem neuen Vergnügungspark) ein **50.000 m² großer See** mit 30 m hoher Fontäne ist. Der See teilt den Park in viele Inseln, die durch Brücken miteinander verbunden sind. Man kann sich Paddelboote ausleihen und so die zahlreichen Blumen- und Rosenbeete anschauen. Die Beete des Wildblumengartens bilden ein 30.000 m² großes Blütenmeer.

Der Park ist Sa bis Do von 15–22, Do und Fr 10–22 Uhr und während des Ramadhan von 19–24 Uhr geöffnet. Montags ist er Familien vorbehalten. Der Eingang liegt an der Al-Qurum Street, die vom Seih al-Malih Kreisverkehr nach Qurum führt.

Der 1998 eröffnete **Funworld Vergnügungspark** (Eintritt 1,200 RO, Fahrten extra), der sich bei Omanis und Indern großer Beliebtheit erfreut, hat in den Abendstunden geöffnet. Die Fahrgeschäfte sind aber – verglichen mit europäischen Freizeitparks – nur geeignet, jüngere Besucher zu erfreuen. Ein weiterer Ausbau ist geplant.

An den öffentlichen Park grenzt der **Qurum Natural Reserve Park,** ein **Naturschutzgebiet,** das nicht betreten werden darf. Es liegt an der Mündung des Wadi Adai zwischen den Stränden des Crowne Plaza- und des Inter-Continental Hotels. Zwei kleine Meeresarme bringen Wasser in das Küstengebiet. Zusammen mit den Sedimentablagerungen des Wadis und dem angeschwemmten Sand verwandeln sie es in eine Sumpflandschaft. Besonders Mangroven finden hier ideale Bedingungen. Von diesen Pflanzen, den *Avicennia marina,* erhielt der Stadtteil Qurum seinen Namen, denn das arabische Wort für Mangrove heißt Qurum. Die Mangrovenwurzeln schützen das Gebiet vor Erosion, wodurch sich ein Lebensraum für viele Tierarten entwickeln konnte. Im Feuchtbiotop leben zahlreiche Vogelarten, Insekten, Schmetterlinge, Fische, Krabben und Muscheln.

Dieser Reichtum an Tieren bildete schon vor über 5000 Jahren Nahrungsquelle für die Menschen, die hier siedelten. Am nördlichen Ende von Qurum, am Ras al-Hamra, fand man an einem **prähistorischen Fundplatz** Reste dieser Besiedlung. Man entdeckte einen Friedhof, Gruben für Pfosten von Hütten sowie verschiedene Muschelhaufen. Diese bestehen aus Muschelstücken, Tier- und Fischknochen, Asche und Sand. Sie sind sozusagen „Müllhalden" der prähistorischen Siedlung, die jedoch durch Fundstücke wie aus Muscheln gefertigte Angelhaken, Steingewichte zum Beschweren der Fischernetze und verschiedene Steinwerkzeuge Aufschluss über die damalige Lebensweise geben. In den Gräbern fand man Totengaben in Form von Perlen und Schildkrötenpanzern. Das Alter der Funde wird auf ungefähr 7000 Jahre geschätzt. Sie zeigen deutlich, wie eng die Menschen mit dem Meer und dem angrenzenden Sumpfgebiet verbunden waren.

Von diesen Fundplätzen ist heute nicht mehr viel zu sehen, da der Bauboom auch hier dazu führt, dass jeder freie Platz in guter Lage genutzt wird. Daher sind fast alle Muschelhaufen überbaut.

Children's Museum

Eigentlich trägt das Museum diesen Namen zu Unrecht, denn die ausgestellten Dinge und Apparate sind alles andere als Kinderkram und versetzen Erwachsene genauso in Erstaunen wie Kinder. Die Bezeichnung **Science Museum** (Wissenschaftsmuseum), unter der das Museum auch geläufig ist, wäre zutreffender. 70 Prozent der rund 50.000 Besucher jährlich sind aber in der Tat Kinder.

In den **futuristischen Kuppelhallen** stehen die verschiedensten Geräte, die alle dasselbe Ziel haben: Der Besucher soll dadurch, dass er selbst etwas ausprobiert, **physikalische und biologische Phänomene** erkennen und begreifen. So gibt es z.B. Räder, die man an der Achse in der Hand halten und drehen kann, um so die Aufstellkraft, die durch die Drehung entsteht, selbst zu spüren. Man kann unter einem Ballon ein Feuer entfachen und beobachten, wie er an die Decke schwebt. In einem dunklen Tunnel wird der eigene Schatten, der bei einen Lichtblitz entsteht, für eine Weile auf der phosphoreszierenden Wand „eingefroren". Zudem gibt es optische Täuschungen, Hologramme, Reaktionstests, Computer zum Zeichnen, ein Fahrrad zum Energieerzeugen, Geduldsspiele u.v.m. Englische Texte erklären die Hintergründe. Man sollte sich viel Zeit nehmen und alles in Ruhe ausprobieren – Museen, die so viel Spaß machen, sind selten!

Das Children's Museum befindet sich in Qurum direkt am Highway. Wenn man die Abfahrt zum Inter-Continental Hotel benutzt, ist der Weg beschildert (den Wegweisern „Amphitheatre" folgen). Geöffnet Sa bis Do 9–13 Uhr und täglich 16–18 Uhr, Tel. 605368, Eintritt 500 Bs.

Oman-Museum

Auf einem Hügel zwischen Medinat Qaboos und Qurum liegt neben dem Ministry of Information und den Fernsehstudios das kürzlich renovierte Oman-Museum. Es ist der omanischen Kultur und Geschichte gewidmet.

Auf zwei Etagen werden ausführlich Sachverhalte über die **omanische Archäologie und Geschichte,** den antiken Weihrauchhandel und die Gewinnung des Harzes, die traditionelle Architektur und das Kunsthandwerk, das Leben der Oasenbewohner, die Oasenwirtschaft und das falaj-System, die Zusammenhänge des internationalen Überseehandels und die verschiedenen Dhautypen sowie das islamische Erbe erläutert.

Neben den Exponaten informieren Modelle, Schautafeln, Fotos und englischsprachige Erläuterungen anschaulich und umfassend über die Hintergründe.

Das Museum ist nicht ganz leicht zu finden. Die einfachste Anfahrt führt vom Al-Qurum Kreisverkehr beim Sabco Commercial Centre über die alte Straße nach Medinat Qaboos, die Medinat Qaboos Street. Hinter der ersten Tankstelle muss man die erste Straße rechts den Hügel hinauffahren. Von dort weisen Hinweisschilder den weiteren Weg zu dem unscheinbaren Museumsgebäude. Eine zweite Möglichkeit besteht, vom Sultan Qaboos Highway in Richtung Inter-Continental und Children's Museum abzubiegen. Dann den Highway überqueren bzw. landeinwärts halten, der weitere Weg ist beschildert.

Geöffnet Sa bis Do 9–13 und täglich 16-18 Uhr, Tel. 600946, Eintritt 500 Bs.

Natural History Museum

Das naturgeschichtliche Museum befindet sich im Stadtteil Al-Khuwair nördlich des Sultan Qaboos Highways auf dem Gelände des *Ministry of National Heritage and Culture* in der Al-Wizarat Street. Die Einfahrt liegt genau gegenüber des Ice Skating Rink und der Zawawi Moschee, die an der goldenen Kuppel zu erkennen ist.

Das Museum ist in verschiedenen Gebäuden und Räumen der Vielfalt der omanischen **Tier- und Pflanzenwelt** gewidmet. In einem der Räume stehen hinter Glasvitrinen zahlreiche ausgestopfte Tiere wie Schlangen, Skorpione, Vögel, Oryxantilopen oder Leoparden. In einem anderen werden Flora und Fauna der einzelnen omanischen Regionen präsentiert, außerdem die verschiedenen Naturschutzreservate und das Oryx-Projekt. Die Vitrinen sind mit großflächigen Hintergrundfotos, Grasbüscheln, Ästen, Felsbrocken oder Sand so eingerichtet, dass sie das Tier in seinem natürlichen Lebensraum zeigen. Die Darstellung wirkt verblüffend echt, und dies zeichnet das Museum aus. Viele Fotos, Landkarten und englischsprachige Begleittexte komplettieren die Ausstellung.

Ein dritter Raum widmet sich voll und ganz den über zwanzig in omanischen Gewässern lebenden **Wal- und Delphinarten.** In der Mitte des Raumes hängt das riesige Skelett eines Wales, der in Barka gestrandet ist. Bei 14 m Länge wiegt es 3000 kg. Schaukästen und Begleittexte informieren über ihren Körperbau und ihre Lebensweise, aber auch darüber, wie sie kommunizieren und warum Wale unglücklicherweise manchmal stranden (weitere Infos zu Walen siehe im Exkurs weiter unten).

Eine weitere Ausstellung hat die vielfältige **geologische und fossile Vergangenheit** Omans zum Thema. Die von Geologen der Ölgesellschaft PDO gesammelten Fundstücke werden in diversen Schaukästen ausgestellt. Modelle und Schaubilder verdeutlichen sehr anschaulich und effektvoll, wie z. B. versteinerte prähistorische Tiere und Pflanzen vor Millionen Jahren entstanden.

Geöffnet Sa bis Do 9–13 und täglich 16-18 Uhr, Tel. 604957, Eintritt 500 Bs.

Moscheen

Zwei besondere Schmuckstücke sind die **Zawawi-Moscheen** mit ihren goldenen Kuppeln. Der Stifter der Moscheen entstammt der einflussreichen Familie der Zawawis und gehört zu den reichsten Männern der Welt. Die Moschee im Zentrum von Al-Khuwair (beim Ice Skating Rink) widmete er seiner Mutter, die in Qurum (am Highway gegenüber der Einfahrt zum Inter-Continental Hotel) seiner Frau. Ihr außergewöhnliches Minarett ist gleichzeitig ein Uhrturm – bei Moscheen normalerweise unüblich.

Die **Said bin Taimur-Moschee** beim Radisson SAS Hotel ist gleich aus zwei Gründen ungewöhnlich. Zum einen ist

oman_342 Foto: fk

ihr türkischer Stil sonst in Oman nicht üblich, zum anderen ist sie das erste öffentliche Bauwerk, das Sultan Qaboos nach seinem Vater benannt hat.

Direkt an der Hauptstraße bei Al-Azaiba steht die **Sultan Qaboos Grand Mosque,** die größte und sehenswerteste Moschee des Landes, die eigentlich schon 1998 fertig sein sollte. Am 4. Mai 2001 wurde sie schließlich von Sultan Qaboos persönlich eröffnet.

Nach sechs Jahren Bauzeit können nun über 6000 Gläubige in ihrem Inneren und zugleich auf dem Gebetsplatz im Hof weitere 14.000 Menschen beten. Der persische Teppich in der Gebetshalle hat auf seiner 70 x 60 Meter großen Fläche nicht weniger als 1,7 Mrd. Knoten, das höchste Minarett ragt über 90 Meter gen Himmel.

Etwas später wurde die Moschee auch für den **Besuch von Nichtmuslimen** geöffnet, was in Oman sonst nicht üblich ist. Besuchszeiten sind Sa bis Mi vormittags 8–11 Uhr. Vorgeschrieben sind dezentes Verhalten und Kleidung mit langen Armen; Frauen müssen ein Kopftuch tragen. Shorts und Mobiltelefone sind unerwünscht.

Wadi Bowshar

Ein Besuch des Wadi Bowshar lohnt aus drei Gründen: Zum einen zeigen sich die Dörfer im Wadi trotz ihrer Nähe zur Hauptstadt erstaunlich **ursprünglich,** zum zweiten findet der archäologisch interessierte Besucher **Gräber** aus dem ersten vorchristlichen Jahrtausend und schließlich ist das renovierte **Wohnfort Bait Maqham** in Bowshar alleine schon einen Besuch wert.

Von Muscat kommend erreicht man das Wadi, wenn man vom Highway am Al-Ghubrah Kreisverkehr in Richtung Südosten abbiegt. Es folgt der Bowshar Kreisverkehr, an dem man nach rechts in Richtung Royal Hospital und Sultan Qaboos Sports Complex abbiegen muss. Folgt man dieser Straße immer geradeaus, so durchfährt man nach ungefähr 3 km den **Ghalla Wentworth Golfplatz.** Links und rechts der Straße liegen betonierte Abschlagplätze und „Greens", die aus glattgerechtem braunen Sand bestehen. Der eigentliche Platz ist nichts anderes als ein weitläufiges Sanddünengebiet.

Kurz hinter dem Golfplatz zweigt links eine Straße nach Al-Fateh ab. Folgt man ihr, so erblickt man rechts eine alte und stark verfallene Fluchtburg, das **Sur Jal.** Etwas weiter geht es an einer Abzweigung geradeaus in den neuen Ort Bowshar, einen modernen Wohnort, der auf dem Reißbrett konzipiert wurde. Hält man sich rechts, erreicht man den Ort **Al-Fateh.** Neben dem winzigen neuen Ort liegen mehrere alte Lehmhäuser und ein **Fort.** Die einst prächtige Residenz ist heute stark verfallen und kann nicht besichtigt werden, da sie einzustürzen droht. Trotzdem lässt sich an ihm und den umliegenden

Die Sultan Qaboos Grand Mosque, größte Moschee des Landes

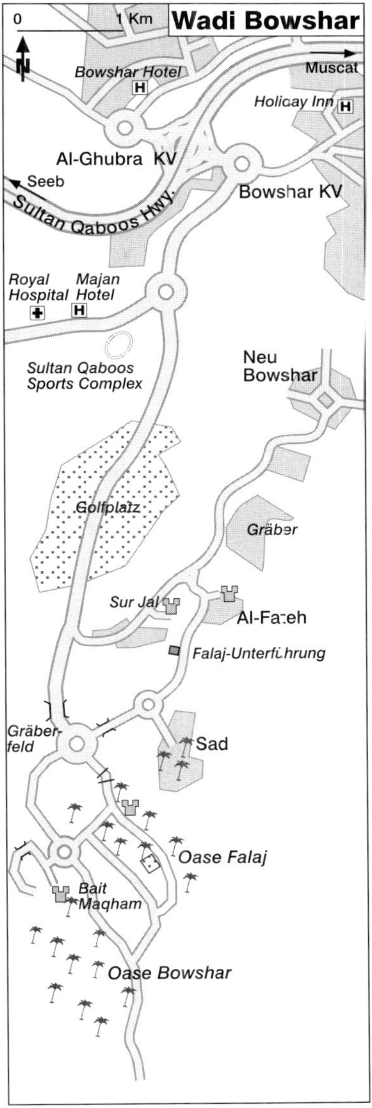

teils sehr großen Wohnhäusern noch gut der Reichtum früherer Bewohner erahnen, denn das mit Quellen üppig bestückte Wadi Bowshar bildete schon seit jeher eine wichtige Karawanenroute auf dem Weg von Muscat in die Berge.

Es lohnt sich, einen Blick in die alten **Lehmhäuser** zu werfen, um sich die traditionelle Bauweise und die verwendeten Materialien vor Augen zu führen. Auffallend sind zahlreiche als Schränke oder Regale benutzte halbrunde Nischen. Erst vor wenigen Jahren wurden die Lehmhäuser von ihren Bewohnern verlassen, um in moderne Bauten mit Kanalisation zu ziehen.

Gegenüber des Forts steht eine neue, große und blendend weiße Moschee. Vor ihrem Eingang bietet eine alte Kanone einen seltsamen Kontrast zum friedlichen Gebetshaus. Nördlich der Moschee und des Forts kann man auf einem Hügel einige **oberirdische Grabbauten** aus unbehauenen Steinen entdecken, die bis zu 5000 Jahre alt sind. Südlich von Al-Fateh finden sich ebenfalls einige Gräber.

Folgt man der Straße weiter in Richtung Südwesten, so sieht man rechts neben der Straße einen **alten falaj.** Er endet nach wenigen Metern kurz vor der Mitte des Wadi an einem runden Turm. Das Wasser wurde hier früher unter dem Wadi hergeleitet. Eine Brücke hätte den Sturzbächen, die von Zeit zu Zeit das Flussbett entlang fließen, nicht standgehalten.

Ein kleines Stück weiter erreicht man einen Kreisverkehr. Links geht es nach **Sad,** einem Oasenort. Geradeaus weiter kommt man nach 1 km an einen weiteren Kreisel. Halbrechts (westlich) von ihm hat man ein großes **Gräberfeld** freigelegt. Vom Kreisverkehr aus gesehen, liegt es hinter einem rechteckigen, betonierten Gebetsplatz im Wadi. Man erkennt die Ausgrabungsstätte an drei Hinweisschildern, die in einem Abstand von etwa hundert Metern im Dreieck stehen.

Auf einer Fläche von etwa 400 m² hat man über sechzig **Gräber** freigelegt. Sie stammen **aus der Eisenzeit** (erstes vorchristliches Jahrtausend), und im Unterschied zu anderen omanischen Fundstellen aus dieser Zeit sind die Gräber nicht unterirdisch, sondern oberhalb der Erdoberfläche angelegt. Sie wurden aus unbehauenen Steinen aus dem Wadibett dicht an dicht errichtet und waren bis zu zwei Meter hoch. So entstand ein halbrunder Komplex zusammenhängender Grabbauten. Im Gegensatz zu Friedhöfen aus früheren Zeiten, wurden die Toten in der Eisenzeit nicht mehr in Kollektiv-, sondern in Einzelgräbern bestattet. Erst anhand der Beigaben von Bronzegegenständen wie Schwertern und Pfeilspitzen sowie durch Funde von Keramik- und Steingefäßen konnten Archäologen darauf schließen, dass die Gräber aus der Zeit um 700–300 v.Chr. stammen.

Am oben beschriebenen Kreisverkehr geht es links in den Ort **Al-Falaj.** Die Gärten um das Dorf werden von warmem Quellwasser versorgt. In der

Das Bait Maqham im Palmenhain der Oase Bowshar

Ortsmitte befindet sich ein großes Becken, in dem das Wasser gesammelt wird. Das alte **Fort** von Al-Falaj bewachte früher die Ortschaft und den Karawanenweg. Zwischen den neuen Häusern der Bewohner stehen noch große alte Lehmbauten, die aber inzwischen alle unbewohnt sind.

Den **alten Ort Bowshar,** der am Ende des Wadis liegt, erreicht man, wenn man am Wassersammelbecken von Al-Falaj geradeaus fährt oder aber direkt vom Kreisverkehr vor Al-Falaj, indem man sich dort geradeaus hält. Der Ort Bowshar, Zentrum der Gegend, liegt inmitten üppiger Gärten und Palmenhaine. Die größte Sehenswürdigkeit des Wadis ist das **Wohnfort Bait Maqham,** das gut ausgeschildert ist (die Straße endet etwa 100 m vor dem Fort, so dass man die letzten Meter zu Fuß gehen muss). Wegen seiner Größe wird es auch „Bait Kabir", „Großes Haus", genannt. Bis 1992 war es allerdings eher eine große Ruine, denn das gesamte obere Stockwerk und die den Bergen zugewandte Hälfte waren zu Schutt zerfallen. Dann ergänzte man die Reste und restaurierte sie, so dass man das Gebäude heute in neuer Pracht bewundern kann.

Vor etwa 300 Jahren wurde es von Mohammed Azzan Al Bu Said erbaut und bewohnt. Der letzte Resident war Shaikh Hilal Ali al-Khalili, der Bait Maqham bis 1970 nutzte. Das kompakte Haus verfügt über drei Stockwerke: im Erdgeschoss befinden sich Wasch-,

oman_326 Foto: fk

Zauber einer blauen Welt: Delphine und Wale

von Kirstin Kabasci

„Der Mensch glaubte immer, er sei intelligenter als Delphine, weil er so viel geschaffen hat – das Rad, New York, Kriege und so weiter – während die Delphine immer nur im Wasser herumhängen und ihren Spaß haben. Im Gegensatz dazu glaubten die Delphine immer, dass sie viel intelligenter als die Menschen seien, und zwar genau aus letzteren Gründen.“
(Douglas Adams: Per Anhalter durch die Galaxis)

Dabei gehörten Delphine und Menschen vor etwa 65 bis 55 Millionen Jahren zum selben Stamm der Säugetiere. Doch die Evolution trennte sie und gab jedem einen anderen Lebensraum. Als heutiges Ergebnis haben sich von allen Säugetieren die Delphine und Wale in ihrer Lebensart, und damit auch in ihrem Körperbau, am weitesten vom ursprünglichen Säugetiertyp entfernt. Sie sind völlig ans Wasserleben angepasst und an Land nicht lebensfähig.

Eine der größten Schwierigkeiten, die die Waltiere beim Übergang zum Leben im Wasser überwinden mussten, war die Anpassung der Atmung. Im Gegensatz zu kiemenatmenden Fischen sind sie gezwungen, zum Luftholen an die Wasseroberfläche zu kommen. Große Wale können in nur ein bis zwei Sekunden etwa 2000 Liter Luft durch ihr Spritzloch ausstoßen und wieder einsaugen. Sie atmen im Durchschnitt nur alle zwei Minuten, ein Delphin dagegen bis zu dreimal pro Minute. Die Lungen gefüllt, können große Wale 40 bis 90 Minuten unter Wasser bleiben und leicht mehrere hundert Meter tief tauchen, Pottwale sogar bis über 1000 Meter. Menschen können ohne Schutz gegen den mit zunehmender Tiefe rapide steigenden Wasserdruck max. 120 Meter Tiefe erreichen.

Die größte Tierart, die je auf Erden lebte, ist der Blauwal, der 27 bis 35 Meter Länge und bis zu 130.000 kg Gewicht erreichen kann. Diese Masse erreichen etwa 25 Elefanten oder 1600 Menschen, und selbst der größte Riesensaurier des Erdmittelalters, der Brontosaurier, brachte nur etwa ein Viertel des Gewichts eines durchschnittlichen Blauwales auf die Waage.

Delphine und Wale werden zusammengefasst in der biologischen Ordnung der Waltiere, von denen 78 Arten bekannt sind. Die wissenschaftliche Bezeichnung „Cetacea“ setzt sich zusammen aus dem lateinischen „cetus“ („großes Meerestier“) und dem griechischen „ketos“ („Seeungeheuer“). Als Unterordnung unterscheidet man in Zahnwale und Bartenwale, dabei hat es sich eingebürgert, die Gruppe der größeren Bartenwale vereinfacht „Wale“ zu nennen und die kleineren Zahnwalarten, ohne Rücksicht auf ihre wirkliche Verwandtschaft und Stammesgeschichte, Delphine.

In Oman sind zwischen Musandam und Dhofar mehr als 20 Arten von Waltieren heimisch: so der Gemeine Delphin, der Große Tümmler, der Rundkopfdelphin, der Rauzahndelphin, der Chinesische Weiße Delphin, der Spinnerdelphin, der Schwertwal, der Melonenkopf-Elektras, der Unechte Schwertwal, der Finnwal, der Bryde-Wal, der Zwergwal, der Seiwal, der Buckelwal, der Pottwal, der Kleinpottwal, der Zwergpottwal, der Gewöhnliche Grindwal, der Zwerggrindwal, der Gänseschnabelwal und der Blauwal.

Schon zur Zeit der alten Griechen und Römer beschäftigten sich die Menschen mit Erzählungen und Mythen über die nach der damaligen Auffassung mit Menschenverstand begabten Delphine. Bis in die heutige Zeit gibt es unendlich viele Geschichten, die von bemerkenswerten Beziehungen zu Menschen berichten und eine Art delphinische

Intelligenz zu belegen scheinen. Dabei sollte man aber nicht fragen, wie intelligent Delphine denn genau sind, sondern was wir unter Intelligenz verstehen, denn die Welt der Wale ist von der unseren so verschieden, dass sie nach völlig anderen Fähigkeiten verlangt.

Seit man vor über hundert Jahren herausfand, dass kleinere Zahnwalarten ein besonders großes und daher reich gefaltetes Gehirn besitzen, beschäftigen sich Forscher mit der Auffassungsgabe, Begabung und dem Sozialverhalten von Meeressäugern. Auch speziellere Verhaltensweisen, die höhere Denkfähigkeit bezeugen, wie etwa das Lösen von Problemen oder Fähigkeiten der Kommunikation, sind immer häufiger Forschungsgegenstand.

Vieles bleibt unbeantwortet und immer neue Fragen entstehen, doch ganz unabhängig davon muss der Mensch, der sich gemeinhin als die vollkommenste Schöpfung bezeichnet, zumindest die Ansicht in Frage stellen, der einzige zu sein, der auf den Adel des Wissens Anspruch erheben kann. Wenn man bedenkt, dass Primaten und Waltiere sich vor Jahrmillionen von einem gemeinsamen Stamm gelöst und individuell weiterentwickelt haben, so hat auf jeden Fall jede Art in ihrem Element den höchsten Punkt im Aufstieg der Intelligenz erreicht: Was wir Menschen auf dem Festland, sind die Waltiere im Wasser. Doch es gibt den entscheidenden Unterschied, dass der Menschenverstand einen Raum zum Träumen hat und in diesem nehmen Delphine einen Ehrenplatz ein.

Auch in Oman sind Delphine sehr beliebt und genießen großen Respekt. Fischer verehren sie sogar, denn immerhin könnten sie ohne die Delphine nicht ihre liebsten und bestbezahlten Beutestücke ausfindig machen. Denn wo sie durchs Meer ziehen, sind Thunfische meist nicht weit. Also halten Fischer verstärkt Ausschau nach Delphinen, die sie aus der Ferne an ihren aus dem Wasser ragenden und in der Sonne funkelnden Rücken oder den springenden und ins Wasser peitschenden Siluetten erkennen. Nach erfolgreicher Lokalisierung fahren sie mit ihren Booten schnell vor den Delphinschwarm und halten beköderte Angelhaken ins Wasser. Meist fallen die Thunfische dieser Taktik zum Opfer, wohingegen Delphine die Köder verschmähen. Doch fangen Fischer die Thunas auch mit Netzen, und in ihnen Maschen verfangen sich mitunter auch Delphine, denen Tod durch Ersticken droht.

Wer sich mit wachsamen Augen zu früher Morgen- oder Abendstunde auf eine Klippe setzt und das ruhige Meer beobachtet, wird mit allergrößter Wahrscheinlichkeit Delphine durch das Wasser springen sehen. Große Tümmler, Spinner- und Rundkopfdelphine sind am häufigsten. Bei einem Schiffsausflug ist es häufig der Fall, dass diese charmanten Gesellen das Boot begleiten und die Menschen mit ihrer spielerischen Bewegungsfreude unterhalten - mitunter kommen sie in wahren Hundertschaften. Mit knapp 30 km/h Dauergeschwindigkeit können sie Bootsmotoren durchaus Paroli bieten. Dabei scheinen sie zu schweben und keinen Muskel zu bewegen. Es fällt ihnen leicht, in einem hohen Bogen bis zu vier Meter hoch aus dem Wasser hinaus zu springen und dabei drei- oder viermal um ihre eigene Achse wirbeln, bevor sie rücklings in die Gischt platschen. Anmutig und kraftvoll können sie auch Pirouetten drehen, auf Bugwellen reiten, sich wie Meeresschlangen schlängeln und mit ihrer Schwanzflosse gegen die Wolken schlagen. Wie Tänzer in einer Ballettvorstellung treten sie auf.

Im Vergleich zu Delphinen sichtet man Wale eher selten, denn sie tauchen in größeren Tiefen, kommen seltener zum Luftholen an die Wasseroberfläche und ziehen meist als Einzeltiere ihrer Wege. Von den in omanischen Gewässern vorkommenden Walen lebt nur der Pottwal in Herden, die unter der Führung eines starken Bullen stehen.

oman_155 Foto: fk

Menschen empfinden die Momente mit Walen und Delphinen oft als magisch. Besonders die Begegnung mit einem Wal – und sei sie nur wenige Sekunden lang – wird unvergessliche Eindrücke hinterlassen. Die Faszination dieser mächtigen, kraftvollen Gestalten, die sich dennoch so sanft und ruhig zeigen, erfüllt den Zuschauer mit Ehrfurcht.

Wer in professioneller Begleitung diese außerordentlichen Tiere beobachten möchte, kann sich an die Tourveranstalter Arabian Sea Safaris oder Khasab Travel and Tours wenden (Adressen siehe „Praktische Tipps A–Z“, „Reiseveranstalter“).

Über die Mitteilung von Beobachtungsergebnissen seltener Wal- und Delphinarten ist das Naturgeschichtliche Museum, das eng mit der „Whale and Dolphin Society of Oman“ zusammenarbeitet, sehr dankbar (Oman National History Museum, Curator, P. O. Box 668, Muscat 113, Fax 602735). In der Walhalle des Naturkundlichen Museums finden sich weitere Informationen und Ausstellungsstücke über Wale und Delphine in Oman. Literaturtipp: Robert Baldwin, Rod Salm: Whales and Dolphins along the Coast of Oman, in Omans Buchläden erhältlich.

Die Zukunft der Wale liegt sehr im Interesse des Staates, so ist das Sultanat das erste arabische Land, das Mitglied in der „International Whaleing Commission“ (IWC) ist. Zudem kümmert sich die nationale „Whale and Dolphin Society of Oman“ um den Schutz der sensiblen Meeressäuger. Neben Erforschung und Dokumentation der Lebensweise steht beispielsweise rund um die Uhr ein Freiwilligenteam in Bereitschaft, um in Fischernetze geratene oder gestrandete Tiere zu retten.

Koch- und Lagerräume und im zweiten Stock Aufenthalts- und Empfangsräume *(majlis)*. Nur die beiden Türme besitzen noch eine weitere Etage. Ein Turm ist eckig und wurde zum Wohnen genutzt, der andere ist rund und diente als Kanonenturm. Von hier hat man eine schöne Aussicht auf die Oasengärten mit ihren geradlinig angelegten Feldern.

Geöffnet ist das Haus Sa bis Mi 7.30–14 und gelegentlich auch 16–17 Uhr, Do und Fr 9–12 und 16–17 Uhr, der Eintritt ist frei.

Von Bait Maqham kann man über einen Hügel auf einer guten Piste in den etwa 2 km entfernten Ort **Ghalla** weiterfahren. Auch diese Oase wird aus Thermalquellen versorgt. Vom Zentrum führt eine Straße durch den engen Ort und die eingegrenzten Gärten halblinks auf einen Berg hinauf. Dort hat man eine solche Quelle in ein rosa gekacheltes Becken eingefasst und einen Picknickplatz eingerichtet.

Seeb

Der alte Ortskern von Seeb, dem westlichsten Stadtteil der Capital Area, ist wegen seines ursprünglichen Marktes sehenswert.

Der **Souq** ist im Vergleich zur Größe des Ortes sehr weitläufig. Die meisten Läden im alten Souqgebiet sind indische Schneiderstuben, Stoffläden sowie unzählige Shops mit Haushaltswaren. An der Hauptstraße, der Al-Souq Street, wird das Angebot vielfältiger, die Läden sind neuer und größer, ihr Angebot ist dem modernen Geschmack angepasst.

Der **Fischmarkt,** der bis vor kurzem noch direkt am Strand stattfand, hat sich in eine moderne Halle verlagert. Auch wenn Besucher dies vielleicht bedauern sollten, so müssen sie doch bedenken, dass auch die Menschen in Oman Interesse an guten hygienischen Bedingungen haben.

Praktische Infos zur Capital Area

Touristeninformation

- **Ministry of Commerce and Industry Directorate General of Tourism**
Gegenüber des Sheraton Hotels, Ruwi (Postadresse: P. O. Box 550, Muscat 113), Tel. 796527, Fax 794213, Service- und Infotel.: 600100
- Auch am **Flughafen** befindet sich im Ankunftsbereich ein kleiner **Infostand,** der allerdings über nur wenig Material verfügt.
- **Ministry of Commerce and Industry**
Gegenüber des Sheraton Hotels, Ruwi (Postadresse: P. O. Box 550, Muscat 113), Tel. 799500, Fax 794238 und 794239
- **Oman Chamber of Commerce and Industry**
Gegenüber des Sheraton Hotels, Ruwi (Postadresse: P. O. Box 1400, Ruwi 112), Tel. 707684, Fax 708497

Unterkunft

Verwendete Abkürzungen bei allen Hotels: **R** = Restaurant / **B** = Bar / **P** = Pool / **T** = Tennis / **F** = Fitness-Club / **S** = Strand / **W** = Wassersport

Hotels in Muscat

- **Al-Bustan Palace Hotel** *****
(R, B, P, T, F, S, W) Exklusivstes Hotel Omans, wurde bereits zum wiederholten Mal unter die zehn besten Hotels der Welt und zum besten Hotel des Mittleren Ostens gewählt; in der Bucht von Al-Bustan, südlich von Mus-

cat, mit Privatstrand (Postadresse: P. O. Box 1998, Mutrah 114), EZ 132 RO, DZ 151 RO, Suite 228–585 RO
Tel. 799666, Fax 799600
e-Mail: albustan@interconti.com

Hotels in Mutrah

• **Al-Nahdha Hotel** *
(R) Corniche Road (Postadresse: P. O. Box 1561, Mutrah 114), EZ 8,700 RO, DZ 12,800 RO, Tel. 714196, 713142, Fax 714994
e-Mail: alnahdha@omantel.net.om

• **Corniche Hotel** *
(R) Corniche Road (Postadresse: P. O. Box 1800, Mutrah 114, EZ 9,800 RO, DZ 15,300 RO, Tel. 714636, Fax 7154707

• **Marina Hotel** ***
(R, B) Gegenüber des Fischmarkts, das beste der Hotels an der Corniche, allerdings oft laut wegen der Bar, EZ 16,380 RO, DZ 29,250 RO, Tel. 711711, Fax 711313
e-Mail: marina1@omantel.net.om

• **Mina Hotel** **
(R, B) Am Samak Kreisverkehr an der Corniche, etwas verwohnt (Postadresse: P. O. Box 504, Ruwi 112), EZ 12,500 RO, DZ 15,600 RO, Tel. 711828, Fax 714981
e-Mail: minahotl@omantel.net.om

• **Mutrah Hotel** **
(R, B) Ältestes Hotel der Hauptstadt, Mutrah High Street (Postadresse: P. O. Box 1525, Ruwi 112), EZ 10 RO, DZ 12 RO, Tel. 798401, Fax 790953

• **Naseem Hotel** *
(R) Einfach, aber sauber (Postadresse: P.O. Box 360, Jibroo 114), EZ 10,900 RO, DZ 15,260 RO, Tel. 712418 und 712419, Fax 711728

Hotels in Ruwi

• **Al-Wafa Hotel Flats** *
Am Ruwi Busbahnhof (Postadresse: P. O. Box 1644, Mutrah 114), Appartement mit Küche ab 22 RO, Tel. 786522, Fax 786534

• **Haffa House Hotel** ***
(R, B, F) Zentral gelegenes Mittelklassehotel, (Postadresse: P. O. Box 1498, Jibroo 114), EZ 41 RO, DZ 49 RO (inkl. Frühstück), Tel. 707207, Fax 707208
e-Mail: hhh@shanfari.com

oman_332 Foto: fk

● **Golden Oasis Hotel** ***
(R) Wadi al-Kabir, gegenüber des Freitagssouqs, untere Mittelklasse, etwas abgelegen (Postadresse: P. O. Box 353, Wadi al-Kabir 117), EZ 14 RO, DZ 18,700 RO, Tel. 7711655, Fax 7714065

● **Mercure Al-Falaj Hotel** ***
(R, B, P, T, F) Gehobene Mittelklasse, Al-Mujamma Street, in der Nähe des Al-Borj Kreisverkehrs (Postadresse: P. O. Box 5031, Ruwi 112), EZ 42 RO, DZ 49 RO, Suite 88 RO, Tel. 702311, Fax 795853
e-Mail: accorsales@omanhotels.com

● **Ruwi Novotel** ***
(R, B, P, T, F) Am Ruwi Roundabout (Postadresse: P. O. Box 2195, Ruwi 112), EZ 40 RO, DZ 45 RO, Suite 63 RO, Tel. 704244, Fax 704248
e-Mail: reservationruwi@omanhotels.com

● **Sheraton Oman Hotel** *****
(R, B, P, T, F) In erster Linie für Geschäftsleute, Bait al-Falaj Street (Postadresse: P. O. Box 6260, Ruwi 112), EZ 69 RO, DZ 80 RO, Suite 105 RO, Tel. 799899, Fax 795791
e-Mail: sheraton@omantel.net.om

● **White Nile Hotel** *
Mutrah Business District (Postadresse: P. O. Box 1028, Hamriyah 131), EZ 12 RO, DZ 20 RO, Tel. 708989, Fax 750778
e-Mail: whitnile@omantel.net.om

Hotels in den westlichen Vororten

● **Al-Bahjah Hotel** **
(R) Im Zentrum von Seeb (Postadresse: P. O. Box 979, Seeb 121), EZ 14 RO, DZ 19 RO (inkl. Frühstück), Tel. 624400, Fax 624620
e-Mail: bahjahtl@omantel.net.om

● **Beach Hotel** ***
(R, P) 500 m vom Strand in Qurum entfernt, beim Inter-Continental Hotel, (Postadresse: P. O. Box 993, Muscat 113), EZ 21 RO, DZ 27 RO, Tel. 696601, Fax 696609
e-Mail: beachhtl@omantel.net.om

● **Bowshar Hotel** ***
(R, B) Mittelklassehotel direkt am Ghubrah Kreisverkehr am Highway (Postadresse: P. O. Box 1842, Ruwi 112), EZ 17 RO, DZ 23 RO, Tel. 501105, Fax 501124

● **Crowne Plaza Hotel** ****
(R, B, P, T, F, S) Das Hotel mit der schönsten Aussicht über das Meer, kleine Strandbucht, Qurum Hights (Postadresse: P. O. Box 1455, Ruwi 112), EZ 54 RO, DZ 65 RO Suite 117 RO, Tel. 560100, Fax 560650
e-Mail: cplzamct@omantel.net.om

● **Grand Hyatt Muscat*******
(R, B, P, T, F, S, W) Stilvolles und luxuriöses Strandhotel, Al-Khuwair (Postadresse: P. O. Box 951, Muscat 113), EZ 82 RO, DZ 93 RO, Suite ab 187 RO, Tel. 602888, Fax 605282
e-Mail: hyattmct@omantel.net.om

● **Holiday Inn** ****
(R, B, P, T, F) Gehobene Mittelklasse, Al-Khuwair (Postadresse: P. O. Box 1185, Seeb 111), EZ 49 RO, DZ 69 RO, Suite 117 RO, Tel. 687123, Fax 680986
e-Mail: mcthinn@omantel.net.om

● **Holiday Inn Al-Madinah** ****
(R, B, P) Im Ortsteil Ghala (Postadresse: P. O. Box 692, Al-Azaiba 130), EZ 46 RO, DZ 58 RO, Suite 92 RO, Tel. 596400, Fax 502191
e-Mail: amhi33@omantel.net.om

● **Inter-Continental Hotel** *****
(R, B, P, T, F, S, W) Shati al-Qurum, nur durch großzügige Gartenanlage vom Sandstrand getrennt, breites Sportangebot (Postadresse: P. O. Box 398, Mutrah 114), EZ 76–111 RO, DZ 82–123 RO, Suite 205–427 RO, Tel. 600500, Fax 600012
e-Mail: muscat@interconti.com

● **Laith Howard Johnson Hotel** ***
(R) Gutes Mittelklassehotel, neben dem Hyatt (Postadresse: P. O. Box 3951, Ruwi 112), EZ 41 RO, DZ 52 RO (inkl. Frühstück), Tel. 692121, Fax 694404
e-Mail: laithhojo@omantel.net.om

● **Qurum Beach Hotel** **
(R) Unterhalb des Crowne Plaza Hotels gegenüber des öffentlichen Strandes (Postadresse: P. O. Box 2148, Ruwi 112), EZ 12 RO, DZ 23 RO, Tel. 564070, Fax 560761
e-Mail: qurumbeachhotel@hotmail.com

● **Qurum International Hotel** ***
(R, P, F) Unterhalb des Crowne Plaza Hotels (Postadresse: P. O. Box 154, PC 134), Tel. 571700, Fax 571414, EZ 17 RO, DZ 23 RO, Suite 43 RO

Wahrlich ein Märchenpalast – das Al-Bustan Palace Hotel

● **Majan Hotel** ***
(R, B, P, T, F) In der Nähe des Royal Hospitals, Bowshar (Postadresse: P. O. Box 311, Medinat Qaboos 115), EZ 21 RO, DZ 29 RO, Tel. 592900, Fax 592979
e-Mail: majanhtl@omantel.net.om

● **Radisson SAS** *****
(R, B, P, F, S, W) Empfehlenswertes Luxushotel mit gutem Preis-Leistungs-Verhältnis, etwas abgelegen, aber dafür mit schönem Strandclub neben dem Hyatt Hotel (Shuttlebus) (Postadresse: P. O. Box 939, PC 113), EZ ab 58 RO, DZ ab 64 RO, Suite ab 105 RO, Tel. 687777, Fax 687778
e-Mail: muscat.sales@radissonsas.com

● **Rusayl Hotel** ****
(R, B, P, T, F) Etwas abgelegen beim Industriegebiet von Rusayl an der Schnellstraße nach Nizwa (Postadresse: P. O. Box 109, Rusayl 119), EZ 29 RO, DZ 34 RO, Tel. 626900, Fax 626400
e-Mail: rslhtl@omantel.net.om

● **Seeb Novotel** ****
(R, B, P, T, F) Typisches Flughafenhotel am Seeb Airport (Postadresse: P. O. Box 69, Seeb Airport 111), EZ 36 RO, DZ 43 RO, Suite 75 RO (inkl. Frühstück), Tel. 510300, Fax 510055
e-Mail: novoseeb@omantel.net.om

● **Sheraton Qurum Resort** ****
(R, B, P, F, S, W) Neben dem Inter-Continental Hotel, kleines, aber feines Standhotel (nur 7 Zimmer), Shati al-Qurum (Postadresse: P. O. Box 652, Jibroo 114), EZ 69 RO, DZ 80 RO, Tel. 605945, Fax 605968
e-Mail: sheraton@omantel.net.om

Appartements und Villen

● **ASAS Oman Hotel Apartments**
(P) Zwischen Qurum Einkaufszentrum und Crowne Plaza Hotel (Postadresse: P. O. Box 191, Muscat 113), Appartement für 4 Pers. 39–44 RO, Tel. 568555, Fax 560018
e-Mail: asasoman@omantel.net.om

● **Khuwair Hotel Apartments**
In der Nähe des Radisson SAS Hotels (Postadresse: P. O. Box 123, PC 115), Tel. 697171, Fax 605060, Appartement mit 1 Schlafzimmer 17 RO, mit 2 Schlafzimmern 23 RO

● **Noorah Gardens Guest House**
Möblierte Wohnungen/Villen mit Service und Pool in Medinat Qaboos (Postadresse: P. O. Box 423, Muscat 113), pro Woche ab 185 RO, Tel. 696106, Fax 601386

● **Oman Dive Centre**
Die Tauchbasis in Bandar Jissah bietet Campingmöglichkeiten (4 RO p. P.) und Unterkünfte verschiedener Kategorien (einfaches DZ ab 15 RO, DeLuxe ab 25 RO), Tel. 950261, Fax 9310512
e-Mail: diveoman@omantel.net.om

Pension in Qurum

● **Villa Shams**
Sehr zu empfehlende Pension unter deutscher Leitung, alle Zimmer mit Bad und Balkon/Terrasse, kleiner Pool (Postadresse: P. O. Box 1567, PC 114), Tel. 561197, Fax 563697, EZ 25 RO, DZ 35 RO, Suite 40 RO, inkl. Frühstück und kleinem Mietwagen (buchbar in Deutschland z.B. über Bedu Expeditionen)

Essen und Trinken

Vorbemerkung: Viele der gehobenen Restaurants, egal ob in Muscat, Mutrah, Ruwi oder den westlichen Vororten, befinden sich in den großen Hotels und bieten pro Woche einen oder mehrere **Themenabende** bzw. **Buffets** oder Live-Unterhaltung an. Die genauen Tage und Themen dieser Abende stehen in den aktuellen Ausgaben des Magazins „Oman Today". **Alkohol** gibt es nur in lizensierten Restaurants. Die Restaurants sind **freitags erst ab 13 Uhr** und im Ramadhan erst ab Sonnenuntergang geöffnet (außer einigen in den großen Hotels). Die folgenden Öffnungszeiten sind Richtwerte.

Die Anzahl der **kleinen Straßenimbisse,** in denen man für wenige Baisa essen kann, ist nahezu unüberschaubar und daher hier nicht aufgelistet.

Restaurants in Muscat

● **Al-Khiran Terrace**
Meeresfrüchte, Spezialitäten à la carte und wechselnde Themenabende, auch alkoholische Getränke, Live-Unterhaltung auf der Terrasse im Garten des Al-Bustan Palace Ho-

tels, 6.30–23 Uhr, Tel. 799666; Mi: A taste of Oman, Seblat al-Bustan, **traditioneller omanischer Abend** mit original omanischen Gerichten, Musik und Weihrauchduft in Beduinenzelten am Strand, nur im Winter, Reservierung notwendig, Tel. 792580

- **Al-Marjan**

Das wohl exklusivste und beste Restaurant der Stadt, französische Haute Cuisine in luxuriöser Einrichtung, auch alkoholische Getränke, Al-Bustan Palace Hotel, 12–14.30 und 19.30–23 Uhr, außer Fr, Tel. 799666

- **Blue Marlin**

Italienische Küche im neuen Yachthafen, auch Alkohol, 19–23 Uhr, Tel. 737940

Restaurants in Mutrah

- **Al-Inshirah Restaurant**

Fischgerichte, exklusive thailändische und internationale Menüs, auch alkoholische Getränke, Dhau-Touren auf Anfrage, am östlichen Ende der Corniche, 12–15 und 19–22.30 Uhr, Tel. 713061

- **Rodeo Ranch**

Steaks und Meeresfrüchte, auch alkoholische Getränke, neben Al-Inshirah, 19.30–23 Uhr, Tel. 711292

- **Shangri-La**

Gehobene chinesische Gerichte und mongolischer Grill, separate Räume, auch alkoholische Getränke, Mutrah High Street, 12.30–15 und 18.30–01 Uhr, Tel. 791095

- **Taj Restaurant**

Gehobene indische und chinesische Küche, diverse Buffet-Abende, auch alkoholische Getränke, Mutrah High Street, 12–15 und 19–24 Uhr, Tel. 796880 und 796583

Ruwi: Arabische Restaurants

- **Al-Pasha**

Libanesische Küche, alkoholische Getränke und Live-Unterhaltung, Central Business District, 12.30–15 und 19–24 Uhr, Tel. 708132

- **Arab World Restaurant**

Preiswerte und einfache arabische Küche, Souq Street Ruwi, gegenüber der Polizei, 8–23 Uhr, Tel. 798119

- **Candles**

Preiswerte syrische Küche, bei der Sultan Qaboos Moschee, 11–15 und 18–23 Uhr, Tel. 790631

- **Dar Tajine**

Marokkanische Gerichte und alkoholische Getränke im Ruwi Novotel, 12–15 und 19–23 Uhr, Tel. 704244

Ruwi: Asiatische Restaurants

- **Golden Oryx**

Exklusive chinesische und thailändische Küche sowie mongolischer Grill, auch Alkohol, Al-Noor Street, 12–15 und 19–24 Uhr, Tel. 702266

- **Lazeez**

Preiswerte indische und chinesische Küche mit Mittagsbuffet, Ruwi, Rex Road, 12–15 und 18.30–01 Uhr, Tel. 792511

- **Tokyo Taro**

Exklusive, traditionelle japanische Küche in japanischem Dekor, auch Teppan Yaki und alkoholische Getränke, im Mercure Al-Falaj Hotel, 12–15 und 18–23 Uhr, Tel. 702311

- **Venus**

Gute und preiswerte internationale, indische und chinesische Küche, Ruwi Souq Street, 12–15 und 17–23 Uhr, Tel. 709035

- **Woodlands**

Gute indische Küche, auch Alkohol, Mutrah Business District, Europcar-Gebäude, 12–15 und 19–24 Uhr, Tel. 700192

Ruwi: Internationale Restaurants

- **Four Foods Restaurant**

Kontinental, indisch, chinesisch, pakistanisch, preiswert, alkoholische Getränke, dadurch manchmal Bar-Atmosphäre, gegenüber des Ministeriums für Handel und Industrie, im British Airways Gebäude, 12–15 und 19–24 Uhr, Tel. 709548

- **Green Mountain**

Internationale Menüs im Sheraton Hotel, alkoholische Getränke, Mi Seafood Kingdom, Do Thai-Night, 6–15 Uhr, Mi und Do auch 19–23 Uhr, Tel. 799899

- **Pegasus**

Preiswert, indische, karibische, chinesische, kontinentale Küche, alkoholische Getränke, Live-Band, Greater Mutrah neben dem Family Bookshop, 19–15 und 19–23 Uhr, Tel. 786352

Ruwi: Europäische und sonstige Restaurants

• La Brasserie
Französische Küche im Sheraton Hotel, auch alkoholische Getränke, Sa bis Do 19–23 Uhr, Tel. 799899

• La Terrazza
Italienisches Gourmet-Restaurant, auch alkoholische Getränke, am Wadi Adai R/A hinter dem Hatat-House, 12–15 und 19–24 Uhr, Tel. 564252 und 564253

• La Pizzeria
Italienische Gerichte und alkoholische Getränke im Ruwi Novotel, 12–23 Uhr, Tel. 704244

In den westlichen Vororten: Arabische Restaurants

• Al-Bawadi Traditional Restaurant
Original omanische Küche, mit Garten, Al-Khuwair zwischen Zawawi Moschee und Holiday Inn, 12–16 und 18.30–24 Uhr, Tel. 601273

• Al-Raooche
Gute und üppige libanesische Küche im Garten des Crowne Plaza Hotels, auch alkoholische Getränke, 20.30–01 Uhr, Tel. 560100

• Bin Atique
Traditionelles omanisches Restaurant, in dem auf der Erde sitzend gegessen wird, gute Spezialitäten-Küche, Al-Khuwair, hinter der Shell-Tankstelle, 9–02 Uhr, Tel. 603225

• Golden Sheep
Preiswerte arabische und omanische Küche, Einkaufszentrum Ghallah, Tel. 593868

• Mijana
Große Auswahl an preiswertem libanesischen Essen, auch alkoholische Getränke, Live-Band, Medinat Qaboos Einkaufszentrum, 12–15 und 19–24 Uhr, Tel. 601730

• Ofair Restaurant
Original omanische Küche, Al-Khuwair, hinter der Shell-Tankstelle, 12–24 Uhr, Tel. 693965

• Olivos
Im Radisson SAS Hotel findet jeden Donnerstagabend im Garten die „Flavours of the caravan"-Nacht statt, wo neben einer Anzahl von arabischen Spezialitäten hauptsächlich Grillgerichte angeboten werden, 20–23 Uhr, Tel. 687777

• Wardat al-Rimal
Marokkanische Gourmet-Küche und Musik in exklusiver Einrichtung, auch alkoholische Getränke, Qurum Beach, Tel. 603459

In den westlichen Vororten: Asiatische Restaurants

• Al-Exandria
Preiswerte und gute indische und chinesische Küche, beim Sabco Centre Qurum, 11–15.30 und 18–24 Uhr, Tel. 561611

• Chinese Garden
Chinesische Küche, im Gebäude der Eislaufbahn, Al-Khuwair, 12–15 und 18.30–24 Uhr, Tel. 605414

• Golden Dragon
Gehobene chinesische Küche, auch alkoholische Getränke, Medinat Qaboos Einkaufszentrum, 12–15 und 19–23 Uhr, Tel. 697374

• Happy Village Restaurant
Gute thailändische und philippinische Küche, Qurum, am Sabco Centre, 11–15 und 18.30–24 Uhr, Tel. 564995

• Iranian Restaurant
Persische Küche, Zakher Shopping Mall, Al-Khuwair, Tel. 696169

• Mumtaz Mahal
Indisches Spezialitätenrestaurant mit großer Auswahl an vegetarischen Gerichten, abends auch arabische Gerichte und Barbeque, auch alkoholische Getränke, im Qurum Park oberhalb des Wasserfalls, 12–15 und 19–24 Uhr, Tel. 563850

• Princes Restaurant
Preiswertes indisches und chinesisches Essen, Al-Khuwair, neben der Zawawi Moschee, 12–15.30 und 18.30–24 Uhr, Tel. 602213

• Qurum Resort Restaurant
Japanische und andere ostasiatische Spezialitäten, auch alkoholische Getränke, im Qurum Beach Sheraton, 12.30–15.30 und 19–23 Uhr, Tel. 605945

• Shiraz
Gehobene persische Küche im Crowne Plaza Hotel, mit Terrasse mit Blick über den Strand, auch alkoholische Getränke, 12.30–15.30 und 19–23.30 Uhr, Tel. 560100

●Tokyo Taro
Traditionelles japanisches Restaurant, auch alkoholische Getränke, im Mercure Al-Falaj Hotel, 12–15 und 19–23 Uhr, Tel. 702311

In den westlichen Vororten: Internationale Restaurants

●Al-Zaki
Preiswerte arabische und asiatische Küche, mit Café, direkt am Strand Shati al-Qurum mit Tischen draußen, hinter dem Grand Hyatt Hotel am Way 3036, 12–24 Uhr, Tel. 602327

●Barrio Fiesta
International und philippinisch, auch alkoholische Getränke, mit Live-Band, 19–23.30 Uhr, Bowshar, Al-Majan Hotel, Tel. 592900

●Just Jazz
Live-Jazz und Gerichte à la carte sowie Salat-Bar im Hotel Holiday Inn, alkoholische Getränke, Al-Khuwair, Sa bis Do 19–24 Uhr, Tel. 697123

●Oasis by the sea
Zwei Restaurants und ein Café in einem schönen Komplex am Meer, internationale Küche und Spezialitäten aus Indien, alkoholische Getränke, Shati al-Qurum, 300 m westlich des Inter-Continental, 12.30–15 und 19–23.30 Uhr, Tel. 602757

In den westlichen Vororten: Europäische und sonstige Restaurants

●Al-Madina Restaurant
Exklusive französische Küche, auch alkoholische Getränke, Zentrum Medinat Qaboos, 12–15 und 19–24 Uhr, Fr nur abends, Tel. 696515

●Bellapais
Griechisch, auch alkoholische Getränke, 12–15 und 18–23 Uhr, Einkaufszentrum Rusayl, Tel. 521100

●La Caprice
Gehobene französische Küche, auch alkoholische Getränke, im Inter-Continental Hotel, Qurum Beach, 12–15 und 19–23 Uhr, Tel. 600500

oman_329 Foto: fk

●Los Amigos
Gehobene Tex-Mex-Küche, im Holiday Inn, Al-Khuwair, 12–15 und 18–23 Uhr, Tel. 687123

●Mombasa
Preiswerte ostafrikanische Küche, die einfachen Gerichte variieren täglich, Al-Khuwair, 9–23 Uhr, Tel. 694340

●Muscateers
Steakhouse im Zakher Centre, Al-Khuwair, 12–15 und 19–23 Uhr, Tel. 691014

●O Sole Mio
Italienische Küche, auch alkoholische Getränke, im Einkaufszentrum neben dem Inter-Continental Hotel, 12–15 und 19–23 Uhr, Tel. 601343

●OK Corral
Wild-West „Stadt" unter freiem Himmel mit Live-Country-Music, Fleisch und Fisch wird selbst ausgesucht und nach Wunsch zubereitet, im Inter-Continental Hotel, auch alkoholische Getränke, 19–23 Uhr, Tel. 600500

●Pavo Real
Mexikanische Küche, Live-Musik und junges Publikum, nicht billig, aber gut, auch alkoholische Getränke, Einkaufszentrum Medinat Qaboos, 12–15 und 19–01 Uhr, Tel. 602603

•Trader Vic's
Französische, kreolische, chinesische und indische Küche der gehobenen Klasse, im Inter-Continental Hotel, auch alkoholische Getränke, Qurum Beach, 12–15 und 19–23 Uhr, Tel. 600500

•Tuscany
Italienische Küche mit holzbefeuertem Ofen, auch alkoholische Getränke, im Hyatt Regency, 12.30–15 und 19–23.30 Uhr, Tel. 602888

Cafés

Die meisten großen Hotels und auch viele Einkaufszentren besitzen ein Café. Besonders hervorzuheben sind die Terrassen des Crowne Plaza Hotels und des Oasis by the Sea in Qurum.

•Al-Bustan Café
Mit Live-Unterhaltung am Abend, im Al-Bustan Palace Hotel, 11–02 Uhr, Tel. 799666

•Arosa of Switzerland
Schweizer Leckereien im Al-Khamis Plaza, Qurum R/A, 9.30–13 und 16.30–22 Uhr

•Café de Muscat
Café mit Blick aufs Meer, 10–22 Uhr, Shati al-Qurum, The Oasis by the Sea, Tel. 602757

•Glacier
Belgische Süßwaren und hausgemachte Eiscrème, CC Centre, Qurum R/A, 9–14 und 16–23 Uhr

•Le Café de France
Französisches Café im Al-Harthy Complex, Qurum, Sa bis Do 9–13 und 16–22 Uhr

•Sohar Snack Bar
Salate und Snacks unter Palmen am Pool des Inter-Continental Hotels, auch alkoholische Getränke, Shati al-Qurum, 11–19 Uhr

•Tropicana
Café und internationale Küche, Terrasse mit schönem Blick auf den Strand, Crowne Plaza Hotel Qurum Hights, 6–24 Uhr, Tel. 560100

Internet-Cafés

•Cyberworld
Im Alasfoor Plaza beim Sabco Centre in Qurum, Tel. 566740

•Weitere Internet-Cafés eröffnen ständig. So z. B. in Ruwi gegenüber des Sheraton, hinter den Bahwan Travel Agencies; in Al-Khuwair in der nördlichen Parallelstraße zum Highway neben dem Majan House; neben dem Laith Howard Johnson Hotel.

•Die Möglichkeit zum Surfen und zum Abrufen von e-Mails bieten auch die Business Centres aller großen Hotels.

Bars

•Al-Ghazal Pub
Im Inter-Continental Hotel, Qurum Beach, 12–15 und 18–01 Uhr, Fr nur abends, Tel. 600500

•Al-Maha Lounge
Im Al-Bustan Palace Hotel, 12–15 und 18–23 Uhr, Tel. 799666

•Churchill's
Englischer Pub im Holiday Inn Hotel, 12–25 und 18–23 Uhr, Tel. 697123

•Duke's Bar
Im Crowne Plaza Hotel, Qurum, 12.30–15.30 und 18–01 Uhr, Tel. 560100

•John Barry Bar
Im Hyatt Regency, Shati al-Qurum, 18–01 Uhr, Tel. 602888

•Par 19 Club
Bar/Restaurant im Seeb Novotel, 18–24 Uhr, abends Unterhaltung, Live-Musik, Tel. 510300

•Piazza Bar
Im Sheraton Hotel, Ruwi, 12–15 und 18–01 Uhr, Tel. 799899

•Safari Bar
Im Hyatt Regency, Shati al-Qurum, Tel. 602888

Discos und Nachtclubs

•Al-Hamra
Disco im Al-Bustan Palace Hotel, 21–02 Uhr, Tel. 799666

•Copacabana
Latin Nightclub im Hyatt Regency, Shati al-Qurum, 21–01 Uhr, Tel. 602888

•Saba Disco
Im Sheraton Hotel, Ruwi, jeden Abend Live-Band oder Unterhaltungsprogramm, ab 22 Uhr Disco, Tel. 799899

•Sur Night-Club
Im Inter-Continental Hotel, Qurum Beach, 21–02 Uhr, Tel. 600500

- **Xtray**
Im Crowne Plaza Hotel, Qurum Hights, Lounge-Bar, Sa und So mit Live-Bands, Tel. 560100

Kinos

In den meisten Kinos werden überwiegend hochdramatisch dargestellte indische Herz-Schmerz-Gewalt-Historienstreifen aufgeführt.

Auch englischsprachige Filme zeigen:

- **Star Cinema Complex**
Rundes Gebäude hinter dem Sultan-Supermarkt, Ruwi, Tel. 791641
- **Ruwi Cinema,** Ruwi, Tel. 780380
- **Al-Shati Plaza,** Qurum, Tel. 692656

Polizei

- **Royal Oman Police:** Hauptquartier am Qurum Kreisverkehr, Tel. 560099, 560021
- **Verkehrspolizei:** Tel. 510133
- Der **Telefonnotruf** der Polizei und Feuerwehr ist **999.**

Krankenhäuser/Kliniken

- **Al-Khoula Hospital**
Zwischen Ruwi und Wattayah, nördlich des Wattayah R/A, Tel. 563625
- **Al-Nahdha Hospital**
Al-Nahdha Street in der Nähe der Deutschen Botschaft, Ruwi, Tel. 707800
- **Al-Shati Hospital**
Modernes privates Krankenhaus, empfehlenswert, westlich des Inter-Continental Hotels, Shati al-Qurum, Tel. 604263
- **Gulf Medical Centre**
Qurum, im Sabco-Einkaufszentrum, Tel. 564639
- **Harub Dental Surgery**
Qurum, an der Ecke der Straßen zum Crowne Plaza Hotel und zu PDO in der Nähe des Seih al-Malih R/A, Tel. 563814, 563217, Fax 563342
- **Hatat-House Polyclinic**
Am Wadi Adai R/A, Ruwi, Tel. 563641
- **Muscat Hospital**
Muscat, am Ortsausgang in Richtung Sidab, Tel. 738036
- **Qurum Medical Centre**
Allgemeinmediziner, Zahn-, Kinder- und Frauenärzte, Tauchmediziner, im Haus von Salam Studio and Stores am Qurum R/A, Tel. 562198
- **Royal Hospital**
Al-Khuwair, Tel. 592888, 590491

Apotheken

Der wechselnde Apotheken-Nachtdienst wird in den Zeitungen bekannt gegeben.

- **Al-Hashr Pharmacy**
Mutrah Taxistand, Tel. 714687
- **Al-Khuwair Pharmacy**
Al-Khuwair, nahe der Zawawi Moschee, Tel. 600052
- **Gulf Pharmacy**
Ruwi, gegenüber des Al-Nahdha Hospitals, Tel. 794871
- **Mazoon Pharmacy**
Mutrah Souq, Tel. 712166
- **Muscat Pharmacy**
Ruwi High Street, Tel. 702542

Verkehrsverbindungen

Taxis/Sammeltaxis

Die omanischen **Taxis** haben keinen Taxameter. In der Hauptstadtregion findet man eigentlich immer ein freies Taxi. Die Fahrpreise richten sich neben der Entfernung auch danach, ob man ein Taxi für sich alleine mietet, oder es mit anderen als Sammeltaxis teilt (geht meist nur auf Hauptstrecken). Eine Stadtfahrt z.B. Muscat nach Ruwi für ein ganzes Taxi kostet etwa 2 RO, von Mutrah nach Seeb alleine 6 RO, geteilt jeweils 1 RO.

Taxistandplätze befinden sich in Ruwi, Al-Jaame Street, in Mutrah beim Fischmarkt, am oberen Ausgang des Souq von Mutrah, am Flughafen Seeb und vor den großen Hotels (etwas teurer).

Seit kurzem gibt es auch **Funktaxis mit Taxameter,** die man zu einer bestimmten Zeit zum Hotel bestellen kann: **Al-Dar Taxi,** Tel. 700555; **Bid Bid Taxi,** Tel. 693377, 693388; **Hello Taxi,** Tel. 607012.

Stadtbusse

Die Stadtbusse der **Oman National Transport Co.** fahren in regelmäßigem Abstand (alle 20–60 Min., etwa 6–22 Uhr, 200 Bs).

Wichtige Linien **ab Ruwi** sind:

- Route 01: Wadi Kabir
- Route 25: Al-Khuwair, Azaiba
- Route 26: Qurum, Ghubra, Bowshar

Wichtige Linien **ab Mutrah** (alle gehen über Ruwi):

- Route 04: Qurum Hights (PDO)
- Route 02/03: Wadi Adai
- Route 28: Al-Khoudh (Universität)
- Route 23/24: Flughafen, Seeb

Fahrpläne erhält man an den **Busstationen** in Ruwi (Al-Jaame Street bei der Sultan Qaboos Moschee) und in Mutrah (am Ende der Corniche beim Fischmarkt).

Im Ramadhan fahren die Busse abends länger als im Rest des Jahres.

Minibusse

Die zahlreich verkehrenden weißen Minibusse sind ein gutes Fortbewegungsmittel, solange man **Ziele in der Nähe des Highways** ansteuert. Man kann sie einfach durch Handzeichen stoppen und dann jederzeit durch Klopfen an die Wand anzeigen, dass man aussteigen möchte.

Die **wichtigsten Standplätze** (und damit auch Fahrtziele) sind Seeb (nach „Airport" fragen), Ruwi („Plaza") und Mutrah („Corniche").

Der **Fahrpreis** beträgt 100 Bs für eine Kurzstrecke (Mutrah–Ruwi), 200 Bs für eine mittlere Strecke (Mutrah–Al-Khuwair) und 300 Bs für eine längere (Mutrah–Seeb).

Fernbusse

Wichtigster **Abfahrtsort** der Fernbusse ist die **Busstation der Oman National Transport Co. in Ruwi** bei der Sultan Qaboos Moschee in der Al-Jaame Street. Die Busse fahren über den Flughafen und den Sahwa Tower Kreisverkehr. Angesteuert werden:

- **Sur** (über Ibra, Mintirib): 7, 14.30, 16.30 Uhr (3,600 RO), 5 Stunden Fahrzeit
- **Nizwa:** 8, 14.30, 16 Uhr (1,600 RO), 3 Stunden Fahrzeit, weiter nach Ibri und Iraqi (8 Uhr), Yanqul (14.30 Uhr), Dhank (16 Uhr)
- **Ölfelder: Fahud** (über Izki): 7 Uhr (4 RO); **Marmul**: 6.30 Uhr (7 RO)
- **Buraimi** (über Sohar): 7, 13 Uhr (3,600 RO)
- **Al-Mudhaybi** (über Sanaw): 14 Uhr (2,200 RO)
- **Sanaw** (über Samad, Al-Mudhaybi): 17.30 Uhr (2 RO)
- **Salalah:** 6 und 19 Uhr (8 RO), Fahrzeit ca. 13 Stunden, Reservierung ist erforderlich; in der Monsunzeit und im Ramadhan verschieben sich einige Abfahrtszeiten um 1 Stunde.
- **Dubai:** 7.30 und 16.30 Uhr (9 RO, hin und zurück 16 RO), Fahrzeit ca. 6 Stunden, Reservierung erforderlich
- **Abu Dhabi (über Buraimi):** 7 Uhr (9 RO)

Informationen bei ONTC, P. O. Box 620, Muscat 113, Tel. 590046 und 708522, Fax 590152

Private Konkurrenz hat ONTC lediglich auf der Strecke Muscat–Salalah. In der Nähe der ONTC-Station, hinter der Sultan Qaboos Moschee, befinden sich die Büros dreier Firmen, die zwar etwas günstiger als ONTC sind, dafür aber auch weniger Komfort bieten. Abfahrtszeiten sind ebenfalls am frühen Morgen (gegen 7 Uhr) und am Nachmittag (gegen 16 und 19 Uhr; z.B. Abu Nawaf Transport, Tel. 785252, Abfahrt tägl. 15.30 Uhr, 6 RO).

Sammeltaxis

zu Zielen im gesamten Land fahren gegenüber der Busstation in der Al-Jaame Street ab.

Flugzeug

Der **Seeb International Airport** liegt etwa 40 km westlich von Muscat.

Vor dem Abflug eines internationalen Fluges wird eine **Abflugsteuer von 5 RO** erhoben (meist bereits im Ticketpreis enthalten).

Flugauskunft am Flughafen erhält man unter Tel. 519223; englischsprachige Ansage der Ankunft- und Abflugzeiten durch die Telefongesellschaft, Tel. 1101.

Wichtige Fluggesellschaften sind:

- **British Airways**
Tel. 565123, 571294, Fax 571380
- **Emirates**
Tel. 786600, Fax 750989
- **Egypt Air**
Tel. 794113, 796134, Fax 795721
- **Gulf Air**
Tel. 703222, 703544, Fax 793381
- **KLM**
Tel. 708635, 562670 und 566737
- **Kuwait Airways**
Tel. 706205, 704455, Fax 700483
- **Lufthansa**
Tel. 796692, 796680, Fax 798987
- **Oman Air**
Tel. 707222 (siehe auch unten)
- **Royal Jordanian**
Tel. 796693, 707930, Fax 788098
- **Swiss Air / Cross Air**
Tel. 703303, 787416, Fax 799502

Flugverbindungen innerhalb Omans mit Oman Air:

- **nach Salalah** (Dhofar) zweimal am Tag (76 RO)
- **nach Khasab** (Musandam) Mo, Mi und Sa (40 RO)
- **Auf die Insel Masirah** bestehen **keine offiziellen Verbindungen mehr.** Mit Glück kann man einen Platz in den Maschinen der Ölgesellschaft PDO erhalten (Infos am Flughafen).

Alle Preise gelten für Erwachsene hin und zurück.

Information und Buchung bei Oman Air, Büro in Ruwi gegenüber der Zentralbank, Tel. 707222, 798096 (Reservierung), 750812 (Ticketing), Fax 795546, oder in großen Reisebüros.

Verkehrsanbindung:

Taxis für die Strecke vom Flughafen nach Mutrah, Ruwi oder Muscat kosten ca. 6 RO.

Busse fahren tagsüber regelmäßig (ungefähr alle 30 Min.) von und nach Mutrah und Ruwi. Da sich der Flughafen direkt an der Küstenautobahn befindet, passieren ihn die staatlichen Überlandbusse auf allen Strecken.

Häufiger unterwegs sind allerdings **private Minibusse** (300 Bs) und **Sammeltaxis,** die man überall durch Winken anhalten kann.

Autovermietungen

Die **Flughafenfilialen** haben täglich 24 Stunden geöffnet – auch freitags, an Feiertagen und im Ramadhan.

- **AVIS**
Hauptbüro im Muscat Inter-Continental Hotel (Postadresse: P. O. Box 833, Ruwi 112), Tel. 601224, Fax 694885,
e-Mail: avisoman@omantel.net.om;
im Al-Bustan Palace Hotel: Tel. 703242;
im Sheraton Hotel in Ruwi: Tel. 799899;
am Flughafen: Tel. 510342
- **Budget**
Hauptbüro (Postadresse: P. O. Box 889, Muscat 113), Tel. 794721, 794723, Fax 798144,
e-Mail: budgetom@omantel.net.om;
im Novotel in Ruwi: Tel. 794721, Fax 798144;
im Mercure Al-Falaj Hotel in Ruwi: Tel. 700521, Fax 704248;
am Flughafen: Tel. 510816, 510817
- **Europcar**
Hauptbüro (Postadresse: P. O. Box 3275, Ruwi 112), Tel. 700190 und 700191, Fax 794061, e-Mail: eurmct@omantel.net.om;
im Holiday Inn, Al-Khuwair: Tel. 694093, Fax 697789;
am Flughafen: Tel. 521369
- **Global Car Rental**
Büro beim Interconti Hotel (Postadresse: P. O. Box 28, Mutrah 114), Tel. 697140, Fax 696393, e-Mail: glowbal@omantel.net.om
- **Hertz**
Hauptbüro Al-Nahda Street, Wattayah (Postadresse: P. O. Box 962, Muscat 113), Tel. 566208 und 566049, Fax 566125,
e-Mail: nttoman@omantel.net.om;
am Flughafen: Tel. 521187
- **Khimji Ramdas**
Verleiht amerikanische Hummer-Militär-Geländewagen, Tel. 788822, Fax 795988,
e-Mail: krauto@omantel.net.om
- **Mark Rent a Car**
Im Hatat House, Wattayah (Postadresse: P. O. Box 3310, Ruwi 112), Tel. 522444, Fax 565434;
am Flughafen: Tel. 510033
- **Sixt**
Im Majan House, Al-Khuwair, Tel. 600793, Fax 565434;
am Flughafen: Tel. 510224

•Thrifty Car Rental
Hauptbüro in Al-Khuwair (Postadresse: P. O. Box 198, Mutrah 114), Tel. 604248, Fax 602512, e-Mail: haditha@omantel.net.om;
in Ruwi: Tel. 784275;
am Flughafen: Tel. 521189

•Toyota Rent a Car
Hauptbüro (Postadresse: P. O. Box 282, Muscat 113), Tel. 600793, Fax 601056,
e-Mail: tracbest@omantel.net.om;
im Crowne Plaza Hotel in Qurum: Tel. 561427, Fax 565968;
in Ruwi: Tel. 704455;
am Flughafen: Tel. 510933 und 510224

Limousinenservice

•Stag Limousine, Tel. 703656

Banken/Exchange

Zahlreiche große **Banken** haben ihre Hauptfiliale im Ruwi/Mutrah Business District. Die meisten Geldhäuser befinden sich in der Bank al-Markazi Street, die von der Chamber of Commerce and Industry in Richtung Omantel führt. Banken gibt es auch in den Einkaufszentren.

Die großen **Hotels** besitzen alle einen Wechselschalter, allerdings sind die Kurse hier schlechter als in den Banken oder Geldwechselbüros.

•Bank Muscat al-Ahli al-Omani
Hauptbüro Postadresse: P. O. Box 134, Ruwi 112, Tel. 703044, Fax 793536; Filialen in Medinat Qaboos, Muscat, Hatat-House Ruwi, Al-Khuwair, Seeb

•Commercial Bank of Oman
Hauptbüro P. O. Box 1669, Ruwi 112, Tel. 793226, 793227 und 793228, Fax 793229; Filialen in Muscat, Ruwi, Mutrah Corniche, Seeb, Al-Khuwair

•HSBC (früher British Bank of Middle East)
Hauptbüro Postadresse: P. O. Box 240, Ruwi 112, Tel. 799920, Fax 704241; Filialen in Ruwi, Muscat, Mutrah

•Citibank
Ruwi, Bait al-Falaj Street beim Omantel-Tower (Postadresse: P. O. Box 1994, Mutrah 114), Tel. 795705, Fax 795724

•Habib Bank AG Zürich
Hauptbüro Postadresse: P. O. Box 2717, Ruwi 112, Tel. 799876

Viele seriöse kleine **Wechselstuben** sind im Mutrah Souq und in der Ruwi Souq Street anzutreffen.

•Mustafa and Jawad Exchange Co.
In Ruwi gegenüber vom O.C. Centre am Ruwi Kreisverkehr, Tel. 707025, und an der Corniche in Mutrah, Tel. 714816

•Hamdan Exchange
Ruwi Souq Street, Tel. 791801

Postämter

In Muscat

•Barid Street am Bab Kabir (außerhalb der Stadtmauern), geöffnet Sa bis Mi 8–13.30 und 15.30–18 Uhr, Do und Fr 9–11 Uhr

In Ruwi

•Hauptpostamt am Omantel-Turm, geöffnet Sa bis Mi 8–14 und 15.30–17.30, Do und Fr 8–11 Uhr

•Al-Nahdha Street am Hamriyah Kreisverkehr, geöffnet Sa bis Mi 7.30–21, Do und Fr 8–11 Uhr

In Qurum

•Im **Al-Harthy Commercial Centre,** geöffnet Sa bis Mi 7.30–14.30 und 19–21 Uhr

•Mina al-Fahal, Seih al-Malih Street in der Nähe der General Technical Library, geöffnet Sa bis Mi 8–14 Uhr, Do 8–11 Uhr

In Medinat Qaboos

•Neben der BP-Tankstelle beim British Council, geöffnet Sa bis Mi 8–14 Uhr

In Seeb

•Hauptpostamt der Capital Area, gegenüber des Flughafens, geöffnet Sa bis Mi 8–15 und 17–24 Uhr, Do 8–11 Uhr

Kurierdienste

•EMS (Express Mail Service)
In allen Postämtern

•DHL, Wattayah, Tel. 563599, Fax 564179

oman_344 Foto: tk

Ein Eingangstor zum Souq von Mutrah

- **Federal Express**
Ruwi, Sinaw House, gegenüber vom Al-Nahda Hospital, Tel. 793311, 793700 und 792901, Fax 795554
- **TNT,** Tel. 605155, Fax 607140

Diplomatische Vertretungen

- **Embassy of the Federal Republic of Germany**
Ruwi, Al-Nahda Street, beim Al-Nahda Hospital (Postadresse: P. O. Box 128, Ruwi 112), Tel. 7732482, Fax 705690, Sa bis Mi 9–12 Uhr
- **Embassy of the Republic of Austria**
Medinat Qaboos, Mosa Abdul Rahman Hassan Complex, Building No. 477 (Postadresse: P. O. Box 2070, Ruwi 112), Tel. 793135, 793145, Fax 793669, Sa bis Mi 8–12 Uhr
- **Consulate of Switzerland**
Ruwi, Office No. 106 im Hatat-House am Wadi Adai Kreisverkehr (Postadresse: P. O. Box 1181, Ruwi 112), Tel. 568202 und 564357, Fax 562663, Sa bis Do 8–14 und 16.30–19 Uhr

Reisebüros

- **Bahwan Travel Agencies**
Gegenüber des Sheraton Hotels (Postadresse: P. O. Box 282, Muscat 113), Tel 704455, Fax 700483
- **Eihab Travel**
Kurier- und Cargoservice, Autovermietung, Campingverleih, an der Mutrah High Street (Postadresse: P. O. Box 889, Muscat 113), Tel. 796282, Fax 793849
- **Mezoon Travel**
(Postadresse: P. O. Box 629, Muscat 113), Tel 796680, 176685, Fax 795721
- **National Travel and Tourism**
(Postadresse: P. O. Box 962, Muscat 113), Wattayah, Tel. 566046, Fax 566125; Büros in Seeb, Tel. 620273, Fax 624387, und Qurum, Tel. 564783, Fax 564784
- **OUA Travel Centre**
(Postadresse: P. O. Box 985, Ruwi 112), Tel. 708635, Fax 796998

- **United Travel**
(Postadresse: P. O. Box 599, Mutrah 114), Tel. 703303, Fax 799502

- Zu **Tourveranstaltern** siehe „Praktische Tipps A–Z" unter dem Stichpunkt „Reiseveranstalter".

Sport und Aktivitäten

Bootsausflüge, Surfen, Wasserski, Angeltouren

- **Al-Bustan Palace Hotel**
Al-Bustan, Tel. 799666
- **Al-Haditha Tours**
Tel. 603587
- **Arabian Sea Safaris**
Tel. 693223, Fax 693224
- **Crowne Plaza Hotel**
Qurum Hights, Tel. 560100
- **Grand Hyatt Hotel**
Shati al-Qurum, Tel. 602888
- **Inter-Continental Hotel**
Shati al-Qurum, Tel. 600500
- **Qurum Beach Sheraton**
Shati al-Qurum, Tel. 605933
- **Marina Bandar al-Rowdha**
Zwischen Muscat und Al-Bustan, jeden Tag von 16.30–18.30 Dhautour mit Nachmittagstee, auch sonstige Bootstouren, Tel. 737288, Fax 737285

Pool, Tennis und Fitnessraum

- Siehe unter Hotels

Tauchen

- Siehe Exkurs „Die Seeseite des Sultanats – Tauchen und Schorcheln in Oman"

Yachtclubs

- **Capital Area Yacht Club**
Zwischen Muscat und Al-Bustan, Tel. 737712
- **Marina Bandar al-Rowdha**
Zwischen Muscat und Al-Bustan, Tel. 737288, Fax 737285

Schlittschuhlaufen

- **Al-Khuwair Ice Rink**
Kleines Eisstadion im Al-Khuwair Center direkt am Sultan Qaboos Highway, täglich 9–22 Uhr (allerdings sind einige Zeiten für Eishockeyclubs reserviert), 2 Stunden Laufzeit inkl. Schlittschuhverleih 3 RO, Tel. 696492

Bowling

- **Seeb Novotel,** beim Flughafen, Tel. 510300
- **Sheraton Hotel,** Ruwi, Tel. 799899

Golf

- **Ghalla Wentworth Golf Club**
An der Straße nach Bowshar, bei Ghalla, Sandplatz mit betonierten Abschlagplätzen und Pool (Postadresse: P. O. Box 2166, Seeb 111), Tel. 591248, Fax 593248

Minigolf

- **Al-Bustan Palace Hotel**
Al-Bustan, Tel. 799666

oman_337 Foto: fk

Balkon eines wohlhabenden Handelshauses in Mutrah

Reiten

- **Sharady Equestrian Centre**
Seeb, Tel. 621227

Einkaufen

Einkaufskomplexe und Supermärkte

Die größten Einkaufskomplexe, das **Capital Commercial Center (CCC)** und das **Sabco Center** (wozu auch der Al-Araimi Complex, die Al-Khamis Plaza, die Alasfoor Plaza und das Al-Wadi Centre gehören), befinden sich im Ortsteil Qurum rund um den Qurum und Seih al-Malih Kreisverkehr. Auf der anderen Seite des Sultan Qaboos Highway in Richtung Ruwi steht unübersehbar der **Al-Harthy Complex.** Alle drei bieten alle Arten von Geschäften: teure Boutiquen, Juweliere und Läden mit exklusiven Souvenirs, aber auch Fotogeschäfte, Bäckereien, Optiker und riesige Supermärkte, außerdem Cafeterien und Fast-Food-Restaurants. Besonders bei den europäischen Einwohnern erfreuen sich diese Zentren großer Beliebtheit.

Ein **Al-Fair-Supermarkt** mit einer guten Auswahl an Produkten aus aller Herren Länder ist beim Interconti Hotel am Strand von Qurum. Auch in der **Zakher Shopping Mall** in Al-Khuwair befindet sich ein Al-Fair, daneben aber auch viele weitere Geschäfte. Der **Sultan Centre Supermarkt** neben dem Al-Harthy Centre ist nicht nur der größte Markt (eigentlich schon ein Warenhaus), sondern auch sehr günstig.

In Ruwi bietet das **Oman Commercial Centre** (O.C. Centre) am Ruwi Kreisverkehr eine mittelgroße Auswahl an Geschäften, zumeist Bekleidung und Schuhe. In der Ruwi Souq Street steht das **Khimji Megastore**-Kaufhaus. Der ebenfalls in Ruwi (beim Omantel-Tower) gelegene **Sultan Supermarket** gehört mit zu den günstigsten der Stadt.

Im Zentrum von Medinat Qaboos befindet sich das **QCC-Shopping Centre** mit diversen Läden und mehreren Restaurants.

In Seebs Zentrum vereinigt der **Al-Mawaly Commercial Complex** verschiedene Läden unter einem Dach.

Omanische Handwerksartikel/ Kunstgalerien/Antiquitäten

Im Souq von Mutrah finden sich in der ersten Parallel-Gasse zur Corniche zahlreiche Läden, die Antiquitäten und Handwerksartikel wie z. B. Weihrauchbrenner, Silberschmuck, Krummdolche, Schwerter, Kaffeekannen, Rosenwassersprinkler, Webteppiche, Töpferwaren oder Truhen anbieten. Ein solch großes Angebot findet sich in keinem anderen Souq in Oman.

Exklusivere und kostspieligere Stücke bekommt man in zahlreichen Läden in den Einkaufszentren sowie bei:

- **Bait al-Turath al-Omani**
Ghubrah, neben der Porsche-Vertretung, Tel. 593719
- **Bait Muzna Gallery**
Muscat, im Zubair Museum, Tel. 739204
- **Majlis Gallery**
Al-Athaibah, Tel. 501057, auch schöne Antiquitäten,
- **Government Handycraft Outlet**
Ruwi, in der Nähe der Sultan Qaboos Moschee
- **Majlis Gallery**
AL-Athaibah, Villa 54, Street 44, Tel. 501057
- **National Trading Company**
Qurum, Al-Inshirah Street, beim British Council, Tel. 697014
- **Raj Relics**
Ghubrah, Way 3616, hinter der Bahr-Fabrik, Tel. 593131
- **Tamimah Gallery**
Muscat, Altstadt, Tel. 737683
- **The Omani Heritage Collection**
Shati al-Qurum, im Zentrum neben dem Interconti, Tel. 696974

Goldschmuck

- Auch hier findet sich **im Mutrah Souq** die größte und preisgünstigste Auswahl.
- Exklusivere Stücke gibt es in den **Juweliergeschäften der großen Einkaufszentren** (z. B. im Araimi Complex, Qurum).

Bekleidung, Stoffe

- Der Souq von Mutrah quillt förmlich über mit Stoffen, preiswerten Bekleidungsstücken und Schuhen vom indischen Subkontinent.

Dazwischen finden sich zahlreiche traditionell omanische Stücke wie kummas und Kaschmirtücher für Männer, bunt bedruckte Tücher in allen Größen für Frauen, dishdashas in einer reichen Farbpalette, bunt bestickte sirwals und kandouras, Kinderkleider und und und.

- Kummas und Kaschmirtücher gibt es in großer Auswahl auch im O.C. Centre am Ruwi Roundabout.

Exklusive Teppiche

Al-Raid (Tel. 702205) hat Filialen im Al-Bustan Palace Hotel, im Inter-Continental Hotel, im Sabco Center und im Capital Commercial Center.

Gewürze

- Im **Souq von Mutrah** findet man ein großes Angebot. Die Gewürze werden aus großen Säcken abgefüllt und abgewogen.
- Eine große Auswahl an Gewürzen, Nüssen, Kaffee und Süßigkeiten bieten auch **Oman Coffee Mills.** Filialen sind im O.C. Centre am Ruwi Kreisverkehr und neben der Shell-Tankstelle am Highway westlich des Inter-Continental Hotels.
- Die großen **Supermärkte** haben neben omanischen Gewürzen auch indische und asiatische Produkte im Sortiment.

Weihrauch

Das wohlriechende Harz kann man in Oman **quasi an jeder Ecke** kaufen. In nahezu allen Supermärkten und Lebensmittelläden findet man ihn in abgepackter Form, im Souq von Mutrah wird Weihrauch auch aus großen Säcken lose verkauft. Hier kann man die verschiedenen Qualitäten gut vergleichen; als Faustregel gilt: je heller die Farbe, desto besser die Qualität.

Englischsprachige Bücher und Landkarten

- **Family Bookshop**
Großes Sortiment, besonders an Literatur über Oman. Filialen im Inter-Continental Hotel, Qurum, Tel. 693210; im Sabco Centre, Qurum, neben dem Highway am Qurum R/A, Tel. 564391; im Sultan Building, Ruwi, Sunoor Street, Tel. 786463; im Medinat Qaboos Shopping Centre, Tel. 600084.
- **House of Prose**
Große Auswahl an gebrauchten englischen Taschenbüchern, kauft auch zum halben Preis wieder zurück, Al-Wadi Centre, am Qurum R/A, Tel. 564356

Sport- und Campingausrüstung

- **Haji Dawood**
In Mutrah am Samaka (Fisch)-Kreisverkehr, Tel. 712647
- **Khimjis Sports Shop**
Im Einkaufszentrum beim Interconti, Tel. 604948; im CCC, Qurum, Tel. 561350
- **Muscat Sports**
Ruwi, Tel. 707623; Al-Araimi Centre Qurum, Tel. 564364; Zakher Mall, Al-Khuwair, Tel. 698787
- **Sports 2000,** Qurum, Tel. 564646
- **The Surf Shop**
Shati al-Qurum, Tel. 694303, Fax 605117
- Verkauf auch in den großen Supermärkten (z. B. Al-Fair in Qurum).
- **Verleih durch Eihab Travel**
Tel. 796282, Fax 793849
- **Muscat Diving & Adventure Center**
Tauch- und Kletterausrüstung, Al-Khuwair, beim Radisson SAS, Tel. 685663

- Wegen **Tauchausrüstung** wendet man sich am besten an die Tauchbasen (siehe Exkurs „Die Seeseite des Sultanats – Tauchen und Schorcheln in Oman"), die Equipment verleihen und teils auch verkaufen bzw. Adressen nennen können.

Fotozubehör, Kamerareparatur, Filmentwicklung

- **General Electric and Trading Co.**
Canon-Zubehör, Tel. 706081, 706153 und 705808
- **Photocentre**
Entwicklung, Fuji-Zubehör, Al-Araimi Complex (Sabco Centre) und Al-Harthy Complex, Qurum, Tel. 561015, 560157, 706752
- **Salam Studios & Stores**
Kameras und Zubehör, Mina al-Fahal, Tel. 564071
- **Shah Nagardas Manji Co.**
Kodak und Yashica, Tel. 703817, 703946

Büchereien

- **General Technical Library**
Referenzbücherei, von PDO gestiftet, Qurum, in Richtung Mina al-Fahal, Sa bis Mi 10–13.30 und 16.30–21, Do 9–13 Uhr (im Ramadhan Sa bis Mi 10–13.30 und 18.45–24 Uhr, Do 10–14 Uhr), Tel. 673111
- **National Islamic Library**
Referenzbücherei, englische und arabische Bücher, Al-Noor Street, Ruwi, Sa bis Do 7.30–14 Uhr, Tel. 703881
- **Oman Chamber of Commerce and Industry**
Gegenüber vom Sheraton Hotel in Ruwi, Sa bis Mi 7.30–14 Uhr, Tel. 707674, Ext. 314

Kirchen

- **St. Peter and St. Paul Church**
Katholisch, Ruwi, Tel. 701893
- **Oman Protestant Church**
Evangelisch, Ruwi, Tel. 799475
- **Holy Spirit Catholic Church**
Katholisch, Ghala, Tel. 594656

Feste und Veranstaltungen

Tipps zu Veranstaltungen, Konzerten und Theateraufführungen findet man in den Magazinen „Oman Today" und „What's on".

- Anfang Februar 1998 fand erstmals in Qurum ein **Heritage Festival** statt. Die Darbietungen omanischer Traditionen fanden einen so großen Anklang, dass das Festival regelmäßig wiederholt werden soll. Allerdings hat sich bislang noch kein fester Rhythmus eingestellt.
- Im Sabco Centre in Qurum findet jeden November eine kleine **Handwerksausstellung** statt. Ausgestellt und verkauft werden Web-, Flecht- und Töpferarbeiten. Im Wechsel kann man auch einigen Handwerkern bei der Arbeit zusehen.
- **Pferderennen und Kamelrennen** finden in Seeb zum Nationalfeiertag und nach Ankündigung statt. An den Eid-Feiertagen werden Kamelrennen in Al-Felaij abgehalten.
- Freunde **klassischer Musik** können gelegentlich einem **Konzert** im Auditorium des Al-Bustan Palace Hotels beiwohnen – der Sultan dirigiert manchmal sogar höchstpersönlich, auch öffentlich.

Sonstiges

Hubschrauber- und Flugzeugcharter/Rundflüge

- **Airlink Tours**
P. O. Box 2981, Muscat 111, Tel. 597152, 597836, Fax 597471
- **Fort Travel & Tours,** Tel. 780799
- **Mashareea Al Sultanate,** Tel. 607293

Automobilclub

- **Oman Automobile Association**
Tel. 510239

Erlaubnis zum Schildkrötenbeobachten

Für den Besuch des Strandes in Ras al-Junayz bei Sur, an den die Meeresschildkröten zur Eiablage kommen (siehe auch Exkurs „Meeresschildkröten im Mondschein"), ist eine Genehmigung erforderlich. Hat man die Tour nicht über einen Veranstalter geplant, ist sie **im Ministry of Regional Municipalities and Environment** (arab. *Wizarat al-Baladiyat*) in Al-Khuwair erhältlich (am Al-Khuwair Kreisverkehr vom Highway abbiegen, Richtung Meer, am ersten Kreisel nach links, Ministerium auf der rechten Seite, ein Gebäude

Im Hennastudio

von Kirstin Kabasci

Malereien mit dem Naturstoff Henna sind bei uns in den letzten Jahren stark in Mode gekommen. Sozusagen als „Tatoo-Light" werden sie verkauft, was allerdings nicht ganz korrekt ist, denn mit dem Prinzip des Tätowierens hat die arabische Hennakunst außer der Abbildung von farblichen Mustern auf der Haut nichts gemein.

In Oman ist Henna Alltag und hat eine lange Tradition. Überall fallen arabische und indische Frauen auf, die ihre Hände und Füße mit filigranen Mustern aus brauner Farbe verziert haben, denn viele Araber glauben, Henna ist eine Gabe Gottes und überträgt „Baraka", „Segen". Diese Überzeugung wurzelt in alten arabischen Volksweisheiten und in einer Art „Aberglauben", die älter sind als der Qur'an und nicht mit ihm im Einklang stehen.

Einer von Prophet Muhammads Ratschlägen in den Hadithen besagt, dass sich Männer ihre grauen Haare mit nichts anderem als Henna färben sollten. Der Brauch, den Naturstoff zum Verschönern der Hände zu benutzen, soll von Muhammads Tochter Fatima etabliert worden sein. Sie war arm und besaß keinen Schmuck, so bemalte sie ihre Haut mit eleganten Ornamenten und Arabesken. Daher wird Henna nahezu im gesamten arabischen Kulturraum bereits seit den frühen Tagen des Islam benutzt, sowohl von den Frauen als auch von den Männern. Letztere färbten sich aber nicht nur ihre ergrauten Kopfhaare, viele fanden Gefallen daran, ihren Bärten mit Henna eine rötlich-braune Farbe zu verleihen. Auch Frauen nutzen den Naturfarbstoff, um ihren Haaren eine besondere Farbnote, Gesundheit und Glanz zu verleihen. Neben der Färbeeigenschaft, die den Haaren etwa vier bis sechs Wochen zu neuer Farbe verhilft, hat das Kraut auch eine naturheilkundliche Wirkung. Eine spezielle Mischung von Hennakräutern pflegt und heilt raue, beanspruchte Haut wirksam und langanhaltend. Viele Männer und Frauen, die mit ihren Händen harte Arbeit verrichten, pflegen ihre Handteller mit Hennapaste. Dabei nimmt die Haut eine dunkelbraune Farbe an. Das Farbpigment wird von der Haut aufgenommen und ist daher wasserfest. Nach etwa drei bis fünf Wochen ist es vollständig abgebaut, so dass die Farbe verschwunden ist.

Mit der Hennapaste lassen sich auch ornamentartige und blumenförmige Motive auftragen. Solche perfekt und fein angefertigten Malereien werden von den arabischen – und auch den indischen – Frauen und ihren Männern als Schönheitsmerkmal angesehen. Meist sind die Handinnenflächen, die Fingerkuppen und die Fingernägel bemalt, zu besonders feierlichen Anlässen auch Füße und Knöchel. Vor einem großen Fest treffen sich die weiblichen Familienmitglieder und üben dieses Schönheitsritual gemeinsam aus. Bei ihrer Hochzeit wird die Braut mit besonders schönen und aufwändigen Mustern attraktiv geschmückt.

Zunächst werden die getrockneten Blätter des Hennastrauches (lat. *lawsonia inermis*) zu feinem Pulver zermahlen und mehrmals durch ein feines Musselin-Tuch gefiltert. Man kann Hennapulver auch für wenig Geld in jedem Supermarkt oder Gewürzladen kaufen. Anschließend wird das grüne, staubfeine Pulver mit Wasser, Eukalyptusöl und Limonensaft zu einer weichen Paste angerührt. Statt Öl und Limone kann man wahlweise auch den Saft von gekochten Tamarinden- oder Teeblättern zugeben. Diese Stoffe bewirken, dass der rötliche Farbstoff des Henna seine Wirkung besser entfaltet. Vor dem Gebrauch sollte die schlammartige Mixtur noch ein bis zwei Stunden in der Sonne gären.

In den Souqs werden auch gebrauchsfertige Mischungen in einer Metalltube mit beiliegender Plastikspitze angeboten.

„Henna Artist and Hair Dressing“, „Facial and Bridal Make Up“, „Beautician“, „Henna and Beauty Saloon“ ... überall werben solche oder ähnliche Schilder und ich beschließe, meine Hände in einem solchen Salon von einer professionellen Hennakünstlerin verschönern zu lassen.

Neugierig betrete ich einen so genannten „Beauty Parlour“, in dem sich eine zierliche Inderin mit rot-goldenem Sari als Sonal vorstellt. An einer Wandseite befinden sich vier Friseurstühle mit Waschbecken und riesigen Spiegeln. Auf dem Boden unterhalb des Fensters liegen dicke Kissen, zwischen denen halbrrunde Polster als Armlehnen stehen. Grünliche Hennakleckse an den Bezügen dokumentieren den Besuch der letzten Kundinnen. Daneben führt eine Tür in eine Wohnung, aus der munteres Kinderlachen schallt.

Ich erkläre, dass ich meine Handaußenseiten gerne mit Hennamustern bemalt hätte. „Indian, Omani or Sudanese-Style?“ fragt Sonal schlicht und zieht ein kleines Fotoalbum zwischen den Kissen hervor. Auf den unscharfen Bildern sind massenhaft Hände und Füße mit noch mehr Motiven abgebildet. „Das omanische Design“, erklärt Sonal „besteht aus geschwungenen, floralen Formen und kostet einen Rial pro Handseite und zwei Rial pro Fuß. Das indische Design ist viel feiner und arbeitsaufwändiger und kostet daher 2,5 Rial pro Handseite und 5 Rial je Fuß. Für das sudanesische Dekor male ich große Blütenmotive, und es kostest ebenfalls 1 Rial je Handseite. Außerdem gibt es noch sehr elegante und arbeitsaufwändige Hochzeitsmuster, die natürlich teurer sind.“ Manche der Malereien sind zweifarbig braun und schwarz. Sonal ergänzt, die schwarze Färbung entstehe, wenn man dem Henna chemische Wirkstoffe oder Benzin zugebe. Obwohl ich diesen Stil sehr schön finde, sind mir die Inhaltsstoffe gar nicht geheuer.

Da die vielen Bilder keine große Entscheidungshilfe sind, vertraue ich mich Sonal an und bitte sie, ein schönes omanisches Muster zu improvisieren. „No problem“, lächelt sie und setzt sich mit einer kleinen Plastik-Spritztüte, in der die Hennapaste eingerollt ist, neben mich. Sonal schneidet ein kleines Loch in die Spitze der Tüte und ähnlich wie man einen Kuchen mit Sahne verziert, drückt sie eine stecknadelkopf-dicke Wurst aus der Spritztüte auf meine Haut. Mit einer ungeheuren Fingerfertigkeit und Schnelligkeit formt sie Linien, Kreise, Blumen, Blätter, Tropfen und verbindet sie zu einem kleinen Kunstwerk. Die dunkelgrüne Paste verläuft nicht und schon in weniger als zehn Minuten ist die erste Hand vollendet. Auch mit meiner Rechten ist sie wieselflink fertig – ein letzter Klecks und Sonal steht auf, um sich ihre Hände zu waschen.

„Das Henna muss jetzt noch eine Viertelstunde antrocknen“, ruft sie und verschwindet im Nebenzimmer. Ich vertreibe die Zeit, indem ich so gut es geht in indischen Frauenzeitschriften blättere. Allmählich bekommt die Paste eine Kruste und nach drei Zeitschriften kommt Sonal wieder herein. Sie schneidet ein Stück Fruchtfleisch aus einer Zitrone, tunkt es in ein Schälchen mit Zucker und tupft dieses vorsichtig über meine Handrücken, die danach wie Tortenguss glänzen. „Finished“, triumphiert Sonal. „Wenn das Henna in einigen Stunden vollständig getrocknet ist, müssen Sie es mit einem Messer abkratzen. Sie dürfen Ihre Hände aber bis morgen früh nicht waschen.“

Ich habe alles so getan, wie Sonal mir geraten hat. Nachdem ich das getrocknete Henna abgekratzt hatte, erschreckte mich eine leuchtend-grell-orange Farbe. Doch – alhamdulillah – nach einer Nacht hat sich das Orange wie durch Zauberhand zu dunklem Braun gewandelt. Insgesamt hielt die Malerei etwas über drei Wochen, in den letzten Tagen eher einem Hautausschlag ähnelnd, da die Farbe nicht gleichmäßig verschwand.

nach dem grün bewachsenen Haus); geöffnet Sa bis Mi 7.30–14 Uhr, Tel. 696456, Fax 699655, Gebühr 3 RO pro Person. Der genaue Besuchstag und das Fahrzeugkennzeichen müssen angegeben werden.

Hennastudios

- **Sonal Mehta Beautification and Henna Artist**
In der Nähe des Falaj Hotels in der Al-Mujamma Street, Ruwi, Tel. 794047
- **Bhavna Henna**
Al-Boorj Street, Ruwi, Tel. 707655; am Qurum Kreisverkehr gegenüber vom Capital Commercial Centre, Qurum, Tel. 560170

Strände bei Yiti, Bandar Khayran und Al-Sifah

Südlich von Muscat liegen einige kleine Fischerorte mit sehr **schönen Buchten und Stränden.** Am Wochenende sind sie ein beliebtes Ausflugsziel der Einwohner Muscats, die dem Trubel der Hauptstadt entfliehen wollen. Bis kurz vor Yiti (18 km) gibt es eine geteerte Straße, bis Bandar Khayran (28 km) eine gut präparierte und mit einem Pkw befahrbare Piste. Ab dort bis zum Strand von Al-Sifah (50 km) kommt man jedoch wegen der stellenweise sandigen und steilen Steigungen ohne Allradfahrzeug nicht aus.

Startpunkt der Strecke ist der **Al-Hamriyah Kreisverkehr** in Ruwi, an dem man in Richtung Ruwi Souq Street abbiegen muss. Nach **900 m** weist kurz vor Beginn der Souq Street ein Wegweiser nach Yiti auf die 1994 erbaute Teerstraße hin. Sie führt durch die enge Hauptstraße von Hamriyah, nach dessen Ortsende es steil bergauf geht. Ab hier windet sie sich wie eine Achterbahn durch das Wadi Qanu.

Bei **km 15** endet die Teerdecke, und eine gut planierte Piste beginnt. Einen **½ km weiter** zweigt rechts ein Weg in Richtung Al-Hajar auf die Teerstraße Muscat – Quriat ab.

Geradeaus erreicht man bei **km 18** den kleinen Fischerort **Yiti.** Hier folgen zwei Abzweige aufeinander, deren Beschilderung etwas verwirrend ist. An der ersten Gabelung führt die Piste nach rechts lediglich in den kleinen Ort **Al-Haloo.** Wenige hundert Meter weiter geht es rechts nach Bandar Khayran und Al-Sifah. Geradeaus kommt man durch Yiti nach 4 km an den **Strand.** Der Weg führt entlang einer Bucht, die weit ins Landesinnere hineinreicht. Der feinsandige Strand ist durch einen in der Bucht liegenden großen Felsen begrenzt. Unterkunft im einfachen Al-Moosa Beach Rest House, Tel. 586119, e-Mail: anosh@omantel.net.om.

Fährt man an der oben beschriebenen Abzweigung in Richtung Al-Sifah, liegt bei **km 23,5** rechts der Straße der kleine Ort **Yankut,** an dessen Bucht die Boote bei Ebbe auf dem Trockenen liegen. **Eineinhalb km hinter dem Ort** zweigt kurz vor einer kleinen Siedlung eine nicht beschilderte Piste nach links ab. Über sie erreicht man nach einem weiteren Kilometer die Bucht des **Khor Yankut** mit einem **schönen Sandstrand.** Das ruhige Wasser ist ideal zum Baden und, da es sehr flach abfällt, ein ungefährliches Planschbecken für kleine Kinder. Diese Bucht ist Teil einer großen, die in einzelne kleinere Buchten zergliedert ist. In ihrem Zugang zum offenen Meer liegt eine große Insel, wodurch die Wellen abgehalten werden und ein ideales Gebiet für verschiedene Wassersportarten entsteht. Zu Fuß kann man in einige weitere Buchten laufen und an einsamere Strandstücke gelangen. Hier finden sich **interessante Schnorchelreviere.**

Bei **km 26** führt die Strecke in weitem Bogen um eine malerische, **mit Mangroven bewachsene Bucht.** Bei Ebbe ist sie jedoch in weiten Teilen trockengelegt und nicht annähernd so hübsch.

3 km weiter passiert man den Ort **Khayran,** und bei **km 32** erreicht man einen Abzweig in das kleine Dorf **Al-Shaikh.** Die Piste windet sich auf dem folgenden Stück steil bergauf und bergab, und es bieten sich herrliche Ausblicke auf die zerklüfteten Berge. Immer wieder stehen halbwilde Esel am Wegesrand, und Ziegen kreuzen langsam die Piste. Nachdem man das letzte, extrem steile Gefälle hinter sich gelassen hat, geht es rechts noch wenige Kilometer weiter in das Wadi al-Zaket. Links führt die Piste nach **Al-Sifah,** das wesentlich größer ist als die Dörfer auf der bisherigen Strecke. Biegt man in Al-Sifah an der T-Kreuzung hinter der neuen Schule rechts ab, so kann man parallel zum Strand weiter in Richtung Süden fahren. Über kleine Pisten lassen sich immer wieder schöne ungestörte Plätze am Meer finden. Hält man sich **3 km hinter Al-Sifah** an einem grünen Schild mit arabischer Schrift nach links, so endet die Piste **nach weiteren 3 km** direkt am Strand. Der **weitläufige Sandstrand** wird von Dünen begrenzt und bietet ideale Campingmöglichkeiten.

Ausflüge von der Capital Area

- Der **Küstenort Quriat** ist in einer guten Stunde zu erreichen, die Fahrt führt durch eine skurrile Bergkulisse. Von Quriat kann man über Pisten in die das ganze Jahr über Wasser führenden **Wadis Dhayqah und Suwayh** fahren.
- Weitere empfehlenswerte Tagesausflüge von Muscat führen nach **Rustaq, Nakhl** und zu den Orten der **Batinah,** z. B. zu einem Bullenkampf (siehe Exkurs „Bullfight in der Batinah").
- **Nizwa und Umgebung** mit den Bergen des Hajar (siehe Abschnitt „Al-Dakhiliyah") sowie das östlich von Ibra gelegene **Wadi Bani Khalid** und die **Sandwüste Ramlat al-Wahiba** (siehe Abschnitt „Al-Sharqiyah") sind ebenfalls an einem Tag zu erreichen, doch ist hier ein längerer Aufenthalt zu empfehlen.

Die Küstenebene Batinah

الباطنة

Die Batinah-Küstenebene schließt sich im Westen an die Hauptstadtregion an. Sie erstreckt sich 400 km weit in nordwestlicher Richtung bis nach Musandam, der von den Emiraten umschlossenen omanischen Exklave, wo sich die Berge bis an den Golf von Oman ausdehnen. Knapp 300 km der Batinah liegen auf omanischem Gebiet.

Dieser etwa 40 km breite Streifen ist der **bedeutendste Agrarraum des Sultanats.** Parallel zum Strand verläuft ein kaum unterbrochener Oasenstreifen, der einst von zahlreichen Lagunen durchsetzt war, die allerdings heute fast alle versandet sind. Im Schatten der ausgedehnten Dattelhaine werden viele Obst- und Gemüsesorten angebaut. In den letzten Jahren konnte durch die Einführung neuer Bewässerungsmethoden vermehrt Tierfutter produziert werden, denn der Fleischkonsum der Omanis ist stetig gestiegen.

Die weit auslaufenden **Wadis des westlichen Hajar** bescheren der Region fruchtbaren Boden und einen beständigen Grundwasserspiegel, der an der Küste dicht unter der Erdoberfläche liegt. Schon im 8. Jahrhundert nutzten die Menschen diesen Standortvorteil und betrieben mittels künstlicher Damm- und Kanalbewässerung Landwirtschaft in der Batinah. In den 1970er Jahren begann der Staat den umfassenden agrarischen Ausbau dieser Region. Farmen und Gärten wurden finanziell gefördert, staatliches Land kultiviert

Dattelpalmen spenden den Feldern Schatten

und an Kleinbauern und Beduinen verteilt, große landwirtschaftliche Betriebe sowie Demonstrations- und Versuchsfarmen eingerichtet. Das führte dazu, dass das labile ökologische und hydrologische Gleichgewicht in Bewegung und stellenweise ins Wanken geriet. Der massive Einsatz von Motorpumpen trug seinen Teil dazu bei, dass in manchen Gebieten die Wasserentnahme größer war als der natürliche Zufluss von Süßwasser in Form von versickertem Regenwasser aus den Bergen. Im Bereich der Küstenlinie sank der Grundwasserspiegel, Meerwasser konnte dort in die Grundwasser führenden Schichten eindringen, das Wasser wurde unbrauchbar und der Boden versalzte. Der verstärkte Einsatz von Kunstdünger und die Tatsache, dass ausgedehnte Ackerflächen durch Überflutung bewässert wurden, führten landeinwärts außerdem zu einer Salzanreicherung in der obersten Bodenschicht.

Heute ist das Problem der Bodenversalzung weitgehend unter Kontrolle. Man lernte aus den früheren Fehlern und bemühte sich z. B. durch den Bau von Grundwasseranreicherungsdämmen in den Bergen, durch staatliche Kontrollen des Brunnenbaus, Einführung der Wasser sparenden Sprinklerbewässerung, Anreicherung des Bewässerungs- und Grundwassers mit entsalztem Meerwasser um eine schonendere Nutzung dieses Agrarraumes.

Bereits in vorislamischer Zeit bestimmte der **internationale Seehandel** den Alltag vieler Küstenbewohner. Er gab ihrem Leben, anders als im Lan-

oman_354 Foto: fk

desinneren, einen kosmopolitischen Touch. An der omanischen Küste liegt der Ausländeranteil seit jeher im Durchschnitt höher als im restlichen Land.

Wegen der in der Vergangenheit fortwährenden Gefahr feindlicher Angriffe von der Meeresseite, ist in den küstennahen Gebieten die Dichte an **Forts und Fluchtburgen** (Sing. *sur,* Pl. *aswar)* sehr groß. Zwischen Muscat und Shinas zählte man einst an die hundert aswar. In der flachen und schwer zu verteidigenden Batinah-Ebene waren solche Anlagen enorm wichtig, denn es gab keine Möglichkeit, sich in den Bergen zu verschanzen wie im westlich angrenzenden Hajar-Gebirge. Heute finden sich in fast jedem kleinen Küstenort Reste einer Wehranlage. Besonders sehenswerte und von der Regierung aufwändig restaurierte Bauwerke stehen in Barka, Na'aman, Al-Suwaiq, Sohar und Shinas. Durch den Kontrast von erneuerten und verfallenen Forts in allen Stadien, erhält man eine gute Vorstellung davon, welche Arbeit die omanischen Restaurateure geleistet haben, denn es wurden keineswegs nur gut erhaltene Forts restauriert, sondern auch Anlagen, die nur noch aus Fragmenten bestanden (wie z. B. das Bait Na'aman).

Auch die drei Oasenorte **Nakhl, Rustaq und Al-Hazm,** die zu Füßen des Hajar-Gebirges liegen, werden durch große sehenswerte Festungsanlagen dominiert.

Heute haben sich Leben und Handel vom Meer wenige Kilometer landeinwärts verlagert, denn dort wird die Batinah in ihrer gesamten Länge von einer breiten, in der Hauptstadtregion beginnenden **Autobahn** durchschnitten. Mit ihrer Fertigstellung hielt 1973 die Moderne Einzug – in den Stadtteilen an der wenige Kilometer entfernten Küste aber nicht in dem Maße wie direkt an der Straße. Es lohnt sich sehr, einen Abstecher ans Meer zu machen, um das noch nicht ganz so fortschrittliche Oman kennen zu lernen. Von der Capital Area kommend, fühlt man sich dort fast schon in eine andere Zeit versetzt.

Die Batinah von Osten nach Westen

Dieser Abschnitt beschreibt die Fahrt in Richtung Nordwesten von Muscat über Barka (ca. 80 km), Sohar (ca. 235 km) und Shinas bis an die Grenze der V.A.E. (ca. 315 km).

Es bietet sich die Fahrt **entlang der Küstenautobahn** an, denn von ihr kann man alle Orte der Batinah einfach und schnell erreichen. Die **Kilometerzählung** beginnt am Palast in **Muscat bei Null,** so dass man sich nach einem (oder mehreren) Abstecher(n) an den zahlreichen Hinweisschildern mit Entfernungsangaben nach Muscat neu orientieren kann.

Hotels stehen dem Besucher in Ras al-Sawadi, in Suwaiq und in Sohar zur Verfügung.

Der **Bus** von Ruwi nach Sohar (vier Stunden Fahrzeit) verkehrt dreimal täglich. Er fährt über den Küstenhighway und hält am Qurum R/A, Flughafen,

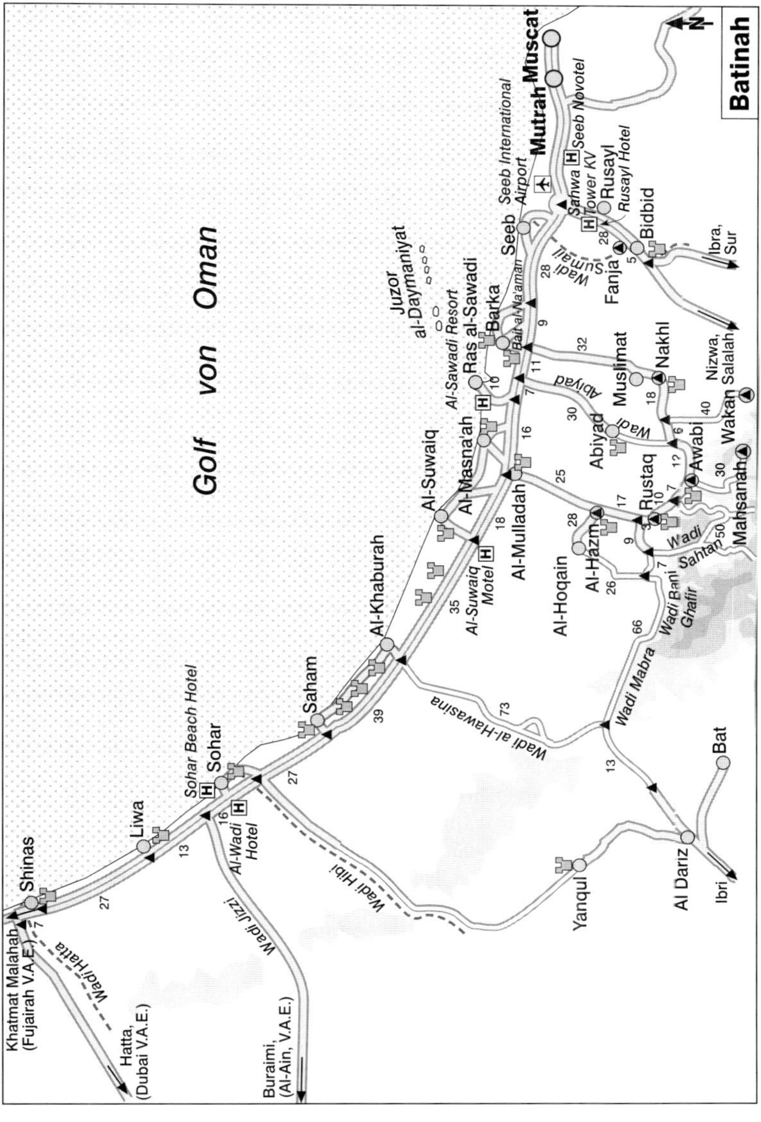
Batinah
N
Golf von Oman
Juzor al-Daymaniyat
Muscat
Mutrah
Seeb Novotel
Seeb International Airport
Sahwa Tower KV
Rusayl
Rusayl Hotel
Seeb
Bidbid
Ibra, Sur
Wadi Sumail
Fanja
Barka
Bait al-Na'aman
Ras al-Sawadi
Al-Sawadi Resort
Muslimat
Nakhl
Nizwa, Salalah
Wadi Abiyad
Abiyad
Wakan
Awabi
Al-Masna'ah
Al-Suwaiq
Al-Mulladah
Rustaq
Mahsanah
Wadi Sahtan
Al-Hazm
Al-Hoqain
Wadi Bani Ghafir
Al-Suwaiq Motel
Al-Khaburah
Wadi Mabra
Saham
Wadi al-Hawasina
Sohar Beach Hotel
Sohar
Bat
Al-Wadi Hotel
Liwa
Wadi Hibi
Yanqul
Al Dariz
Ibri
Shinas
Wadi Jizzi
Wadi Hatta
Khatmat Malahah (Fujairah V.A.E.)
Hatta, (Dubai V.A.E.)
Buraimi, (Al-Ain, V.A.E.)

Sahwa Tower R/A, Barka R/A, Masna'ah R/A und an den Abzweigungen nach Tharmad, Al-Suwaiq, Al-Khaburah. Außerdem kann man den Expressbus nach Dubai (zweimal täglich) nutzen. Infos der Oman National Transport Co. unter Tel. 590046 und 708522.

Streckenbeschreibung: Nachdem man die westlichen Vororte Muscats, den **Flughafen (km 37)** und den Abzweig nach Nizwa am **Sahwa Tower Kreisverkehr (km 44)** hinter sich gelassen hat, beginnt **hinter Seeb** das Gebiet der Batinah-Küstenebene.

57 km hinter Muscat zweigt rechts eine Straße zu den (für die Öffentlichkeit unzugänglichen) **„Royal Stables"** ab. Anders bei den nahe gelegenen **„Enam Equestrian Grounds"** – gleichzeitig Sitz der „Oman Equestrian Federation". Hier finden im Winterhalbjahr zahlreiche Pferdesportveranstaltungen statt. Ställe und Außenanlage zählen zu den schönsten im Mittleren Osten.

Bei **km 60** zweigt an einem Kreisverkehr eine (gesperrte) Privatstraße zum **Sultanspalast „Bait al-Barakah"**, zum „Haus des Segens", ab. In der Nähe befindet sich eine von Sultan Qaboos persönlich initiierte Aufzuchtstation für vom Aussterben bedrohte omanische Säugetierarten. Hier werden u. a. Hyänen, arabische Leoparden und Wölfe sowie die seltene Wildziege Tahr aufgezogen und medizinisch versorgt, um dann später in Naturreservaten ausgewildert zu werden.

Südlich des Kreisverkehrs steht eine **große Moschee,** die mit ihrer gelungenen Mischung aus alten und modernen Stilelementen einen kurzen Stopp lohnt. Man kann nahe heranfahren, das Betreten ist aber verboten.

5 km weiter erstreckt sich zwischen dem Meer und dem Highway der 400.000 m² große und prächtige **Al-Naseem Park.** Es lohnt sich, hier einen Halt einzulegen und durch das ausgedehnte Grün zu spazieren oder auf dem englischen Rasen ein Picknick zu machen. Der Park verfügt über einen japanischen und einen arabischen Garten, eine Dattelfarm, ein Aquarium, ein Café, diverse Spielplätze, eine Bimmelbahn, einen Picknickplatz, Tennis-, Volleyball-, Badminton- und Fußballplätze. Sein Unterhalt kostet jährlich 300.000 RO, und täglich werden fast 700.000 Liter Wasser verbraucht. Ein Ausbau auf die doppelte Größe ist geplant. Geöffnet Mo bis Mi 16–23, Do und Fr 9–23 Uhr, Di allerdings nur für Frauen und Kinder.

68 km hinter Muscat zweigt rechts eine Straße nach Rumais ab. Hier steht am Rand des kleinen Ortes das **Sur Rumais,** das auf den ersten Blick recht gut erhalten scheint. Die quadratische Fluchtburg besitzt vier runde Türme an den Ecken und einen eckigen Aufbau über dem Eingangstor. Erbaut ist sie aus Lehmziegeln, von denen der Verputz abgebröckelt ist. Im Inneren steht die Burg leer, hier ist der Verfall deutlich sichtbar.

Bei **km 70** geht eine Straße in Richtung Hajar-Berge nach **Al-Felaij** ab; vom Highway sind es 9 km in den Ort. Vor dem Dorf ist an der linken Seite ein riesiger **Staudamm** zum Schutz vor Flutwellen und zur besseren Nutzung

Das arabische Pferd – teurer Champion und treuer Companion

von Kirstin Kabasci und Julika Oldenburg

Wenn man sich mit dem arabischen Pferd beschäftigt, muss man bis zum Propheten Muhammad zurückgehen, denn er hat sozusagen den Arabern das Pferd „geschenkt". Es gilt als sicher, dass es bereits im 3. Jahrhundert n. Chr. Pferde in Arabien gegeben hat. Und doch war es Muhammad, der das innige Verhältnis zwischen Mensch und Tier herstellte. Man sagt ihm eine ungewöhnliche Pferdeleidenschaft nach, die er auch auf seine Anhänger übertrug. Vielleicht war ein Grund seiner Begeisterung die Erkenntnis, auf dem Rücken der Pferde die Ausbreitung des Islam mit größerem Erfolg führen zu können. Muhammad empfahl, das Pferd wie einen Freund zu behandeln, das Fohlen den eigenen Kindern gleichzustellen und die Mutterstute wie die eigene Familie im Zelt zu halten: „Liebet Eure Pferde, sorgt für sie, sie verdienen Eure Zärtlichkeit", und: „Wer sein Pferd gut behandelt, wird auch ein besseres Leben im Jenseits haben." Der Qur'an rät jedem Mann, ein Pferd zu besitzen und seinen Söhnen das Reiten beizubringen.

Man hat lange über die Pferdeleidenschaft des Propheten gerätselt und schließlich gemutmaßt, dass es wohl die Abwanderung des Propheten von Mekka nach Medina war, die diese Bewunderung für die Vierbeiner mit ihrer ungeheuren Ausdauer, ihrem Mut und ihrer Treue hervorgerufen hat. Mit 95 Stuten verließ er Mekka, nur fünf kamen in Medina an. Diese fünf Stuten werden als die Stammütter der Araberzucht betrachtet, die ihren Anfang in den Hochebenen des Nejd im heutigen Saudi-Arabien nahm. Von dort traten also im siebten Jahrhundert die islamische Religion und die Rasse des Araberpferdes ihren Siegeszug von Asien bis nach Europa an. Wenn man der Überlieferung glauben darf, dann trug die Schimmelstute Burak den Propheten nach seinem Tod geradewegs in den Himmel.

Das arabische Pferd ist berühmt für seine Schönheit, seine Ausdauer und Intelligenz, und es hat seine Kampffähigkeit in zahllosen Schlachten der vergangenen Jahrhunderte immer wieder unter Beweis gestellt. Aufgewachsen in einem Gebiet, das zu den unwirtlichsten dieser Erde gehört, zwischen Geröll und Sand, hat es sich zur edelsten Pferderasse der Welt entwickelt. Die Araber sind fest davon überzeugt, dass Allah seine Hand im Spiel gehabt hat.

Für Beduinen war das Araberpferd seit jeher mehr als nur ein Reittier. Durch viele Eigenschaften wie Würde und Stolz sowie die gemeinsame Fähigkeit, in der Wüste zu überleben, entstand ein gemeinsames Band, und das Pferd wurde zum besten Freund und Partner der Bedu. Die Lobpreisungen in Gesang, Poesie und Volkssagen, welche die Grazie, den Anmut und den Mut der Pferde huldigen, sind schier unendlich. Die überlieferten Verse erzählen auch von Ritterlichkeit und wagemutigen Heldentaten und dokumentieren mit welcher Hingabe und Liebe die stolzen Besitzer ihren treuen Gefährten pflegen und beschützen. Manche Lieder haben daneben den praktischen Sinn, das Pferd zu einem schnelleren Galopp anzuspornen.

Das Araberpferd ist durch seine typischen Merkmale unverkennbar: Kompakte Größe (um die 1,5 m Rückenhöhe), kurzer, starker Rücken, langer, schlanker Hals, feine, kleine Ohren, kleiner Kopf, große, runde Augen und ein elegant getragener Schweif. Hinzu kommen Feingliedrigkeit, Leichtfüßigkeit, Ausdauer, Temperament und Schnelligkeit – nicht zu unrecht werden die edlen Tiere auch „Trinker der Lüfte" genannt. Mit ihrem freundlichen Charakter, ihrer Gelehrigkeit und ihrer Genügsamkeit sind sie in der ganzen Welt beliebte Freizeitreitpferde. Die Vollkommenheit des Araberpferdes drückt sich auch in den poetischen Namen aus, mit denen die Fohlen gleich nach ihrer Geburt geehrt werden: „Das schön Wiehernde", „Sternenhimmel" oder „Mondwind" lauten nur einige der klangvollen Übersetzungen.

All die Vorzüge veranlassten Züchter, Araberhengste mit europäischen Rassen zu kreuzen. Heute werden in der westlichen Welt, auch in den USA, mehr Araberpferde gezüchtet als im Ursprungsgebiet, der arabischen Welt. Der Wert eines reinrassigen Arabers mit einer glorreichen Ahnentafel übersteigt mit Leichtigkeit den eines internationalen Derbysiegers. Um Adel und die sprichwörtliche Ausdauer zu fördern, wurden Araberhengste zu Stammvätern des englischen Vollbluts. Araberpferde sind meist die unbestrittenen Sieger bei Distanzritten, bei Dressur- und Springprüfungen, vor dem Wagen und auf den Rennplätzen, bei denen sie Dank ihrer Vielseitigkeit überall eingesetzt werden können.

Oman ist schon seit über tausend Jahren für die Qualität und Leistungsfähigkeit seiner Araberpferde berühmt. Der Legende nach sollen die ersten Tiere durch König Salomo ins Land gekommen sein. Zweitausend Jahre später, im Jahr 950, begann die indische Armee, Pferde aus Oman zu beziehen – der Handel hielt sich bis in das 20. Jahrhundert. Die beiden berühmten Weltreisenden Marco Polo und Ibn Batuta berichten in ihren Schriften zu Beginn des 14. Jahrhunderts von Kaufleuten, die mit dem Handel von Araberpferden enormen Profit erzielten. Zu dieser Zeit war Südoman die führende Region für den Export der edlen Pferde, die im Mittelalter lange Zeit zu den wichtigsten Handelswaren des Landes gehörten. Zwei Jahrhunderte später wurden auch von Qalhat zahlreiche Pferde verschifft. Unter Sultan bin Saif, ab 1649 Imam, begann der Export in den Jemen und nach Persien, und Saif bin Sultan (Pferdekenner und Imam seit 1728) rühmte sich, im Besitz eines 90.000 Pferde starken Kavallerieregiments zu sein.

In den folgenden Jahren gingen parallel zur einsetzenden Abgeschiedenheit und Rückständigkeit des Landes die Pferdezahlen stetig zurück. Die glorreiche Geschichte der Tiere fand in den 1950er Jahren schon fast ihr Ende, denn die aus dem Mittleren Osten eingeführte todbringende, so genannte „Afrikanische Pferdekrankheit" forderte auch in Oman zahlreiche Opfer und brachte die Zucht nahezu zum Erliegen. Dank der prompten staatlichen Maßnahmen war Oman jedoch das erste Land in der Golfregion, das die Seuche eliminieren konnte. Das Zuchtprogramm wurde fortgesetzt, doch dazu mussten zunächst zahlreiche Araberpferde importiert werden. Heute ist das gesteckte Zuchtziel, möglichst reinrassige omanische Pferde aufzuziehen, nicht mehr weit.

Wie nahezu überall in der arabischen Welt war das Pferd auch in Oman lange Zeit neben dem Kamel der treueste Gefährte der Beduinen. Heute hat es diese Rolle meist an die weitaus genügsameren, vierradbetriebenen Konkurrenten aus Blech abgetreten.

Dennoch sind die Omanis durch und durch pferdebegeistert, und der Pferdesport erfreut sich allergrößter Beliebtheit. Die 1983 unter Sayyid Shabib bin Taimur gegründete „Oman Equestrian Federation" setzt sich dafür ein, dass der Pferdesport im breiten Volk Interesse findet, denn trotz aller Zuchterfolge, den internationalen Show- und Turniersiegen und der Beliebtheit als Zuschauersport findet die aktive Reiterei hauptsächlich im militärischen Bereich und in privaten Ställen statt. Die vier größten Institutionen, die sich mit der Reiterei und dem Pferdesport beschäftigen, sind die „Royal Guard of Oman", die „Royal Oman Police", die „Royal Stables" und die „Enam Stables" in Seeb.

Reiterpatrouillen spielen bei der Polizei eine wichtige Rolle. Polizeipferde und ihre (natürlich omanischen) Reiter trainieren aber auch im Showspringen, in der Dressur, im Querfeldeinrennen, im Military-Sport und verschiedenen Geschicklichkeitswettbewerben. Einige der erfolgreichsten omanischen Reiter gehören der „Royal Oman Police" an.

1977 wurde auf ein Dekret des Sultans hin ein berittenes Orchester gegründet, das auf nahezu allen königlichen und offiziellen Festlichkeiten sowie Nationalfeiertagen spielt. Flöten und Klarinetten gehören ebenso dazu wie Pauken, Trompeten und Saxophone. Die Pferde dieser „mounted band" sind sehr gut trainiert und marschieren außergewöhnlich diszipliniert. Oman besitzt auch die wahrscheinlich einzige berittene Dudelsack-Band der Welt.

Die „Royal Guard of Oman" zeigt ihr reiterliches Können hauptsächlich bei Paraden – und tritt teilweise auch im Gleichschritt mit Kamelen auf. Aber auch in anderen Sparten des Pferdesportes sind die Reiter der königlichen Wache durchaus erfolgreich. Die „Royal Stables" und die „Enam Stables" widmen sich auch der Pferdezucht. Im gesamten Sultanat gibt es etwa 1500 Pferde, darunter knapp 400 reinrassige Araber. Letztere benötigen einen lückenlosen Stammbaum und Papiere der „World Arabian Horse Organisation", in der Oman Mitglied ist.

Allein 800 Pferde werden in den königlichen Ställen gehalten – jedoch nicht nur vom Blute edlen Wüstenadels. Unter ihnen finden sich auch stämmige Haflinger, die sich allerdings nur mit Klimaanlage wohlfühlen und als Zugpferde die Attraktion einer jeden Parade sind.

Insbesondere zu feierlichen Anlässen, Nationalfeiertagen und den Eid-Festen hat man Gelegenheit, die verschiedenen Arten des omanischen Pferdesports kennenzulernen. Neben den modernen Pferdesportereignissen wie Showspringen, Dressur, hochdotierten Rennen und Trabrennen, die meist in der Hauptstadtregion (bei den „Royal Oman Police Stables" in Wuttayah oder bei den „Royal Stables" in Seeb) ausgetragen werden, sind vor allem die traditionellen Wettbewerbe ein wahrer Augenschmaus. In zahlreichen Orten im Landesinneren werden kleinere, lokale Pferderennen ausgetragen und Reiterspiele veranstaltet. Die Orte der Sharqiyah (Ibra, Al-Kamil, Al-Qabil, Al-Mudhaybi, Bani Bu Hassan und Bani Bu Ali) gelten als Hochburgen dieser Veranstaltungen. Groß und Klein, Männer und Frauen versammeln sich dazu singend und tanzend auf den Zuschauerrängen. Bei den Reiterspielen sind die Pferde besonders fein herausgeputzt und geschmückt. Sie tragen ein mit Silberanhängern behangenes Zaumzeug und ihren schönsten Sattel, den „sirj". Er besteht aus einer farbenfrohen, mit Tasseln bestickten Wolldecke und einer sattelartig gearbeiteten Decke, die mittels eines Bauchgurtes festgehalten werden. Steigbügel besitzen die traditionellen Sättel nicht. Deshalb muss der Reiter sich durch Zusammendrücken der Knie auf dem Pferderücken halten und ohne Schuhe reiten. Viele der Reiter tragen stolz ihre dishdasha, ihren khanjar und einen perfekt geschlungenen Turban aus Kaschmirwolle, auch wenn dies zum Reiten eigentlich unvorteilhaft ist. Bei einem der ältesten Geschicklichkeitsspiele müssen die Reiter ihre Waffen vom Boden aufheben, während ihr Pferd im vollen Galopp daran vorbei läuft. In einem anderen Wettbewerb galoppieren zwei Reiter dicht nebeneinander her, berühren ihre Schultern und rufen lautstark siegreiche Worte.

Nur bei den lokalen Rennen wird man bei einigen Teilnehmern Steigbügel oder praktischere Bekleidung wie Stiefel, Trainingsanzüge, Reitkappen, metallene Sturzkappen oder vor Sand schützende „Fliegerbrillen" sehen.

des Wassers angelegt. Rechts befindet sich eine **Kamelrennstrecke,** sie ist die beste und teuerste Sieben-Kilometerbahn des Landes – an den Eid-Festtagen und am Nationalfeiertag im November werden hier bedeutende Rennen abgehalten. Überall verstreut stehen kleine Grüppchen der edlen und schlanken Tiere, immer gut bewacht. Am Ortseingang fällt ein schön restauriertes **Fort** ins Auge. Es ist rund 200 Jahre alt und hat eine hohe Umfassungsmauer, aber ungewöhnlicherweise keinen Wehrturm. Das dreistöckige Innengebäude wirkt kompakt wie ein Würfel.

Direkt daneben hat man ein neues „Castle Amphitheatre“ erbaut. Hier finden in den Wintermonaten **kulturelle Veranstaltungen** statt.

Bei **km 72** ist der erste Abzweig zum 10 km entfernten Barka erreicht. **9 km weiter,** am Barka Kreisverkehr, geht es rechts direkt in die Ortsmitte, links nach Nakhl (32 km).

Barka بركاء

Barka ist der **erste größere Ort hinter der Capital Area.** Seine Geschichte lässt sich bis in die Zeit der Ya'aruba- und Al Bu Said-Dynastie zurückverfolgen. Unter der Herrschaft von Imam *Ahmed bin Said* war Barka sechs Jahre lang Hauptstadt. Im 18. Jahrhundert besaß der Ort einen wichtigen Hafen, von dem vor allem Datteln und Limonen nach Indien und Ostafrika verschifft wurden. Heute existiert der Hafen allerdings nicht mehr.

Aus dem 18. Jahrhundert stammt auch das **Fort,** dessen Größe die einstige Bedeutung Barkas als Hafenstadt eindrucksvoll bezeugt. Die gewaltige, rechteckige Anlage steht direkt neben dem alten Stadtzentrum am Meer und besitzt drei runde Wehrtürme und im Westen eine riesige Geschützplattform. Die Anlage befindet sich, da restauriert, in einem guten Zustand. Im Inneren überragt ein eckiger Wohnturm die anderen Türme. Mit den vielen Gängen, verschachtelten Gebäudeteilen, geheimen Räumen und versteckten Kerkern ist es ein gutes Beispiel für ein typisch omanisches Fort. Zwei einzelne, ebenfalls restaurierte Wachtürme in der Nachbarschaft waren einst Bestandteil der Stadtmauer.

Das Fort ist Sa bis Mi von 7.30–17.30 Uhr, Do und Fr von 7.30–13 Uhr geöffnet; der Eintritt ist frei.

Direkt neben der Festung liegt ein kleiner **Souq,** am Strand dahinter der in den Vormittagsstunden lebhafte und bunte **Fisch- und Gemüsemarkt.** Barka ist berühmt für seine **Halwa,** im Souq kann man vor Feiertagen einigen Halwaköchen bei der Zubereitung der Süßigkeit zusehen. Ein empfehlenswertes einfaches Restaurant befindet sich an der Hauptstraße schräg gegenüber des einzelnen Wehrturmes.

An jedem zweiten Freitag im Winter findet ein **Bullenkampf** statt. Die eigens dafür angelegte Arena samt Tribüne ist die einzige des Landes (in den anderen Küstenorten werden die Kämpfe auf einem großen Sandplatz abgehalten) und liegt am westlichen Ortsausgang zwischen Straße und Meer.

oman_362 Foto: fk

Bait Na'aman بيت النعمان

5 km westlich von Barka liegt die Ortschaft Na'aman mit einem sehenswerten, 360 Jahre alten **Wohnfort** – Bait Na'aman. Man erreicht es von Barka, indem man am westlichen Ortsausgang 200 m vor (!) dem Kreisverkehr, an dem Na'aman ausgeschildert ist, nach links abbiegt (der Abzweig direkt am Kreisverkehr führt z. Z. nur auf einen Feldweg). Alternativ kann man vom Highway 4,5 km hinter dem Barka Kreisverkehr nach rechts abbiegen.

Bis 1990 nur als Ruine mit eingestürzten Decken und freistehenden Wänden erhalten, richtete man das rotbraun leuchtende Fort nach einer aufwändigen **Restaurierung als eine Art Museum** ein. Zahlreiche traditionelle Gebrauchsgegenstände und die Einrichtung der Räume verleihen dem ehrwürdigen Gemäuer eine beeindruckende Atmosphäre und schildern sehr anschaulich seine ursprüngliche Nutzung.

Das Gebäude wurde von Imam *Saif bin Sultan I.*, der Ende des 17. Jahrhunderts herrschte, für seinen persönlichen Gebrauch als **Wohn- und Gartenhaus** errichtet. Beim Bau ließ er um den Palast herum über 30.000 Dattel- und 6000 Kokospalmen anpflanzen. Das Wasser für die Gärten und das Haus stammte aus einem knapp 50 km lan-

Wohnfort Bait Na'aman

gen unterirdischen falaj und aus Ziehbrunnen. Ursprünglich war das Gebäude nicht festungsartig angelegt, die beiden Türme und eine verstärkte Außenmauer baute man erst später an. Ab 1744 nutzte *Ahmed bin Said,* der erste Herrscher der noch heute regierenden Al Bu Said-Dynastie, die Anlage als Rastplatz auf dem Weg von der damaligen Hauptstadt Rustaq nach Muscat. Dabei hielt er auch offizielle Versammlungen und Audienzen ab. Seine Söhne nutzten Bait Na'aman über mehrere Jahre als Wohnhaus und Residenz.

Beim **Besichtigen der Anlage** erhält man einen guten Einblick in die Einrichtung eines solchen Wohnforts. Es hat verschiedene Räume wie Küche, Badezimmer, Dattelspeicher, für Männer und Frauen getrennte Schlaf- und Aufenthaltsräume sowie zwei Verliese. Diese Anlage zeigt auch besonders deutlich, wie man sich vor feindlichen Angreifern schützte. Diese konnten aus nur zwei Kanonentürmen in großer Entfernung rund um die Anlage beschossen werden. War der Feind schon näher vorgerückt, wurde er aus versteckten Schießscharten unter Beschuss genommen. Stand er gar bereits vor dem Eingangstor, so konnte man ihn aus einem Spalt im ersten Stock mit heißem Dattelsirup oder Öl übergießen. Und falls dies alles nichts half, blieb nur noch die Flucht über ein langes Seil den Kanonenturm hinab.

Die Anlage kann **täglich außer freitags** zwischen 7.30 und 14.30 Uhr bei

oman_365 Foto: fk

(noch) freiem Eintritt besucht werden. Außer donnerstags ist meist ein englischsprachiger Führer anwesend, der die interessantesten Räume und Gegenstände sowie die Geschichte des Wohnforts erläutert.

Wenige hundert Meter vom Bait Na'aman in Richtung Meer befindet sich ein großer **Ziehbrunnen (zajarah).** Über dem Brunnenschacht ist ein etwa fünf Meter hohes Holzgerüst angebracht, das dazu diente, das in den Schacht führende Seil umzulenken. Das Wasser wurde in Leder- und Palmfasersäcken von einem Zugtier (meist Ochsen oder Esel) nach oben befördert und in ein daneben liegendes Auffangbecken geschüttet. Damit das mühevoll zutage gebrachte Nass nicht einfach in der Sonne verdunstete, war das Becken mit Palmzweigen abgedeckt. Über Kanäle floss das Wasser auf die umliegenden Felder, früher wurden auch die Gärten des Bait Na'aman so bewässert.

Dieses Prinzip der Wasserversorgung war vor dem Zeitalter der Motorpumpen auf der gesamten Arabischen Halbinsel verbreitet.

91 km hinter Muscat liegt rechts des Highways Al-Uqdah al-Sharqiyah mit der Ruine des **Sur al-Uqdah.** Zwei Türme sind noch recht gut erhalten, die restlichen Mauern völlig verwittert. **1 km weiter** zweigt links eine Straße in den Ort und das Wadi Abiyad ab.

Im Wadi Abiyad

Wadi Abiyad und die blauen Pools

Die ersten 27 km verlaufen auf einer Teerstraße durch die Steppenlandschaft der Batinah-Ebene. Zunächst gibt es noch großflächige Farmen, aber nach und nach wird der Bewuchs immer spärlicher. Am Fuße der Berge, in einiger Entfernung rechts der Straße, bietet eine große Sanddüne einen ungewöhnlichen Anblick vor dem Panorama der Felsen.

Bei km 27,5 gabelt sich die Strecke. Rechts geht es in den Ort Al-Hesaim, links nach Abiyad.

Nach weiteren 2 km verzweigt sich die Piste bei einem Wasserturm erneut. Rechts liegt der Ortseingang der **Oase Abiyad,** in der etwa 6000 Menschen leben. Im und um den Ort sind große Gärten und Palmenhaine angelegt. Im Gegensatz zur Batinah wird das Wasser zur Bewässerung nicht aus Brunnen entnommen, sondern fließt durch lange aflaj aus den Bergen. Im Norden der Oase steht ein baufälliges altes Fort, das mit traditionellen Materialien wie Palmstämmen, Lehmziegeln und saruj errichtet wurde. Bis Anfang der 70er Jahre des 20. Jahrhunderts hat man hier auch die Wohnhäuser so gebaut. Doch diese sind heute alle verlassen. Vom Wadi aus ergibt sich ein schöner Blick auf die Lehmfront, die nach und nach verfällt.

Folgt man kurz vor Abiyad der linken Piste, so kann man mit einem Allradfahrzeug noch etwa 5 km durch das Flussbett fahren, bevor eine enge Schlucht den Weg versperrt. Von hier aus erreicht man zu Fuß die so genannten **blauen Pools.** Sie heißen so, weil der Boden einiger der Becken mit dem Mineral Kalzit überzogen ist und das Sonnenlicht blau reflektiert. In den Pools zu baden ist allerdings nicht unbedingt empfehlenswert, da das Wasser zum Teil stark alkalisch ist. Andere Becken sind dagegen völlig klar. Vom Dorf sind die Pools durch einen etwa zweistündigen Spaziergang zu erreichen.

Es ist auch möglich, das Wadi von der anderen Seite über eine Piste, die zwischen Rustaq und Nakhl beginnt, zu besuchen.

Das Wadi kann auch durchwandert werden, allerdings steht das Wasser manchmal so hoch, dass man einige Abschnitte schwimmend zurücklegen muss (wasserdichten Packsack mitnehmen!).

96 km hinter Muscat kommt man zum Abzweig in den Ort Al-Billah. Dort stehen die Ruinen des ehemaligen **Sur Billah.** Die Anlage ist stark eingefallen, von den ehemals zwei runden Wehrtürmen stehen nur noch die kümmerlichen Fundamente.

Bei km 99 zweigt rechts eine Straße zum Ras al-Sawadi ab.

Ras al-Sawadi

Nach 10 km Teerstraße erreicht man die Landspitze Ras al-Sawadi. Hinter dem Ort Sawadi liegt ein herrlicher **Strand** mit mehreren **kleinen vorgelagerten Inseln.** Am Ende der Straße hat man einen Parkplatz und einen Picknickplatz mit einem kleinen Laden, einem Kinderspielplatz und Toiletten angelegt. Fischer bieten ihre **Boote für Ausflüge** zu den nahen Inseln an.

Das türkisblaue Meer und der flache feinsandige Strand laden zum Baden ein. An der weitläufigen und menschenleeren Küste kann man lange Spaziergänge unternehmen und Muscheln sammeln, von denen Unmengen hier angeschwemmt werden. Die größte der Inseln lässt sich bei Ebbe über eine Sandbank auch zu Fuß erreichen. Dabei entdeckt man auffallend viele Meerestiere wie Krabben, Muscheln, Krebse, Seesterne, Seegurken und verschiedene Vögel.

Die dem Ras al-Sawadi in etwas Entfernung vorgelagerten **Daymaniyat Inseln** (Juzor al-Daymaniyat) sind unbewohnt und als Naturschutzgebiet ein wichtiger Nistplatz für verschiedene Seevögel- und Meeresschildkrötenarten.

Unterkunftsmöglichkeit im **Al-Sawadi Beach Resort****,** einem Hotel mit breitem Freizeitangebot: Wasserski, Windsurfen, Jetski, Tennis, Squash, Fitnessclub, Swimmingpool, Hochseefischen, Ausflüge auf Anfrage (Postadresse: P. O. Box 747, Barka 320), Tel. 895545, Fax 895535, e-Mail: reservations@alsawadibeach.com, EZ 33 RO, DZ 38 RO, die Preise schwanken stark je nach Saison und Auslastung des Hotels. Auch eine Tauchbasis ist hier untergebracht.

Für die Zukunft ist ein massiver Ausbau der Hotellerie an diesem Strandabschnitt geplant.

108 km hinter Muscat zweigt rechts die Straße nach **Masna'ah** ab. Direkt am Meer stehen im Ortsteil Hellat al-Husn die Reste eines großen **Forts.** Während die Mauern noch recht gut erhalten sind, fehlen fast alle Zwischendecken. Auch der Souq des Ortes hat schon bessere Tage gesehen, und nur wenige Verkäufer finden sich unter dem Schatten spendenden Dach am Strand ein. Mit dieser beschaulichen Ruhe ist es aber spätestens dann vorbei, wenn in Masna'ah ein Stierkampf (siehe übernächste Seite) stattfindet.

Bei **km 115** zweigt die Straße nach Al-Hazm (25 km) und Rustaq (46 km) ab. Hier liegt der Ort Al-Mulladah mit vielen alten Lehmbauten und dem **Sur al-Mulladah.** Seine vier Wehrtürme waren einst drei Etagen hoch, die oberste Etage ist allerdings bei keinem der Türme mehr erhalten. Das Gebäude besteht aus Lehmziegeln, während die Türme aus Steinen mit saruj gebaut wurden.

Bei **km 123** steht direkt am Highway an einem Kreisverkehr mit einem riesigen Bootsnachbau aus Kunststoff die nächste Burg, **Sur Tharmad.** Sie stammt aus dem 19. Jahrhundert und

Fort von Al-Suwaiq

ist im Gegensatz zu den vorherigen Anlagen restauriert und vollständig erhalten. Abweichend vom gängigen Baustil wird sie durch drei runde Türme gesichert, der vierte Turm in der südwestlichen Ecke weist die Form eines großen Rechtecks auf.

Bei **km 133** zweigt eine Straße zu der Ortschaft **Al-Suwaiq** am Meer ab.

Al-Suwaiq السويق

Die **kleine Fischerstadt** Al-Suwaiq war im 18. Jahrhundert – genau wie Barka und Sohar – ein wichtiger Hafenort. Sie besitzt einen weitläufigen und ursprünglichen **Souq,** der besonders am Morgen sehr lebhaft ist, wenn auf dem Strand der Fischmarkt stattfindet. Der lange Sandstrand ist zwar weniger zum Baden geeignet, bietet aber Gelegenheit zu langen Spaziergängen.

Unweit des Meeres steht das große **Fort,** dessen genaues Alter sich nicht bestimmen lässt, das aber vermutlich knapp 300 Jahre alt ist. Möglicherweise stammt der urprüngliche Bau bereits aus der Besatzungszeit der Portugiesen, die damals alle wichtigen Orte entlang der Küste mit Forts ausstatteten. Es wurde Anfang der 1990er Jahre renoviert und kann besichtigt werden. Ein Wächter mit Gewehr und großem Schlüssel öffnet das hölzerne Tor und führt durch die Anlage. Wie bei Sur Tharmad weist auch hier einer der vier Wehrtürme eine viereckige Form auf – sehr selten bei Burganlagen in Oman. Ebenfalls ungewöhnlich ist es, dass der Innenhof durch eine Mauer in zwei Be-

Bullfight in der Batinah

von Kirstin Kabasci

Hörner krachen aufeinander, durch Mark und Bein fährt dieses Geräusch. Kopf an Kopf ringen zwei Bullen und versuchen mit voller Kraft, sich gegenseitig wegzustoßen. Das unter ihrem Hals herabhängende Fell und ihre Nackenhöcker wippen wild im Takt ihrer Hufe. Wie ein Kreisel drehen sich beide und hüllen alles in eine dicke Staubwolke. Jeden Schritt verteidigend, stoßen sie sich gegenseitig nach hinten weg. Dabei verlieren sie das Gleichgewicht und knien mit verdrehtem Nacken auf den Vorderbeinen. Immer noch versucht jeder, seinen Gegner auf den Boden zu zwingen. Schließlich gelingt es ihnen, sich aus diesem Schwitzkasten zu lösen, doch nur um wieder mit voller Wucht die Hörner ineinander zu rammen ...

„Moment mal, ein Stierkampf? Hier? ... Ich bin doch nicht etwa auf dem falschen Kontinent gelandet?" Doch doch, ich bin in Oman und nicht etwa in Spanien oder Portugal. Und mit der dortigen brutalen Tierquälerei haben die Bullenkämpfe im Sultanat nichts gemeinsam. Hier kämpfen die Stiere nicht gegen einen mit Schwertern bewaffneten Menschen, sondern gegen ein gleichstarkes Tier – ganz gerecht und ohne großes Blutvergießen behält der Verlierer sein Leben und trägt höchstens ein paar Blessuren davon.

In der gesamten nördlichen Küstenebene Batinah werden an so manchem Freitagnachmittag im kühleren Winter auf großen Sandplätzen Bullenkämpfe abgehalten – auch jenseits der Grenze im Emirat Fujairah. Barka ist der berühmteste Schauplatz des omanischen Bullfights. Es ist auch der einzige Ort, der eigens dafür eine Arena samt Tribüne angelegt hat.

Showtime in Barka: Das Publikum besteht vornehmlich aus alten Männern, die sich die Zeit bis zum Kampfbeginn angeregt unterhalten. In der Arena stehen die Bullen in etwa zehn Meter Abstand voneinander aufgereiht. Doch diese mächtigen Gestalten wirken alles andere als kampflustig: Ruhig und friedlich stehen sie auf der Stelle und dösen. Ihre Beine sind mit einem Strick zusammengebunden. Sie wirken, anders als so mancher Toro in Spanien, unelegant, schwerfällig und plump. Aber ihre dicken Muskelpakete lassen un-

geheure Kräfte erahnen, die nur im Moment noch ruhig schlummern. Vor ihnen sitzen oder stehen ihre stolzen Besitzer. Der Strick, an dem der Stier an den Hörnern oder durch einen Nasenring angeleint ist, baumelt locker in ihrer Hand. Diesem Festtag angemessen tragen viele Männer ihren prächtigen, auf Hochglanz polierten khanjar und in der Hand halten sie den kleinen, elastischen Holzstab, den assa. Manche lassen ihre edlen Kampfbullen auch von ihren Söhnen bewachen. Diese kleinen, auf ihre Aufgabe stolzen Knirpse wissen ganz genau, wie sie mit den großen Tieren umzugehen haben.

Ich komme mit Malik, einem der Bulleneigner ins Gespräch und er erklärt: „Die Tiere wurden einst in der Landwirtschaft zum Ziehen des Pfluges und der Ziehbrunnen eingesetzt. Dabei hatten zwei Bauern bemerkt, dass ihre Bullen gegeneinander kämpften, wenn man sie einem Konkurrenten gegenüberstellte. Immer mehr Männer fanden Spaß daran, und so breitete sich der Bullenkampf in der gesamten Batinah aus. Der Sport erfuhr allerdings einen Niedergang, als in den frühen 70er Jahren moderne Bewässerungssysteme und Traktoren die Arbeit der Bullen ersetzten. Aber in den 80er Jahren besannen sich die Landleute ihrer Traditionen und die Bullenkämpfe wurden populärer als je zuvor." An die Behauptung, die Portugiesen hätten bei ihren Eroberungen im 16. Jahrhundert den Stierkampf etabliert, glaubt Malik nicht.

Die Kampfgegner werden ausgerufen und in die Mitte der Arena geführt. Die Bullen werden so aufgestellt, dass sie sich genau gegenüberstehen. Noch passiert nichts, die Kolosse stehen zwei begossenen Pudeln gleich da. Ihre Besitzer treten einige Meter beiseite und lassen die Leine los. Tief blicken sich die Tiere in die Augen und erst in diesem Moment entflammt ihr Kampfgeist: Ihre Augen funkeln, ihre Vorderhufe scharren erregt im Sand und sie stürmen mit gesenktem Kopf aufeinander los ...

Laut schreiend und aufgeregt mit den Kamelstöckchen fuchtelnd rennen die Bullenbesitzer und ihre Helfer um die Ringer herum. Sobald ein Tier auch nur ein wenig locker lässt, schlagen sie mit den Stecken auf sein Hinterteil. Die Zuschauer grölen, während die anderen Besitzer – und auch ihre Stiere – das Geschehen eher gelassen verfolgen. Nach wenigen Minuten ist der Zweikampf vorbei. Malik sagt: „Der Stier, der zuerst einen Schritt nach hinten nachgibt, ist der Verlierer. Dann wird die Runde von den aqeeds, den Schiedsrichtern beendet. Auch wenn ein Tier verletzt wäre, würden die aqeeds den Kampf beschließen."

„Aber wie überzeugt man nun die beiden Widersacher davon aufzuhören?" frage ich. „Catcher", erwidert Malik schlicht und zeigt grinsend zu den zwei immer noch ringenden Kontrahenten. Mehrere Männer mit wehenden Gewändern stürmen auf die Tiere zu. Zwei schnappen sich den Schwanz und ziehen den Bullen daran mit voller Kraft nach hinten weg. Andere tun dasselbe mit einem Hinterbein, während der Besitzer die Leine ergreift und sich mit seinem ganzen Körpergewicht gegen den Bullen stemmt. Die Zuschauer johlen, und ich glaube, sie haben mehr Spaß an diesem Teil der Show als an der Kampfszene an sich. Nach einer gewissen Zeit geben die Bullen dem Gezerre der Menschen nach. Widerwillig und aufgeregt, aber dennoch folgsam, werden sie von ihren Besitzern an den Rand der Arena geführt.

„Was haben sie gewonnen?" möchte ich von Malik wissen. „Die Tiere haben an Wert gewonnen, denn ein Preisgeld gibt es nicht. Die Bullen kosten so zwischen 300 und 3000 Rial, je nachdem wie viele Kämpfe sie gewonnen haben. Ihr Wert steigt auch, wenn sie gut trainiert sind und am Ende einer Runde sofort aufhören zu kämpfen, wenn man nur einmal kräftig am Schwanz zieht. Je höher der Wert des Tieres, desto größer ist auch das Ansehen des Besitzers, dies ist das reizvollste für sie an diesem Sport." „Und woher weiß man, welche Stiere in der nächsten Runde gegeneinander antreten?" „Das ist die andere

oman_118 Foto: fk

Aufgabe der Schiedsrichter", erklärt Malik weiter. „Eine wichtige Regel lautet, dass nur Bullen gleichen Alters, gleicher Größe und Rasse miteinander kämpfen dürfen."

Beim omanischen Bullfight gibt es mehr als nur eine Runde und so werden ohne Pause zwei neue Bullen, ein grau gescheckter und ein hellbrauner, in die Mitte geführt. Auch sie sehen zunächst alles andere als kampffreudig aus. Einige Augenblicke lang stehen die Matadore wie angewurzelt da und nichts passiert. Bis ihre Besitzer sie an den Hörnern packen und die Köpfe so drehen, dass sie sich zwangsläufig in die Augen blicken müssen. Das ist der Startschuss, denn jetzt beginnen sie ihre Attacke. Sie verkeilen ihre Hörner ineinander, wobei der Gescheckte den anderen kraftvoll mehrere Schritte zurückschiebt. Die Runde ist eigentlich schon zu Ende, doch die Catcher schaffen es trotz aller Mühe nicht, die Tiere zu trennen. Der hellbraune Bulle schüttelt sich so wild, dass es ihm gelingt, sich loszureißen und das Weite zu suchen. Wütend und erregt galoppiert er quer über den Platz. Wo er hinrennt, springen alle verängstigt auf. Am anderen Ende dagegen haben die Leute einen Mordsspaß. Schließlich stürmt der Bulle genau auf eine dichte Menschentraube zu. Manche versuchen das Tier dadurch abzuschrecken und umzulenken, dass sie ihre Kamelstöcke auf die Erde schlagen oder in der Luft herumschwenken. Aber der Bulle findet eine Lücke und flüchtet vom Platz weg in Richtung Meer. Alle sind aufgeregt und viele verfolgen mit hochgeraffter dishdasha das Tier. Malik sagt, das passiere nicht oft, ich hätte Glück es mitzuerleben. Verletzt ist niemand, und so hatten alle ihren besonderen Spaß.

Nachdem sich die Aufregung etwas gelegt hat, beginnt die nächste, wieder nur wenige Minuten dauernde Runde. Es folgen noch ein Dutzend weitere, und das Ende des Kampftages wird durch die untergehende Sonne bestimmt. Die Stiere werden von der Arena in das Dorf geführt oder in Anhänger verladen. Alle verabschieden sich herzlich und lachend voneinander.

Maliks Bulle hat heute nicht gekämpft. Trotzdem wird er am Abend mit einem Festmahl aus Bohnen, Zuckerrohr, Rosinen, Datteln, getrockneten Sardinen, Milch und Honig verwöhnt – damit er bei Kräften bleibt und, insha'allah, den nächsten Kampf gewinnt. Getauft hat Malik seinen Liebling übrigens „Al-Shiyoul" – „der Bulldozer".

reiche geteilt ist, wobei der dem Meer abgewandte Teil auf einem höheren Niveau liegt. Durch die Zinnen kann man einen Blick auf das angrenzende Souqgebiet werfen.

Unterkunftsmöglichkeit im einfachen **Al-Suwaiq Motel*** mit Restaurant und (lauter) Bar; etwas schwierig zu finden: am Suwaiq Kreisverkehr nach Süden, nach etwa 600 m hinter einem Krankenhaus halblinks auf eine Piste abbiegen, dann noch knapp 3 km (Postadresse: P. O. Box 375, Medinat Qaboos 115), Tel. und Fax 862242/43, EZ 14 RO, DZ 16 RO.

Von Al-Suwaiq nach Sohar

Etwa **6 km hinter Al-Suwaiq** befinden sich links und rechts der Straße **zwei große, renovierte Forts,** die mit ihrem rechteckigen Grundriss und den vier runden Türmen klassische Beispiele für Fluchtburgen der Batinah sind.

168 km hinter der Hauptstadt erreicht man den Kreisverkehr bei **Al-Khaburah.** Biegt man hier auf die alte Hauptstraße ab, die parallel zum Meer verläuft, und fährt diese weiter nach Nordwesten in Richtung Sohar, so kann man auf den folgenden 10 km verschiedene **Reste alter Wehranlagen** entdecken. Sie sind allerdings nicht restauriert und nur noch ein Abglanz früherer Tage. Sehenswert auf diesem Stück sind aber die **typischen kleinen Dörfer der Batinah** mit ihren Palmenhainen und üppigen Gärten. Das Leben geht hier einen wesentlich ruhigeren Gang als in den Ortsteilen am Highway. Fischerei und Landwirtschaft stellen wie eh und je die Haupterwerbsquelle der Bewohner dar.

Von Al-Khaburah führt eine Piste durch das **Wadi Hawasina** und trifft nach 141 km durch das Hajar-Gebirge bei Ibri auf die Teerstraße, die von Nizwa nach Buraimi verläuft. Zuvor zweigt bei km 88 nach Osten eine Piste durch die Wadis Mabrah und Bani Ghafir nach Rustaq ab (insgesamt 173 km).

Bei **km 207** gelangt man zum Kreisverkehr bei **Saham.** Auch hier hat sich das neue Geschäftszentrum zum Highway hin verlagert, während das eigentliche Dorf sehr ursprünglich geblieben ist. Der alte Ortsteil liegt 2 km von der Hauptstraße entfernt am Meer. Am Strand sieht man viele **Fischerboote**, darunter auch die traditionellen **sashahs.** Dabei handelt es sich um Boote aus Palmwedelrippen, die mit Palmfaserseilen zusammengebunden werden. Sie halten nur ein paar Monate und werden dann wasserdurchlässig. Als Tribut an moderne Zeiten verfügen einige Boote über einen Außenbordmotor. Am Ende des Strandes steht ein großes **Fort,** daneben liegt der alte **Souq.** Seine engen Fußwege sind mit Holzbrettern und Wellblech gedeckt.

234 km nordwestlich von Muscat erreicht man den Sohar Kreisverkehr, an dem – nach links – die Möglichkeit besteht, durch das sehr schöne **Wadi Hibi** bis auf die Südseite der Berge nach Ibri zu fahren. Die ersten 20 km sind geteert, ab dann geht es bis Yanqul nur noch mit Geländewagen weiter.

Am Sohar R/A geht es rechts in das Zentrum von Sohar, dieser einst so bedeutenden Stadt.

Sohar صحار

Sohar ist die **größte und wichtigste Stadt der Batinah.** Ihre Lage am Golf von Oman und der Mündung des Wadi Jizzi bescherte ihr in der Vergangenheit Ruhm und Reichtum als **Hafen- und Handelsstadt.**

Einst besaß Sohar zwei kleine Hafenbuchten, heute sind sie, nicht zuletzt wegen einer großen Flutwelle aus dem Wadi Jizzi 1988, vollständig eingeebnet. Nur noch kleine Seen im Landesinneren bestehen, einer davon, der **Khor Kashmir** am Anfang der Corniche, dient als Vogelschutzgebiet, in dem verschiedene Zugvogelarten überwintern. Überhaupt ist das Stadtgebiet Sohars sehr grün und von vielen Gärten und Palmenhainen durchzogen.

Von der großen Pracht und Bedeutung des historischen Sohar allerdings ist heute nicht mehr viel übrig. Aber überall zeugen blendend weiße Häuser und Villen vom neuen Reichtum der Omanis. Wirtschaftlich geht es mit der Region wieder aufwärts, denn in der direkten Umgebung sind neue Industriekomplexe (Petrochemie und Aluminium), ein moderner Hafen und ein Flughafen in Bau.

Geschichte

Schon vor über 4000 Jahren war Sohar als Handelsstadt von Bedeutung, denn von hier wurde Kupfer der wenige Kilometer westlich gelegenen Abbau- und Verhüttungszentren des Reiches **Magan** nach Mesopotamien und ins Industal verschifft. Auch in Sohar selbst schmolz man Kupfer, wie zahlreiche Schlackereste beweisen. Bis ins 10. Jahrhundert bildeten die Kupferproduktion, die Ziegelherstellung, Glasmanufakturen und der Schiffsbau bedeutende Industriezweige.

Nahe der heutigen Stadt entwickelte sich bereits ab dem 5. Jahrhundert v. Chr. eine sassanidische Siedlung, die als **„Mazun"** zu einer bedeutenden Seefahrerstadt aufstieg. Laut *Ptolemäus* soll der im 1. Jahrhundert in einer historischen Küstenbeschreibung („Periplus Maris Erythraei") erwähnte legendäre Hafen **„Omana"** Vorgänger des späteren Hafens von Sohar gewesen sein. Seit dem 3. Jahrhundert reisten reiche Händler aus Sohar bis nach China (Kanton). In dieser Zeit gewann an der gesamten omanischen Küste einzig Sohar überregionale Bedeutung.

Im 7. Jahrhundert erreichte der Islam Oman. In den folgenden heftigen Glaubenskämpfen unterlagen die Perser und verloren ihre Vormachtstellung. Anfang des 8. Jahrhunderts gehörte Sohar für kurze Zeit dem Abbasidenreich an, erlangte aber nach wenigen Jahrzehnten die erneute Unabhängigkeit.

Sohar wuchs zu einer bedeutenden Stadt, in der Araber als ausgezeichnete Navigatoren den **Seehandel** zwischen Afrika und Asien kontrollierten. Ab dem neunten Jahrhundert galt sie als wichtigste und reichste Hafenstadt der islamischen Welt, als „Tor zu China und Warenlager des Orients". Luxusgüter wie Edelsteine, Perlen, Porzellan, Seide, Gewürze und Edelhölzer wurden importiert, Weihrauch, Myrrhe, Kupfer und Datteln exportiert. Viele Waren stammten aus Kalah, einer bedeutenden Handelsstadt an der Küste von Malaysia, die damals ein Umschlagplatz für arabische und chinesische Seehändler war. Der Geograph *Istakhri Abu Ishak* berichtet im 10. Jahrhundert: *„Die Hauptstadt des Landes ist Sohar, am Meer gelegen. Hier residieren viele Seehandelsleute, die mit ihren großen Schiffen zu anderen Ländern segeln. Es ist die größte und reichste Stadt in Oman, und weder an der persischen Küste, noch in anderen Ländern des Islam findet sich eine Stadt wie Sohar mit so vornehmen Häusern, ausgestattet mit feinem chinesischem Porzellan."* „Die Häuser des chinesischen Drachen" oder die „Häuser der blauen Krüge" wurden sie im Volksmund genannt. Ein anderer Chronist erwähnt 12.000 Häuser, jeder Schiffskapitän habe ein mehrstöckiges Haus aus Ziegelsteinen mit Teakholzbalken sein eigen genannt. Herrliche Moscheen mit schlanken Minaretten überragten die Stadt.

Bis Ende des 10. Jahrhunderts hielt die Blütezeit an. 971 wurde Sohar erneut von den **Persern** erobert und völlig zerstört, selbst vor den Schiffen im Hafen machten sie nicht halt. Ihren Ruhm erlangte die Stadt nie wieder – nur eine verfallene Fischersiedlung blieb übrig. In der Folgezeit begann Hormuz die Funktion des Seehandelszentrums zu übernehmen, Qalhat entwickelte sich zum neuen omanischen Haupthafen.

Sohar musste weitere **Fremdherrscher** dulden; zeitweise gehörte es zum Königreich von Hormuz und ab 1507 zum portugiesischem Imperium. Später war der Ort mehrmals zwischen Portugiesen und Persern umkämpft und auch die Osmanen mischten zeitweise mit. Mitte des 18. Jahrhunderts besetzten die Perser die Küstenregion erneut. Sohar entwickelte sich unter *Ahmed bin Said* zu einem wichtigen Zentrum des Widerstandes gegen die Besatzer. Dem damaligen Wali von Sohar und Begründer der Al Bu Said-Dynastie gelang 1747 endgültig die Befreiung von der Perserherrschaft.

Sehenswertes

Fort und Museum

Das **Fort** von Sohar befindet sich auf einer kleinen Anhöhe im alten Stadtkern und ragt schon von weitem aus den Palmengärten heraus. Einst war es Zentrum vieler Konflikte und Kämpfe, denen es allerdings unbeschadet standgehalten hat.

Unter den Mauern des heutigen Gebäudes entdeckten Archäologen 1980 **Reste einer älteren Anlage** aus dem späten 13. Jahrhundert. Die vier Seiten der Festungsmauer besaßen eine Länge von je 45 m und bestanden aus gebrannten Ziegeln, die mit Lehmziegeln überdeckt waren. Überragt wurde die Anlage von sieben Wehrtürmen. Da es keinerlei Zeugnisse darüber gibt, dass die Omanis Ziegel brannten, stammten die Ziegel vermutlich aus Persien.

Der Sohn des portugiesischen Eroberers *Albuquerque* (Ankunft in Sohar 1507) schrieb, die Festung von Sohar

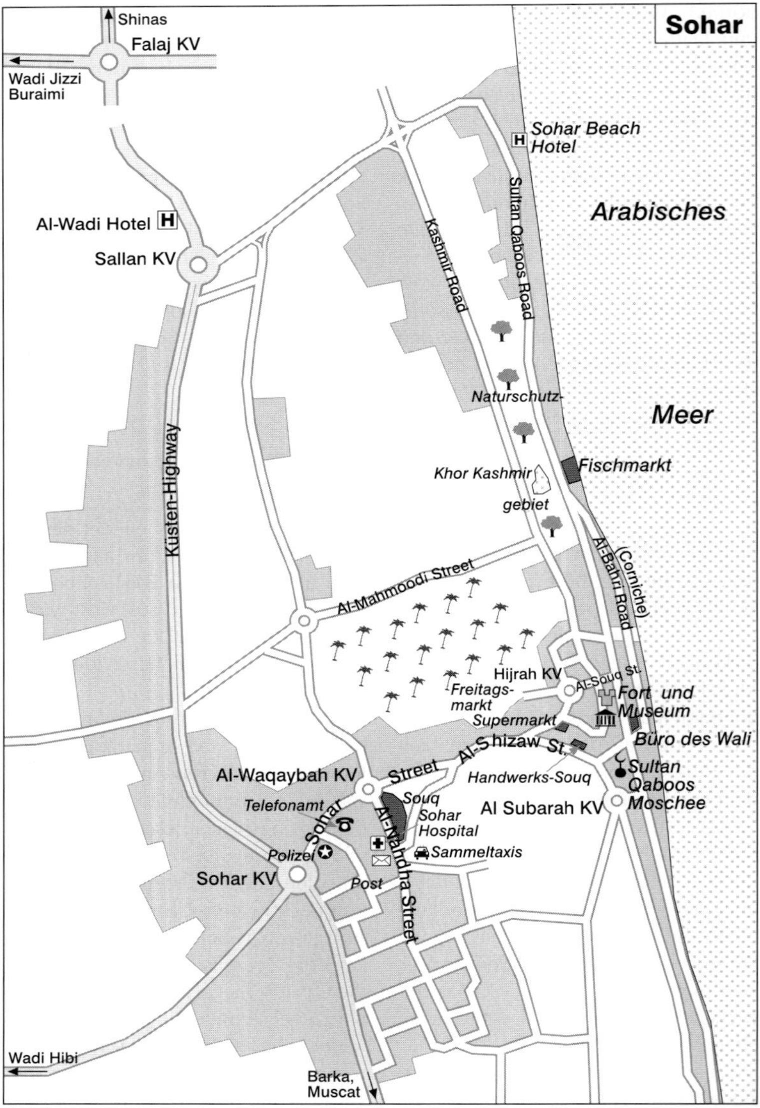
Sohar
Shinas
Falaj KV
Wadi Jizzi
Buraimi
Sohar Beach
Hotel
Arabisches
Meer
Al-Wadi Hotel
Sallan KV
Kashmir Road
Sultan Qaboos Road
Naturschutz-
gebiet
Khor Kashmir
Fischmarkt
Küsten-Highway
Al-Bahri Road
(Corniche)
Al-Mahmoodi Street
Hijrah KV
Al-Souq St.
Fort und
Museum
Freitags-
markt
Supermarkt
Büro des Wali
Al-Shizaw St.
Handwerks-Souq
Sultan
Qaboos
Moschee
Al-Waqaybah KV
Street
Souq
Sohar
Hospital
Al Subarah KV
Telefonamt
Sohar
Al-Nahdha Street
Sammeltaxis
Polizei
Sohar KV
Post
Wadi Hibi
Barka,
Muscat

sei so groß, dass es über tausend Mann erfordere, sie zu verteidigen. Dabei war ihre Eroberung zur Wahrung der portugiesischen Vormachtstellung in Hormuz notwendig. Als 1616 die Portugiesen im Mächtespiel mit den Persern erneut die Stadt eroberten, wurde das Fort zerstört. Die Portugiesen bauten eine neue Anlage und ersetzten die alten Ziegel.

1992, rechtzeitig zum damaligen Nationalfeiertag in Sohar, wurde die **Restaurierung** des Forts abgeschlossen. Damals erstrahlte es in reinstem Weiß, das mittlerweile nicht mehr ganz so rein ist. Diese Farbe unterscheidet es von allen anderen omanischen Forts, die stets lehmbraun verputzt sind. Das mächtige Gebäude besitzt sechs Türme: vier runde Wehrtürme in den Ecken der Wehrmauern, im Inneren der Anlage einen weiteren runden Turm und einen viergeschossigen, rechteckigen Wohnturm, der alles überragt. In ihm residierten einst die Herrscher von Sohar.

1993 wurde in diesem Wohnturm ein **Museum** eröffnet, das die Geschichte von Sohar und Oman präsentiert. Vier der Ausstellungsräume sind bestimmten Epochen gewidmet: Die Geschichte des legendären Reiches Magan und des Kupferhandels, die Geschichte Sohars und seiner Handelsverbindungen, die Geschichte des Islam und die Geschichte des Forts. Auch eine Kopie des Briefes, den der Prophet Muhammad 630 an die Julanda-Söhne schickte, ist ausgestellt. Im Raum 3 steht das Grab von *Sayyid Thuwaini bin Said bin Sultan Al Bu Saidi,* der nach dem Tod seines Vaters *Said* und dem Auseinanderfallen von Oman und Sansibar ab 1856 in Muscat herrschte. Nur zehn Jahre später starb er beim Angriff der Wahhabiten auf Buraimi.

Englische Texte sowie Modelle und Fundstücke informieren ausführlich über die Zusammenhänge.

Der **oberste Stock** ist leer, aber hier kann man die architektonischen Details des Gebäudes wie Stuckarbeiten, geschnitzte Holztüren und Fensterblenden am besten bewundern. Sie sind mit sehr viel Aufwand renoviert und erneuert worden. Vom Dach des Turms ergibt sich ein toller Blick auf die Stadt mit ihren weißen Häusern inmitten der großen grünen Palmenhaine sowie auf die gesamte Küste vor Sohar.

Das Fort und das Museum sind Sa bis Mi 8–14 Uhr sowie Do und Fr 8–12 und 16–18 Uhr geöffnet, der Eintritt ist frei.

oman_377 Foto: fk

Märkte

Sehenswert ist der **Fischmarkt,** besonders morgens und am frühen Abend, wenn die Fischer ihren Fang mit dem Boot direkt hierher bringen. An den offenen Ständen wird der Fisch sofort ausgenommen und zerlegt. Meist hocken alte Männer, die nicht mehr selbst zur See fahren, auf dem schattigen Podest und übernehmen für wenige Baisas diesen Kundenservice.

Freitags findet auf dem Platz westlich des Forts ein **großer Markt** statt, auf dem Obst und Gemüse, Haushaltsgeräte, aber auch Tiere, in erster Linie Ziegen, verkauft werden.

Vom Fort ein Stück landeinwärts hat man einen neuen **Souq** errichtet, in dem vornehmlich **Handwerksartikel** angeboten werden sollen. In einigen Lädchen kann man auch interessante Dinge finden, die Mehrzahl steht jedoch leer oder ist geschlossen.

Praktische Infos

Hotels

- **Al-Wadi Hotel*****
Nördlich des Zentrums am Highway (Abfahrt Sallan R/A), rundes Gebäude im Grünen mit Pool im Innenhof (Postadresse: P. O. Box 459, Sohar 311), EZ 23 RO, DZ 31,500 RO, Suite 52,500 RO, Tel. 840058, Fax 841997
- **Sohar Beach Hotel******
6 km nördlich des Zentrums am Strand, 1992 im Stil eines Forts erbaute, sehr schöne Anlage mit Pool und weitem Strand zum Schwimmen und Spazierengehen (Postadresse: P. O. Box 122, Al-Taraif 321), EZ 34 RO, DZ 41 RO, Chalet (Suite) 58,500 RO, Tel. 841111, Fax 843766
e-Mail: soharhtl@omantel.net.om

Restaurants

- **Al-Sallan Restaurant**
Internationale Küche im Al-Wadi Hotel, 6.30–24 Uhr, Tel. 840058
- **Al-Zafran Restaurant**
Meeresfrüchte und Grillgerichte im Sohar Beach Hotel, auch alkoholische Getränke und Live-Unterhaltung, 21–01 Uhr, Tel. 841111
- **Al-Sallan Coffee Shop**
Snacks und wechselnde Themenabende im Sohar Beach Hotel, auch alkoholische Getränke, 6–01 Uhr, Tel. 841111
- **Kleine Restaurants** mit einfachen Gerichten finden sich vor allem im Bereich nördlich des Forts, in der Al-Nahdha Street sowie zwischen Al-Wuqaybah und Sohar Kreisverkehr. Zu empfehlen sind das **Omar al-Khayyam Restaurant** im Souq und das **Mata'am Ali,** das 3,4 km vom Sallan KV in Richtung Shinas auf der rechten Seite direkt nach einer großen Moschee liegt. In dem kleinen, nicht beschilderten Lokal aus Palmwedelhütten gibt es einfache und preiswerte traditionelle omanische Gerichte (allerdings keine Speisekarte).

Bars und Nightclubs

- **Al-Jizzi Lounge**
Bar im Sohar Beach Hotel, nur für Hotelgäste, 12–15 und 18.30–01 Uhr, Tel. 841111
- **Al-Magez Bar**
Im Al-Wadi Hotel, nur für Hotelgäste, 18.30–24 Uhr, Tel. 840058
- **Al-Taraif**
Indische Musik und Tanz, Sohar Beach Hotel, 12–15 und 18.30–01 Uhr, Tel. 841111
- **Al-Wagbah Bar**
Im Al-Wadi Hotel, 12–15 und 18.30–24 Uhr, Tel. 840058

Telefonnotruf

- **Polizei und Feuerwehr: Tel. 999**

Polizei

- **Polizeistation an der Sohar Street,** nahe des Highways, Tel. 840099

Eine Legende von Sindbad dem Seefahrer

Es wird erzählt, im neunten Jahrhundert sei der legendäre Kaufmann und Seefahrer Sindbad in der Küstenstadt Sohar geboren. Dort nannte man ihn Ishaq, er war angeblich Jude und genoss an der ganzen omanischen und persischen Küste bis hinauf nach Basra enorm hohes Ansehen.

Eines Tages verließ er mit nur 200 Dinaren Oman und kehrte erst dreißig Jahre später wieder zurück. Er legte mit einem riesigen Schiff voller Kostbarkeiten in Sohar an, Seide, Porzellan, Moschus, Gewürze, Edelsteine und Goldgeschmeide wurden ausgeladen. Man schätzte den Wert der tonnenschweren Fracht auf über drei Millionen Dinare. Jedermann sprach von den sagenhaften Schätzen und den unglaublichen Abenteuern, denen Ishaq auf seiner weiten Reise begegnete. Und schließlich kam die Kunde des legendären Reichtums auch Harun al-Rashid, dem Khalifen von Bagdad, der Oman zu dieser Zeit regierte, zu Ohren. Neider redeten ihm zu, den Juden unter einem falschen Vorwand verhaften zu lassen und sich seines Reichtums anzunehmen.

Doch der weise Wali von Sohar, Ahmed bin Hilal, erfuhr von dem boshaften Plan und ahnte großes Unheil, denn Ishaq besaß das Vertrauen aller Händler der Stadt. Also rief Ahmed die Kaufleute zusammen und beratschlagte mit ihnen, was zu tun sei. Sie kamen zu dem Schluss, alle Märkte zu schließen und eine Bittschrift zugunsten von Ishaq zu verfassen. Diese besagte, dass im Falle einer Festnahme Ishaqs keine Schiffe mehr in den Hafen einlaufen dürften. Um der Sache Nachdruck zu verleihen, veranlasste Ahmed, dass kein Schiff den Hafen verließ und alle Handelsgüter wieder ausgeladen wurden. Die Händler und Bürger Sohars erschraken und sorgten sich um ihr Einkommen, das doch allein vom Seehandel abhing. Durch diesen Schritt des Wali waren sie von nun an von seinem Wohlwollen und der Gnade des Khalifen abhängig.

Eines Tages nun erreichten die Gesandten des Khalifen die Stadt. Die Einwohner von Sohar kamen zu ihnen und forderten sie auf, dafür Sorge zu tragen, dass die Schiffe wieder im Hafen anlegen dürften. Doch nichts geschah und der Hafen blieb leer. Voller Enttäuschung zettelten die Kaufleute einen großen Aufstand an. Entsetzt und erschrocken ergriffen die Agenten die Flucht nach Bagdad und vergaßen Ishaq. Dieser lebte von diesem Tage an ohne Sorgen, und Ahmed bin Hilal gestattete den Schiffen, wieder in Sohar anzulegen. Der Handel blühte auf und die Einwohner von Sohar waren zufriedener als je zuvor.

oman_379 Foto: fk

Krankenhaus und Apotheken

- Das **Sohar Hospital** liegt in der Al-Nahdha Street im Zentrum, Tel. 840299.
- In der Nähe befinden sich mehrere Apotheken, u. a. die **Muscat Pharmacy,** Tel. 840211.

Verkehrsverbindungen

- **Taxis/Sammeltaxis/Minibusse**

Der Standplatz ist in der Al-Nahdha Street im Zentrum. Von hier fahren Sammeltaxis nach Muscat und Dubai. Außerdem gibt es Sammeltaxis in die Städte und Dörfer der näheren Umgebung.

- **Busse**

Der Abfahrtsort der Überlandbusse ist am Hospital in der Al-Nahdha Street im Zentrum. Es fahren täglich drei Busse nach Muscat (8.55, 15, 19.05 Uhr) und drei nach Buraimi (9.45, 15.55 und 18.55 Uhr). Außerdem kann man den Dubai-Express nutzen. Er hält an der Shell Tankstelle am Highway (in Richtung Dubai gegen 10 und 19 Uhr, in Richtung Muscat gegen 11 und 21 Uhr). Information unter Tel. 590046 und 708522.

Banken/Exchange

Zahlreiche Filialen befinden sich in der Al-Nahdha Street.

Post und Telefon

- Hauptpost in der Al-Nahdha Street im Zentrum, geöffnet Sa bis Mi 7.30–13.30 Uhr, Do 8–11 Uhr

Reisebüros/Tourveranstalter

- **Majan Tours**

Tel. und Fax 842261

- **National Travel and Tourism**

Tel. 843109

- **Sindbad Travel & Tourism**

Im Sohar Beach Hotel, verschiedene Touren in die Umgebung, Tel. 9366114 und 9440621

Sport und Aktivitäten

- Beide Hotels verfügen über **Swimmingpools.**

●Das Sohar Beach Hotel besitzt außerdem einen **Minigolfplatz, Tennisplätze** und einen **Fitnessraum mit Sauna.** Zudem werden Beach-Buggys, Go-Karts und Jetski verliehen. Für Kinder besteht auch die Möglichkeit zu einem kurzen Kamelritt.

Einkaufen

●**Einkaufsstraßen** sind die Al-Nahdha Street und ihre Seitenstraßen sowie das Gebiet nördlich des Forts.
●Frische Produkte bekommt man am besten im **Souq** unterhalb der Al-Nahdha Street.

Bullenkampf

Auf dem Bullfight-Platz südlich des Zentrums kämpfen **im Winter** etwa alle vier Wochen Bullen gegeneinander. Das Spektakel beginnt am Freitag nach dem Nachmittagsgebet gegen 16 Uhr.

Von Sohar nach Shinas

250 km hinter Muscat geht es an einem Kreisverkehr links durch das **Wadi Jizzi** nach Buraimi (100 km, nach Dubai ca. 200 km, nach Abu Dhabi etwa 250 km). Die Grenzkontrolle befindet sich schon weit vor **Buraimi,** so dass man schon dort offiziell Oman verlassen hat. Eine Rückkehr ist dann nur mit einem neuen Visum oder einem Multiple-Entry-Visum möglich. Eine **Weiterreise** in das benachbarte Al-Ain und somit in die **Vereinigten Arabischen Emirate** ist dagegen problemlos möglich. Fährt man mit einem omanischen Mietwagen in die Vereinigten Arabischen Emirate, so muss man zuvor beim Vermieter die Autoversicherung für die Emirate erweitern lassen.

Das Wadi Jizzi und seine Seitentäler (z. B. Wadi Lasail, Wadi Bagha) bildeten in vor- und frühislamischer Zeit eines der **Zentren der Kupferherstellung** des Reiches Magan mit zahlreichen Verhüttungsanlagen (siehe Exkurs „Sumer, Dilmun, Magan und Meluhha").

In **Arja** stießen Archäologen auf Häuserreste, Feldanlagen, Zisternen, Friedhöfe und Schlackehaufen. Hier wurde das Kupfererz im Tagebau abgebaut, denn die erzhaltige Erdschicht verläuft nur knapp unter der Erdoberfläche. Im nahen **Lasail** baute man das Erz dagegen an der Erdoberfläche und auch im Untertagebau ab. Gigantische, schätzungsweise 150.000 Tonnen schwere Schlackehalden lassen den Schluss zu, dass Lasail eine der größten Produktionsstätten von Magan gewesen ist.

Das hier produzierte Kupfer war damals von unschätzbarem Wert. Man transportierte es durch das Wadi Jizzi und über Buraimi zum Hafen Umm al-Nar nahe der heutigen Stadt Abu Dhabi in den Vereinigten Arabischen Emiraten und verschiffte es von dort in die Reiche jenseits des Golfes.

Das klein geschlagene Erz wurde zunächst an Ort und Stelle in „Röstanlagen" aufbereitet und dann mit dem Brennmaterial (meist Holzkohle) geschmolzen. Durch die Benutzung von Blasebälgen konnte in den **Schmelzöfen** eine Temperatur von 1150°C erreicht werden. Um möglichst reines und hochwertiges Kupfer (Schwarzkup-

Sohar war einst die wohlhabendste Hafenstadt der islamischen Welt fer) zu gewinnen, wurde der Prozess mehrmals wiederholt. Der älteste Ofentyp war etwa fünfzig Zentimeter hoch, birnenförmig und an der Oberseite offen. Er stand frei auf dem Boden, und nach dem Schmelzen wurde die flüssige Masse in einer Bodengrube aufgefangen – etwa 15 Liter Erz konnten in dieser bronzezeitlichen Konstruktion gewonnen werden. In frühislamischer Periode verbesserte man dieses Modell, indem man es zur Hälfte an eine Felswand mauerte. So gelang es, Hitzeverluste zu reduzieren und wertvolles Brennmaterial zu sparen. An der Vorderwand besaß dieser Ofen nur dünne Mauern. Um an die Schmelzmasse zu gelangen wurden sie eingeschlagen und zur erneuten Benutzung später wieder zugemauert. Dieser hocheffiziente Ofentyp wurde bis in das 10. Jahrhundert genutzt. Zu diesem Zeitpunkt kam die Kupferproduktion, vermutlich wegen Mangels an Brennmaterial, für einen Zeitraum von 200 Jahren zum Erliegen.

Die ab dem 12. Jahrhundert bis in die Neuzeit eingesetzten Herdöfen schlossen nicht an ihre Vorgängermodelle an – wahrscheinlich war das technische Wissen schlichtweg in Vergessenheit geraten. Die neuen Öfen waren kugelförmig und zur Hälfte in den Boden eingelassen. Um an das geschmolzene Erz zu gelangen, musste man immer den ganzen Ofen zerstören. Da außerdem der Kupferabbau eingestellt und stattdessen die Schlacke der vergangenen Jahrhunderte nochmals eingeschmolzen wurde, war das produzierte Kupfer von nur minderer Qualität.

1983 lebte die omanische Kupferproduktion mit der Eröffnung einer hochmodernen **Kupferhütte** samt Bergwerk und Kraftwerk bei Lasail wieder auf. Der Name „Magan" wird dadurch in Erinnerung gehalten, dass man einen völlig neu errichteten Ort zwischen Sohar und der Industrieanlage auf diesen geschichtsträchtigen Namen taufte.

263 km hinter Muscat erreicht die Küstenstraße den Abzweig nach **Liwa,** einem kleinen Fischerort mit großem Fort, das in seiner Anlage dem von Sohar gleicht.

Bei **km 290** kommt man nach **Shinas,** dem letzten größeren Ort vor der Grenze zu den V.A.E.

Shinas شناص

Im 18. Jahrhundert war Shinas ein großer Handelshafen, und die Bewohner lebten vom Handel, dem Fischfang und der Landwirtschaft. Anfang des 19. Jahrhunderts wurde die Stadt von Truppen aus Saudi-Arabien und Kriegern der Al-Qasimi aus den Emiraten besetzt. Von hier aus griffen sie britische Handelsschiffe im Persisch-Arabischen Golf an. 1810 gelang es dem omanischen Sultan *Said bin Sultan,* die Besatzer mit Hilfe der Briten und schwerem Kanonenbombardement zu vertreiben.

Etwa 2 km vom Highway entfernt, nahe dem Strand, befindet sich das klassisch gebaute **Fort** mit rechteckigem Grundriss und je einem runden Turm in

Traditioneller Ziehbrunnen

den Ecken. Die Anlage stand im Zentrum der Schlacht von 1810 und wurde im Verlauf der Kämpfe durch Kanoneneinschläge schwer beschädigt. Heute ist sie frisch renoviert und beeindruckt durch ihre Größe.

Der **Hafen** ist durchaus interessant und sehenswert, da hier noch zahlreiche Dhaus genutzt werden. In seiner Nähe befindet sich auch ein schöner Strand mit unzähligen Muscheln.

Eine **Weiterreise in die Emirate** ist sowohl durch das **Wadi Hatta** nach Dubai (Abzweig bei km 297, von dort nach Hatta etwa 70 km, nach Dubai ca. 140 km) oder entlang der Küste über Khatmat Malahah **nach Fujairah** möglich (Grenzübergang bei Kilometerstand 315, von dort ca. 10 km bis Fujairah). Für den Grenzübertritt gelten die oben und im Kapitel „Praktische Tipps A–Z“ erwähnten Bestimmungen.

oman_366 Foto: fk

Die Gegend um Nakhl und Rustaq

Zu diesem Abschnitt vergleiche auch die Karte „Westlich von Nizwa" im entsprechenden Kapitel. Dieses Gebiet gehört zwar verwaltungstechnisch zur Batinah, historisch bedingt sind jedoch die Beziehungen zum Landesinneren wesentlich stärker.

Sehenswert sind die renovierten **großen Forts** in den drei bedeutenden **Oasen Nakhl, Rustaq und Al-Hazm, heiße Quellen und palmenbestandene Wadis.** Auf zahlreichen Pisten kann man die Umgebung mit den steil ansteigenden Hajar-Bergen samt ihrer idyllischen Oasendörfer erkunden.

Man erreicht diese Gegend auf einer guten Teerstraße, die wie eine Schleife an der Küstenautobahn beginnt und weiter westlich dort auch wieder endet (133 km). Auf der gesamten Strecke gibt es **keine Hotels.** Will man keine Abstecher in die Wadis unternehmen, empfiehlt es sich, die Fahrt als Tagesausflug von und nach Muscat (330 km) oder von Ras al-Sawadi zu organisieren.

Mit **öffentlichen Verkehrsmitteln** gestaltet sich diese Tour einigermaßen schwierig. Busse der Oman National Transport Co. ab Muscat verkehren nur auf dem Küstenhighway, so dass man ab der Kreuzung bei Barka auf private Minibusse und Sammeltaxis angewiesen ist.

Da diese Strecke an einem Tag abzufahren ist, besteht für Nicht-Selbstfahrer die beste Möglichkeit mit **Taxi.**

Streckenbeschreibung: Die **Abzweigung vom Küstenhighway nach Nakhl** befindet sich **81 km hinter Muscat** am Barka Roundabout. Die Straße führt schnurgerade durch die Batinah-Ebene südwärts auf die Berge zu.

Nach 31 km passiert man kurz vor Nakhl einen Abzweig in den kleinen Ort **Muslimat.** Hier kann man die verlassenen **Ruinen der befestigten Stadt Hugarah** besichtigen, die heute zu Muslimat gehören. Im Zentrum befindet sich ein großer, runder Wachturm, während ein zweiter in einer Ecke der Stadtmauer steht. Obwohl die ganze Stadt aus Lehmziegeln erbaut ist, sind viele der etwa 300 Jahre alten Häuser noch erstaunlich gut erhalten. Die Moschee wird heute noch genutzt und besitzt einen wunderschön verzierten Mihrab aus weißem Stuck, der mit seinen feinen Ornamenten einem großen Gebetsteppich gleicht.

Nur **1 km hinter dem Abzweig** nach Muslimat geht es links in den Ort Nakhl.

Nakhl نخل

Direkt hinter Nakhl erheben sich die über 2000 m hohen Berge des Jebel Nakhl-Massivs, eines nordöstlichen Ausläufers des gewaltigen Jebel Akhdar-Gebirgszuges.

Oberhalb des Zentrums ragt die mächtige **Festung** von Nakhl direkt vor der gigantischen Kulisse dieses steilen und kahlen Bergmassivs empor. Sie ist auf einem freistehenden, sechzig Meter hohen Felsen erbaut, und es scheint, als wachse das Fort aus ihm heraus. Die über 3400 m^2 große Anlage besitzt sechs Wehrtürme. Ihre Ursprünge liegen in der Zeit der persisch-sassanidischen Besatzung, doch in den vergangenen Jahrhunderten wurde die Festung mehrfach renoviert und erweitert. Die 30 m hohe Mauer am Fuße des Felsens und das massive Tor stammen aus dem Jahr 1834.

Zuletzt wurde das Monument anlässlich des Nationalfeiertages 1990 **aufwändig restauriert** und neu eingerichtet. Im Inneren hat man viele der Räume mit traditionellen Gegenständen ausgestattet, auch die Deckenmalereien und das Schnitzwerk der Holztüren wurden ausgebessert. So fühlt man sich beim Besichtigen der Anlage wie in alte Zeiten versetzt. Die Festung ist täglich von etwa 9–17 Uhr geöffnet, der Eintritt ist (noch) frei. Einen schönen Blick mit gutem Fotolicht hat man am späten Nachmittag (ca. 16 Uhr) aus etwa 1–2 km Entfernung (in Richtung Rustaq).

Hinter dem Fort dehnen sich große **Gärten** aus. Von ihnen erhielt Nakhl seinen Namen, denn übersetzt lautet er „Dattelpalmen". Durch die Gärten führt eine ca. 3 km lange Straße Richtung **Al-Thowarah** zu den dortigen **heißen Quellen.** Die Straße endet an einem Picknickplatz direkt an den Quellen im **Wadi Hammam.** „Hammam" bedeutet „Bad", und zum Baden ist das klare, angenehm warme Wasser ideal geeignet – auch wenn dies offiziell verboten ist. Die ergiebigste Quelle sprudelt aus einem Loch im Felsen in ein Becken und fließt weiter in das Flussbett. Das Wasser der kleineren Quellen wird in einem falaj-Kanal rechts vom Parkplatz gesammelt. Freitags, wenn der Platz von Wochenendausflüglern gestürmt wird, ist der Rummel groß. Aber den Rest der Woche herrscht angenehme Ruhe und der Alltag nimmt seinen Lauf. Frauen füllen ihre Wassereimer in den Quellen und balancieren sie geschickt auf dem Kopf nach Hause, Kinder werfen mit Steinen nach den kleinen Fischen oder planschen im Wasser, Hühner und Ziegen kommen zum Trinken ... Ein Spaziergang in das Wadi zeigt, wie grün es im Hajar sein kann, wenn nur genügend Wasser vorhanden ist.

Zur Badezeit bei einbrechender Dunkelheit belebt sich der Platz deutlich. Dann sitzen Frauen in voller Bekleidung

Im Kanonenturm des Forts von Nakhl

oman_382 Foto: fk

in den tiefen Stellen des Flussbettes, während Männer nur mit einem Handtuch bedeckt im Becken an der großen Quelle baden. Zum Abspülen steigen sie in das enge, senkrechte Loch, aus dem die Quelle entspringt.

Von Nakhl sind es nur **53 km bis Rustaq,** aber vorher ergeben sich einige lohnende Pistenabstecher in die Bergwelt zu Füßen des majestätischen Jebel Akhdar, die allerdings nur mit einem Allradfahrzeug möglich sind.

Der erste führt durch das Wadi Mistal. Man erreicht den beschilderten Abzweig **18 km hinter Nakhl.**

Wadi Mistal

Dieser Abstecher führt durch eine enge Schlucht und über eine trockene Ebene in die fruchtbare Oase Wakan.

Die ersten 7 km führt die gut planierte Piste durch eine spärlich bewachsene Ebene auf eine unpassierbar wirkende Bergkette zu. An einer schmalen Stelle jedoch hat das Wadi Mistal eine **enge Schlucht** geschaffen. Die Piste windet sich entlang des Flussbettes, in dem unzählige glatt gewaschene Gesteinsbrocken liegen, links und rechts ragen die Felswände kerzengerade in den Himmel. Im Verlauf weitet sich das Wadi etwas. Es ist mit vielen Bäumen bewachsen, an denen immer wieder freilaufende Ziegen und Kamele knabbern. Nach etwa zwölf Pistenkilometern erreicht man ein kleines Dorf. Der neue Teil unterscheidet sich deutlich vom alten, in dem die Menschen teilweise in Hütten aus Blech und Planen leben. Am Rand des Ortes steht ein großer Palmengarten, der von einer alten, ruinösen Wehranlage überragt wird.

Das Wadi weitet sich nun zu einem großen Becken, der so genannten **Ghubrah Bowl.** Es besitzt einen Durchmesser von etwa zwanzig Kilometern und ist ringsherum von imposanten Bergen umgeben. Am Rand des Beckens, das nur spärlich mit kleinen Büschen und Bäumen bewachsen ist, ragen die zerklüfteten Bergmassive des Jebel Akhdar und des Jebel Mahil auf. Nach **28 km** muss man sich rechts nach „Al-Heger" halten, dort dann links nach „Qoorah". Nach insgesamt fast **33 Pistenkilometern** erreicht man am südlichen Ende der Bowl den Ort Wakan, eine kleine ursprüngliche Oase mit **grünen Terrassenfeldern.** Besonders schön ist es hier im Frühjahr, wenn die vielen Obstbäume blühen.

6 km hinter dem Abzweig in das Wadi Mistal verläuft eine Piste nach rechts in den Ort **Mahaleel.** Von hier kann man in das Wadi Abiyad mit seinen Badepools fahren.

Wadi Abiyad

Hält man sich im Wadibett sofort wieder rechts und fährt darin parallel zur Teerstraße etwa **1,2 km zurück,** so windet sich die Piste nach links durch die Berge. Durch tiefen Schotter durchfährt man das zunächst noch sehr weite Wadi mit einigen kleinen Siedlungen und Palmenhainen. Es verengt sich zunehmend, und **nach knapp 10 km** ist eine Weiterfahrt nicht mehr möglich.

Geht man zu Fuß wadiabwärts weiter, so gelangt man zu verschiedenen **Pools.** Kleinere findet man schon nach wenigen Metern, einen großen nach ca. 1 km. Zum Schwimmen ist er zwar noch immer zu klein, aber für ein erfrischendes Bad reicht das brusttiefe Wasser aus.

Im Wadi und einigen Pools hat sich das Mineral Kalzit abgesetzt, das vom Wasser aus den Kalksteinen der Berge ausgewaschen worden ist. Von dessen weißer Farbe hat das Wadi Abiyad seinen Namen – **„weißes Wadi".** Die Wasserbecken werden dagegen auch **„blaue Pools"** genannt, da das Wasser in ihnen blau schimmert. In einigen ist es durch die Kalzit-Kristalle auch milchig trübe. Es ist nicht ratsam, in diesen zu baden, da das Wasser stark alkalisch ist.

Ein **zweiter Anfahrtsweg** führt über die Ortschaft **Al-Subaikha.** Einige Kilometer nach dem Abzweig ins Wadi Mistal biegt die beschilderte Piste nach rechts von der Hauptstraße ab.

Man erreicht die Pools auch **zu Fuß** vom Dorf Abiyad aus, zu dem eine Piste von der Batinah-Küste führt (siehe „Wadi Abiyad und die blauen Pools"). Der Fußmarsch dauert etwa 2–3 Stunden.

Das Wadi Abiyad kann auch durchwandert werden, allerdings steht das Wasser manchmal so hoch, dass man einige Abschnitte schwimmend zurücklegen muss (wasserdichten Packsack mitnehmen!).

36 km hinter Nakhl zweigt eine Straße nach links in die Oase **Awabi** ab. Im Süden des Ortes steht ein altes **Fort.** Das aus groben Steinen und Lehm bestehende rechteckige Gebäude ist nur von außen zu besichtigen. Es kontrollierte einst den Eingang in das Wadi Bani Kharus und damit den Zugang zum Jebel Akhdar.

Hier beginnt eine 30 km lange, steinige Piste durch das Wadi Bani Kharus.

Wadi Bani Kharus

Das Wadi Bani Kharus führt wie ein **geologisches Geschichtsbuch** durch wechselnde Gesteinsformationen aus diversen Erdepochen. Ziel sind herrlich gelegene, von Terrassenfeldern umgebene Dörfer. Zu Fuß erreicht man weitere Pools und Wasserfälle.

Zu Beginn führt das Wadi durch fossilienreiche, zwischen 90 und 250 Millionen Jahre alte, schwarz gefärbte Kalksteinfelsen. Mit etwas Glück entdeckt man rechts einige Felszeichnungen. 7 km weiter zweigt eine Piste in das ebenfalls sehr schöne Wadi Hajir ab (biegt man ab, so kann man nach 1,5 km in einer Linkskurve Felszeichnungen auf der linken Seite sehen, nach 6 km erreicht man das Dorf Hajir mit einer kleinen Schlucht und einer aufwändigen falaj-Konstruktion; fährt man nach rechts weiter endet die Piste bei km 10 beim Dorf Halhal).

Die Strecke durch das Wadi Bani Kharus führt **nach weiteren 5 km** zunächst in den neuen, dann in den alten Ort Sital. Der alte Teil liegt umgeben von Palmen und Feldern am Rande des immer enger werdenden Wadis, das eine tiefe Rinne in den Talboden gefressen hat. Auf den nächsten Kilometern ragen die glatten Felswände unmittelbar am Weg steil in den Himmel, bevor sich das Tal wieder weitet und an mehreren kleinen neuen Orten vorbeiführt.

Nach 20 km hat man einen schönen Ausblick auf den Ort Mesfat al-Sharqeen, der am Hang über einem Seitenwadi liegt. An **grünen Terrassenfeldern** vorbei erreicht man nach 25 Pistenkilometern den noch über dem Wadi gelegenen Ort **Mahsanah.** Der Baustil seiner ehemals groben Naturstein-Häuser erinnert durch die zahlreichen Fenster mit ihren Rundbögen an jemenitische Wohngebäude. Die oberen Etagen sind bei zahlreichen Häusern allerdings mit glatten Betonsteinen ausgebessert oder aufgestockt. Wenige Kilometer weiter endet die Piste beim kleinen Dorf Al-Ulyah. Zu Fuß lässt sich ein schöner Spaziergang weiter wadiaufwärts unternehmen. Er führt durch üppige grüne **Gärten** und Terrassenfelder zu mehreren **Wasserfällen** und Felsenpools. Da das Wadi Bani Kharus ganzjährig Wasser führt, ist dieser Spaziergang sehr zu empfehlen.

7 km hinter dem Fort von Awabi führt eine Piste links in das Wadi Bani Awf. Der Abstecher in dieses Wadi kann auch zu einer sehr schönen Rundtour bis ins Wadi Sahtan kombiniert werden.

Wadi Bani Awf

Nach **3 km** beginnt die schmale Schlucht, durch die das Wadi aus den Bergen austritt. Hier befindet sich auch das Wadi Bani Awf Camp, das allerdings seine besten Tage bereits hinter sich hat. Einfache Zimmer sind vorhanden (DZ 20 RO), omanisches und sansibarisches Essen gibt es auf Vorbestellung (3 RO pro Pers., Fax 867051). Die nächsten etwa **7 km** führt die Piste durch das

oman_384 Foto: fk

schmale, meist reichlich wasserführende Wadi. Immer wieder müssen teils tiefe Furten durchfahren werden. Bei **km 10** weitet sich die Schlucht, und bei **km 13** erreicht man einen Abzweig nach rechts (ausgeschildert „Al-Jafr"), der nach 16 km auf die Piste im Wadi Sahtan führt (siehe weiter unten).

Geradeaus weiter liegt bei **km 16** ein Schluchteingang rechts der Piste. Man sollte es nicht versäumen, ein Stück hineinzuwandern (nach etwa einem km zu Fuß erreicht man eine Engstelle mit tiefem Wasser, so dass man einen Teil des Weges nur schwimmend zurücklegen kann).

Die **nächsten 5 km** bis zur Ortschaft **Zammah** sind noch fast eben, dann beginnt die Piste steil bergan zu steigen. Wiederum **5 km** führt die Strecke am Berghang entlang, auf der linken Seite kann man ein schmales, tief eingeschnittenes Wadi, die so genannte „snake gorge" sehen. Bei **km 26** geht es geradeaus zum kleinen Bergdorf **Hat** weiter, nach rechts führt die Piste zum wesentlich größeren und sehenswerteren **Bilad Sayt.** Kurz vor dem noch 2 km entfernten Dorf sollte man den Wagen stehen lassen, denn von hier hat man den schönsten Blick auf das Dorf am Fuße der Berge.

Von Bilad Sayt ist es möglich, in etwa acht Stunden den Grat des Jebel Akhdar bis nach Misfah (bei Al-Hamra) zu überwinden. Allerdings ist dies nur für erfahrene Wanderer mit ortskundigem Führer zu empfehlen.

17 km hinter Awabi erreicht man den Ort Rustaq. Am Kreisverkehr am Ortseingang geht es rechts über den Ort Al-Hazm an die Küste, geradeaus in die Ortsmitte und zum Fort von Rustaq.

Rustaq الرستاق

Rustaq ist der **größte Ort der Region** und nur durch eine Bergkette aus Lavagestein von der Batinah getrennt. Im 17. und 18. Jahrhundert war er das machtpolitische, religiöse und geistige Zentrum des Landes und lange Zeit Sitz der herrschenden Imame.

Fährt man die Hauptstraße vom Kreisverkehr in Richtung Ortsmitte, so erreicht man nach 500 Metern einen Abzweig nach rechts zu den **heißen Quellen** von Rustaq. Nach 2 km gelangt man zu einer kleinen Moschee, vor der sich das gemauerte Becken der **Quelle Ain al-Kasfah** befindet. Nebenan stehen ein Picknickplatz, Badehäuschen und Toiletten zur Verfügung. Das Quellwasser ist aber zum Baden *(in* den Badehäuschen!) schon fast zu heiß.

Rustaqs **neuer Souq** liegt links der Hauptstraße in einem weiß überdachten, aber zu den Seiten hin offenen Gebäude. Rustaq ist das Handelszentrum der Region. Die Straße endet im alten Ortskern am örtlichen Krankenhaus.

Am südöstlichen Rand des Ortes steht das inzwischen fast aufgegebene **alte Souq-Areal.** Wie viele Anlagen gehörte es der Moschee, und die ansässigen Händler hatten ihre Läden gepachtet. Stets hatte es nicht nur die Funktion eines Handelsplatzes, sondern auch die eines Treffpunktes. Heute werden hier noch getrocknete Lebensmittel und Gebrauchsgegenstände, aber auch Kunsthandwerk verkauft. Vor allem am Vormittag zwischen 8.30 und 11 Uhr herrscht noch etwas Betriebsamkeit.

Neben dem Souq befindet sich das schon von weitem sichtbare **Fort Qala'at al-Qesra.** Die Mitte der 1990er Jahre renovierte Festung thront auf einem kleinen Hügel und ist von einer geschlossenen Umfassungsmauer mit elf Türmen umgeben. Die einen Quadratkilometer große Anlage besteht aus zwei unterschiedlichen Teilen. Während der ältere eine ovale Form aufweist, besitzt der neuere im Osten einen rechteckigen Grundbau mit drei runden Kanonentürmen. Die **Al-Badayah Moschee** in ihrem Inneren war einst ein wichtiger Lehrort islamischer Theologen, Rechtsgelehrter, Poeten und Autoren.

Der Ort verfügt über eine **sehr günstige Lage,** nicht allzu weit weg von der Küste und zudem an den wichtigsten Zugangswadis zum Jebel Akhdar. Daher errichteten bereits die Perser, die im 7. Jahrhundert weite Teile Nordomans beherrschten, hier eine Sicherungsanlage. Aus dieser Zeit stammt auch der heutige Name Rustaq, der aus dem Persischen abgeleitet ist. Er bedeutet „Grenzgebiet", denn damals bildete der Ort den Rand des persisch besetzten Gebietes.

Die heutige Festung steht auf den Fundamenten der persischen Vorgängeranlage. Der erste Herrscher der Al-Ya'aruba-Dynastie, *Nasir bin Murshid,* verlegte 1624 seinen Sitz nach Rustaq. Bis auf zwei später zugefügte Türme wurde das Fort in seiner heutigen Form in dieser Zeit erbaut und war seitdem immer wieder Sitz der Imame. Rustaq bildete zu dieser Zeit das Zentrum des Landes, auch wenn der Imamssitz zwischenzeitlich nach Al-Hazm, Nizwa oder Jabrin wechselte.

Fort von Rustaq

Als der letzte Imam der Al-Ya'aruba-Dynastie ohne Nachkommen starb, wählten die zuvor verfeindeten Stämme 1749 gemeinsam *Ahmed bin Said* als neuen Imam. Er war der Begründer der noch heute herrschenden Al Bu Said-Dynastie und regierte von Rustaq aus. Nach seinem Tod 1783 wurde er in der Festung bestattet. Auch sein Sohn, der nur ein Jahr regierte, wohnte im Rustaq. 1784 verlegte *Hamad bin Said* den Regierungssitz nach Muscat. In der Folgezeit schwand der Einfluss des Herrschers in Muscat über Inner-Oman zusehends. Das Land zerfiel in ein Sultanat an der Küste und ein Imamat im Landesinnern.

Rustaq blieb in dieser Zeit stets ein **wichtiges religiöses Zentrum.** 1868 wählte man hier den Imam Azzan bin Qais, der ebenfalls einer Seitenlinie der Al Bu Said-Dynastie angehörte, zum Gegenherrscher des Sultans. Er vertrieb den herrschenden Sultan *Salim bin Thuwaini* und führte eine streng religiöse Regierung, die aber schon drei Jahre später wieder gewaltsam beendet wurde. Mit Hilfe der Briten, die an einem weltlich orientierten Sultan interessiert waren, übernahm der neue Sultan *Turki bin Said* die Herrschaft in Muscat. Wie Inner-Oman blieb Rustaq eigenständig, und erst in den 50er Jahren des 20. Jahrhunderts konnte der Sultan die Kontrolle über die Stadt gewinnen.

Geöffnet ist das Fort täglich von 9–17 Uhr, der Eintritt kostet 500 Bs.

3 km hinter dem Kreisverkehr am Ortsausgang von Rustaq enden die Berge, und man erreicht erneut die Küstenebene. Rechts der Straße steht eine große, neue Moschee, links zweigt eine Straße nach Osten ab.

Wadi Sahtan

Dieser Abstecher führt ins ganzjährig wasserführende Wadi Sahtan, außerdem ermöglicht er die Weiterfahrt als Rundtour zum Wadi Bani Awf oder zum Wadi Hoqain sowie die Weiterfahrt über die Berge nach Südwesten bis nach Ibri.

Nach etwa **9 km** endet die Teerstraße an einer Gabelung. Nach rechts beginnt eine Piste durch die Wadis Bani Ghafir und Mabrah bis nach Ibri. Hält man sich jedoch bereits 7 km nach dem Teerstraßenende nach rechts, so kann man durch die Wadis Bani Hani und Hoqain nach Al-Hazm fahren.

Fährt man am Ende der Teerstraße links, so gelangt man ins Wadi Sahtan. Nach insgesamt **12,9 km** (ab der Moschee in Rustaq) führt die Strecke in das Wadi hinein, das man aber bereits bei **km 13,8** wieder nach rechts verlassen muss, da geradeaus der Weg durch Steine versperrt ist. Bei **km 15** beginnt die Schlucht, durch die sich das meist reichlich wasserführende Wadi seinen Weg gebahnt hat. Vorbei an vielen kleinen Siedlungen und Palmen, durch zahlreiche Engstellen und Furten, erreicht man bei **km 22,5** einen weiten Talkessel. **3,5 km weiter** zweigt nach links eine Piste nach Al-Jafr in das Wadi Bani Awf ab, über die man diesen Abstecher zu einer Rundfahrt ausbauen kann.

Geradeaus weiter kommt man nach **31 km** in den Ort Amq, wo man das Wadi nach rechts verlässt. Die nächsten 5 km führen zunächst an einem schönen Oasenort mit Terrassenfeldern vorbei, dann geht es über steile Serpentinen bergauf. Bei **km 36,5** erreicht man einen Aussichtspunkt, von dem sich ein schöner Blick auf die Bergoase Wajmah bietet. Unterhalb dieser kleinen Siedlung, an der die Piste endet und deren Bewohner man nicht zu sehr durch Besuche belästigen sollte, liegen schmale, steile Terrassenfelder, und ein kleiner Gebirgsbach rauscht in die Tiefe.

Der letzte sehenswerte Ort, bevor man die Küste wieder erreicht, ist **Al-Hazm, 20 km hinter Rustaq.**

Al-Hazm الحزم

Al-Hazm, eine kleine Oase am Übergang der Batinah-Ebene zum Hajar-Gebirge, liegt inmitten grüner Palmen und wird von einem großen **Fort** überragt, das Sultan *bin Saif II.* im Jahr 1708 errichten ließ. Drei Jahre später wurde er Imam und verlegte Hauptstadt sowie Residenz von Rustaq nach Al-Hazm. Während seiner Regentschaft herrschte in Oman Frieden, aber in Übersee griff seine Armee die Perser an und nahm Bahrain ein.

Stuckarbeiten im Kanonenturm von Al-Hazm

oman_386 Foto: fk

Küstenebene Batinah

oman_390 Foto: fk

Seine Regentschaft währte nur sieben Jahre, denn schon im Jahr 1718 verstarb er und wurde im Westturm des Forts beigesetzt. Nach der Machtübernahme seines Nachfolgers, des zwölf Jahre jungen *Saif bin Sultan II.*, begann ein langer **Bürgerkrieg.** Während dieser Zeit wechselten Imam und Imamssitz mehrere Male, und die Residenz wurde von Al-Hazm nach Rustaq, Nizwa und Jabrin verlegt.

Al-Hazm stellt ein **Musterbeispiel einer omanischen Festungsanlage** dar und diente mit all ihren trickreichen Besonderheiten vielen späteren Anlagen als Vorbild. Der rechteckige, um einen Innenhof herum errichtete Grundbau besteht aus zwei Stockwerken. **Unter dem Erdgeschoss** fließt ein eigener falaj, dessen Plätschern durch das ganze Fort zu hören ist. Sein Wasser konnte in einem riesigen Becken für den Fall gesammelt werden, dass der Kanal bei einem feindlichen Angriff zerstört wurde. **Im Erdgeschoss** befanden sich unter anderem die Badezimmer, die Lagerräume, die Küche und ein Extraraum, in dem man Sirup oder Öl erhitzen konnte, um den Feind damit zu übergießen.

Die **zweite Etage** besitzt eine um den Innenhof laufende Galerie, hinter der zahlreiche Wohnräume angeordnet sind. Um einige der Räume zog sich ein versteckter Gewölbegang, der in zwei geheime Fluchtwege mündete. In einem konnte der Imam bei drohender Gefahr durch einen unterirdischen Gang bis in das Fort von Rustaq fliehen. Unter dem Fußboden des zweiten

Stockes sind verschiedene versteckte Zimmer und Verließe untergebracht. In einem der drei Gefängnisse wurden die Verurteilten so lange eingesperrt, bis sie starben. Alles in allem gleicht die Anlage einem großen Irrgarten.

Zur Verteidigung dienten zwei **Kanonentürme** mit riesigen Geschützplattformen in den gegenüberliegenden Ecken des Forts. Sie stehen zu drei Vierteln frei, denn diese Form ermöglichte es, dass man von nur zwei Türmen die gesamte Umgebung des Forts beschießen konnte. Die sich noch heute im Fort befindenden omanischen und portugiesischen Kanonen konnten sogar an der Außenwand des Forts entlang feuern. So gab es keine toten Winkel, in denen sich die Feinde hätten verstecken können. In der ersten und zweiten Etage werden die Gewölbe der Türme von einer zentralen Mittelsäule getragen. Sie ist mit sehr schönen Stuckarbeiten verziert.

Mindestens genauso prächtig sind viele **Holztüren des Forts.** Das Eingangstor ist mit besonders aufwändigen Schnitzereien und Inschriften versehen. Es ist etwa dreißig Zentimeter stark – aber, sicher ist sicher, dahinter gibt es noch eine zweite massive Holztür. Dank all seiner Sicherungssysteme hielt das Fort noch 1870 einer neunmonatigen Belagerung stand.

Das Fort von Al-Hazm wurde Mitte der 1990er Jahre komplett renoviert

Die Festung ist frisch renoviert und zeigt sich dem Besucher in ihrer vollen Pracht. Geöffnet ist sie täglich 9–17 Uhr, Eintritt 500 Bs. Es ist zu empfehlen, sich dem ausgezeichneten englischsprachigen Führer anzuschließen.

Fährt man vom Fort nicht auf die Hauptstraße zurück, sondern in Richtung Westen, so beginnt hier die **Rundtour über Al-Hoqain in das Wadi Bani Hani** (siehe Region Al-Dhahirah, „Von Ibri durch den Hajar nach Norden". Gut 2 km hinter dem Fort muss man rechts ab, nach weiteren 25 km erreicht man Al-Hoqain.

25 km hinter Al-Hazm erreicht man über die Hauptstraße nach Norden bei Al-Mulladah den **Küstenhighway.** Nach Muscat sind es von dort 115 km, nach Sohar 119 km.

Inner-Oman – Al-Dakhiliyah

الداخلية

Dieses Kapitel beschreibt die inneromanischen Oasen, Sehenswürdigkeiten, Landschaften und Routen des westlichen Hajar-Gebirges. Dies umfasst im Wesentlichen die Region **Al-Dakhiliyah** („die Innere"), an die sich östlich die Region **Al-Dhahirah** anschließt (ebenfalls in diesem Kapitel beschrieben).

Der weite Bogen des **Hajar-Gebirges** wird gerne als **„Rückgrat" des Landes** bezeichnet. Passend zu dieser Symbolik erweckt das Landesinnere einen deutlich omanischeren Eindruck als die Küstenebene, denn diese Felsbarriere verhinderte in der Vergangenheit das Eindringen fremder Besatzungsmächte.

Al-Dakhiliyah war in den zurückliegenden Jahrhunderten stets das **geistig-religiöse Zentrum,** von hier aus wurde das Land direkt oder indirekt durch die verschiedenen Imame regiert. Die Region war vom Beginn dieses Jahrhunderts bis 1959 eigenständiges Imamat und in den vorangegangenen Jahren das Kerngebiet des Aufstandes gegen den Sultan und die Briten.

Nur zwei Teerstraßen durchqueren den Hajar: die durch das Wadi Jizzi von Sohar nach Buraimi und die im folgenden Abschnitt beschriebene Straße von Muscat nach Nizwa durch die **Wadis Suma'il und Halfayn.** Diese beiden letztgenannten Trockenflusstäler bilden die Grenze des östlichen (Hajar al-Sharqi) und des westlichen Hajar (Hajar al-Gharbi), denn wie eine Schlucht „zerschneiden" sie das Gebirge in seiner gesamten Breite. In den letzten Jahrhunderten waren die Täler eine wichtige Durchgangspforte von der Küste ins Landesinnere.

Das Wadi Suma'il mündet bei Seeb in den Golf von Oman und verläuft über Al-Khoudh nach Fanja und Bidbid. Möchte man mit einem Wagen dem Verlauf des Trockenflusstals folgen, so muss man hinter dem kleinen Ort Bidbid ein Stück nach Süden in Richtung Ibra fahren, und dann rechts in die Oasengruppe Suma'il abbiegen. Am Ende dieser langgezogenen grünen Oase erreicht man wieder die Hauptstraße nach Nizwa, die dann weiter durch das Wadi verläuft. Zwischen Manal und Izki liegen fast unmerklich die Wasserscheide und der Suma'il-Pass, auf dessen Südseite das Wadi Halfayn beginnt. Im weiteren Verlauf kommt ihm die Aufgabe zu, den Westrand der Sandwüste Wahiba zu begrenzen.

Diese geologische und tektonische Trennlinie innerhalb des Hajar-Gebirges wird auch „Suma'il Gap" genannt. Westlich dieser Linie sind die Berge aus Sedimenten aufgebaut, das Gestein östlich davon ist dagegen vulkanischen, z. T. submarinen Ursprungs. Westlich des Suma'il Gap ragen Ausläufer des gewaltigen **Jebel Akhdar-Massivs** mit dem höchsten Berg Omans empor.

Von der strategischen Bedeutung und der kriegerischen Vergangenheit dieser wasserreichen Region zeugen noch heute eine Vielzahl von **Festungen, Wachtürmen und Wehrmauern.** Die Forts gehören zu den gigantischsten des Landes, sie sind neben der Bergwelt und den malerischen Oasen die Hauptattraktionen der Region Al-Dakhiliyah.

Über den Suma'il-Pass nach Nizwa

Die **Kilometerzählung** dieser Fahrt nach Nizwa **beginnt am Sahwa Tower Kreisverkehr bei Seeb** (41 km hinter Muscat), wo die Straße ins Landesinnere von der Küstenautobahn abzweigt.

Direkt am Kreisverkehr befindet sich eine **Minibus- und Taxistation** für die Strecke in Richtung Landesinneres. **Busse** der Oman National Transport Co. nach Nizwa verkehren bereits ab Ruwi, täglich drei Fahrzeuge, davon zwei als Expressverbindung (ab Ruwi 8 und 14.30 Uhr, 2,5 Stunden Fahrzeit, Stopps am Flughafen, Sahwa Tower und in Fanja, Suma'il, Birkat al-Mauz), außerdem um 16 Uhr. Bis zum Kreisverkehr kurz vor Nizwa kann man auch den Salalah-Express nutzen (6 und 19 Uhr).

140 km sind es vom Sahwa Tower Kreisverkehr **bis nach Nizwa.** Weil diese Straße die wichtigste Verbindung ins Landesinnere ist, wird sie zur Zeit auf vier Spuren ausgebaut (bis Bidbid bereits fertig gestellt). Da es zahlreiche lohnende Gelegenheiten für einen Zwischenstopp gibt, sollte man für die Fahrt genügend Zeit einplanen – etwa ein halber Tag ist empfehlenswert.

Streckenbeschreibung: Nur etwas über **1 km hinter dem Kreisverkehr** steht rechts der Straße die **Firmenzentrale von Amouage,** dem „wertvollsten Parfüm der Welt" (siehe nächste Seite).

Vorbei an der **Sultan Qaboos Universität,** der einzigen Omans, erreicht man **nach etwa 8 km** das moderne **In-**

Amouage – das kostbarste Parfüm der Welt

von Kirstin Kabasci

Amouage – „Wellen des Duftes" – so heißt das wertvollste Parfüm der Welt, das von der gleichnamigen omanischen Firma vertrieben wird. Dementgegen unscheinbar ist das Firmengebäude, das unweit des Sahwa Tower Kreisverkehrs, an der Straße nach Nizwa, in einem grünen Garten liegt.

Amouage ist die „Krönung aller Duftstoffe", in dieser Symphonie klingen Rosen, Lilien, Jasmin, Patchouli, Sandelholz, Birne, Aprikose, Zitrone, Pfirsich, Myrrhe, Moschus und natürlich Weihrauch mit. In Amouage vereinigen sich über 120 seltene natürliche Öle und andere anspruchsvolle Essenzen aus aller Welt zu einem einzigartigen Duft, für den die Umschreibung „blumig-fruchtig" gewiss zu einfach wäre. Aber wie soll man schon Düfte mit Worten erfassen können? Ebenso blumig, und zudem geheimnisvoll, klingt der Name: „Amouage" erweckt die Vorstellung von Noblesse, wogenden Gefühlen und Leidenschaft – das französische „amour" klingt mit.

Und eigentlich ist Amouage auch ein französischer Traum, den der große Parfümdesigner und Geruchskünstler Guy Robert im Auftrag von Sultan Qaboos kreiert hat. Guy Robert steht für die dritte Generation einer Familie von weltberühmten Parfümherstellern aus Paris, die schon Meisterwerke für die Häuser „Chanel", „Coty", „Dior", „Lanvin", „Hermes" und „Gucci" geschaffen haben. Ohne Rücksicht auf die Kosten verwendete er alle erdenklichen und edlen Ingredienzien und schuf diesen, in der Jahrtausende alten Geschichte der Parfümherstellung einmaligen Duft.

Dieses kostbare Parfüm gehört natürlich nicht in irgendeine Verpackung – nur das Beste ist gut genug – und so wird Amouage in mit 24-karätigem Gold veredelten Sterlingsilber- oder französischen Bleikristall-Flacons verkauft. Die privilegiertesten Juweliere der Welt, z. B. „Asprey" aus Londons Bond Street, stellen diese Schmuckstücke in Handarbeit her. Für das Männerparfüm bilden die Flacons die Form eines traditionellen und stilvoll verzierten khanjars, auf die ornamentverzierten Quader der Frauenparfüm-Flacons ist als Deckel eine Moscheekuppel aufgesetzt.

oman_393 Foto: fk

50 ml Amouage-Frauenparfüm im Goldflacon kosten im Duty Free knapp 800 Dollar, allerdings können diejenigen, deren „Reisekasse" dadurch zu sehr strapaziert würde, Amouage auch in einigen größeren Filialen der Muscat Pharmacy in Form von Eau de Parfüm oder Eau de Toilette (in handpoliertem Kristall für Frauen 30 ml 105 bzw. 95 Dollar) oder einem Seifenstück (21 Dollar) kaufen.

dustriegebiet von Rusayl links der Straße. Rechts der Autobahn befindet sich das Rusayl Hotel. Etwas weiter passiert man die erste wichtige historische Befestigungsanlage auf der Strecke ins Landesinnere. Nur wenige Kilometer weiter steht in Al-Jafnain die nächste: ein kleines Fort mit Wachturm.

27 km hinter dem Sahwa Tower Kreisverkehr erreicht man den Abzweig nach **Fanja,** das unmittelbar neben der Autobahn liegt.

Fanja فنجاء

Zuerst durchfährt man den im Osten gelegenen neuen Ortsteil mit seinen vielen Geschäften am Straßenrand. Er hat sich in den späten 70er Jahren des 20. Jahrhunderts durch den Straßenbau und den damit neu entstandenen Verdienstmöglichkeiten hier angesiedelt.

Hinter der Brücke über das tief eingeschnittene Flussbett liegt der alte, inzwischen **verlassene Ortskern Al-Hijra** im Schutz einer mächtigen Bergwand auf einem Felsrücken mit steil abfallenden Klippen. Er ist rundum mit einer Wehrmauer umgeben und nur durch zwei Eingangstore zu erreichen – Sicherheit war neben Wasser in den vergangenen Jahrhunderten das wertvollste Gut. Es lohnt sich, zwischen den 100–200 Jahre alten Lehmhäusern durch die engverwinkelten Gassen auf Erkundungstour zu gehen. Von hier oben hat man eine sehr schöne Aussicht über das Wadi und die darin gelegenen üppigen Palmenhaine, in deren Schatten auch Limonen und Mangos wachsen. **Zahlreiche Quellen** versorgen Fanja großzügig mit Wasser, eine dieser Quellen entspringt unterhalb des östlicheren Stadttores.

Der Ort hatte einst eine strategisch wichtige Lage, denn durch seine Mittellage konnte er gleich zwei wichtige Verbindungswege kontrollieren: zum einen den von Muscat ins Landesinnere, zum anderen aber auch den zwischen dem westlichen und östlichen Hajar-Gebirge. Dies ist auch der Grund für den wehrhaften Charakter der Altstadt, die zusätzlich von mehreren Wachtürmen beschützt wurde.

Von Fanja sind es nur knapp 5 **km** bis in den Ort **Bidbid.**

Bidbid بدبد

Bidbid hatte früher die gleiche strategische Bedeutung wie Fanja, und so findet sich auch hier eine alte Wehranlage. Direkt im Zentrum, oberhalb des Wadis und des Palmenhains, steht das **Fort** von Bidbid. Es war das erste omanische Fort, das **mit traditionellen Baumaterialien und Techniken restauriert** wurde – ein Modellversuch für alle weiteren Restaurationsprojekte. Die Wände wurden mit einer Mischung aus gebranntem Lehm, Stroh und Gips wiederaufgebaut und mit **saruj,** einer Mischung aus gebranntem Lehm und Kalk, verputzt. Die sorgfältige Renovierung hat insgesamt 14 Monate gedauert, doch leider setzt heute schon wieder der Verfall ein, so dass erneute Renovierungsarbeiten in Planung sind.

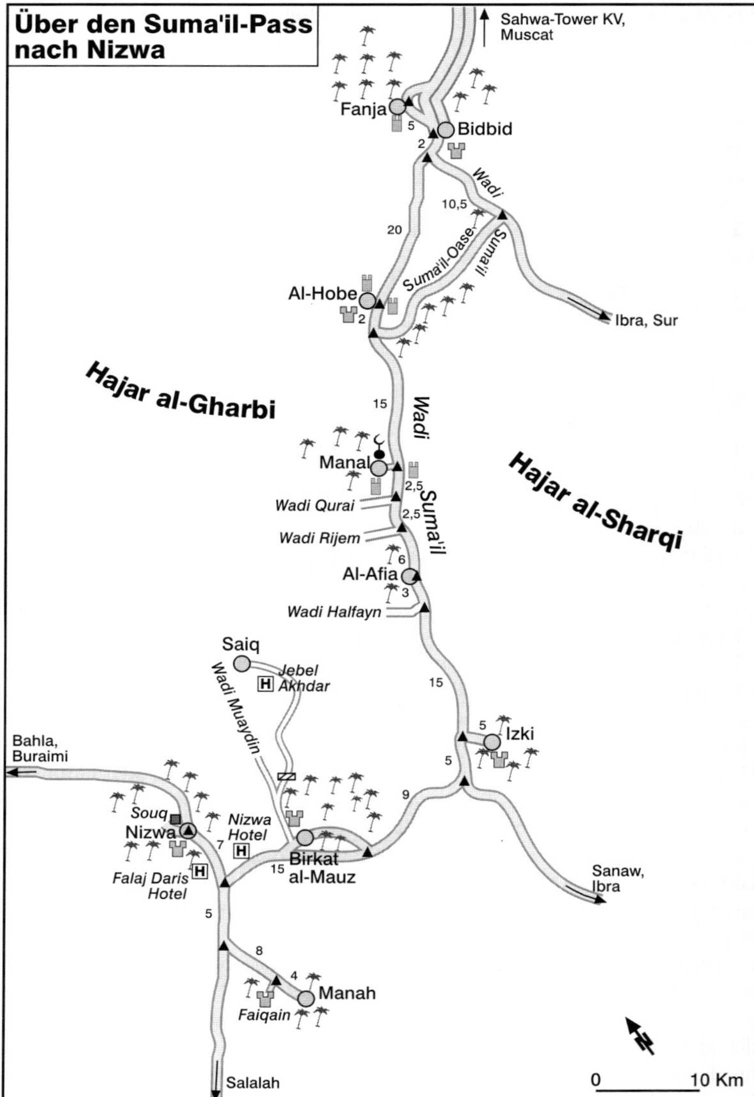
Über den Suma'il-Pass nach Nizwa
Sahwa-Tower KV, Muscat
Fanja
Bidbid
Wadi
Suma'il
Suma'il-Oase
Al-Hobe
Ibra, Sur
Hajar al-Gharbi
Hajar al-Sharqi
Wadi
Manal
Suma'il
Wadi Qurai
Wadi Rijem
Al-Afia
Wadi Halfayn
Saiq
Jebel Akhdar
Wadi Muaydin
Izki
Bahla, Buraimi
Souq
Nizwa
Nizwa Hotel
Falaj Daris Hotel
Birkat al-Mauz
Sanaw, Ibra
Manah
Faiqain
Salalah
0
10 Km
5
2
10,5
20
2
15
2,5
2,5
6
3
15
5
5
9
7
15
5
8
4

Direkt hinter Bidbid zweigt **35 km hinter dem Sahwa Tower Kreisverkehr** links die Straße nach Ibra und Sur ab.

Auf den nächsten Kilometern ist das Tal üppig mit Palmen bewachsen, auf den Bergkuppen stehen immer wieder **Wachtürme,** vor 100–500 Jahren zur Überwachung des Passes erbaut.

Westlich (rechts) der Straße ragt gewölbeartig der über 2000 m hohe **Jebel Nakhl** empor. Östlich der Straße bestechen die Berge durch ihre ungewöhnlich dunkle, fast schwarze Farbe und ihre schroffe Gestalt. Unzählige, spitz zulaufende, kahle und isoliert wirkende Gipfel staffeln sich kulissenhaft hintereinander – ein Naturschauspiel, dass besonders bei frühmorgendlicher oder spätnachmittäglicher Sonneneinstrahlung beeindruckend ist.

Auf der Hauptstraße nach Nizwa kann man bei **km 55** rechts in den Ort **Al-Hobe** abbiegen. Durch ein altes Stadttor gelangt man zu dem über den Palmengärten gelegenen alten **Fort,** das stark verfallen ist. Trotz der fünf Wachtürme, die es umgeben, diente es als Wohnfort und hatte weniger militärische Funktion.

Parallel zur Straße verlaufen Pipelines für Erdöl und Erdgas. Die unterirdischen Leitungen werden von gelbschwarz und rotblau gestrichenen Geländern markiert.

Bei **km 57** liegt an einem Abzweig nach links die **Oase Suma'il.**

Suma'il

Die Oase besteht aus mehreren Ortsteilen, die hintereinander im Wadi Suma'il, das wadiabwärts quer zu der Hauptstraße nach Nizwa in Richtung Sharqiyah verläuft, liegen. Zweigt man in diese Richtung ab und fährt an dem mit unzähligen Palmen bestandenen Flusslauf entlang, so kommt man nach 2 km in den Ortsteil Souq Suma'il mit vielen kleinen Kramläden. Dahinter liegt Alayat Suma'il mit zwei restaurierten Wachtürmen, die mit einer massiven Mauer verbunden sind. Immer wieder kommt man an einem der zahlreichen Wachtürme vorbei, bis man 6,5 km hinter der Straße nach Nizwa Sufalat Suma'il mit seinem auf einem hohen Felsen thronenden Fort erreicht. Der Ort an sich liegt versteckt in einem riesigen Palmenhain.

Im weiteren Verlauf trifft diese Nebenstraße auf die in die Provinz Sharqiyah führende Straße nach Ibra.

Die Hauptstrecke nach Nizwa folgt dagegen wieder dem Verlauf des Wadis Suma'il nach Süden, wadiaufwärts.

Bei **km 73** steht eine Reihe von Wachtürmen quer zum Straßenverlauf. Hier zweigt eine Straße zum Ort **Manal** ab, der 1 km von der Hauptstraße entfernt ist. Der alte Ortsteil ist unbewohnt und besteht aus verfallenen Lehmbauten. Er liegt umgeben von zahlreichen Befestigungsanlagen am Fuße eines Berges. Links unterhalb des Berges steht die alte, **inzwischen renovierte Moschee Masjid al-Qasr** aus Lehmziegeln. Ihre Gebetsnische (mihrab) ist mit Ornamenten, Bordüren und Qur'anversen reich verziert. Die Renovierung ist abgeschlossen, weshalb man die Moschee als Nichtmuslim nicht mehr betreten darf.

Nahe der alten Moschee steht eine **neue Freiluftmoschee,** die mit ihrem grell bunt gekachelten mihrab einen krassen Kontrast zur ihrer altehrwürdigen Nachbarin abgibt.

Hinter Manal führen rechts der Straße einige Wadis in die Berge, in denen sich schöne Wandermöglichkeiten bieten.

Wadi Qurai, Wadi Rijem und Wadi Halfayn

2,5 km hinter dem Abzweig nach Manal erreicht man das erste dieser Wadis, das **Wadi Qurai.** Etwa 700 m kann man noch auf einer Piste fahren, bevor das Wadi so schmal und steinig wird, dass es nur noch zu Fuß weitergeht. Es gibt keinen angelegten Weg, so dass man sich selbst eine Strecke durch das Geröll suchen muss. Am besten hält man sich am im Wadi verlaufen falaj. Im Wadi befinden sich einige Pools, von denen manche so groß sind, dass man sogar ein Bad nehmen kann. Nach knapp einer Stunde erreicht man das Ende des Kanals. Das letzte Stück steigt steil an und man muss etwas klettern, doch man wird mit einem schönen Ausblick belohnt.

Wiederum 2,5 km weiter liegt das **Wadi Rijem,** das ähnliche Wandermöglichkeiten bietet.

13,9 km hinter dem Abzweig nach Manal zweigt eine nicht beschilderte Piste nach rechts ab, die in den Oberlauf des **Wadi Halfayn** führt. Von der Hauptstraße aus ist diese Piste etwa 2 km lang, wobei allerdings das letzte Stück nicht mehr mit normalem Pkw zu befahren ist. Sie führt entlang eines alten aus Natursteinen gemauerten falaj, der heute nicht mehr genutzt wird und mit Erde aufgefüllt ist, und endet vor einer engen **Schlucht.** Von hier kann man durch diese Schlucht die eindrucksvolle und unberührte Bergwelt des Jebel Mahil zu Fuß entdecken. Allerdings ist der Weg unwegsam und beschwerlich, denn die aus dem abgelagerten Sedimentgestein der Wadis Halfayn und Bani Ruwahah gebildeten Berge ragen steil gewölbeartig auf und auch die in diese Schichtpakete eingegangenen Wadis sind klammartig, eng und steil. Über das Bergdorf **Menakhar** ist es mit einem ortskundigen Begleiter sogar möglich, bis auf das Sayq-Plateau des Jebel Akhdar zu wandern.

Bei km 103 erreicht man den **Abzweig in die Oase Izki,** angeblich eine der ältesten Omans, die schon im 7. Jahrhundert v. Chr. in assyrischen Quellen belegt wird.

Izki

Etwa 5 km von der Hauptstraße entfernt liegt der alte Ort, der aus zwei getrennten **Lehmwohnsiedlungen,** Yaman und Niz'ar, besteht. Hier wohnten einst zwei miteinander zerstrittene Stämme, daher sind beide Viertel mit einer Befestigungsmauer geschützt. Heu-

Detail der Gebetsnische in der alten Moschee in Manal

te sind die meisten der eng aneinander gebauten Häuser stark verfallen und bieten gerade deshalb einen bizarren Anblick. Zwischen den nur einen Steinwurf weit voneinander entfernten Quartieren stehen auf neutralem Grund die Ruinen einer fünfeckigen Festung, von der aus der Wali einst für Frieden sorgte und Soldaten den wichtigen Verkehrsweg nach Nizwa überwachten. Daneben liegen ein Souq- und ein Festplatz, die trotz aller Streitigkeiten gemeinsam genutzt wurden.

Bei **km 108** befindet sich der **Abzweig nach Sanaw** (78 km).

Bei **km 117** erreicht man die rechts neben der Hauptstraße gelegene Oase **Birkat al-Mauz.**

Birkat al-Mauz بركة الموز

Übersetzt heißt der Name der malerischen Oase „See der Bananen", angesichts der ausgedehnten Gärten ein treffender Name. Sattes Grün dominiert das Bild, die Häuser sind größtenteils unter schattigen Palmwedeln versteckt. Die meisten Gebäude entlang der Straße sind neu, die alten Ortsteile aus Lehm sind größtenteils aufgegeben und liegen gut versteckt im Palmenhain und oberhalb der Oase auf einem hohen Felsen. Den schönsten Blick über die Oase hat man von dem Hügel an der Umgehungsstraße, auf dem ein Fernmeldemast thront.

Die Bewässerung der Gärten erfolgt wie seit Jahrhunderten mit dem Wasser, das der 36 km lange **falaj Khatmayn** aus den Bergen bringt. Das Wasser ist besonders rein und klar, denn es verläuft bis kurz vor den Ort unterirdisch. Hinter dem Fort von Birkat al-Mauz kann man die Stelle sehen, an der es das erste Mal ans Tageslicht tritt. Hier holen sich die Dorfbewohner, deren Haus noch nicht an ein Wasserleitungssystem angeschlossen ist, ihr Trinkwasser. Teilweise balancieren es Frauen oder Kinder geschickt in Eimern oder Kanistern auf dem Kopf, teils fahren aber auch die Familienväter vor und holen einen größeren Vorrat mit dem Auto. Vor dem Fort befinden sich die öffentlichen Waschplätze; ab hier ist die Wasserqualität schon deutlich schlechter, aber zur Bewässerung der Felder und Gärten noch gut genug.

Das **Fort Bait al-Rudaidah** und die fünf überragenden Wachtürme auf den umliegenden Felsen bestimmen weiterhin das Ortsbild. Von der Hauptstraße

Das arabische Wort „falaj" beruht auf der Bedeutung von „teilen"

oman_402 Foto: fk

nach Nizwa führt ein beschilderter Abzweig direkt zum Fort. Die Anlage hatte im Jabal-Akhdar-Aufstand in den 50er Jahren des 20. Jahrhunderts eine große strategische Bedeutung. Durch ihre Lage am Eingang zum Wadi Muaydin, einem wichtigen Zugang zum Jebel Akhdar, war sie ein wichtiger Rückzugsort der Truppen des Imam. 1988 wurde das Fort renoviert, die Spuren des Krieges sind heute beseitigt.

Der Bau des Bait al-Rudaidah wurde von Imam *Sultan bin Saif I.,* der auch das Fort von Nizwa erbauen ließ, etwa um 1650 begonnen. Ihm diente das Fort zunächst nur als ein einstöckiges Lagerhaus, bevor im 18. Jahrhundert die obere Etage hinzugefügt und die Anlage als befestigtes und luxuriöses Wohnfort ausgebaut wurde. Noch in den 1950er Jahren war es bewohnt, doch der Hausherr, Shaikh *Suleyman bin Himyar,* der „Herr des grünen Berges", der sich während des Jebel Akhdar-Aufstandes mit dem Imam verbündete und gegen den Sultan kämpfte, floh nach dem Ende ins Ausland.

Die Anlage hat einen **quadratischen Grundriss** und zwei diagonal angeordnete **Kanonentürme.** Die Innenräume gruppieren sich um einen Innenhof, um den auf beiden Stockwerken eine Gale-

oman_401 Foto: fk

rie verläuft. In der unteren Etage waren die Lagerräume, zwei Gefängnisse, die Küche und eine Frauenmoschee untergebracht. Im oberen Stockwerk gab es mehrere Empfangsräume und Schlafzimmer. Vier der Schlafzimmer waren für Frauen und deren Kinder, entsprechend der maximal erlaubten Anzahl von Ehefrauen. Der repräsentativste Empfangsraum ist besonders schön mit Ornamenten und Deckenmalereien gestaltet.

Die Wasserversorgung erfolgte über den **falaj Khatmayn.** Es gab besondere Eingänge für Frauen, damit sie ungestört und ungesehen Wasser holen konnten. Zusätzlich war im Inneren ein über 125 m tiefer Brunnen, falls eine Belagerung die Wasserzufuhr von außen unterbrechen sollte.

Geöffnet: täglich 7.30–14.30 Uhr, bis Mittag ist meistens ein englisch sprechender Führer anwesend.

In der Nähe liegt ein sehenswerter alter, heute **verlassener Souq** und ein kleines **Wohnviertel mit Lehmhäusern.** Der Eingang befindet sich an der Hauptstraße durch die Oase gegenüber der Post, ca. 800 m vom Fort.

Über die Piste, die links am Bait al-Rudaidah vorbeiführt, gelangt man in das **Wadi Muaydin,** das ideale Möglichkeiten zum Wandern bietet, sowie auf das **Saiq-Plateau** des Jebel Akhdar (siehe nach den Ausflügen von Nizwa).

Momentaufnahme im falaj von Birkat al-Mauz

Bei **km 121** kommt man am **Nizwa Hotel** vorbei, das zu den Feierlichkeiten des National Day 1994 gebaut wurde. Kurz darauf steht links der Straße das große Sportzentrum, das zum gleichen Anlass errichtet wurde.

Bei **km 132** erreicht man einen großen **Kreisverkehr.** Links geht es nach Salalah (864 km), rechts in das kleine Dorf Firq und geradeaus nach Nizwa. Etwas weiter passiert man drei einfache Unterkünfte sowie das Falaj Daris Hotel (das ehemalige Nizwa Motel).

Bei **km 139** erreicht man kurz vor dem Zentrum Nizwas einen **Kreisverkehr.** Geradeaus führt die Straße um das Zentrum herum nach Bahla und Jabrin, links durch das Wadi zum Fort und zur Stadtmitte von Nizwa.

Nizwa نزوى

Alle Wege führen nach Nizwa – zu Füßen des Jebel Akhdar und umgeben von grünen Gärten und ausgedehnten Palmenhainen gehört Nizwa zweifelsohne zu den **sehenswertesten Ortschaften Omans.**

Die leuchtend blau-goldene Kuppel der Sultan Qaboos Moschee und der gigantische Wehrturm der benachbarten Festung ragen schon von weitem über die Wipfel der Palmen und bestimmen die Silhouette dieser geschichtsträchtigen Oase. Insbesondere im 17. Jahrhundert war Nizwa blühendes Zentrum von Religion, Philosophie, Kunst und Handel.

Das architektonisch einmalige Fort, der allwöchentliche Tiermarkt und die Souqs bieten dem Besucher eine abwechslungsreiche und überschaubare Palette an Sehenswürdigkeiten. Nizwa ist außerdem ein idealer Ausgangspunkt zur Besichtigung der umliegenden Orte und der Region Al-Dhahirah oder für diverse Pistenfahrten bzw. Wanderungen durch die Berge – für die Übernachtung stehen inzwischen Unterkünfte verschiedener Kategorien zur Verfügung.

Im **Bezirk Nizwa** leben heute etwa **70.000 Einwohner,** die sich auf über vierzig Oasen und Dörfer verteilen. Wie eh und je spielt die Wasserversorgung durch falaj-Kanäle eine bedeutende Rolle für die Landwirtschaft. Die drei aflaj von Nizwa – Ghanthak, Althought und Daris – sind alle über 500 Jahre alt; der falaj Daris ist der ergiebigste des Sultanats.

Für die **traditionelle Silberschmiedekunst** ist Nizwa seit jeher ein wichtiges Zentrum, sozusagen die „Silber-Hauptstadt". Dies ist auch heute noch so, doch aufgrund des Bedeutungsverlustes von Silber zugunsten von Gold bei weitem nicht mehr in dem Maße wie in früheren Zeiten.

Wie kein anderer Ort Omans scheint Nizwa zwischen Vergangenheit und Neuzeit zu schweben, und in keinem anderen Ort wurden alte Fassaden so konsequent auf neu getrimmt.

Geschichte

Nizwa hat in Geschichte und Religion Omans stets eine bedeutende Rolle gespielt. Im 6. und 7. Jahrhundert war Nizwa die Hauptstadt der Julanda-Dynastie, und hier überreichte *Amir ibn al-As* ein Schreiben des Propheten Muhammad an den herrschenden König. Schon im Jahr 751 wurde *Julanda bin-Masud* zum ersten ibaditischen Imam und Nizwa zu seiner Residenz und somit zur **Landeshauptstadt** ernannt. Mehrere Jahrhunderte hatte sie diesen Rang inne, bis im 12. Jahrhundert dieser Titel an Bahla abgegeben wurde – doch blieb Nizwa weiterhin das geistige und religiöse Zentrum der Ibaditen.

Im 14. Jahrhundert erreichte der arabische Weltreisende und Geograph **Ibn Batuta** Nizwa und schrieb: *„Die Stadt liegt am Fuße eines Berges und ist von Gärten und Flüssen umgeben. Sie hat wunderbare Basare, und ihre Moscheen sind groß, sauber und vorbildlich. Es ist Brauch, dass die Menschen ihre Mahlzeiten im Moscheehof essen. Sie sind von einer stolzen und tapferen Rasse, und die Stämme stehen ständig im Krieg miteinander."*

Ab dem frühen 17. Jahrhundert war Nizwa die Hauptstadt und zeitweise **Sitz der Ya'aruba-Dynastie.** Selbst als am Anfang dieses Jahrhunderts hier der Gegenimam zum Sultan von Muscat gewählt wurde, fungierte Nizwa bis 1959, als Sultan *Said bin Taimur* mit britischer Unterstützung die Stadt eroberte, als **Hauptstadt des Imamats.**

Wegen der wichtigen geistigen und politischen Bedeutung, die Nizwa jahrhundertelang hatte, war es im Bewusstsein der Omanis die **heimliche Hauptstadt.** Da auch die Zahl der Einwohner der von Muscat bis zu Beginn der 1970er Jahre kaum nachstand, gab es nach dem Amtsantritt von Sultan Qaboos sogar Überlegungen, sie zur administrativen Hauptstadt des neuen

Oman zu ernennen. Dieser Plan wurde nicht durchgesetzt, aber dennoch erfuhr Nizwa in den letzten Jahren mit der Errichtung von Krankenhäusern, Schulen, Postämtern, Teerstraßen, Polizeistationen, Moscheen, Wohnvierteln, Verwaltungsstellen, Hotels und einer neuen Dattelfabrik die besondere Aufmerksamkeit der Regierung. Zum Nationalfeiertag im Jahr 1994 wurden umfangreiche **Restaurations- und Renovierungsarbeiten** abgeschlossen, und der Ort erstrahlt nun in neuem Glanz. Allerdings ging dabei viel von der ursprünglichen und orientalischen Atmosphäre verloren. Kurz: Nizwa kann auch als das **„andere" Zentrum Omans** bezeichnet werden.

Sehenswertes

Das **Fort von Nizwa** ist schon von weitem an seinem **monumentalen Festungsturm** zu erkennen. Dieser ist mit einem Durchmesser von 40 Metern und einer Höhe von über 20 Metern der mächtigste Turm Omans und überragt die gesamte Oase. Ihm ist eine rechteckig ummauerte Festungsanlage angegliedert, die Sultan *bin Saif bin Malik al-Ya'aruba* in der Mitte des 17. Jahrhunderts in zwölf Jahren Bauzeit errichten ließ.

Durch ein massives Holztor gelangt man in das Innere. Im ersten **Innenhof** befinden sich einige Wach- und Vorräume, ein Brunnen und ein Raum, in dem die aufwändige Renovierung der Festung und des angrenzenden Souqs auf Fotos dokumentiert ist.

Nizwa – altes Bollwerk mit neuer Fassade

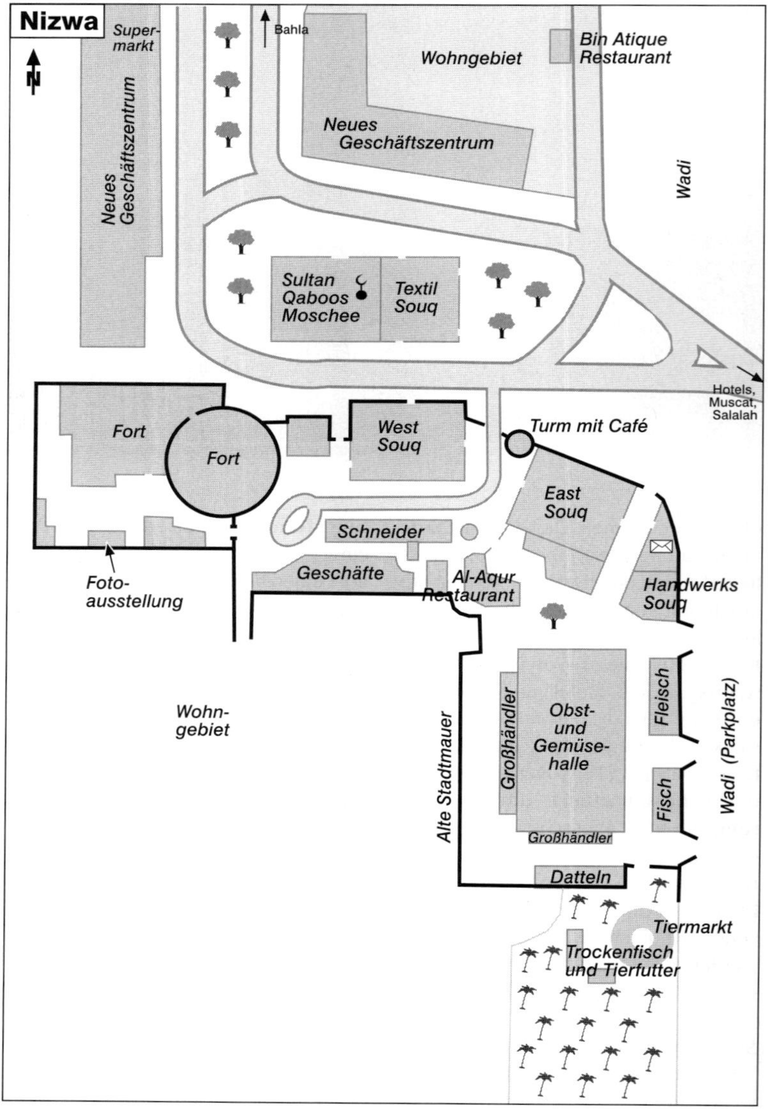
Nizwa
Super-
markt
Bahla
Wohngebiet
Bin Atique
Restaurant
Neues
Geschäftszentrum
Neues
Geschäftszentrum
Wadi
Sultan
Qaboos
Moschee
Textil
Souq
Hotels,
Muscat,
Salalah
Fort
Fort
West
Souq
Turm mit Café
East
Souq
Schneider
Geschäfte
Al-Aqur
Restaurant
Handwerks
Souq
Foto-
ausstellung
Wohn-
gebiet
Alte Stadtmauer
Großhändler
Obst-
und
Gemüse-
halle
Großhändler
Fleisch
Fisch
Wadi (Parkplatz)
Datteln
Tiermarkt
Trockenfisch
und Tierfutter

Durch ein weiteres Tor betritt man den eigentlichen Fortkomplex. Im Westen des Turmes liegt der rechteckige **Wohnbereich,** der aus einer Vielzahl verschachtelter Wohn- und Versorgungsräume besteht.

Rechter Hand führt eine Holztür in den **Innenraum des Turmes,** der lediglich ein verwinkelter Treppengang ist. Zur Stabilisierung hat sein Erbauer ihn bis zu einer Höhe von 14 Metern mit Sand und Geröll auffüllen lassen. Diverse falsche Abzweigungen und Scheintüren sollten mögliche Eindringlinge verwirren. Außerdem konnte der Gang nach jeder Wendung mit einer stabilen Holztür versperrt werden, und durch schmale Schlitze an der Oberseite des Türrahmens konnten anstürmende Feinde mit heißem Dattelsirup übergossen werden.

Oben angekommen, erreicht man durch die letzte Tür aus Walnussholz die riesige, runde **Kanonenplattform** mit ihrem über 10 Meter hohen Mauerrand. Außer ehemals vier Brunnen, Kanonen und einer kleinen Moschee ist die Fläche leer. Durch 24 Öffnungen konnte man die gesamte Umgebung ohne toten Winkel unter Beschuss nehmen; eine der Kanonen soll Imam Sultan bin Saif selber abgefeuert haben. Über Treppen kann man auf einen Wehrgang an der Mauer steigen und durch die Zinnen die Aussicht über Nizwa genießen.

Nicht einmal die britischen Fliegerbomben, die Ende der 1950er Jahre die Jebel Akhdar-Revolte gegen den Sultan niederschlagen sollten, konnten dem Bollwerk etwas anhaben. Ein britischer Oberst beschreibt: *„Als der Sultan triumphierend Nizwa erreichte, erfüllte eine niederschmetternde, vom Fort ausgehende Explosion den Himmel mit blauem Rauch und löste einige Stücke der Zinnen auf. Bis zum nächsten Morgen herrschte in Nizwa ein Höllenlärm aus Kanonenbombardement, unregelmäßigem Gewehrfeuer und schreienden Menschen ...“*

Geöffnet ist das Fort täglich von 8.30–16 Uhr, Eintritt 500 Bs.

Östlich des Forts liegt der **Souq von Nizwa,** der aus verschiedenen Teilen besteht. Die zentralen Bereiche sind der **West-Souq,** der **East-Souq,** eine **Obst- und Gemüsehalle** mit angeschlossenen Gebäuden für Fleisch, Fisch und Datteln, der **Handwerks- und Süßwaren-Souq,** der **Stoff- und Textilien-Souq** inklusive diverser **Schneidereien** und das Areal für den allwöchentlichen **Tiermarkt.** Das Souq-Gebiet ist trotz dieser Vielfalt klein und überschaubar, es ist außerdem von einer Stadtmauer umgeben. Im Osten, also am Wadi, befindet sich ein neu erbautes Stück mit mächtigen hölzernen Toren, im Westen verläuft dagegen eine alte Wehrmauer, die den Souq vom angrenzenden Wohngebiet trennt.

Das **neue Geschäftszentrum** mit seinen kleinen Läden, in denen zumeist indische oder pakistanische Händler Waren des täglichen Bedarfs verkaufen, mit dem Supermarkt, der modernen Bäckerei und den diversen kleinen Restaurants zählt historisch bedingt nicht zu den Souqs.

Zu Beginn der 1990er Jahre war der gesamte Innenstadtbereich mitsamt den Souqs Schauplatz einer umfassenden stadtplanerischen **Renovierung und Neugestaltung.** Das gesteckte Ziel lautete: Modernisierung und Förderung des Tourismus, die löbliche Rahmenbedingung war der Erhalt des traditionellen Baustils – die Nebenwirkung davon bedeutete jedoch den Verlust der ursprünglichen Atmosphäre. Sicher kann sich das Ergebnis der neuen, piekfeinen Stadt sehen lassen, und man hat es sogar geschafft, dass ein ganz neues Flair entstanden ist. Zweifelsohne brachte es auch den Händlern Vorteile. Doch man sollte auch wahrnehmen, dass Nizwa sich jenseits der Touristenpfade von der adretten Kulisse vielfach zur dörflich-einfachen Realität wandelt: alte Lehmhäuser, an denen der Zahn der Zeit nagt.

Ein deutliches Bild von der Situation des Souqs vor und nach der „Schönheitskur" zeigt sich beim Vergleich des **East-Souq** mit dem **West-Souq,** die zusammen das historische Herzstück des Souqs von Nizwa bilden. Es waren – und sind – zwei geschlossene Komplexe, durch die je zwei Souqgassen laufen. Der West-Souq ist komplett renoviert, in seinen einheitlich-ordentlichen Ladenboxen werden wie eh und je traditionell omanische Silberschmiedeprodukte (insbesondere Schmuck und Krummdolche) gehandelt. Omanis kaufen nur wenig hier ein, es ist eher eine Domäne der Touristen, die ganz bestimmt ein typisches Souvenir finden. Die omanischen Händler sind mit ihrem Warenangebot darauf eingestellt, es finden sich neben erlesenen Stücken auch Billigimitate aus Indien, die Preise sind vergleichsweise hoch und die Möglichkeit zum Handeln noch geringer, als sie es in Oman eh schon ist.

Dagegen wirkt der östliche Souq wie eine Rückblende in die Souq-Welt der Vergangenheit. Durch zwei, mit alten und verzogenen Holztoren gesicherte Eingänge gelangt man in diese Welt, in deren ungewohnt unaufgeräumt wirkenden Läden alte Männer vornehmlich Gewürze und einfache Gebrauchsgüter verkaufen. Noch trotzt dieses Stückchen Orient dem neuen Drang nach „Beautification" – die Würfel sind allerdings wohl auch für die Zukunft des East-Souq schon gefallen.

Die moderne **Obst- und Gemüsehalle** scheint alle Dimensionen zu sprengen, über achtzig Stände bieten ihre Waren zum Verkauf an – zumindest theoretisch, denn in Wirklichkeit stehen viele von ihnen leer. Selbst an Markttagen ist diese vollklimatisierte, hygienisch weiß gekachelte Halle ruhig, nachmittags wirkt sie wie verwaist.

Neben der Sultan Qaboos Moschee findet sich der farbenfrohe **Stoff- und Textilien-Souq.** Auch seine Geschäfte sind in einem geschlossenen Komplex untergebracht, sie werden größtenteils von indischen Händlern betrieben.

Zwischen der Gemüsehalle und dem East-Souq dehnt sich ein hübscher, schattiger Platz aus. Hier sind auch der **Süßwaren-Souq** und der **Handwerks-**

Auf dem Tiermarkt von Nizwa
wird genauestens Buch geführt

Souq, in dem man einigen Handwerkern und Silberschmieden bei ihrer Arbeit über die Schulter sehen kann.

Eine gute Gelegenheit, eine Pause bei einem Qahwa oder einer kleinen Mahlzeit einzulegen, bietet an diesem Hauptplatz das **Al-Aqur-Restaurant,** eines der wenigen Restaurants, in dem **original-omanisches Essen** serviert wird. Zwar ist es nach der Ende 2000 erfolgten Renovierung nicht mehr ganz so schön dekoriert wie zuvor, doch auch jetzt lassen alte omanische Waffen und Gebrauchsgegenstände die Räume wie ein kleines, „lebendiges" Museum wirken – diese Dinge kann man übrigens auch käuflich erwerben. Wer lieber draußen sitzt, kann dies auf dem kleinen Platz vor dem Lokal hervorragend tun – inklusive der erholsamen Ruhe und des Flairs, das der Souq von Nizwa ausstrahlt. Das Schöne am Al-Aqur ist auch, dass es nicht etwa eine rein touristische Domäne ist, sondern auch von Omanis gerne besucht wird. Sie trinken hier ein, zwei oder drei Tee, tauschen Neuigkeiten aus oder vertreiben sich die Zeit zwischen den Gebeten mit lockerem Beisammensein vor dem Fernseher.

Etwas nördlich des Souqs befindet sich direkt am Wadi ein weiteres empfehlenswertes traditionelles Restaurant, das **Bin Atique** (siehe „Restaurants").

Jeden Freitag (und gelegentlich auch donnerstags, insbesondere vor islamischen Feiertagen) findet in Nizwa ein **großer Tiermarkt** statt, zu dem die Käufer und Verkäufer von weither an-

oman_131 Foto: fk

reisen. Ihr angestammter Marktplatz liegt südlich der Obst- und Gemüsehalle, und auch er wurde verschönert. Bereits am frühen Morgen (ab ca. 7.30 Uhr) treffen sich Händler und Kunden auf dem gepflasterten Areal unter Schatten spendenden Palmen. Die zu verkaufenden Tiere – meist Ziegen und Schafe, seltener auch Kühe oder Esel – warten auf den im Wadi geparkten Pick-ups oder werden an die Pfosten auf dem Platz angeleint. Wenn es soweit ist, werden sie von ihren Besitzern geholt und in einem Kreis auf der Mitte des Platzes herumgeführt. In und um dieses Rondell sitzen die potenziellen Käufer. Diejenigen, die am Kauf interessiert sind, winken den Besitzer heran, unterziehen das Tier einer kurzen „Fleischfestigkeits-Kneif-Prüfung" und versuchen den Preis herunterzuhandeln. Doch die Besitzer sind hartnäckig, ihre lautstarken Lobpreisungen und Preisforderungen rufen sie abwechselnd solange aus, bis ein Kunde möglichst viel bietet und das Geschäft per Handschlag besiegelt werden kann. Immer wieder sieht man einen der Interessenten aufstehen und an den Rand des Kreisels eilen. Dort warten in unauffälliger Zurückhaltung die Frauen, denen offensichtlich oftmals die letztendliche Kaufentscheidung und die Verwaltung des Geldes obliegt. Auf der runden steinernen Bank in der Mitte sitzt der Marktleiter, der jeden Verkaufsvorgang in ein großes Buch notiert.

Diejenigen, die nicht am Geschäft interessiert sind, unterhalten sich oder beobachten den Rummel drumherum: Mit Krummdolchen, Patronengürteln und alten Vorderladergewehren schwer „bewaffnete" Männer versuchen ihre Statussymbole an den Mann zu bringen, störrische Ziegen werden vom oder zum Parkplatz gebracht, kleine Kinder spielen Fangen, alte Männer debattieren lebhaft oder prüfen die Qualität des am Rande feilgebotenen Viehfutters, Beduinenfrauen versorgen und bewachen die Tiere oder beobachten wachsam das Geschehen, mit Kameras „bewaffnete" Touristen jagen nach den besten Fotomotiven ...

Der Tiermarkt dauert so lange, bis die aufkommende Mittagshitze die Betriebsamkeit lähmt – meist ist schon vor 11 Uhr Feierabend.

Unterkunft

- **Falaj Daris Hotel******

4 km südlich vom Zentrum an der Hauptstraße, kleineres Hotel mit angenehmer Atmosphäre und Pools in den grünen Innenhöfen (Postadresse: P. O. Box 312, Nizwa 611), EZ 21,800 RO, DZ 29,500 RO, Tel. 410500 und 410430, Fax 410537
e-Mail: fdhnizwa@omantel.net.om

- **Nizwa Hotel******

Gehobene Mittelklasse, etwas kühle Atmosphäre, 20 km außerhalb an der Straße nach Muscat (Postadresse: P. O. Box 1000, Nizwa 611), EZ 41 RO, DZ 47 RO, Suite 140 RO, Tel. 431616, Fax 431619
e-Mail: nizhotel@omantel.net.om

- **Majan Guesthouse***

Einfaches, aber ordentliches Hotel am südlichen Ortsausgang (Postadresse: P. O. Box 1262, Nizwa 611), EZ 13 RO, DZ 15 RO, Tel. 431910, Fax 431911

- **Nizwa Guest House***

3 km südlich vom Zentrum an der Hauptstraße, leichte Jugendherbergsatmosphäre, Zimmer mit Bad und Kochgelegenheit (Postadresse: P. O. Box 1166, Nizwa 611), Tel. und Fax 412402, EZ 12 RO, DZ 14 RO
e-Mail: nghnizwa@hotmail.com

• Tanuf Residency
Am Ortsausgang nach Süden, Appartements mit kleiner Küche (Postadresse: P. O. Box 329, Nizwa 611), EZ 12 RO, DZ 14 RO, Tel. 411601, Fax 411059

Restaurants

• Al-Aqur Traditional Restaurant
Preiswerte omanische Speisen, am Platz zwischen der Obst- und Gemüsehalle und dem West-Souq, 6.30–23 Uhr, Tel. 411043

• Al-Fanar Restaurant
Im Falaj Daris Hotel, auch Tische am Swimmingpool, freitags reichhaltiges Buffet für 6,500 RO, auch alkoholische Getränke, 6.30–22.30 Uhr, Tel. 410500

• Arab World Restaurant
Preiswerte arabische Gerichte, im neuen Geschäftszentrum und neben der Tanuf Residency, beide 9–23 Uhr

• Bin Atique
Traditionell omanisches Restaurant am Wadi, günstige und gute arabische Spezialitäten, gegessen wird auf dem Boden sitzend in kleinen Séparées, unbedingt zu empfehlen, 9–23 Uhr, Tel. 410466

• Birkat al-Mawz
Internationale Küche im Nizwa Hotel, auch alkoholische Getränke, 12–15 und 19–23 Uhr, Tel. 431616

• Great Fort Restaurant
Günstige indische, chinesische und arabische Gerichte in der Gasse neben dem Al-Reef Supermarkt im Zentrum, 8–23 Uhr, Tel. 410377

• Spicy Village
Gute und preiswerte indische und chinesische Küche am Kreisverkehr südlich der Stadt, wenige Meter in Richtung Salalah, 8–23 Uhr, Tel. 431694

• Einige **kleine Restaurants** mit günstigem arabischen und indischen Essen befinden sich auf der anderen Wadiseite direkt gegenüber des Souqs an der Straße nach Süden und am Kreisverkehr nach Salalah neben dem Spicy Village.

Bars

• **Al-Wasit** (nur für Hotelgäste) und **je ein Nachtclub mit indischer und arabischer Live-Musik** im Nizwa Hotel, 12–15 Uhr und 18–24 Uhr

• Al-Sahara Lounge/Castle Bar
Im Falaj Daris Hotel, 12–15 und 18–24 Uhr

Internet-Café

• Nizwa Cyber Café
Internet-Café am Ortausgang in Richtung Bahla, 8.45–13 Uhr und 16.30–22 Uhr, Tel. 9418502

Telefonnotruf

• Polizei und Feuerwehr: Tel. 999

Polizei

Die Polizeistation liegt ungefähr **2 km vom Ortszentrum in Richtung Bahla/Buraimi** an der rechten Straßenseite, Tel. 425222.

Krankenhaus

• Nizwa Hospital
An der Straße nach Bahla, neben der Polizeistation, Tel. 425033

Apotheke

• Muscat Pharmacy
Im neuen Geschäftszentrum, nördlich des Forts, Tel. 410235

Verkehrsverbindungen

• Taxis/Sammeltaxis
Der Stand der Sammeltaxis und Minibusse liegt im Wadi unterhalb des Zentrums; alle Ortschaften der Umgebung und Muscat werden angesteuert.

• Überlandbusse
Die Bushaltestelle der Überlandbusse ist im neuen Geschäftszentrum, es gibt jedoch auch weitere Haltestellen an den Ausfallstraßen nach Muscat und Bahla. Täglich fahren drei Busse nach Ruwi/Muscat (8, 10.15 und 17.50 Uhr) und drei nach Bahla und Ibri (10.20, 16.50 und 18.50 Uhr, 2 Std. Fahrzeit), davon der erste weiter nach Iraqi, der zweite bis Yanqul und der dritte bis Dhank; Infos unter Tel. 590046 und 708522.

Am großen Kreisverkehr südlich von Nizwa kann man in die Busse nach Salalah zusteigen. Abfahrt ca. 8 und 21 Uhr, Reservierung zu empfehlen, Tel. wie oben.

Autovermietung

- **Mohammed Saeed Trading**
Im Al-Foura Complex, nahe des Buch-Kreisverkehrs, Tel. 412199; die einzige Vermietfirma in Nizwa hat nur Pkw im Angebot, aber keine Allradwagen.

Banken/Exchange

Im neuen Geschäftszentrum um den Platz nordöstlich des Forts haben einige große Banken ihre Filialen. Hier tauschen auch kleine Wechselstuben mit recht guten Kursen.

Post

Das Postamt liegt etwas versteckt hinter einem hölzernen Tor gegenüber des östlichen Eingangs zum East-Souq. Geöffnet Sa bis Mi 8–14 und Do 9–11 Uhr.

Reisebüros/Tourveranstalter

- **Tourist Office at Dakhiliyah**
Kleines Unternehmen, das individuelle Ausflüge in die Umgebung anbietet, Tel. 410011, mobil 9446036, Fax 412520
- **Al-Huzaily Travels**
Im Gebäudekomplex kurz vor dem Buch-Kreisverkehr in Richtung Bahla, Tel. 412005, Fax 412038
- **Moon Travels**
Reisebüro im Geschäftszentrum, Tel. 410650

Sport und Aktivitäten

- **Swimmingpools** gibt es im Falaj Daris und im Nizwa Hotel.
- Über einen **Fitnessraum** verfügt das Falaj Daris Hotel.

Einkaufen

- Eine große Auswahl an **Silber** findet man im Handwerks-Souq gegenüber des Al-Aqur Restaurants und im renovierten West-Souq am Fort.
- **Gewürze und Weihrauch** kann man am besten im alten Souq (East-Souq) kaufen.
- Das **neue Geschäftszentrum** liegt um den Platz nordöstlich des Forts. Hier gibt es neben vielen kleinen Lebensmittelläden auch einen großen Supermarkt, eine Bäckerei, Fotoläden, Apotheken und Geschäfte mit Artikeln für den täglichen Bedarf. Viele weitere Geschäfte und Supermärkte haben sich entlang der Hauptstraße in Richtung Muscat angesiedelt.
- **Fleisch, Fisch, Obst und Gemüse** kauft man am günstigsten und frischesten in der neuen Markthalle.

Ausflüge nach Manah und Fort Faiqain

In den beiden Orten Manah und Faiqain gibt es zwei sehenswerte alte **Lehm-Wohnsiedlungen,** in Faiqain wird diese von einem vierstöckigen Fort überragt.

Die Orte der Oasengruppe Manah liegen ungefähr 20 km von Nizwa entfernt. Man erreicht sie, indem man am **7 km südlich von Nizwa** gelegenen Kreisverkehr zunächst der Straße nach Salalah folgt. Dort zweigt **nach 5 km** links die nach Manah ausgeschilderte Straße ab.

Zunächst kommt man **8 km hinter dem Abzweig** zur Oasensiedlung **Al-Faiqain,** deren ungewöhnlich geformtes **Fort** man schon von weitem erkennen kann. Auffallend sind zum einen die Höhe der flächenmäßig eher kleinen Anlage und zum anderen die zwei schlanken eckigen Türme an den Seiten des Forts. Die Festung steht neben der neuen Moschee des Dorfes, vor ihr plätschert ein falaj, und rundherum stehen die Ruinen des 300 Jahre alten Ortskernes.

Das Fort wurde in zwei Teilen zu unterschiedlichen Zeiten erbaut: der erste Teil am Haupteingang wurde 1567 von Shaikh *Mas'ut bin Mohammed bin Suleyman* als Wohnhaus errichtet, der nördliche zweite Abschnitt 1617 als Verteidigungs- und Lagerturm angefügt.

Kurz vor ihrer Restaurierung im Jahr 1991 war die Anlage zur Unkenntlichkeit zusammengefallen, der ältere Teil bestand nur noch aus einem großen Schutthaufen. Seine Steine hatten den Eingang zum zweiten Teil zugeschüttet, und lange Jahre war dieser nur über ein Seil zugänglich. Die aufwändige **Restaurierung** glich größtenteils einem Neubauprojekt, aber anders wäre dieses ungewöhnliche Fort heute nicht zu besichtigen. Ein wenig Kondition im Treppensteigen ist Voraussetzung, denn um alles zu sehen, muss man gleich zweimal die fünf Etagen hinaufsteigen, da die zwei Teile nur im Erdgeschoss miteinander verbunden sind. Der Aufstieg wird aber mit einem wunderbaren Ausblick auf die Umgebung und den zu Füßen des Forts gelegenen verfallenen Lehmort belohnt.

Von Al-Faiqain sind es etwa **4 km bis nach Manah,** dem Hauptort dieser Oasengruppe. Auch hier ist das Sehenswerte nicht der neue Ort, sondern der daneben gelegene alte, verlassene Teil. Am einfachsten zu finden ist er, wenn man am **Kreisverkehr bei km 10,5** (ab dem Abzweig von der Hauptstraße Nizwa–Salalah) dem Straßenschild in Richtung „Souq" folgt und nach 1 km rechts abbiegt. Nach 500 m kann man im neuen Souq parken.

Der angrenzende alte Stadtkern ist vollständig mit einer Mauer eingefasst, an seiner Nordseite schließt sich ein verfallenes **Fort** an. An der Südseite stehen die beeindruckend hohen Reste eines rechteckigen Turmes. Einst standen an dieser Mauerseite zwei solcher Türme, die über 50 Meter hoch gewesen sein sollen. Im Inneren der Mauer kann man entlang der Häuserruinen durch die engen Gassen der **Geisterstadt** schlendern. Die Hauptgassen sind rechtwinklig zueinander angeordnet, doch in den engen Seitengassen löst sich dieses System auf, und immer wieder enden die Wege an Hauseingängen. Viele der dicken Holztüren sind mit einem Schloss verriegelt, manche stehen offen und gewähren Einblicke in das Innenleben der Häuser. Sie bestehen alle aus zwei Stockwerken, wodurch man auf den Wohlstand der früheren Bewohner schließen kann. In vergangenen Zeiten war Manah ein wichtiges Handelszentrum, denn hier legten die Kamelkarawanen nach der Durchquerung der Wüste eine Rast ein, was natürlich auch zum Handeln genutzt wurde. Heute liegt die größte Bedeutung des neuen Ortsteils darin, ein wichtiger Marktort für die Beduinen der südlich beginnenden Wüste zu sein.

oman_428 Foto: fk

Das Emblem des Wilayas Manah ist der **matak-Baum** *(Glycyrrhiza glabra),* der nur in einem Wadi nahe der Stadt Manah wächst. Dem Extrakt seiner Wurzeln werden Heilkräfte gegen 70 Krankheiten nachgesagt.

Weitere Ausflüge

Im vorliegenden Abschnitt „Über den Suma'il-Pass nach Nizwa" finden sich Beschreibungen zu Ausflügen nach **Manal, Izki, Birkat al-Mauz** oder in das **Wadi Halfayn.**

Ins **Wadi Muaydin** sowie auf den **Jebel Akhdar** siehe nächster Abschnitt.

Das alte Lehmdorf und das **Wadi Tanuf,** die Bergoasen **Al-Hamra, Misfah** und **Ghul,** der Canyon des **Jebel Shams** sowie die Festungen von **Jabrin** und **Bahla** liegen westlich von Nizwa und sind im übernächsten Abschnitt dargestellt.

Wer die Orte und Sehenswürdigkeiten der Region Al-Dhahirah **(die Gräber von Bat und Al-Ayn, Ibri** und mit entsprechendem Visum auch **Buraimi)** besuchen möchte, findet im letzten Teil dieses Kapitels Informationen darüber.

Adam, der südlichste Oasenort Inner-Omans auf dem Weg in die südlichste Provinz Dhofar, wird zu Beginn des Abschnitts „Von Muscat nach Salalah" beschrieben.

Terrassenfelder auf dem Jebel Akhdar

Jebel Akhdar: Saiq-Plateau und Wadi Muaydin

Das Gebiet nördlich von Nizwa ist geprägt vom mächtigen, alles überragenden **Jebel Akhdar,** dem „grünen Berg". Streng genommen ist der Jebel Akhdar ein Gebirgszug des Hajar-Gebirges, das auf über 3000 m Höhe ansteigt. Sein Name rührt weniger von der Tatsache, dass sein Gestein von grüner Farbe ist, als vielmehr davon, dass die Region zu den fruchtbarsten des Landes gehört. Diese **Fruchtbarkeit** liegt daran, dass sich an den Berghängen vergleichsweise häufig Niederschläge abregnen und dass dem Kalkgestein, aus dem der Jebel Akhdar besteht, der Vorteil zukommt, Wasser besser speichern zu können als beispielsweise Lavagestein. Außerdem sind die Temperaturen eher mediterran und mild als wüstenhaft und heiß, in den Winternächten können sie sogar unter den Gefrierpunkt fallen. In den Obstgärten und auf den ausgedehnten Terrassenfeldern gedeihen Mais, Granatäpfel, Aprikosen, Pfirsiche, Mandeln, Walnüsse, Weintrauben und Rosen – aus denen das berühmte und teure Jebel Akhdar-Rosenwasser destilliert wird.

Diese „grüne Insel" war **lange isoliert** vom Rest des Landes und stellte eine Welt für sich dar, nur zu Fuß oder mit dem Hubschrauber zu erreichen. Heute bildet eine Militärpiste den einzigen Fahrweg, der aber bald geteert sein wird. Bessere Elektrizitätsversorgung, Ausweitung des Schul- und Gesundheitssystems und Verbesserung der Bewässerungsmethoden sind ebenfalls in Planung.

Lange Zeit war ausländischen Touristen der Zugang auf das Gipfelplateau, das Saiq-Plateau in 2000 m Höhe, praktisch nicht gestattet. Seit der Fertigstellung eines Hotels ist die Genehmigung sehr einfach über das Hotel zu erhalten, wenn man dort eine Übernachtung bucht.

Für die Erkundung des Saiq-Plateaus sollte man etwa einen vollen Tag einplanen, bei längeren Wanderungen entsprechend mehr.

Anfahrt: Die Strecke auf das Plateau und ins Wadi Muaydin beginnt bei **Birkat al-Mauz** am beschilderten Abzweig zum Fort Bait al-Rudaidah und zum Jebel Akhdar.

Nach einem halben km muss man links zum Fort abbiegen und an diesem links vorbei fahren. Momentan endet die Teerdecke hier. Bei **km 4,4** verzweigt sich die Strecke.

Nach links geht es ins **Wadi Muaydin.** Die Qualität der Piste verschlechtert sich, ist aber bis zur nächsten **Gabelung bei km 9,5** problemlos auch mit einem Pkw zu befahren. Hier liegt oberhalb eines Palmengartens das alte Dorf **Muaydin** mit seinen braunen Häusern gut getarnt am Berghang. Ohne Allradantrieb lässt man den Wagen am besten an der Gabelung stehen und geht zu Fuß weiter. Nach rechts kommt man durch das neue Dorf, bevor nach etwa 2 km die befahrbare Piste engültig endet. Ein Fußweg führt von hier durch ei-

Der Jebel Akhdar – der unerreichbare Schicksalsberg

Für den britischen Expeditionsreisenden Wilfred Thesiger war eine Reise auf den Jebel Akhdar, den „grünen Berg“, ein langersehnter Wunsch, der für ihn, im wahrsten Sinne des Wortes, den „Höhepunkt“ seiner langen Wege markieren sollte. Doch in der unruhigen Zeit des Bürgerkrieges kam alles ganz anders:

„Am nächsten Tag kampierten wir 16 Kilometer vor Nizwa. Die Stadt lag hinter einem Felskamm versteckt, einem der vielen Felskämme in dem zerklüfteten Land, das sich zwischen unserem Lager und dem Fuß des Djebel al-Akhdhar, des „Grünen Berges“, erstreckte. Der Name erschien mir irreführend, da die Hänge dieses Massivs ebenso kahl aussahen wie die Berge, die uns umgaben. Die Luft war sehr klar, und man konnte das gesamte Massiv, das 80 Kilometer entfernt war, deutlich sehen. Es war von Schluchten zerrissen, die sich wie purpurne Streifen von dem blaßgelben und rauchig blauen Fels abhoben. Der Djebel al-Akhdhar ist ein großer Gebirgsstock, und ich konnte nicht feststellen, welcher der Gipfel, die über seinen Kamm emporragten, der höchste ist. Dreitausend Meter hoch, ist dieser Stock der höchste Teil einer Kette, die sich ohne Unterbrechung 700 Kilometer weit vom Persischen Golf bis zum Indischen Ozean hinzieht.

Ahmad nannte mir die Namen der Städte und Dörfer, die wir sehen konnten. Er deutete auf eine Stadt, die am Fuß des Berges gerade noch sichtbar war: „Das ist Birkat al-Mauz – dort lebt Sulaiman bin Hamyar. Er ist der Scheich der Bani Riyam und das Oberhaupt aller Ghafari. Ihm gehört der Djebel al-Akhdhar, wo es das ganze Jahr fließendes Wasser geben soll. Auch Wälder und viele Früchte soll es dort geben. Es ist bitterkalt dort oben. Ein Araber aus diesem Gebirge hat mir einmal erzählt, daß im Winter der Regen sich manchmal in weichen weißen Puder verwandelt, der wie Salz ist. Nein, kein Hagel. Hagel haben wir häufig, sogar hier unten.“ Ich fragte: „Würde Sulaiman mir wohl gestatten, auf diesen Berg zu gehen?“ Er antwortete: „Das weiß Gott allein. Vielleicht. Man sagt, er sei ein Freund der Christen, die in Maskat leben. Aber der Imam würde verhindern, daß du ihm begegnest. Er traut Sulaiman nicht.“ Nach einer Pause fuhr er fort: „Wenn du bis nach Birkat al-Mauz kommen kannst, ohne aufgehalten zu werden, dann wird Sulaiman dich mit ins Gebirge nehmen. Kein anderer könnte dich dorthin bringen.“ ...

Als die Lage sich schon aufs äußerste zuspitzte, erschien ein Bote von Sulaiman bin Hamyar mit der Nachricht, Sulaiman befinde sich auf dem Weg zu uns. Am Nachmittag traf er ein und schlug sein Lager im Dorf Mamur auf, einer Ansammlung von Hütten aus Palmwedeln und von zwei oder drei Lehmhäusern, die sich um eine kleine Moschee drängen. Dort traf ich ihn in einem Hof inmitten seines Gefolges und vieler Gefolgsleute des Imams. Er war ein großer Mann von dunkler Hautfarbe und mit einem langen schwarzen Bart, trug einen braunen goldbestickten Mantel aus feinstem Tuch, ein blütenreines weißes Hemd, hatte einen kostbaren Kaschmirschal um den Kopf gewunden und Sandalen an den Füßen. Sein Dolch war goldverziert. Ich hatte sofort den Eindruck einer mächtigen, wenn mir auch nicht sehr gewogenen Persönlichkeit. Sein Gebaren und das Verhalten seiner Gefolgsleute ließen darauf schließen, daß dieser Stammesscheich nicht auf Grund seiner Beliebtheit regierte, sondern ein Autokrat war, der unbedingten Gehorsam gewöhnt war. Kaum hatte man mir Datteln und Kaffee gereicht, nahm er mich auch schon mit ins Innere der Moschee und stellte einen Wachtposten am Eingang auf mit dem Befehl, niemanden einzulassen. Er war offensichtlich dem Imam böse, weil dieser seine Einladung nach Birkat al-Mauz verhindert hatte. Sein Zusammentreffen mit mir an diesem Ort war ein Affront gegen den Imam. Ich glaubte jedoch nicht, daß er es auf einen Streit ankommen lassen und mich mit in den Djebel al-Akhdhar nehmen würde. Ich hatte schon früher gehört, daß Sulaiman nicht dem engstirnigen Fanatismus der meisten Stadtbewohner Omans huldigte und sich für die Erfindungen des Westens interessierte, die er sich auch zunutze machen wollte. Seine unorthodoxe Einstellung und sein offenkundiger Ehrgeiz machten ihn dem Imam verdächtig.

Mir war bald klar, daß der Imam berechtigten Anlaß zum Mißtrauen hatte. Nach kurzen einleitenden Worten rückte er auf dem kleinen Gebetsteppich, auf dem wir saßen, näher an mich heran und erklärte mir flüsternd, er wünsche von der britischen Regierung in gleicher Weise wie die Scheichs der Piratenküste als unabhängiger Herrscher des Djebel al-Akhdhar anerkannt zu werden. Ich erwiderte, ich könne ihm in dieser Angelegenheit nicht helfen, da ich ein Reisender ohne offizielle Stellung sei und mich lediglich zur Erforschung des Djebel al-Akhdhar hier befinde. Er sagte: „Wenn es dir gelingt, daß mein Wunsch erfüllt wird, dann komm zurück, und ich werde dich führen, wohin du willst." Ich wies darauf hin, daß ich bei meiner Abreise Schwierigkeiten zu befürchten habe, da mein Lager von den Gefolgsleuten des Imams umzingelt sei, und er antwortete: „Reise morgen früh. Ich werde noch einen Tag hierbleiben und dafür sorgen, daß dich niemand verfolgt." Ich war enttäuscht darüber, nun, da ich den Djabal al-Akhdhar fast erreicht hatte, wieder umkehren zu müssen, denn ich hätte viel darum gegeben, diesen Berg zu erforschen."

(Quelle: W. Thesiger, Die Brunnen der Wüste. Piper Verlag 1997, Seiten 327/328 und 335/336)

oman_431 Foto: fk

ne enge Schlucht bis Masirat Rowajih (auf 1020 m Höhe, siehe weiter unten), dem ersten Dorf des Jebel Akhdar. Für die Wanderung über knapp 400 Höhenmeter sollte man aufwärts ca. 3–4 Stunden, abwärts ca. 2–3 Stunden einplanen. Trittsicherheit und feste Wanderschuhe sind wegen der dicken Felsen im Wadi notwendig. Teilweise verläuft der beste Weg etwas oberhalb des Wadibettes – er ist allerdings nicht immer einfach zu finden, so dass man Suchen und Felsenklettereien in Kauf nehmen muss.

Von der **Gabelung bei km 4,4** geht es nach rechts über die Militärpiste auf das **Saiq-Plateau,** dessen Dörfer inmitten grüner Terrassenfelder noch relativ unberührt von der Außenwelt sind.

Nach **5,2 km** kommt man zum **Militär-Checkposten,** der die Genehmigung kontrolliert, die man sich zuvor vom Hotel zufaxen lassen muss. Ab hier beginnen enge und steile Serpentinen, und man kreuzt immer wieder die neue Trasse der zukünftigen Teerstraße.

Bei **km 28** erreicht man einen Abzweig nach rechts nach **Menakhar,** einem kleinen Dorf mit Walnussbäumen und Weinreben. Es ist der Ausgangs- oder Endpunkt der Wanderung durch das Wadi Halfayn.

Nach **28,7 km** geht es links nach **Hail al-Yemen,** einem eher unspektakulären Dorf.

Bei **km 31,2** hat man das neue **Hotel Jebel Akhdar** erreicht (nicht luxuriös, aber ordentlich, recht gutes Restaurant; P. O. Box 26, PC 621, Tel. 429009, Fax 429119, EZ 21,800 RO, DZ 29,500 RO, e-Mail: jakhotel@omantel.net.om).

Bei **km 32,4** führt ein Abzweig nach rechts nach **Hail al-Misibt.** Er bietet die Möglichkeit zu einem lohnenden Abstecher zu einem Steilabfall mit schöner Aussicht.

Nach 9 km passiert man eine Versuchsfarm, bevor man bei km 12,7 einen Abzweig erreicht. Geradeaus geht es weiter zu verschiedenen kleinen Bergdörfern. Biegt man hier links ab und bei km 17,6 erneut nach links, so endet die Piste nach weiteren 1,5 km. In Richtung Südwesten bietet sich ein schöner Ausblick über eine steile Klippe.

Bei **km 33** erreicht man **Qatana,** den neuen Hauptort des Hochplateaus mit einigen Läden und einem kleinem Restaurant. Bei **km 34,6** liegt auf der linken Seite die Post. Direkt dahinter führt eine Piste nach links.

Dieser **Abstecher** führt **zu einem der schönsten Aussichtsplätze auf dem Jebel Akhdar,** der auch als **„Diana'a Point"** bekannt ist, da hier Prinzessin Diana zu einem Picknick gewesen sein soll.

Schon nach 500 m muss man rechts ab, 200 m weiter ist der Platz oberhalb des Dorfes **Al-Qasha** erreicht. Auf dem gegenüberliegenden Berghang sind unzählige kleine Terrassenfelder angelegt.

Biegt man nach 1,2 km rechts ab, so befindet sich dort ein ähnlicher Aussichtspunkt. Es ist aber erstaunlich, wie sehr der Ausblick durch den veränderten Winkel variiert.

Über die Piste kann man weiter zum Dorf **Masirat Rowajih** fahren und von dort durch das Wadi Muaydin nach Birkat al-Mauz wandern (siehe weiter oben). Hierzu muss man bei km 2,7 links ab. Steile Serpentinen führen bergab, bis man nach insgesamt 10 km über eine schöne Bergstrecke das kleine Dorf Masirat Rowajih erreicht.

Fährt man von der Abzweigung bei km 34,6 weiter geradeaus, geht es bei

km 36 links ab nach **Al-Ayn.** Das kleine Bergdorf liegt nur 500 m von der Hauptstraße am Hang über Terrassenfeldern. Geht man vom Parkplatz bergab, dann nach links und immer geradeaus den Hauptweg durch das Dorf und die Felder, so erreicht man ein kleines Wadi. Nach rechts sind es nur noch wenige Meter bis zur Abbruchkante, von wo sich ein fantastischer Blick auf die umliegende Bergkulisse und die Terrassenfelder an den Hängen bietet. In den kleinen Bergdörfern wie Al-Ayn sollte man sich unbedingt dezent kleiden und zurückhaltend verhalten. Auch wird hier erwartet, dass jeder jeden grüßt.

Bei **km 37,7** geht es links ab nach **Al-Sharijah,** das man nach etwa 1,7 km erreicht. In diesem kleinen Dorf steht eine „Rosenwasserfabrik", die allerdings eher eine einfache Destillieranlage ist. Der Blick auf die Berge und Felder ist nicht ganz so schön wie vom benachbarten Al-Ayn.

Bei **km 38,2** erreicht man eine Abzweigung. Geradeaus endet die Straße nach 1 km im Ort **Saiq,** nach dem das gesamte Plateau benannt ist. Er lohnt einen Besuch aber nicht.

Nach rechts geht es weiter ins **Wadi Bani Habib,** das man nach etwa 6,5 km erreicht. Die Straße endet im neuen Ortsteil an einem Picknickplatz. Auf der gegenüberliegenden Seite des Wadis liegt nicht weit entfernt das alte, verlassene Dorf. Die kleine Wanderung dorthin führt vorbei an Walnussbäumen und dauert etwa 20–30 Min. Die Siedlung ist entlang des Hanges gebaut, in den leer stehenden Häusern kann man auf Entdeckungstour gehen.

Westlich von Nizwa

Die Region westlich von Nizwa bietet **große Abwechslung** mit vieler sehenswerten Zielen. Die wichtigste und größte Stadt ist Bahla mit einem mächtigen Fort und einem ursprünglichen Souq. Aber auch das zerstörte Lehmdorf Tanuf, die Oase Al-Hamra und das Bergdorf Misfah sind einen Besuch wert. Naturliebhaber finden Wander- und Ausflugsmöglichkeiten in den Bergen: auf dem Jebel Shams oder zum Aussichtspunkt Sharfait al-Alamayn.

Die nachfolgend beschriebenen Ziele erreicht man alle (in der angegebenen Reihenfolge) über die Straße von Nizwa nach Ibri und Buraimi. Die Entfernung bis Jabrin, dem westlichsten Punkt dieses Abschnittes, beträgt von Nizwa 45 km.

Bis Ibri verkehren täglich drei **Busse,** die von Ruwi über Nizwa kommen. Zwei davon sind Expressbusse (Ruwi 8 und 14.30 Uhr, Nizwa 10.30 und 17 Uhr), die bei Bedarf am Abzweig nach Tanuf, in Bahla, am Abzweig nach Yanqul und schließlich in Ibri halten.

Tanuf/Wadi Tanuf تنوف

Tanuf ist im ganzen Land bekannt, denn hier steht die Abfüllanlage der gleichnamigen Mineralwasserfirma. In den Ort führen mehrere Abzweige; das Sehenswerteste ist der **alte Ortsteil,** den man 19 km hinter Nizwa über eine mit „Tanuf 4 km" ausgeschilderte Straße erreicht. Kurz vor den Bergen muss man sich rechts halten, um zur Altstadt zu

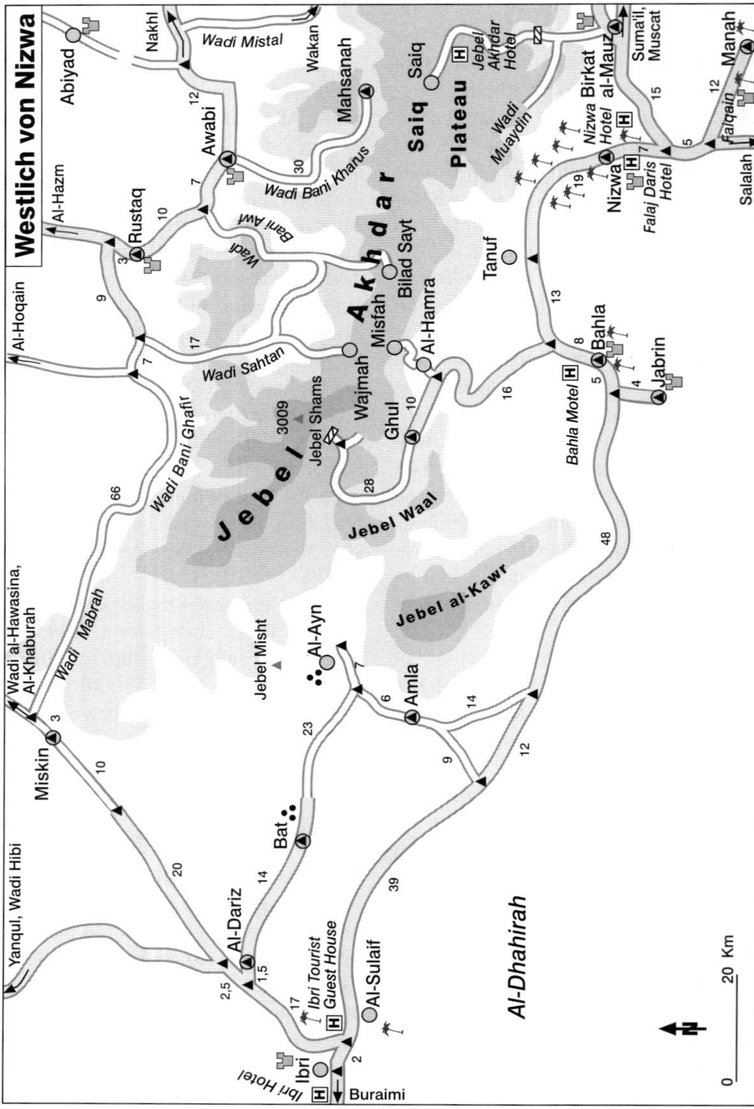

Westlich von Nizwa
Abiyad
Nakhl
Wadi Mistal
Wakan
Mahsanah
Saiq
Jebel Akhdar Hotel
Saiq Plateau
Wadi Muaydin
Awabi
Al-Hazm
Rustaq
Wadi Bani Kharus
Wadi Bani Awf
Bilad Sayt
Jebel Akhdar
Tanuf
Al-Hoqain
Misfah
Al-Hamra
Wadi Sahtan
Wajmah
Jebel Shams
3009
Ghul
Wadi Bani Ghafir
Jebel Waal
Jebel al-Kawr
Wadi al-Hawasina, Al-Khaburah
Wadi Mabrah
Jebel Misht
Al-Ayn
Amla
Miskin
Bat
Yanqul, Wadi Hibi
Al-Dariz
Ibri Tourist Guest House
Al-Sulaif
Al-Dhahirah
Ibri
Ibri Hotel
Buraimi
Bahla
Bahla Motel
Jabrin
Nizwa
Nizwa Hotel
Falaj Daris Hotel
Birkat al-Mauz
Suma'il, Muscat
Manah
Falqain
Salalah
0
20 Km

oman_413 Foto: fk

gelangen, die unmittelbar am Austritt des Wadis aus den Bergen liegt.

Zusammen mit dem Wadi Muaydin bietet das hinter den **Ruinen des ehemaligen Ortes** beginnende Wadi Tanuf einen weiteren wichtigen Zugang zum Jebel Akhdar. Wie auch das Bait Rudaidah in Birkat al-Mauz war Tanuf ein wichtiger Rückzugsort der Truppen des Imam im Jebel Akhdar-Krieg. 1959 wurde Tanuf bei einem Luftangriff der Truppen des Sultans und der Briten völlig verwüstet. Die Menschen hatten sich zuvor in die Berge geflüchtet, jedoch bauten sie später ihr altes Dorf nicht wieder auf, da es zu sehr zerstört war. Im Laufe der Jahre verfielen die Lehmmauern immer mehr, und die Erosion hat skurrile Formen geschaffen. Einzig zwei Moscheen sind noch relativ gut erhalten. Um die Gesamtheit dieser heute so friedvollen Ruinenlandschaft zu überblicken, lohnt es sich, die Anhöhe zu erklimmen, auf der ein Teil des Dorfes erbaut war. Von dort kann man auf der anderen Seite den Eingang des **Wadi Tanuf** einsehen.

Folgt man der Straße rechts um den alten Teil herum, so kann man an der Hinterseite einen dicht am Fels entlangführenden falaj bewundern. Nach wenigen hundert Metern erreicht man den **Staudamm** des Wadi Tanuf. Hat man einen Allradwagen, so lohnt es sich, die weitere Piste durch das Wadi zu fahren. Sie führt durch eine enge **Schlucht** mit teils senkrechten Felswänden. Nach er-

Bizarre Mauerreste im zerstörten Lehmdorf Tanuf

wa 6 km endet die befahrbare Strecke kurz vor einem kleinen Bergdorf und seinen Gärten. Der gesamte Weg eignet sich auch gut für eine Wanderung.

Al-Hota-Cave/ Sharfait al-Alamayn

Diese zwei **ausgefallenen Ziele** sind etwas für Liebhaber von Höhlen und spektakulären, aber nicht ganz einfachen Bergstrecken.

Anfahrt: 32 km hinter Nizwa muss man in Richtung Al-Hamra und Jebel Shams abbiegen. Nach weiteren 3,8 km erreicht man einen Abzweig nach rechts, der mit „Qala al-Masalala" ausgeschildert ist. Hier beginnt die Kilometer-Zählung mit Null.

Bei km 4,6 und 4,9 muss man sich rechts halten, bei km 5,7 nach links, bei km 6 wieder nach rechts. Nach 11,5 km erreicht man eine Gabelung.

Links geht es zur **Al-Hota Cave,** die man nach 1,2 km erreicht. Für eine Erkundung des mit 4,5 km Länge sehr weitläufigen Höhlensystems, das vom Wasser im Kalkstein ausgewaschen wurde, ist **spezielle Ausrüstung und Höhlenerfahrung** notwendig. Im Buch „Caves of Oman" ist die Höhle ausführlich beschrieben.

Eindrucksvoll ist jedoch auch der Blick auf den Eingang der Höhle. Er befindet sich auf der rechten Seite eines mächtigen Einbruchlochs, das entstanden ist, als die Decke eines Teils der Höhle eingestürzt ist.

Fährt man an der Gabelung bei km 11,5 nach rechts, so führt die Strecke weiter zum **Aussichtspunkt Sharfait al-Alamayn.** Die Kilometer-Zählung beginnt an der Gabelung erneut bei Null.

Bei km 5,6 muss man sich rechts halten, bei km 10,8 links abbiegen. Bei km 12,2 geht es geradeaus weiter. Die teilweise nun sehr schlechte Piste führt steil bergauf. Bei **km 18,4** hat man den spektakulären **Aussichtspunkt** erreicht. Der Blick ist nun frei auf die Wadis nördlich des Höhenzugs und das Bergdorf Bilad Sayt.

Die Piste endet 300 m weiter im Nichts.

Al-Hamra الحمراء

Der Abzweig von der Hauptstraße liegt 32 km hinter Nizwa, weitere 16 km sind es bis zum neuen Ortsteil Al-Hamras. Um die alte Lehmsiedlung zu erreichen, muss man den Palmengarten in einem weiten Linksbogen umfahren, dazu folgt man der Teerstraße am ersten Kreisverkehr zunächst geradeaus und biegt am zweiten Kreisel links ab.

Der alte, an einem Hang gebaute Ortskern von **Al-Hamra,** „der Roten", besteht aus mehrstöckigen **Ziegelhäusern** aus dunkelrotem Lehm, die über einem Steinfundament errichtet wurden. Er hat nie eine Stadtmauer besessen, sondern nur Wachtürme, die sich auf den umliegenden Hügeln erheben. Zu dem alten Ort gehört auch ein sehr sehenswerter traditioneller **Souq,** der allerdings leer steht. Die fünf rechtwinklig angelegten Gassen sind gedeckt und bilden einen geschlossenen Komplex; früher wurden sie nachts und zu den Gebetszeiten mit fünf Toren verschlossen. Im Inneren herrscht kühle Dunkelheit, die von einzelnen Bündeln Sonnenstrahlen, die durch Löcher in der Decke scheinen, durchbrochen wird. Die Läden bestehen aus einzelnen Ladenboxen mit kniehohen Podesten. Bis 1978 gab es achtzig solcher Läden und Lagerräume, knapp fünfzig innerhalb dieses gedeckten Souqgebäudes. In den erweiterten mittleren Gassen fand früher der Wochenmarkt statt. Auch am falaj-Kanal, am südlichen Eingang neben der Moschee, wurde an den Markttagen Obst und Gemüse, Fisch und Vieh sowie Feuerholz (für die Halwakocher) feilgeboten. Zum Souq gehören auch einige „Küchen" von Halwakochern, die ihre Süßigkeit allerdings nur noch an Feiertagen oder zu Hochzeiten anrühren.

Heute hat der Souq seine Funktion weitgehend verloren, und es sind nur noch wenige Geschäfte am Rande des eigentlichen überdachten Bereiches geöffnet. Seit der Errichtung des neuen Ortsteiles gaben immer mehr Händler ihre Ladenbox im Souq auf und pachteten sich ein Geschäft an der neuen Hauptstraße, denn dort kommt mehr Laufkundschaft. Heute besitzen zudem viele Familien ein Auto und fahren zum Einkaufen in größere Orte mit einer besseren Auswahl.

Kurz vor Al-Hamra sind etwas abseits der Hauptstraße die vielleicht **schönsten Felsgravuren Omans** zu bestaunen. Biegt man von Süden kommend kurz vor der Abzweigung zum Jebel Shams gegenüber von einem nach links weisenden Hinweisschild „Bilad Seet" nach rechts auf eine Piste ab und folgt der Piste etwa 1 km bis durch das Wadibett, so liegt am Fuß der Berge ein mächtiger Felsen von fast 10 Metern Höhe. In diesen so genannten **„Coleman's Rock"** sind mehrere menschliche Figuren zum Teil erstaunlich detailgetreu eingraviert. Am besten sind die Gravuren am frühen Morgen zu sehen, wenn die Sonne von der Seite darauf fällt. Ihr Alter ist nicht bekannt.

Misfah مسفة

Kurz vor dem alten Ortsteil von Al-Hamra zweigt eine Piste in Richtung Nordosten in das kleine **Bergdorf** Misfah ab. Die 8,5 km lange Strecke kann man allerdings bislang nur mit einem Allradwagen befahren, denn sie führt in engen Serpentinen einen steilen Berg hinauf. Allerdings ist eine Teerstraße in Bau, so dass man es auch per Pkw versuchen kann. Kurz vor dem Dorf erreicht die Strecke ein Plateau, von dem aus man den schönsten Ausblick auf den gesamten Ort hat.

Vor einigen Jahren hatte der Anstieg der Touristenzahlen einen starken Unmut in der Bevölkerung von Misfah hervorgerufen, der Wali hat sogar ein Fotografierverbot verhängt. Verantwortungsvolle Reisende sollten dies akzeptieren und sich mit der Plateau-Aussicht und den folgenden Zeilen begnügen: Der alte Ortskern von Misfah ist vollständig aus Natursteinen gemauert und klebt förmlich an einem steil abfallenden Berghang, wohingegen am Nordrand die Flanken des Jebel Akhdar steil ansteigen. Hinter dem Stadttor finden in den engen Gassen nur Fußgänger ein

Durchkommen. Unterhalb der Häuser sind die Gartenparzellen und falaj-Kanäle kunstvoll in den terrassierten Hang eingearbeitet.

Durch das Wadi Ghul auf den Jebel Shams

Diese Strecke gehört zu den schönsten Omans. Sie führt von Al-Hamra über eine Teerstraße zum malerischen Bergdorf Wadi Ghul, von dem man über eine Piste mit einem Allradwagen weiter auf ein Plateau des über 3000 m hohen Jebel Shams („Berg der Sonne") fahren kann. Das Plateau liegt direkt oberhalb einer gewaltigen Schlucht, die zu recht der „Grand Canyon" Omans genannt wird.

Streckenbeschreibung: **Kurz vor Al-Hamra** beginnt die beschilderte Strecke **in Richtung Nordwesten,** die an einer glatten, sanft ansteigenden Felswand des Jebel Akhdar-Massives entlangführt.

An der Abzweigung hat sich neben der Shell-Tankstelle auch ein kleiner Veranstalter niedergelassen, der sich auf Touren in die Berge spezialisiert hat:

Blick vom Jebel Shams hinab in den „Grand Canyon" Omans

oman_418 Foto: fk

Jabel Shams Summit for Tourist Services, Tel. und Fax 423404, mobil 9344056 und 9427212.

Nach 6 km kommt man zum **Wadi Ghul-Damm,** einem mächtigen modernen Betonbauwerk. Der Staudamm schützt nicht nur vor den zerstörerischen Flutwellen, die nach heftigen Regenfällen durch das Wadi donnern, sondern er hilft auch, das Wasser besser zu nutzen. Durch den Staudamm fließt es nicht davon, sondern versickert langsam im Boden und geht als Grundwasser wieder in den Wasserkreislauf ein.

Als nächstes erreicht man die Siedlung Ghul. **Nach 9,5 km** durchquert man das Wadi, in dem man nach rechts in das Wadi Nakhar abbiegen kann.

Wadi Nakhar

Die etwa 7 km lange Piste bis in das Dorf Al-Nakhar ist **nur mit** einem **Geländewagen** befahrbar und ist nach Regenfällen oft unpassierbar. Besonders für eine **Wanderung** ist das Wadi ideal.

Etwa 1 km nach dem Abzweig erreicht man das Dorf **Al-Hajir.** Auch hier versuchen die Bewohner, vorbeikommenden Besuchern die für die Region typischen Webteppiche zu verkaufen, bislang aber noch sehr unaufdringlich. Die nächsten 6 km führen durch eine schmale Schlucht, bis man die Siedlung mit ihren Gärten am Ende der Piste erreicht. **Al-Nakhar** liegt malerisch inmitten eines Talkessels und ist von 2000 Meter hohen Bergen umgeben.

Kurz hinter der Wadi-Durchfahrt hat man einen schönen Blick auf den alten Ort **Ghul,** der wie ein Adlerhorst über dem Wadi am Hang eines hinter ihm aufragenden Berges klebt. Die Siedlung wurde bis Anfang der 1980er Jahre noch bewohnt, aber dann wurde sie völlig aufgegeben. Einige der Häuser werden heute noch als Tierställe genutzt, allerdings sind die meisten verfallen. Sie sind aus Lehmziegeln und groben Steinen erbaut und heben sich mit ihrer hellbraunen Farbe von dem umgebenden Fels ab.

Links vom Ort zieht sich eine alte Steinmauer den Berg hinauf, auf dessen Kamm die **Reste eines** noch älteren **Dorfes** liegen. Es stammt aus der frühislamischen Zeit und war vollständig mit einer hohen, heute noch zu erkennenden Stadtmauer umgeben. Die Häuser bestanden aus Naturbruchsteinen, die völlig ohne Mörtel aufgeschichtet wurden. Die fast schwarzen Ruinen sind je nach Sonnenstand kaum von der felsigen Umgebung zu unterscheiden. An der höchsten Stelle dieses alten Dorfes steht eine noch heute gut erhaltene **Zisterne.** Ungewöhnlich ist, dass sie ihr Wasser nicht nur aus Regenfällen, sondern in erster Linie aus einem hinter dem Berg gelegenen falaj-Kanal im Wadi erhielt. Mit einer Art Seilbahn transportierten die Bewohner das Wasser den fast 100 m hohen Berg hinauf.

Der **neue Ort** liegt rechter Hand der beiden alten Dörfer auf einem Plateau etwa 30 Meter über dem Wadi. Seine weiß angestrichenen Betonhäuser stehen in krassem Kontrast zu den beiden alten Siedlungsteilen. Der Ort entstand nach und nach ab 1976, als immer mehr Bewohner aus Alt-Ghul wegzogen. Auch viele Shawawi-Gebirgsnomaden sind neu zugezogen.

Im Flussbett liegen die **Gärten** der Siedlung. Sie bestehen aus einem direkt am Hang gelegenen Palmenhain, in dessen Schatten kleinere Nutzpflanzen gedeihen. Vor ihm dehnen sich grüne Felder mit Alfalfa, das als Tierfutter verwendet wird, aus. Früher wurde auf den Feldern hauptsächlich Getreide angebaut, daher liegt auch der Dreschplatz des Ortes hier. Der runde Platz auf einem höheren Niveau als die Felder ist mit Steinen umfasst. Das Dreschen war traditionell Männerarbeit, das Ernten des Getreides dagegen Frauensache. Heute sind Getreideimporte aus dem Ausland günstiger als der Anbau in Oman.

Zur Zeit der Recherchen zu dieser Auflage endete der Ausbau der Strecke bei Ghul. Eine Weiterfahrt ab hier ist nur mit einem Allradwagen möglich. Die Felswand zur Rechten wird immer wieder von engen Schluchten tief eingeschnitten. Von der Hauptpiste zweigen gelegentlich kleine Fahrwege in Dörfer in der Nähe ab. Sie sind jedoch immer ausgeschildert, und man muss dem unbeschilderten Hauptweg folgen.

Die Bewohner dieser Region sind bekannt für ihre **Webkunst,** und den vorbeikommenden Touristen werden die aus Ziegenwolle gewebten **Decken** (arab. *saha)* angeboten. Sie wurden ursprünglich zu Satteltaschen vernäht, werden heute aber als Teppich genutzt. Die vorherrschenden Farben sind Schwarz und Weiß, die naturbelassen sind, sowie Rot und Orange, für die man mittlerweile auch chemische Farben benutzt. Über einem Holzgestell sind die Decken aufgehängt, während der Verkäufer daneben steht und die Wolle mit einer Handspindel zu einem langen dicken Faden spinnt. Das Spinnen ist in dieser Region sowohl Frauen- als auch Männerarbeit, dagegen ist das Weben selbst reine Männersache. Die hiesigen Weber sind nicht nur begabte Handwerker. Sie haben sich im Laufe der Jahre ein weites Verkaufsnetz aufgebaut, das sich bis in die Emirate ausdehnt. Seit die alte Handwerkskunst im „Year of Heritage 1994" eine starke Aufwertung erfahren hat, sind die Preise der Teppiche sprunghaft in die Höhe geschnellt. Es ist aber immer noch günstiger, sie hier als in der Stadt zu kaufen.

Auf der **Weiterfahrt** bieten sich spektakuläre Blicke auf die Berge in der Umgebung. Auch der Gipfel des Jebel Shams kommt erstmals in Sicht, zu erkennen an seiner kuppelförmigen Radarstation. Links und rechts des Weges stehen immer wieder kleine Türme, die akkurat aus Steinen aufgeschichtet sind.

Bei **km 37** erreicht man einen Abzweig nach rechts, der nach „Al-Kasheem" und „Heil" ausgeschildert ist. Die Weiterfahrt geradeaus ist nur wenige hundert Meter möglich, dann beginnt militärisches Sperrgebiet.

Nach rechts führt die Piste steil bergauf zu einem nur **4 km entfernten Hochplateau,** das auf etwa 2000 m Höhe liegt. Die Luft ist hier deutlich kühler, und in manchen Winternächten sinkt die Temperatur sogar unter den Gefrierpunkt.

Am Rand des Plateaus brechen die Felsen steil zu einer **zerklüfteten Schlucht** ab, dem „Grand Canyon" Omans. Man hat eine fantastische Aussicht auf ein fast 1000 Meter tiefer liegendes Trockenflusstal, über dem hoch in der Luft Greifvögel ihre Kreise ziehen. Gegenüber erhebt sich der eigentliche Gipfel des **Jebel Shams,** der **mit 3009 m der höchste Berg Omans** ist. Ein Gang entlang des Steilabfalls ist nichts für Leute mit schwachen Nerven, denn immer wieder führt der Weg an der Kante über Überhänge, unter denen es weit in die Tiefe geht.

Selbst in dieser extremen Umgebung, die scheinbar kaum Möglichkeiten zur Besiedlung bietet, leben Menschen. Am fast senkrechten Hang hinunter in die Schlucht sind sogar einige **Terrassenfelder** angelegt, obwohl es unmöglich scheint, dorthin zu gelangen.

Die Piste endet nach weiteren 4 km an einem kleinen Gehöft direkt am Plateauabhang.

Bahla بهلاء

Das Zentrum des alten Bahla mit seiner gigantischen Fortruine und dem ursprünglichen Souq liegt 40 km hinter Nizwa (8 km hinter dem Abzweig nach Al-Hamra).

Sehenswertes

In Bahla steht das **größte Lehmfort Omans,** das als erhaltenswertes Weltkulturgut in die Liste der UNESCO aufgenommen ist. Die Restaurationsarbeiten des teilweise völlig eingefallenen Gebäudes haben zwar begonnen, aber es wird noch Jahre dauern, bis man sie für beendet erklärt. Nach anfänglichen Schwierigkeiten, als auch Beton benutzt wurde, hat man im Renovierungskonzept nun ganz auf die Verwendung von Lehmziegeln gesetzt.

Das Fort heißt **Hisn Tamah,** nach seinem vermutlichen Erbauer, der den Komplex im 17. Jahrhundert auf den Resten einer älteren persischen Anlage erbauen ließ. Seine Außenmauern sind ungewöhnlich hoch, sie bestehen zum Großteil aus Lehmziegeln, die im unteren Bereich durch Natursteine stabilisiert werden.

Wegen der anhaltenden Renovierungsarbeiten kann man die Anlage nicht von innen besichtigen, was aber die Tatsache, dass Bahla zu den sehenswertesten Festungen in Oman zählt, kaum einschränkt. Allein schon die bizarre Form und die monumentale Größe der Ruine sind auf eine ganz

oman_419 Foto: fk

Töpferofen in Bahla

spezielle Art ästhetisch und beeindruckend. Die Dimensionen dieses steinernen Riesen lassen sich erst aus der Ferne richtig erfassen – dann allerdings glaubt man nicht mehr daran, ein von Menschenhand geschaffenes Gemäuer, sondern einen von Naturkräften zerfressenen Felsblock vor sich zu sehen.

Die Stadt liegt auf einem Hügel über dem breiten, steinigen Wadi Bahla. Wann der Ort genau gegründet wurde, ist ungewiss, aber bereits vom 12.–17. Jahrhundert spielte Bahla als Hauptstadt und Herrschersitz der regierenden Nabhani-Dynastie eine wichtige Rolle. Entsprechend dieser Bedeutung musste die Stadt gut gesichert werden: auf einer Anhöhe deutlich sichtbar durch die mächtige Festung und rund um die Oase durch eine 13 km lange und bis zu 5 m hohe **Stadtmauer.** Nicht nur das Fort und der Ort, sondern auch die Palmengärten sind von ihr umsäumt. Vor etwa 600 Jahren wurde die Mauer von einer Frau namens *Gheitha* geplant und erbaut. Dementgegen hält sich aber auch die Annahme, sie wäre in einer einzigen Nacht von Jinnen (Geistern) errichtet worden. Zweifelsohne ist sie **Omans längste Stadtmauer,** die heute nur von der Hauptstraße an zwei Stellen unterbrochen wird. In der Zeit, als Bahla ein mächtiger Stadtstaat war und Kriege und Auseinandersetzungen zwischen den Stämmen Alltag waren, wurde die Mauer auf der gesamten Länge von Soldaten bewacht.

Gegenüber der am Fort vorbeiführenden Hauptstraße liegt der **Souq.** Er besteht aus einem neuen und einem etwas weiter östlich gelegenen alten Teil. Letzterer setzt sich aus zwei, durch Mauern und Tore getrennte Bereiche zusammen, die, anders als in Nizwa oder Al-Hamra, nicht komplett überdacht sind. Die Läden gruppieren sich um rechteckige Plätze, in dessen Mitte früher Wochenmärkte abgehalten wurden und in denen die große Bäume Schatten spenden. Dem Baum auf dem Hauptplatz werden magische Kräfte nachgesagt, Legenden zufolge ist er von Jinnen bewohnt. Die Atmosphäre im Markt ist noch sehr ursprünglich. **Hauptsächlich Haushaltswaren,** aber auch traditioneller Silberschmuck werden gehandelt. Hinter dem alten Souq schließt sich der neue Teil an. Der gesamte Souq soll in den kommenden Jahren renoviert werden. Bleibt zu hoffen, dass das Flair erhalten bleibt.

Donnerstags wird hier ein ähnlicher **Tiermarkt** abgehalten wie freitags in Nizwa. Allerdings sind (bislang) kaum Touristen zugegen und das Ganze geht einen sehr entspannten und malerischen Gang. Die lebhafteste Marktphase ist zwischen 8 und 9 Uhr.

Nordöstlich des neuen Souq liegen die **Wohnquartiere,** in denen auch einige **Töpfer** ihre Werkstatt haben. Einst war Bahla das Zentrum des Töpferhandwerks, dessen Produkte im ganzen Land berühmt waren, doch in der heutigen Plastik- und Aluminiumwelt hat die Nachfrage sich verringert. Um die Töpferkunst vor dem Aussterben zu bewahren, bemüht sich die Regierung, den Töpfern mit günstigen Krediten und In-

oman_421 Foto: tk

vestitionshilfen unter die Arme zu greifen. Jedoch sind nur wenige Töpferwerkstätten übrig geblieben. Die alten, mit Reisig und Holzabfällen befeuerten Brennöfen haben nur noch Nostalgiewert, heute sorgen Strom oder Gas für die Hitze.

Unterkunft

- **Bahla Motel****
An der Straße nach Nizwa, etwa 6 km östlich vom Fort, etwas abgewohnt, mit Bar (Postadresse: P. O. Box 187, Bahla 612), EZ 15 RO, DZ 17 RO, Tel. 420211, Fax 420212

Verkehrsverbindungen

- Die Bushaltestelle liegt unterhalb des Forts an der Hauptstraße. Täglich fahren drei **Busse** nach Nizwa und Muscat sowie ebenfalls drei nach Ibri.
- **Sammeltaxis** halten ebenfalls in diesem Gebiet.

Reisebüro/Tourveranstalter

- **Al-Huzayli Travels and Tourism**
Zwischen Fort und Souq, bietet Ausflüge in die Umgebung an (Postadresse: P. O. Box 71, Bahla 612), Tel. und Fax 419313

Palast von Jabrin جبرين

Der Abzweig in die kleine Oase liegt **45 km hinter Nizwa** (5 km westlich von Bahla), von ihm sind es noch mal 4 km

Die monumentale Festung von Bahla wird aufwändig restauriert

bis zu der eigentlichen Sehenswürdigkeit, dem historischen Palast von Jabrin, der in keinem Reiseveranstalter-Programm fehlt.

Das Gebäude gehört zu den schönsten und interessantesten Omans und war ursprünglich kein Fort, sondern ein **Wohnschloss.** 1984 wurde es durch eine umfassende Renovierung wieder in seinen alten märchenhaften Zustand versetzt. Die Einrichtung mit traditionellen Gegenständen und antiken Möbelstücken vermittelt einen besonders lebendigen Einblick in das höfische Leben des mitteralterlichen Oman.

Geschichte

Nachdem *Bil'arub bin Sultan al-Ya'aruba,* der Sohn des Erbauers des Nizwa-Forts, die Fürstenresidenz seines Vaters verlassen hatte, ließ er 1670 den Palast von Jabrin errichten. Als er 1688 zum Imam gewählt wurde, verlegte er die Hauptstadt Omans von Nizwa nach Jabrin. Bil'arub förderte und finanzierte das wissenschaftliche und künstlerische Schaffen von Astrologen, Rechtsgelehrten, Historikern, Medizinern und Poeten und gründete außerdem eine Theologieschule. Doch leider musste er sich immer mit seinem Bruder und Widersacher *Saif* auseinandersetzen. Saif wollte den Imamtitel und die Herrschermacht für sich erkämpfen und sicherte sich die Loyalität und den Rückhalt diverser Stämme. Der Palast, der eigentlich ein Ort des Wissens und eine prachtvolle Wohnresidenz sein sollte, wurde mit Wehrmauern und Kanonentürmen aus zwei Meter dicken Wänden befestigt. Nachdem Saif von seinen Verbündeten zum neuen Imam gewählt worden war, belagerte er mit seiner Armee die Burg so lange, bis sein Bruder in diesem „goldenen Käfig" starb. Saif verlegte seinen Amtssitz nach Rustaq und kümmerte sich nicht mehr um den Prunkbau. Doch dafür vollbrachte er andere Heldentaten: Er vertrieb die Portugiesen aus den ostafrikanischen Kolonien und etablierte Oman als die bedeutendste Seefahrermacht am Indischen Ozean.

Wenige Jahre nach seinem Tod nahm ein Bürgerkrieg seinen Anfang, da die Nachfolge für das Imamat umstritten war. In den Wirren dieser Auseinandersetzungen wurde Jabrin nochmals kurzzeitig zum Herrschersitz, bevor der Palast dann in einen jahrhundertelangen „Schönheitsschlaf" fiel.

Architektur

Der Komplex besteht aus einem **rechteckigen Gebäude,** an dessen Nord- und Südseite die nachträglich angefügten **Kanonentürme** stehen. Im Südwesten schließt sich ein ummauertes Areal mit diversen Wirtschaftsgebäuden und einer **Moschee** an. Der eigentliche Festungsbau setzt sich aus zwei getrennten Innenbereichen, die nur durch den Wohnraum des Imam im obersten Stock miteinander verbunden sind, zusammen. Einst standen diese Gebäudetrakte separat, doch dann wurden sie durch zwei Zwischenstücke miteinander verbunden. Im Sockel des östlichen, dreistöckigen, turmförmigen Zwischenstücks liegt der Eingang in diesen Palastbereich, dahinter schließt sich ein großer Innenhof (ein Teil der früheren Freifläche) an.

Die **westliche Hälfte** umfasst die herrlichen Wohn- und Repräsentationsräume sowie die Büchereien und Schulräume des Imam Bil'arub. Mit all ihren gestalterischen Details zählt die Innenarchitektur zu den Glanzstücken traditionell omanischer Wohnkultur. Besonders erlesen sind die zahlreichen Gemälde an den Holzdecken, die aus einer Vielfalt feiner, formreicher und farbenfroher Blütenketten, Blattranken, Ornamentmustern und arabischen Schriftzügen bestehen. Die rot-schwarze Bemalung des Treppenganges zu den Repräsentationsräumen ist besonders prachtvoll und mit geometrischen und kalligraphischen Stukkaturen durchzogen. In der Moschee des Imam auf dem Dachgeschoss sind Qur'anverse und Gedichte verewigt. In den Wohn- und Schlafräumen reichen schlanke Wandnischen vom Boden bis unter die Decke. Mehrere Regalbretter unterteilen die Nischen, die dadurch als Schrankersatz und Abstellfläche für traditionelle Gebrauchsgegenstände dienen. Die Fenster der Außenwände sind zweigeteilt: Im oberen Bereich bilden sie einen Spitzbogen und sind mit einem Gitter aus Stuck verblendet, das zur Lüftung dienen und gleichzeitig vor der direkten Sonneneinstrahlung schützen soll. Unter einem geschlossenen Mittelstück, das den Wandnischen gleicht, befinden sich normale Fensteröffnungen, die mit verzierten Holzläden verriegelt werden können. Viele Räume haben versteckte Fluchtgänge, unter dem Esszimmer verläuft ein Gang für Küchenbedienstete, und der Konferenzraum hat sogar ein geheimes Untergeschoss, aus dem im Notfall Soldaten stürmen konnten.

Die **östliche Hälfte und** die **Mittelbauten** bestehen aus einfacheren Räumen für Familienangehörige und Bedienstete. Dieser Teil hat noch einen weiteren Innenhof mit umlaufenden Holzgalerien, über die man in die Räume der ersten und zweiten Etage gelangt.

Im **Erdgeschoss** fließt ein falaj mitten durch den Palast. Hier befinden sich auch die Vorrats- und Küchenräume, das Waffenlager, die Frauenmoschee und das schlichte Grab des Erbauers dieser Prachtburg.

Der Palast ist täglich von 9–16 Uhr (freitags 8–11 Uhr) zur Besichtigung geöffnet, Eintritt 500 Bs.; ein Führer steht auf Wunsch zur Verfügung.

Der alte **Oasenort Jabrin** existiert nicht mehr, denn 1986 trocknete sein falaj aus und die meisten Dattelpalmen starben. Den Bewohnern wurde von der Regierung ein neuer Ort aus piekfeinen omanisierten Reihenhäusern (ihre Dachterrassen sind, passend zur benachbarten großen Schwester-Festung, mit Zinnen und Türmen bewehrt) gebaut, den sie seit 1992 bewohnen. Auch die Wasserversorgung wurde instand gesetzt, der Palmenhain neu bepflanzt.

Region Al-Dhahirah

الظاهرة

Die **westlich von Jabrin beginnende Region** Al-Dhahirah wird geprägt vom Gegensatz zwischen den Ausläufern der Hajar-Berge und den weiten Wüstenebenen der Rub al-Khali, die südlich der Straße von Nizwa nach Buraimi, der Grenze zu den V.A.E. (Jabrin – Buraimi ca. 250 km), beginnen. Direkt bei Jabrin liegt die trockene, baum- und strauchlose **Wüste Hamra al-Duru.** In dem riesigen Gebiet südlich der Straße Nizwa – Buraimi gibt es keine Straßen mehr und außer einigen Beduinensiedlungen auch keine Ortschaften, sondern nur noch sandige Pisten, die zu einem der zahlreichen Ölfelder (Fahud, Natih, Shibkah, Yibal, Lekhwair etc.) und deren abgeschiedenen Wohn- und Versorgungseinheiten führen.

Die wenigen wichtigen Orte dieser Region liegen entlang der Straße nach Buraimi. Schon in vorislamischer Zeit war dieses Gebiet am Südrand des Hajar besiedelt und von historischer Bedeutung.

Ibri

عبري

Ibri liegt etwa **141 km nordwestlich von Nizwa** und 152 km südöstlich von Buraimi. Neben Buraimi ist Ibri der wichtigste **Marktort** der Region Al-Dhahirah mit vielen Straßengeschäften und einem relativ großen Souq, zu dem in der Vergangenheit viele Beduinen anreisten. Im November 1999 war Ibri Ort der zentralen Feierlichkeiten zum National Day. Zu diesem Anlass hat man ein neues Sportstadion und ein Hotel erbaut sowie einige Umgestaltungs- und Verschönerungsmaßnahmen in der Stadt vorgenommen, die allerdings noch nicht abgeschlossen sind.

Sehenswertes

Das **Souq-Gebiet** ist etwas schwer zu finden, es liegt nördlich der Hauptstraße Nizwa – Buraimi. Von Nizwa kommend muss man den Abzweig bei der BP-Tankstelle nehmen, dann nach etwa 2,5 km an einem kleinen Kreisverkehr einer kleinen Straße nach Osten in Richtung Palmengarten folgen. Der Weg ist an beiden Seiten mit einer gelblichen Mauer eingefasst und führt direkt zum Fort und zum alten Souq.

Auf dem Platz um die 1995 renovierte Festung reihen sich einige neuere Läden, und an der linken Seite des Forts beginnt eine gedeckte Gasse. Dieser älteste Teil strahlt auch heute noch eine **typisch orientalische Atmosphäre** aus und lädt zu einem Bummel ein, auch wenn das Warenangebot mit vorwiegend Haushaltswaren und Textilien vielleicht nicht gerade dem Geschmack europäischer Besucher entspricht. Anders als in vielen omanischen Orten ist der Souq von Ibri in das Wohngebiet integriert und nicht als separater Teil von einer hohen Mauer mit Toren umsäumt. Wie dieser Teil nach den Renovierungsmaßnahmen aussehen wird, bleibt abzuwarten.

Das relativ große **Fort** diente sowohl als Wohn- wie auch als Verteidigungsanlage. Es gehört nicht zu den Forts Omans, die man unbedingt gesehen haben muss. Geöffnet ist es So bis Do 8–14.30 Uhr, der Eintritt ist frei.

Rund um den alten Souq und das Fort liegt der alte Siedlungsteil mit seinen einstöckigen **Häusern aus Lehmziegeln.** Der Ort ist von **ausgedehnten Palmenhainen** umgeben. Einst bildete er mit über 50.000 Dattelbäumen eine der größten Oasen Omans, die nur noch von Suma'il übertroffen wurde.

Kurz vor Ibri führt ein Weg in den etwa 1 km südlich der Hauptstraße gelegenen malerischen **Ort Al-Sulaif.** Er ist **vollständig aus Lehm erbaut** und liegt am Zusammenfluss des Wadi Al-Ayn und des Wadi Sanasyl. Wegen dieser fruchtbaren Lage weist er eine lange Besiedlungsgeschichte auf. Heute ist der Ort allerdings verlassen und verfällt immer mehr, denn die meisten der ehemaligen Bewohner haben sich in der Nähe der Oasengärten oder im benachbarten Ibri ein neues und moderneres Haus erbaut.

Zum Schutz vor den Wadifluten wurde Al-Sulaif auf einem sanft ansteigenden Felshang gebaut, und um Angreifern das Eindringen zu erschweren, ist es vollständig mit einer **Stadtmauer** umgeben und durch **Wehrtürme** gesichert. So konnte der Ort auch den wahhabitischen Truppen, die im 19. Jahrhundert von Buraimi aus alle umliegenden Orte besetzten, Widerstand leisten. Es existiert nur ein Eingang, dessen Tor direkt am alten Souq liegt. Seine gedeckten Gassen sind, mit Ausnahme von zwei Geschäften, heute verwaist, denn vor der Stadtmauer hat sich der neue kleine Souq etabliert.

Unterkunft

- **Ibri Hotel** ***
Etwa 10 km außerhalb hinter dem Sportstadion an der Straße nach Buraimi, 1999 eröffnetes, aber bereits schon wieder heruntergekommenes Mittelklassehotel, Pool, Fitnessraum und Bar sind noch in Bau, EZ 20 RO, DZ 28 RO, Suite 55 RO, Tel. 491400, Fax 491554
- **Ibri Tourist Guest House***
An der Hauptstraße, einfach und verwohnt (Postadresse: P. O. Box 87, Ibri 511), EZ 20 RO, DZ 22 RO, Suite 27 RO, Tel. 491400, Fax 491554

Restaurants

- Außer dem (nur mäßigen) **Restaurant des Ibri Hotels** mit chinesischer, indischer und arabischer Küche (7–22 Uhr) gibt es keine besonders erwähnenswerten Lokale.
- An der Hauptstraße nach Muscat befinden sich zahlreiche kleine Restaurants wie beispielsweise das **Arab World Restaurant** mit guter und günstiger arabischer und indischer Küche.

Busse

Von der **Bushaltestelle beim Souq** fahren täglich

- drei Busse nach Ruwi (um 6.45 und 16.05 Uhr als Expressverbindung, 4,5 Stunden Fahrzeit, um 8.10 Uhr normal, über Bahla, Tanuf, Nizwa, Suma'il, Fanja, Seeb)
- um 12.25 Uhr nach Iraqi
- um 18.45 Uhr nach Yanqul
- um 20.55 Uhr nach Dhank

Die Gräber bei Bat und Al-Ayn

Bat

Die Oase Bat mit den bislang größten **Siedlungs- und Grabresten aus dem 3. Jahrtausend v. Chr.** erreicht man von Ibri aus. Die Anfahrt erfolgt über die von der Hauptstraße nach Nizwa nördlich abzweigende Straße nach Yanqul und in das Wadi Hawasina.

Nach 17 km kommt rechter Hand ein Abzweig in den 1,5 km entfernten Ort **Al-Dariz.** Dort muss man erneut rechts nach Al-Wahrah abbiegen, bevor man **nach weiteren 14 km Bat** erreicht und die Teerstraße an einer kleinen Kreuzung kurz vor dem Ort endet.

Geradeaus geht es in den Oasenort Bat mit seinem alten halb verfallenen Fort, links über eine Piste weiter in Richtung Al-Ayn. Folgt man der Piste nach links, so sieht man etwa 1 km linker Hand ein eingezäuntes Gebiet mit einzelnen Grabresten. 500 m weiter steht dann rechts neben der Piste ein aus behauenen Steinen und Steinplatten aufgeschichteter Turm an der Abbruchkante des Wadis. Es handelt sich um die **Ruinen eines Rundturms,** der einst 10 Meter hoch war und einen Umfang von 20 Meter hatte. Vier weitere solcher Monumente standen entlang des Wadis. Um die Konstruktion zu stabilisieren, war ihr Inneres etwa 5 Meter hoch mit Schutt aufgefüllt. Über diesem Sockel lagen Räume und ein tiefer Brunnenschacht. Die Funktion der Türme ist noch nicht eindeutig geklärt, manche Wissenschaftler glauben an einen befestigten Herrensitz, andere wiederum an eine Fluchtburg oder ein sicheres Warenlager. Um diese Rundtürme formierten sich vermutlich einzelne Wohn-

oman_427 Foto: fk

siedlungen, dazwischen befanden sich Palmenhaine und Gartenflächen. Die Türme dienten späteren Generationen als eine Art Steinbruch und lieferten bereits bearbeitetes Material für ihren Hausbau.

Dänische Archäologen erforschten in den 1970er Jahren das gesamte **Wadi al-Hijr** bis kurz vor Ibri und fanden mehr als hundert **oberirdische Kollektivgräber.** Neben diesen entdeckten sie auch Reste von Wohnhäusern und Wasserkanälen sowie Tonkrüge und Hausrat.

Die Menschen, die schon ab Mitte des 3. Jahrtausends v. Chr. in diesem Tal lebten, gehörten der **Umm al-Nar-Kultur** an. Wegen ihres Kupferhandels mit den frühen Reichen jenseits des Persisch-Arabischen Golfes stellt sie einen ersten Höhepunkt in der Geschichte dieser Region dar. Die Funde in Bat bilden die bislang größte Anlage dieser Zeit in Oman, allerdings ist noch nicht geklärt, warum die bedeutende Oasenstadt gegen Ende des 3. Jahrtausends so plötzlich unterging.

Al-Ayn

23 km hinter dem Teerstraßenende bei Bat (diese und die folgende Piste nach Al-Ayn sind zwar wellig, aber bei vorsichtiger und langsamer Fahrweise auch mit einem Fahrzeug ohne Allradantrieb zu befahren) erreicht man eine T-Kreuzung, von der es nach links noch 7 km bis Al-Ayn sind. Um zu den Gräbern zu gelangen, muss man das Dorf links umfahren und der Piste am Rand des Wadis folgen. Etwas weiter kann man linker Hand auf einem Höhenrücken jenseits des Wadis die runden Grabtürme erkennen. 21 dieser so genannten **Bienenkorbgräber** stehen in einer Kette aufgereiht vor dem markant zerklüfteten Gipfelmassiv des **Jebel Misht,** dessen südöstliche Flanke fast senkrecht in die Tiefe abbricht. Die deutsche Übersetzung des Namens – „Misht" = „Kamm" – beschreibt die Gestalt dieses Kolosses nur allzu treffend.

Es lohnt sich, den kleinen Hügel zu den Gräbern zu erklimmen und die knapp 5000 Jahre alten Bauten aus der Nähe zu betrachten. 18 Stück haben noch ihre ursprüngliche Gestalt, lediglich drei sind zu Steinhaufen zusammengefallen. Sie bestehen aus grob behauenen Steinen, jeder Bau ist 3–4 Meter hoch und hat einen bogenförmigen Eingang. Manche haben mehrere Mauern, die die Grabkammer wie eine Zwiebel umschließen. Die Eingänge sind alle nach Osten ausgerichtet. Im Inneren sind die Gräber leer, doch Archäologen fanden Keramikreste, an denen man das Alter der Gräber genau festmachen konnte.

Die Gräber von Al-Ayn stehen unter dem Schutz der UNESCO

Eine **Alternativstrecke nach Al-Ayn** beginnt an der Hauptstraße Nizwa – Ibri 88 km hinter Nizwa (48 km westlich von Bahla) bei einem unscheinbaren, aber beschilderten Abzweig nach Amla. Nach 20 km auf einer Piste erreicht man die oben erwähnte T-Kreuzung 7 km vor Al-Ayn.

Von Ibri durch den Hajar nach Norden

Von Ibri bestehen **drei Möglichkeiten,** den Hajar-Gebirgszug nach Norden zu überwinden. Alle drei sind nicht geteert, weshalb ein Geländewagen erforderlich ist. Man sollte stets einkalkulieren, dass die Pisten durch Regenfälle unpassierbar sein können, und genügend Zeit einplanen, so dass man notfalls über Nizwa auf der Teerstraße fahren kann. Die westlichste Route führt durch das Wadi Hibi nach Sohar, die mittlere durch das Wadi Hawasina nach Al-Khaburah und die östliche Variante durch die Wadis Mabrah und Bani Ghafir nach Rustaq. Landschaftlich sind alle drei Strecken interessant.

Verlässt man Ibri an der mit „Yanqul" und „Ad-Dariz" beschilderten Kreuzung gen Norden, so erreicht man nach **17 km** einen Abzweig, wo es rechts nach Al-Dariz und weiter nach Bat abgeht (siehe oben). Entlang der Strecke nach Norden zweigt bei **km 19,5** links eine Straße nach Yanqul ab. Diese Abzweigung ist der Beginn der Streckenbeschreibung nach Sohar.

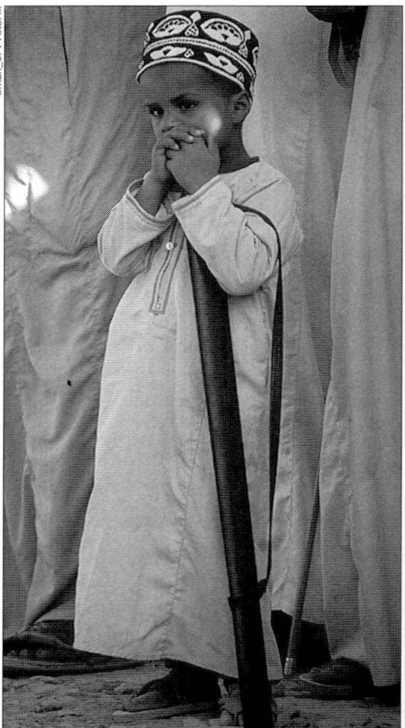

oman_071 Foto: fk

Durch das Wadi Hibi nach Sohar

Etwa 34 km nach dem Abzweig erreicht man die Oase Yanqul, in der man bei **km 35,5** rechts auf eine gut präparierte Piste abbiegen muss. Weiter geradeaus liegt nach 1 km das Fort des Ortes rechts der Straße im Plamenhain. Dieses **„Hisn al-Marah"** aus dem 17. Jahrhundert ist zwar nicht restauriert, aber noch in einem recht guten Zustand. Ein Besuch lohnt schon wegen der mächtigen Ausmaße.

Folgt man der Piste bei km 35,5 nach rechts, so führt die Strecke durch eine abwechslungsreiche Bergkulisse. Bei km 75,5 muss man nach links abbiegen – das schönste Stück der Strecke beginnt nun. Die Piste windet sich in engen Kurven durch die Berge. Hinter der Wasserscheide führt sie in das Wadi Hibi, und ab km 84,5 ist sie wieder geteert. Knapp 3 km weiter muss man links abbiegen, und bei km 145 ist der Sohar Kreisverkehr erreicht.

Fährt man an der oben genannten Abzweigung bei km 19,5 geradeaus weiter, so verläuft die Teerstraße noch 20 km in nordöstlicher Richtung, bevor die Piste beginnt und man nach 10 Pistenkilometern das kleine Dorf **Miskin** erreicht. 3 km dahinter gabelt sich der Weg: Der nach Osten führende, ausgeschilderte Abzweig führt nach Rustaq (85 km).

Durch die Wadis Mabrah und Bani Ghafir nach Rustaq

Die Strecke ist relativ leicht zu finden, indem man immer der Hauptpiste folgt. Manchmal ist es etwas schwer zu beurteilen, welche Piste stärker befahren ist, daher hier einige Wegmarken (km 0 bei oben erwähntem Abzweig „Rustaq 85 km“): km 18 links halten, km 19,6 rechts, km 20,3 links, km 33,8 rechts, km 39 und 40,3 links, km 43, 46,5 und 47 rechts, km 52 rechts.

Bei **km 65,8** erreicht man einen Abzweig nach links ins Wadi Bani Hani, geradeaus sind es noch 7 km bis zur Teerstraße, die nach Rustaq führt.

Das **Wadi Bani Hani** bietet eine interessante Alternative, um bis nach Al-Hazm zu fahren. Vom Abzweig bei km 65,8 führt die Piste durch ein schönes, abwechslungsreiches Wadi, das meist Wasser führt. Besonders in den Nachmittagsstunden herrscht reges Leben. 24,8 km weiter muss man sich an einer Gabelung links halten, etwa weitere 2 km weiter erreicht man den Ort **Al-Hoqain** mit seinem halb verfallenen Fort. Weiter geradeaus durchfährt man den Palmenhain und muss dann nach rechts das Wadi durchqueren. Auf der anderen Wadiseite führt die Teerstraße nach Al-Hazm (nach 21 km links ab, gesamt 24 km). Hält man sich jedoch nach rechts und immer entlang des Wadis nach Süden, so erreicht man zunächst einen Kreisverkehr und 0,9 km weiter über eine Piste einen kleinen Parkplatz. Etwas unterhalb im Wadi befindet sich ein beliebter Picknickplatz, denn das Wasser des Wadis wird hier aufgestaut und fließt wie ein Wasserfall über eine hohe Mauer.

Hält man sich am oben genannten Abzweig 3 km hinter Miskin geradeaus, so beginnt hier (bei km 52,5) die Strecke nach Al-Khabura.

Durch das Wadi al-Hawasinah nach Al-Khaburah

Das Wadi al-Hawasinah war in der Vergangenheit die wichtigste Verbindung von Ibri zur Küstenebene Batinah.

Bei **km 67** teilt sich die Strecke: links ab geht es durch das Wadi Dhala'a, rechts durch das eigentliche Wadi al-Hawasina. Beide Strecken treffen sich bei km 95 jedoch wieder. Hält man sich hier links ins **Wadi Dha'ala,** so erreicht man bei km 82 einen Abzweig nach links ins **Wadi Sinsira.** Er befindet sich zwischen einigen Bäumen, 600 m vor einem großen weißen Wassertank.

Wadi Sinsira

Das Wadi Sinsira bietet für abenteuerlustige Wanderer eine interessante Möglichkeit für einen Abstecher. Folgt man der Piste im Wadibett durch eine kleine Siedlung, hält sich nach 1,9 km links, fährt nach 2,5 km rechts an einer Dattelplantage vorbei und parkt an deren Ende, so ist der Beginn einer engen Schlucht erreicht. In sie kann man ein Stück hineinwandern, dann erreicht man **Pools** und große Felsbrocken mit Ketten und Steigeisen, die das Weiterkommen zu einer Kletterpartie werden lassen.

Bei **km 82** geht es geradeaus weiter, anschließend erreicht man bei km 95 die Gabelung, an der es nach links nach Al-Khabura geht und von rechts die oben erwähnte Piste wieder hinzukommt. Bei km 117,5 muss man links ab, bei km 119 beginnt die Teerstraße, die bei **km 141** den **Kreisverkehr** am Highway bei Al-Khaburah erreicht.

Buraimi البريمي

152 km hinter Ibri (293 km hinter Nizwa) endet bei Buraimi das Staatsgebiet Omans. Jenseits der Grenze liegen die Vereinigten Arabischen Emirate mit der zum Emirat Abu Dhabi gehörenden Oase Al-Ain. Man kann Buraimi auch durch das Wadi Jizzi von Sohar anfahren (ca. 100 km, siehe Kapitel „Küstenebene Batinah").

Da der omanische **Grenzkontrollposten** aber auf beiden Strecken schon einige Kilometer vor der eigentlichen Grenzlinie liegt, braucht man, um Buraimi zu besuchen, ein **Multiple-Entry-Visum,** wenn man anschließend wieder nach Muscat zurück fahren möchte. Wer mit einem Mietwagen weiter in die V.A.E. fährt, sollte die Autoversicherung vorher bei der Mietwagengesellschaft erweitern lassen und sich einen Einreisestempel bei den Behörden in Al-Ain holen. Zwischen Buraimi und den benachbarten emiratischen Oasen ist die Grenze nur administrativer Art, einen Grenzübertritt zu Al-Ain bemerkt man nur an den großen Willkommens-Schildern und der plötzlichen Modernität des Stadtbildes. Als Zahlungsmittel werden in Buraimi neben dem omanischen Rial auch die emiratischen Dirham anerkannt. Ein emiratischer Dirham ist etwa soviel wert wie 100 omanische Baisa.

Einst umfasste das fruchtbare Oasengebiet von Buraimi neun Orte. Die drei Dörfer **Buraimi, Hamash** und **Saarah** haben sich administrativ zu Buraimi zusammengeschlossen und gehören zum Sultanat von Oman. Sechs weitere Oasen, unter ihnen auch das benachbarte Al-Ain und Hili, sind Teil der V.A.E. (Emirat Abu Dhabi). Zusammen bilden sie das weitläufigste Oasengebiet Südostarabiens, dessen Ausdehnung von Ost nach West über 30 km beträgt.

Geschichte

Die Oase liegt am **Jebel Hafit,** einem Ausläufer des Hajar-Gebirges. Er ragt als riesiger Monolith aus dem ebenen Wüstenboden empor. Einst lagen seine Kalksteinflanken flach unter dem Ozean, doch geologische Verwerfungen türmten den Meeresboden auf. Vor etwa 25 Millionen Jahren hatte er noch eine kuppelförmige Gestalt, doch ist diese inzwischen zu der heutigen, eher spitzen Form erodiert. Im Gestein sind unzählige Muscheln, Schnecken oder Fische zu Fossilien versteinert. Die Tiere lebten vor schätzungsweise 135–70 Millionen Jahren in den Korallenriffen des tropischen Ozeans.

Am Fuße das Berges und nördlich von ihm liegen **bedeutende archäolo-**

Mit dem VW-Bus nach Oman

von Kirstin Kabasci

„Min almanya?" – „Aus Deutschland?". An der omanischen Grenze hinter Buraimi staunten die Zöllner nicht schlecht, als mein Kollege und ich in einem blau-weißen VW-Bus angerollt kamen. Zur Feier des Tages wurden wir mit Datteln und heißem Qahwa bewirtet. Wie wir hierher kommen? – Also, wir sind einfach nur gefahren und gefahren und gefahren ... Obwohl, „einfach" war es eigentlich nicht, mit dem eigenen VW-Bus (umgangssprachlich auch „Bulli" genannt) auf die Arabische Halbinsel zu reisen.

Die erste Unsicherheit bot die Route. Da es relativ schwierig ist, ein (Transit-)Visum für Saudi-Arabien zu erhalten, schied der Weg durch die Türkei, Syrien, Jordanien, Saudi-Arabien und die Vereinigten Arabischen Emirate aus. Also blieb nur der Weg quer durch die Türkei und den Iran. Ab der südiranischen Hafenstadt Bandar Abbas verkehren Fähren über den Persisch-Arabischen Golf in die V.A.E. Und ab dort ist das Sultanat schnell erreicht. Erfahrung, ein zuverlässiges Fahrzeug, eine umfassende Vorbereitung und eine gewisse Portion Mut sind wichtige Voraussetzungen für solch eine Tour – vom Sitzfleisch mal abgesehen. Inklusive diverser Sightseeing-Stops hat die rund 7500 Kilometer lange Fahrt 17 Tage gedauert – davon etwa ein Drittel verhüllt im sittenstrengen knöchellangen Mantel (Ladies only). Aber weit verbreiteten Schreckensvorstellungen zum Trotz ist Iran ein sehr interessantes und sympathisches Reiseland – die Herzlichkeit der Menschen ist groß, Städte wie Isfahan stecken voller kultureller Sehenswürdigkeiten, und die weiten Hochebenen bergen viele Schönheiten. Zu guter Letzt ist Iran unglaublich preiswert: Wo bekommt man schon einen vollen Tank Diesel für umgerechnet rund 1 Euro?

Ab Buraimi hieß es sich an ein alltägliches omanisches Phänomen zu gewöhnen: Winken! Eigentlich auf allen Straßen, außer der Küstenautobahn und in der Hauptstadt, winkte uns fast jeder höchst erfreut entgegen. Auf Pisten konnten wir fast einhändig fahren, denn hier grüßt wirklich jeder. Einmal nahmen wir einen trampenden Omani mit. Als uns ein Auto entgegen kam, winkten wir alle drei, jedoch kam keine Gegenreaktion von Seiten der Touristen, die den Geländewagen steuerten. Direkt fragte uns der Omani, warum viele Europäer so unfreundlich und hochnäsig wären. Also: Grüßen am Steuer ist Trumpf!

Viele Omanis kamen direkt auf uns zu, um zu wissen, woher wir kommen und was wir in Oman tun. Sie waren oft auch interessiert an dem Wohnausbau unseres Gefährts – und wünschten sich so etwas für Wochenendausflüge mit der Familie. Die wenigen VW-Busse, die durch Oman fahren, kann man an einer Hand abzählen – ich glaube, wir haben sie alle kennen gelernt.

Ebenfalls nur nette Erlebnisse hatten wir mit den omanischen Polizisten. Viele hielten uns nur aus Neugier an, denn ein solches Auto und dazu noch mit deutschen Nummernschildern hatten sie noch nie gesehen. Zunächst bekamen wir bei jeder Kontrolle immer einen Schrecken und glaubten, einen Fehler gemacht zu haben, denn die Verkehrsregeln in Oman werden peinlich genau beachtet und Verstöße nicht toleriert. Oft dachten wir auch, wir müssten Strafe zahlen, weil wir mit einem relativ verdreckten Auto durch die ausnehmend saubere Hauptstadt fuhren. Das ist kein Witz: Das Herumfahren mit allzu schmutzigem Auto wird in Muscat mit einer Geldbuße geahndet. Aber viele Polizisten wollten einfach nur wissen, woher wir kommen, was wir machen und wie unsere Papiere aussehen. Nur wenige zweifelten an der Tatsache, dass wir mit internationalem Führer- und Fahrzeugschein und deutschen Nummernschildern durch Oman fahren durften.

Oft haben wir durch unseren Bulli nette Bekanntschaften und liebe Freunde gewonnen. Besonders großes Staunen rief unser Auto verständlicherweise in Salalah hervor. Sicher, wir hätten auch fliegen oder mit dem Linienbus in diesen südlichsten Zipfel des Sultanats fahren können, aber unser Tatendrang und Ehrgeiz verlangten, auch die knapp tausend Kilometer selber am Steuer zu sitzen. Und was sind schon zweimal zehn Stunden Fahrt auf gut ausgebauter, gerader Wüstenstraße? Angesichts der 27.000 km, die wir auf dieser Tour insgesamt gefahren sind, doch eher ein Katzensprung.

Allen, die ihre eigene Autoreise in das Sultanat planen, möchten wir dazu ermutigen. Doch, wenn möglich, sollte es ein Geländewagen sein, denn die Naturschönheiten Omans lassen sich damit erst richtig erkunden. Also: viel Spaß – bzw. „Achs- und Federbruch"!

oman_429 Foto: fk

gische Stätten. Erste Siedlungsspuren stammen aus der Steinzeit. Aus dem 4. Jahrtausend v. Chr. fanden Archäologen in den 1950er Jahren insgesamt **500 bis 600 Grabreste.** Sie stammen von oberirdischen Steinbauten, die mit einer doppelten Außenmauer eine runde oder ovale Grabkammer umschlossen. Obwohl Räuber über Jahrhunderte Grabbeigaben entwendeten, entdeckten die Archäologen zahlreiche alte keramische Fundstücke, aus denen man schließen kann, dass die Menschen schon vor über 5000 Jahren Handelsbeziehungen mit dem mesopotamischen Zweistromland zwischen Euphrat und Tigris unterhielten. Außerdem legen sie den Schluss nahe, dass dieses Gebiet seitdem kontinuierlich besiedelt ist. Hier fand man auch bis zu 3000 Jahre alte falaj-Systeme, die damals schon die Dattelpalmen bewässerten.

Ihre Blütezeit erlebte die Oase zur Zeit der folgenden **Umm al-Nar-Periode** (2700–2000 v. Chr.). Die Oase bildete auch in dieser Phase des Reiches Magan ein wichtiges Handelszentrum, da sich hier bedeutende Karawanenrouten von der Golfküste ins Innere der Arabischen Halbinsel und an die omanische Küste (Wadi Jizzi – Sohar) kreuzten.

Wie auch am Jebel Hafit standen bei Hili oberirdische Rundgräber, aber ihre Gestalt und Ausfertigung ist anders. Die **Hili-Gräber** wurden in großer Präzision aus mächtigen, glatt gemeißelten Steinblöcken von 2 Meter Länge und 1 Meter Breite errichtet. Manche von ihnen hatten einen Durchmesser von 25 Meter, einige zwei Etagen. Die vollen Gräber wurden teilweise für neue Beerdigungen genutzt – die Knochen der alten Leichen wurden dann in einer Ecke aufgestapelt. An den Skeletten erkannten die Archäologen, dass die Menschen damals mit einer Körpergröße von mehr als 1,70 Meter größer waren als heute. Ihre durchschnittliche Lebenserwartung lag allerdings bei nur vierzig Jahren. Funde von über 4000 Jahre alten Kupfergegenständen lassen auf eine Handelsverbindung nach Umm al-Nar bei Abu Dhabi an der Küste des Golfes schließen, von wo das damals sehr wertvolle Kupfer aus Magan über den Golf nach Mesopotamien, Persien und in das Industal verschifft wurde. Über manchen Grabeingängen befinden sich herausgemeißelte Abbildungen von Gazellen, Kamelen, Kühen und Menschen. Die Darstellung von Kamelen überraschte die Wissenschaftler, da man davon ausging, dass die Tiere zu dieser Zeit noch nicht domestiziert waren. Das Kamel war aber die einzige Transportmöglichkeit, um das Kupfer quer durch die heutigen Emirate zu bringen.

Anfang des 19. Jahrhunderts nahmen die Wahhabiten aus Saudi-Arabien Buraimi in Besitz. Sie wollten es vom in Oman vorherrschenden Ibadismus abbringen und die Menschen zu ihrem Glauben bekehren. In der Folgezeit war das Gebiet immer wieder zwischen dem Emirat Abu Dhabi, Oman und Saudi-Arabien umstritten und heiß umkämpft. In den 50er Jahren des 20. Jahrhunderts setzte sich der Streit um Buraimi vor dem Hintergrund vermuteter Ölvorkommen fort. Erst seit 1975 akzeptiert Saudi-Arabien die heutige Grenzziehung weit südlich von Buraimi.

Sehenswertes

Der früher offene **Obst- und Gemüsemarkt** befindet sich seit 1996 in einer neuen, allerdings durchaus stilvollen Anlage. Hier findet man eine riesige Auswahl an frischen Produkten. Wenige Meter nördlich steht ein etwas älterer Bau mit zwei Gängen, in denen sich zahlreiche kleine Läden befinden. Sie bieten, neben Gewürzen, eine breite Auswahl an Haushaltswaren sowie Dingen für den täglichen Gebrauch an, vereinzelt findet man auch Silberschmuck.

Ein Spaziergang durch die schattigen **Oasengärten,** die sich an den Souq anschließen, bietet eine angenehme Erholung von der Hitze. Wasser plätschert durch die falaj-Kanäle. Im Palmenhain steht noch eine Anzahl alter

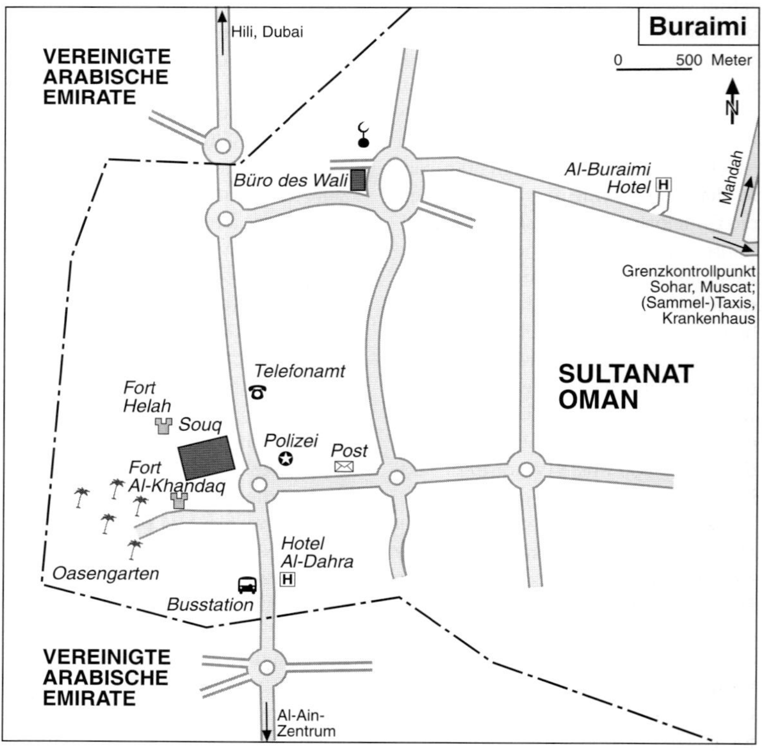

oman_497 Foto: fk

Lehmhäuser, in denen die Bewohner in früheren Zeiten ausschließlich lebten. Nach und nach werden sie verlassen, die Menschen ziehen in moderne, klimatisierte Häuser um.

Beim Souq befindet sich auch ein weiteres, allerdings nicht zugängliches Fort, das **Hisn al-Helah,** das in der Vergangenheit sowohl als Amtssitz und Wohnhaus des Wali als auch als „Schatzkammer" Buraimis diente.

Das imposante **Fort Khandaq** steht **im Zentrum von Buraimi,** nur wenige hundert Meter südlich des Souqs. Es ist im Laufe der 1980er Jahre umfangreich restauriert worden, wobei man die traditionellen Bautechniken angewandt hat. Die Wände wurden mit Lehmziegeln ergänzt, die Decken mit Palmstämmen und Matten aus Palmfasern ausgebessert und erneuert. Als Zement wurde eine Mischung aus gebranntem Kalk und Schlamm, benutzt.

Die **rechteckige Anlage** beeindruckt durch ihre Größe. Sie hat in jeder Ecke einen runden Wehrturm. Interessant ist, dass alle vier unterschiedlich gestaltet und mit verschiedenen Ornamenten verziert sind. Ungewöhnlich für omanische Forts ist es, dass der gesamte Komplex mit einem breiten Burggraben umzogen ist. Dieser stammt nicht von den ursprünglichen Erbauern, dem Stamm der hier ansässigen *Al Bu Shamis,* sondern er wurde von den saudi-arabischen Wahhabiten ergänzt, als sie in der ersten Hälfte des 19. Jahrhunderts Buraimi besetzt hielten.

Webervogel an Oleander

Unterkunft

●Al-Aylat Hotel Flats*
Zimmer mit Bad und Küche, an der von Al-Ain kommenden Hauptstaße, P. O. Box 630, Buraimi 512, Tel. 654330 und 654331

●Al-Buraimi Furnished Flats*
Preiswerte Zimmer mit Bad und Küche, an der von Al-Ain kommenden Hauptstaße, P. O. Box 800, Buraimi 512, Tel. 654789, Fax 655579

●Al-Buraimi Hotel***
Stilvolles Hotel an der Straße nach Sohar/Muscat, auch Chalets im Garten, P. O. Box 330, Buraimi 512, EZ 38 RO, DZ 47 RO, Suite 62 RO, Tel. 652010, Fax 652011
e-Mail: buraimi@alburaimi.com

●Al-Dhahra Hotel*
Einfach, an der Straße, die vom Souq nach Al-Ain führt, direkt am omanischen Grenzschild, P. O. Box 169, Buraimi 512, EZ 12,600 RO, DZ 14 RO, Tel. 650492, Fax 655408
e-Mail: sirshirt@omantel.net.om

●Al-Masa Hotel***
Empfehlenswertes Mittelklassehotel, an der von Al-Ain kommenden Hauptstraße schräg gegenüber vom Hamasa Hotel, P. O. Box 490, Buraimi 512, Tel. 653007, Fax 653008

●Hamasa Hotel*
Einfaches Hotel an der von Al-Ain kommenden Hauptstraße wenige Meter hinter dem Grenzschild, P. O. Box 490, Buraimi 512, Tel. 651200, Fax 651210

●Im emiratischen Nachbarort Al-Ain besteht Unterkunftsmöglichkeit in den Luxushotels **Hilton** und **Intercontinental.**

Restaurants

●Al-Hamasa
Arabisches Restaurant mit arabischer Unterhaltung im Al-Buraimi Hotel, 15–01.30 Uhr, Tel. 652010

●Club Tropicana
Internationales Restaurant mit Live-Unterhaltung im Al-Buraimi Hotel, 6–24 Uhr, Tel. 652010

●Mhefil
Indisches Restaurant mit indischer Musik im Al-Buraimi Hotel, 18–01 Uhr, Tel. 652010

●**Einfache Lokale** finden sich rund um den Souq im Zentrum.

Bars und Nightclubs

●Hi-Lite
Im Al-Buraimi Hotel, 18–01 Uhr

●Oasis Bar
Im Al-Buraimi Hotel, 12–16 und 18–01 Uhr

Telefonnotruf

●Polizei und Feuerwehr: Tel. 999

Polizei

●Royal Oman Police
Gegenüber vom Souq, Tel. 650099

Krankenhaus

●**Al-Buraimi Hospital,** Tel. 650033

Apotheke

●**Al-Buraimi Pharmacy,** Tel. 650392
●**Modern Pharmacy,** Tel. 650755

Verkehrsverbindungen

●Für den **innerstädtischen Transport** und für die Verbindung nach Al-Ain ist man auf **Taxis** angewiesen.

●Busse
Von Buraimi fahren täglich drei Busse (7 und 13 Uhr, zudem gegen 17 Uhr der Expressbus von Abu Dhabi kommend) der Oman National Transport Co. (Tel. 590046, 708522) **über Sohar nach Muscat** (Stadtteil Ruwi, sechs Stunden Fahrzeit). Der Abfahrort liegt schräg gegenüber vom Al-Dhahra Hotel.

●Sammeltaxis
Die Sammeltaxis starten am Buraimi Hospital am Ortsausgang kurz hinter dem Buraimi Hotel (über Sohar nach Muscat, 6 RO).

●**Verbindungen in die Vereinigten Arabischen Emirate** bestehen von Al-Ain: Die Station für Sammeltaxis liegt zwischen der Zayed bin Sultan und der Shaikh Khalifa bin Zayed Road im Zentrum. Von dort fahren für je 20 Dh Taxis nach Abu Dhabi und Dubai sowie für 25 Dh nach Sharjah. Vom zentralen Busbahnhof beim Obst- und Gemüsemarkt fahren zwischen 5.30 und 22.30 Uhr jede

oman_559 Foto: fk

halbe Stunde Busse nach Abu Dhabi ab (10 Dh, 2,5 Stunden Fahrzeit).

Banken/Exchange

An der Hauptstraße, die von Buraimi nach Al-Ain hineinführt, sind diverse Banken und kleine Wechselstuben.

Post

Das Postamt liegt an der Straße, die vom Kreisverkehr am Souq nach Südosten abzweigt; Öffnungszeiten: Sa bis Mi 8–13 Uhr.

Telefon

Das Telefonamt liegt an der Hauptstraße von Buraimi nach Al-Ain. Telefonate nach Al-Ain werden als internationale Gespräche abgerechnet (an die Vorwahl 00971-3 denken).

Ausflug nach Al-Ain

Am nahe liegendsten ist ein Ausflug in die benachbarte Oasenstadt Al-Ain, die zu den V.A.E. gehört.

Ausflüge in die Oasen Khutwa, Mahdah und das Fossiliental

Dieser Ausflug bleibt auf omanischem Gebiet, das noch vor dem Kontrollposten liegt und daher von Buraimi **ohne Grenzformalitäten** besucht werden kann.

Anfahrt: Am einfachsten erreicht man die wunderschöne alte Bergoase Khutwa, indem man von Buraimi den Straßenschildern nach Sohar und Salalah folgt. Wenn man nach **32 km** links in Richtung Mahdah abbiegt, erreicht man nach weiteren **6 km** den Abzweig nach Khutwa (rechts). Die neue Teerstraße führt schnurgerade auf das neue Dorf Khutwa am Fuße der Berge zu. Nachdem man nach **4 km** den neuen Ortsteil durchfahren hat, wird die Straße zur Piste. Sie steigt bergan und ist normalerweise auch mit einem Pkw zu befahren (ansonsten: laufen). Bei Erreichen der **Passhöhe** hat man einen herrlichen Blick auf die alte Oase und ihren Palmenhain, die vor dem Panorama der abgestuften Hajar-Berge in etwa **2 km** Entfernung liegen.

Man kann in die Oase hineinfahren, es ist jedoch ratsam, das Auto am Platz am Rande des Palmenhains stehen zu lassen. Ein Spaziergang durch die **Gärten,** vorbei an Palmen, Bananen-, Mandarinen- und Limonenbäumen und immer wieder über plätschernde falaj-Kanäle hinweg, vermittelt am besten die Ruhe und Abgeschiedenheit der Oase. Nach einer Weile erreicht man den zentralen Platz des Ortes mit einer fast zugewachsenen Moschee, die sogar mit einer Klimaanlage ausgestattet ist. Geht man links an ihr vorbei und nach etwa 100 m rechts den Hang hinunter, so gelangt man in das Wadi.

In dessen Mitte hat das kontinuierlich fließende Wasser eine **Schlucht** geschaffen. Sie ist nur wenige Meter breit, aber 20 bis 30 Meter tief, mit fast senkrechten Wänden. Von einer kleinen weißen Betonbrücke über der Schlucht kann man dunkel das Wasser auf dem Grund erkennen. In engen Kurven windet sich der Bach wadiabwärts. An einigen Stellen hat er die Schlucht so ausgewaschen, dass breite Überhänge entstanden sind, an anderen fließt er ein Stück lang unterirdisch. Geht man weiter auf die kleine Oase zu, die hinter der Brücke liegt, so kommt man an einen zweiten Canyon. Er ist nicht ganz so tief, und es fließt auch nicht immer Wasser in ihm. Das gesamte Gebiet ist ideal zum Wandern und lädt zu Erkundungsspaziergängen ein.

Für den **Rückweg nach Buraimi** bietet sich eine alternative Strecke über **Mahdah** an. Von Khutwa fährt man zurück zur Hauptstraße, dort rechts und erreicht Mahdah nach 16 km. Im alten Teil der Oase, die einmal eine wichtige Karawanenstation war, stehen zwei alte Forts.

Auf dem weiteren Rückweg kommt man **10 km** vor Buraimi am so genannten **„Fossil Valley"** vorbei. Fährt man über eine Piste etwa **5 km** ostwärts auf ein kreisförmiges Tal zu, das von kleinen Bergen umgeben ist, so kann man sich zu Fuß auf die Suche nach versteinerten Fossilien machen. Die Chance, fündig zu werden, ist relativ groß, allerdings ist das Sammeln und Mitnehmen von Fossilien aus Oman offiziell verboten.

Der Osten – Al-Sharqiyah

الشرقية

Die Region Al-Sharqiyah erstreckt sich **östlich des Suma'il-Passes,** über den die Straße von Muscat nach Nizwa verläuft. Ihre Grenzen werden im Norden und Osten vom Indischen Ozean und im Süden durch die Sandwüste Ramlat al-Wahiba gebildet. Das **Hajar al-Sharqi-Gebirge,** das mit dem Jebel Khadar am östlichen Ende des Gebirgszuges eine Höhe von 2223 m erreicht, ist die dominierende Landschaftsform der Region. Die Berge reichen nach Norden bis an das Meer heran, wo die Fischer in einigen Wadimündungen zusätzlich gute Voraussetzungen für etwas Landwirtschaft finden. Im Osten enden die Hajar-Berge an der Straße, die von Süden nach Sur führt. Der östlich davon gelegene Teil der Sharqiyah wird **Ja'alan** genannt. In diesem kleinen Gebiet findet sich eine große landschaftliche Vielfalt, hier liegen Berge (Jebel Khamis), Sandwüste (ein Ausläufer der Ramlat al-Wahiba) und Küste (mit den Landspitzen Ras al-Junayz und Ras al-Hadd) direkt nebeneinander.

Die **größten Orte** der Sharqiyah sind **Ibra** im Landesinneren und **Sur** an der Küste. Sur war zu Zeiten des Überseehandels mit Ostafrika ab dem 17. Jahrhundert eine wichtige Hafenstadt, was der ganzen Region enormen Reichtum bescherte. Der Handel mit afrikanischen **Sklaven** spielte dabei eine nicht unerhebliche Rolle. Allerdings hatte der Aufschwung der Sharqiyah ein Ende, als Anfang des 19. Jahrhunderts viele Bewohner Sultan Said nach **Sansibar** folgten und so teilweise ganze Dörfer entvölkert wurden. Kurz darauf wurden die ostafrikanischen Besitzungen vom Mut-

oman_440 Foto: fk

terland abgetrennt, und der Seehandel kam fast zum Erliegen. Erst nach der Revolution auf Sansibar im Jahr 1964 kehrten viele Familien zurück und brachten der Region neuen Aufschwung. Die engen Verbindungen zu Ostafrika sind heute in vielen Aspekten noch lebendig. Viele Bewohner der Sharqiyah haben eine auffällig dunkle Hautfarbe, krauslockiges Haar und sprechen fließend Swahili. Ihre verwandtschaftlichen Beziehungen nach Ostafrika sind noch immer eng, und die Kultur und Kunst sind stark ostafrikanisch beeinflusst. Besonders deutlich kann man dies in Musik und Tanz sowie im Schmuck- und Holzhandwerk erkennen.

Für die **Versorgung** der Sharqiyah-Orte **mit Trinkwasser** sind das Wadi Andam im Westen und das Wadi Batha im Süden besonders wichtig. Allerdings führen sie nur nach ergiebigen Regenfällen Wasser, die meiste Zeit des Jahres sind die Flussbetten trocken. Ihre Bedeutung liegt in den ergiebigen unterirdischen Adern, aus denen viele Orte das lebenswichtige Nass beziehen.

Neben ihnen gibt es aber eine Reihe **Wadis,** die das ganze Jahr hindurch Wasser führen und daher eine besondere Sehenswürdigkeit sind. Dazu gehören das Wadi Dhayqah südlich des Küstenortes Quriat, die Wadis Shab und Tiwi westlich von Sur und das Wadi Bani Khalid an der Strecke zwischen Ibra und Sur.

Küste zwischen Muscat und Sur

Weitere Attraktionen der Sharqiyah sind die Sandwüste **Ramlat al-Wahiba** mit ihren angrenzenden Oasen, die **Pistenstrecke von Quriat nach Sur** und die **Meeresschildkröten** am Strand des **Ras al-Junayz,** die man bei der Eiablage beobachten kann.

Entlang der Küste nach Sur

Befahrbar ist die Strecke bis Sur nur mit einem **Allradwagen,** da die Piste unterwegs nicht immer in gutem Zustand ist und es einige starke Steigungen gibt, die nur mit einem geländegängigen Fahrzeug zu bewältigen sind. Eine Fahrt mit einem Pkw bis Quriat ist problemlos, da die Straße bis dorthin geteert ist. Ein Ausbau der gesamten Strecke ist in Planung, bzw. hat auf dem Abschnitt von Qalhat bis Sur schon begonnen.

Insgesamt sind es **von Muscat etwa 210 km bis Sur,** davon 115 km Piste. Auf der Strecke gibt es eine **Vielzahl lohnenswerter Abstecher** und Zwischenstopps.

Der erste sehenswerte Ort ist **Quriat,** das man nach knapp 90 km Teerstraße erreicht. Von dort bieten sich Abstecher oder Routenvarianten in das **Wadi Dhayqah** und das **Wadi Suwayh** an. An der in Quriat beginnenden Piste nach Sur münden zahlreiche Wadis in den Indischen Ozean, von denen das **Wadi Shab** und **Wadi Tiwi** unbedingt sehenswert sind.

Wegen der vielen Pistenkilometer und der zahlreichen Abstecher sollte man sich für diese Strecke **viel Zeit lassen.** Empfehlenswert wäre es, einen ganzen Tag für die Fahrt einzuplanen und in Sur zu übernachten, um dann am nächsten Tag noch genügend Zeit und Ruhe für die Besichtigung von Sur zu haben. Für den Rückweg nach Muscat kann man über die Teerstraße fahren. Allerdings sind dies rund 300 km, auf denen es viel zu sehen gibt und man sich erneut Zeit nehmen sollte (siehe nächstes Kapitel „Durch das Landesinnere nach Sur").

Streckenbeschreibung: **Startpunkt** dieser Strecke ist der **Wadi Adai Kreisverkehr** in Ruwi, an dem die nach Quriat ausgeschilderte Straße beginnt. Sie führt die ersten Kilometer durch das enge Wadi Adai. Dann weitet sich das Wadi und verläuft in einer weiten Ebene, der Saih Hatat Bowl, in der die Straße vierspurig ausgebaut ist und in der Medinat al-Nahdah liegt, eine neu geschaffene Wohnsiedlung.

Bei **km 24,5** zweigt links eine gut ausgebaute Piste ab, die durch das schöne **Wadi Mayh** zu den Küstenorten und Stränden bei Yiti führt (siehe Kapitel „Die Capital Area").

Im weiteren Verlauf der Straße wandelt sich das Landschaftsbild. Zahllose freistehende Felsblöcke und kleinere Felsketten, die aussehen, als wären sie nur die freistehende Spitze eines eingegrabenen Berges, säumen die Straße. Manche von ihnen sind nur wenige Meter hoch, aber andere ragen wie Pyramiden aus der Ebene. Etwas abseits der

Straße schieben sich gewaltige Felsplatten auf bis zu 1000 m Höhe. Die Formen der Felsen und Berge sind zackig und schroff, ihre Farbe meist dunkelbraun oder fast schwarz. Bis kurz vor Quriat fährt man durch diese unwirklich anmutende **Mondlandschaft.**

Bei **km 73** führt die Straße über ein kleineres Bergmassiv, von dessen Passhöhe man eine schöne Aussicht auf das Meer und den Fischerort Quriat hat.

81 km hinter Ruwi zweigt an einer BP-Tankstelle der Weg in den Ort **Hail al-Ghaf** und in das ganzjährig Wasser führende **Wadi Dhayqah** ab, von dem man – allerdings nur mit einem Allradwagen – zum Wadi Suwayh weiterfahren kann. Gegebenenfalls sollte man hier noch einmal auftanken, denn vor Sur gibt es nur noch eine teure Tankstelle mit Handpumpen in Tiwi (etwa auf halber Strecke).

Abstecher/Variante über das Wadi Dhayqah und Wadi Suwayh

Ab der BP-Tankstelle sind es etwa 20 km bis zum Wadi Dhayqah, das man auch mit einem Pkw erreichen kann. Fährt man von hier direkt weiter in Richtung Norden, so sind es insgesamt gut 40 km, bis man wieder den Weg von Quriat nach Sur erreicht. Zusätzlich kann man einen weiteren Abstecher in das wunderschöne Wadi Suwayh unternehmen. Diese Strecke ist allerdings eine Sackgasse, so dass dies noch zweimal 11 km Piste bedeutet.

Wadi Dhayqah

oman_443 Foto: fk

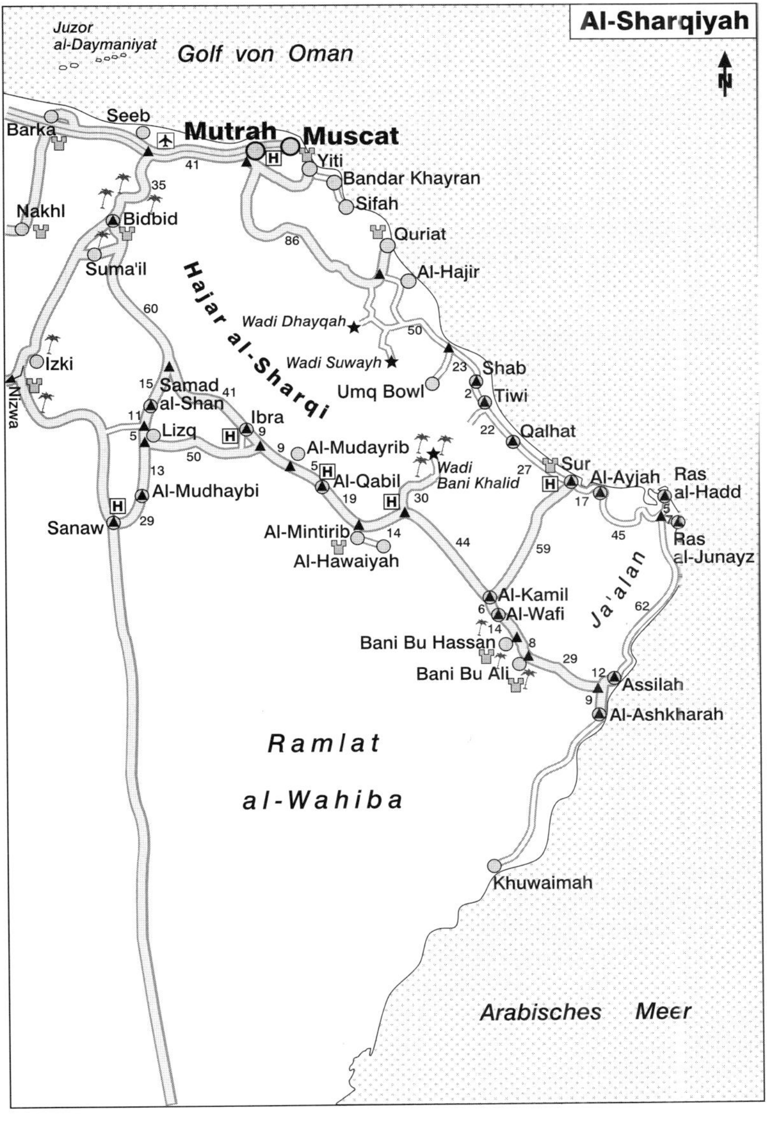
Al-Sharqiyah
Juzor al-Daymaniyat
Golf von Oman
Barka
Seeb
Mutrah
Muscat
Yiti
Bandar Khayran
Sifah
Quriat
Al-Hajir
Nakhl
Bidbid
Suma'il
Hajar al-Sharqi
Wadi Dhayqah
Wadi Suwayh
Umq Bowl
Shab
Tiwi
Qalhat
Sur
Al-Ayjah
Ras al-Hadd
Ras al-Junayz
Izki
Nizwa
Samad al-Shan
Lizq
Ibra
Al-Mudayrib
Wadi Bani Khalid
Al-Qabil
Al-Mudhaybi
Sanaw
Al-Mintirib
Al-Hawaiyah
Al-Kamil
Al-Wafi
Ja'alan
Bani Bu Hassan
Bani Bu Ali
Assilah
Al-Ashkharah
Ramlat al-Wahiba
Khuwaimah
Arabisches Meer

3,5 km hinter der Tankstelle erreicht man eine Kreuzung, an der es rechts nach Al-Misfah und in das Wadi Dhayqah abgeht. Geradeaus käme man nach weiteren 4 km in den Ort Hail al-Ghaf, der für seine ausgedehnten Mango-Plantagen berühmt ist.

Fährt man in Richtung Al-Misfah, einem kleinen Dorf am Fuße der Berge, so zweigt bei **km 6,5** links die Piste in den Ort Al-Mazara im Wadi Dhayqah ab. Sie wird momentan geteert und führt durch eine mit Geröll übersäte Hügellandschaft, bis man bei **km 19** einen Abzweig nach rechts zum „Diqah Rest Place" erreicht. Hält man sich 100 m weiter direkt wieder rechts, so kommt man nach 2 km zu einem **Picknickplatz.** Er liegt direkt am Wadi, das hier bereits Wasser führt.

Je nach Wasserstand kann man mit einem Allradwagen noch ein Stück weiterfahren. Mehrere gemauerte **Dämme** stauen das Wasser auf. Am Ufer wächst hohes Schilfgras, und den Hintergrund für diese Idylle bilden mächtige Felsmassive links und rechts des weiten Tales.

Von hier kann man in einem etwa sechs- bis achtstündigen Fußmarsch das Wadi Dhayqah durchwandern. Der etwa 15 km lange Weg – für den man allerdings einen ganzen Tag einplanen sollte – führt durch die so genannte **Teufelsschlucht,** an der das Wadi Dhayqah in das Wadi Tayin übergeht. Durch diese Schlucht wird ein Großteil des Wassers des östlichen Hajar-Gebirges in den Indischen Ozean geleitet, so dass es passieren kann, dass man Teile des Weges nur schwimmend zurücklegen kann. Daher sollte man neben guten Schuhen auch unbedingt einen wasserdichten Sack mitnehmen.

Optimal wäre es, diese Wanderung **in zwei Gruppen mit je einem Fahrzeug** zu unternehmen. Die eine startet im Norden, die andere im Süden, wo am Ende der Pisten die Autos stehen gelassen werden. In der Mitte des Wadis trifft man sich, tauscht die Autoschlüssel aus, und am anderen Ende kann man mit dem zweiten Auto wieder nach Hause fahren.

Hält man sich an der oben beschriebenen Abzweigung mit dem Hinweisschild zum Rastplatz nach links, so kann man – einen Allradwagen vorausgesetzt – den Abstecher zu einer Rundfahrt erweitern, die an der Piste Quriat–Sur etwa 20 km östlich von Quriat endet. Die **Kilometerzählung** beginnt am **Abzweig zum Rastplatz erneut mit Null.**

Zunächst kommt man nach wenigen hundert Metern in die **Oase Al-Mazara.** Fährt man weiter wadiabwärts durch den Ort, durchquert dann den Palmengarten und das Wadi Dhayqah, erreicht man das **Fort** von Al-Mazara. Es thront hoch über dem Wadi und dem Palmenhain und bietet einen malerischen Anblick.

Nach **2,8 km** muss man sich gegenüber der Schule nach links halten, am nächsten Abzweig nach Al-Husn und am folgenden in Richtung Al-Dhahin. Nach **4 km** erreicht man erneut einen Abzweig, an dem man links in Richtung Al-Yaa abbiegen muss. Der Weg führt auf einen Berg hinauf auf die Oberkante des Wadis Dhayqah. Das Gestein zeigt sich immer wieder in neuen Farben. Manche Kalksteinvorsprünge sind zu skurrilen Kegeln erodiert und leuchten in hellem Weiß.

Bei **km 11** geht es rechts in den Ort Al-Yaa. Hier muss man geradeaus weiter und erreicht bei **km 16,6** eine weitere Kreuzung. Biegt man nach links ab, so sind es noch 4 km, bis man die Piste Quriat – Sur erreicht.

Geradeaus bietet sich die Möglichkeit zu einem weiteren lohnenden **Abstecher** in das **Wadi Suwayh.** Mit dem Auto kann man **11 km** in das Wadi hineinfahren, bevor man ab dem Ort **Suwayh** nur noch zu Fuß dem Wadiverlauf folgen kann. Suwayh liegt in einem Talkessel und ist eine grüne Oase mit Pools, Wasserfällen, Gärten und Schilfgras.

86 km hinter Ruwi erreicht man den **Abzweig nach Sur.** Geradeaus weiter sind es noch 4 km bis in das Zentrum von Quriat.

Quriat قريات

Bis zum Eintreffen der Portugiesen im Jahre 1507 war Quriat eine wichtige Hafenstadt. Doch nach der **Zerstörung** durch *Albuquerque* ist es nie wieder zu altem Glanz gelangt und ist heute ein **kleines, ruhiges Städtchen** mit rund 35.000 Einwohnern.

Auf die portugiesische Besatzungszeit geht das kleine **Fort** zurück, das im Zentrum Quriats steht. In seiner heutigen Form wurde es Ende des 18. Jahrhunderts von *Hamad bin Said Al Bu Said* erbaut. Die frühere Residenz des Walis ist mit zahlreichen Gebrauchsgegenständen anschaulich eingerichtet und hat nur eine Etage. Sie ist täglich von 7.30–14.30 Uhr geöffnet; ein englisch sprechender Führer ist des öfteren anwesend.

Neben dem Fort liegt der ursprüngliche und lebhafte **Souq** Quriats. Um den Fischverkaufsplatz herum findet man auch einige **Halwa-Kocher,** denen man bei der Herstellung der Süßigkeit zusehen kann. Allerdings geschieht diese aufwändige Arbeit heute meist nur noch vor wichtigen Feiertagen (siehe Exkurs „Omans süßeste Versuchung – Halwa"). Am Rande des Souqs steht ein shareesh-Baum, von dem behauptet wird, er sei älter als das Fort.

Im Spätsommer wird in Quriat und vor allem im Nachbarort Daghmar das **Fest Nairouz** gefeiert, das den Beginn der Fischereisaison kennzeichnet, sobald die See nach dem Sommermonsunwinden ruhiger wird. Von abends bis in die tiefe Nacht wird gefeiert, gesungen und getanzt.

Seit 1991 gehört Quriat verwaltungstechnisch zur Capital Area. 1993 fanden hier die Feierlichkeiten zum National Day statt, zu denen man einen großen traditionellen Handwerkermarkt inszenierte, um so der gestiegenen Aufmerksamkeit für die alten Zünfte Ausdruck zu geben.

Zum **Strand im Ortsteil Al-Sahil** fährt man in Richtung Südosten. Hier reihen sich zahlreiche kleine Fischerboote nebeneinander. Die meisten sind aus Fiberglas, aber auch einige alte Holzboote liegen daneben. In Richtung Süden steht ein Wachturm auf einem vorgelagerten Felsen im Meer, dessen Anblick allerdings momentan durch den Bau eines großen Fischereihafens nicht mehr besonders idyllisch ist.

Der nördlich von Quriat gelegene Strandabschnitt wird als **Badestrand** genutzt.

Am Abzweig kurz vor Quriat **bei km 86 beginnt die Kilometer-Zählung erneut bei Null.**

Bei **km 6,5** erreicht man einen Abzweig nach rechts, an dem die Teerstraße endet und die Piste nach Sur beginnt. Bei **km 20** kommt man zu einem Abzweig nach rechts, der in das **Wadi Arbaieen** führt. Es ist der Endpunkt der oben beschriebenen Variante über das Wadi Dhayqah.

Die Piste führt nun über ockerfarbene Geröllhügel auf das Meer zu. Rechts liegt der Jebel Qatar mit seinem flachem Gipfelplateau. Bei der Fischersiedlung **Dibab** erreicht man die Küste. Direkt hinter dem Ort führt ein schönes Wadi in die Berge, das im weiteren Verlauf auf die Strecke ins Wadi Suwayh führt (siehe oben „Variante über das Wadi Dhayqah und Wadi Suwayh").

Bei **km 40** liegt etwa 300 m rechts der Piste ein so genanntes **„sinkhole".** Es ist eine frühere Höhle, deren Decke eingestürzt ist, wodurch ein tiefes Loch im Kalksteinplateau entstanden ist. An der östlichen Seite kann man herabsteigen und das Wasser auf dem Boden auf seinen Salzgehalt untersuchen. Seit kurzem ist das „sinkhole" von einer Brüstung umgeben, die verhindern soll, dass hier jemand im Dunkeln verloren geht. Bei den Einheimischen ist das sinkhole als **Bait al-Afreet,** als „Haus des Dämons", bekannt.

Bei **km 49,5** erreicht man den Ort **Bimah,** ein kleines Fischerdorf. **1 km weiter** zweigt rechts eine Piste nach Umq al-Rubakh ab, in die sog. **Umq Bowl,** die von Bergen umschlossen ist.

Umq Bowl

Die zunächst noch gute Piste führt direkt auf die Berge zu. In zahlreichen Kurven windet sie sich den Berghang hinauf, von wo sich immer wieder schöne Ausblicke auf die Küstenebene bieten.

Nach gut 8 km überwindet man eine erste Passhöhe. Etwas weiter kann man neben der Piste **Wohnungen aus Stein** entdecken. Die Menschen hier in den Bergen leben noch immer nach traditioneller Weise von der **Ziegen- und Schafzucht** und verlegen ihren Wohnsitz je nach Jahreszeit an verschiedene Stellen im Gebirge, die aber meist nicht weit voneinander entfernt sind. Im Sommer werden Plätze im kühlenden Wind bevorzugt, im Winter eher geschützte Orte.

Die Piste steigt weiter an, bis sie nach gut 12 km den höchsten Punkt erreicht hat (ca. 700 m Höhe). Nach einer steilen Abfahrt kommt man nach 16 km an eine Abzweigung, an der man sich nach rechts halten muss. Wenig später endet die befahrbare Strecke. Inmitten des von steilen Felsen umgebenen Kessels liegt ein kleines Dorf, dessen grüner Palmengarten von einem alten falaj-Kanal bewässert wird. Man sollte jedoch den Blick auf die Siedlung genießen und die Menschen nicht stören.

Die Strecke nach Sur verläuft weiter in der Küstenebene. Linker Hand liegt das türkisblaue Meer, rechts sieht man die hohen **Berge des östlichen Hajar-Massivs.** In ihnen leben viele Wildtiere, darunter auch Adler, Gazellen, Füchse und Wölfe. Entlang der Küste befindet sich kein ausgedehnter Sandstrand, sondern sie ist steinig und mit niedrigen Klippen zum Meer hin abfallend. Dazwischen finden sich einige kleine, sandige Buchten. Die Ebene ist nur spärlich bewachsen, und einige halb wilde Esel stehen am Wegesrand.

Die Piste ist zwar in einem recht ordentlichen Zustand, jedoch wird der Weg immer wieder von Wadis gekreuzt. Da das Wasser nach Regenfällen oft tiefe Löcher in die Fahrbahn reißt, sollte man entsprechend langsam und vorsichtig fahren.

Bei **km 60,5** liegt der Ort **Fans.** Kurz dahinter kommt man zum sog. **„White Beach",** einem der schönsten Strände auf dieser Strecke. Allerdings ist er am Wochenende oft gut besucht.

Die steilste Wadidurchfahrt erreicht man etwa bei **km 73,5** am Ortseingang in das **Fischerdorf Shab** (heute ein Ortsteil von Tiwi), das seinen Namen vom **Wadi Shab** hat. Es zählt zweifellos zu den **schönsten Wadis Omans.**

Wadi Shab

In der Wadimündung sollte man das Auto stehen lassen, mit dem kleinen Boot über das flache, wassergefüllte Flussbett übersetzen und wadiaufwärts laufen. Nach etwa 20 Minuten Fußmarsch durch das enge Wadi mit dichter Vegetation und vielen Gärten erreicht man überhängende weiße Klippen. Hier beginnt der schönste Teil des Wadis: Im Wadibett plätschert das Wasser über kleine Wasserfälle, und in den umliegenden zerklüfteten Bergen, die steil ansteigen, kann man zahlreiche Felsspalten und Höhlen entdecken.

Nach einer knappen Stunde Wanderung (immer entlang des gut markierten Weges) beginnt der Pfad steil bergan zu führen. Ein aufgestelltes Schattendach markiert die Stelle, an der man zum Wasser hinab klettern kann. Durchwatet man das klare Wasser, so erreicht man etwas weiter tiefere Stellen, in denen man schwimmen kann.

Die Piste führt weiter durch die enge Ortsdurchfahrt von Shab, das fast in den nächsten Ort **Tiwi** übergeht. Auch er liegt am Austritt eines (ebenfalls gleichnamigen) Wadis, ist aber um einiges größer als Shab. Es gibt hier die einzige Tankstelle zwischen Quriat und Sur. Allerdings ist der Sprit relativ teuer und wird noch mit Handpumpen aus den Fässern abgefüllt. Die Verkehrsführung durch den Ort ist von reichlich nutzlosen Kreisverkehren und Verkehrsinseln geprägt.

oman_446 Foto: fk

Bei **km 76** erreicht man die Mündung des **Wadi Tiwi,** das man in Richtung Süden wadiaufwärts befahren kann.

Wadi Tiwi

Besonders im Winter steht das Wadi oft bis zu einem halben Meter unter Wasser. In diesem Fall sollte man ein entgegenkommendes Fahrzeug abwarten, um die Tiefe und die Befahrbarkeit einschätzen zu können.

Die steinige Piste führt durch mehrere kleine Dörfer, die hintereinander im Wadi liegen. Das Wadi Tiwi ist breiter als das Wadi Shab, daher vielleicht nicht ganz so idyllisch. Es ist aber auch dicht bewachsen, und die schroffen Berge, die es einschließen, stehen in einem interessanten Kontrast zur üppigen Vegetation. Wie weit man das Wadi befahren kann, hängt nicht zuletzt auch vom Pistenzustand und der Wassermenge ab. Maximal ist dies für knapp 10 km möglich. Auf den letzten km geht die schwierige Piste steil bergan, und man hat einen schönen Blick auf das palmenbestandene Wadi.

Bei **km 80** geht es rechts ab in das **Wadi Faq,** das man mit dem Auto etwa 1 km weit befahren kann. Die Piste endet in einem Talkessel, der von hohen Felswänden umgeben ist und in dem auch die kleine Siedlung Faq liegt.

Nach **100 km** hat man das Fischerdorf **Qalhat** erreicht. Qalhat war etwa seit der zweiten Hälfte des 12. Jahrhunderts ein wichtiges Handelszentrum. Gegen Ende des 13. Jahrhunderts wurde es vom Königreich Hormuz erobert und zu einer blühenden Stadt ausgebaut. Auch die beiden Weltreisenden *Ibn Batuta* und *Marco Polo* berichteten von dieser Pracht. Doch der Glanz fand bei einem schweren Erdbeben im 15. Jahrhundert ein jähes Ende. Die Stadt wurde fast vollständig zerstört – und den Rest übernahmen 1507 die Portugiesen bei ihrer Invasion.

Auf einer Anhöhe hinter der Oase und dem neuem Ort liegt das **Ruinenfeld der alten Stadt Qalhat.** Nicht mehr viel deutet auf die alte Herrlichkeit hin. Fast alles, bis auf die Moschee (oder das Mausoleum, da gehen die Meinungen auseinander) der *Bibi Miriam,* Reste der Stadtmauer und einige Gewölbebauten, ist zerstört. Etwa 1 km hinter der Moschee kann man direkt am Meer alte Hafenanlagen erkennen.

Nach etwa **106 km** muss man weiträumig das Gelände der neuen gigantischen Gasverflüssigungs- und Verschiffungsanlage umfahren (stets geradeaus halten), bevor man bei **km 115,5** eine **Gabelung** erreicht. Links geht es auf Teer direkt nach Sur (etwa 10 km), wo man kurz vor der Stadt am Sur Beach Hotel vorbeikommt. Fährt man nach rechts, so führt die Strecke nach 9 km bei Bilad Sur auf die Hauptstraße, die von Süden (Al-Kamil) nach Sur führt.

Durchs Landesinnere nach Sur

Startpunkt dieser Strecke, die quer durch die Sharqiyah führt, ist der **Sahwa Tower Kreisverkehr,** an dem die Straße nach Nizwa und Salalah von der Küstenautobahn abzweigt. Bis Sur sind es insgesamt 295 km über eine gut ausgebaute Teerstraße.

Unterwegs gibt es zahlreiche lohnende Ziele für **Zwischenstopps.** V. a. die alten Lehmsiedlungen in **Al-Mudayrib** und **Ja'alan Bani Bu Hassan,** aber auch die vielen malerischen Oasendörfer sind einen Besuch wert. Kontraste bieten Ausflüge an den Rand der Sandwüste **Ramlat al-Wahiba** oder in das ganzjährig Wasser führende **Wadi Bani Khalid.** Ein Abstecher nach Süden, der auch eine Erweiterungsvariante zur Hauptroute sein kann, führt durch das archäologisch interessante **Wadi Samad** nach **Sanaw** (Freitagsmarkt).

Busse verkehren ab Ruwi über Ibra nach Sur (7, 14.30 und 16.30 Uhr) und nach Al-Mudhaybi und Sanaw (14, 17.30 Uhr).

Streckenbeschreibung: **Man verlässt die Capital Area** am Sahwa Tower Kreisverkehr (Kilometer-Zählung Null) in Richtung Nizwa.

35 km dahinter zweigt bei Bidbid die Straße nach Sur und Ibra ab. Die Straße führt durch tiefschwarze, schroff zerklüftete **Ophiolith-Lavaberge** und windet sich durch das enge **Wadi Sejani.** Am Straßenrand bieten je nach Jahreszeit zahlreiche Obstverkäufer frisch geerntete Früchte an.

Bei **km 79** befindet sich ein Abzweig in das **Wadi Tayin.** Hier müsste man (mit einem Geländefahrzeug) für die im vorherigen Abschnitt beschriebene Durchwanderung des Wadi Dhayqah abbiegen (die Strecke wird gerade geteert: nach 64 km bei einer Al-Maha-Tankstelle links abbiegen, bei km 81,5 links nach Tool, dann auf den Einschnitt in den Bergen zufahren).

Bei **km 95** erreicht man rechter Hand einen Abzweig, der durch das **Wadi Samad** mit alten Siedlungsresten, Gräbern und Lehmburgen in den Marktort **Sanaw** führt.

Durch das Wadi Samad nach Sanaw

Dieser empfehlenswerte Abstecher führt durch das Wadi Samad, das in der Zeit von 3000 v.Chr. bis weit in die islamische Zeit hinein eine bedeutende Kupfererzlager- und Abbaustelle war. Hier gibt es **bis zu 5000 Jahre alte Siedlungsreste und Gräber** der Bergbausiedlungen des einstigen Kupferlandes Magan. Archäologisch Interessierte können im Wadi viele verschiedene Fundstellen besichtigen. Allerdings sind die meisten ohne einen ortskundigen Führer schwer zu finden. Sehenswert sind neben diesen Zeugen längst vergangener Zeiten aber auch die grünen Oasendörfer und die vielen alten Lehmbauten und Festungen. Sie bezeugen, dass das Wadi auch in späterer Zeit noch von großer Bedeutung war.

Folgt man nach **6 km** dem ersten Abzweig in den Ort **Rawdah,** so führt die Piste direkt zu einem der zwei **Forts** der Oase. Es ist restauriert und thront auf einem Hügel hoch über dem Ort. Von hier oben hat man einen faszinierenden Blick auf die gegenüberliegende, nicht restaurierte Festung.

Das Fort kann auch von innen besichtigt werden, vorausgesetzt, man findet den Mann mit dem Schlüssel für das Eingangstor (arab. *rajul al-miftah*) bzw. hilfsbereite Kinder, die ihn holen. Das Fort ist mit seiner Grundfläche von 10x10 m zwar klein, aber durchaus sehenswert. Es hat gerade einmal fünf Räume, von denen der majlis auf dem Dach besonders schön ist. Zur Anlage gehören zwei runde Wachtürme. Von ihnen ist nur der im Nordosten als Kanonenturm an den Grundbau angeschlossen, hingegen steht der Wachturm in der südöstlichen Ecke völlig frei und ist nur über ein Seil zu erreichen.

Die Weiterfahrt in Richtung Süden ist vom Fort sowohl über die Teerstraße als auch auf einer guten Piste durch das Wadi möglich. Sie führt zwischen den dichtbewachsenen Oasengärten hindurch, aus denen die Zweige der Bäume stellenweise über den Weg ragen. Nach 1 km wird das Wadi breiter, und die Gärten sind zu Ende. Die Piste führt parallel zur Hauptstraße in die nächste Oase Al-Akhdar, übersetzt „die Grüne". Auch hier stehen links und rechts üppige Gärten und immer wieder kleinere Festungsanlagen sowie große Lehmbauten, die einst das Wadi mit seinen Dörfern und Gärten bewachten.

Nach **15 km** erreicht man zunächst die kleine Oase Shariah und anschließend **Samad al-Shan.** Südlich des Wadis finden sich bedeutende **Gräber aus der Eisenzeit** (1200 v. Chr.–900 n. Chr.). Die Gräber aus der frühen Eisenzeit sind in die Erde eingetieft, mit Steinen ausgekleidet und waren für nur einen Toten vorgesehen. Manche Friedhöfe wurden während der gesamten Eisenzeit benutzt, daher liegen die Gräber dicht beieinander und überschneiden sich sogar teilweise. Es gibt auch Gräber, die mehrmals benutzt wurden. Anhand der kariösen und lückenhaften Gebisse der Toten ziehen Archäologen den Schluss, dass sie sich vorwiegend von Datteln (hoher Zuckergehalt) ernährt haben. Daraus wiederum kann man folgern, dass Dattelbäume kultiviert waren. Voraussetzung dafür war allerdings, dass ständig ausreichend Wasser vorhanden war. Anhand von Resten von falaj-Kanälen festigt sich die Erkenntnis, dass dieses Bewässerungssystem schon vor 3000 Jahren entwickelt gewesen sein könnte.

Besonders viele der um Samad entdeckten Gräber stammen aus der späten Eisenzeit zwischen 400 v. Chr. und 900 n. Chr., die daher auch **Samad-Periode** genannt wird. Die Gräber aus dieser Zeit sind Kollektivgräber. Eine Besonderheit ist, dass Männer und Frauen zusammen beerdigt wurden, allerdings nur in wenigen Gräbern. In den meisten waren die Geschlechter getrennt. Männer wurden auf ihrer rechten und Frauen auf ihrer linken Seite beerdigt, jeweils in gekrümmter Haltung mit ihren Händen vor dem Gesicht. Die Männer lagen mit dem Kopf in südöstlicher Richtung und ihre Augen zeigten nach Norden. Als Grabbeigaben wurden Schwerter, Dolche und Trinkhörner gefunden. Die Frauenkörper wurden in entgegengesetzter Himmelsrichtung ausgerichtet. Ihnen wurden Schmuck und Muscheln mit ins Grab gelegt. Grabräuber haben allerdings die meisten der Gegenstände geraubt.

Kurz hinter Samad al-Shan erreicht man einen Abzweig in den ebenfalls archäologisch interessanten Ort **Maysar.** Um zwei Seitenwadis des Wadi Samad haben Archäologen Siedlungsreste, zahlreiche Gräber sowie zwei alte Festungen aus dem Zeitraum zwischen dem dritten und ersten vorchristlichen Jahrtausend entdeckt. Dieser Zeitraum war die Blütezeit des Kupferbergbaus. Anfang der 80er Jahre hat das Deutsche Bergbau Museum Bochum Ausgrabungen durchgeführt und sich im Beton rund um einen freigelegten Brunnenschacht verewigt.

Die **Siedlung** wurde in der späten **Umm al-Nar-Periode,** Ende des 3. Jahrtausends v. Chr., gegründet und war in einen Wohn- und Arbeitsbereich zweigeteilt. Der Arbeitsbereich lag in der Nähe der oberirdischen Abbaustätten, hier standen auch die Schmelzöfen zur Verhüttung und die Werkstätten zur Weiterverarbeitung des kupferhaltigen Erzes. Das gewonnene Kupfer wurde vom abgelegenen Wadi Samad nach Persien, Mesopotamien und sogar in das Industal exportiert. Doch die Menschen lebten nicht nur von der Kupferproduktion, sondern stellten auch Töpferwaren und Steingefäße her und betrieben Landwirtschaft.

Aus derselben Zeit stammen die Reste einer **turmähnlichen Festungsanlage** etwa 1 km südöstlich der kupferproduzierenden Siedlung. Der Turm hat einen Durchmesser von über 20 Metern und bestand aus zwei Mauern sorgfältig behauener Steine. Die Anlage diente den Bewohnern im Falle einer Bedrohung oder eines Angriffes als Fluchtburg.

Rund um Maysar und Samad finden sich mit geschultem Auge noch weitere Gräber und Reste einer Festungsanlage aus späteren Zeiten.

Hinter Samad und Maysar verlässt die Teerstraße allmählich das Wadi Samad. Bei **km 26** zweigt rechts ein beschilderter Weg nach Nizwa ab (die ersten 15 km führen über eine gute Piste, dann geht es auf Teer weiter).

oman_449 Foto: fk

Gasse in Al-Mudhaybi

Bei **km 29** führt eine Piste nach links in die Oase **Lizq.** Östlich des Palmengartens stehen auf einem Berg die Reste einer **Festung aus der Eisenzeit.** Es ist die größte aus dieser Zeit, die in Oman bis jetzt entdeckt wurde. Sie hatte einst die Aufgabe, den Zugang in das Wadi Samad mit seinen damals wichtigen Kupferstätten und Bergbausiedlungen zu sichern. Gut erhalten ist die Treppe, die auf den Berg hinaufführt. Die gefundenen Keramiken aus dieser Zeit weisen eigenständige Formen und Bemalungen auf, so dass die gesamte Epoche **Lizq-Periode** genannt wurde, da Lizq der wichtigste Fundplatz ist.

Bei **km 31** erreicht man einen **Abzweig zur Hauptstraße Ibra–Sur.** Bis dorthin sind es von hier etwa 50 km. Man erreicht die Straße 9 km östlich von Ibra. Biegt man hier ab, so kann man aus diesem Abstecher eine Rundfahrt machen.

Fährt man weiter in Richtung Sanaw, so kann man etwa bei **km 38** linker Hand auf einem Hügel in ca. 2 km Entfernung eine Reihe von sog. **Bienenkorbgräbern** erkennen. Man kann sie (zu Fuß oder mit einem Allradwagen) sehr einfach über eine kleine Piste, die hier nach links abzweigt, erreichen. Diese oberirdischen Gräber bestehen aus lose aufgeschichteten, unbehauenen Steinen. Sie haben zwei Mauern, von denen die äußere einen Durchmesser von etwa 6 Metern aufweist. Angelegt wurden die Gräber in der Zeit zwischen 3500 und 2700 v. Chr. in der so genannten Hafit-Periode. In dieser Zeit wurden Grabanlagen in Oman erstmals oberirdisch errichtet.

Nach **weiteren 2 km** zweigt eine Piste in die **Oase von Fath** ab. Im Nordosten des neuen Ortes liegt zunächst der alte Ortsteil. Von ihm aus liegen die Gräber ebenfalls in nordöstlicher Richtung.

Bei **km 44** kommt man zunächst am großen Palmengarten des Ortes **Al-Mudhaybi** vorbei, dann führt eine Piste in den Ort. Im Zentrum liegt der alte Ortskern mit eng beieinander stehenden Lehmhäusern, der von einer Stadtmauer umgeben ist. Ein Wadi teilt den Ort in zwei Hälften. Im Bereich des Wadibettes basiert die Mauer auf kleinen Bögen, um den Wasserfluss nach Regenfällen nicht zu behindern. Durch zwei Stadttore, die quer zum Wadi stehen, gelangt man in das **alte Zentrum** mit seinem einst wichtigen **Souq**. Dieser verfällt allerdings immer mehr, da die Geschäfte im neuen Ortsteil und der Markt in Sanaw eine größere Anziehungskraft auf die Bewohner haben. Bis auf wenige überdachte Stände, an denen Gemüse und Fische verkauft werden, ist der Souq von Al-Mudhaybi verlassen. Zwischen diesen Ständen stehen drei öffentliche Backöfen.

Im alten Wohnviertel findet man schöne, große Lehmhäuser mit hohen Türmen und Zinnen auf der obersten Etage. Genau wie die beiden Wachtürme dienten sie der Überwachung und Verteidigung des Ortes. Heute sind sie stark vom Verfall bedroht.

Sanaw, den südlichsten Ort dieses Abstechers, erreicht man **nach 63 km.** Die Teerstraße durch den Ort endet am Souqgebäude im neuen Ortskern.

Die Stadt hat sich in den letzten Jahren schnell entwickelt. Im Westen des neuen Viertels liegt der **alte Ortskern von Sanaw,** der heute nahezu verlassen ist. Er besteht aus mehreren einzelnen Quartieren, die teilweise im angrenzenden Palmenhain liegen. Besonders hübsch sind zwei ca. 500 m auseinanderliegende alte Lehmsiedlungen, deren Häuser sich eng um jeweils einen Wachturm drängen.

Das neue Sanaw hat sich östlich davon entwickelt, dort wo in den 1970er Jahren die barasti-Hüttenviertel der Wahiba-Beduinen standen. Zu dieser Zeit war die Ausdehnung dieser Palmhütten fast genauso groß wie die der festen Lehmwohnviertel. Im Zuge der „modernen" Stadtplanung wurden die Hütten nach und nach beseitigt. Das sorgte für große soziale Spannungen zwischen den Beduinen und den Sesshaften, denn viele der Beduinen waren mit den ihnen zugewiesenen neuen Wohngebieten nicht einverstanden. Sie bevorzugten es, an ihren angestammten Plätzen in ihren gewohnten und luftigen barastis zu wohnen. Um einen Abriss zu verhindern, wohnen heute in vielen der Hütten einzelne Familienmitglieder über das ganze Jahr. Normalerweise nutzten die Beduinen die barastis nur während der Dattelernte im Sommer oder während wichtiger Markttage.

Solche **Markttage** finden **jeden Donnerstag** im Souqgebäude des neuen Ortsteiles statt. Es besteht aus einem ummauerten Hof, der durch vier Tore zu betreten ist. Der freie, überdachte Platz im Inneren ist von Läden umgeben. Da Sanaw eine der südlichsten Oasen Omans ist, hat der Souq für die Beduinen eine besonders große Bedeutung. Für sie ist der Markt nicht nur zum Ein- und Verkaufen wichtig, sondern ihm kommt auch eine wichtige soziale Bedeutung als Treffpunkt und „Nachrichtenbörse" zu.

Anfangs herrscht ein für europäische Augen großes Durcheinander. Bei näherem Hinschauen hat der Markt jedoch eine **feste Struktur.** Außerhalb des überdachten Platzes stehen Autos zum Verkauf, und gelegentlich stehen auch Kamele gelangweilt in der Sonne. Die Verkäufer mit Ziegen haben ihren Platz unter dem Sonnendach am Rand, ebenso die Fischverkäufer sowie die Obst- und Gemüsehändler. In der Mitte findet man alte Männer, die khanjars und Gewehre, aber auch diversen Kleinkram für den Haushalt anbieten. Die zwischen ihnen umherschreitenden Beduinenfrauen treten sehr selbstbewusst auf, durch ihre großen Gesichtsmasken (burqas) wirken sie erhaben und stolz. Einige von ihnen versuchen hartnäckig, den wenigen Touristen gewebte Taschen oder Gesichtsmasken zu verkaufen.

Am späten Vormittag formiert sich wie auf ein unsichtbares Kommando hin ein großer Kreis, in dessen Mitte Schafe und Ziegen umhergeführt und zum Kauf angeboten werden. Die Umstehenden geben Gebote ab und prüfen den Gesundheitszustand der Tiere kritisch. Das Ganze verläuft in einer sehr geschäftigen Atmosphäre, und es wird erbittert um den Preis verhandelt. Die Frauen sind wieder einmal die härtesten Händler, und immer wieder holen sich Männer, die sich ein Tier kaufen möchten, zuvor das Einverständnis und nachher das Geld bei ihrer Frau. Schon vor Mittag ist der Markt beendet. Die Tiere werden auf Pick-ups verladen, und die Marktbesucher fahren zurück in ihre Dörfer.

Am Ortsausgang in Richtung Izki befindet sich an der Hauptstraße ein kleines, einfaches **Hotel,** das **Sinaw Tourist Resthouse,** Tel. 474056, Fax 474055, EZ und DZ 15 RO (einfache „local rooms" für 8–10 RO).

Von Sanaw aus besteht die Möglichkeit, entlang des Westrandes der Wahiba in Richtung Ostküste weiterzufahren. Die gut 200 km bis Al-Hajj sind inzwischen durchgehend asphaltiert.

Die im weiteren Verlauf an der Hauptstrecke nach Sur liegenden alten Ortsteile unterscheiden sich in ihrem Aufbau grundlegend von denen der Oasen in Inner-Oman. Die meisten historischen Ortskerne der **Sharqiyah-Oasen** sind kleiner als die in Inner-Oman. Am auffälligsten ist, dass sie nicht wie Nizwa, Bahla oder Rustaq von einer zentralen Festungsanlage geschützt werden. Vielen der küstenfernen Sharqiyah-Oasen fehlt eine den ganzen Ort umschließende Stadtmauer. Häufig bestehen sie aus einzelnen, separiert angelegten **Wohnquartieren,** die mit eigenen Mauern umfasst und festungsartig ausgebaut sind. In den Wohnvierteln stehen auch eigene Wachtürme sowie große **Wohnhäuser,** die mit Zinnen, Türmen und Schießscharten burgähnlich ausgebaut sind. Sie dienten in unruhigen Zeiten und bei feindlichen Angriffen als Fluchtburg der einflussreichsten Familienclans. Diese festungsartigen Wohnhäuser erinnern in ihrer Gestalt und Funktion an befestigte Lehmhäuser einzelner Berberstämme in Südmarokko *(kasbahs).* Auf den umliegenden Hügeln sorgten einzeln stehende **Wachtürme** für zusätzlichen Schutz, allerdings gehörten auch sie oft nur einer Sippe. Häufig hatten die einzelnen Wohnquartiere der Sharqiyah-Oasen im Landesinneren auch ihren eigenen **Souq,** der dann allerdings keine überregionale Bedeutung besaß. Neben den Souqs steht die **Freitagsmoschee,** und auch sie hatte nur für das Viertel Bedeutung. In vielen Orten schließt sich an die Wohnviertel ein lang gestreckter Platz, der **mirkath,** an. Hier wurden – und werden – Feste und Veranstaltungen sowie Pferde- und Kamelrennen abgehalten. Diese Siedlungsstruktur findet sich besonders deutlich in den nachfolgend beschriebenen Orten Ibra und Al-Mudayrib, um Al-Mintirib und in Al-Kamil.

Die Stadt Ibra, ein wichtiges Zentrum der Region, ist bei **km 136** erreicht.

Ibra إبراء

Ibra ist nach Sur die zweitgrößte Stadt und zugleich eine der ältesten der Sharqiyah. Die **lang gezogene Oase** mit großen Palmengärten besteht aus verschiedenen getrennten Stadtteilen. In der Vergangenheit waren diese Wohngebiete unter zwei Stämmen aufgeteilt, die miteinander verfeindet waren.

Der nördlichste Ort ist **Ibra Alayat,** in dem der Stamm der *Al-Maskri* wohnte. Das südlich gelegene und größere **Ibra Sufalat** war dagegen fest in den Händen des *Al-Harthi-Stammes.* Die beiden Stadtteile waren eigene autonome Städte mit getrennten aflaj-Systemen und eigenen Souqs. Bis zum Jahr 1977 durften deren Geschäfte nur am Nachmittag geöffnet haben, denn diese Regelung schloss ein, das sich zu dieser Zeit die beiden Stämme nicht gegenseitig beschießen durften. Wegen dieser Feindschaft hat es auch nie eine zentrale Festung gegeben, sondern jeder Ort hatte seine eigenen Forts und Wachtürme auf den umliegenden Hügeln. In beiden Orten gab es sehr wohlhabende und einflussreiche Handelsfamilien, deren Häuser entsprechend groß und prächtig waren. Der Reichtum resultierte aus dem Handel und den Beziehungen mit Ostafrika und Sansibar. Somalias Hauptstadt Mogadischu soll von einem Al-Harthi gegründet worden sein, und die Gouverneure der kenianischen Hafenstadt Mombasa waren lange Zeit Al-Maskris.

Obwohl diese Stammesfeindschaft vorüber ist und die Bedeutung der Stammeszugehörigkeit schwindet, hat die räumliche Aufteilung der Al-Maskris und der Al-Harthis weiterhin größtenteils Bestand. Neue Gebäude und die Teerstraße nach Sur verbinden die beiden Viertel.

Von Muscat kommt man zuerst nach **Ibra Alayat.** Den alten Ortskern erreicht man, indem man hinter der BP-Tankstelle rechts einbiegt und der Straße wenige hundert Meter bis zu ihrem Ende an einem Marktplatz folgt. Hier stehen zahlreiche Überreste großer Handelshäuser. Zwischen diesen braunen Lehmburgen befinden sich viele neue, villenartige Häuser, deren weiße Fassaden den heutigen Wohlstand anzeigen. Um den Ortskern herum dehnt sich ein großer Palmengarten aus, in dessen schattigen Wegen ein Spaziergang sehr erholsam ist.

Der moderne Teil von **Al-Sufalat** liegt etwa 3 km hinter Ibra Alayat entlang der Hauptstraße in Richtung Sur. Biegt man an der Shell-Tankstelle nach rechts ab, so erreicht man das Zentrum mit seinem belebten Souq.

Jeden Mittwochmorgen findet neben dem Krankenhaus beim Souq ein besonderes Ereignis statt: der **Frauen-Souq,** auch *souq al-arba'a,* Mittwochsmarkt, genannt. Es handelt sich um den einzigen Markt in Oman, der **nur für Frauen** gedacht ist. Nicht nur die Kundschaft, sondern auch die Verkäuferinnen sind hier Frauen. In den Vormittagsstunden ist das ganze Stadtzentrum fest in weiblicher Hand. Vom Marktplatz sind die Männer sozusagen „verbannt". Sie stehen am Rand, beobachten und warten, bis ihre Frau mit dem Bummeln

oman_452 Foto: fk

und Einkaufen fertig ist. Der Platz ist ein buntes Wirrwarr, eine regelrechte „Farborgie“ aus dem wehenden Stoff der umherschlendernden Frauen. Auf dem Boden sitzen etwa 150 Verkäuferinnen und preisen die vor ihnen ausgebreitete Ware an. Das Angebot ist voll dem Geschmack und den Bedürfnissen der omanischen Frauen angepasst, und Berge von buntgemustertem Stoff und Zierborden zum Aufnähen machen unübersehbar den größten Anteil aus. Die angebotenen Kinderkleider sind nicht weniger bunt und verziert. Die Frauen feilschen ausdauernd und wortgewandt um einige hundert Baisa Rabatt – schließlich hat „frau“ ja auch schon letzte Woche hier eingekauft.

Viele Stände bieten **Räuchermischungen (bokhur)** an; ein weiterer Duftstoff, der wie Parfüm auf die Haut gerieben wird, wird in Whiskyflaschen verkauft. Mit dem ehemaligen Inhalt hat er nicht nur die orange-braune Farbe gemeinsam. Mit einem zwinkernden Auge meint die Verkäuferin, Männer würden diesen Geruch mögen, wie auch den von Whisky. Neben diesen Duftstoffen dienen auch die vielen Tütchen mit **Hennapulver** der Verschönerung der omanischen Frau. Außerdem finden sich auch praktische Dinge für den Haushalt wie Gläser, Plastikschüsseln, Aluminiumkochtöpfe in allen Größen sowie Weihrauchverbrenner aus Ton und solche, die elektrisch angeheizt werden. Traditionelle omanische Handwerksarbeiten findet man dagegen nicht.

Die **Entstehung des Frauen-Souqs** ist eng mit dem benachbarten Krankenhaus verbunden. Ende der 1980er Jahre war es noch eine kleine Klinik, aber sie war die einzige weit und breit und versorgte ein großes Gebiet. Mittwochs wurden schwangere Frauen untersucht. Viele der Frauen waren arm, und die weite Anreise hatte sie eine Menge Geld gekostet. Um dieses Loch in der Kasse wieder zu füllen, verkauften sie in der Klinik Zierborden und Stickereien, die sie zu Hause selbst hergestellt hatten. Zunächst geschah dies heimlich, indem sie ihre Ware im Vorbeigehen anderen Frauen anboten. Aber mit der Zeit setzten sie sich in den Innenhof, und das Ganze wuchs zu einem regelmäßigen Mittwochsereignis an, bei dem die Frauen auch Waren von Freundinnen auf Kommissionsbasis verkauften. Eines Tages wurden es zu viele, und die Krankenhausleitung vertrieb sie. Daraufhin fanden die Frauen auf dem Gelände neben der Klinik einen neuen Platz. Dieser Markt etablierte sich schnell, und die lokale Stadtverwaltung gab ihr bürokratisches Einverständnis. Heute ist er für viele Frauen aus der Umgebung mehr als nur die Gelegenheit für einen kleinen Nebenverdienst oder ein günstiger Einkaufsplatz. Für die meisten ist er zu einem wichtigen sozialen Treffpunkt geworden, an dem man viele Freundinnen antreffen und sich den neuesten Klatsch und Tratsch erzählen kann.

Der alte Souq von Al-Minzafah bei Ibra

Wichtig: Dieser **Frauenmarkt ist kein touristisches Ereignis,** auch wenn die Zahl der ausländischen Besucher in den letzten Jahren stark zugenommen hat. Daher sind Zurückhaltung und Einfühlungsvermögen ausländischer Besucherinnen von großer Bedeutung. Fotografieren sollte man unbedingt unterlassen – am besten erst gar keine Kamera mitnehmen, da viele Frauen sehr gereizt darauf reagieren. Männer sollten einen diskreten Abstand vom Marktplatz einhalten. Der überdachte und ummauerte Bereich ist ausschließlich für Frauen vorgesehen, außerhalb sind auch Männer willkommen.

Der Frauenmarkt beginnt zwischen 7 und 8 Uhr und zieht sich bis in die Mittagsstunden.

Der Mittwoch ist für einen Besuch Ibras aber auch deshalb ein guter Tag, weil auch im normalen Souq viel los ist. In den Morgenstunden ab ca. 8 Uhr wird auf dem Marktplatz (hinter dem Supermarkt, der gegenüber des Frauenmarktes liegt) ein Tiermarkt abgehalten.

Folgt man der Straße vom Souq in Ibra Sufalat weiter in Richtung Süden, so erreicht man in einer weiten Rechtskurve um den Palmengarten herum das **befestigte Dorf Al-Minzafah.** Es war früher von einer Wehrmauer mit sieben Toren umgeben, und im Inneren standen sieben Moscheen. Unter den über fünfzig Häusern in Al-Minzafah befinden sich einige der ältesten Omans. Sie sind bis zu 300 Jahre alt und haben die Zeit wegen ihrer soliden Bauweise erstaunlich gut überstanden. Die Wände der zwei- und dreistöckigen Gebäude sind aus Steinen und Lehm gebaut und in den unteren Etagen bis zu 2 Meter dick. Zahlreiche Bögen, Nischen, Stuckarbeiten und geschnitzte Holztüren vermitteln eine Vorstellung von der einstigen Pracht. Fast alle Häuser hatten einen eigenen Brunnen, woher auch der Name „Wasser aus einem Brunnen ziehen" stammt, wie Al-Minzafah auf Deutsch übersetzt heißt.

In der Vergangenheit war Al-Minzafah ein großer und wichtiger Marktort, dessen Wohlstand ebenfalls Folge des blühenden Handels mit Ostafrika war. Allerdings verließen später viele Bewohner das Dorf, um sich in Ostafrika oder Sansibar Arbeit zu suchen. Daher verwahrlosten deren Häuser und begannen zu verfallen. Das **alte Souq-Gebiet** liegt etwas außerhalb des eigentlichen Ortskernes **im Ortsteil Asfeh.** Um den dreieckigen Marktplatz befanden sich früher kleine Läden, vor deren Eingang dicke Säulen das Sonnendach trugen. Heute lässt sich das Marktleben nur noch erahnen, denn es gibt nur noch wenige kleine Lebensmittelläden rund um den alten Souq. Der Marktplatz mit seinen schattenspendenden Palmen dient den Kindern des Ortes als Treffpunkt und Spielplatz.

Das alte Dorf gehört auch zu den Lieblingsorten des Sultans. Wann immer er auf seiner jährlichen „Meet the People-Tour" in die östliche Region kommt, besucht er Al-Minzafah. 1993 hat er angeordnet, dass die Ruinen nicht abgerissen werden dürfen.

Da der Ortsteil etwas schwierig zu finden ist, hier eine **Wegbeschreibung für eine Rundfahrt** in Kurzform: Start bei km 0 am Ibra-Souq beim großen Supermarkt, bei km 1 rechts ab, dann bei km 2,6 Wadifurt durchfahren, bei km 3,3 rechts ab, bei km 4,5 erreicht man das erste Stadttor. Will man nun nicht zu Fuß weiter gehen, so muss man stellenweise zentimetergenau rangieren, denn der Platz reicht exakt für die Breite eines Toyota LandCruisers. Bei km 4,8 steht das zweite Stadttor, dann an der Gabelung bei km 5 links halten – 100 m weiter ist der alte Souq erreicht. Hält man sich an der Gabelung rechts, folgen geradeaus weitere enge Stadttore. Bei km 5,5 führt der Weg in das Wadi, nach rechts geht es zurück nach Ibra Sufalat.

Unterkunft

- **Al-Sharqiyah Sands Hotel*****

Nach dem Ortsende in Richtung Sur, gutes Hotel mit Pool im Innenhof, Restaurant und Bar, P. O. Box 585, Ibra 413, Tel. 9205112, Fax 9207012, EZ 18 RO, DZ 21 RO, Suite 35 RO e-Mail: moktil@rediffmail.com

- **Ibra Motel***

Am Ortseingang von Muscat kommend rechts hinter der BP-Tankstelle, einfach, P. O. Box 132, Ibra 413, EZ 10,500 RO, DZ 12,500 RO, Tel. 471666, Fax 471777

- **Ibra Hotel** *

An der Straße in Richtung Norden zum Wadi Naam, nach ca. 1 km auf der linken Seite, mit Restaurant und Bar, P. O. Box 550, Ibra 413, EZ 14 RO, DZ 16 RO, Tel. 471873, Fax 471794, e-Mail: ibrahotl@omantel.net.om

- **Nahar Tourism Oasis**

3 km nördlich in Richtung Wadi Naam, beschildert, weitläufiges Camp mit Bungalows, kleinem Swimmingpool und zahlreichen Tierarten, liebevoll gestaltet und daher eine der interessantesten Unterkünfte in Oman überhaupt, Kontakt über Empty Quarter Tours, EZ 17 RO, DZ 22 RO (mit Dinner und Frühstück), Tel. 9448158 und 9387654, Fax 698292, e-Mail: emptyqtr@omantel.net.om

Restaurants

In Ibra gibt es zahlreiche kleine Restaurants. Besonders hervorzuheben sind die **indisch/arabischen Lokale** im und rechts neben dem Ibra Motel sowie das **Al-Kous Whisper Restaurant** in der Nahar Tourism Oasis mit sehr guter arabischer Küche.

Internet-Café

Ein kleines Internet-Café befindet sich links **neben dem Ibra Motel.**

Busse

Busse fahren täglich um 9.15, 16.45 und 19.20 Uhr nach Sur; um 8, 14.40 und 16.30 Uhr nach Muscat.

Hinter Ibra sind die letzten Ausläufer der schwarzen Lavaberge zu Ende, und eine ebene Steppenlandschaft beginnt. Bei **km 145** kommt man zu einer **Abzweigung,** die nach Al-Mudhaybi und Sanaw führt (siehe Abstecher oben). Einen knappen Kilometer weiter erreicht man das im Jahr 2001 eröffnete Al-Sharqiyah Sands Hotel (siehe oben).

Bei **km 152** zweigt eine Teerstraße in das Dorf **Al-Ghulaji,** einen kleinen Oasenort mit einem großen ummauerten Palmengarten, ab. Durch zwei enge Stadttore führt die Straße quer durch das Gartengebiet.

2 km weiter erreicht man einen Abzweig nach links in den sehr sehenswerten Ort **Al-Mudayrib.**

Monumente der Ewigkeit und Versammlungsort der Geister

von Kirstin Kabasci

Still hütet die **Bergwelt des östlichen Hajar** gleich zwei Geheimnisse, die jeweils eine kleine Sensation für sich darstellen. Zum einen **monumentale Steintürme,** die vor über 4500 Jahren errichtet wurden – in einer Zeit also, als die Ägypter ihre Pyramiden erbauten und Nordoman das Reich Magan bildete, das mit seinem frühen überseeischen Kupfer- und Diorithandel in der Geschichtsschreibung für Furore sorgte. Zum zweiten schlummert hier die **größte Höhle des Sultanats,** die gleichzeitig den zweitgrößten subterranen Höhlensaal der Welt aufweist.

Meine omanischen Freunde haben mich zu einem Ausflug zu diesen geheimnisumwitterten Stätten eingeladen. Hinter Ibra verlassen wir die Welt der Teerstraßen und fahren durch das Wadi Samaiya immer tiefer in die Einsamkeit des Hajar al-Sharqi hinein. Toffeebraune, feingezackte Felsen flankieren den Weg, eine dicke Staubwolke verhüllt die Piste hinter uns. Vor uns eröffnet sich ein verzweigtes Gewirr ebener Flussläufe, bis es nach einer Stunde steil bergan geht. Dieses Pistenstück wurde erst vor wenigen Jahren vom Militär angelegt, das sich auch um die ständige Instandsetzung kümmert. Ohne Allradwagen geht – beziehungsweise fährt – hier gar nichts mehr. Ständiges Schalten bestimmt die nächsten Kilometer. Stein über Stein und Schlagloch durch Schlagloch rumpeln wir den Hang hinauf. Immer wieder werfen überhängende Felsvorsprünge ihre Schatten voraus und drohen damit, herunterzubrechen, so wie unzählige ihrer Vorgänger, die nun die Fahrspur stellenweise beträchtlich einengen. Beim Ausweichen kommen die Reifen dem rechter Hand grüßenden Abhang zum Teil bedrohlich nahe. Diese Strecke ist wahrlich nichts für Leute mit schwachen Nerven. Langsam schraubt sich der Weg über enge Serpentinen höher und höher, dabei wird die Aussicht auf die unter uns liegende Kulisse aus schroffen Bergrücken und einschneidenden Wadis immer atemberaubender. In einer vielfältigen Farbvariation, die über fein abgestufte Grau- und Braunnuancen bis hin zu Rottönen reicht, leuchten die Bergflanken. Abgerundet wird diese Komposition durch einzelne Kleckse Grün der zu Fuße des Hanges angelegten Terrassenfelder.

Fast 2000 m über dem Meeresspiegel wandelt sich das Bild: ein weites Hochplateau des Jebel Bani Jabr liegt vor uns. Die vielen Steine bilden gegenüber den vereinzelten dürren Dornenbüschen die deutliche Mehrheit. Zwischen Öde und Faszination schwankt der Sinneseindruck in dieser einheitlich braunen Landschaft. Doch hinten am Horizont wird die Monotonie durchbrochen von zahlreichen unregelmäßig angeordneten Rundtürmen, die kerzengerade aus dem faltenlosen Geröllboden emporsteigen.

Angeblich schon 4000–5000 Jahre trotzen diese etwa 8 m hohen und 6 m durchmessenden Monumente den Kräften der Natur. An die sechzig solcher Türme hat man bisher ausgemacht, einige von ihnen sind auffallend gut erhalten. Menschen finden in dieser unwirtlichen Umwelt kaum eine Lebensgrundlage, die nächste Wasserquelle und Oase liegt 1000 Höhenmeter tiefer in etwa 10 km Entfernung. Selbst Hirten weiden ihre so genügsamen Ziegen nur selten auf diesem Bergrücken. Sie nennen diese rätselhaften Bauten einfach „burj", „Türme".

Wissenschaftlich sind sie noch wenig untersucht, denn ihre Existenz wurde erst 1991 durch Luftaufnahmen eines zufällig fündigen Hubschrauberpiloten für einen Fotobildband publik.

Die auf zwei Meter starken, ohne Mörtel errichteten und auf unverputzten Mauern ruhenden Bauten weisen in ihrem Inneren eine gewölbeartige Kammer auf. Da keinerlei Treppen auf sie hinauf führen und sich die Konstruktion nicht als Festungsbau eignet, stellen die Türme nach wissenschaftlicher Auslegung höchstwahrscheinlich Gräber dar. Wenn dem so wäre, würden sie die bislang ältesten aller entdeckten omanischen Begräbnisstätten darstellen. Allerdings wurden in ihrem Inneren bislang keinerlei Skelettreste oder Grabbeigaben gefunden – alle Türme waren leer, und auch der hiesige nackte Felsboden kann, anders als z. B. Sedimentgestein oder Humus, keine Funde in sich verbergen. Spuren früherer Behausungen sind ebenfalls noch nicht ausgemacht worden, daher müssen die Verstorbenen von weit hergebracht worden sein. Archäologen vermuten, dass die damaligen Bewohner einen aufwändigen und bedeutenden Grab- und Totenkult zelebrierten. Sie könnten sich für diese markante Lage entschieden haben, weil der Bergrücken ihr geistiges „Weltzentrum" gewesen sein mag. Zu den Bestattungszeremonien kamen die Angehörigen regelrecht herbeigepilgert – ihre gesamte Nahrung in Form von Mehl, Datteln, lebenden Ziegen und vor allem Wasser mussten sie mitbringen.

Auch die Fertigung der Grabtürme muss eine aufwändige und gut organisierte Sache gewesen sein. Vermutlich trugen die Baumeister eigens Holzbalken als Gerüstmaterial mit in diese Höhe. Um die unzähligen aufgeschichteten Steine des Mauerwerks in der vorgefundenen guten Qualität zu bearbeiten, hatte eine Vielzahl von Steinmetzen und Maurern lange Zeit gearbeitet – während ein anderer Teil der Bevölkerung für ihre Versorgung verantwortlich gewesen sein muss.

Es gibt zwei Typen von Türmen: solche mit einer glatten und andere mit einer groben Steinfassade. Die Gräber aus den rauen Bruchsteinen sind älteren Datums, denn mitunter wurden ihre Steine zum Bau ihrer Nachfolger entwendet und exakt glatt gehauen. Die naturbelassenen, älteren Typen ähneln den Begräbnisstätten der archäologischen Hafit-Periode, die mit der ebenen Verkleidung erinnern an Grabbauten der Umm al-Nar-Zeit. Bislang vermuteten Archäologen, die Gräber dieser Zeit hätten in ihrer heute sichtbaren halbkugelartigen Igluform ihre ursprüngliche Gestalt, jedoch liegt nach der Entdeckung dieser Grabtürme die Vermutung nahe, dass einige, wenn nicht die meisten Gräber dieser Zeit abgetragene, konische Turmbauten sind. Für Altertumsforscher gilt dies als eine kleine Sensation.

Einheimische bedu erklären, einer Legende nach habe ein mächtiger Geist, ein jinn, die Türme erschaffen. Die Steine soll er mit Blitzen in ihre exakt gerade Form zerteilt und aufgeschichtet haben. Gewohnt hat dieser „geistige Bauherr" angeblich in einer riesigen Höhle. Und tatsächlich gibt es unweit der burj eine große, unterirdische Höhle, die bezeichnenderweise **„Majlis al-Jinn"**, „Versammlungsraum der Geister" heißt. Allerdings werden viele Höhlen in Oman so genannt.

Wir verlassen die sagenumwobenen Türme und brechen in nordöstliche Richtung auf, um diese wahrlich geisterhafte Höhle zu besuchen. Bei einem Hirtendorf aus einer Handvoll Häusern endet die Piste, und uns steht ein etwa einstündiger Fußmarsch bevor. Durch ein unwegsames, enges Wadi und über das staubtrockene Selma-Plateau marschieren wir durch die brütende Hitze. Zwei kleine Hirtenjungen sind hocherfreut über die Begegnung mit uns, denn nur selten erreichen Fremde diese Abgeschiedenheit. Barfüßig, aber überraschend flink und geschickt, begleiten sie uns – allerdings nur ein Stück. Sie wundern sich, dass wir extra so weit angereist sind, um den Ort zu sehen, um den sie aus Furcht vor Geistern lieber einen großen Bogen machen.

Eigentlich unscheinbar wirkt die Einbruchstelle, die einen Zugang zu der riesigen Majlis al-Jinn-Höhle bilden soll. Zwei weitere Löcher in der Erdoberfläche gewähren Einlass in ihr geheimes Inneres. Durch die tiefste Öffnung erreicht man erst nach 158 m wieder

Boden unter den Füßen. Die Grundfläche der größten Höhlenkammer hat das beachtliche Ausmaß von über 60.000 m², das heißt, auf dem Boden könnten schätzungsweise zehn Jumbo-Jets geparkt werden – zumindest theoretisch. Das Höhlensystem entstand, als Grundwasser durch die lockeren Kalk- und Sandsteinschichten sickerte und diese dabei ausschwemmte. In einem Jahrtausende dauernden Prozess spülten unterirdische Wasserströme in den entstandenen Rissen und Spalten weiteres Material aus und vergrößerten so die Höhle. All das fand im Erdzeitalter des Quartär statt, das vor etwa einer Millionen Jahren begonnen hat. Zu dieser Zeit waren die klimatischen Verhältnisse in Oman nicht mit dem heutigen Wüstenklima zu vergleichen, es gab langanhaltende Feuchtperioden, von denen die letzte „erst" vor zirka 7000 Jahren endete.

Die Majlis al-Jinn wurde entdeckt, als die „Public Authority for Water Ressources" nach unterirdischen Wasservorkommen forschte, die in dem von Brüchen und Falten durchzogenen Kalkgestein verborgen liegen. 1983 wurde ihr inzwischen wasserloses Innenleben das erste Mal erkundet, allerdings ist dies nichts für Anfänger, denn Erfahrung und Training im Höhlenforschen sind wichtige Voraussetzungen. Daher müssen wir uns mit der Ansicht ihres Einganges und schwärmerischen Vorstellungen begnügen.

Einige lokale Reiseveranstalter organisieren auf Anfrage Touren zu den so genannten Tower-Tombs und der Majlis al-Jinn-Cave. Ab Muscat empfiehlt sich ein zweitägiger Ausflug mit Campübernachtung. Ab Ibra kann man beides auch an einem Tag besuchen.

Wer die Tour gerne selbst fahren möchte (4WD und gute Fahrkünste vorausgesetzt) muss in Ibra in Richtung „Esma'iya" abbiegen. Nach 16 km rechts abbiegen und sich auf der Piste direkt links halten. Bei km 32 dann an einer Gabelung links abbiegen. Nachdem man bei km 47 einen kleinen Pass überwunden hat, hält man sich bei km 52,5 rechts in Richtung „Souqah". Die nächsten km immer geradeaus im Wadi bleiben, bis es bei km 67,5 links in Richtung „Al-Gailah" abgeht. Diese Piste verlässt das Flussbett und führt steil bergan. Immer geradeaus bis km 74,5, hier links abbiegen. Ab km 77,5 erblickt man die ersten Türme, bei km 80,5 stehen die sehenswertesten.

Der weitere Weg zur Majlis al-Jinn ist nur mit einem ortskundigem Führer zu finden.

oman_457l Foto: fk

oman_457r Foto: fk

Al-Mudayrib und Al-Qabil

المضيرب القابل

Nachdem man den neuen Ortsteil durchfahren hat, erreicht man den alten Stadtkern von **Al-Mudayrib,** der sich malerisch zwischen zwei Hügel, auf denen zahlreiche **Wehrtürme** thronen, schmiegt. Der Anblick ist spektakulär – man könnte meinen, Al-Mudayrib bestehe nur aus Türmen. Auch im Ort sind Türme an **fortähnliche Häuser** angebaut. Viele der alten Wohnhäuser sind aus Lehmziegeln erbaut und sind trotz ihres Alters von bis zu 250 Jahren erstaunlich gut erhalten. Auffällig sind die zahlreichen **aufwändig verzierten Holztüren.** In den Zeiten des blühenden Überseehandels entwickelte sich Al-Mudayrib zu einer kleinen, reichen Stadt, in der sich die Bewohner solche wertvollen Türen leisten konnten. Aber auch an den neuen Häusern, die die Lücken der verfallenen Häuser auffüllen, sind die Türen traditionsbewusst reich mit Schnitzwerk versehen.

Herausragend aus diesen eng gebauten Lehmhäusern sind zahlreiche große **mehrstöckige Wohnhäuser.** Sie sind in der Blütezeit des Seehandels im 18. und 19. Jahrhundert von unterschiedlichen Familien aus Lehmziegeln und Natursteinen erbaut worden. Umfassungsmauern, Türme, Zinnen und Schießscharten machen sie zu wehrhaften Festungen. Sie dienten damals – wie auch die Wehrtürme – zur Bewachung des Ortes und im Falle eines Angriffes als Fluchtburg für die Besitzerfamilie und wichtige Stammesmitglieder. Jeder Stadtteil wurde von den dort wohnenden Bewohnern verteidigt – es gab kein zentrales Fort, in dem die Einwohner des gesamten Ortes Schutz suchen konnten.

Zahlreiche dieser Wohnburgen werden heute von den einzelnen Sippen des Ortes als **Versammlungshaus** genutzt. Der Mittelpunkt der so genannten **sablas** ist ein großer Empfangsraum, in dem sich mehrmals täglich die Männer treffen und die alleraktuellsten Neuigkeiten austauschen. In Al-Mudayrib gibt es zehn solcher für diese Region typischen Versammlungshäuser.

Am Ende der Hauptstraße liegt der **Souq** von Al-Mudayrib. Die Geschäfte stehen hinter einem durchgängigen Vordach, das von rechteckigen Säulen getragen wird und selbst in der Mittagshitze für schattige Kühle sorgt. Die Mitte des Souqplatzes wird durch mächtige Bäume vor den Sonnenstrahlen geschützt. Am frühen Morgen und am späten Nachmittag dient der Platz als Sippen übergreifener Treffpunkt der Männer. Zu richtigem Leben erwacht der Souq nur für die habta-Märkte kurz vor den Eid-Feiertagen.

Früher war die Stadt von einer Stadtmauer umgeben und nur durch drei befestigte Stadttore zu betreten. Heute ist nur noch das **Nordtor, dirwazat kisham,** erhalten. Im Süden und Südosten schließt sich der durch aflaj bewässerte Palmengarten an den alten Ortskern an.

3 km hinter dem Abzweig nach Al-Mudayrib liegt an der Hauptstraße nach Sur das **Al-Qabil Resthouse**** (mit gutem Restaurant, P. O. Box 63, Al-Mudayrib 419, EZ 13 RO, DZ 17,500 und 24 RO, Tel. 481243, Fax 481119, e-Mail: abelaom@omantel.net.om) und **2 km weiter** die **Oase Al-Qabil.** Auch hier ist das alte Wohnquartier mit Mauern und Türmen festungsartig ausgebaut. In der Mitte des 19. Jahrhunderts trocknete der falaj von Al-Qabil wegen mangelndem Regen völlig aus. Die Bewohner gaben die Oase auf und suchten in Ostafrika und Sansibar nach besseren Lebensbedingungen. Erst nach 1964 kehrten viele omanischstämmige Sansibaris zurück.

Hinter Al-Qabil beginnt der Verwaltungsbezirk Bidiya. Die Straße verläuft ab hier immer dichter am Rand der **Ramlat al-Wahiba,** deren Dünen sich rechts der Straße auftürmen.

Bei **km 160,5** (6,5 km hinter dem Abzweig nach Al-Mudayrib) führt eine präparierte Schotterpiste in die Dünen hinein. Auf ihr kann man (am besten mit einem Allradwagen) ein Stück entlangfahren und so gefahrlos und ohne der Natur Schaden zuzufügen einen Einblick in diese grandiose Landschaft bekommen.

Die Wahiba ist kein Testgelände für die Fahreigenschaften eines Allradwagens und auch kein „Abenteuerspielplatz", wo man „wagemutig" seine Fahrkünste testen kann – auch wenn es so aussieht, als gäbe es hier nur Sand und man könne nichts zerstören. Wer aber abseits der Wege ziellos durch die Dünen rast, zerstört nicht nur die sensiblen Wurzelstrukturen verschiedener Pflanzen, die in den Dünen wachsen, sondern vertreibt auch die Wildtiere. Die Wüste ist ein sensibler Lebensraum, in dem die Bewohner nur im Einklang miteinander (über-)leben können.

Eine **Wüstenfahrt** sollte man nur nach **sorgfältiger Planung** mit einer Gruppe von **mindestens zwei Fahrzeugen** und einem **ortskundigen Begleiter** unternehmen. Ein gutes Fahrzeug mit entsprechender Ausrüstung ist aus Sicherheitsgründen notwendig. Auch wenn die im Oman erhältlichen Off-Road-Bücher den Eindruck erwecken, eine Fahrt in oder sogar durch die Sandwüste wäre auch für Unerfahrene möglich, so ist davon dringend abzuraten. Die Risiken, die in der Weite der Sanddünen auf einen lauern, sollte man keineswegs unterschätzen. Technische Defekte und Orientierungsprobleme können einen Ausflug schnell in ein gefährliches Abenteuer verwandeln.

Um das Erlebnis einer Fahrt in oder durch die Sandwüste risikolos genießen zu können und die Schäden in Grenzen zu halten, ist es ratsam, sich einer **geleiteten Tour** anzuschließen. Nahezu jeder omanische Tourveranstalter hat solch einen Ausflug im Programm. Teilweise beinhalten diese Touren eine **Übernachtung inmitten der Dünen** – ein faszinierendes Erlebnis, das man so schnell nicht vergessen wird.

Übernachtung in der Wüste

- Biegt man bei km 165 rechts ab, so kann man über eine 8 km lange Piste das **Al-Areesh Tourism Resort** erreichen, das nach Anmeldung Unterkunftsmöglichkeit in Zelten und Strohhütten bietet (Tel. 9450273, Fax 590144).

Zwei weitere **Wüstencamps** liegen südlich des Örtchens Al-Wasil (beide ca. 17 RO pro Person inkl. Frühstück und Dinner):

Vom Winde verweht – die Sandwüste Wahiba

von Kirstin Kabasci

Die Wahiba Sands, arab. „Ramlat al-Wahiba", ist eine Inlandswüste, die ein Gebiet von 15.000 km² mit Sanddünen bedeckt. Von Norden nach Süden erstreckt sie sich über ca. 250 km, ihre Ost-West Ausdehnung beträgt nur etwa 80 km. Im Osten reichen die Dünen bis an den Indischen Ozean, während sie auf den übrigen Seiten von breiten Trockenflussläufen begrenzt werden. An ihrem nordöstlichen Ende wird die Wahiba vom Wadi Batha und am westlichen Rand vom größten omanischen Wadi, dem Wadi Halfayn, sozusagen „im Zaum" gehalten. Denn beide Wadis führen regelmäßig Wasser und verhindern dadurch, dass die Sandmassen sich weiter ins Landesinnere ausdehnen, obwohl die Dünen jedes Jahr zehn Meter in diese Richtung wandern.

Im Gegensatz zur Größe anderer Sandwüsten, wie der Rub al-Khali oder der Sahara, ist die Wahiba ein überschaubarer „Sandkasten". Das hat dazu geführt, dass in den letzten Jahren immer mehr Wüstenforscher und Wissenschaftler sie als ein ideales Untersuchungsgebiet erkannt haben und hier forschen. Denn obwohl die Wahiba eine relativ kleine Sandwüste ist, kann man an ihr viele geologische, naturräumliche oder klimatische Sachverhalte erkennen, die auch für die großen und schwer zu erforschenden Sandwüsten gelten.

So startete man im Dezember 1985 eine großangelegte Erforschung der Ramlat al-Wahiba, an der insgesamt über 500 Personen beteiligt waren. Wissenschaftler der berühmten britischen „Royal Geographical Society" führten mit Unterstützung der omanischen Regierung eine umfassende Bestandsaufnahme der Geologie, Flora und Fauna sowie der Lebensbedingungen der letzten Beduinen durch.

Die Forscher entdeckten, dass über 200 Säugetier-, Vogel- und Reptilienarten sowie etwa 180 verschiedene Pflanzenarten, von denen der größte Teil am nordöstlichen Rand der Wahiba anzutreffen ist, in dieser Wüstenlandschaft leben. Außerdem fand man nicht weniger als 16.000 Arten von wirbellosen Tieren, darunter ein Käfer, dessen Existenz bisher nur in der afrikanischen Namibwüste bekannt war.

Das gesamte ökologische Gleichgewicht der Wüste basiert auf dem durch das nahe Meer allmorgendlich bescherten Tau, der die zum Überleben notwendige Feuchtigkeit bringt. Das artenreichste Leben bergen die Woodlands, das „Baumland" im Wadi Batha am Nordostrand der Sande. Die gefährlichsten Wüstenbewohner sind die Hornviper und verschiedene Skorpionarten. Da sie aber von sich aus nicht angriffslustig sind, beißen bzw. stechen sie nur, wenn sie sich bedroht fühlen.

In der Wahiba finden sich mehr als zwanzig verschiedene Dünenformationen, die in denselben Varianten auch in den größeren Wüsten vorkommen. Ihr Sand besteht aus Quarz-, Karbonat- und Ophiolith-Körnern, also aus dem Erosionsmaterial der Berge und Meeressedimente. Sie werden von den jährlichen Monsunwinden verweht und herangetragen – im Laufe der Jahrhunderte sind die zunächst einzeln stehenden Dünen zu einem geschlossenen Sandmeer zusammengewachsen. Dies war möglich, da sich im Inneren der Wüste keine Wadis befinden, die den Sand wegschwemmen würden.

Der Sand der Wahiba ist nicht überall gleich, sondern seine Zusammensetzung und die Form der Dünen variieren. So bestimmen im Norden hohe rötlich-orange Dünen das Bild, wogegen im Süden kleinere, fast weiße und sichelförmige Dünen zu finden sind. Sie verlaufen alle in nahezu parallelen Ketten von Norden nach Süden. Deshalb kann man die Wahiba mit einem Fahrzeug nur in dieser Richtung durchqueren.

Die Ramlat al-Wahiba birgt zwei Sensationen, die man bis heute nur hier entdeckt hat. Zum einen gibt es in ihrem Inneren große sandfreie und mit Bäumen bewachsene Flächen, in denen verschiedene Gazellenarten leben. Das lebensnotwendige Grundwasser fließt hier nicht so tief wie im restlichen Wüstengebiet, daher können die Pflanzen mit ihren langen Wurzeln von ihm zehren. Die Beduinen nutzen diese Waldgebiete sowie die im Wadi Batha als Weidegebiete für ihre Ziegen und Schafe, und das Holz dient als Brenn- und Baumaterial. Die zweite Besonderheit der Wahiba liegt unter den Dünen. Hier erstreckt sich ein riesiges Gebiet mehrerer Meter dicker versteinerter Sanddünen. Dieses geologische Gefüge wird „Aeolianite“ genannt, und in der Wahiba befindet sich das bisher weltweit größte bekannte Areal dieser Art. An manchen Stellen tritt diese Schicht auch an die Oberfläche, z. B. im Ja'alan an der Küste bei Al-Ruways.

Obwohl die Wahiba heute von der Wissenschaft zur Modellwüste erklärt wurde und viel über sie bekannt ist, begann ihre Erforschung vergleichsweise spät. Durch die Abgeschlossenheit Omans war es kaum einem Ausländer möglich, sie zu betreten. Der Brite Wilfred Thesiger war 1949 der erste Europäer, der sie durchquerte. Um den damals westlichen Fremden gegenüber nicht gerade freundlich gesinnten Herrscher nicht auf sich aufmerksam zu machen, reiste er getarnt in Begleitung von drei Beduinen, die er von früheren Expeditionen kannte: „... Bin Kabina ritt sein eigenes Tier, und auch Sultan und Ahmad hatten treffliche Kamele. Wir ritten vier der schönsten Kamele Arabiens und konnten, wenn es sich als nötig erwies, schnell reisen und große Strecken zurücklegen. Zunächst überquerten wir eine Kiesebene, auf der fleckenweise rötlicher Sand lag und die von kleinen Kalksteintafeln unterbrochen wurde, wo wir viele scheue Gazellen sahen. Allmählich nahm der Sand überhand, bis er den Kalksteinboden schließlich völlig bedeckte. Am zweiten Tag erreichten wir den etwa zweieinhalb Meter tiefen Brunnen von Tawi Harian, wo wir einige Wahiba trafen, die Esel, aber keine Kamele bei sich hatten. Sobald wir Wasser gefaßt hatten, zogen wir weiter, da wir überflüßigen Fragen aus dem Weg gehen wollten. Nun ritten wir nordwärts durch Talungen, die einen Kilometer breit und von etwa sechzig Meter hohen Dünenzügen flankiert waren. In diesen Talungen erheben sich seltsamerweise in Abständen von etwa drei Kilometern kleine Stufen aus hartem Sand. Der Sand auf der Talsohle war rostrot, die Dünen jedoch zeigten auf beiden Seiten honiggelbe Farbe. Nach Norden zu wurden beide Farben immer schwächer. Am Abend kampierten wir in einem Dünenzug und blickten von der Höhe auf Sandwellen und kleine sichelförmige Mulden, in denen abal-Büsche wuchsen. ...

Zwei Tage später lagerten wir über dem Wadi Batha auf einem sechzig Meter hohen Dünenkamm. Das Tal von Batha war etwa zehn Kilometer breit und auf der gegenüberliegenden Seite von einem schmalen Sandgürtel begrenzt, hinter dem sich dunkle, niedrige Hügel erhoben, die der kahle Gebirgszug des Hadjar überragte. Trotz des Dunstes konnte ich die Gipfel des Djebel Dia'alan am Ostende der Bergkette nahe der Küste erkennen. Ich peilte mit meinem Kompaß und ließ mir von Sultan die einzelnen Dörfer benennen, die meist von Palmen umgeben waren und sich deutlich auf der gelben Ebene abzeichneten. ...“ (Quelle: Wilfred Thesiger, Die Brunnen der Wüste. Piper 1997, Seiten 317–319)

oman_460 Foto: fk

Junge aus der Sharqiyah

• Golden Sands Resort
Wüstenhotel mit Pool (allerdings meist ohne Wasser), Tel. und Fax 7712956

• Rahala Camp
Von lokalen Beduinen und einem Deutschen geführtes Strohhüttencamp, einfach, aber sauber und nett, Abholung an der Teerstraße in Al-Wasil ist inklusive, Tel. 9316507, Fax 504507, e-Mail: mail@nomadic.biz (Buchung in Deutschland z. B. über Bedu Expeditionen)

Bei **km 178** erreicht man den **Abzweig** in die malerischen Oasen Al-Mintirib und Al-Hawaiyah, die direkt an der großen Sandwüste liegen.

Al-Mintirib und Al-Hawaiyah

المنترب الحوية

2,5 km nach dem Abzweig erreicht man eine Kreuzung, an der rechter Hand das **Fort von Al-Mintirib,** das Hisn al-Mintirib, liegt. Es ist an der Hauptstraße durch ein Schild „Bidiya Castle" – der Name der ganzen Region – ausgeschildert. Die ungefähr 250 Jahre alte Anlage wurde 1991 restauriert, man kann sie auch von innen besichtigen. Die rechteckige Festung beherbergt im Erdgeschoss die Arbeits- und Wohnräume der ehemaligen Shaikhs und Walis. Entlang der oberen Etage verläuft eine Galerie, in der in früheren Zeiten auch der Qur'an-Unterricht abgehalten wurde.

Das Besondere an diesem Fort ist, das beim Bau kein Holz verwendet wurde. Die Decken bestehen aus gemauerten und verputzten Gewölben. Das Fort ist täglich von 7.30–14.30 Uhr und oft auch von 16–22 Uhr geöffnet. Allerdings ist es empfehlenswert, am Vormittag zu kommen, denn dann ist meist ein englischsprachiger Führer anwesend.

Fährt man an der Kreuzung beim Fort nach rechts, so kommt man in den **alten Ortskern von Al-Mintirib.** Dort fällt ein großes, wehrhaftes Haus auf, das heute von einer einflussreichen Shaikh-Familie bewohnt wird. Die Straße endet am Souq und an den Gärten. Hier findet jeden Mittwoch ein **Markt** statt. Er ist zwar nicht besonders groß, aber durchaus einen Besuch wert, da er noch sehr ursprünglich ist.

Die **Gärten** der Oase sind tief eingegraben, denn nur so kann das unterirdisch in die Oase kommende Wasser genutzt werden. Auf dem tieferen Niveau der Felder kann es in oberirdische aflaj geleitet und auf die Felder verteilt werden.

Hält man sich kurz vor dem alten Souq nach rechts, so beginnt eine Piste durch tiefen Sand. 20 km in Richtung Süden liegt das (ausgeschilderte) **Al-Raha Camp,** in dem man nach Anmeldung (P. O. Box 184, PC 421, Tel. 9343851, Fax 483130, e-Mail: alrahatou @omantel.net.om) für ca. 15 RO pro Person inkl. Dinner übernachten kann.

Das **neue Geschäftszentrum von Al-Mintirib** erreicht man, indem man von der Kreuzung am Fort nach links abbiegt. Diese Straße führt weiter nach Al-Hawaiyah, das 8 km hinter dem Fort liegt. Links der Straße haben Beduinen ihre Camps in den flachen Dünen aufgebaut. Rechter Hand verläuft das Wadi Batha, und direkt dahinter beginnt die endlose Weite der Wahiba-Wüste.

Der Ort **Al-Hawaiyah** hat das Flair einer malerischen Bilderbuchoase. Die Straße endet auf dem zentralen Dorfplatz, der von einer alten Lehmfestung und dem Palmengarten begrenzt wird. Mitten auf dem Platz steht eine etwa 2 Meter hohe Eisenstange. Sie ist Teil einer **alten Sonnenuhr,** die einst nach einem ausgeklügelten Plan die Bewässerungszeiten der Felder anzeigte. Anhand des Schattens, der auf der Erde auf ein System aus mehreren konzentrischen Halbkreisen fiel, konnten die für die Bewässerung zuständigen Wärter die Dauer der Wassernutzung der einzelnen Gartenbesitzer ablesen. Da jedoch die Wasserrechte auch stammlich begründet sind, war das System zur Verteilung des Wassers sehr kompliziert und für Außenstehende kaum zu durchschauen. Heute ist diese Sonnenuhr nahezu funktionslos geworden, da technische Zeitmesser sie ersetzt haben. Lediglich einige Striche sind in den Sand gemalt, die das Bewässern weniger Felder regeln.

Wie in Mintirib liegen auch die **Gärten von Al-Hawaiyah** tiefer als der Rest des Ortes. Beim Spaziergang durch das stets schattige und üppige Grün kann man erkennen, dass eine Einteilung in

Das Wadi Bani Khalid führt stets Wasser

größere Parzellen erfolgt ist, in denen neben Datteln und Bananen auch Papaya, Peperoni, Lauch und riesige Melonen reifen. Zwischen vielen Beeten wächst Alfalfa als Tierfutter.

Hinter der Festung liegt der alte Ortskern, während der neue außerhalb der Gärten angelegt wurde. Die gesamte Oase wird an drei Seiten von hohen **Sanddünen** überragt. Von ihren Gipfeln hat man einen beeindruckenden Ausblick auf die Oase mit ihrem Garten auf der einen und dem beginnenden Sandmeer der Wahiba auf der anderen Seite.

Bei km 192 erreicht man einen Abzweig in das **Wadi Bani Khalid,** das mit seinem ganzjährig fließenden Wasser und seiner üppigen Vegetation einen scharfen Kontrast zum Sandmeer der Wahiba bietet. Direkt an der Kreuzung liegt das **Oriental Rest House,** das eine einfache **Übernachtungsmöglichkeit** bietet (Tel. 484233, EZ 16 RO, DZ 20 RO inkl. Frühstück).

Wadi Bani Khalid

Für einen Ausflug in das Wadi und zu seinen Pools, die man nach 30 km erreicht, benötigt man wegen der steilen Steigungen und dem steinigen Wadibett auf dem letzten Stück einen Allradwagen, auch wenn der größte Teil der Strecke inzwischen geteert ist. Alternativ kann man einen Pkw auch am Ende der Teerstraße nach 23,5 km stehen lassen und das letzte Stück wandern. Viele omanische Tourveranstalter haben das Wadi Bani Khalid in ihrem Programm, da es zu den schönsten und grünsten Wadis Omans zählt.

Die ersten Kilometer führt die Straße durch eine weite Kiesebene. Im weiteren Verlauf stehen immer mehr Hügel und Felsen am Wegesrand. Sie sind oft von grünlichen Ge-

oman_467 Foto: fk

steinsschichten durchzogen und sorgen für farbliche Kontraste in der ansonsten braungrauen Umgebung. Bei **km 13,5** befindet sich rechts neben der Straße ein Felsen mit besonders interessanter Faltung.

Über einen steilen Anstieg erreicht man bei **km 20** die Passhöhe, und es geht steil bergab auf das Wadi Bani Khalid zu. Bei **km 22,5** stehen die ersten Häuser der sieben Dörfer, die im Wadi liegen. Man hat nun die Wahl, ob man dem Wadi nach links oder rechts folgt. Der schönere Teil liegt wadiaufwärts, und man muss sich dafür bei km 22,9 nach links in Richtung Moqel halten.

1 km nach der Abzweigung endet die Teerdecke, und **0,4 km weiter** erreicht man eine Gabelung, deren rechter Abzweig in Richtung Wadi führt. Er führt im weiteren Verlauf in einem weiten Bogen um den Palmengarten herum. Im Schatten der hohen Palmen reift eine Vielzahl von tropischen Früchten.

Bei **km 28,4** zweigt sich die Piste erneut, zu den Pools folgt man ihr nach links in Richtung Moqel. Dieses Stück führt direkt oberhalb des dicht mit Palmen bewachsenen Wadi Bani Khalid entlang. Seine Quelle liegt im östlichen Hajar-Gebirge, und es verläuft von Nordwest nach Südost, bis es bei Al-Kamil in das Wadi Batha mündet. Erst 1976 wurde die erste Piste in die Dörfer des Wadis angelegt. Zuvor war der nächstgrößere Ort, das wadiabwärts gelegene Al-Kamil, nur durch einen anstrengenden zwei- bis dreitägigen Fußmarsch zu erreichen. Das Pistenstück in das Dorf Moqel wurde erst 1989 fertig gestellt.

1 km weiter führt die Piste steil in das an dieser Stelle meist trockene Wadi hinab, und der letzte Kilometer führt direkt durch das Flussbett um dicke, glatt gewaschene Felsbrocken herum und an falaj-Kanälen entlang.

Das letzte Stück der Piste hinter der letzten Siedlung Moqel ist seit den heftigen Regenfällen im April 1997 verschüttet, so dass man die letzten 500 m zu Fuß gehen muss. Dann erreicht man einen **Picknickplatz und die Pools.** Die Schönheit der Natur lässt die holprige Pistenfahrt schnell in Vergessenheit geraten. Das Wadi ist üppig grün bewachsen, und in dem glasklaren, türkisgrün schimmernden Wasser tummeln sich zahlreiche kleine Fische. Aus Rücksicht auf die einheimische Bevölkerung sollte man zum Baden unbedingt ein kleines Stück wadiaufwärts gehen. Hält man sich rechts vom Wasser, so kommt man nach einigen Minuten an einsamere Pools, in denen man sich herrlich erfrischen kann.

Folgt man dem Wadi für etwa weitere 15 Minuten, so erreicht man eine Höhle, deren leicht zugänglicher Eingang an der zu ihr führenden Betontreppe erkennbar ist. Sofern man an eine Taschenlampe gedacht hat, kann man hier auf Endeckungstour gehen.

Bei **km 236** zweigt im Ort **Al-Kamil** rechts die Straße nach Al-Ashkharah an der Küste des Indischen Ozeans ab (siehe im Kapitel „Rundfahrt durch den Ja'alan").

Etwa 1 km östlich dieses Abzweigs liegt der **alte Ortskern von Al-Kamil,** der aus einzelnen, eng zusammenliegenden Wohnvierteln besteht. Sie sind jeweils für sich befestigte Anlagen mit einer eigenen Stadtmauer und eigenen Wehrtürmen. Hier stehen zahlreiche sehr schöne, alte Lehmhäuser, die mit ihren hohen und schlanken Türmen schon von weitem zu erkennen sind.

Die Weiterfahrt nach Sur führt zunächst noch 15 km durch die seit Ibra vorherrschende Steppenebene. Dann beginnen kleinere mit Geröll übersäte Berge und das **Wadi al-Fulaij.** In der trockenen Landschaft stehen nur einige einzelne Häuser. In den umliegenden weiten Wadis leben zahlreiche **Shawawi-Hirten.** Sie wandern innerhalb der Wadis, in denen jede Familie mehrere Lager- und Weideplätze besitzt, umher. Der Wechsel der Plätze wird davon bestimmt, wieweit Futter und Wasser aufgebraucht sind. Viele Lagerplätze bestehen nicht aus festen Häusern, sondern aus Palmzweighütten.

Bei **km 289** zweigt nach links eine Straße ab, die sich bald zur **Piste** wandelt und über Qalhat und Quriat an der Küste entlang **nach Muscat** führt (siehe dazu das Kapitel „Entlang der Küste nach Sur“).

1,5 km weiter weist ein grünes Schild auf das **Fort Bilad Sur** hin, das sich links der Straße im Palmengarten des Ortsteiles Sabakh befindet.

Die Straße führt in Sur zunächst am Sur Mercure Hotel, dann am Fort Sinesilas vorbei, und bei **km 295** erreicht man den **Kreisverkehr an der Bahwan Moschee,** die an ihrer modernen Bauweise und ihren zwei Minaretten zu erkennen ist. Rechts geht es entlang der Lagune Khor al-Butah nach Al-Ayjah (10 km) und weiter nach Ras al-Hadd, geradeaus in das Geschäftszentrum und zu den Dhauwerften von Sur.

Sur صور

Das **Zentrum der nördlichen Sharqiyah** ist der **Hauptfischerort der Region** und eine **Hochburg des Dhaubaus.** Von der ruhmreichen Vergangenheit des Ortes als Seehandelsstadt ist heute nicht mehr viel zu spüren, doch Sur befindet sich in einer Phase des Aufschwungs und der Modernisierung.

Zwar sind schon aus vorislamischer Zeit Handelsbeziehungen von Sur nach Ostafrika überliefert, doch zu größter Bedeutung gelangte Sur erst seit der portugiesischen Invasion im 16. Jahrhundert. Nach der Zerstörung des nur 25 km entfernten Qalhat übernahm Sur dessen Rolle als führendes Handelszentrum südöstlich von Muscat. Seine **Blütezeit** erreichte die Stadt nach der Vertreibung der Portugiesen vom 17. bis Mitte des 19. Jahrhunderts.

Die **Seefahrer** segelten mit dem Wintermonsun nach Afrika, wobei sie meist Datteln an Bord hatten. Dort verkauften die Seemänner die Ladung und nahmen Hirse, Kaffee und Mangrovenholz an Bord. Dann folgte die lange Zeit des Wartens, bevor sie sich mit dem Sommermonsun wieder nach Sur treiben lassen konnten. Andere Schiffe starteten mit den Waren aus Ostafrika und segelten nach Indien oder zum Golf von Basra. Ein weiterer profitabler Handel wurde mit Sklaven betrieben.

Im 19. Jahrhundert begann der Glanz von Sur zu verblassen. Zunächst wurde der Sklavenhandel verboten, dann brach der Warenverkehr mit Sansibar zusammen, nachdem das Sultanat geteilt worden war. Das Aufkommen von Dampfschiffen, die Öffnung des Suez-Kanals und schließlich die Zerstörung Surs durch saudiarabische Wahhabiten taten ein Übriges zum **Niedergang.** Die Tradition als Handelsstadt kann man aber noch heute daran erkennen, dass viele Suris als erfolgreiche Kaufleute im Rest des Landes leben.

Sur ist eine **leicht überschaubare Stadt** mit einem kleinen Zentrum, in dem sich die meisten Geschäfte und Restaurants sowie ein Hotel befinden. Zwischen diesem Geschäftszentrum und den Dhau-Werften an der Lagune liegen alte Wohngebiete. Ihr Bild ist geprägt durch **flache Häuser mit Innenhof,** ganz anders als die hohen „Baits“

oman_471 Foto: fk

Die Dhau Fatah al-Khair und ihre Außentoiletten vor der Restaurierung

in Muscat. Im Westen der Stadt sieht man zahlreiche Villen, die vom neuen Wohlstand der Bewohner zeugen.

Hinter dem neuen Sur Mercure Hotel und der Bahwan Moschee erreicht man eine T-Kreuzung, an der es rechts ins **Geschäftszentrum** geht. Nach links erreicht man das Meer. Diese **Uferstraße** verläuft um den gesamten Stadtkern und ist sehr sehenswert. Hier herrscht frühmorgens viel Betrieb, wenn die Fischer heimkommen und ihren Fang abladen. Am späten Nachmittag ist der Strand fest in der Hand der Fußball spielenden Jugend. Weiter in Richtung Osten erreicht man die **Lagune Khor al-Butah,** die sich weit landeinwärts zieht. Am diesseitigen Ufer liegen die **Dhau-Werften** von Sur, auf der gegenüberliegenden Seite befindet sich der Ortsteil Al-Ayjah.

Ganz im Westen der Stadt liegt das Sur Resort Beach Hotel. Hält man sich immer möglichst nahe am Meer, so kommt man zunächst an einem schönen **Strandabschnitt** vorbei.

Südlich des Zentrums, im Wadi Felaij an der Straße nach Al-Kamil, liegt der **Ortsteil Bilad Sur,** eine **grüne, fruchtbare Oase.** Die übrigen Teile Surs hingegen lassen kaum eine landwirtschaftliche Nutzung zu.

Sehenswertes

Obwohl Sur als Hafenstadt heute kaum noch von großer Bedeutung ist, haben die beiden **Dhau-Werften** ihren wichtigen Rang und die Monopolstellung in Oman behalten. Wie vor Jahrhunderten werden hier direkt an der Bucht die **traditionsreichen Holzboote** gefertigt.

In Sur wird heute nur noch ein Dhautyp hergestellt: die **sambuq** und ihr kleines Schwestermodell, die **shu'i.** Früher war es das gebräuchlichste Schiff für die Perlentaucherei im Persisch-Arabischen Golf, heute wird es an der gesamten Küste der Arabischen Halbinsel für die Fischerei genutzt.

Die **Kosten einer Dhau** werden nach ihrer Länge (in Fuß) und dem Design berechnet. Ein mittelgroßes Boot von 38 Fuß (knapp 12 m) Länge ist ab 25.000 Rial zu haben, während eine kleinere sambuq schon für 5000–14.000 RO gebaut wird. Dazu kommen noch die Kosten für den Dieselmotor und die Kühltanks für die gerade gefangenen Fische. Sechzig, meist indische Arbeiter und sechs omanische Baumeister sind auf den Werften beschäftigt, früher waren es mehrere Hundert. Die Inder verdienen zwischen 5 und 7 Rial pro Tag. Omanische Schiffsbauer würden das Doppelte verdienen, aber kaum ein junger Omani möchte diese Arbeit verrichten. Nicht nur wegen des Einzugs der modernen Technik und des Bedeutungsverlustes der Holzboote, sondern auch deshalb besteht die Gefahr, dass die traditionell omanischen Arbeitsweisen und Stilelemente verwässern und allmählich in Vergessenheit geraten.

Eine Maßnahme, dies zu verhindern, startete die Regierung, indem sie eine **Werkstatt für Modell-Dhaus** einrichtete. Hier werden mit den Originalmethoden und nach den alten Techniken alle Dhautypen in verkleinertem Maßstab nachgebaut. Diese Boote werden an hohe Staatsbesucher verschenkt, sie zieren die Vorhallen von Ministerien, und in Museen dienen sie als Anschauungsobjekte für ihre großen Bruderschiffe.

Die **Werkstatt** ist in einem gelben Gebäude mit Garagentoreinfahrt unter-

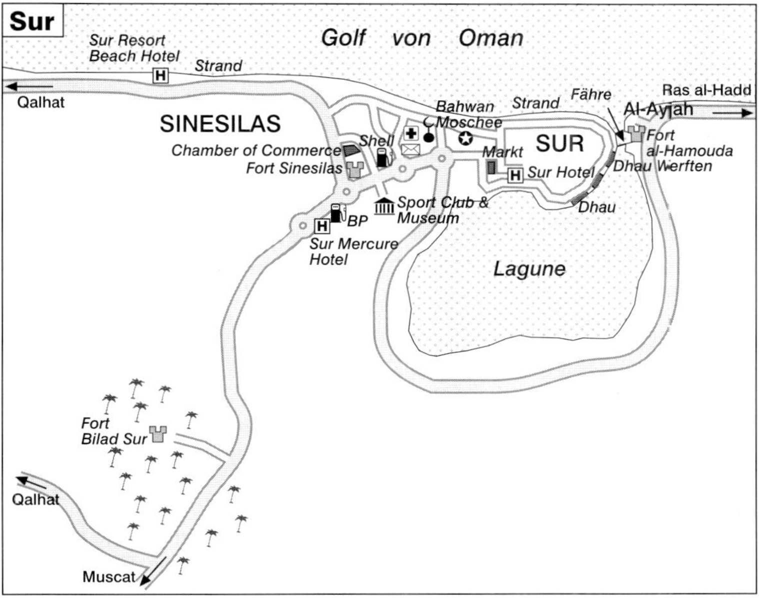

gebracht; wenn man von der Anlegestelle der Personenfähre nach Ayjah zu den Werften geht, steht sie am Beginn auf der linken Straßenseite.

An der Straße nach Al-Kamil (auf der gegenüberliegenden Straßenseite des Forts, etwas stadteinwärts) hat man in zwei kleinen Räumen auf dem Gelände des Sportclubs ein kleines, nur sporadisch geöffnetes **Museum** eingerichtet. Hier stehen Modelle verschiedener Dhautypen, Ausstellungsstücke von Schiffsgeräten, Holzarten und Nägeln sowie historische und neue Fotos.

Die **Dhau Fatah al-Khair** des Typs **ghanjah** steht aufgebahrt auf dem Strand der Lagune zwischen den beiden Werften nahe des Zentrums. Das riesige, über 300 Tonnen schwere Schiff wurde um 1920 hier gebaut und ist **eines der letzten seiner Art** in Oman. Ghanjahs werden seit Mitte der 1950er Jahre nicht mehr gebaut. Lange Jahre fuhr die Fatah al-Khair als Frachtschiff in den Gewässern zwischen der Arabischen Halbinsel, Ostafrika, dem Iran und Indien. Hauptsächlich wurden Datteln und getrockneter Fisch aus Oman und im Gegenzug Reis, Gewürze, Stoffe, Kaffee, Edelhölzer sowie Juwelen nach Oman transportiert. Ab Anfang der 1920er Jahre kam der Holzbootbau in Sur immer mehr zum Erliegen, und Ende der 70er Jahre benutzte nur noch ein Händler Dhaus. Die meisten wurden für einen geringen Preis ins Ausland verkauft. 1971 ging die Fatah al-Khair für 5000 RO in den Jemen. 1993 taten sich einige Bewohner Surs zusammen und sammelten Geld, um die Fatah al-Khair zurückzuholen. Der Kaufpreis des Schiffes lag inzwischen bei der stolzen Summe von 33.000 RO. Im Sommer brachte sie der berühmte surische Kapitän *Mohammed bin Hamed bin Najim al-Ghailani* zurück in ihren Heimathafen.

Die Zeit auf dem Meer ist für die Fatah al-Khair zu Ende. Die Unterhaltskosten, um sie seetüchtig zu halten, wären zu hoch. Inzwischen ist sie komplett restauriert und wird auch in Zukunft an Land stehen. In einem Schaukasten sind zusätzlich einige Ausrüstungsgegenstände ausgestellt, der Ausbau zu einem Museum ist geplant.

Der Eingang zum **Fort Sinesilas** befindet sich an der Hauptstraße nach Al-Kamil und ist am Tor mit Schiffssteuern zu erkennen. Es handelt sich bei der Festung um eine **klassische rechteckige Anlage** mit vier runden Türmen. Sie ist täglich von 7.30–13 und 16–18 Uhr geöffnet (keine offiziellen Zeiten, sondern vom Wächter abhängig).

Das zweite, kleinere **Fort Bilad Sur** liegt **inmitten der Oasengärten** ebenfalls an der Hauptstraße nach Al-Kamil, aber weiter stadtauswärts. Es wurde 1990 für das Publikum geöffnet. Interessant ist nicht nur die eigenwillige, witzige Konstruktion einer der Türme, sondern auch der schöne Blick auf die Oasenplantagen. Das Fort ist täglich von 7–17 Uhr zu besichtigen.

Der **Ortsteil Al-Ayjah** liegt **am östlichen Ende der Lagune.** Dadurch, dass die Einfahrt zur Bucht so eng ist, liegt

oman_473 Foto: fk

der Ort genau gegenüber der Dhau-Werften von Sur.

Am nördlichen Ende der Dhau-Werften fahren **Fährboote** in den Nachbarort. Bis vor wenigen Jahren, als es noch keine Straße um die Lagune herum gab, war dies die einzige Verbindung.

Viele Arbeiter der Surer Dhau-Werften wohnen in Al-Ayjah. Der Ort hängt sehr stark von Sur ab, und es gibt kaum Versorgungseinrichtungen, da die meisten ihre Einkäufe in Sur tätigen.

Al-Ayjah hat ein Fort und eine kleine Werft. Das eigentlich Sehenswerte ist jedoch der Ort an sich mit **verwinkelten Gassen,** alten Häusern und sehr schönen **geschnitzten Holztüren.**

Im Ort leben Angehörige des Stammes der *Bani Bu Ali,* der seinen Hauptstammsitz in Ja'alan Bani Bu Ali im Inneren der Sharqiyah hat. Seit dem Eindringen der Saudis 1812/13 gehört der Stamm der wahhabitischen Glaubensrichtung an. Obwohl die Bani Bu Ali seit 1895 mit dem Sultan gegen das ibaditische Imamat verbündet waren, versuchten sie sich nach Streitigkeiten über Steuerfragen 1923 für unabhängig zu erklären. Fünf Jahre später hissten sie in Al-Ayjah sogar die Flagge Saudi-Arabiens, des Ursprungslandes der Wahhabiten. Die Briten beendeten den Disput schließlich durch eine Militäraktion. Das Verhältnis der Bani Bu Ali zur Regierung entspannte sich erst wieder unter der Herrschaft von Sultan *Qaboos.*

Blick über das Fort Bilad Sur

Nicht nur in Al-Ayjah, sondern auch in Sur kann man **zahlreiche schöne Holztüren** bewundern. Im Wohnviertel zwischen dem Geschäftszentrum und den Dhau-Werften sieht man neben den modernen Türen auch viele Hauseingänge mit **aufwändig geschnitzten Verzierungen.**

Zwei grundlegende Stilrichtungen können unterschieden werden: Die einen sind mit einheimischen Elementen versehen, etwa **geometrischen Ornamenten, Schriftzügen oder auch dem Landeswappen.** Oft sind damit nur die Rahmen und Mittelbalken der Türen verziert. Viele Türen sind aber auch vollständig mit **Blütenmotiven** geschmückt. Dieses Stilelement kommt aus dem indischen, persischen und ostafrikanischen Kulturkreis und ist symbolhaft für die fremden Einflüsse, die aufgrund des Überseehandels lange auf die Küstenstädte einwirkten. Viele der Holztüren wurden im letzten Jahrhundert in Ostafrika von dortigen Zimmermännern gefertigt und in Einzelteilen zerlegt per Schiff nach Sur geliefert.

Hotels

- **Sur Hotel***
Im Geschäftszentrum, einfach (Postadresse: P. O. Box 229, Sur 411), EZ 12,600 RO, DZ 17 und 23 RO, Tel. 440090, Fax 443798
- **Sur Beach Hotel*****
Im Westen des Ortes, gehört zur Best Western Kette (Postadresse: P. O. Box 400, Sur 411), EZ 39 RO, DZ 49 RO, Suite 88 RO (inkl. Frühstück), Tel. 442031 und 442032, Fax 442228
e-Mail: surbhtl@omantel.net.om
- **Sur Mercure Hotel******
Kurz vor dem Zentrum rechts, modernes Hotel der Mittelklasse, auch Ausflüge zum Strand von Ras al-Junayz werden organisiert (Postadresse: P. O. Box 908, Sur 411), EZ 42 RO, DZ 50 RO, Suite 88 RO, Tel. 443777, Fax 442626
e-Mail: resvnsur@omantel.net.om

Restaurants

In Sur gibt es bis auf die Restaurants **in den großen Hotels** keine Lokale mit gehobenem Standard.

- **Al-Rasgah**
Indische und arabische Küche sowie alkoholische Getränke im Sur Resort Beach Hotel, 6–24 Uhr, Tel. 442031
- **Oyster's Restaurant**
Internationale und mediterrane Küche sowie alkoholische Getränke im Sur Mercure Hotel, 6–24 Uhr, Tel. 443777
- Unter den **einfachen Restaurants** sind das **Arabian Sea Restaurant** und das **Sur Beach Restaurant** mit indischer und arabischer Küche auf der Rückseite des Sur Hotels, das **Turkish Sheep Restaurant** und das **Al-Zaki Restaurant** nahe der Großen Moschee und das indische **Sur New Restaurant** am Kreisverkehr beim Krankenhaus zu empfehlen.
- Außerdem gibt es im Ortszentrum zahlreiche **einfache indische und arabische Restaurants und Cafeterien.**

Bars

- **Captain's Pub** und **Sambouq Bar**
Im Sur Mercure Hotel, mit Live-Unterhaltung, beide 12–15 und 18–01 Uhr, Tel. 443777
- **Cheers Bar** und **Sur Bar**
Im Sur Beach Hotel, beide 12–15 und 18–01 Uhr, Tel. 442031

Internet-Café

- **Im Sur Mercure Hotel,** Tel. 443777

Telefonnotruf

- **Polizei und Feuerwehr: Tel. 999**

Auch Kinder tragen bereits den Kashmirschal als Kopfbedeckung

Polizei

- **Polizeistation: Tel. 440099**

Krankenhaus

- **Sur Hospital,** Tel. 440190

Apotheken

Im neuen Geschäftszentrum finden sich mehrere Apotheken, so auch die **Muscat Pharmacy,** Tel. 443660.

Verkehrsverbindungen

- **Busse**

Fernbusse fahren täglich um 6, 12 und 14.30 (Fr 16.30) Uhr über Mintirib und Ibra nach Muscat; um 17 Uhr nach Bani Bu Ali; Abfahrt ist beim Geschäftszentrum; Informationen von der Oman National Transport Co. unter Tel. 590046 und 708522.

- **Sammeltaxis**

Sammeltaxis nach Ibra und Muscat starten ebenfalls (sobald sie voll besetzt sind) am Ortsausgang nach Süden (zwischen Bilad Sur und Youth Complex).

- **Flugzeug**

Es bestehen keine Verbindungen mehr.

Autovermietung

- **Europcar**

Im Sur Beach Hotel, Tel. 700190

- **Budget**

Im Mercure Hotel, Tel. 445565

Reisebüro/Tourveranstalter

- **Moon Travels,** Tel. 444108
- **Bahwan Tours,** im Geschäftszentrum

Sport und Aktivitäten

- **Tennis, Swimmingpool** und **Wassersportmöglichkeiten** im Sur Beach Hotel.
- **Swimmingpool** und **Fitnessraum** im Sur Mercure Hotel.

Einkaufen

- In den **Geschäften im Zentrum** finden sich die gängigsten Artikel des täglichen Bedarfs. Hier gibt es auch einige Apotheken, Banken und Reisebüros.
- Der **Obst-, Gemüse-, Fleisch- und Fisch-Souq** ist in einem neuen gelben Gebäude mit einem imitierten Wachturm nahe des Zentrums untergebracht.

oman_457 Foto: fk

Rundfahrt durch den Ja'alan

جعلان

Diese Rundfahrt durch die **nordöstliche Provinz Omans,** den Ja'alan, beginnt in Sur. Sie führt größtenteils entlang der Küste, weiter geht es am nördlichen Rand der Ramlat al-Wahiba entlang bis zur Straße, die von Al-Kamil nach Sur führt.

Höhepunkte sind die **Steilküste südlich von Ras al-Junayz,** die Möglichkeit, **Meeresschildkröten** am Strand von Ras al-Junayz zu beobachten, kontrastreiche **Wüstenlandschaften** und alte **Oasenstädte** im Wadi Batha am Rande der Wahiba.

Start- und Nullpunkt der Rundfahrt ist das **Ende der Teerstraße am Ortsende von Al-Ayjah** (etwa 100 m hinter einer neuen Moschee) auf der anderen Seite der Bucht von Sur. Insgesamt sind es ohne Abstecher 174 km bis Al-Kamil, von dort weitere 60 km, falls man zum Ausgangspunkt nach Sur zurückkehren möchte.

Gut 100 km der Strecke führen über **Pisten.** Der Zustand der Pisten ist zwar meist recht ordentlich, da es aber (insbesondere nach Regenfällen) immer wieder auch schwierige Abschnitte gibt, ist die Tour **nur mit einem Allradfahrzeug** zu empfehlen.

Der erste Teil der Strecke ist durchgängig mit Hinweisschildern „Ras al-Jinz", dem neuen offiziellen Namen für Ras al-Junayz, beschildert.

Streckenbeschreibung: Direkt am Ende der Teerstraße hinter Al-Ayjah muss man sich links halten, um nicht auf dem Gelände einer Baustelle zu landen. Die nächsten **6 km** führt die Piste **unmittelbar am Meer entlang.** Immer wieder durchfährt man Wadimündungen, die im Winter nach Regenfällen oft mit Wasser gefüllt sind.

Durch ein breites Wadi geht es dann landeinwärts. Große Steinfelder bedecken die flachen, kahlen Hügel. Das Wadi verengt sich zu einer **Schlucht,** deren engste Stelle man bei **km 13** erreicht. Nach Regenfällen ist die Piste hier oft weggeschwemmt, und eine Durchfahrt wird unmöglich. Allerdings ist der Wasserfluss meist schnell wieder verschwunden, und die Strecke wird neu präpariert. Für die Fischer östlich von Sur ist sie sehr wichtig, denn die kleinen Orte bieten kaum Verkaufsmöglichkeiten für ihren Fisch. Besonders am Vormittag herrscht hier reger Verkehr, wenn die Fischer ihren Morgenfang auf der Ladefläche des Pick-ups nach Sur bringen. Von dort aus werden die Fische im Kühlwagen über die Teerstraße ins Landesinnere gefahren und auf den Fischmärkten zum Verkauf angeboten.

24 km hinter Al-Ayjah kommt man an eine **Gabelung,** an der man sich links halten muss. Etwas weiter kann man in der Ferne die **Lagune Khor al-Jarama** erblicken. Sie ragt weit ins Landesinnere hinein, weiter noch als die Lagune von Sur. An ihren Ufern sorgen die vielen Bäume für eine farbliche Abwechslung in der ansonsten eintönig braunen Umgebung.

Bei **km 34,8** muss man sich rechts halten. Links geht es in das Fischerdorf **Khor al-Jarama,** das von Bäumen umringt ist, in Oman ein seltener Anblick. Im Zentrum thront ein alter Wachturm mit Ummauerung auf einem Felsen.

An der Lagune beginnt ein **Schutzgebiet für Meeresschildkröten.** Die riesigen Tiere kommen nachts an den Strand, um ihre Eier abzulegen. Da sie vom Aussterben bedroht sind, gelten zu ihrem Schutz ab hier strenge Vorschriften. Insbesondere ist es verboten, die Tiere zu stören und die im Sand vergrabenen Eier auszugraben. Ab hier ist es daher auch untersagt, am Strand zu campen.

Bei **km 36,3,** bei **km 41,9** und bei **km 42,2** erreicht man erneut **Gabelungen,** an denen man sich rechts halten muss. Bei **km 43,6** geht es (fast) geradeaus über eine **Kreuzung** weiter.

Als nächstes folgt bei **km 44,8** die **Hauptpiste,** die von Ras al-Hadd entlang des Meeres nach Süden führt. Links geht es nach Ras al-Hadd, geradeaus nach Ras al-Junayz und nach rechts entlang der Küste nach Süden

Ras al-Hadd

Das Ras al-Hadd bildet die nordöstliche Landspitze der Arabischen Halbinsel (Hadd bedeutet „Rand"). Die weit ins Meer hineinragende Landzunge ist eine **flache Ebene,**

„Tankstelle" in Ras al-Hadd

oman_476 Foto: fk

Der Osten – Al-Sharqiyah

die in Richtung Westen von der Lagune Khor al-Hajar begrenzt wird.

5 km nach der Abzweigung erreicht man das **Dorf Al-Hadd.** Es ist der wichtigste Fischerort der Region und flächenmäßig großzügig angelegt. Das 450 Jahre alte **Fort** von Al-Hadd ist eine große quadratische Anlage. An der Nordseite befinden sich der Eingang und zwei runde Türme, während an der Südseite ein einzelner eckiger Wohnturm mit einem runden Aufbau steht. Das Fort wurde in den vergangenen Jahren restauriert und ist nun täglich geöffnet.

Vom Ort führt eine Landebahn, die auch als Straße genutzt wird, zum **Strand.** Er fällt flach zum Meer ab und zieht sich um die ganze Halbinsel herum. Vereinzelt findet man Schildkrötenspuren und tiefe Krater, die von ihnen zum Ablegen der Eier gegraben wurden. Landschaftlich ist der Strand allerdings nicht so schön wie der südlich beginnende Steilküstenabschnitt.

Bei Ras al-Hadd hat man an mehreren **Ausgrabungsstätten** Funde entdeckt, die bis in das 4. Jahrtausend v. Chr. zurückreichen. Möglicherweise befand sich hier der Hafen zur Verschiffung des Kupfers aus dem Wadi Samad. Gefundene Keramiken belegen Handelsbeziehungen ins Industal.

Unterkunftsmöglichkeit: Im Sommer 2001 hat bei Ras al-Hadd ein neues Hotel der mittleren Kategorie eröffnet. Leider hatten wir noch keine Gelegenheit, es persönlich zu begutachten (Tel. 442031, Fax 442228, e-Mail: surbhtl@omantel.net.om).

Ras al-Hadd Festival: Seit einigen Jahren findet in der Sharqiyah jährlich zu den Eid al-Adha-Feiertagen ein Festival statt (mal in Ras al-Hadd, mal in der Wahiba). Der größte Teil der Aktivitäten richtet sich an die einheimische Bevölkerung, jedoch bekommen auch Touristen z. B. im „Heritage Village" interessante kulturelle Darbietungen zu sehen.

Fährt man an der oben beschriebenen Kreuzung bei km 44,8 geradeaus, so führt die Piste nach Ras al-Junayz (neuer Name: Ras al-Jinz).

Ras al-Junayz/Ras al-Jinz

Nach 2,5 km vereinigt sich die Piste mit einer von Süden kommenden Strecke, die man auf der Weiterfahrt als Abkürzung nutzen kann, wenn man in Richtung Süden fahren möchte. Nach 6 km erreicht man den kleinen Ort **Al-Junayz,** von dem die Piste noch bis zum Strand weiterführt. In diesem Abschnitt kann man mit einer **Genehmigung,** die das Umweltministerium ausstellt, die **Meeresschildkröten bei der nächtlichen Eiablage beobachten.** Es ist der einzige Strand, an dem dies erlaubt ist. Als Übernachtungsmöglichkeit ist ein **Campingplatz** angelegt worden, der einfach und sauber ist. Das Papier wird am Eingang zum Campingplatz kontrolliert, oder man kann es hier auch nachträglich ausstellen lassen (pro Person 3 RO, ohne Übernachtung 1 RO), daneben befindet sich ein kleiner Laden mit einigen Lebensmitteln, dessen Öffnungszeiten aber höchst unterschiedlich und unzuverlässig sind.

Das **Betreten des Strandes ist ab 17 Uhr verboten.** Normalerweise kommen die Aufseher gegen 21.30 Uhr, sammeln die Besucher mit einem Pick-up ein und fahren die wenigen Meter gemeinsam mit ihnen zum Strand.

Die Küste gehört in diesem Bereich zu den schönsten Omans. Zwischen hohen **Klippen** befinden sich immer wieder malerische **Buchten mit schönen Sandstränden.**

Oberhalb des Strandes von Ras al-Junayz liegt eine interessante **Ausgrabungsstätte.** Verschiedene Siedlungsreste aus dem 3.–1. Jahrtausend v. Chr. wurden freigelegt und erforscht. Die Hauptsiedlung, die aus Lehmziegelhäusern bestand, stammt aus der Umm al-Nar-Periode um 2400 v. Chr. Auch hier belegen Funde von **Keramiken aus dem Industal,** dass schon damals Handelsbeziehungen mit dem indischen Subkontinent bestanden. Ein besonders wichtiger Fund waren Stempelsiegel mit Schriftzeichen, die ebenfalls aus der Zeit um 2400 v. Chr. stammen. Es ist die **älteste bisher gefundene Schrift der Arabischen Halbinsel.** Einige der Buchstaben weisen Ähnlichkeit mit der Schrift aus dem ersten vorchristlichen Jahrtausend auf, die man im Jemen gefunden hat.

Meeresschildkröten im Mondschein

von Kirstin Kabasci

Es ist eine traurige Tatsache, dass alle sieben existierenden Meeresschildkröten-Arten vom Aussterben bedroht sind und weltweit unter Naturschutz gestellt werden mussten.

Viele Geheimnisse ranken sich um diese urweltlichen Reptilien, die seit knapp hundert Millionen Jahren unsere Erde bevölkern. Meeresschildkröten verbringen nahezu ihr ganzes Leben schwimmend im Wasser, an Land kommen nur die Weibchen und das nur zur Eiablage. Dabei kehren sie immer wieder zu dem Strand zurück, an dem sie selber geschlüpft sind. Ihre durchschnittliche Lebenserwartung liegt bei hundert Jahren, allerdings erreichen sie ihre Geschlechtsreife erst im Alter von dreißig bis fünfzig Jahren. Algen, Seegras, Muscheln und Quallen sind die Hauptnahrung der Meeresreptilien. Die Entfernung zwischen den Niststränden und den Futtergründen kann mehrere tausend Kilometer betragen; so wurden Schildkröten, die in Oman bei der Eiablage markiert wurden, in Somalia, Eritrea, Indien und Pakistan gefunden. Wie sie sich bei ihren langen Reisen orientieren, ist unerforscht.

Fünf der sieben weltweit existierenden Meeresschildkröten-Arten kommen zur Eiablage an die Küsten Omans oder leben in den Gewässern des Landes. Die omanische Regierung setzt sich für eine detaillierte ökologische Untersuchung des 1700 km langen Küstenstreifens und die Erforschung der Lebensweise der Panzerreptilien ein. Zum Schutz dieser lebenden Fossilien legte sie mehrere Naturschutzgebiete an. So können entlang des 50 km langen Küstenabschnittes zwischen Ras al-Hadd und Ras al-Khabbah die „Grünen Meeresschildkröten" (Chelonia mydas) ungestört und geschützt nisten. Es sind ihre wichtigsten und größten Brutstätten im Indischen Ozean. Bezeichnenderweise wurde die Grüne Schildkröte früher „Suppenschildkröte" genannt, weil sie weltweit gejagt und zu dieser „Delikatesse" verarbeitet wurde. Auch wenn die kulinarische Nutzung nicht länger Ursprung der Namensgebung sein sollte, änderte das nichts daran, dass die Tiere in vielen Ländern nach wie vor im Kochtopf landen.

Rund um die Insel Masirah sind die Strände Schutzzonen für die weltweit größte Population der „Unechten Karettschildkröte" (Caretta), die auch im Dhofar nisten. Die Daymaniyat-Inseln bilden ein geschütztes Brutgebiet der „Karettschildkröten" (Eretmochelys inbricata). Auch die olivfarbene „Bastardschildkröte" (Lepidochelys olivacea) nistet in geringer Anzahl an omanischen Küsten. Bastardschildkröten gehören zu den seltensten Tieren unserer Erde, doch selbst Optimisten bezweifeln, dass sie die nächsten Jahre überleben werden. Die Lederschildkröte (Dermochelys coriacea), lebt zwar in omanischen Gewässern, nistet aber nicht hier. Diese gewaltigen Tiere messen vom Kopf bis zum Schwanzende über zwei Meter und wiegen zwischen 500 und 900 Kilo. Ihr Panzer hat Längskiele und ist von einer weichen, ledrigen Haut überzogen.

In den Gewässern vor diesen omanischen Naturschutzgebieten dürfen kommerzielle Trawler nicht fischen, und überall wird das Fangen und Stören der Schildkröten sowie das Ausgraben der Eier mit hohen Geldbußen bestraft. Am Strand von Ras al-Junayz darf eine begrenzte Anzahl Touristen unter strengen Auflagen und Aufsicht Grüne Schildkröten bei der nächtlichen Eiablage beobachten. Eine Reise dorthin wird von diversen Tourveranstaltern organisiert, oder man kann der Wegbeschreibung unter „Ras al-Junayz" auf eigene Faust folgen. Die beste Zeit für das Beobachten liegt im Sommer, denn dann kommen besonders viele Tiere. Im Herbst kann mit etwas Glück auch ausschlüpfende Jungen beobachten. Grundvoraussetzung ist ein Besucherpass, den jedermann ohne Schwierig-

oman_502 Foto: fk

Frisch geschlüpfter Schildkrötennachwuchs

keiten innerhalb von wenigen Minuten beim Ministry of Regional Municipalities and Environment in Al-Khuwair erhält (am Al-Khuwair Kreisverkehr vom Highway abbiegen, in Richtung Meer, am ersten Kreisel dann nach links, das Ministerium liegt auf der rechten Seite, nach einem grün bewachsenen Gebäude. Geöffnet Sa bis Mi 7.30–14 Uhr, Tel. 692574, Fax 602283, Gebühr 3 RO pro Person). Man kann die Genehmigung aber auch direkt am Eingang zum Strand in Ras al-Junayz erhalten.

Auch ich habe mir solch eine Genehmigung besorgt, meine Campingausrüstung zusammengepackt und erreiche Ras al-Junayz am Nachmittag. Nach der Kontrolle der Besuchergenehmigung leitet man mich freundlich auf das Camp. Es ist ein einfacher Platz mit Schattendächern, Steintischen, Bänken, Toilettenhäusern und Grillplätzen, zum Strand ist es nur noch ein kleines Stück. Eine Handvoll Gäste hat sich zum Turtle-Watchen eingefunden. Ansonsten leben im Camp die Schildkrötenwärter, ein Archäologenteam und mehrere Kamele, von denen eins genüsslich kauend eine Mülltonne nach der anderen durchwühlt. Apropos Essen: im Camp gibt es kaum Versorgungsmöglichkeiten, so dass man sich bevorraten sollte.

Mohammed, einer der Schildkrötenwärter, verkündet, dass er alle Besucher am späten Abend gemeinsam an den Strand fahren würde, und dass wir in der Nacht vielleicht das Glück hätten, eine Schildkröte bei der Eiablage zu beobachten. Weiterhin erklärt er, dass die Schildkrötenmütter nur im Schutz der Dunkelheit und meist zur Zeit der Flut an Land kommen. Wenn sie an den Strand oder zurück ins Meer kriechen, ist es oberstes Gebot, ruhig zu sein, keinerlei Licht zu machen, einen großen Abstand zu wahren, sich am besten nicht zu bewegen, und wenn, dann so niedrig wie möglich zu halten, also zu kriechen. Die ganze Nacht über ist es untersagt, Fotos mit Blitzlicht zu machen, auch wenn keine Schildkröte in der Nähe ist. Kurz gesagt, sollte man alles vermeiden, was die Tiere erschreckt und stört, denn sonst brechen sie den Nestbau oder die Eiablage ab und müssen erneut mit der kräftezehrenden Prozedur beginnen. Auch sollte man darauf achten, sich nicht gegen das Mondlicht zu stellen, denn sonst verschreckt die menschliche Silhouette die Tiere. Es sollte eigentlich überflüssig sein zu sagen, dass es strikt verboten ist, auf den Tieren zu reiten, aber leider soll auch dies schon vorgekommen sein

Nach einem geruhsamen Abend und der Erkenntnis, dass manche Kamele anscheinend alles fressen (Zitronenschalen, Teebeutel, Tissues, „Times of Oman" ...), geht es los. Am nächtlichen Strand heißt es Geduld, Glück und wache Augen haben. Das weite Ufer wird an einer Stelle durch einen mächtigen, bizarren Felsen vom Landesinneren abgegrenzt. Auf ihm siedelten schon vor über 3000–4000 Jahren Menschen, deren Hauptnahrung Schildkrötenfleisch und -eier waren. Etwa eine Stunde marschieren wir still durch den Schein des Vollmondes bis wir etwa zwanzig Meter vor uns eine Meeresschildkröte entdecken. In der Dunkelheit hätte man das knapp einen Meter lange Tier leicht mit einen großen Stein verwechseln können. Wir ducken uns vor dem Mondlicht und beobachten mucksmäuschenstill und angestrengt, wie dieses riesige Reptil langsam über den Strand robbt. Immer wieder hält die Schildkröte inne und schaut sich nach Feinden um, bevor sie ihren Weg mühevoll fortsetzt.

Es fällt schwer sich vorzustellen, dass dieses an Land so behäbig kriechende Tier im Wasser flink und wendig schwimmen kann. Die Schildkröte ächzt und schnauft dumpf, während sie ihren etwa 140 Kilogramm schweren Körper über den Sand wuchtet. Solche markerschütternden Geräusche hätte man diesen sonst so ruhigen und sanftmütigen Tieren nicht zugetraut.

Es scheint nicht einfach, die richtige Stelle für eine Nestgrube zu finden. Denn zum einen sollte sie oberhalb der Hochwassermarke liegen, und zum anderen muss der Sand genau die richtige Beschaffenheit haben. Ist er zu weich, würden die Wände der Grube einstürzen, und ist er hart, kann das Tier erst gar nicht graben. Unglücklicherweise kann es auch vorkommen, dass eine Schildkröte bei der Platzwahl ein bereits eingegrabenes Gelege ausgräbt und beschädigt.

Diese Schildkröte hat sich entschieden und beginnt, mit ihren Vorderflossen eine Kuhle auszuheben. Mit viel Schwung schaufelt sie den Sand nach hinten weg und walzt den Boden mit ihrem Panzer platt. Allmählich versinkt „Mama Turtle" so tief, dass gerade einmal ihr ausgestreckter Kopf aus der Grube hervorschaut. Dann buddelt sie mit ihren Schwanzflossen eine kleine Eikammer in den hinteren Abschnitt des etwa sechzig Zentimeter tiefen Loches. Über eine Stunde dauern diese Grabarbeiten, denn sie macht immer wieder Atempausen. Als die Schildkröte vollständig fertig ist, verfällt sie in eine Art Starre, und wir können leise und gebückt von hinten an sie herantreten. Jetzt soll die eigentliche Eiablage beginnen, in der Stille steigt die Spannung ins Unermessliche. Mit einer Stabtaschenlampe leuchtet Mohammed kurz in die Eikammer, in der schon ein etwa tischtennisballgroßes, weißes Ei liegt. Die Augen der Schildkröte leuchten, doch sie weint nicht etwa vor Mutterglück, sondern scheidet durch wässerigen Schleim überschüssiges Salz aus ihrem Körper. 80–120 Eier fallen in Zweier- oder Dreiergruppen in das Gelege und schimmern im Mondlicht. Um ihren Fall zu bremsen, hält das Weibchen ihre Hinterflossen unter sie. Die letzten Eier sind klein und nicht vollständig ausgereift.

Plötzlich erhebt die massige Gestalt ihren Kopf. Wir werden gebeten, jetzt wieder besonders leise zu sein und uns nicht zu bewegen, denn die Schildkröte ist aus ihrer Starre erwacht und beginnt, das Gelege zu vergraben. Dazu schaufelt sie mit ihren Hinterflossen vorsichtig Sand in die Grube, den sie mit ihrem Brustpanzer festdrückt. Sie wird immer schneller, und durch die Anstrengung stöhnt sie erneut laut und steinerweichend. Während alledem schiebt sie sich langsam immer weiter nach vorne. Zuletzt fegt sie den Sand mit ihren riesigen Vorderflossen glatt, so dass das Gelege für Feinde unsichtbar wird.

Endlich ist alles geschafft – knapp zwei Stunden hat der Kraftakt gedauert, seit die Schildkröte aus dem Meer gekommen ist. Langsam und erschöpft kriecht sie nun zielstrebig auf das Wasser zu. An einer Stelle geht es steil bergab, so dass sie kraftsparend mit starren Flossen auf ihrem glatten Bauchpanzer hinunter rutschen kann. Sie beeilt sich sichtlich, und schon nach wenigen Minuten verschwindet sie in der Brandung. Im tieferen Wasser wird sie schon von paarungswilligen Männchen erwartet. Die Begattung findet nur im Wasser statt und kann bis zu 48 Stunden dauern. Ein paar Tage nach der Befruchtung, wenn die Eier legereif sind, wird die Schildkrötendame erneut an Land robben und im Schutz der Dunkelheit ihre Eier ablegen. Sie wird die Küstengewässer Omans erst verlassen, nachdem sie mehrere Nester (im Durchschnitt drei pro Saison) angelegt hat. Bis sie in zwei bis vier Jahren erneut zur Eiablage zurückkehrt, legt sie viele tausend Kilometer Wegstrecke zurück.

Das „Ausbrüten" ihrer Eier übernimmt die Wärme des Sandes. Rund sieben Wochen brauchen die vergrabenen Schildkröteneier für ihre Entwicklung, dann schlüpfen alle Jungen eines Wurfes zur selben Zeit. Man hat herausgefunden, dass die Wärme, unter denen die Eier heranreifen, eine entscheidende Rolle für die Entwicklung der Tiere spielt. Bei einer Temperatur von überwiegend mehr als 29 °C schlüpfen nur Weibchen, bei niedrigeren Wärmegraden dagegen nur Männchen. Daher kann man in Aufzuchtstationen auch gezielt Weibchen züchten, um den Bestand der gefährdeten Tiere zu stützen.

Dämmernd erwacht die Morgensonne und hüllt alles in einen warmen Orangeton. Ich bin als einzige noch wach und schlendere müde auf das Camp zu. Die ersten Fischer tuckern mit ihren kleinen Booten aufs offene Meer zu und winken. Seltsame Kriechspuren und unvollendete Nestgruben sind die deutlich sichtbaren Überbleibsel der letzten Nacht – genauer gesagt, ähnelt der Strand einem Minitruppenübungsplatz, mit regelrechten Panzerspuren und vermeintlichen Bombentrichtern. Mein Blick bleibt zufällig an einem kleinen schwarzen Gegenstand kleben: Direkt vor mir wühlt sich eine kleine Babyschildkröte aus ihrem sandigen Nest. Sie ist kaum größer als ein kleiner Finger und über und über mit Sand bedeckt. Ein Schildkrötenbaby kommt selten allein, und nach wenigen Minuten erscheinen weitere Köpfe und Flossen, kunterbunt durcheinandergewürfelt in einem wirr zuckenden Haufen.

Bis sie an der Oberfläche des Sandes angekommen waren, mussten die Babys schon Schwerstarbeit verrichten. Nachdem sie vor etwa drei Tagen ihre lederartige Eischale durchstoßen hatten, begannen sie, mit ihren dünnen Flossen um ihr Leben zu strampeln. Sie stiegen aufeinander, bildeten mit ihren Körpern eine Art Leiter und schaufelten sich mit vereinten Kräften gemeinsam frei. Bevor sie ihr Nest endgültig verlassen, harren sie eigentlich bis zum Schutz der Dunkelheit aus, doch diese Kleinen hier scheinen sich in der Tageszeit geirrt zu haben. Nachts orientieren sich die noch halbblinden Tiere am Lichtschimmer, den das Wasser reflektiert. Fremde Lichtquellen, wie Lagerfeuer, Taschenlampen und Blitzlichter von Fotoapparaten würden die Babys in die falsche Richtung leiten, so dass sie das Meer nicht erreichen und qualvoll sterben würden. Leider kommt es immer wieder vor, dass Touristen versuchen, den unbeholfen wirkenden Tieren zu „helfen". Aber es kann fatale Folgen haben, wenn man die kleinen Schildkröten zum Wasser trägt, denn sie sind darauf „programmiert", selber zum Wasser zu marschieren. Während sie diesen Weg zurücklegen, prägen sie sich auf eine für uns rätselhafte Weise ihren Geburtsort ein, und sie finden ihn selbst nach vielen Jahren mit traumwandlerischer Sicherheit für ihre eigene Eiablage wieder. Verirrte Babys sollte man lediglich umdrehen oder nur wenige Meter in Richtung Wasser tragen. Einmal dort angelangt, schwimmen sie ununterbrochen etwa eine Woche lang aufs offene Meer hinaus. In dieser Zeit ernähren sie sich von den Resten des noch vorhandenen Dottersacks, später von Plankton und nach einem Jahr erst von küstennahem Seegras.

Hektisch schaufeln sich diese kleinen schwarzen Schildkröten gerade aus dem Nest frei und tippeln nacheinander die wenigen Meter bis zum Wasser. Über dem Strand kreisen kreischende Möwen, und als die ersten Jungen die Wellen erreichen, stürzen sich mehrere Vögel in die Fluten. Eins nach dem anderen wird aus dem Wasser gefischt und gierig verschlungen, keine der Möwen verschmäht ein so leichtes Frühstück. Auch im seichten Wasser lauern zahlreiche hungrige Raubfische auf ihr knackig-frisches Schildkrötenbaby. Diesen Verlusten hat die Natur vorgesorgt, indem die Muttertiere Hunderte von Eiern pro Saison legen. Doch selbst unter natürlichen Bedingungen erwächst aus nur einem von 20.000 Eiern eine geschlechtsreife Schildkröte, alle anderen fallen den natürlichen Feinden zum Opfer. Diese Zahlen lassen erahnen, welche gravierenden Auswirkungen der verstärkte Eingriff des Menschen auf den Bestand einer Schildkrötenart hat.

Seit der Zeit der Dinosaurier haben die Meeresschildkröten sich als „Erfolgsmodell" bewährt. Doch obwohl sie die mächtigen Dinos überlebt haben, scheinen sie nun zum Aussterben verurteilt – und Schuld daran ist einzig und allein der Mensch, der ihren Lebensraum in atemberaubender Geschwindigkeit zerstört. In der ganzen Welt siedeln sich immer mehr Menschen an ihren Nistplätzen an, und immer mehr Strände werden zu Touristenzentren ausgebaut. Wenn überhaupt noch Tiere ihre Eier ungestört ablegen können, so wird ein Großteil von ihnen zertrampelt. Die Eier und auch das Fleisch der Reptilien sind in vielen Entwicklungsländern eine billige Nahrung und in unseren Breiten ein Gaumenkitzel für so genannte Gourmets. Auch die Umweltverschmutzung fordert ihre Schildkrötenopfer: Besonders viele Tiere sterben, weil sie herumtreibende Plastiktüten für Quallen halten und daran ersticken. Weitere Schildkröten ersticken, weil sie sich in Fischernetzen verfangen und strangulieren – andere werden von Schiffsschrauben regelrecht geköpft.

Die Bemühungen zum Schutz der Schildkröten müssen weltweit verstärkt werden, und auch der Rückhalt durch die Bevölkerung muss, insbesondere in vielen Entwicklungsländern, noch größer werden. Die Tatsache, dass die Nachfrage nach Luxusartikeln wie Schildkrötensuppe, Schildpatt und Schildkrötenleder zum endgültigen Aussterben dieser Urweltriesen beiträgt, sollte ebenfalls einleuchten. Wenn nicht bald mehr Länder dem Beispiel Omans folgen, dann könnte es sein, dass diese „lebenden Fossilien" ihre Zukunft schon hinter sich haben.

oman_483 Foto: fk

Interessant sind auch die **Parallelen zwischen dem Leben der Menschen von damals und dem von heute.** Anhand der unterschiedlichen Ablagerungen hat man festgestellt, dass die Siedlung in regelmäßigen Abständen bewohnt bzw. unbewohnt war. Zusammen mit den Funden von Fischknochen und Bitumen, das zum Abdichten der Boote verwendet wurde, lässt dies darauf schließen, dass die Menschen hier nur im Winter gelebt und sich dann vom Fischfang ernährt haben. Im Sommer, wenn der Monsun das Fischen unmöglich macht, zogen sie in die Oasen des Landesinneren. Genau diese Lebensweise findet sich noch heute bei vielen der Küstenbewohner. Man hat auch Reste von Schildkröten und deren Eiern gefunden, die damals eine Nahrungsquelle für die Menschen waren.

Leider sind die freigelegten Fundamente nach den Ausgrabungen sehr schnell wieder zugeweht, so dass nicht mehr viel zu erkennen ist. Den besten Blick auf den Grundriss der Ausgrabungsstätte hat man von dem Felsen, der im Süden von ihr steht. Auch hier oben finden sich Reste alter Siedlungen, außerdem hat man einen tollen Blick auf die Klippen und das Meer. Am Fuß des Berges liegt in der nächsten Bucht der Friedhof der Siedlung aus dem 3. Jahrtausend v. Chr.

Fährt man an oben genannter Kreuzung bei km 44,8 weiter in Richtung Süden, so führt die Piste wieder auf das Meer zu, und kurz hinter dem Fischerort **Al-Dufah** beginnt der landschaftlich schönste Küstenabschnitt. Die Piste führt an der **Steilküste** direkt oberhalb der Klippen entlang. Immer wieder hat man fantastische Blicke hinunter auf das Meer und die kleinen eingeschlossenen Buchten.

Hinter dem nächsten Dorf **Al-Khabbah** wandelt sich die Küstenform in einen breiten Sandstrand, der flach zum Meer abfällt. Immer wieder fährt man an kleinen Fischerdörfern vorbei, in denen zahlreiche Motorboote am Strand liegen. In Al-Ruways endet das Schutzgebiet für die Schildkröten. **105 km hinter Sur/Al-Ayjah** erreicht man den Ort **Assilah,** in dem die Teerstraße beginnt.

Bei **km 117** kommt man an die Hauptstraße Al-Ashkharah – Al-Kamil. Ein Abstecher in den 9 km entfernten Fischerort **Al-Ashkharah** lohnt nicht unbedingt. Verglichen mit den Dörfern auf der bisherigen Strecke ist der Ort relativ groß, aber genauso von der Fischereiwirtschaft geprägt. Auf dem Meer schaukelt meist eine große Zahl von Fischer-Dhaus. Von Al-Ashkharah kann man mit einem Allradfahrzeug und entsprechenden Wüstenkenntnissen am Rand der Ramlat al-Wahiba die Küste entlang nach Süden auf die **Landzunge Bar al-Hikman** (ca. 200 km) vor der Insel Masirah fahren. Teile der Strecke verlaufen direkt auf dem Strand und sind nur bei Ebbe befahrbar.

Die **Straße nach Al-Kamil** führt durch eine **unwirklich anmutende Landschaft.** Auf beiden Seiten dehnen sich weite Sandfelder aus. Die gelborange Farbe des Sandes ist stellenweise mit schwarzbraunen Steinfeldern überzogen und sieht aus wie ein Flickenteppich. Immer wieder ragen spitze, tief schwarze Felsenkegel aus der Erde. Kamele, Ziegen und Esel streifen auf der Suche nach etwas Fressbarem durch den Sand oder an der Straße entlang. Die Szenerie wird immer wieder durch kleine Beduinensiedlungen aufgelockert. Allerdings bestehen sie nicht aus schwarzen Ziegenhaarzelten, die nur im Zentrum und im Norden der

Arabischen Halbinsel verbreitet sind, sondern aus einfachen Palmzweigen mit Wellblech.

Bei **km 146** zweigt links eine Straße in das Zentrum des Ortes **Ja'alan Bani Bu Ali** („Söhne des Ali") ab.

Bani Bu Ali بني بو علي

Folgt man dem Verlauf der Hauptstraße, so erreicht man nach 0,6 km einen Abzweig, auf dem man später direkt nach Bani Bu Hassan weiterfahren könnte (9 km). Geradeaus weiter durchfährt man das lebhafte Zentrum Bani Bu Alis. Wer gerne traditionell essen gehen möchte, findet eine gute Möglichkeit im **Abu Awos Restaurant,** einer Filiale der Bin Atique-Kette, mit guten omanischen Gerichten (Tel. 454339, 7–24 Uhr).

Wenige hundert Meter hinter dem Zentrum liegt das **Fort** der Oase. Es ist von einer ungewöhnlich hohen Mauer umgeben, und in seinem Inneren steht ein großer befestigter Wohnblock und eine kleine Moschee mit zwei Kuppeln. Das Fort ist in Privatbesitz der lokalen Al-Hamoda-Shaikhs und kann daher nicht besichtigt werden.

Etwa 500 m südöstlich des Forts befindet sich die architektonisch interessante **Al-Hamoda Moschee** mit 52 Kuppeln. Sie ist im Stil der Omayyaden errichtet und stammt vermutlich aus dem 11. Jahrhundert. 1990 wurde sie restauriert. Leider ist es auch hier Nicht-Muslimen verboten, das Gebetshaus von innen zu sehen. Im angrenzenden alten Ortsteil stehen einige sehenswerte schlanke Wohntürme.

Auch in Bani Bu Ali findet ein **Freitags-Souq** statt, allerdings nicht so groß wie in der Nachbaroase Ja'alan Bani Bu Hassan („Söhne des Hassan").

In Bani Bu Ali leben viele Anhänger der islamischen Glaubensrichtung der **Wahhabiten.** In den Jahren 1820/21 weigerten sie sich, dem damals regierenden Sultan, einem Ibadi, weiterhin folgsam zu sein. Zudem kaperten sie ein in Sur vor Anker liegendes Schiff eines reichen indischen Händlers. Der Bote, der sich im Auftrag des Schiffseigners bei der britischen Kolonialverwaltung beschweren sollte, wurde kurzerhand von einem Bewohner Bani Bu Alis umgebracht. Der Sultan befahl daraufhin – im Einklang mit den Briten –, eine gemeinsame Streitmacht zu den Aufständischen zu schicken. Die Truppen fanden Unterstützung bei den Bewohnern von Bani Bu Hassan, die schon lange Erzfeinde des Nachbarortes waren. Gemeinsam griffen sie die Söhne Alis an. Doch diese waren gut vorbereitet und kämpften erbittert bis zu ihrem Sieg. Mehr als 700 Mann des Sultans und der Briten starben. Eine solche Niederlage gegen ein paar rebellische Beduinen wollten die Briten nicht hinnehmen. Und so forderten sie Verstärkung aus Bombay an. 600 Schiffe, beladen mit Soldaten, Pferden und Waffen, landeten in Sur. Doch die Bani Bu Ali überfielen nachts ein britisches Lager und töteten zahlreiche Soldaten. Erneut forderten die wütenden Briten Verstärkung an, und so griffen knapp 3000 Soldaten im Namen des Königs von England die Beduinen an. Sie zerstörten das Dorf vollständig. Die Männer, die

oman_486 Foto: fk

nicht getötet wurden, nahmen sie gefangen. Einige wurden nach Bombay verschifft. Doch sie blieben aufsässig, so dass die Briten ihrer überdrüssig wurden und sie zurück in ihr Dorf schickten, um es wieder aufzubauen.

Bani Bu Hassan

بني بو حسن

Nach weiteren 8 km kommt man an den Abzweig in den Ort **Ja'alan Bani Bu Hassan.** Folgt man dem Verlauf der Teerstraße, so erreicht man nach 2 km das belebte Geschäftszentrum des Ortes. **Freitags** findet hier ein **Markt** statt, der eine wichtige Bedeutung für die Bewohner der weiteren Umgebung hat.

Fährt man am Kreisverkehr im Zentrum (beim Krankenhaus) halbrechts und anschließend direkt wieder nach rechts, so erreicht man nach einem weiteren Kilometer das Anfang der 1990er Jahre restaurierte **Fort** des Ortes. Innerhalb der großen Umfassungsmauer fanden einige tausend Menschen Platz, die bei Stammeskriegen hier Zuflucht suchten. Im Norden der Anlage befindet sich der Wohnteil, der durch zwei hintereinander liegende Tore zu betreten ist. Um zwei separate Innenhöfe sind etwa 15 Räume angeordnet, in denen sich das Büro des Walis und verschiedene Empfangsräume sowie eine Moschee befanden. Die sehr sehenswerte Festung ist täglich von 7.30–17 Uhr geöffnet, freitags nur bis 11.30 Uhr.

Im Norden des Forts liegen die alten **Wohnbauten,** darunter auch einige mächtige Lehmburgen und ein sehenswerter, hoher, schlanker Turm. Einst waren diese Gebäude die einzigen festen Wohnhäuser des Ortes. Viele der Oasenbewohner lebten in den Wintermonaten an der Küste vom Fischfang und zogen nur im Sommer zur Dattelernte in die Oase, wo sie in einfachen, luftigen barasti-Hütten lebten.

Die beiden Oasen liegen im **Wadi Batha.** Es begrenzt den nordöstlichen Rand der Ramlat al-Wahiba und mündet südlich von Al-Ashkharah ins Meer. Die Dünen der Wahiba-Sandwüste würden sich wegen der Winde des Südwestmonsuns eigentlich weiter nach Nordosten ausbreiten. Da das Wadi Batha jedoch immer wieder Wasser führt, schwemmt es den angewehten Sand weg und verhindert so eine Ausweitung der Ramlat al-Wahiba in Richtung Ja'alan. Das Wadi ist sehr vegetationsreich und mit zahlreichen kleinen Bäumen und Dornenbüschen bewachsen, daher hat es auch den Namen **„Woodlands"** („Baum-" oder „Waldland") erhalten.

Das zum Leben in dieser Region nötige Wasser stammt nicht nur vom allmorgendlichen Tau, sondern auch aus einem riesigen urzeitlichen **Grundwasserreservoir.** Das grün bewachsene Wadi Batha bietet einen kontrastreichen Anblick zu den direkt dahinter aufragenden gelb-orangen Sanddünen.

Bei **km 168** liegt der kleine Ort **Al-Wafi** am Rand des Wadi Batha und der Woodlands.

Festung von Bani Bu Hassan

Al-Wafi الوافى

Durch ein neues Stadttor, das genau wie die daneben stehende Moschee im Lehmhaus-Stil erbaut wurde, gelangt man in den alten Ortsteil, der eine besonders ruhige Atmosphäre ausstrahlt. Entlang eines mit Palmen bepflanzten Weges, der am unterirdischen falaj entlangführt, kommt man zur **Fluchtburg** der Siedlung. Obwohl die Festung schon stark verfallen ist, bietet sie wegen ihres hohen, schlanken Turmes einen imposanten Anblick. Links des Weges befinden sich die zum Teil verlassenen und verfallenen alten Lehm-Wohnquartiere. Geradeaus erreicht man einen der üppigen Palmengärten der Oase.

1 km hinter Al-Wafi steht rechts der Straße ein altes **befestigtes Wohnhaus,** das schon fast die Ausmaße eines kleinen Forts hat. Einst muss das Gebäude sehr wichtig gewesen sein, denn es wird von zwei Umfassungsmauern geschützt. Zwar ist es nicht restauriert, aber bis auf die fehlenden Zwischendecken in einem recht guten Zustand. Wenn man Glück hat und das Haus offen steht, so kann man auch die schönen Arkaden im Inneren bewundern.

Nach **weiteren 4 km** liegt rechts der alte Ortsteil von **Al-Kamil.**

Bei **km 174** erreicht man hinter dem neuen Geschäftszentrum von Al-Kamil die Hauptstraße von Ibra nach Sur.

Insel Masirah

Die größte Insel Omans liegt vor der Ostküste etwa 12 km vom Festland entfernt. Auch auf dem 85 km langen und bis zu 13 km breiten, abgelegenen Eiland hat seit den 70er Jahren des 20. Jahrhunderts die Moderne Einzug gehalten. Strom ist ebenso selbstverständlich wie ausreichend Süßwasser, das aus einer Meerwasserentsalzungsanlage stammt. Moderne Häuser wurden für die Bevölkerung gebaut, die medizinische Versorgung ist sichergestellt, und die **Fischereiwirtschaft** wird als Haupterwerbszweig unterstützt. Eine Folge davon ist allerdings die Überfischung der Gewässer und damit die langfristige Gefährdung der Fischbestände. Außerdem werden die **Meeresschildkröten,** die an die Strände Masirahs zur Eiablage kommen, gestört. Die Sandstrände auf der Ostseite der Insel sind ein wichtiges Brutgebiet für die inzwischen so seltenen Tiere (siehe auch Exkurs „Meeresschildkröten im Mondschein"). Nach omanischen Plänen sollen Masirah und das gegenüberliegende Bar al-Hikman zum Naturschutzgebiet erklärt werden, da auch die Vogelwelt hier sehr vielfältig ist (siehe Exkurs „Oman für Ornithologen").

Neben der Fischerei wird auch **etwas Landwirtschaft** betrieben, denn einige wenige Quellen lassen eine Nutzung des Bodens zu. Neben Datteln wachsen auf Masirah auch Mangos und sogar Kokosnüsse. Zahlreiche Bewohner verlassen die Insel im Sommer, obwohl es hier etwas kühler als auf dem Festland ist. Wegen der rauen See ist Fischen in diesen Monaten kaum möglich. Die fehlende Abwechslung lässt schnell Langeweile aufkommen, so dass viele auf das Festland flüchten.

Von den knapp **8000 Einwohnern** der Insel leben die meisten am **Ras Hilf,** dem „Zentrum" der Insel. Von dieser Landzunge im äußersten Norden der Insel fahren Fähren zum gegenüberliegenden Festland bei Shana'a. Sie sind auch in der Lage, Autos an Bord zu nehmen.

Die **Infrastruktur in Ras Hilf** ist für einen Ort dieser Größe mittlerweile sehr **gut ausgebaut.** Neben einem Hotel gibt es auch zahlreiche, zwar einfache, aber sehr gute Restaurants. Es bestehen gute Einkaufsmöglichkeiten für den täglichen Bedarf. Drei Tankstellen stellen die Spritversorgung sicher, wenn auch zu leicht höheren Preisen als auf dem Festland und nur mit Normalbenzin. Außerhalb von Ras Hilf findet man dagegen keine Möglichkeit zum Auftanken. Das **Inland** ist fast unbesiedelt und weist nur wenig Vegetation auf. Es wird durch kleine Hügel bis 200 m Höhe bestimmt.

Im Osten und Süden der Insel findet man teils sehr **schöne Strände.** Die Küste ist auf der Seite zum offenen Meer sehr abwechslungsreich, auf der zum Festland dagegen flach und langweilig. Ungewöhnlich für Oman ist, dass es kein Fort auf der Insel gibt, lediglich einige **Ruinen bei Umm al-Sais.** Dafür werden Sammler von Muscheln voll auf ihre Kosten kommen. Ein Geländewagen ist für die teils rauen Pisten rund um die Insel notwendig. Zur Erkundung sind zwei oder drei Tage ausreichend.

Hotel

- **Masirah Hotel***

Nur 5 Zimmer, deshalb unbedingt vorreservieren; einfach, aber ordentlich und sauber, große Zimmer mit Klimaanlage, am nördlichen Ortsende (Postadresse: P. O. Box 19, Masirah 414), EZ 15 RO, DZ 18 RO, Tel. 404035 und 404401, Fax 404438
e-Mail: masirah@omantel.net.om

Restaurants

In Ras Hilf gibt es eine **Anzahl kleinerer Restaurants,** insbesondere im Norden des Ortes. Hier liegt an der Hauptstraße in der Nähe der Polizei auch das **Suhul Adam,** das sauber, gut und günstig ist.

Verkehrsverbindungen

- **Flugzeug**

Nach Masirah verkehren keine regelmäßigen Maschinen der Oman Air mehr. Mit etwas Glück kann man einen Platz auf den Flügen der Ölgesellschaft PDO erhalten.

- **Autofähre**

Auf der Festlandsseite erfolgt die Abfahrt nach Ras Hilf bei der Siedlung Shana (hier ist ein Hotel in Bau), in der Nähe des Dörfchens Al-Nakdah. Die **Abfahrtszeiten** orientieren sich am Bedarf und können **sehr unregelmäßig** sein, da sie auch von Ebbe und Flut abhängen. Meist fahren etwa drei bis vier Fähren pro Tag und Richtung. Die Überfahrt dauert ca. 1,5 Stunden, der Preis für einen Geländewagen und zwei Personen beträgt 15 RO.

Der Süden – Dhofar

ظفار

Eine Reise in den Süden Omans, in die Region Dhofar, bringt dem Besucher völlig neue Eindrücke. Das legendäre **Land des Weihrauchs** ist die abgelegenste Provinz des Sultanats, deren **Hauptstadt Salalah** ungefähr 1000 km von Muscat entfernt liegt. Durch diese Lage und die unterschiedlichen klimatischen Gegebenheiten entwickelte sich die Region völlig anders als der Norden Omans. Nur hier wird intensive Rinderhaltung betrieben, leben die Menschen von der Weihrauchsammelwirtschaft und vom Monsun-Regenfeldbau. Durch die jahrhundertelangen engen Beziehungen zum benachbarten Wadi Hadramaut im Jemen bestehen große ethnische und kulturelle Ähnlichkeiten zum Nachbarland.

Der Dhofar unterscheidet sich auch in der **Vegetation** deutlich vom Rest des Landes. In den Sommermonaten, von Ende Juni bis September, wird die Küste von **Monsunwinden** aus dem Südwesten gestreift. Diese bringen Niederschläge und verwandeln die zuvor noch kargen Südhänge der Berge in eine grüne Landschaft mit üppigem Bewuchs. Der Niederschlag fällt jedoch nicht wie im tropischen Regenwald in Form von heftigen Regengüssen, sondern hauptsächlich als Nebel und Nieselregen. Dadurch kann der Boden die Feuchtigkeit gut aufnehmen, und das Wasser fließt nicht nur an der Oberfläche ab. Während des Monsuns herrscht zwar kein heftiger Sturm, aber auf dem Meer macht hoher Seegang den Fischern zu schaffen. Heute wird der Monsun von den Bergketten der Dhofar-Gebirge vom Landesinneren fern gehalten, so dass der Einfluss der Regenzeit auf der landeinwärts gelegenen Seite der Berge kaum mehr zu spüren ist. Hier herrscht das ganze Jahr über trockenes Wüstenklima. Noch vor 7000 Jahren reichte der Monsun weit in die Arabische Halbinsel hinein und ermöglichte eine wesentlich intensivere landwirtschaftliche Nutzung als heute.

Die **beste Reisezeit** für einen Besuch des Dhofar ist **direkt nach dem Monsun** ab **Mitte September bis Mitte Oktober,** wenn noch alles üppig grün ist. Auch der Winter von November bis März ist gut geeignet, da die Temperaturen angenehm sind. Zwar beginnt der Bewuchs der Berge bereits wieder zu verdorren, aber der Küstenstreifen zeigt sich weiterhin in tropischer Pracht. Der Monsun ist als Reisezeit nur bedingt zu empfehlen. Der Himmel ist meist wolkenverhangen, und der Nieselregen kann die Urlaubsfreuden deutlich beeinträchtigen. Allerdings ist dies nur die Sicht des regenverwöhnten Europäers. Für viele Touristen aus Saudi-Arabien und den kleinen Golfstaaten sind der Regen und der relativ kühle Sommer eine Attraktion, wodurch Salalah zur Monsunzeit zu einem beliebten Ferienort arabischer Besucher wird.

Aus der Geschichte des Dhofar

In der Antike gelangte der Dhofar zusammen mit dem Hadramaut als **„Arabia Felix“** („glückliches Arabien“) zu sagenumwobener Berühmtheit. Schon seit dem 5. Jahrtausend v. Chr. wurde die Gegend um Dhofar „Sakalan“ genannt – „dort, wo der Weihrauch wächst“. Dieses Harz brachte Südarabien eine lange Phase **großen Wohlstands.**

Die Region stand bis in das 7. Jahrhundert immer wieder unter der Herrschaft der antiken südarabischen Reiche, deren Hauptstädte im Süden des heutigen Jemen lagen (siehe Exkurs „Weihrauch – das duftende Goldharz des glücklichen Arabien“). Nach dem stillen Einzug des Islam wurde es einige hundert Jahre ruhig im Dhofar. Zeitweise war die Region eigenständig, phasenweise gehörte sie zu Oman und zu Bahrain. Im 16. Jahrhundert waren es zunächst die Portugiesen, später die Osmanen, die nach der Herrschaft über die südarabische Küste trachteten. Unter die **Kontrolle des Sultans** von Muscat geriet der Dhofar **erst 1879,** nachdem die Bewohner um die Hilfe aus dem Norden gebeten hatten. Sie erhofften sich ein Ende einer unsicheren und instabilen Phase, in der die Region vorübergehend unter der Herrschaft eines Seeräubers stand.

Der Sultan schickte Soldaten und einen Gouverneur – einen Wali –, der jedoch außerhalb von Salalah nicht viel Macht besaß. Daran änderte sich auch in der Folgezeit nichts, selbst dann nicht, als Sultan *Said* **1958** seine **Residenz von Muscat nach Salalah verlegte.** Er verließ Salalah nie, außer zu kurzen Staatsbesuchen nach England. Die meiste Zeit hielt er sich in seinem Palast auf und regierte das Land per Telefonverbindung nach Muscat. Dhofar zählte nicht zu Oman, sondern als Privatbesitz des Sultans. Einnahmen aus Steuern

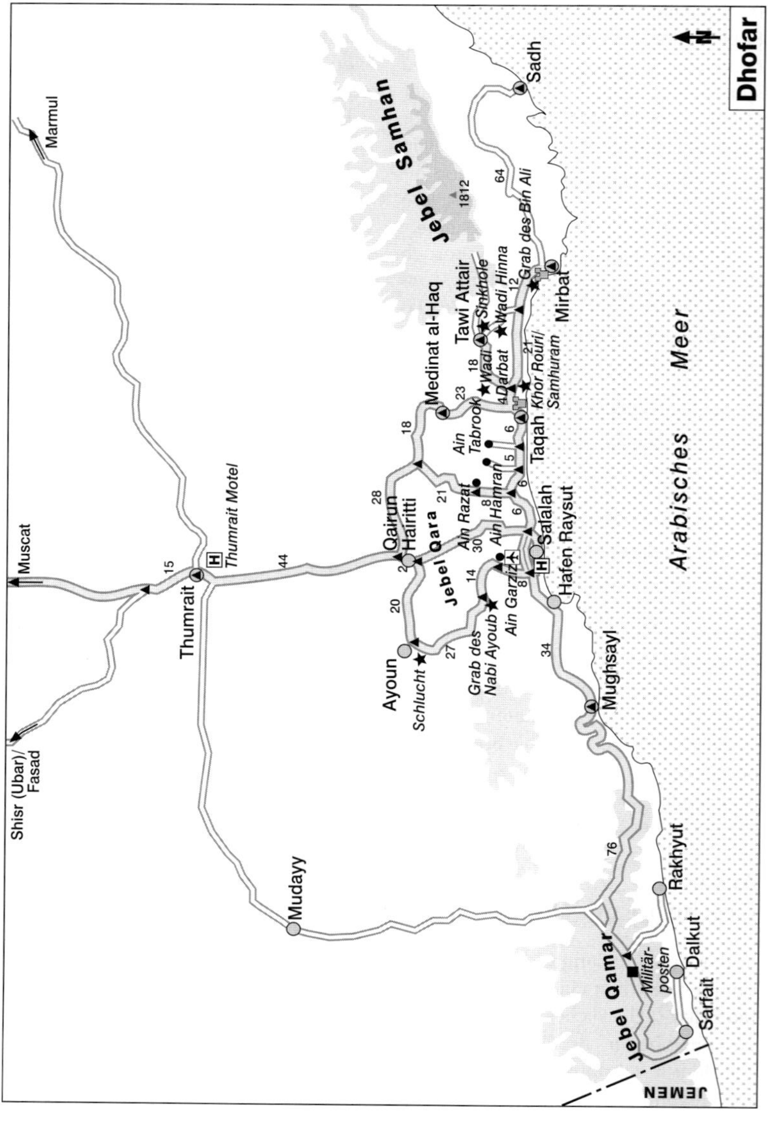
Dhofar
Jebel Samhan
1812
Sadh
Mirbat
Grab des Bin Ali
Wadi Hinna
Sinkhole
Tawi Attair
Wadi Darbat
Medinat al-Haq
Khor Rouri/
Samhuram
Taqah
Ain Tabrook
Ain Hamran
Ain Razat
Ain Garziz
Salalah
Hafen Raysut
Qairun Hairiti
Jebel Qara
Grab des Nabi Ayoub
Ayoun
Schlucht
Mughsayl
Arabisches Meer
Thumrait
Thumrait Motel
Muscat
Marmul
Shisr (Ubar)/
Fasad
Mudayy
Rakhyut
Dalkut
Militär-
posten
Sarfait
Jebel Qamar
JEMEN

und Zöllen flossen nicht in die Staatskasse, sondern in seine Privatschatulle. Doch sein Bestreben, alle Entwicklungen aufzuhalten und besonders im Dhofar die Zeit still stehen zu lassen, rächte sich blutig. **1964** begann eine **Rebellion,** die den Dhofar aus den mittelalterlichen Zuständen herausführen wollte. Das **Aufbegehren der Bergbewohner** aus dem Hinterland Salalahs, der **Jebalis,** begann als Guerilla-Krieg mit vereinzelten Attacken und Minen gegen die Soldaten des Sultans. Dieser antwortete mit der Verhaftung zahlreicher Stammesangehöriger und der Zerstörung von Brunnen. Als Folge wurde die „Dhofar Liberation Front" gegründet, die sich zum Ziel setzte, den Dhofar von der Herrschaft des Sultans und allen imperialistischen (britischen) Einflüssen zu befreien.

1967 zogen sich die Briten aus dem benachbarten Südjemen zurück, und der dortige Sieg der sozialistischen Bewegung unterstützte den Kampf im Dhofar. Zunächst nur moralisch, später auch militärisch, was der Sultan angesichts der langen, gemeinsamen Grenze, die er nicht kontrollieren konnte, nicht zu verhindern vermochte. 1968 benannte sich die Befreiungsbewegung in „Peoples' Front for the Liberation of the Occupied Arabian Gulf" um und verstärkte den Kampf gegen den Sultan. Dieser hatte im Sommer 1970, kurz vor der Ablösung durch seinen Sohn, nur noch Kontrolle über das Stadtgebiet von Salalah.

Ein wichtiger Hintergrund für den eskalierenden Krieg war die unterschiedliche **Abstammung und Lebensweise der Menschen im Dhofar.** An der Küste rund um Salalah siedeln hauptsächlich sesshafte Araber, während im Bergland nichtarabische, nomadisierende Stämme leben. Der Sultan hatte durch die Abriegelung von Salalah die traditionelle Lebensweise und das Wirtschaftssystem der **Jebalis** zerstört. Sie waren im freien Umherziehen von den Bergen in die Küstenregion je nach Jahreszeit, gehindert, was auch gemäßigte Jebalis auf die Seite der Befreiungsfront überwechseln ließ.

Der jährliche Monsun erwies sich als ein wichtiger Vorteil für die Aufständischen, da die Truppen des Sultans zu dieser Zeit wegen der sehr schlechten Sichtverhältnisse nicht kämpfen konnten. Den Jebalis, die sich in den Bergen ja bestens auskannten, machte der Nebel nichts aus.

Nach der **Machtübernahme durch Sultan Qaboos** im Juli 1970, versuchte dieser, den Krieg rasch zu beenden. Er versprach allen Oppositionellen gegen seinen Vater, zu denen er sich ja auch selbst zählte, eine **Amnestie** und nahm den Dhofar offiziell in das Staatsgebiet Omans auf. *Qaboos,* der in Salalah geboren wurde und dessen Mutter aus dem Dhofar stammte, gelang es aber nicht, den Konflikt unblutig zu lösen, da es die Befreiungsfront ablehnte, aufzugeben. Daraufhin verstärkte Qaboos seine Truppen, rüstete sie besser aus, so dass sie auch während des Monsuns agieren konnten, und drängte die Aufständischen in die Berge zurück.

Im Sommer **1972** kam es zu einer vorentscheidenden **Niederlage der Befreiungsfront** bei Mirbat. Doch in der

schwer zugänglichen Bergen konnten sie sich zurückziehen und waren gegenüber den Angreifern im Vorteil. Erst mit Unterstützung durch Truppen des Schahs von Persien gelang der endgültige Sieg des Sultans. Nach der Einnahme des Fischerortes Rakhyut, dem letzten Rückzugsort der Rebellen, kam es im März **1976** zur Vereinbarung eines **Waffenstillstandes.**

Die Bewohner Nordomans hatten die Auseinandersetzung nie als Bürgerkrieg angesehen, sondern als eine Sache des Sultans bzw. der Briten. Dass er den Krieg im Dhofar beenden konnte und das Land endlich einte, steigerte das Ansehen des jungen Sultans in der Bevölkerung enorm.

Der infrastrukturelle **Aufbau des Dhofar** wurde nach Ende des Krieges deutlich stärker forciert als der im übrigen Oman. Die Pro-Kopf-Entwicklungsgelder lagen hier wesentlich höher, und an der Regierung wurden Dhofaris stark beteiligt. Die ehemaligen Widerstandskämpfer wurden in eine Miliz *(firqat)* aufgenommen, eine Art Sicherheits- und Friedenstruppe.

Von Muscat nach Salalah

Um die **1000 km von Muscat nach Salalah** zurückzulegen, stehen dem Reisenden mehrere Möglichkeiten offen. Die schnellste und bequemste ist zweifellos das **Flugzeug.** Oman Air fliegt täglich einmal gegen Mittag sowie einmal am Abend in jede Richtung. Da die Maschinen ausreichend Kapazität bieten, ist normalerweise auch eine kurzfristige Buchung möglich (hin und zurück 76 RO).

Die zweite Möglichkeit ist die Anreise mit dem **Bus.** Täglich fahren ONTC-Schnellbusse um 6 und 19 Uhr ab Ruwi (8 RO, in der Monsunzeit und im Ramadhan verschieben sich die Abfahrtszeiten um eine Stunde). Die Fahrzeit beträgt 13 Stunden. Auch wenn die lange Fahrt strapaziös ist, so sprechen doch einige Gründe dafür: Zum einen kommt man auf einer solchen Reise sehr leicht in Kontakt mit der einheimischen Bevölkerung, zum anderen wird die Dimension der Entfernung erst durch eine Anreise auf dem Landweg deutlich.

Eine **Kombination von Flugzeug und Bus** für Hin- und Rückweg vereinigt die Vorteile der beiden Anreisevarianten. In Salalah hat man entweder die Möglichkeit, ein Taxi oder einen Leihwagen zu mieten oder aber die Angebote der ört-

Rinder werden auf der Arabischen Halbinsel nur im Dhofar frei gehalten

lichen Reiseveranstalter zu nutzen. Öffentliche Verkehrsmittel sind für eine Erkundung des Dhofar nicht geeignet, da zu vielen Zielen keine Busse oder Sammeltaxis fahren.

Es ist natürlich auch möglich, mit einem **Leihwagen** selbst von Muscat nach Salalah zu fahren. Allerdings wird das nicht von allen Verleihern toleriert, und man sollte sich vor dem Unterschreiben des Vertrages danach erkundigen. Bei einigen Firmen besteht auch die Möglichkeit, das Auto in Muscat zu mieten und in Salalah abzugeben bzw. umgekehrt, so dass man eine Strecke fliegen kann. Allerdings ist dann eine hohe Gebühr für die Überführung des Wagens fällig.

Auf dem Landweg sind es **von Muscat nach Salalah** etwas über 1000 km, ab Nizwa fast 900. Die gesamte Strecke, die zum 10. Nationalfeiertag 1980 fertiggestellt wurde, ist geteert und größtenteils in gutem Zustand. Da der Verkehr nicht besonders dicht ist, kann man zügig fahren. Eine reine Fahrzeit von etwa 10 Stunden sollte eingeplant werden.

Die Straße führt durch eine Kieswüstenebene, die nur sehr dünn besiedelt ist. Nachdem man die **Oase Adam** hinter sich gelassen hat, beginnt eine Strecke, die an Monotonie wohl kaum zu überbieten ist. Stur geradeaus führt die Straße über eine platte Landschaft, in der jeder kleine Hügel eine Beson-

oman_495 Foto: fk

derheit ist. Zwar fährt man am Rand der großen Sandwüste Rub al-Khali entlang, doch nur wenige kleine Dünen befinden sich unmittelbar neben der Straße.

Es ist weniger anstrengend und sicherer, nicht die gesamte Strecke an einem Tag zu fahren, sondern **unterwegs zu übernachten.** Nachtfahrten sollte man möglichst vermeiden, da des öfteren Kamele die Straße kreuzen und eine große Unfallgefahr bedeuten. Für eine Übernachtung gibt es etwa alle 200 km eine Möglichkeit: die **Hotels** in Nizwa, einfache Unterkünfte in Adam, Haima und Thumrait sowie drei **Rasthäuser.** Da die Rasthäuser auch ein Restaurant haben, eignen sie sich natürlich auch gut für Pausen, außerdem befindet sich dort jeweils eine Tankstelle mit einer kleinen Werkstatt und einem Lädchen. Vorausbuchungen sind in allen Hotels normalerweise nicht notwendig.

Die Streckenbeschreibung und die Kilometer-Zählung nach Salalah beginnen am großen **Kreisverkehr bei Firq 7 km südlich von Nizwa,** an dem man nach Süden abbiegen muss.

Nach 5 km folgt der **Abzweig** zum Fort von Al-Faiqain und nach Manah mit seiner alten Lehmsiedlung.

Bei **km 14,5** liegt das **Husn al-Shumookh** links der Straße. Dieser neue Palast im traditionellen Festungsstil wurde Ende 2001 eröffnet und ist öffentlich nicht zugänglich.

Die Strecke führt durch eine Steppenebene auf die südlichste Bergkette Nordomans zu. Bei **km 57** zweigt bei einer Shell-Tankstelle eine Straße in die **Oase Adam** ab, die zwischen zwei Bergen dieser Kette liegt. Es ist die südlichste Oase Inner-Omans, und sie hat deshalb für die Beduinen seit jeher eine besondere Bedeutung als **Marktort** gehabt. Für die aus Süden kommenden Karawanen war Adam die erste Oase nach der langen Durchquerung der Kieswüste. Adam ist der Herkunftsort des Stammes der *Al Bu Said.* Der Begründer der noch heute herrschenden Dynastie, *Ahmed bin Said,* wurde in Adam geboren.

Die Oase besteht aus vielen einzelnen Stadtteilen, die jeweils für sich befestigt sind. Einen sehenswerten **alten Teil** des Ortes erreicht man, indem man nach etwa 1,7 km am zweiten Kreisverkehr nach rechts in Richtung Rahbah abbiegt. Hier befinden sich der aufgegebene Souq und eine befestigte, verlassene Wohnsiedlung aus großen Lehmbauten sowie einer der Oasengärten. Noch interessanter sind die Ortsteile etwas weiter südlich. Am einfachsten erreicht man sie, indem man von der Hauptstraße Muscat – Salalah erst an der BP-Tankstelle abbiegt. Fährt man nach 1,4 km nach links in Richtung Jamae al-Busaidi ab und fährt 700 m durch den neuen Ort und den Palmengarten geradeaus, so kann man vor einem Lehmtor parken. Dahinter befindet sich ein weitläufiges befestigstes Wohnviertel aus Lehm, das heute verlassen ist. Einen weiteren sehenswerten verlassenen Lehm-Ortsteil kann man erkunden, indem man vom Abzweig an der BP-Tankstelle 2 km geradeaus fährt, dann nach links in Richtung Husn al-Hawashem abbiegt, sich nach weiteren 900 m links, nach 100 m wieder rechts

Entlang der Ostküste

von Peter Franzisky

Neben der endlosen Weite der Jiddat al-Harasis im Landesinneren ist die Ostküste Omans eines der abgelegensten und dünnbesiedelsten Gebiete des Landes. Es sind weniger die landschaftlichen Höhepunkte, die diese Strecke so interessant machen. Vielmehr ist es das ganz alltägliche Oman, das man hier wie nirgendwo sonst erleben kann. Größere Städte gibt es keine, die Fischerdörfer sind aber auch für die Beduinen im Landesinneren wichtige Versorgungsstationen, und daher findet man auch in kleinen Siedlungen Tankstellen, Läden und Restaurants. Die Versorgung stellt auf der ganzen Tour kein Problem dar, man sollte aber jede sich bietende Möglichkeit zum Auffüllen der Vorräte nutzen. Wir wollen hier keine genaue Routenbeschreibung geben, sondern nur einen Eindruck von dem vermitteln, was einen unterwegs erwartet. Unentbehrlich für eine Reise entlang der Ostküste ist das „Off-Road in Oman"-Buch von Klein/Brickson. Mit dieser Hilfe ist die Orientierung kein großes Problem, und da die Strecke zwar wenig, aber doch regelmäßig befahren wird, kann man die Tour auch mit nur einem Geländewagen unternehmen.

Ein guter Ausgangspunkt für eine Reise entlang der Küste nach Süden ist Al-Hajj an der Südspitze der Wahiba Sands. Hier befindet sich auch ein kleines, einfaches Hotel: **Muhoot Motel,** bei der Shell-Tankstelle, Tel. 9202715, 9377839, EZ 10 RO, DZ 12 RO.

Drei Wege führen in dieses verschlafene Provinzstädtchen: Die einfachste Strecke beginnt in Sanaw und ist bis Al-Hajj inzwischen fast durchgehend geteert, so dass man die gut 200 km in etwa zwei Stunden hinter sich bringen kann. Ein schönerer, aber auch schwieriger Weg führt entlang des Meeres am Rande der Wahiba. Allerdings kann man nicht durchgehend auf dem Strand fahren, sondern muss landeinwärts einige steile sandige Abschnitte überqueren. Die interessanteste Strecke ist ohne Zweifel die durch die Ramlat al-Wahiba. Mehrere Pisten führen von Nord nach Süd, doch sind sie alle nur im Konvoi von mindestens zwei Fahrzeugen und mit Wüstenausrüstung zu empfehlen. Sicherheitshalber sollte man sich einem Führer anvertrauen.

Ab Al-Hajj lässt sich die Strecke gut in drei Tagesetappen aufteilen. Der erste Abschnitt bis Ras Madrakah ist rund 280 km lang. 30 km südlich von Al-Hajj erreicht man das Meer bei Filim. Der Strand ist hier extrem flach, so dass sich das Wasser bei Ebbe weit zurückzieht. Die zahlreichen Vogelarten bieten interessante Beobachtungsmöglichkeiten für Ornithologen. Der wiederum 50 km weiter gelegene Fischerort Khaluf, in dessen Umgebung sich einige schöne Campplätze finden, ist besonders am frühen Morgen sehenswert, wenn die Fischer ihren Fang an Land bringen. Nirgendwo in Oman sind die Autos verrosteter als hier: Einige bestehen nur noch aus Fahrwerk, Rädern, einem Sitz und Lenkrad. Mit den vom salzigen Seewind gebeutelten Wagen ziehen die Fischer ihre Boote auf den Strand, wo der Fisch in bereitstehende Kühlwagen umgeladen wird. Von Khaluf führt allerdings keine Piste unmittelbar am Meer in Richtung Süden, so dass man die Hauptstrecke im Landesinneren nutzen muss. Sie ist bis Ras Duqm schon fast komplett geteert und bietet nur wenig Abwechslung. Bei Ras Duqm sollte man nicht versäumen, einen kurzen Abstecher zu dieser felsigen Landspitze zu unternehmen. Die Piste weiter nach Süden ist weitgehend in gutem Zustand, so dass man mit ca. 90 km/h flott vorankommt. Tagesziel ist Ras Madrakah, einer der schönsten Abschnitte an der Küste. Zwischen den schwarzen Felsen vulkanischem Ursprungs finden sich schöne Strände mit hellem Sand, die gute Campmöglichkeiten bieten. Etwas nördlich der Siedlung ist ein griechischer Frachter gestrandet und verrottet langsam.

Der nächste Tag ist mit über 350 km bis Shuwaymiyah etwas lang, so dass man ihn bei ausreichender Zeit gut in zwei Tage aufteilen kann. Entlang der Strecke sind es vor allem die zahlreichen Lagunen, die einen kurzen Abstecher von der Hauptpiste zum Meer lohnen. So erreicht man 70 km südlich von Ras Madrakah die kleine „Drei-Palmen-Lagune" und nach weiteren 100 km die Lagune Khor Ghawi beim Ort Qahal. Beide sind durch ihre großen Vogelkolonien interessant. Am Khor Ghawi kann man außerdem kleine pink gefärbte Teiche entdecken, die ihre Farbe einer Algenart verdanken. In Sharbithat, etwa 100 km südlich von Qahal, finden diejenigen, die diesen Tag unterbrechen möchten, eine schöne Übernachtungsmöglichkeit am Strand. Weiter entlang der Hauptpiste erreicht man bei Shalim eines der größten Erdölfördergebiete des Landes. Nicht versäumen sollte man allerdings die 40 km bis Shuwaymiyah, das mit seinem langen Sandstrand ideale Campplätze bietet. Kurz vor Erreichen des Meeres führt die Piste eine Steilstufe hinab, und links des Weges bietet sich ein spektakulärer Ausblick auf einen tiefen Canyon. Shuwaymiyah ist berühmt für seine Flechtwaren, die hier in sehr guter Qualität hergestellt werden. Nicht versäumen sollte man einen Besuch im Wadi Shuwaymiyah östlich des Ortes. Die etwa 20 km durch die palmenbestandene Schlucht lohnen sich sehr, auch wenn man den selben Weg wieder zurück muss, da es eine Sackgasse ist.

Der letzte Tag führt bis nach Salalah. Von Shalim ist es empfehlenswert, nicht direkt nach Marmul abzubiegen, sondern zunächst einige Kilometer in Richtung Amal zu fahren, da von hier eine neue Teerstraße nach Marmul führt. Die Orientierung ist in diesem Abschnitt nicht ganz einfach, da durch die Ölförderanlagen (an die man sogar sehr nahe herankann) ein Wirrwarr an Pisten besteht. Ab Marmul ist jedoch Thumrait/Salalah ausgeschildert, und etwa 160 km hinter Marmul erreicht man bei Thumrait die Teerstraße von Muscat nach Salalah.

Die Lagune Khor Rouri östlich von Salalah

oman_492 Foto: fk

hält und noch 200 m dem schmalen Sträßchen durch den Palmenhain folgt.

Unterkunftsmöglichkeit im einfachen, aber ordentlichen **Adam Guest House** bei der BP-Tankstelle, EZ 10 RO, DZ 14 RO, Tel. 434975, Fax 434039.

Die **Weiterfahrt nach Süden** wird ab Adam immer eintöniger. Die Strecke führt bis etwa 80 km vor Salalah durch ein **riesiges, plattes Wüstengebiet.** Bis zum Horizont gibt es nichts außer absoluter Leere, doch gerade die Monotonie verleiht diesem Gebiet und der Strecke schon wieder einen besonderen Reiz. Während manche die endlose Ebene als langweilig empfinden, sind andere Reisende fasziniert von der Weite der Wüste. Der Verkehr ist alles andere als dicht, hauptsächlich Fernbusse und Lkw sind unterwegs. Sie haben den Vorteil, schneller als Schiffe und billiger als Flugzeuge zu sein, weshalb sie den größten Teil des Warentransportes in den Dhofar übernehmen.

Nach etwa **150 km** kann man rechter Hand einige **Hügel** in der ansonsten platten Landschaft entdecken. Sie sind durch **unterirdische Salzverkrustungen** entstanden, die in Richtung Oberfläche drücken. Dabei wird die Erde über dem Salz zu einem kleinen Berg aufgeworfen. Das Salz selbst tritt nur an wenigen Stellen hervor. Beobachten kann man dies am besten am Qarat Kibrit, zu dem es bei **km 170** rechts abgeht. Die Abzweigung ist mit „Saih Nihayda“ und „Ghaba North Oilfield“ beschildert.

Qarat Kibrit

Der Abstecher von etwa 35 km lohnt sich nur, wenn man an der Geologie des Salzberges interessiert ist. Die gut planierte Piste führt 21 km durch die Ebene, bis man inmitten der Wüste einen riesigen Kreisverkehr erreicht. Hält man sich scharf rechts, so überquert man nach weiteren 9 km eine Ölpipeline und steht kurz danach am Fuße des kleinen Berges. Hinter dem vorderen Hügel befindet sich eine kleine Höhle, in der das Salz an die Oberfläche tritt. Für die Beduinen war dies in vergangenen Zeiten ein wichtiger Ort, um sich mit dem lebenswichtigen Salz zu versorgen.

Bei **km 179** kommt man zum **ersten der Rasthäuser,** dem **Ghaba Resthouse,** EZ 11 RO, DZ 15 RO, Tel. 9358639.

Links und rechts der Straße kann man immer wieder Erdölfelder an ihren hohen Türmen erkennen. Die **Provinz Wusta,** wie das Wüstengebiet im Landesinneren genannt wird, ist zwar flächenmäßig sehr groß, aber nur dünn besiedelt. Durch die Funde von Erdöl ist sie für die Wirtschaft das Landes enorm wichtig. Auch für die Beduinen hat die Ölindustrie neue Verdienstmöglichkeiten geschaffen.

Den kleinen Ort **Haima,** der etwa auf der Hälfte der Strecke nach Salalah liegt, erreicht man **nach 381 km.** Hier hat man die Gelegenheit zum Auftanken und Einkaufen, für Notfälle gibt es ein kleines Krankenhaus. Haima ist die einzige „Stadt“ auf dem Weg nach Süden. Nachdem die Erdölgesellschaft PDO hier einen Brunnen gebohrt hatte, wurde der Ort zu einem wichtigen Lagerplatz der Beduinen. Nach dem Bau der Teerstraße entwickelte er sich durch den infrastrukturellen Aufbau durch den Staat zu einer kleinen Stadt. Immer mehr Beduinen siedelten sich an und gaben ihr Nomadenleben auf. Auch die Lohnarbeit auf den Erdölfeldern hat Sozialstruktur und Lebensform dieser Nomaden grundlegend verändert. **Unterkünfte** am nördlichen Ortsende im **Al-Wusta Tourism Motel,** EZ 10 RO, DZ 12 RO, und im etwas solideren **Haima Motel** am südlichen Ortsausgang, EZ 10 RO, DZ 10–15 RO, Tel. 436061.

Südöstlich von Haima erstreckt sich das 40.000 km^2 große Gebiet der Kieswüste **Jiddat al-Harasis,** benannt nach dem **Stamm der Harasis,** der hier lebt. Diese Nomaden ziehen von einem Weidegebiet zum nächsten, im Sommer an die Küste oder in Oasen wie Adam. Sie leben hauptsächlich von ihren Ziegen und einigen Kamelen, die sie auf den Märkten der nördlich gelegenen Oasenorte wie Sanaw, Adam und Manah verkaufen. In vergangenen Tagen war dieser Handel noch ein Tauschgeschäft, bei dem Tiere gegen Lebensmittel eingetauscht wurden.

Die Jiddat Al-Harasis ist auch der Lebensraum der arabischen **Oryx-Antilopen.** Nachdem diese Rasse in der freien Wildbahn fast ausgerottet war, hat man es durch ein groß angelegtes Projekt geschafft, ihnen hier wieder eine Heimat zu geben (siehe auch Exkurs „Oryx – Königin der Antilopen").

Genau **100 km hinter Haima** ist das **Ghaftain Resthouse,** EZ 10 RO, DZ 15 RO, Tel. 9485881, erreicht. Zwar führt die Straße nun relativ dicht an einem Ausläufer der Sandwüste Rub al-Khali entlang, jedoch sind einige kleine Dünen alles, was die weite Landschaft etwas auflockert.

Bei **km 607** passiert man das **Quitbit Resthouse,** EZ 11 RO, DZ 15 RO, Tel. 951386.

Nach **683 km** erreicht man die kleine Siedlung **Dauka.** Hier geht es rechts über eine Piste zum Ort **Shisr** (66 km) mit seiner berühmten Ausgrabungsstätte „Ubar" (siehe Exkurs rechts). Vorbei an einer Versuchsfarm für Agrarprodukte erreicht man bei **km 788** eine zweite Piste nach Shisr (72 km). Sowohl Shisr wie auch das Wadi Dauka mit seinen Weihrauchbäumen sind zusammen mit Al-Balid und Samhuram seit dem Jahr 2000 von der UNESCO in die Liste der Weltkulturgüter aufgenommen worden. Damit wurde der historischen Bedeutung dieser Orte, die alle Teil der Weihrauchstraße waren, Rechnung getragen.

Etwa **15 km** nach dem zweiten Abzweig nach Shisr dehnt sich **Thumrait,** der zweitgrößte Ort des Dhofar, linker Hand der Straße aus. Diese neue Stadt wird durch ein großes Camp der Luftwaffe dominiert. Am Ortsende befindet sich auf der linken Seite das **Thumrait Tourist Hotel** mit einem ordentlichen Restaurant, P. O. Box 93, Thumrait 222, EZ 14 RO, DZ 19,600 RO, Tel. 279371, Fax 279373, e-Mail: thumotel@omantel.net.om.

Ab Thumrait wandelt sich die Landschaft immer schneller. Zunächst ragen vereinzelt kleine Hügel aus der weiten Ebene, doch auf den nächsten Kilometern werden es immer mehr, die zusehends in die Höhe wachsen. Dieses Gebiet wird **Nejd** genannt, und es er-

Ubar, das versunkene „Atlantis der Wüste"

von Peter Franzisky

Anfang der 1990er Jahre erregte ein Fund am Rande der Rub al-Khali großes Aufsehen. Bei Shisr hatte man Reste einer Karawanenstation entdeckt, von der einige Archäologen der Meinung sind, es könnte sich möglicherweise um das legendäre „Ubar" handeln.

Ubar gelangte durch verschiedene Überlieferungen zu seiner sagenumwobenen Berühmtheit. Im Qur'an wird in der 89. Sure erwähnt, dass die Stadt von der Erde verschlungen worden sei, da sie zu reich und lasterhaft geworden war. Auch arabische Historiker berichten über Ubar und seinen Reichtum. T.E. Lawrence schließlich, besser bekannt als „Lawrence von Arabien", bezeichnete es als das „Atlantis der Wüste".

Lange Zeit waren die Berichte so unglaublich, dass man schon zweifelte, ob es Ubar je gegeben hat. Doch dann entdeckte man auf Satellitenbildern und auf Fotos, die die Raumfähre Challenger gemacht hatte, alte Karawanenstraßen im Wüstensand, und die alten Sagen bekamen neuen Aufwind. Einer der Karawanenwege führte nach Shisr, wo man mit Ausgrabungen begann und schon bald fündig wurde. Auch wenn es fragwürdig ist, ob es sich hier nun wirklich um Ubar handelt, so ist die Ausgrabungsstätte von großer Wichtigkeit für die archäologische Erforschung Omans.

Aufgrund der Wasservorkommen bei Shisr entwickelte sich der Platz schon früh (möglicherweise schon vor mehr als 5000 Jahren) zu einem Zentrum der Region. Zur Blütezeit des einträglichen Karawanenhandels mit Weihrauch war Shisr der letzte Ort vor der wasserlosen Wüste, an dem die Karawanen ihre Vorräte auffüllen konnten. Angeblich verließen von hier Handelskarawanen mit bis zu 2000 Kamelen den Süden Omans, um die wertvolle Fracht durch das Innere Arabiens nach Ägypten, Palästina und Mesopotamien zu bringen.

Bei einem Besuch in Shisr wird man von einem Schild „Welcome to Ubar" begrüßt. Die Ausgrabungsstätte lässt jedoch auf den ersten Blick nicht erkennen, warum ihre Entdeckung für so viel Wirbel gesorgt hat. Dass dies eines der Zentren des weltweiten Weihrauchhandels gewesen sein soll, lässt sich nur schwer vorstellen. Man sollte auf jeden Fall nach den Aufsehern fragen, die Fragen beantworten können. Sie öffnen auch das kleine Museum mit Zeitungsausschnitten und einigen Fundstücken (Eintritt 1 RO).

In Shisr trafen wir **Prof. Dr. Juris Zarins,** amerikanischer Archäologe im Dienste des omanischen Informationsministeriums, der maßgeblich an den Ausgrabungen in Shisr beteiligt war, und führten ein kurzes Interview mit ihm:

Frage: Bitte erzählen Sie uns doch zunächst etwas über die alten Legenden und Quellen, die von Ubar berichten.

Prof. Zarins: Wenn wir in der Chronologie zurückschauen, so basieren die jüngsten Legenden auf Material wie den legendären Erzählungen aus 1001 Nacht. Hier ist die Rede von einem fantastischen Platz mit Juwelen und Gold, was natürlich der Vorstellungskraft entsprungen ist. Hier wurde auch der Name Ubar geprägt.

Wenn wir etwa drei oder vier Jahrhunderte weiter zurückgehen, so finden wir arabische Quellen, die Ubar als eine Region und nicht als eine Stadt bezeichnen. Diese Region wird als wasserreich und voller Gärten beschrieben.

Die nächstälteren Angaben finden wir im Qur'an, der von dem Volk der Ad spricht. Die Menschen von Ad kontrollierten damals die Region des heutigen Dhofar. Sie waren keine Araber, lebten in den Bergen und waren wohl die Vorfahren der heutigen Jebalis. Ihre Hauptstadt, die wohl mit Ubar gleichzusetzen ist, wurde von Gott vernichtet.

Schließlich haben wir die klassische Version des Ptolemäus aus dem 2. Jahrhundert n. Chr. Er hat in seiner berühmten Landkarte zwar keine Stadt Ubar eingezeichnet, aber nennt die Region Iobaritae. Diese Gegend hatte drei oder vier Zentren, von denen wir jetzt wohl eines ausgegraben haben.

Frage: Wie wurde die Ausgrabungsstätte hier in Shisr entdeckt, und warum nehmen Sie an, dass es sich um das legendäre Ubar handelt?

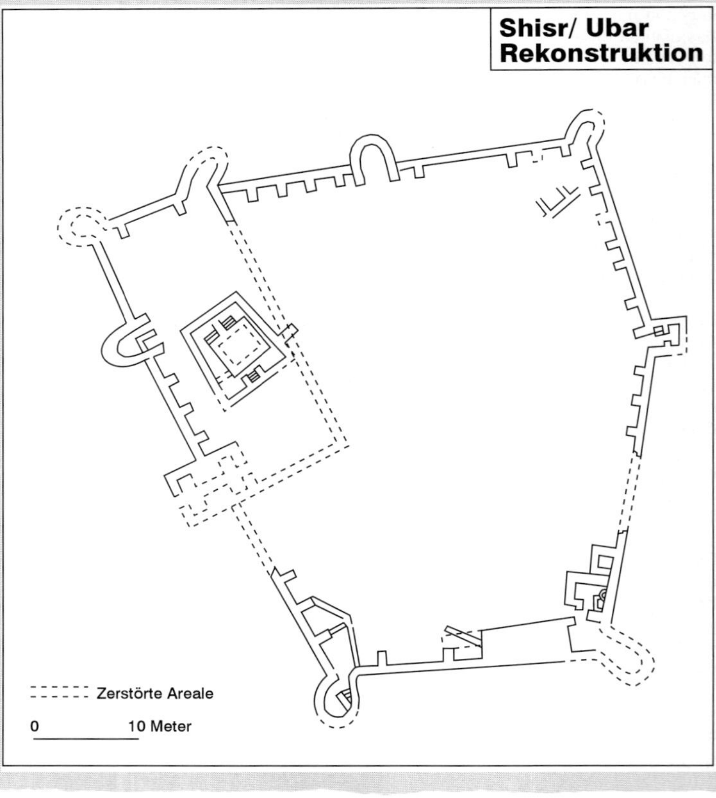

Prof. Zarins: Nun, zunächst haben wir da den Bericht von Bertram Thomas, der 1932 mit Beduinen die Rub al-Khali durchquerte. Als sie in diese Region kamen, sagte einer seiner Begleiter: „Schau, dort ist die Straße nach Ubar.“ Leider hatte Thomas damals keine Zeit, dem nachzugehen. Jetzt, sechzig Jahre später, nahmen wir ein Satellitenbild. Wir suchten den Ausschnitt, von dem Bertram Thomas damals berichtete. Und siehe da, man konnte die Straße ohne Probleme erkennen. So war die einzige Frage, ob die Stadt Ubar nun im Norden oder im Süden dieser Straße liegt. Nördlich beginnt aber das Sanddünengebiet der Rub al-Khali, und jeder weiß, dass es dort keine Städte gibt. Also suchten wir im Süden. Wir gingen so weit, bis wir an einen Platz kamen, wo wir dachten, dass es hier sein könnte. Das war Shisr, wo wir also zu graben begannen. Und wir fanden diese Karawanserei und legten sie frei. Es ist der einzige Platz in einem weiten Umkreis, an dem ein so wichtiger Karawanenstützpunkt liegen kann, denn hier gibt es ausreichend Wasser.
Frage: Was haben Sie ausgegraben? Welche Dinge haben Sie gefunden?
Prof. Zarins: Die Funde lassen auf eine sehr lange Besiedlung dieses Platzes schließen, schon seit mehr als 5000 Jahren. Die ältesten Gebäude gehen möglicherweise bis auf die Eisenzeit zurück. Wir haben Töpferwaren aus der klassischen wie auch aus der römischen und griechischen Zeit entdeckt. Dann war Ubar anscheinend für einige Zeit unbewohnt, bevor die Araber im 9. oder 10. Jahrhundert kamen. Auch aus der Zeit, als die Portugiesen die Küste eroberten, haben wir Dinge gefunden.

Bei den ausgegrabenen Gebäuden handelt es sich um Häuser, Wehranlagen und Türme der Stadtmauer. An Fundstücken entdeckten wir Töpfereien, Werkzeuge und Schachfiguren, die wohl die ältesten bisher gefundenen Schachfiguren der Welt sind. Daneben Münzen aus Syrien, Rom, Griechenland und Ägypten, was ebenfalls die weiten Handelsbeziehungen belegt.
Frage: Haben Sie eine Erklärung für den Mythos des plötzlichen Untergangs? Es heißt ja, Ubar sei „vom Erdboden verschluckt“ worden.
Prof. Zarins: Ja, vielleicht. Mitten im Ausgrabungsgelände befindet sich ein großer, etwa zwölf Meter tiefer Krater. Es handelt sich dabei um eine Kalksteinhöhle, deren Decke eingebrochen ist. Falls dies passiert sein sollte, während die Stadt voller Menschen war, so könnte dies die Grundlage für die Berichte über eine Untergangskatastrophe sein.

Es bleibt die Frage offen: Handelt es sich bei der Ausgrabung von Shisr wirklich um Ubar? Es gibt keine Beweise dafür, allerdings auch keine dagegen. Zweifellos war es eine bedeutende und damit wohl auch reiche Handelsstation. Möglicherweise sind die Beschreibungen und Legenden im Laufe der Jahrhunderte auch zu sehr in Fantastische übertrieben worden. Die Unesco hat jedenfalls den Stellenwert der Stätte anerkannt und sie seit dem Jahr 2000 in die Liste der Weltkulturgüter aufgenommen.

streckt sich durch den gesamten Dhofar südlich der Rub al-Khali und nördlich des parallel zur Küste verlaufenden Dhofar-Gebirges. Im Nejd-Gebiet leben, im Gegensatz zu den sesshaften Viehzüchtern in den Bergen des Dhofar, hauptsächlich Beduinen.

In der Zone bis etwa 30 km hinter den Bergen liegt der Hauptstandort der **Weihrauchbäume** (siehe Exkurs „Weihrauch – das duftende Goldharz des glücklichen Arabien"). Direkt an der Straße sind hier allerdings nur wenige der kleinen knorrigen Bäume zu entdecken.

Bei **km 850** hat die ebene und unbewachsene Landschaft ein Ende, und die kurvenreiche Durchquerung des **Jebel Qara** beginnt. Die maximale Höhe dieses Gebirges beträgt hier nur etwa 900 m, seine Breite ungefähr 30 km. Beim Ort Qairun Hairitti hat man die Passhöhe erreicht, und auf der Fahrt hinunter in die Ebene bieten sich immer wieder schöne Aussichten auf das Meer und Salalah. Die Berge sind dicht mit Gras bewachsen, das von Kamelen und Kühen abgeweidet wird. Die üppige Vegetation, besonders nach dem Sommermonsun, und die abwechslungsreiche Hügellandschaft mit ihren tiefen Schluchten lassen die Monotonie der langen Wüstenfahrt schnell vergessen.

Salalah mit seinen tropischen Plantagen und einem üppigen Grün, das man nach der langen Wüstenfahrt kaum für möglich hält, erreicht man bei **km 879.**

Salalah صلالة

Die Lage der Stadt in der **fruchtbaren Salalah-Ebene** mit ihrem auch im Sommer angenehmen Klima hat den Ort zu einem beliebten Sommerdomizil für Omanis aus dem Norden des Landes und andere Bewohner der Arabischen Halbinsel gemacht. Heute ist Salalah eine lebhafte, moderne Stadt mit etwas über **100.000 Einwohnern.** Bei seiner ersten Ankunft 1945 beschrieb der Brite *Wilfred Thesiger* Salalah dagegen wie folgt: *„Salala ist eine kleine Stadt, kaum größer als ein Dorf. Es liegt am Rand des Meeres und besitzt keinen Hafen. Die Brecher des Indischen Ozeans rollen über den weißen Sand vor den Kokospalmen, welche die Küste säumen. Als ich die Stadt erreichte, holten die Fischer gerade die Netze ein. Zu Bergen gehäuft, trockneten die Fische in der Sonne. Die ganze Stadt stank nach Verwesung. Der Palast des Sultans, strahlend weiß in der grellen Sonne, war das auffallendste Gebäude. Er überragte den kleinen Suk oder Markt, eine Anzahl flachgedeckter Lehmhütten und ein Labyrinth aus Binsenmatten, Zäunen und engen Gassen. Der Markt bestand aus einem Dutzend Buden, war aber der größte Umschlagplatz zwischen Sur und Hadramaut, also im Umkreis von 1280 Kilometern. Auf dem Weg zum Palast kam ich an der Moschee vorbei, in deren Nähe sich ein paar alte Steinhäuser und ein sehr großer Friedhof befanden. Auf der Ebene vor der Stadt gibt es etliche Ruinen, die geringen Reste einer bedeutenden Vergangenheit, denn Dhofar war im Altertum das wichtigste Weihrauch-*

land Südarabiens." (Wilfred Thesiger, Die Brunnen der Wüste. Piper 1997, S. 40/41)

Salalah ist vom **Meer** auf der einen und von hohen **Bergketten** auf der anderen Seite eingeschlossen. Nördlich liegt der Jebel Qara, östlich breitet sich das Massiv des Jebel Samhan aus, die beide an ihrer Südseite dicht bewachsen und nach den **Monsunregen** üppig grün sind. Im Westen liegt der eher kahle Jebel Qamar und dahinter die jemenitische Grenze. Durch die Monsunregen im Sommer und die Lage am Fuße der Berge ist in der Salalah-Ebene eine **intensive landwirtschaftliche Nutzung** möglich. Grüne Plantagen sind typisch für das Stadtbild.

In erster Linie ist Salalah eine **moderne Stadt.** Neue Betonbauten bestimmen das Bild im Zentrum, wo alle wichtigen Infrastruktureinrichtungen in den letzten zwei Jahrzehnten entstanden sind. Traditionelle **Kalksteinhäuser** findet man fast nur noch im Stadtteil Al-Hafah, doch auch dort werden sie immer seltener.

Die **Hauptachsen der Stadt** verlaufen parallel zur Meeresküste. Zwischen Strand und der Qaboos Street liegen (von Ost nach West) das Holiday Inn Hotel, die Ausgrabungsstätte Al-Baleed, der alte Stadtteil Al-Hafah mit seinem Weihrauch-Souq, der Palast des Sultans, zahlreiche Regierungsgebäude und schließlich der Khor Salalah, eine Bucht, die zum Vogelschutzgebiet erklärt worden ist. Nördlich der Qaboos Street dehnt sich ein **breiter Streifen tropischer Plantagen** aus, die von vielen Wegen durchschnitten werden. Besonders schön ist die Al-Muntazah Street, die vom Holiday Inn Hotel quer durch Bananen- und Papayafelder ins Stadtzentrum führt. Hier finden sich besonders viele der Obststände, an denen man eine köstliche Kokosmilch trinken kann. Anschließend wird die Nuss geöffnet, und man kann das Kokosmark auslöffeln.

Die Al-Muntazah Street ist zugleich die Grenze zum modernen Stadtzentrum, das sich nördlich von ihr bis zur Robat Street, einer vierspurigen Umgehungsstraße, erstreckt. Die Al-Salam und 23rd July Street verlaufen dazwischen und sind **wichtige Geschäftsstraßen.** In Nord-Süd-Richtung stellt

oman_507 Foto: fk

Traditionelles Holzfenster

die Al-Nahdah Street, die vom Sultanspalast nach Norden verläuft, die **Hauptgeschäftsstraße** dar. Der Kreuzungsbereich zur Al-Salam Street ist der Mittelpunkt der Stadt. Hier befindet sich auch der Gold-Souq, der außerdem einige Läden mit altem Silberschmuck beherbergt.

Sehenswertes

Salalah bietet kaum Sehenswürdigkeiten wie historische Gebäude oder ähnliches. Das Stadtgebiet insgesamt mit seinen tropischen Plantagen entschädigt dafür voll und ganz. Einen Besuch wert sind die Märkte und das Museum sowie (bei Interesse an archäologischen Stätten) das Ausgrabungsgebiet Al-Baleed.

Der **alte Stadtteil Al-Hafah** liegt östlich des Sultanspalastes direkt am Meer. Neben dem Weihrauch-Souq sind vor allem die alten Häuser mit ihren geschnitzten Fenstern sehenswert. In ihrem Baustil lassen sie deutliche Parallelen zum benachbarten jemenitischen Wadi Hadramaut erkennen. Sie sind zumeist zwei bis drei Stockwerke hoch, aus Kalkstein erbaut, und das Dach wird oft von Zinnen gekrönt. Leider sind viele von ihnen dem Verfall preisgegeben, und man muss sie schon aufmerksam zwischen den Neubauten ausfindig machen.

Der **Souq** ist vollständig in neuen Gebäuden untergebracht. Hier findet man nicht nur das einst so begehrte Weihrauchharz in verschiedenen Qualitätsklassen, sondern auch **alles rund um den Weihrauch.** Als Souvenir bieten

Rub al-Khali – das Leere Viertel

Folgt man von Shisr der gut präparierten Hauptpiste imer geradeaus in Richtung Nordwesten (bei der einzigen großen Gabelung nach ca. 30 km rechts halten), so erreicht man nach etwa 80 km bei Fasad den Rand des Leeren Viertels. Mit einem Geländewagen kann man auch ohne komplette Wüstenausrüstung bis in die ersten, schon sehr mächtigen Dünenketten hineinfahren. Diese Sandwüste, die einen großen Teil Südarabiens bedeckt, zog in der ersten Hälfte diesen Jahrhunderts Forschungsreisende magisch an. Einer von ihnen war der Brite Wilfred Thesiger, der seine Erlebnisse in Arabien im Buch „Die Brunnen der Wüste" beschreibt. Im folgenden Auszug werden die Anstrengungen seiner Durchquerungen der Rub al-Khali besonders deutlich.

„Vor uns lag ein Höhenzug aus Sand, der so hoch, ja vielleicht noch höher als der Höhenzug war, den wir zuvor bewältigt hatten. Aber waren die Gipfel steiler und eigenartiger, und manche türmten sich zu gewaltigen Hörnern empor, von denen die geschwungenen Kämme wie Draperien herabwallten. Der Sand dieser Dünen war blasser als der, den wir hinter uns hatten, und sehr weich. Beim Aufstieg stäubte er in Wolken um unsere Füße. Eingedenk der Tatsache, daß vor zwölf Jahren im Danakil-Land meine Kamele fast ohne jedes vorherige Anzeichen zusammengebrochen und verendet waren, fragte ich mich, wie viele unserer Kamele wohl noch aushalten würden. Sie zitterten bereits heftig, sobald sie stehenblieben. Wollte eines der Tiere nicht mehr weitergehen, zerrten wir am Halfter, schoben von hinten nach und hoben die Lasten zu beiden Seiten hoch, während wir das brüllende Tier den Hang hinauftrieben. Manchmal legte sich ein Kamel nieder und weigerte sich, wieder aufzustehen. Dann mußten wir es abladen und die Wasserschläuche und Satteltaschen selbst tragen. Nicht, daß sie etwa schwer gewesen wären, besaßen wir doch nur wenige Gallonen Wasser und ein paar Handvoll Mehl.

Wir führten die zitternden, scheuenden Tiere hinauf über große gekurvte Sandkämme, deren messerscharfe Grate unter unsern Tritten abrutschten. Trotz der mörderischen Anstrengung verloren meine Gefährten niemals die Geduld. Die Sonne brannte unbarmherzig vom Himmel, ich fühlte mich ausgepumpt, elend und schwindlig. Als ich mich so den Hang hinaufquälte, knietief im rutschenden Sand, klopfte mein Herz zum Zerspringen. Und mein Durst wurde mit jeder Minute unerträglicher, ich konnte kaum mehr schlucken, sogar meine Ohren schienen zugefallen. Doch es würde noch viele endlose Stunden dauern, ehe ich etwas trinken durfte. Ich blieb stehen, um auszurasten, ließ mich in den sengenden Sand fallen und hörte die andern rufen: „Umbarak, Umbarak!“ Ihre Stimmen klangen erschöpft und heiser.

Es dauerte drei Stunden, bis wir diesen Höhenzug überquert hatten. Auf dem Gipfel angelangt, sahen wir diesmal keine sanft gewellten Hänge vor uns wie am Tage zuvor. Drei kleinere Dünenketten ritten auf dem Gipfelrücken, und hinter diesen fiel der Sand steil zu einer weiten Salzebene zwischen den Sandbergen ab. Der Höhenzug auf der anderen Seite kam mir noch höher vor als der, auf dem wir standen. Hinter ihm erstreckten sich weite Sandberge. Ich suchte den Horizont nach einem Ausweg ab. Irgendwo, scheinbar am Rand der Welt, ging der Sand in den Himmel über. Aber in dieser Unendlichkeit war nichts Lebendiges zu sehen, nicht eine einzige verdorrte Pflanze, die mich Hoffnung hätte schöpfen lassen. „Hier gibt es keinen Weg mehr“, dachte ich. „Wir können nicht zurück, und unsre Kamele werden nicht eine einzige dieser Dünen mehr bewältigen. Das ist das Ende.“ Die Stille hüllte mich völlig ein. Kaum vernahm ich noch die Stimmen meiner Gefährten und das unruhige Scharren der Kamele.

Wir stiegen hinab, und irgendwie – nie werde ich begreifen, wie die Kamele es schafften – bewältigten wir auch den nächsten Hang. Dort oben brachen wir völlig erschöpft zusammen. Al-Auf gab jedem von uns ein wenig Wasser, gerade genug, um die Mundhöhle anzufeuchten. „Wir brauchen das, wenn wir weiterkommen wollen“, sagte er. Die mittägliche Sonne hatte jede Farbe aus dem Sand gesogen. Verstreute Kumuluswolken warfen ihre Schatten über die Dünen und Salzebenen und verstärkten den Eindruck, wir befänden uns im Hochgebirge und tief unter uns im Tal lägen gefrorene Seen von blauer und grüner Farbe. Schläfrig wälzte ich mich auf die Seite. Aber der Sand brannte durch mein Hemd und riß mich aus meinen Träumen.

Zwei Stunden später weckte uns Al-Auf. Als er mir half, mein Kamel zu beladen, sagte er: „Kopf hoch, Umbarak. Diesmal haben wir wirklich die Uruq al-Shaiba bezwungen.“ Und als ich auf die Dünenkette vor uns deutete, meinte er: „Dort kann ich einen Durchlaß finden, die brauchen wir nicht zu überqueren.“ Wir zogen bis Sonnenuntergang weiter, nunmehr den Tälern zwischen den Dünen folgend. Wir wären auch nicht mehr fähig gewesen, nur eine einzige Düne zu ersteigen.

(Quelle: Wilfred Thesiger, Die Brunnen der Wüste. Piper 1997, S. 150–152)

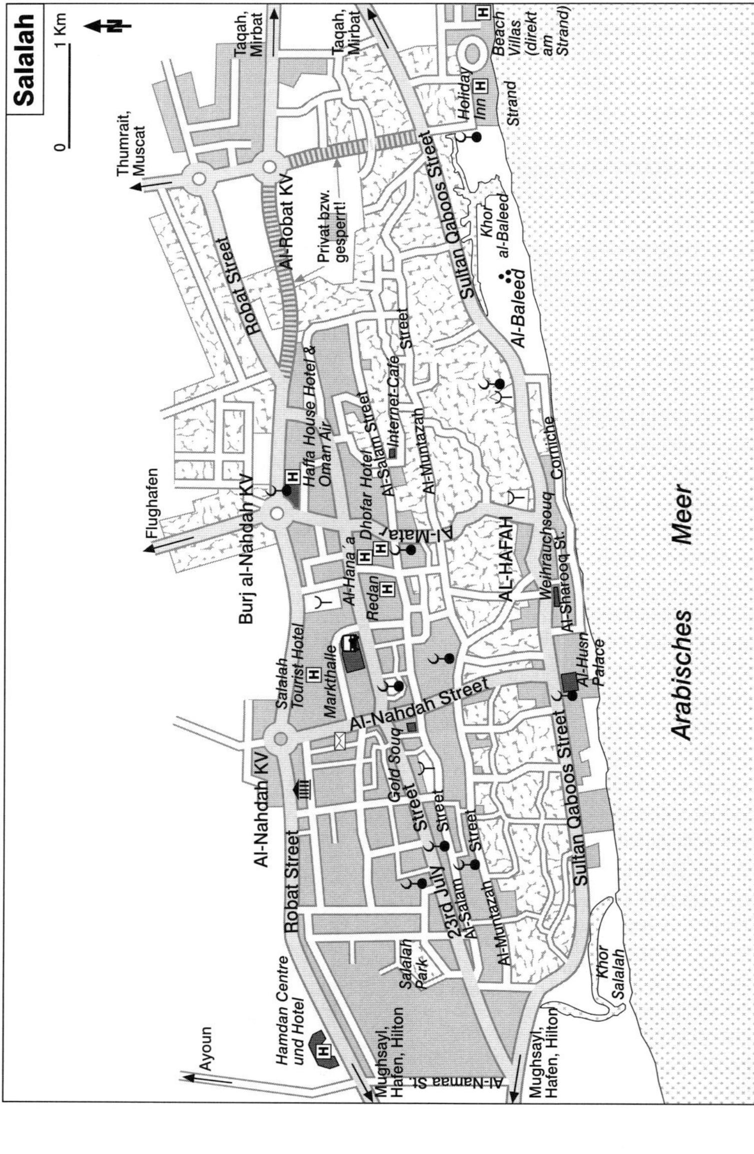
Salalah
0
1 Km
N
Thumrait, Muscat
Taqah, Mirbat
Taqah, Mirbat
Flughafen
Ayoun
Robat Street
Al-Robat KV
Privat bzw. gesperrt!
Burj al-Nahdah KV
Al-Nahdah KV
Robat Street
Haffa House Hotel & Oman Air
Dhofar Hotel
Al-Salam Street
Internet-Cafe
Al-Muntazah Street
Al-Matar
Al-Hana'a
Redan
Salalah Tourist Hotel
Markthalle
Al-Nahdah Street
Gold Souq
23rd July Street
Al-Salam Street
Al-Muntazah
Salalah Park
Hamdan Centre und Hotel
Mughsayl, Hafen, Hilton
Al-Namaa St.
Mughsayl, Hafen, Hilton
Sultan Qaboos Street
Sultan Qaboos Street
AL-HAFAH
Weihrauchsouq
Al-Sharooq St.
Corniche
Al-Husn Palace
Al-Baleed
Khor al-Baleed
Holiday Inn
Strand
Beach Villas (direkt am Strand)
Khor Salalah
Arabisches Meer

sich die bunt bemalten, in verschiedenen Formen getöpferten Weihrauchbrenner an. Beim Bummeln kann man in aller Ruhe die verschiedenen Modelle vergleichen.

Bei Al-Hafah hatte man begonnen, zur Entlastung der schmalen Qaboos Street eine **Schnellstraße** direkt am Meer zu bauen. Man hat jedoch eingesehen, dass so eine vierspurige Straße die gesamte Küste verunstaltet und den Weiterbau gestoppt. Auf dem Abschnitt dieser „Corniche" bei Al-Hafah ist heute kaum Verkehr, da die Anbindung an die Qaboos Street nicht vollendet wurde. Nach dem Sommermonsun ist sie meist stark beschädigt. Ob sie einmal weiter entlang der Küste bis zum Holiday Inn Hotel gebaut wird, ist offen.

Die **Lagunen in und um Salalah** sind ein wichtiger Lebensraum sowohl für verschiedene Meeresbewohner als auch für eine **große Artenvielfalt von Vögeln.** Sie entstehen dadurch, dass sich die unterirdischen Wasservorräte in den Bergen während des Monsuns auffüllen und zahlreiche Quellen am Fuß der Berge speisen. Das Wasser fließt durch Wadis oder unterirdisch zum Meer, wo es Lagunen bildet. Diese sind zumeist durch eine **Sandbank** vom Meer abgetrennt, so dass der Salzgehalt in der Lagune nicht so hoch wie im offenen Meer ist. Er schwankt, denn nach Niederschlägen ist er geringer, aber nach Stürmen, wenn das Meer die Sandbank überspült, steigt er an.

Vom Salzgehalt des Wassers hängt es ab, welche **Pflanzen** man hier antrifft. Schilf wächst nur bei nicht zu hoher Salzkonzentration, während Mangroven sich dann erst richtig ausbreiten.

Für **Vögel** sind die Lagunen ein wahres Paradies. Durch den Reichtum an Fischen, Krebsen und Krabben finden sie reichlich Nahrung. Einheimische Vogelarten brüten hier, andere überwintern oder rasten auf ihrem Zugweg. Neben Flamingos kann man Kormorane, Pelikane, Reiher, Enten, Möwen und Ibisse beobachten. Auch die bei uns inzwischen so seltenen Störche sieht man hier und auf den umliegenden Feldern. Im Gebiet des **Khor Salalah** im Westen der Stadt hat man die Lagune unter **Naturschutz** gestellt, um den Vögeln möglichst viel Ruhe zu gewähren. Ein Teil des Schutzgebietes ist als Park zugänglich. Mehr ornithologische Informationen stehen im Exkurs „Oman für Ornithologen".

Der Weihrauchhafen und die Siedlungsreste von Al-Baleed sind der älteste Teil Salalahs.

Vom Eingangstor, das sich an der Sultan Qaboos Street befindet und nicht regelmäßig offen steht, da das Gelände noch nicht offiziell eröffnet ist, geht man direkt auf den interessantesten Teil des ausgedehnten Gebietes zu. Die Überreste sind aber nicht besonders spektakulär. Momentan ist allerdings ein Team der Uni Aachen mit der Restaurierung einiger Teile des Geländes beschäftigt, so dass sich dies wohl ändern wird. Auch die Ernennung zum **Weltkulturerbe** durch die UNESCO wird sicherlich dazu beitragen, dass eine Besichtigung des Geländes bald interessanter wird.

Die Ausgrabungen von *Paolo Costa* in den 1980er Jahren förderten hauptsächlich **Spuren aus islamischer Zeit** ans Tageslicht. Sehen kann man Teile der großen Moschee mit insgesamt 143 Säulen und einer halben Mihrab sowie Reste und Fundamente einer Palastanlage, einer Brücke, verschiedener Wohnhäuser, kleinerer Moscheen und einer Stadtmauer. Ganz im Nordwesten befindet sich der Friedhof.

Die ursprüngliche Annahme, dass die gesamte Anlage aus islamischer Zeit stammt, ist nicht korrekt. Es wurden auch einige ältere Funde gemacht, beispielsweise Töpfereien aus römischer Zeit. Al-Baleed („die Stadt") wurde zur gleichen Zeit wie Samhuram bewohnt, aber der Ursprung des Hafens liegt früher (ab etwa 1000 v. Chr.). Im Unterschied zu Samhuram, das von Invasoren aus dem Hadramaut gegründet wurde, war Al-Baleed von Einheimischen bewohnt. Die Lage an zwei Lagunen bot gute Bedingungen für eine Siedlung, da diese Buchten einen geschützten natürlichen Hafen bilden. Begünstigt durch diesen Standort entwickelte sich Al-Baleed zur **Blütezeit des Weihrauchhandels** zu einem wichtigen Hafen zur Verschiffung des Harzes und von Pferden. Die beiden berühmten Weltreisenden **Marco Polo** (1254–1324) und **Ibn Batuta** (1304–1377) lobten in ihren Schriften die außerordentliche Pracht und den Reichtum von Al-Baleed. Marco Polo schreibt: *„Es ist eine großartige und schöne Stadt mit einem sehr guten Hafen, in dem es äußerst geschäftig zugeht ... Die Kaufleute machen enormen Profit, indem sie mit arabischen Pferden handeln ... und viel heller Weihrauch wird hier produziert ..."*. Zu dieser Zeit war Al-Baleed einer der Hauptorte für den Export von edlen Pferden, die im Mittelalter lange Zeit zu den wichtigsten Handelswaren Omans gehörten.

Die Stadt hatte in ihrer Geschichte verschiedene Namen. *Ptolemäus* nannte sie **„Zafar".** Bei diesem Namen wird der Zusammenhang mit der heutigen Provinz Dhofar deutlich. Zafar soll von einem Prinzen regiert worden sein, der ein Weihrauchmonopol besaß und jeden umbringen ließ, der es wagte, in diese Domäne einzudringen. Ein späte-

oman_508 Foto: fk

Weihrauchhändler

rer Regent war der reiche Schiffsbesitzer *Ahmed bin Mohammed al-Habudi* aus dem Hadramaut. Er nannte die Stadt „Al-Mansura".

Im Gebäude des Ministry of National Heritage and Culture, das auch das **Cultural Centre** beherbergt, ist ein **kleines Museum** untergebracht. Man erreicht es, indem man von der Stadtmitte zum Al-Nahdah Kreisverkehr fährt, dort wendet und anschließend die erste Straße nach rechts einbiegt. Das zweite große Gebäude auf der rechten Seite ist das Museum.

In der Eingangshalle des Museums hängen **großformatige Fotos der Reisen von Wilfred Thesiger.** Er war zwischen 1945 und 1950 einer der ersten Europäer, die die Arabische Halbinsel bereisten und mit Beduinen zusammen die Wüsten durchquerten. Zu den Fotos werden auf englischsprachigen Infotafeln die Reiserouten Thesigers erklärt und auf welche Probleme er dabei stieß. Nicht nur die naturräumlichen Bedingungen wie die Weite, der Verzicht auf Wasser und die Hitze der Wüste waren für ihn große Hindernisse, sondern auch die rivalisierenden Stämme, die Fremden gegenüber oft feindlich eingestellt waren. Zu seinem Schutz hatte er daher Begleiter verschiedener Stämme, so genannte **rabia,** bei sich, da so gewährleistet war, dass er von den Angehörigen dieser Stämme freundlich aufgenommen wurde. Viele von seinen persönlichen Begleitern sind auf den Schwarzweiß-Fotos abgebildet. Bemerkenswert ist, wie Thesiger die Würde dieser Beduinen fotografisch festgehalten hat. Die Fotos, die zugleich Zeitdokumente sind, strahlen so einen besonderen Reiz aus.

In der eigentlichen Museumshalle werden die verschiedensten **Ausstellungsstücke zur dhofarischen Kultur** gezeigt. Der Großteil stammt aus dem Dhofar selbst, aber einiges kommt auch aus anderen Teilen Omans. Die ältesten Exponate sind Felsbrocken mit **Gravuren und Zeichnungen** aus dem Wadi Andhur. Solche Zeichnungen finden sich im gesamten Dhofar, und sie zeigen Szenen aus dem Leben der Menschen vor über 2000 Jahren. Sie lebten in Höhlen gemeinsam mit ihren Ziegen und Kamelen, die sie immer wieder im Gestein abgebildet haben. Dies bezeugt, dass das Kamel schon vor über 4000 Jahren domestiziert und von großer Wichtigkeit war. Es wurden auch Zeichnungen gefunden, die eine Art Landkarte darstellen. Sie zeigen Wege durch die Wadis und geben an, ob man sie nur zu Fuß oder auch mit einem Kamel begehen konnte. Daneben sind Wasserstellen und gute Lagerplätze gekennzeichnet. Dies alles war für das Leben und Überleben der damaligen Nomadenstämme von allergrößter Wichtigkeit.

Im Museum sind auch **Steine mit alter südarabischer Schrift** ausgestellt, die man in den Ruinen von Samhuram entdeckt hat. Diese Schrift wurde in ganz Südarabien benutzt, um die verschiedenen gesprochenen Sprachen niederzuschreiben.

In den Bergen Dhofars hat man noch weitere Steinblöcke mit einem unbekannten Alphabet gefunden. Einige der

Buchstaben haben Ähnlichkeit mit der altsüdarabischen Schrift, die meisten der Buchstaben passen jedoch in kein bekanntes Alphabet. Heute weiß man, dass die Schrift aus 34 Buchstaben besteht. Nun suchen Wissenschaftler nach Gemeinsamkeiten mit einem Dhofari-Dialekt, dem so genannten **Sheret.** Aber da dieser Dialekt nicht geschrieben wird und dafür keine Schrift existiert, ist ein Vergleich nur schwer möglich.

Daneben finden sich in der Ausstellungshalle Kopien **historischer Schriften, alte Münzen** und eine große Sammlung alten **Silberschmucks.** Neueren Datums sind verschiedene **Weihrauchbrenner, Flechtwaren** und Modelle der unterschiedlichen **Dhautypen.** Abgerundet wird die Ausstellung durch Stücke aus dem Alltag der Nomaden des Dhofar wie Kleider, Gebrauchsgegenstände, mobile Kinderbetten und Modelle ihrer Behausungen.

Leider ist das Museum etwas lieblos gestaltet. Viele Begleittexte sind nur auf Arabisch, allerdings hilft ein englisch sprechender Angestellter weiter, wenn man um Auskünfte bittet.

Geöffnet sind die Ausstellungen von Sa bis Mi 8–14 Uhr, der Eintritt ist frei.

Nicht versäumen sollte man in Salalah einen **Spaziergang durch die tropischen Gärten.** Schattige Wege führen durch die Plantagen mit Kokos- und Papayapalmen sowie Bananenbäumen, die das Gemüse auf dem Boden vor der Sonne schützen. An den größeren Straßen, wie der Al-Muntazah Street, die durch die Gartengebiete hindurchführen, kann man an einem der **zahlreichen Stände** eine Pause einlegen und sich am Geschmack einer frischen Kokosnuss erfreuen.

Von stattlicher Länge (etwa 30 Meter) ist das **Grab des Propheten Nabi Amran,** das zwischen Borj al-Nahdah Kreisverkehr und Lulu Shopping Centre hinter einer weiß-grünen Moschee liegt. Es darf auch von Nichtmuslimen betreten werden. Die Schuhe sind auszuziehen, Frauen müssen ein Kopftuch tragen.

Sehenswürdigkeiten im weiteren Sinne sind natürlich auch die **Paläste des Sultans,** der sich im Sommer regelmäßig hier aufhält. Allerdings kann man nur von außen einen flüchtigen Blick darauf werfen.

Unterkunft

Verwendete Abkürzungen: **R** = Restaurant, **B** = Bar, **P** = Pool, **T** = Tennis, **F** = Fitnessclub, **S** = Strand, **W** = Wassersport

Alle Preise beziehen sich auf den Winter. Besonders bei den **Stadthotels,** die allerdings meist ziemlich verwohnt sind, handelt es sich hierbei um verhandelbare Sonderpreise, denn während der Monsun-Hochsaison im Sommer sind sie deutlich teurer. Bei den **Strandhotels** ist der Unterschied dagegen gering. In der folgenden Auflistung sind die ersten vier Hotels Strandhotels, die restlichen befinden sich in der Stadt.

- **Beach Villas** (am Strand)

(R, P) Etwa 500 m östlich des Holiday Inn direkt am Strand gelegen, mehr eine Pension als ein Hotel, sehr nette familiäre Atmosphäre

Hilton Hotel Salalah

(Postadresse: P. O. Box 20, Salalah 214), EZ ab 16 RO, DZ 22–26 RO, Appartement 33 RO (inkl. Frühstück), Tel. 235999, Fax 235599, e-Mail: beachspa@omantel.net.om

●**Hilton Hotel******* (am Strand)
(R, B, P, T, F, S) Etwas außerhalb in Richtung Mughsayl, schöne, geschmackvolle Einrichtung (Postadresse: P. O. Box 699, Salalah 211), EZ 68 RO, DZ 77 RO, Suite 138 RO, Tel. 211234, Fax 210084
e-Mail: sllbc@omantel.net.om

●**Holiday Inn****** (am Strand)
(R, B, P, T, F, S, W) Wird bis Ende 2002 komplett renoviert und umgebaut, ist daher bis dahin nur bedingt zu empfehlen (Postadresse: P. O. Box 870, Salalah 211), EZ 38 RO, DZ 48 RO, Suite 80 RO, Villa im Garten (6 Pers.) 95 RO (Sondertarife während des Umbaus), Tel. 235333, Fax 235137
e-Mail: hinnsll@omantel.net.om

●**Tourist Village** (am Strand)
Am Strand in Richtung Mughsayl kurz vor dem Hilton Hotel, Komplex mit Appartements mit je 3 Schlafräumen und Küche, Tel. 211420, Fax 211267, Buchung auch über das Haffa House Hotel, Appartement 35 RO

●**Al-Hana'a Hotel*** (in der Stadt)
(R) 23rd July Street (Postadresse: P. O. Box 194, Salalah 211), EZ 10 RO, DZ 15 RO (inkl. Frühstück), auch Appartements 20 RO, Tel. 298305, Fax 291894
e-Mail: msarawas@omantel.net.om

oman_535 Foto: rk

• **Dhofar Hotel***** (in der Stadt)
(R) al-Matar Street (Postadresse: P. O. Box 2539, Salalah 211), EZ 12 RO, DZ 15 RO, Tel. 292272, 292300, Fax 294358
e-Mail: dhfhotel@omantel.net.om

• **Haffa House***** (in der Stadt)
(R, B, P, T, F) Robat Street, am Kreisverkehr zum Flughafen (Burj al-Nahdah R/A) (Postadresse: P. O. Box 427, Salalah 211), EZ 20 RO, DZ 25 RO, Tel. 295444, Fax 294873
e-Mail: haffa@omantel.net.om

• **Hamilton Plaza Hotel****** (in der Stadt)
(R, P, T, F) Das einzige der Stadthotels, das höheren Ansprüchen gerecht wird und nicht so sehr verwohnt ist, im Hamdan Commercial Complex, Robat Street (Postadresse: P. O. Box 190, Salalah 211), Tel. 211025, Fax 211187, EZ 25 RO, DZ 30 RO, Suite 45 RO

• **Paradise Oasis Hotel Flats** (in der Stadt)
Möblierte Appartements, allerdings ohne Service, günstig bei einem längeren Aufenthalt, 23rd July Street gegenüber der Markthalle (Postadresse: P. O. Box 2215, Salalah 211), Appartement mit zwei Schlafräumen 15 RO, Tel. 296955, Fax 296944

• **Redan Hotel*** (in der Stadt)
(R) Sehr einfach, Al-Salam Street (Postadresse: P. O. Box 957, Salalah 211), EZ 12 RO, DZ 14 RO, Tel. 292255, Fax 290491

• **Salalah Tourist Hotel*** (in der Stadt)
(R) Hinter der neuen Markthalle (Postadresse: P. O. Box 823, Salalah 211), EZ 10 RO, DZ 12 RO, Tel. 295332, Fax 292145

Restaurants

Salalah bietet eine **gute Auswahl an verschiedenen Restaurants.** Besonders erwähnenswert sind die Restaurants **Bin Atique/Al-Kader** und **Ofair,** die omanische und dhofarische Küche in typisch omanischer Einrichtung anbieten. Man sitzt und isst auf dem Boden, neben Ziege stehen auch Kamelfleisch und Hai auf der exotischen Speisekarte.

• **Al-Haffa Restaurant**
Internationale Küche im Haffa House Hotel, 7–23 Uhr, Tel. 295444

• **Al-Lou'Lou'A**
Internationale Küche im Hamilton Plaza Hotel, 12–15.30 und 19.30–24 Uhr, Tel. 211025

• **Al-Luban Restaurant**
Französische, kontinentale, indische und orientalische Küche im Holiday Inn Hotel, auch alkoholische Getränke und Live-Unterhaltung, Sa bis Do 19.30–24 Uhr, Tel. 235333

• **Arab World Restaurant**
Preiswerte arabische Gerichte in der 23rd July Street, 7–24 Uhr

• **Asser Restaurant**
Unscheinbares Restaurant ca. 200 m vor dem östlichen Ende der Al-Salam Street, arabische Spezialitäten wie Kamelfleisch und Kamelmilch, 8–24 Uhr, Tel. 297734

• **Bin Atique / Al-Kader**
Dhofarische und omanische Küche in zwei Restaurants der gleichen Kette; eines in der westlichen 23rd July Street, Tel. 292384, das zweite in der Sultan Qaboos Street in Al-Hafah (holzverkleidetes Gebäude bei den Halwa-Geschäften), Tel. 292380, 9–24 Uhr

• **Chinese Cascade**
Chinesische Küche, 23rd July Street, 11.30–15 und 18.30–24 Uhr, Tel. 289844

• **Chopsticks**
Chinesische Küche, 23rd July Street, 12–16 und 18.30–24 Uhr, Tel. 291400

• **Hamdan Plaza Restaurant**
Internationale Küche im 5. Stock des Hamdan Plaza Hotels, 11–15 und 18–23 Uhr, Tel. 211025

• **Hassan bin Thabit Restaurant**
Große Auswahl an guten und günstigen arabischen, kontinentalen, indischen und chinesischen Gerichten, 23rd July Street in der Nähe der Markthalle, 6–24 Uhr, Tel. 291010 und in der Al-Salam Street, Tel. 299559

• **Ofair**
Dhofarische und omanische Küche, Robat Street, östlich des Hamdan Centres neben einer BP-Tankstelle, 9–24 Uhr, Tel. 297227

• **Omar al-Khayyam**
Arabische, indische und chinesische Küche, 23rd July St., 11–15 und 18–24 Uhr, Tel. 293004

• **Palm Grove**
Internationale Küche auf einer schönen Terrasse am Meer im Hilton Hotel, auch alkoholische Getränke, 11–24 Uhr, Tel. 211234

• **Pizza Hut**
Pizzarestaurant, in der westlichen Al-Salam Street, 11–23 Uhr, Tel. 290303

●**Sheba's**
Internationale Küche in edlem Ambiente im Hilton Hotel, auch alkoholische Getränke, 19–24 Uhr, Tel. 211234

Bars

●**Al-Kharif Bar**
Im Holiday Inn Hotel, 19–23 Uhr, Tel. 235333
●**The Mayfair**
Bar im Hilton Hotel, 12–15 und 18–24 Uhr, Tel. 211234
●**Whispers**
Nightclub mit Live-Musik, im Hilton Hotel, 19–01 Uhr, Tel. 211234

Internet-Café

In einer nach Süden führenden Seitenstraße im östlichen Bereich der Al-Salam St., 9.30–13 und 16.30–23 Uhr, Tel. 298514

Telefonnotruf

●**Polizei und Feuerwehr: Tel. 999**

Polizei

●**Royal Oman Police**
Ecke Al-Nahdah und 23rd July Street, Tel. 290099

Krankenhaus

●**Sultan Qaboos Hospital**
Ecke Sultan Qaboos Street/Al-Salam Street, Tel. 211151

Apotheken

●**Muscat Pharmacy**
In der Al-Nahdah Street und der 23rd July Street, Tel. 291635
●**Hamdan Pharmacy**
Hamdan Commercial Centre, Robat Street, Tel. 211477

Taxis/Sammeltaxis

●Innerhalb und in der Umgebung Salalahs verkehren **keine öffentlichen Busse,** man ist auf Taxis angewiesen. Da sie keinen Taxameter haben, ist es ratsam, den Fahrpreis vorher auszuhandeln. Die Preise sind deutlich günstiger als in Muscat: Stadtfahrt ca. 500 Bs, Stadt – Holiday Inn ca. 1 RO.
●**Minibusse** fahren als Sammeltaxis in die Orte der Umgebung (Taqah 300 Bs, Mirbat 500 Bs, Mughsayl 1 RO). Abfahrt ist in der Al-Salam Street vor der HSBC Bank.

Busse

●**Expressbusse** der *National Transport Co.* fahren täglich um 6 und 19 Uhr **nach Muscat** (8 RO), Tel. 292773. Abfahrtsort ist an der neuen Markthalle, 23rd July Street. Tickets werden auch in der *OUAD Travel Agency* in der Al-Nahdah Street und in einem kleinen Büro in der Al-Sarooq Street verkauft.
●Daneben verkehren noch weitere Überlandbusse anderer Gesellschaften; ähnliche Abfahrtszeiten; Informationen bei *OUAD.*

Flugzeug

Der **Flughafen** liegt nördlich des Zentrums, etwa 1 km vom Burj al-Nahdah Kreisverkehr entfernt; Flughafeninformation: Tel. 291444.

Flüge nach Muscat gehen zweimal pro Tag (76 RO hin und zurück): am frühen Nachmittag und am späten Abend.

Information und Buchung bei Oman Air, Büro im Haffa House, Robat Street, am Kreisverkehr zum Flughafen (Burj al-Nahdah R/A): Tel. 294377, 292777, 294301, Fax 293242.

Im Haffa House befindet sich auch das Büro von **Gulf Air,** Tel. 293131.

Autovermietung

●**Al-Saqoor al-Omania**
Muntaza Road, Tel. 291600; am Flughafen, Tel. 294557
●**AVIS**
Im Büro des Zubair Travel and Service Bureau, Al-Nahdah Street, Tel. 291145 und 292855, Fax 794980
●**Budget**
Im Holiday Inn Hotel, Tel. 235160; am Flughafen, Tel. 290097

•Europcar
Im Hilton Hotel, Tel. 212460, Fax 212461
•Thrifty Rent a Car
Im Hamilton Plaza, Tel. 211493; am Flughafen, Tel. 9323619
•Toyota Rent a Car
Im Büro der Bahwan Travel Agency, Al-Nahdah Street, Tel. 290908, Fax 294213
•Viele **kleine Büros** befinden sich in der westlichen 23rd July Street. Auch **über die Beach Villas** ist eine Anmietung möglich.

Banken/Exchange

•Im Bereich der Straßenkreuzung Al-Nahdah Street und Al-Salam Street haben viele große **Banken** eine Filiale.
•Diverse **Geldwechselstuben** finden sich im mittleren Bereich der Al-Nahda Street, im Hamdan Commercial Centre (Tel. 211258) und in der Al-Alam Street (Tel. 296903).

Post

•**Hauptpostamt** im nördlichen Teil der Al-Nahdah St. (Eingang in einer Parallelstraße auf der Hinterseite des Gebäudes); geöffnet von Sa bis Mi 7.30– 13.30 und Do 9–11 Uhr.
•In der Al-Sarooq Street findet sich ein weiteres, kleines Postamt.

Kurierdienste

•DHL
Al-Nahdah Street (Zubair Travel), Tel. 292855
•TNT, Tel. 290405
•EMS, Tel. 294033, Fax 292133

Reisebüros/Tourveranstalter

•Arabian Sand Tours
Der Beduine *Musallim Hassan al-Mahri,* der englisch und etwas deutsch spricht, bietet individuell ausgearbeitete Wüstentouren in die Rub al-Khali und die Umgebung Salalahs, Tel. 9495175, Fax 296110
•Bahwan Travel Agency
Al-Nahdah Street, Tel. 294665, Fax 294213
•Dhofar Tourism Co.
Ausflüge in die Umgebung, Gruppen-Touren nach individuellen Wünschen; Al-Matar St. südlich des Haffa Hauses (Postadresse: P. O. Box 2808, Salalah 211), Tel. 290641, Fax 290643, e-Mail: dhoftour@omantel.net.om
•Gulf Ventures
Exkursionen, Tel. 294797, Fax 290770
•National Office for Travel and Tourism
Al-Salam Street, Tel. 290699
•OUAD Ouasis Tours
Tagestouren in die Umgebung und Ausflüge in die Wüste; im Holiday Inn, Tel. 235333, Fax 235137; Al-Nahdah Street, Tel. 294797 und 290544
•Zubair Travel and Service Bureau
Al-Nahdah Street, Tel. 291154

Sport und Aktivitäten

•Swimmingpool, Tennis, Fitnessraum
In den Hotels Hilton, Holiday Inn, Haffa House und Hamilton Plaza
•Windsurfen, Wellenreiten, Wasserski, Paragliding
Im Holiday Inn, Tel. 235333
•Sportfischen:
Salalah Sportfishing, Tel. 235333
e-Mail: kismet_fishing@omantel.net.om
•**Tauchen** ist wegen des Monsuns nur in den Wintermonaten möglich. **Dhofar Divers,** Tauchclub, dem man sich für Tauchtrips anschließen kann; keine Kurse, kein Ausrüstungsverleih, Tel. 235423

Einkaufen/Souvenirs

•Das **Geschäftszentrum** liegt im mittleren Teil der Al-Nahdah Street, zwischen der 23rd July Street und der Al-Muntazah Street. Hier finden sich zahlreiche Läden mit Artikeln des täglichen Bedarfs, **Schneider und Stoffgeschäfte.** Dieses Angebot setzt sich in der 23rd July Street und der Al-Salam Street fort.
•Im Souq des alten Stadtteils **Al-Hafah,** direkt östlich des Palastes unterhalb der Sultan Qaboos Street, werden insbesondere **Weihrauch, Weihrauchverbrenner und Räuchermischungen** angeboten. Die Auswahl ist

Jebali bei Salalah

oman_539 Foto: fk

sehr groß, und man sollte sich Zeit nehmen, um sich durch die Vielzahl der Duftstoffe zu schnuppern. In der angrenzenden Al-Sarooq Street haben sich viele **Schneider** und Läden mit **Kummas** niedergelassen.

- Auch in der Al-Salam Street befinden sich zahlreiche **Schneider und Stoffgeschäfte,** dazwischen finden sich Geschäfte, in denen in großer Auswahl **dishdashas** angeboten werden.
- Der Goldsouq befindet sich an der Ecke Al-Nahdah und Al-Salam Street. Hier werden neben einer großen Auswahl an **Goldschmuck** auch **Silberartikel,** Schwerter und verzierte Gehstöcke angeboten.
- **Obst, Gemüse, Fleisch und Fisch** kann man in großer Auswahl in der neuen Markthalle nördlich der 23rd July Street, wenige hundert Meter östlich der Al-Nahdah Street, einkaufen. Aber auch die vielen kleinen Gemüse- und Obstläden, die sich über die ganze Stadt verteilen, und die kleinen Straßenstände bieten frische Ware. In der Markthalle kommen auch **Weihrauchartikel** und Parfumöle zum Verkauf.
- Eine große Auswahl an **Duftölen,** aus denen frau sich ihr individuelles Parfüm mixen lassen kann, findet sich im **Dhofari Perfum Centre** in der Al-Salam Street/Ecke Al-Matar Street.
- Die typische omanische Süßigkeit **Halwa** kann man in großer Auswahl in einem der Halwa-Geschäfte in der Sultan Qaboos St., östlich des Weihrauch-Souqs, kaufen.
- **Englischsprachige Literatur,** Zeitschriften und Landkarten gibt es im **Family Bookshop Oman,** Al-Nahdah Street, Tel. 290027.
- Große **Supermärkte: Al-Haq** im westlichen Bereich der Al-Muntazah Street, **Al-Khareef** in der westlichen 23rd July Street und das **Lulu Shopping Centre** in der Al-Matar Street.
- Im **Hamdan Commercial Centre** an der Robat Street gibt es u. a. einen Supermarkt, ein Restaurant, ein Geldwechselbüro, eine Apotheke und ein Hotel.

Sonstiges

- **Genehmigung für den Jebel al-Qamar**
Für die Weiterfahrt auf dem Gipfelplateau des Jebel al-Qamar in Richtung jemenitische Grenze ist eine Genehmigung erforderlich. Dazu muss man zunächst zur Behörde „Directorate of Regional Services" (1. Querstraße zur Al-Nahdah St. südlich der Post, 1. Etage, Pass ist notwendig, Bearbeitung ca. 1 Tag). Anschließend geht es mit dem dort erhaltenen Formular zum Militär, um dort einen weiteren Stempel zu erhalten (Hauptstraße von Thumrait nach Salahah stadteinwärts, über den ersten Kreisverkehr mit der Robat Street geradeaus, nach ca. 300 m auf der rechten Seite, etwa ein halber Tag Bearbeitungszeit).
- **Campingausrüstung: Goal Sports**
Tel. 296624
- **Kirche: Christian Church Salalah**
Tel. 235677

Nördlich von Salalah: Jebel Qara جبل القراء

Die Bezeichnung „Jebel Qara" wird auf verschiedenen Karten unterschiedlich benutzt. Oft wird das gesamte Gebirge rund um Salalah, also einschließlich der Bergmassive des Jebel Qamar und des Jebel Samhan, so bezeichnet. Der eigentliche Jebel Qara liegt jedoch direkt nördlich von Salalah.

Das Bergland ist der **Lebensraum der Jebalis.** Sie sind die eigentlichen „Urbewohner" des Dhofar, was sich heute noch in ihrem eigenen **Dialekt,** dem **sheri,** äußert. Jebalis sind **Bergnomaden,** die neben Kamelen, Schafen und Ziegen auch zahlreiche Rinder halten. Die Rinder weiden sie auf Hochplateaus, auf denen früher **Monsun-Regenfeldbau** betrieben wurde. Die kargeren Bergwadis dienen den genügsameren Kamelen und Ziegen als Weidegrund. Während der Monsun- und Winterperiode bewohnten die Rinder züchtenden Jebalis früher solide Rundkuppelhäuser aus Naturstein, während der Sommerzeit lebten sie in temporären Siedlungen aus einfachen, transportablen Hütten oder Zelten. Die Kamel- und Ziegenhalter besaßen in der Vergangenheit keine festen Behausungen, denn die Tiere zogen angesichts des kargen Futterangebots umher. Die Jebalis spannten Sonnensegel zwischen den Bäumen, stellten aus Leder und Ästen gefertigte Windschirme auf oder übernachteten in Höhlen. Heute leben allerdings nur noch wenige Jebalis als Nomaden, denn sie sind überwiegend sesshaft geworden. Die Herden sind angewachsen, was zur Folge hat, dass weite Landstriche überweidet sind, was wiederum das ökologische Gleichgewicht dieser auf der Arabischen Halbinsel einmaligen Wald- und Wiesenlandschaft ernsthaft bedroht.

Am Südhang des Jebel Qara versucht man der voranschreitenden Verkarstung des Landes mit **Aufforstungen** entgegenzuwirken. Doch die vielen Tiere lassen in den ungeschützten Bereichen der Berge kaum neues Wachstum zu. Sobald zur Monsunzeit alles zu grünen beginnt, sind auch schon große Herden von Rindern und Kamelen zur Stelle, um sich die frischen Triebe einzuverleiben.

Besonders schön und grün ist das Bergland im Sommer während und im Herbst nach dem Monsun. Im Winter und Frühjahr ist es dagegen wie von einem braunem Pelz überzogen. Dann sind die vielen Kühe und Kamele auf der Suche nach den letzten verdorrten Halmen. Wegen der Tiere und wegen des Nebels im Monsun kommt es auf der Hauptstraße von Salalah nach Thumrait zu vielen Unfällen.

Vier Straßen, die alle in gutem Zustand sind, führen von der Salalah-Ebene **nach Norden.** Sie lassen sich in beliebigen Kombinationen zu einer Rundfahrt zusammenstellen. Allen ist gemein, dass der schönste Teil der Strecke die Abfahrt zur Ebene mit Blick nach Süden auf die steil abfallenden Berge und die Salalah-Ebene ist. Die Querstraße auf Höhe der Wasserscheide ist dagegen relativ monoton.

Die beiden Straßen, die im Osten auf den Jebel Qara führen, weisen außer der landschaftlichen Schönheit und einigen Quellen keine weiteren Sehenswürdigkeiten auf. Die **Quellen** sind als Abstecher in der Streckenbeschreibung „Östlich von Salalah" beschrieben.

Die beiden westlichen Straßen sind interessanter und auch landschaftlich abwechslungsreicher. Sie werden im Folgenden als Rundfahrt von etwa 100 km Länge beschrieben. **Startpunkt** ist die Kreuzung am **Hamdan Centre** in Salalah.

Streckenbeschreibung: Verlässt man die Robat Street am Hamdan Commercial Center in Richtung Garziz und Ittin, so fährt man über die Salalah-Ebene auf die Berge zu. Nach **8 km** zweigt eine Piste nach rechts zur **Quelle Ain Garziz** ab. Sie liegt etwa 3 km von der Hauptstraße am Fuße der Berge, führt aber nicht das ganze Jahr über Wasser und ist daher auch nicht so dicht be-

oman_510 Foto: fk

wachsen wie die Quellen, die weiter östlich am Jebel Qara entspringen.

Die Straße windet sich nun den Südhang des Jebel Qara hinauf. Rechts fallen die Berge in eine tiefe Schlucht ab, die sich allmählich in ein weites Tal wandelt. Links und rechts ergeben sich immer wieder neue Ausblicke auf bewaldete Wadis und sich wandelnde Bergformationen.

Nach **22 km** erreicht man den Abzweig zu einem etwa 2 km entfernten **Mausoleum eines Propheten,** der sowohl im Islam, im Christentum und im Judentum von Bedeutung ist. Muslime nennen ihn *Nabi Ayoub,* Christen *Hiob.*

Kamele – seit über 4000 Jahren im Dienst der Menschen

Das Grab ist auch als **Job's Tomb** – eine Verballhornung des Wortes Hiob – bekannt. Das Innere des Mausoleums ist auch Nichtmuslimen zugänglich, Frauen müssen ein Kopftuch tragen. Neben dem eigentlichen Grabmal steht eine Moschee, und sogar Picknickplätze wurden eingerichtet. Am Rand des Hügels steht das **Prophet Ayoub Region Restaurant,** von dem man eine fantastische Aussicht auf die sanft geschwungenen Hügel und die weite Ebene von Salalah hat, wo man meist aber nur Kaffee und Tee serviert bekommt.

Auf der Hauptstraße kommt man bei **km 31,5** an eine **Kreuzung,** an der es rechts weiter nach Ayoun geht. Die Landschaft wandelt sich auf den nächsten Kilometern grundlegend. Die eben noch dicht mit Gras, Büschen und kleinen Bäumen bewachsenen Hügel sind nun kahl, denn hier, etwa auf Höhe der Wasserscheide, wird das Gebiet nicht mehr vom Sommermonsun erreicht. Zerklüftete Wadis haben sich in den nackten Kalkstein gefressen und geben der Gegend den Anschein einer unwirklichen **Mondlandschaft.** In diesen trockenen Wadis finden Weihrauchbäume ihre bevorzugten Lebensbedingungen. Allerdings sind die Exemplare unmittelbar an der Straße nur klein, viele sind bis auf den Hauptstamm abgeschnitten.

Nach 49 km zweigt links eine Straße nach **Ayoun** ab.

Schlucht von Ayoun

Der kleine Ort Ayoun, der nicht besonders sehenswert ist, liegt oberhalb eines **tief eingeschnittenen Wadis.** Man kann es mit dem Auto erreichen, indem man von der Hauptstraße abbiegt und sich nach 400 m erneut links hält. Die etwa 4 km lange Piste führt an einigen schönen großen **Weihrauchbäumen** vorbei und ist bis auf die letzten Meter auch mit einem Pkw befahrbar.

Vom Endpunkt blickt man in das Wadi hinab, das sich tief in die Felswand eingeschnitten hat. Auf dem Grund funkelt ein lang gezogener, tiefblauer **Teich,** der dicht mit hohem Schilf bewachsen ist und so den Lebensraum zahlreicher Vögel bildet. Man kann das Wadi auch hinabwandern, allerdings sind dafür gutes Schuhwerk und etwas Klettergeschick notwendig. Im weiteren Verlauf wandelt sich das Feuchtbiotop in eine trockene **Schlucht** mit fast senkrecht aufragenden Wänden.

Nach **69 km** erreicht man die Hauptstraße Muscat – Salalah. Fährt man nach links, so kommt man zunächst zum **Restaurant Qairun Hairitti,** dann zum gleichnamigen Ort und nach gut 2 km zu einem Abzweig, der durch den östlichen Jebel Qara nach **Taqah** führt. Über diese Straße, die entlang der Wasserscheide des Gebirges führt, kann man die Rundfahrt in Richtung Osten fortsetzen. Nach rechts führt die Straße zurück nach Salalah, das man nach etwa 30 km erreicht.

Beide Strecken führen durch eine schöne Landschaft, die sich besonders nach dem Monsun in üppigem Grün zeigt. Immer wieder trifft man auf Kamel- und Rinderherden, immer wieder bietet sich ein schöner Ausblick auf die Berge mit ihren Canyons und weiter hinunter auf die Salalah-Ebene.

Östlich von Salalah: Taqah, Khor Rouri und Mirbat

Das Gebiet östlich von Salalah bietet eine Reihe sehenswerter Plätze, weshalb man einen ganzen Tag für diesen Ausflug einplanen sollte. Ziele sind die kleinen Städte **Taqah** und **Mirbat** mit ihren alten Häusern und Forts, die Lagune **Khor Rouri** mit der **Ausgrabungsstätte Samhuram** und drei mögliche Abstecher zu üppig sprudelnden **Quellen.**

Die **Streckenbeschreibung beginnt am Al-Dahariz Kreisverkehr** am östlichen Ortsausgang Salalahs und führt entlang der Küste. Die Hauptstrecke und zwei der Abstecher zu den Quellen sind geteert. Die dritte der Quellen ist über eine Piste auch mit einem Pkw zu erreichen. Verfügt man über ein Allradwagen, kann diese Strecke auch mit einem Ausflug auf den Jebel Samhan kombiniert werden.

Streckenbeschreibung: Verlässt man Salalah an seinem östlichsten Kreisverkehr, dem Al-Dahariz Roundabout, in Richtung Taqah, so passiert man zunächst die **Lagune Al-Dahariz,** die dicht mit Mangroven bewachsen ist und weit in die Salalah-Ebene hineinragt. Auf den nächsten Kilometern erstreckt sich an beiden Straßenseiten dichtes Grün. Links der Straße dehnen sich die **Grasfelder** der Dhofar Cattle Feed Co. aus. Das Gras dient als Futter für die über 500 Kühe, die hier gehalten werden. Die Farm ist damit der größte Milchbetrieb im Dhofar. Auf der gegenüberliegenden Seite sieht man die ausgedehnten **Kokosplantagen und Bananenfelder** der Royal Farm, auf der auch Papaya, Mangos, Zuckerrohr und Tierfutter angebaut werden. Die riesige Farm dehnt sich auf knapp 5 km Länge zwischen der Straße und dem Meer aus. Auf diesem Gebiet befand sich früher auch ein Palast des Vaters des jetzigen Sultans.

Nach 6 km erreicht man einen **Kreisverkehr,** an dem eine Privatstraße zum Mamurah-Palast des Sultans abzweigt. Es ist einer von drei Palästen, die der Sultan um Salalah besitzt.

Der linke Abzweig führt zur Quelle Ain Razat.

Quelle Ain Razat

Die Quelle liegt knapp 8,5 km nördlich des Kreisverkehrs am Fuße des Qara-Gebirges. Zu dem Gelände gehört auch ein **Park,** der allerdings nur am Wochenende geöffnet ist. Im Park und rund um die Quelle finden sich schöne Picknickplätze.

Die Ain Razat ist im Grunde nicht nur eine einzelne **Quelle,** sondern das Wasser entspringt einer Vielzahl kleiner Erdlöcher und Felsspalten, bevor es in einem künstlichen Kanal gesammelt wird. Pro Minute sollen angeblich über 160 Liter aus den Quellen strömen, von denen der Großteil über einen falaj zum Mamurah Palast und zur Royal Farm geleitet wird.

Am Fuße des Qara-Gebirges gibt es eine Vielzahl von Quellen. Aus ihnen strömt das in der Monsunzeit herabgeregnete Wasser, das im porösen Kalkstein wie in einem Schwamm gespeichert wurde.

Fährt man von Ain Razat weiter nach Norden in die Berge, so erreicht man 6 km hinter der Quelle das **Ain Razat Restaurant,** von dem man einen schönen Ausblick auf die Salalah-Ebene hat. Folgt man der Straße weiter, so erreicht man nach weiteren 15 km die Wasserscheide des Jebel Qara, von der man weiter in den Osten oder Westen dieses Gebirges fahren kann.

Die rechte Straße des Kreisverkehrs vor dem Mamurah Palast führt weiter durch die inzwischen völlig kahle Salalah-Ebene in Richtung Taqah. Nach **11,5 km** kann man rechts der Straße in wenigen hundert Metern Entfernung ein kleines **weißes Zwiebelturmgrab** sehen. In ihm soll angeblich Noahs Bruder begraben liegen.

0,5 km weiter zweigt eine Seitenstraße nach links zur Quelle Ain Hamran ab. Wie die Ain Razat liegt auch sie am Fuße der Berge.

Quelle Ain Hamran

Auf dem 7 km langen Weg durch die Ebene kann man viele vereinzelt stehende **Termitenhügel** erkennen. Sie sind teilweise schon Hunderte von Jahren alt und heute größtenteils unbewohnt. Ursprünglich standen die meisten von ihnen unter Bäumen, da sich Termiten von abgestorbenen Ästen ernähren. War der Baum schließlich vollkommen tot, blieb dem Termitenstaat nichts anderes übrig, als sich eine neue Bleibe zu suchen. In der Ebene stehen heute kaum mehr bewohnte Termitenhügel, während in den Bergen noch einige existieren.

Kurz bevor die Straße die Quelle erreicht, kann man rechts auf einem Hügel **Ruinen** erkennen. Es sind die Überreste eines um 450 v. Chr. gebauten persischen Forts.

Die **Quelle** plätschert in ein eingezäuntes rundes Becken und von dort weiter in einen falaj. Viele Jebalis haben ihr Lager in den schattigen Bäumen aufgeschlagen und lassen ihre Ziegen und Kamele vom üppigen Grün grasen. Die Gegend um die Quelle ist selbst im trocknen Frühjahr mit einer Vielzahl von Pflanzen bewachsen. Wie im gesamten Gebiet südlich des Dhofar-Gebirges sind viele der Pflanzen ostafrikanischen Ursprunges und zeugen davon, dass die beiden Gebiete vor etwa 35 Millionen Jahren miteinander verbunden waren.

Nach 17,5 km erreicht man einen **Abzweig,** der nach Nashib beschildert ist und zu einer weiteren Quelle, der Ain Tabrook, führt. Die Strecke ist nicht geteert, jedoch auch mit einem Pkw befahrbar.

Quelle Ain Tabrook

Die gut planierte Piste verläuft auf ihren ersten Kilometern entlang des Wadi Tabrook. Nach 5,4 km muss man nach rechts und nach 6,7 km nach links abbiegen. Der Weg führt in das Wadi hinein, und nach 8 km kommt man in das mit hohen Bäumen umgebene und von Bergen eingeschlossene **Quellgebiet.**

In diesem wild und ursprünglich wirkenden **Wald** bahnt sich ein Miniwasserfall seinen Weg durch das Unterholz. Den ruhigen und schattigen Platz nutzen die Kühe gerne für ihren Mittagsschlaf. Etwa 500 m weiter endet die Piste an einer Tiertränke und einem Waschplatz, an dem die Ain Tabrook aus einer Felsspalte entspringt. Oft kommen die Bergbewohner hierher, um sich zu waschen. In diesem Fall sollte man den entsprechenden Respekt und Abstand wahren und mit der Quellbesichtigung warten.

Bei **km 18** überquert man den **Khor Suli,** der dicht mit Schilf bewachsen ist und durch das Wadi Tabrook mit Frischwasser gespeist wird. An seinen Ufern fanden Archäologen Gräber aus der Eisenzeit. Wenige Meter weiter befindet sich ein kleiner **Steinbruch.** Die Steine bestehen aus Sandstein und Muschelkalk und sind seit jeher das optimale und günstigste Baumaterial für die Wohnhäuser der Gegend. Da diese Steinbrüche fast alle in der Umgebung des Ortes Taqah liegen, nennt man die Steine „Taqah stone“. Hinter dem Steinbruch dehnt sich rechterhand ein langer, einsamer **Sandstrand** aus. Immer wieder führen kleine Wege zu schattenspendenden Pavillons.

Wenige Kilometer weiter steht linker Hand eine Shell-Tankstelle. Direkt hinter ihr liegt das ausgedehnte Ruinenfeld der um die Zeitwende erbauten alten

Siedlung Taqah. Sie lag nicht wie die heutige Stadt am Meer, denn von dort fielen immer wieder Angreifer in die Küstenebene ein. Der Standort des alten Ortes war sichtgeschützt, und trotzdem konnten die Bewohner das nahe Meer zur Fischerei nutzen.

23 km hinter Salalah hat man den ersten Abzweig nach **Taqah** erreicht.

Taqah طاقة

Vorbei am Khor Taqah erreicht man nach knapp 3 km das links der Straße gelegene **Taqah Fort.** Die Anlage ist im Vergleich zu den Forts in Nordoman sehr klein, aber gerade das verleiht ihr einen eigenen, gemütlichen Charakter. Sie ist etwa 250 Jahre alt und diente dem Wali als Wohnsitz. Das Gebäude ist in zwei separate Teile getrennt. Im Südteil lagen um einen Innenhof gruppiert das Büro des Walis, Lagerräume für Feuerholz, Lebensmittel und Waffen, ein Brunnen, die Räume der Wachen sowie das Gefängnis. Die zweite Etage in diesem Teil besteht aus einer umlaufenden Galerie, von der aus Soldaten in Kriegszeiten die Umgebung unter Beschuss nehmen konnten. Über diese Galerie kam man auch in die drei Wachtürme. Der nördliche Teil ist der zweistöckige Wohnbereich des Walis, er ist durch eine dicke Tür vom Rest der Anlage abgetrennt.

Alle Räume des Wohnforts sind mit typisch dhofarischen und omanischen Alltagsgegenständen eingerichtet, so dass das Fort schon fast wie ein Museum wirkt. Besonders nett ist der Schlafraum des Walis gestaltet. Sein Bett sieht noch immer benutzt aus, und die Wände sind mit zahlreichen Spiegeln und bunten Hinterglasbildern mit Pfauen oder Sultanportraits geschmückt.

Zu besichtigen ist die Anlage So bis Do von 7.30–14 Uhr, ein englischsprachiger Führer steht meistens für Fragen bereit.

Der Fischerort Taqah bietet außer einigen **alten Holzfenstern** wenig Sehenswertes. Obwohl der Ort so klein ist, ist er der drittgrößte der Region. Das Haupteinkommen beziehen seine Bewohner aus den reichen Sardinenfanggründen, die sich vor der Küste befinden. Die Fische werden rund um den Ort auf großen Feldern getrocknet und dienen als billiges Tierfutter. Daneben wird in Steinbrüchen der Umgebung der berühmte „Taqah stone“ abgebaut, der in der ganzen Region als Baumaterial dient.

Verlässt man Taqah am östlichen Ende, so erreicht man **2 km weiter** an einem Kreisverkehr wieder die **Hauptstraße Salalah – Mirbat.** Hier geht es geradeaus nach Medinat al-Haq im Jebel Qara. Es ist die östlichste der vier Straßen auf den Jebel Qara, die zu einer Rundfahrt kombiniert werden können.

Folgt man der Straße rechts weiter nach Mirbat, so überquert man **30,5 km** hinter Salalah eine Brücke über das **Wadi Darbat.** Nach links hat man einen Blick auf senkrecht abfallende **Kalkstein-Klippen.** In der Monsunzeit stürzt hier gelegentlich nach heftigen Regenfällen ein mächtiger Wasserfall hinunter. Das Wasser hat das weiche Gestein an vielen Stellen weggefressen, so dass die Felswand mit zahlreichen Aushöhlungen und Überhängen versehen ist. Die Klippen selbst sind durch Verwerfungen der Erdkruste und nicht durch Wasserkraft entstanden. Das Wadi speist eine der größten Lagunen Salalahs, den Khor Rouri, den man rechts sehen kann.

1 km weiter beginnt eine Seitenstraße in das Bergdorf **Tawi Attair.** Von hier aus kann man in das Flussbett und auf den Klippenrand des Wadi Darbat sowie weiter auf das Plateau des Jebel Samhan fahren (siehe weiter unten bei „Jebel Samhan").

Bei **km 32** zweigt nach rechts eine holprige und etwa 3 km lange **Piste zum Khor Rouri** und der Ausgrabungsstätte Samhuram ab.

Khor Rouri/Samhuram

سمهرم خور روري

Die Ruinenstadt von Samhuram ist bislang noch nicht offiziell für Besucher geöffnet, da noch Ausgrabungen im Gange sind. Es gibt aber genug Löcher im Maschendrahtzaun, durch die man hindurchschlüpfen kann. Man sollte aber unbedingt die evtl. abgezäunten Areale, in denen noch gegraben wird, meiden. Seit dem Jahr 2000 ist Samhuram mit drei anderen omanischen Plätzen der Weihrauchstraße in die UNESCO-Liste der Weltkulturgüter aufgenommen worden.

Lliazz Yalt I., König des Hadramaut, des östlichsten der großen altarabi-

oman_518 Foto: fk

Der Süden – Dhofar

KHOR ROURI
Grundriss des antiken Gewürzhafens Samhuram

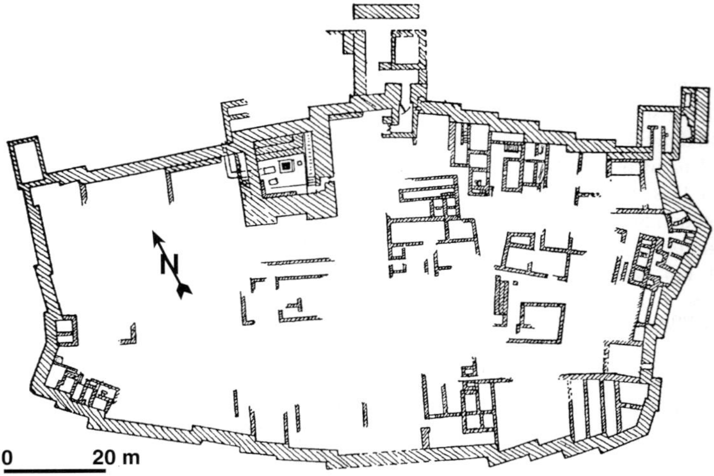

schen Reiche mit der Hauptstadt Shabwa im Inneren des heutigen Jemen, ließ im 1. Jahrhundert v. Chr. Samhuram gründen. Ziel war es, den Einfluss des Hadramauts auf den Dhofar zu festigen und den **Weihrauchhandel** zu kontrollieren. Dies brachten in den 50er und 60er Jahren des 20. Jahrhunderts bei Ausgrabungen von *Frank Albright* und *Wendell Philipps* gefundene Inschriften ans Licht. Sie sind in altsüdarabischer Schrift verfasst, die aus 26 Buchstaben besteht. Einige der Tafeln sind im Museum von Salalah ausgestellt. Eine zeitliche Festlegung aufgrund dieser Inschriften war allerdings nicht exakt möglich, erst mit Hilfe chemischer Untersuchungen (C14-Methode) eines italienischen Teams konnte man 1997 die Stadtgründung genauer datieren.

Samhuram entstand als eine **befestigte Handelskolonie mit Hafen.** Der Hafen war zwar nur einer von vielen zu jener Zeit, jedoch waren die anderen (Taqah, Mughsayl, Hasik, Mirbat, Al-Baleed und Raysut) alle in einheimischer Hand. Von Samhuram sollte der im Dhofar gesammelte wertvolle Weihrauch sicher in die südjemenitische Hafenstadt Qana verschifft werden. Von dort ging es durch das Wadi Hadramaut weiter in die Hauptstadt Shabwa. Dieser Weg garantierte dem König von Hadramaut die lückenlose Kontrolle des Weihrauchhandels. Dank des blühenden Geschäftes entwickelte Samhuram sich schnell zu einem Handelszentrum und zu einer **wichtigen Hafenstadt der Hadramis.** Wie groß ihr Einfluss auf das umliegende Dhofar war und in welcher Beziehung sie zu den einheimischen Dhofaris standen, ist allerdings noch nicht klar. Die Anlage wurde nur etwa drei- bis vierhundert Jahre benutzt, dann wurde sie aufgrund der politischen Wende im Jemen (Hadramaut wurde von den Himyaren erobert) aufgegeben.

Bei den Griechen wurde Samhuram als **„Moscha"** bezeichnet, die Küste war unter dem Namen „Sachalitis" bekannt. In der antiken griechischen Reisebeschreibung „Periplus Maris Erythraei" stehen die folgenden (hier übersetzten) Zeilen geschrieben:

„Direkt hinter Syagrus, wo die Bucht von Oman tief in die Küstenlinie hineinreicht, dahinter liegen Berge so hoch und steil und felsig ...

Und dort befindet sich ein Hafen für sachalitischen Weihrauch. Dieser Hafen wird Moscha genannt, und Schiffe von Cana legen regelmäßig hier an ...

Die Kaufleute treiben Handel mit des Königs Offizieren, tauschen Stoffe, Weizen und Sesamöl gegen Weihrauch, welcher zu Hauf im sachalitischen Land liegt ..."

Samhuram war am östlichen Ufer des Khor Rouri auf einem Hügel errichtet. Es war wie ein großes „Fort" zum Lagern des Weihrauchs und als befestigte **Handels- und Hafenstation** angelegt. Einst war die gesamte Anlage von einer Mauer umgeben. Die Übersetzung des hadramischen Namens bedeutet passend „die Anlage ist imponierend".

Hinter dem Eingangstor stehen die Reste eines hohen Gebäudes. Dieser **Tempel** war vermutlich dem im Jemen verehrten Mondgott Sin geweiht, und in seinem Inneren befinden sich die Reste von Opferaltären und Wasseranlagen. Am südlichen Ende des Hügels standen einst große **Lagerräume,** von denen heute noch einige Säulenreste erhalten sind. Im Südwesten steht ein großer, tiefer **Brunnen,** der damals lebensnotwendig war.

Die Steine, aus denen die Anlage gefertigt ist, haben sich im Laufe der Zeit durch den Monsunregen schwarz verfärbt, ursprünglich waren sie fast weiß. Sie sind meist nur mäßig gut behauen, woraus man schließen kann, dass die Anlage sehr schnell erbaut wurde. Die hadramischen Siedler hatten keine Städte, sondern nur kleinere Siedlungen rund um den Khor errichtet.

Von den Ruinen aus hat man eine schöne Aussicht auf den **Khor Rouri** mit seiner artenreichen **Vogelwelt.** Heute versperrt eine Sandbank die Zufahrt vom Meer in die Lagune. Früher musste diese mühevoll freigehalten werden, um die Bucht als geschützten Hafen nutzen zu können. Rechts und links der Sandbank stehen noch wenige Reste von Befestigungsanlagen aus der Zeit um 900 n. Chr., mit denen die Abbasiden zu dieser Zeit den Seehandel Südarabiens kontrollierten.

Bei **km 48** führt eine Brücke über eine zerklüftete **Wadischlucht,** und **4,5 km weiter** erreicht man eine Piste, über die man mit einem Allradwagen entlang des Wadi Hinna **nach Tawi Attair** fahren kann (siehe weiter unten im Abschnitt zum „Jebel Samhan").

Dahinter führt die Straße in die Mirbat-Ebene hinunter. Ab hier dehnt sich erneut ein schöner **Sandstrand** mit Schattenhäusern aus.

Bei **km 62,5** geht es rechts zum **Grabmal des Heiligen Bin Ali,** das etwa 1 km von der Hauptstraße entfernt liegt. Das Mausoleum hat zwei zwiebelförmige Kuppeln und erstrahlt in reinem Weiß. In seinen Gemäuern liegt der Shaikh *Muhammad bin Ali al-Alawi* begraben, der einst aus dem südjemenitischen Hadramaut nach Mirbat einwanderte und im Jahre 1161 hier verstarb. In dem Grabmal, das nur Muslimen zugänglich ist, beschreibt eine Grabinschrift seinen Stammbaum, der bis auf den Schwiegersohn des Propheten Muhammad zurückführt.

Vor dem Gebäude dehnt sich ein großer Friedhof aus. Seine Anlage und die Gestaltung der Grabsteine ist typisch für die sunnitische Richtung des Islam, so wie sie im Dhofar und im Hadramaut vorherrscht.

2 km weiter erreicht man den **Ortsanfang von Mirbat** mit seinem Fort, das direkt am Meer steht. Hier endet auch die Teerstraße, weiter nach Osten kann man nur über eine Piste fahren.

Grabmal des Heiligen Bin Ali

oman_521 Foto: fk

Mirbat مرباط

Das im Jahr 1806 erbaute **Fort** hat viele Gemeinsamkeiten mit der Festung in Taqah. Auch das Mirbat Fort war das befestigte Arbeits- und Wohnfort des Wali, und auch hier ist die Anlage in einen privaten Wohn- und einen öffentlichen Arbeitsbereich unterteilt. Selbst die Einrichtungsgegenstände sind dieselben wie in Taqah. Allerdings war das Fort von Mirbat im Dhofar-Krieg heftig umkämpft, und angeblich fand hier die weltweit letzte Schlacht statt, in der ein Ort von einem Fort verteidigt wurde. Am 19. Juli 1972 griff eine 300 Mann starke Rebelleneinheit den Hafen von Mirbat an. Der Ort wurde mehrere Stunden lang von nur neun Männern vom Fort verteidigt, bevor die Luftwaffe eintraf und die Rebellen vertrieb.

Das Fort ist So bis Do von 7.30–14 Uhr zu besichtigen.

Der **Ort Mirbat** liegt auf einer kleinen Halbinsel und verfügt über einen **Hafen,** der durch seine Lage vor den heftigen Monsunwinden geschützt ist. Seit dem 10. Jahrhundert war Mirbat ein wichtiges **Handelszentrum,** besonders seitdem Sohar im Nordoman an Bedeutung verlor. Weihrauch war das Haupthandelsprodukt, jedoch stand Mirbat lange im Schatten von Al-Baleed, und erst nach dessen Niedergang und nach dem Abzug der portugiesischen Besatzer konnte es sich als größtes und letztes Handels- und Hafenzentrum des Dhofar etablieren. Zwischen 1600 und 1800 starteten von Mirbat aus mit Weihrauch beladene Kamelkarawanen nach Saudi-Arabien, denn zu dieser Zeit war die Seefahrt im Golf von Aden und im Roten Meer wegen wachsender Piraterie zu unsicher.

Von diesen reichen Zeiten zeugen noch einige wenige große, sehenswerte **Handelshäuser in der Stadtmitte.** Man erreicht sie, indem man der Teerstraße in die Ortsmitte folgt. Um einen Platz herum stehen mehrere dieser großen Häuser, deren Besonderheit ihr südjemenitisch beeinflusster Baustil ist. Sie sind alle rechteckig und mit zwei hohen Etagen um einen Innenhof herum angelegt, allerdings dient dieser nicht als luftiger Arbeits- oder Wohnraum, sondern als Licht- und Luftschacht. Die Dachterrasse ist mit Zinnen eingefasst, und zur Verteidigung waren manche Häuser mit einem Turm erweitert. Typisch für den südjemenitischen Baustil ist auch der Verputz: In den feuchten Lehm wurden mit einem kleinen Stein unzählige „Pockennarben" hineingestempelt.

Die aus Holz geschnitzten **Fenstergitter,** die man stellenweise auch noch in Salalah (Al-Hafah) oder Taqah findet, sind bei diesen Häusern besonders aufwändig und hübsch. Sie besitzen mehrere spitzbogige Öffnungen, die mit Holzläden von innen verschlossen werden können, und mit geschnitzten Gitterflächen kombiniert sind. In ganz Mirbat finden sich solche alten Holzfenster, wenn auch einfacher gestaltet.

Der Ort strahlt eine **ursprüngliche Atmosphäre** aus, da die Stadtmitte noch nicht von neuen Häusern dominiert wird. Die Bauten sind fast alle älteren Jahrganges, und im Laufe der Jahre hat sich der Kalkstein braun und unansehnlich verfärbt. Ihre Anordnung wirkt völlig willkürlich, eine Art geplantes Straßennetz ist nicht zu erkennen. Aber gerade diesem Gewirr von ungeteerten Gassen mit spielenden Kindern und freilaufenden Ziegen verdankt der Ort seinen besonderen Reiz.

Eine Pause kann man am nordwestlichen Ende der Altstadt im **Shara Tourism Restaurant** einlegen, Tel. 268458, 11-24 Uhr. Bei chinesischer und arabischer Küche oder aber einem Tee und einer Wasserpfeife kann man die Aussicht auf die Bucht von der Dachterrasse genießen.

Eine größere Hotelanlage befindet sich am Rande Mirbats in Bau.

Hinter Mirbat führt nur noch eine holprige Piste weiter (die Teerstraße ist in Bau), für die man ein Allradfahrzeugfahrzeug benötigt. Sie beginnt gegenüber des Abzweigs zum Grab des Bin Ali. Gut 60 km hinter Mirbat erreicht man den kleinen Ort **Sadah,** der sich entlang eines Wadis zieht. Wer die lange Fahrt auf sich genommen hat, wird mit dem Anblick alter Häuser im typischen dhofarischen/hadramischen Stil belohnt, die zum größten Teil besser erhalten sind als in Mirbat.

Kurz vor Sadh kann man in Richtung **Hadbin** abbiegen und die Fahrt nach Osten fortsetzen. Etwas abseits der Piste liegen einige sehr schöne Sandbuchten, die meisten sind allerdings zum Baden zu flach. Kurz vor Hadbin zweigt eine Piste nach links ab, über man den etwa 1000 m hohen **Jebel Nuss** hinauffahren und die Aussicht über die Küste genießen kann. Eine Weiterfahrt nach Shuwaymiyah ist wegen der steil zum Meer abfallenden Berge nur per Boot möglich.

Jebel Samhan جبل سمحان

Nordöstlich von Salalah liegt der Jebel Samhan, mit gut **1800 m** der **höchste Berg des Dhofar.** Eine Fahrt auf das **Gipfelplateau** wird nicht nur durch einen fantastischen **Ausblick** auf die Ebene von Mirbat belohnt, sondern bietet auch auf dem Weg vielfältige Abwechslung. Sehenswerte Abstecher sind das **Wadi Darbat** mit seiner üppigen Vegetation und steilen Klippen, das **„sinkhole"** bei Tawi Attair und der Rückweg durch das **Wadi Hinna.**

Bis Tawi Attair ist die Straße geteert, bis zum „sinkhole" kann man über eine Piste auch mit einem Pkw fahren, ab dort ist allerdings ein Allradfahrzeug notwendig.

Startpunkt der Routenbeschreibung ist der Teerstraßenabzweig nach Tawi Attair. Er liegt kurz hinter Taqah, etwa **32 km östlich von Salalah.** Die Straße führt einen steilen Ausläufer des Jebel Saham hinauf.

Bereits **nach 2,7 km** erreicht man linker Hand einen Abzweig in das **Wadi Darbat,** allerdings ist die steinige Piste nur mit Allradwagen zu befahren.

Wadi Darbat

Die Abfahrt in das Wadi ist zunächst sehr holprig. Hält man sich im Wadi nach Süden, so erreicht man die **senkrechten Klippen,** von denen man einen fantastischen Blick in die Tiefe hat. Nach starken Regenfällen in der Monsunzeit stürzen hier Wasserfälle über 200 m in die Tiefe.

Vom Hauptweg nach rechts gelangt man weiter in das Wadi, das man etwa 7 km wadiaufwärts befahren kann. Es ist ein von hohen Bergwänden abgeriegeltes **Plateau,** in dessen Randhängen sich zahlreiche Höhlen im Kalkstein befinden. Zur Monsunzeit ist es völlig grün und mit Wasser gefüllt.

Die Ebene ist mit immergrünen Bäumen, Büschen und Gras bewachsen, das allerdings schnell von den zahlreichen Kühen und Kamelen abgefressen wird. Daher hat die Vegetation hier in den letzten Jahren sehr gelitten. Trotzdem wird das Wadi durch auffallend viele Vögel belebt. Die ganze Szenerie erinnert mehr an eine afrikanische Savanne als an Arabien.

Nach etwa **5 km** endet die steile Steigung, und die Straße führt durch eine sanft geschwungene **Hügellandschaft,** die von den Jebalis seit jeher zur Landwirtschaft genutzt wird. Immer wieder kann man runde, mit hohen Steinwällen eingezäunte Areale erkennen. Die Steinmauern dienen dazu, die freilaufenden Kühe, Kamele und Ziegen von diesen Feldern fernzuhalten. Einst bauten die Jebalis dort ihren Eigenbedarf an Gerste und Viehfutter an. Heute liegen die Felder brach, denn importiertes Getreide und subventioniertes Heu sind auf dem Markt billig zu kaufen. Die meisten der Steinwälle sind verfallen.

Nach 18 km erreicht man die Polizeistation und den **Ortseingang von Tawi Attair,** wo nach links in Richtung Kisais Adeen die Strecke auf das Plateau des Jebel Samhan beginnt. Nach 500 m muss man von dieser Teerstraße nach rechts auf eine Piste abbiegen, und nach weiteren 300 m erreicht man einen kleineren Weg, der gegenüber eines Pumphäuschens nach rechts abzweigt. Er führt zu einem gewaltigen Loch, dem so genannten Tawi Attair Sinkhole.

Tawi Attair Sinkhole

Nach etwa 500 m sollte man den Wagen an zwei runden Wassertanks parken und nach rechts den Berg hinabgehen. Schon bald erreicht man ein **100 m weites und 200 m tiefes Loch,** wovon man die ersten einhundert hinunterklettern kann. Es entstand dadurch, dass Wasser in Spalten des Kalksteins einsickerte und ihn immer mehr auswusch. Im Laufe der Jahrtausende entstand ein unterirdischer Hohlraum, und eines Tages stürzte das Deckgestein über ihm zusammen. Auf dem Grund des Loches steht klares, reines Grundwasser, und bevor moderne Dieselpumpen das Wasser an die Erdoberfläche förderten, stiegen die Bewohner des Ortes – oder besser gesagt deren Kinder – fast jeden Tag in diesen „Brunnen" hinab, um Wasser zu holen.

„Tawi Attair" heißt in der Sprache der Jebalis „der Brunnen der Vögel". Dieser Name besteht nicht zu unrecht, denn über dem Loch fliegen **unzählige Vögel** verschiedener Arten ihre Runden. Ihr Gezwitscher hallt als Echo von Felswand zu Felswand und verleiht dem Ort eine sehr friedliche und ruhige Atmosphäre.

Bei **km 22,5** muss man sich rechts halten; bei **km 27** fährt man an einem kleinen Dorf mit vielen Rundhütten der Jebalis vorbei. Wie überall dienen sie heute allerdings nicht mehr als Wohnhäuser, sondern als Tierställe.

1,5 km weiter muss man vor dem Tor eines Militärgeländes links abbiegen, um es zu umfahren. Bei **km 33** erreicht man den nächsten **Abzweig,** an dem es rechts ab geht.

Bei **km 38** steht man in einer Höhe von über 1000 m am **Beginn eines ausgedehnten Hochplateaus.** Eine kleine Piste führt zu einem Sendeturm, der am Rand der Hochebene steht. Nach Süden bricht dieses Plateau nahezu senkrecht in die Küstenebene ab. Vom Rand des Steilabfalles hat man einen faszinierenden Ausblick auf die Küstenlinie und den Ort Mirbat, der auf einer kleinen Landzunge ins Meer ragt. Deutlich kann man erkennen, wie die Wadis sich ihren Weg zum Meer bahnen.

Variante durch das Wadi Hinna

Für Fahrer eines Allradwagens gibt es von Tawi Attair eine interessante Alternative für den Rückweg zur Hauptstraße an der Küste. Durchquert man den Ort in Richtung Süden und folgt der Piste immer weiter geradeaus, so kann man über einen steilen Berghang hinunter in die Ebene fahren. Die Strecke ist **13 km** lang und führt am Südhang der Berge entlang des **Wadi Hinna.**

Hier wachsen die berühmten **Baobab-Bäume,** die ansonsten nur in Ostafrika anzutreffen sind. Wie die Bäume in dieses Wadi kommen, weiß niemand genau. Manche behaupten, dass Seefahrer aus Ostafrika sie angepflanzt hätten, andere, dass die Samen von den Monsunwinden herangeweht wurden, und wiederum andere glauben, es seien nur die Überreste eines ehemals riesigen Baobab-Waldes. Die Gestalt der Bäume erinnert an einen riesigen Flaschenbaum, und eine alte Legende besagt, dass Gott wütend auf diese Bäume war und sie kopfüber in die Erde steckte. Sie erreichen hier zwar keine afrikanischen Ausmaße, können aber bis zu 15 Meter hoch werden, und ihr Stamm erreicht eine Dicke von bis zu 2 Metern.

04 Foto: fk

Etwa auf halber Strecke der Abfahrt zur Küstenebene befindet sich rechts der Straße ein kleiner Rastplatz. Die Zufahrt befindet sich in einer Linkskurve, die ringsum von vielen Baobab-Bäumen bewachsen ist. Geht man von hier die wenigen Meter in das von dicken Steinen übersäte Wadi Hinna hinab, so stößt man auf plätscherndes Wasser und üppiges Grün. In dieser fast unberührten Natur gedeihen viele verschiedene Pflanzen.

Etwa 1 km vor Erreichen der Teerstraße liegt der so genannte **„magnetic point“**, an dem es so aussieht, als ob der Wagen bergauf in Richtung Berge gezogen wird. Ob es sich hierbei um ein Magnetfeld oder eine optische Täuschung handelt, soll demnächst ein Forscherteam klären.

Westlich von Salalah: Mughsayl und Jebel al-Qamar

Diese Strecke führt in das Gebiet westlich von Salalah bis kurz vor die jemenitische Grenze. Sehenswert sind der lange **Sandstrand von Mughsayl,** die **Straße auf das Gipfelplateau des Jebel al-Qamar,** des „Berges des Mondes“, und auf dem letzten Stück die **canyonartigen Wadis,** die sich tief in seine Südseite gefressen haben.

Beginn der Kilometerzählung ist der **Al-Awqdayn Kreisverkehr** am westlichen Ortsausgang Salalahs, dort wo sich Al-Salam Street und Robat Street treffen. Bis zum omanischen Militärposten, den man nur mit einer Sondergenehmigung passieren darf, sind es **145 km.** Allerdings wurde dieser Posten 1997 nach vorne verlegt, so dass die Weiterfahrt momentan schon bei **km 112** endet. Da die meisten Attraktionen auf den ersten 60 km der Strecke liegen, lohnt sich auch ein kürzerer Ausflug. Die Straße ist durchgehend geteert und in sehr gutem Zustand, so dass sich ein Allradfahrzeug erübrigt.

Streckenbeschreibung: Am **Al-Awqdayn Kreisverkehr,** dem Ausgangspunkt dieser Tour, muss man sich in Richtung Raysut halten. Direkt nach dem Kreisverkehr befindet sich eine Tankstelle, die man zum Volltanken nutzen sollte, denn unterwegs bestehen keine Möglichkeiten zur Versorgung mit Treibstoff.

Vorbei am Sportstadion erreicht man **nach 4 km** das **Hilton Hotel.** Auf der gegenüberliegenden Seite befindet sich ein Stück landeinwärts die Kamelrennbahn Salalahs, auf der zum Nationalfeiertag im November Rennen ausgetragen werden.

Am **Kreisverkehr bei km 7** muss man sich geradeaus, am nächsten nach 2 weiteren Kilometern nach rechts in Richtung Mughsayl halten. Geradeaus geht es zum **Port Salalah,** dem Hafen von Salalah, dessen mächtige Anlagen man schon von weitem erkennen kann. Er spielt bei der Entwicklung der Region eine wichtige Rolle, da er die einzige Möglichkeit bietet, schwere und große Spezialmaschinen anzuliefern, die so-

Wadi Hinna

wohl in der Erdölindustrie als auch auf den landwirtschaftlichen Farmen benötigt werden. Der Ausbau zu einem modernen **Containerhafen** ist im Gange, und die erste Phase wurde im Dezember 1998 eröffnet.

Die Anlagen sind auch für große Containerschiffe geeignet, so dass man hofft, Handelsstation auf der Route nach Ostasien zu werden. Die Frachter sparen Zeit und Geld, wenn sie ihre Waren schon hier entladen, da drei Tage Umweg in den Golf nach Dubai entfallen. Salalah soll sich so zu einer Umverladestation für die gesamte Golfregion entwickeln. Eine **Freihandelszone** komplettiert die Hafenanlagen.

Die Gegend ist im weiteren Verlauf nur noch spärlich bewachsen, denn der Monsun dringt anders als am Jebel Qara und Jebel Samhan nicht bis hierher vor. Die Strecke verläuft landeinwärts durch das weite **Wadi Adownib,** in dessen kleinen Seitenwadis viele vereinzelte **Weihrauchbäume** stehen. Ihre Gestalt wirkt kümmerlich, und man könnte meinen, die Bäume wären abgestorben. Diejenigen, die auf dieser Seite des Gebirges wachsen, sind lange nicht so groß wie die am nördlichen Gebirgsrand in der Nejd-Region. Aus dem dortigen Gebiet stammte auch all der Weihrauch, der in vergangenen Zeiten so begehrt war. Hier im Süden wuchsen zu jener Zeit noch keine Bäume, heute produzieren sie eine schlechtere Qualität als die auf der anderen Gebirgsseite.

Bei **km 22** geht es **steil bergauf,** und rechter Hand hat man einen schönen Blick hinunter auf das inzwischen engere Wadibett. **Nach knapp 34 km** verlässt die Straße die Berge, und man erreicht die **Bucht von Mughsayl.**

Mughsayl المغسيل

Die **weitläufige Bucht** wird auf der östlichen Seite vom Khor Fadekeet und den dahinter steil aufragenden, tiefschwarzen Klippen begrenzt. Der **Strand ist knapp 6 km lang,** und an seinem weißen, feinsandigen Ufer laden Schattenhäuschen, zu denen auch ein Grill gehört, zu einer Pause ein. Am türkisblauen Wasser warten Gruppen von Möwen auf angeschwemmte Fische, zu ihnen gesellen sich auch zahlreiche Reiher. Die Bucht wurde mit zahlreichen Kokospalmen bepflanzt, die leider noch zu klein sind und keinen effektiven Sichtschutz zur Straße oder Schatten bieten. Außer an Wochenenden, wenn der Strand von zahlreichen Ausflüglern aufgesucht wird, ist es an diesem Ende der Bucht eher einsam und ruhig.

Weiter westlich stehen oberhalb der Straße zahlreiche **staatliche Einheitshäuser,** die für die Fischerfamilien gebaut wurden. Entsprechend belebt ist hier der Strand.

Neben dieser Siedlung erstreckt sich die **Lagune von Mughsayl** bis fast an das Meer, von dem sie durch einen Damm abgetrennt ist. Sie ist, wie auch die anderen Lagunen Salalahs, ein fischreicher Lebensraum vieler Vogelarten, die dem kalten europäischen Winter entfliehen. Neben vielen Enten und Reihern kann man auch Flamingos dabei beobachten, wie sie mit ihrem Schna-

Weihrauch – das duftende Goldharz des glücklichen Arabien

von Kirstin Kabasci

Viele sagenhafte Geschichten und Legenden ranken sich um den Weihrauch und den geheimnisvollen Baum, der diese „Tränen der Götter" hervorbringt. Diesem wohlriechenden Harz verdanken Könige Macht und Reichtum, wegen ihm entstanden oder versanken Reiche. Weltweite Handelsbeziehungen verbanden und prägten verschiedene Kulturen. Dabei war bis in das erste Jahrhundert nach Christus überhaupt nicht bekannt, woher diese edle Gottesgabe eigentlich genau stammt. Schon der römische Kaiser Augustus entsandte Kundschafter – doch ohne Erfolg. Der griechische Geschichtsschreiber Herodot (um 450 v. Chr.) berichtete, die kostbaren Harzbäume würden von geflügelten Schlangen mit giftigem Atem bewacht. Weihrauch wurde damals mit Gold aufgewogen, und damit dies so blieb, verbreiteten die cleveren Weihrauchhändler solche und ähnliche Geschichten nicht ohne marktstrategische Hintergedanken.

Doch Weihrauch war nicht nur wertvoll, sondern verschiedenen Religionen auch heilig. In Rom, Babylon, Persien, Griechenland und Ägypten brachte man den Göttern Räucheropfer dar. Schon in Tutenchamuns Grab fanden sich Weihrauchstücke, in ihren Tempeln stellten die Ägypter wertvolle Salböle her. Auch die Griechen und Römer stellten aus Weihrauch Salben her und nutzten sie als Medizin. Moses befahl, den Zorn Gottes mit einem Weihrauchopfer zu besänftigen, und Aristoteles schimpfte mit einem seiner Schüler, weil er bei einem Opfer an Zeus allzu verschwenderisch mit dem teuren Stoff umging. Der römische Kaiser Nero ließ zum Begräbnis seiner Geliebten Poppäa ganz Rom in Weihrauchwolken hüllen. Eines der Geschenke der heiligen drei Könige an das neugeborene Jesuskind war Weihrauch. Im vierten Jahrhundert hielt das Harz auch Einzug in die christlichen Kulte, wohingegen Muslime sein Verbrennen zu religiösen Anlässen als heidnischen Überrest aus vorislamischer Zeit ablehnen.

Der römische Historiker Plinius berichtet, die sagenumwobene Königin von Saba, Herrscherin des sabäischen Reiches, das von 1000 v. Chr.–200 n. Chr. bestand, sei mit einer Kamelkarawane in 65 Tagen aus dem heutigen Jemen bis nach Palästina gereist. Aus der Bibel (AT, 1. Buch der Könige; NT, Matthäus 12,42, Lukas 11,31) und dem Qur'an (27. Sure, Vers 22–44) lässt sich deuten, dass sie dort König Salomo besucht hat, um den Ausbau der Handelsbeziehungen zu besprechen. Neben Gold und Edelsteinen schenkte sie ihm auch Weihrauch. Diese im 10. Jahrhundert v. Chr. stattgefundene Reise beschreibt den ersten geschichtlich überlieferten Transport von Weihrauch, vermutlich auf der berühmten Weihrauchstraße.

Der internationale Handel durch Arabien konnte sich frühestens in dieser Zeit entwickeln, da das Kamel erst ab der Mitte des 2. Jahrtausends v. Chr. domestiziert wurde. Die Fähigkeiten des Kamels bedeuteten nahezu eine Revolution für Handel, Verkehr und Kriegszüge. Früher hatten die Menschen Esel und Maultiere als Lastenträger genutzt, doch konnten diese nur wenige Stunden ohne Wasser sein und eigneten sich nicht für die Durchquerung großer Wüstengebiete. Doch mit dem Kamel konnte man auch Routen unabhängig von Wasserstellen nehmen, und dies sparte Tage oder Wochen an Reisezeit ein. Wie der Weihrauch aber bereits im fünften vorchristlichen Jahrtausend nach Ägypten und Mesopotamien transportiert werden konnte, bleibt weiterhin ein unerforschtes Rätsel.

Die antike Weihrauchstraße reichte von Oman über den Jemen, parallel zur Küste des Roten Meeres durch Saudi-Arabien vorbei an Mekka und Medina ins jordanische Petra, und dann weiter ins heilige Land (Gaza) und nach Alexandria. Ein Abzweig führte auf die andere Seite der Arabischen Halbinsel nach Osten ins Zweistromland nach Mesopotamien. Die Kamelkarawanen brachten neben Weihrauch auch andere wertvolle Gewürze, Edelhölzer, Elfenbein, Edelmetalle und Seide ins Abendland. Daher glaubte man lange, auch ihr Ursprung läge in Südarabien, und die Römer tauften diesen Teil der Welt „Arabia Felix“ – das „glückliche Arabien“. Doch diese Güter wurden von arabischen und indischen Seefahrern aus allen Teilen Asiens und aus Ostafrika mit Hilfe der Monsunwinde herantransportiert und in Arabien auf Kamele umgeladen. Den Arabern gelang es mit großem händlerischen Geschick und organisatorischem Talent, diesen Warenstrom an die Weihrauchstraße zu binden. Sie sicherten Wasserstellen, organisierten Futter- und Lebensmittelmärkte und unterhielten Karawansereien als Rast- und Warenumschlagplätze. Diese Dienste ließen sie sich mit hohen Abgaben von bis zu einem Zehntel der Ware bezahlen. Eigentlich wäre der Weg über das Rote Meer wesentlich einfacher und schneller gewesen als durch die endlose, wasserlose und brütendheiße Wüste. Doch die Windverhältnisse im Roten Meer waren nicht nur ungünstig, sondern sie stellten selbst für die erfahrenen arabischen Seefahrer eine große Gefahr dar.

Dies alles war der Rahmen für die Entstehung von befestigten Städten mit Bewässerungsanlagen, Tempeln und Märkten. So formierten sich die großen südarabischen Reiche Saba, Ma'in, Qataban, Ausan und Hadramaut (zu dem damals auch der Dhofar gehörte) entlang der Weihrauchstraße und nicht etwa an den Häfen des Roten Meeres oder entlang der landwirtschaftlich nutzbaren und fruchtbaren Böden des jemenitischen Hochlandes. Die unfruchtbaren Gebiete entlang der Weihrauchstraße waren heiß umkämpft. Keines dieser mächtigen alten Reiche, die jahrhundertelang nebeneinander bestanden, ließ sich von dort vertreiben, und kein Reich existierte abseits weiter. Keinem außenstehenden Herrscher gelang zu dieser Zeit je die Machtergreifung entlang der Weihrauchstraße, obwohl die Römer es um die Zeitwende hartnäckig versuchten. Es war nicht eine Frage der militärischen Stärke – die hochgerüsteten Römer mussten vor dem unwirtlichen Klima und der schwer zugänglichen Region kapitulieren. 260 n. Chr. erlangten die Himyaren die Vormachtstellung über die Sabäer, aus den einstigen fünf Einzelreichen entstanden die beiden großen Reiche Himyar im Westen und Hadramaut im Osten.

Seine Blütezeit erlebte der Weihrauchhandel zwischen dem 5. Jahrhundert v. Chr. und dem 1. Jahrhundert n. Chr., also lange bevor die Christen begannen, das Harz zu nutzen. Mit dem Römerreich erreichte dann auch die Schiffahrt im Roten Meer einen enormen Aufschwung. Der Warenstrom stagnierte, und die alten Königreiche verloren ihre Macht, ihr Lebensnerv war sozusagen durchschnitten. Nach mehreren Brüchen des Staudamms von Marib, der Lebensader des sabäischen Reiches, verließen ab dem ersten nachchristlichen Jahrhundert immer mehr Bewohner ihre Heimat und zerstreuten sich über die ganze Arabische Halbinsel.

Im Jahre 525, die Himyaren hatten inzwischen auch das Hadramaut und den gesamten Südwesten der Arabischen Halbinsel unterworfen, beendeten die Abessinier aus Äthiopien die Existenz der südarabischen Königreiche – für wenige folgende Jahrzehnte wurde Südarabien von Christen beherrscht. 570 gaben die letzten Bewohner von Marib ihre Stadt endgültig auf – Arabia Felix verschwand sang- und klanglos in der Leere der Wüste.

Die Weihrauchstraßen der Antike

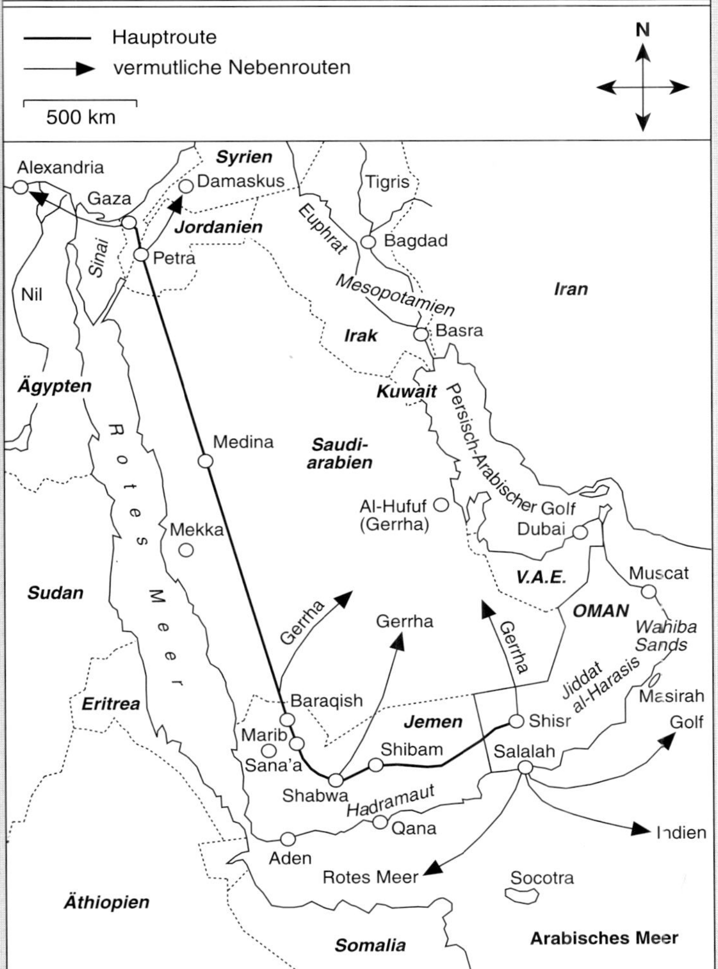

Es gibt etwa 25 verschiedene Arten von Weihrauchbäumen. Sie gedeihen nicht nur in Südarabien, sondern auch in Äthiopien, Eritrea, Sudan und Indien. Die knorrigen Bäume wachsen wild und können weder verpflanzt noch gezüchtet werden. Im Dhofar, wo die riesige Rub al-Khali auf das karge, von ausgetrockneten Flussläufen durchzogene Dhofar-Gebirge trifft, ist die Spezies „Boswellia sacra" weit verbreitet. Ihr Hauptverbreitungsgebiet erstreckt sich etwa 20 km nördlich und südlich des Felsmassives, bevorzugte Standortbedingungen bieten Kalksteinböden in etwa 600–900 m Höhe, meist stehen die Bäume in kleineren Gruppen im Verlauf eines Wadibettes.

Die Ernte des Weihrauchs geschieht heute noch wie vor 3000 Jahren. Die Rinde des Weihrauchbaumes wird am Stamm und an dicken Ästen mit einem spitzen Messer (manghaf) fast waagerecht eingeritzt. An dieser verletzten Stelle „blutet" der Baum ein Harz (luban) aus. Zunächst ist es weiß, doch dann wird es hellgelb, und nach dem Trocknen ist es durchsichtig wie Bernstein. Der Saft dieses ersten Schnittes ist allerdings wertlos und wird weggeworfen. Drei Wochen später wird die Rinde wieder vorsichtig angeritzt, und nach weiteren drei Wochen Trocknen wird dieses Weihrauchharz abgeschlagen. Ein Baum wird nicht länger als drei aufeinander folgende Jahre bewirtschaftet, dann gönnt man ihm eine mehrjährige Erholungspause.

Die Hauptsammelsaison beginnt im Frühjahr mit dem Einsetzen der heißen Jahreszeit und endet, bevor der Sommermonsun einbricht. In den Bergen und im tiefer gelegenen Hinterland des Dhofar ist man bei der Ernte nicht so vom Wetter abhängig. Doch die Qualität des Weihrauches von der Küste (shabi) ist wegen der hohen Feuchtigkeit eher minderwertig und befriedigt nur weniger anspruchsvolle Nasen. Eine Ausnahme bildet das Harz, das im Wadi Adonib bei Raysut produziert wird. Weiter nördlich, im Bereich der Wasserscheide des Dhofar-Gebirges, wird die mittelgute Sorte „sharzi" geerntet. Die beste Qualitätsstufe liefern allerdings die Bäume in der nördlich gelegenen Region Nejd, die den selben Namen trägt. Allgemein gilt, je heller das Farbe, desto besser die Qualität, da der Weihrauch dann weniger verunreinigt ist. Das beste Harz stammt aus der östlichen Region des Nejd. Seit jeher ist dieser fast weiße Weihrauch der begehrteste und teuerste.

Mit dem wohlriechenden Rauch werden Wohnräume und Kleidung parfümiert, er aromatisiert Trinkwasser und verleiht ihm eine erfrischende Note, die ätherischen Dämpfe wirken auch desinfizierend und lindern Atembeschwerden. In fester Form eingenommen, hilft das Harz gegen Magen-, Darm- und Nierenbeschwerden. Viele Omanis kauen den (bitteren) Weihrauch auch wie einen Kaugummi – er soll ihnen frischem Atem verleihen.

Zur Zeit der alten arabischen Reiche waren Weihrauchbäume im Besitz ausgewählter Familien, und die Ernte war nahezu ein Kult. Ihr Ausgang war abhängig vom Stand der Sterne und anderen strengen Vorschriften. Anders als Weidegebiete, die kollektiv von allen Stammesmitgliedern genutzt werden, waren – und sind – Weihrauchbäume im Dhofar im Privatbesitz einzelner Unterstämme oder Großfamilien. Um diesen Familienbesitz zu halten, werden die Bäume nicht an weibliche Familienmitglieder vererbt. Sie bekommen als Ausgleich Tiere oder Geld. Die Organisation der Ernte verlief noch bis vor wenigen Jahren wie schon Jahrtausende zuvor. Es gab eine feste Hierarchie und Organisation. Zu Beginn der Erntezeit gegen Ende März mietete das Familienoberhaupt und damit der Besitzer eines Weihrauchbaumgebietes (manzilah) eine Kamelkarawane von den Beduinen im Landesinneren. Auch die Verpachtung dieser Produktionsgebiete war üblich, insbesondere, wenn sich der Eigentümer aufgrund von anderen Verpflichtungen oder großer räumlicher Entfernung nicht persönlich um die Ernteorganisation kümmern konnte. In Salalah wurden Saisonarbeiter angeheuert, sie sollten das Sammeln und Sortieren des Harzes übernehmen. Sie mussten nicht unbedingt zum Stamm der Besitzerfamilie gehören, und seit der Mitte dieses Jahrhunderts wurden auch viele Arbeiter aus Somalia oder dem Jemen eingestellt. Da die Arbeiter die folgenden Monate abgeschieden in der Wüste verbrachten, wurden Nomaden bevorzugt. Die Kamele wurden mit allen Dingen, die man während der bevorstehenden Erntesaison benötigte (hauptsächlich Lebensmittel) beladen und anschließend zusammen mit den Arbeitern zum manzilah geführt. Dort wurden die Waren in Höhlen (welche zum Teil auch gemietet waren) eingelagert. Vorarbeiter übernahmen ab nun die weitere Organisation vor Ort, auch Wächter zur Bewachung der Lebensmittel und der Ernte wurden angestellt. Im frühen September erst war die Erntezeit vorbei.

Zur Zeit des antiken Weihrauchhandels wurde das dhofarische Harz entweder von einer der Hafenstädte (Samhuram, Mirbat, Taqah, Mughsayl, Hasik, Al-Baleed, Raysut) verschifft, oder durch das Landesinnere in den Jemen (Wadi Hadramaut – Shabwa – Marib) und weiter in den Mittelmeerraum transportiert. Dabei passierten die Kamelkarawanen Handels- und Lagerstationen wie Hanaun, Andhur oder das legendäre „Atlantis der Wüste", Ubar (siehe auch entsprechenden Exkurs).

In der Zeit zwischen dem 17. und 19. Jahrhundert wurde der Weihrauch trotz der modernen Schifffahrt über Land transportiert, da die Piraterie ein großes Risiko darstellte. Dazu erreichten gegen Ende der Ernteperiode Kamelkarawanen aus Saudi-Arabien den Dhofar. Sie tauschten ihre mitgebrachten Güter bargeldlos gegen Weihrauch und brachen wenig später zum knapp zweimonatigen Marsch nach Jiddah auf. Ab 1830 verlagerte sich der dhofarische Weihrauchhandel in Richtung Indien. Dort war das Harz sehr begehrt und fand in den hinduistischen Tempeln Verwendung. Zum Ende der Erntezeit liefen zahlreiche mit Datteln oder anderen Waren beladene Dhaus aus Sur oder dem Jemen an. Sie tauschten ihre Ladung gegen Weihrauch ein und brachten ihn nach Indien. Von dort brachten sie wiederum andere Güter (Tee, Kaffee, Reis, Baumwolle) wieder in ihre Heimat zurück. Nach ihrer Unabhängigkeit 1949 erhöhten die Inder ihre Einfuhrzölle um ein Vielfaches, so dass der Weihrauchexport dahin kaum noch Gewinne einbrachte und zum Erliegen kam. Die dhofarischen Weihrauchhändler konzentrierten sich seit diesem Jahr auf Aden. Diese südjemenitische Hafenstadt war der letzte bedeutende britische Stützpunkt und zog als Freihafen zahlreiche Händler an. Doch auch dieser Absatzmarkt verschwand wenige Jahre später, als 1967 die sozialistische Volksrepublik Jemen gegründet wurde und die Briten abzogen. Der dhofarische Unabhängigkeitskrieg besiegelte schließlich den endgültigen Zusammenbruch des Jahrtausende alten Weihrauchhandels. Ende der 1970er Jahre sammelten nur noch vergleichsweise wenige Familien das Harz. Sie erhalten aber immerhin noch die Selbstversorgung Omans, in dem der Weihrauch immer noch eine große Rolle spielt. Dass diese Gottesgabe nicht mehr den Wert hat wie im einstigen Arabia Felix kümmert die Omanis kaum, haben sie doch das Glück, ein neues, kostbares Geschenk Allahs erhalten zu haben – nur diesmal ist es schwarz und flüssig.

bel das Wasser nach Nahrung durchsieben. An der Landseite ist der Khor mit dichtem Schilfgras bewachen. Dort stehen Kamele knietief im Wasser und weiden das Gras ab. Ihnen macht der hohe Salzgehalt nichts aus. Zur Monsunzeit wird die Lagune auch von den Fischern genutzt, denn dann ist die See oft zu rau, um mit dem Boot zum Fischen hinauszufahren.

Am westlichen Ende der Bucht liegt das **Mughsayl Beach Restaurant** (geöffnet 10.30–23 Uhr, Tel. 950618), das gute arabische und indische Küche zu fairen Preisen bietet. Auf der Dachterrasse lässt sich bei schöner Aussicht nicht nur essen oder Kaffee trinken, sondern auch eine Wasserpfeife rauchen. **Unterkunft:** Einfache Bungalowappartements, DZ 15 RO inkl. Frühstück; Buchung über Dhofar Tourism in Salalah.

Hinter dem Restaurant führt bei **km 39** eine kleine Straße nach links auf einen Parkplatz. Von hier aus kann man auf einem Treppenweg eine weitere Sehenswürdigkeit erreichen: die **Fontänen von Mughsayl.** Der Weg führt vorbei an einem gigantischen, überhängenden Felsen, den das Meer fast zu einer Höhle ausgewaschen hat. Wenige Meter weiter unten erstreckt sich eine schwarze, ebene Landspitze über das Wasser. Unter ihr haben die Wellen im Laufe der Jahrtausende eine weichere Gesteinsschicht weggespült. Immer wieder wird die Plattform von der Brandung unterspült. Durch einige unterschiedlich große Löcher dringt die unter der Plattform verdrängte Luft nach oben – je nach Wellenstärke kann man dieses Röcheln schon von weitem hören. Bei stärkerem Seegang schießen Wasserfontänen empor, die in der Monsunzeit eine Höhe von über 10 Metern erreichen können.

Jebel al-Qamar جبل القمر

Am Ende der Bucht führt die Straße wieder in die Berge, und es beginnt **eine der spektakulärsten Bergstrecken Omans.** Zunächst führt der Weg durch freigesprengte weiße Felsschluchten weiter bergauf. **5 km weiter** windet sich die Straße in engen Serpentinen hinab in das **Wadi Afawl.** Bei der Abfahrt eröffnet sich ein imposanter Blick auf die weitere Strecke, die an der gegenüberliegenden Bergflanke des Jebel al-Qamar wieder hinaufführt. Aus der Ferne scheint es unmöglich, dass in diesem unzugänglichen Terrain eine Straße existiert.

Das gesamte Bergmassiv wurde bearbeitet, so dass vom ursprünglich schwarzen Gestein nicht mehr viel zu sehen ist. Die dreispurige Straße windet sich in engen Serpentinen über 5 km am fast senkrechten Hang entlang. In acht engen, haarnadelförmigen Kurven überwindet sie fast **500 m Höhenunterschied.** Am Ende der Zickzack-Strecke hat man einen fantastischen Ausblick auf das Meer und die Küste. Die Straße führt nun am Abhang zum Meer entlang und steigt noch weiter an, bis

Serpentinen im Jebel al-Qamar

03 Foto: fk

man an einem Sendeturm bei **km 62** mit über 1100 m den **höchsten Punkt** erreicht hat.

Diese **Meisterleistung des Straßenbaus** wurde von 1985 bis 1989 vollbracht. Das neu gebaute Stück ist knapp 80 km lang und reicht von der Bucht von Mughsayl bis zu einem älteren Stück Teerstraße vor der jemenitischen Grenze. Das Gebiet des Jebel al-Qamar war zuvor nur zu Fuß, mit einem Boot oder über eine Piste, die einen großen Umweg durch das Landesinnere macht, zu erreichen. Über 1500 Arbeiter waren beim **Bau der Straße** beschäftigt, deren Versorgung mit Unterkünften und Wasser eine Leistung für sich war. Etwa zwei Millionen Kubikmeter Schutt, die beim Abtragen des Berghanges anfielen, wurden mit Seewasser vermischt und über eine Pipeline abtransportiert. Die Trassen sind von einem Drainagesystem durchzogen, damit die Monsunregen abfließen können. Um ein Abrutschen der Berghänge zu verhindern, wurden sie mit einer Sand- und Zementmischung überzogen. Für die Menschen, die hier leben, bedeutet die Straße ein Ende ihrer langen Isolation. Salalah ist nun schnell zu erreichen, was eine deutliche **Verbesserung ihrer Lebensbedingungen** mit sich bringt.

Auf dem **Gipfelplateau des Jebel al-Qamar** lohnt es sich, den Wagen kurz hinter der Sendestation abzustellen und einige Meter zum nördlichen Rand zu gehen. Der Blick über ein tiefes Wadi auf die zerklüfteten, nördlich gelegenen Bergketten ist grandios. Den Abhang säumen zahlreiche so genannte Drachenblutbäume.

Ab hier dehnt sich eine Hochebene nach Osten aus. Die nächsten etwa 50 km führen auf diesem Plateau entlang und bieten wenig Sehenswertes. Einige kleine Dörfer mit neuen Häusern und Verwaltungsgebäuden sowie Kamelherden sind die einzige Abwechslung in dieser spärlich bewachsenen Hügellandschaft.

Bei **km 110** erreicht man eine Piste, die in das 23 km entfernte Fischerdorf **Rakhyut** führt. Über eine schwierige Strecke kann man das kleine Dorf mit einem schönen Strand erreichen.

Kurz hinter diesem Abzweig wird man von einem **Militärposten** gestoppt, und die Fahrt findet hier ihr Ende, sofern man sich nicht zuvor eine **Genehmigung** in Salalah besorgt hat.

Bei **km 116** erreicht man das alte Straßenstück, das schon vor dem Bau der neuen Straße isoliert als Militärstraße existierte. Ab hier wird die Streckenführung einspurig, was aber egal ist, da es so gut wie keinen Gegenverkehr gibt. Das Plateau wandelt allmählich seine Gestalt, im Hintergrund ragen kahle Bergkegel empor.

Der weitere Weg führt durch den fantastischsten Teil der Region, und er ist die weite Anreise in diese Abgeschiedenheit wert. Die Straße schlängelt sich am Rande **zerklüfteter Wadis** entlang, die alle in einen riesigen und tiefen **Canyon** münden. Er trennt den Jebel al-Qamar vom südlich gelegenen Jebel Sayq. Sobald man sich an einem Wadi entlanggeschlängelt hat, beginnen auch schon die Kurven des nächsten.

Entlang des Weges am Steilabfall eröffnen sich immer neue und spektakuläre Ausblicke. In endlosen Schlangenlinien führt die Straße auf den Jemen zu, wobei sie etwa dieselbe Höhe einhält. Auf der gesamten Hochebene ist außer einigen vertrockneten Weihrauchbäumen kaum eine Pflanze zu erblicken.

Wer genügend Zeit, Sprit und am besten auch eine Campausrüstung mitbringt, kann in dieser Region auf weitere Erkundungstouren gehen, und z. B. zum Küstenort Dalkut fahren.

145 km hinter Salalah erreicht man einen weiteren **Militärposten,** den man nicht passieren darf. Der letzte omanische Ort **Sarfait** und die jemenitische Grenze liegen noch etwa 20 km entfernt, allerdings ist hier eine Einreise in das Nachbarland derzeit nicht möglich. Für die Zukunft sind eine offene Grenze und der Bau einer Straße bis nach Mukalla im Jemen geplant.

Musandam

مسندم

Musandam liegt an der nordöstlichen Spitze der Arabischen Halbinsel und ist **durch das Territorium der Vereinigten Arabischen Emirate vom übrigen Gebiet Omans getrennt.** Ein Ausläufer des Hajar erhebt sich als gewaltiges Kalksteingebirge steil aus dem Meer – der höchste Berg erreicht eine Höhe von knapp 2100 m. Der treffende arabische Name dieser Felsenburg lautet „Ru'us al-Jibal", was übersetzt „Köpfe der Berge" bedeutet. Wegen des wüstenhaften Klimas und der spärlichen Niederschlagsmenge von nur etwa 250 mm pro Jahr finden sich Bäume und Sträucher nur im Bereich der von Menschenhand bewässerten wenigen Oasen. Die Küstenlinie wird von einem Gewirr von zerklüfteten, fjordähnlichen Buchten, Felszungen und Lagunen auf eine erstaunliche Länge von 650 km gefaltet – nicht zu Unrecht trägt diese fantastische und **spektakuläre Landschaft** den Beinamen **„Norwegen des Mittleren Ostens".** Dabei beträgt die maximale Breite des omanischen Gebietes gerade einmal 40 km, die Nord-Süd-Ausdehnung inklusive all der kleinen im Norden gelegenen Inseln nur etwa 100 km.

In der **Geschichte** stand das vom Rest der Arabischen Halbinsel abgeregelte Musandam immer eher am Rande des Geschehens, selbst die benachbarten Reiche Magan und Hormuz und auch die Rivalen um die geistige und weltliche Vorherrschaft im „Kernland" Omans nahmen die Landspitze kaum wahr. Im 18. und zu Beginn des 19. Jahrhunderts waren die Beziehungen zwischen Musandam und den Herrschern in Oman nur wenig gefestigt und ohne zeitliche Kontinuität. Dies änderte sich erst in der zweiten Hälfte des 19. Jahrhunderts, als die Briten erkannten, dass die Halbinsel für ihr Kolonialreich von strategischer Bedeutung war. Den Ratschlägen seiner britischen Berater folgend, deklarierte der damalige Sultan Thuwaini bin Said Musandam als einen Teil des Sultanats. Dennoch war Musandam aufgrund der geographischen Lage immer noch isoliert vom Geschehen im Rest des Landes, und die Herrscher zeigten recht wenig Interesse an diesen kargen Bergen. Ihre Aufmerksamkeit galt dem nördlich gelegenen Hormuz und der so genannten „Piratenküste" westlich von Musandam.

Völkerrechtlich Oman zugeschrieben wurde das Gebiet erst im Rahmen eines Grenzabkommens mit den V.A.E. 1970. Die Politik von Sultan Qaboos wollte die Zugehörigkeit der Bewohner Musandams zum omanischen Staat festigen. Um ihre Lebensbedingungen zu verbessern, leitete er eine Reihe von **Entwicklungsprojekten** ein. 1976 wurde von verschiedenen Regierungsministerien das **„Musandam Development Committee"** gegründet. Es sollte zunächst nur die Einführung neuer Kommunikationssysteme und die industrielle Entwicklung organisieren und überwachen. Nur drei Jahre später wurde das Komitee aufgrund einer hoheitlichen Anordnung für selbstständig erklärt und mit eigenem Budget ausgestattet. Dies brachte die infrastrukturelle Entwicklung (Errichtung von Krankenhäusern, Schulen, Elektrizitätswerken, Trinkwasserversorgung und Förderung der Landwirtschaft und Fischerei) Musandams einen großen Schritt voran. 1980 begann durch eine Satelliten-Station bei Khasab das Zeitalter der Telekommunikation, zuvor waren Telefon, Radio und Fernsehen unbekannt. Vor der Errichtung des Flughafens in Khasab (der eigentlich ein Militärflughafen ist) und der beiden Überlandstrecken konnte man Musandam nur nach einer mehrtägigen Dhaufahrt erreichen.

Rund **30.000 Einwohner** leben auf dem Gebiet der omanischen Exklave. Das Bevölkerungswachstum ist das höchste Omans – 1981 lebten nur etwa 10.000 Menschen hier. Heute wohnen allein soviel in der Küstenoase **Khasab,** die damit den **größten Ort** der Provinz Musandam bildet.

Die traditionellen **Erwerbsquellen** der Einheimischen bilden die **Fischerei** und die **Oasenwirtschaft,** die bei vielen Stämmen im gegenseitigen Wechsel zueinander stehen. Die sesshaften Bewohner der Küstenoasen leben entweder als Dattelbauern, Fischer, Händler oder Handwerker. Es gibt auch Fischerfamilien, die nicht sesshaft sind, sondern im jahreszeitlichen Wechsel zwischen einer Küstenoase und einem Fischerdorf pendeln. Ebenfalls mobil ist die Lebensform der musandamischen Nomaden, die sich selber als „shawari" bezeichnen und zwischen kleinen Steinhäusern in mehreren Gebirgsweilern und einer Küstenoase wandern. Neuerdings beziehen die meisten Familien ihr Einkommen allerdings vorwiegend aus der **Lohnarbeit in den großen Städten** (meist in den V.A.E.) und in Khasab aus den Erträgen des Im- und

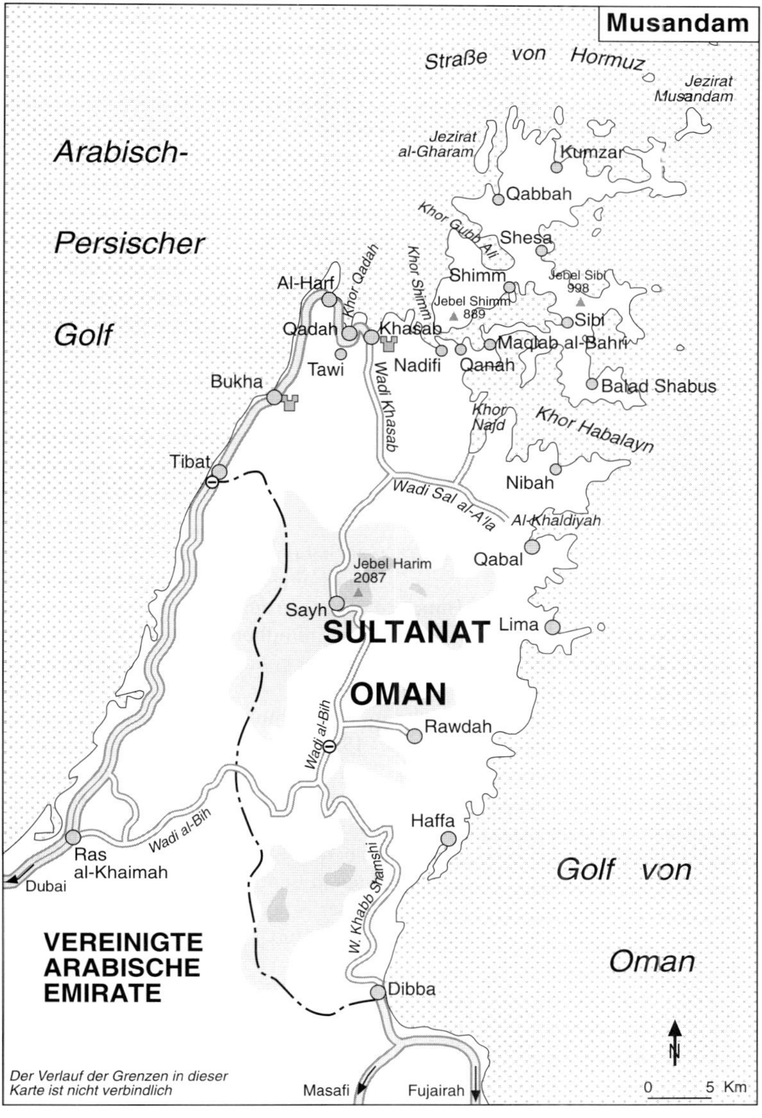
Musandam
Straße von Hormuz
Jezirat Musandam
Jezirat al-Gharam
Arabisch-Persischer Golf
Kumzar
Qabbah
Khor Gubb Ali
Shesa
Khor Qadah
Khor Shimm
Shimm
Jebel Sibi 998
Al-Harf
Jebel Shimm 889
Qadah
Khasab
Sibi
Maqlab al-Bahri
Nadifi
Qanah
Tawi
Bukha
Wadi Khasab
Balad Shabus
Khor Najd
Khor Habalayn
Tibat
Nibah
Wadi Sal al-A'la
Al-Khaldiyah
Qabal
Jebel Harim 2087
Sayh
SULTANAT OMAN
Lima
Rawdah
Wadi al-Bih
Haffa
Ras al-Khaimah
Dubai
W. Khabb Shamshi
Golf von Oman
VEREINIGTE ARABISCHE EMIRATE
Dibba
N
Der Verlauf der Grenzen in dieser Karte ist nicht verbindlich
Masafi
Fujairah
0 5 Km

oman_540 Foto: fk

Exportes (siehe unten unter „Khasab", Stichwort „Hafen").

In Musandam gibt es zwei **Hauptstämme:** Die meisten Menschen gehören dem Stamm der **Shihuh** an (Einzahl: *Shehi)*. Sie leben sowohl als Fischer als auch als Oasenbauern oder Gebirgsnomaden und sprechen eine eigene Sprache, die eine Mischung aus arabischen und persischen Elementen darstellt. Fast alle männlichen Angehörigen der Shihuh schmücken sich mit einem besonderen Statussymbol, dem **„jirs"**, einer kleinen, langstieligen Axt, die sie in ihrem Hüftgürtel eingeklemmt haben. Der zweite Hauptstamm sind die **Kumzari.** Sie kommen aus dem Fischerort Kumzar (ca. 2000 Einwohner), der ganz im Norden Musandams an der Straße von Hormuz liegt und nur mit einem Boot zu erreichen ist. Auch sie haben eine eigene Sprache, die wie ein bunter Bilderbogen verschiedene Elemente aus den Sprachen vergangener Fremdherrschaften oder Handelspartner in sich vereint und keine Schrift besitzt.

Tourismus ist in Musandam erst **seit 1992** möglich, denn vorher war die gesamte Halbinsel militärisches Sperrgebiet, und Ausländer durften das Gebiet nur mit einer Sondergenehmigung besuchen. Heute sind die meisten Touristen in den Emiraten lebende Europäer oder Amerikaner auf einem Wochenendurlaub.

Praktische Tipps

Aufgrund der Abgeschiedenheit muss ein **Besuch von Musandam im Vorfeld geplant** werden.

Wer Musandam kennen lernen möchte, sollte unbedingt eine **Exkursion in die Berge** und eine **Dhaufahrt durch die Buchten** unternehmen. Khasab an sich bietet nur wenig Sehenswertes und ist allein nicht unbedingt eine Reise wert. Bei einem Aufenthalt von drei Tagen hat man alle Sehenswürdigkeiten der Halbinsel gesehen.

Leider kann es in Musandam immer wieder vorkommen, dass einem das **Wetter** einen Strich durch die Rechnung macht. Wenn sich einmal ein seltener Regenschauer oder ein Gewitter über der Landmasse und nicht über dem Meer abregnet, so geschieht dies umso heftiger – unangenehmerweise besonders oft im Winterhalbjahr. Flüge von und nach Muscat werden vergleichsweise häufig storniert, lange geplante und gebuchte Touren fallen buchstäblich ins Wasser. Pisten werden schon nach kleinen Regenfällen unpassierbar, von den Bergflanken strömen Sturzbäche hinab, trockene Wadis sammeln und kanalisieren größere Regenmengen zu reißenden Fluten, und Bootsausflüge scheitern an ungünstigen und gefährlichen Windverhältnissen. Allerdings treten Verbesserungen genauso schnell und unverhofft auf – wer Musandam besuchen möchte, sollte dies wissen und in Kauf nehmen.

Beim Anflug auf Khasab hat man einen schönen Blick auf die Häuser im Palmenhain

Anreise

Die einfachste Anreise von Muscat nach Musandam ist **per Flugzeug.** Da es ein Inlandsflug ist, benötigt man auch keinerlei zusätzliches Visum. Muscat und Khasab werden, in beide Richtungen, durch **Oman Air** dreimal pro Woche verbunden (Sa, Mo, Mi). Da es sich um eine kleine Maschine mit nur knapp 50 Plätzen handelt, ist es ratsam, rechtzeitig zu buchen. Die beste Aussicht auf die „Fjorde" hat man auf dem Flug nach Khasab auf der linken Flugzeugseite, auf dem Rückflug nach Muscat auf der rechten.

Nach Khasab gibt es **nur zwei Landverbindungen,** die beide 1981 eröffnet wurden: eine unwegsame Piste durch die Berge von Dibba oder Ras al-Khaimah und eine inzwischen geteerte Strecke entlang der Küste von Ras al-Khaimah. Öffentliche Verkehrsmittel verkehren auf beiden Strecken nicht, allerdings ist es auf der Teerstraße nicht schwer, eine Mitfahrgelegenheit zu finden. Der Landweg ist für Touristen entlang der Küste von Ras al-Khaimah zu empfehlen, da die Piste durch das Landesinnere für Selbstfahrer sehr schwierig ist und die notwendige Genehmigung für diesen Grenzübergang für Non-Residents praktisch nicht erhältlich ist.

An **Papieren** benötigt man nur noch Visa für Oman mit mehrfacher Einreisemöglichkeit, da die V.A.E. eine Einreisegenehmigung am Grenzposten erteilen. Auch Oman plant, das Visum bei Einreise an der Grenze zu erteilen. Somit würde das Problem entfallen, dass das Visum mit mehrfacher Einreisemöglichkeit momentan nur für Geschäftsreisende erhältlich ist. Außerdem ist eine Bestätigung des Autovermieters über die V.A.E.-Versicherung nötig.

Unterkunft

Auch die Unterkunft in Khasab sollte man **rechtzeitig reservieren.** Da es momentan nur zwei Hotels und einige Appartements gibt, sind die Zimmer in der Hochsaison oft lange im Voraus belegt.

Sonstiges

Vor einem Aufenthalt in Musandam sollte man sich mit **genügend omanischem Bar-**

geld eindecken. Kreditkarten werden in Khasab kaum akzeptiert, der Tausch von Reiseschecks kann eine aufwändige Sache sein.

Wer selber einen **Mietwagen** steuern möchte, sollte auch diesen bei den unter den „Praktischen Infos" zu Khasab genannten Adressen rechtzeitig vorbestellen. Allerdings gibt es nur innerhalb von Khasab wenige Kilometer Teerstraßen, und wegen des schwierigen Geländes ist es ratsamer, **Exkursionen in die Berge** nur mit einem Tourveranstalter zu unternehmen oder sie zumindest mit ihm abzusprechen. Auch pistenerfahrene Fahrer sollten diesen Rat beherzigen, denn die Strecken im Landesinneren Musandams zählen zu den schwierigsten und gefährlichsten Omans. Außerdem sind neben einem guten Fahrzeug und entsprechender Ausrüstung Kenntnisse über die zurückliegende und bevorstehende Wettersituation und den aktuellen Pistenzustand notwendig.

Khasab خصب

Der Name bedeutet übersetzt soviel wie „der abgelegenste Erzeuger" und bezieht sich darauf, dass Khasab der **entlegenste Dattelproduzent Omans** ist. Außerdem zeigt dieser Name auch, dass die Oase als ein überaus bedeutendes und wichtiges Dattelanbaugebiet zu bewerten ist.

In Khasabs dichten, schattigen **Dattelhainen** liegen zahlreiche Gehöfte – entweder einzeln oder zu einem Ortsteil formiert. Einst waren viele der Häuser zum Schutz vor Überflutungen nach heftigen Regenfällen auf Stelzen erbaut. Die Stelzen bestanden aus Tonziegeln, wohingegen die Hauswände sich aus luftigen Palmzweigmatten zusammensetzten. Heute dominieren allerdings vollklimatisierte Betonblockhäuser. Falaj-Kanäle gibt es in Musandam nicht. In den Zeiten vor dem Aufkommen von Motorpumpen wurden die Gärten in den Küstenoasen meist über Ziehbrunnen bewässert, die Ackerflächen im Gebirge wurden nach Regenfällen geflutet oder aus Zisternen versorgt. Etwa ein Drittel des Gartenlandes in Khasab gehört den mobilen Fischern von Kumzar (siehe unten). Im Nordosten haben sie eine burgähnliche Fluchtburg errichtet, von der heute allerdings nur noch verfallene Überreste erhalten sind. In Khasab wohnen ebenfalls **viele Perser,** denen 1970 die omanische Staatsbürgerschaft offeriert wurde. Fast alle nahmen diese Einbürgerung an.

Die Dattelgärten werden im Osten und Westen von steilen Felswänden flankiert, die sich auf eine Höhe von fast 1000 m auftürmen. Im Norden liegt der Ort an einer geschützten, weiten Bucht, im Süden erschließt sich über das Wadi Khasab die schroffe Bergwelt.

Im Bereich der Bucht liegt das alte Khasab, im Süden schließt sich dagegen der seit den 1980er Jahren **neu entstandene Ortsteil** an. Das Stadtbild wird bestimmt vom **Flughafen,** modernen **Verwaltungsgebäuden** und Versorgungseinrichtungen der Armee. Außerdem gibt es Schulen, ein Krankenhaus, eine Polizeistation, eine Tankstelle und das **Khasab Hotel.** Hier befindet sich auch das **neue Geschäftszentrum** – eine leicht übertriebene Bezeichnung für das überschaubare Dutzend Geschäfte, das weitere knappe Dutzend kleiner Restaurants, zwei Banken, ein Postamt, eine Bäckerei, den

Das Handelsreich Hormuz und der Persisch-Arabische Golf

von Kirstin Kabasci und Julika Oldenburg

Die Omanische Halbinsel Musandam ragt wie ein spitzer Sporn in die Meerenge von Hormuz hinein und grenzt den Golf von Oman vom Persisch-Arabischen Golf ab. Jenseits des Wassers liegt in weniger als 80 km Entfernung das Staatsgebiet der Islamischen Republik Iran.

Insbesondere seit der Entdeckung des Erdöls hat diese Region eine weitreichende strategische Bedeutung und ist für den internationalen Handel von großer Wichtigkeit. Die Straße von Hormuz ist die wichtigste und meistbefahrene Tankerstraße der Welt. Dieser „Flaschenhals", wie der Engpass auch häufig genannt wird, ist an der schmalsten Stelle so breit wie der Ärmelkanal und etwa 100 Meter tief, und alle Öltanker müssen diese Engstelle passieren. So ist es nicht verwunderlich, dass sie oftmals stunden- und tagelang für die Passage wie im Gänsemarsch „anstehen".

Der Seeweg führt durch omanische Hoheitsgewässer, den Omanis obliegt also die diplomatisch und strategisch ungemein wichtige Aufgabe, diese Pforte wie ein „Türsteher" zu überwachen. Zusätzlich haben sie auch für alle Kosten und Verpflichtungen aufzukommen.

Schon seit Menschengedenken war die Golfregion ein Eldorado der Kaufleute, der Anspruch auf Hegemonie über diese wichtige Schiffahrtsstraße ist nicht neu. Schon die ersten Hochkulturen menschlicher Zivilisation nutzten sie als Transport- und Kriegsstraße. Sumerer, Babylonier, Chaldäer und Assyrer kämpften um die Kontrolle über diesen Seeweg. Auch im Altertum war dieses Nadelöhr als Handelsweg berühmt, denn es war die Brücke für den Handel mit dem Fernen Osten. Im Mittelalter war es die wichtigste Handelsstraße und durch die Jahrhunderte ein riesiger Kriegsschauplatz. Auch die Europäer nutzten den Golf als „Transportschiene", fremde Mächte wie Portugiesen, Holländer, Franzosen und Briten haben hart um die Herrschaft über diese Region gerungen. Beherrscht wurde die Golfregion allerdings meist von den wechselnden Perser-Dynastien, und das schon seit dem 3. und 4. Jahrhundert v. Chr.

Ein Zankapfel war dabei auch die Insel Hormuz, ein 8 km vor der iranischen Küste liegendes, 42 km² kleines Eiland, auf dem es keine Süßwasserquellen gibt und auf dem heute gerade mal 4000 Menschen leben. Doch im 14. Jahrhundert spielte die Insel in der Geschichte der Golfregion eine zentrale Rolle, denn dank ihrer Lage entwickelte die Insel sich zu einem mächtigen Seehandelszentrum mit Verbindungen nach Indien, China und Ostafrika. Tausende von arabischen Pferden wurden nach Indien verschifft. Die zurückkehrenden Schiffe hatten Pfeffer, Nelken, Indigo, Eisen, Zucker, Reis, Sandelholz und Teakholz für den Dhaubau geladen. Immer mehr Zuwanderer siedelten sich an, und so wuchs die Einwohnerzahl auf über 40.000. Im 15. Jahrhundert dehnte Hormuz sich zu einem inselübergreifenden Handelsimperium aus, zu dem auch die omanische Nordküste (Sohar, Muscat, Qalhat), Julfar (nahe Ras al-Khaimah in den heutigen V.A.E.) sowie Bahrain zählten. Hormuz hatte so die Rolle der omanischen Seemacht übernommen.

Zu Beginn des 16. Jahrhunderts griffen die Portugiesen in einem Schachzug Oman und Hormuz an, besetzten die Insel und töteten seinen Regenten. Über hundert Jahre lag sie unter portugiesischer Kontrolle. Zu Beginn des 17. Jahrhunderts sagte der damals über Persien herrschende Schah Abbas I. den Briten Handelsrechte auf portugiesisch besetztem Gebiet zu und zog dadurch natürlich den Zorn der Kolonialherren auf sich. Abbas verbündete sich mit den Briten, und 1622 eroberten sie gemeinsam Hormuz zurück. Ein 1650 gestarteter Rückeroberungsversuch der Portugiesen schlug fehl. Die Insel wurde zwar dem persischen Reich angegliedert, doch Schah Abbas forcierte die Entwicklung des gegenüberliegenden Küstenortes Gamerun (seitdem auch umbenannt in Bandar Abbas) zum neuen Seehandelszentrum seines Reiches. Die einst blühende Insel Hormuz sank allerdings in die bis heute währende Bedeutungslosigkeit ab.

Im 18. Jahrhundert waren es dann die Engländer, die diesen einträglichen Handelsplatz zwischen Golfküste, Persien und Indien erkannten und begannen, ihn nach der Maxime „Wer Indien besitzen will, muss die Golfregion beherrschen" hart zu umkämpfen. Die enge Wasserstraße entwickelte sich im 18. und 19. Jahrhundert zu einer britischen „Halsschlagader" des Indien- und Asienhandels.

Der Golf war im Geschichtsbewusstsein der Iraner stets ein „Persischer Golf". Jeder Anspruch der arabischen Golfländer wurde im Keim erstickt.

Dieser Machtanspruch Teherans resultiert aus dem jahrhundertelangen Kampf um die Beherrschung der Seewege im Golf und um den Aufbau eines Netzes maritimer Stützpunkte. Dem zunehmenden Einfluss Portugals und Großbritanniens im Kampf um die Kontrolle über die Golfregion vermochte nur der Iran als Regionalmacht eine halbwegs gleichwertige Machtposition entgegenzusetzen.

So blieb die Bezeichnung „Persischer Golf" zumindest bis Mitte der 1970er Jahre ein unumstrittener Begriff. Die westliche Welt hatte diesen Standpunkt übernommen. Erst als Mitte der 80er Jahre diese Region auf Grund ihrer wirtschaftlichen, strategischen und sicherheitspolitischen Bedeutung in das Interesse der westlichen Welt rückte und das Kräfteverhältnis am „Persischen Golf" sich wandelte, trat auch eine Änderung in der Betitelung ein. Es wurde allgemein üblicher, dieses Gebiet als „Persisch-Arabischen Golf" zu bezeichnen.

Geschäftsraum von Oman Air, einen kleinen lokalen Autovermieter und die überdachten Stände des Obst- und Gemüsemarktes.

Am Kreisverkehr beim neuen Geschäftszentrum zweigen zwei Straßen nach Norden ab: Die rechte führt zum östlichen Ende der Bucht und zum **Fort,** die linke zum **alten Souq,** der wegen der unten beschriebenen Umstände auch **Irani-Souq** genannt wird. Das Fort und der Souq bilden die Herzstücke des alten Khasab. Heute sind sie durch eine entlang der Bucht verlaufende Uferstraße miteinander verbunden. Diese **Corniche** führt im Westen zum **Hafen,** wo die Straße nach Ras al-Khaimah in den Vereinigten Arabischen Emiraten beginnt.

Sehenswertes

Das Fort

Das genaue Baujahr des im Norden der Oase stehenden Forts ist unbekannt, allerdings wird die Anlage **erstmals 1644 erwähnt,** zu einer Zeit also, als die Macht der Portugiesen am Schwinden war. Im Fort waren portugiesische Soldaten stationiert, die den Ort sichern sollten. Er war zur Versorgung der Einheiten, die zu dieser Zeit eine Rückeroberung der wieder an die Perser gefallenen Insel Hormuz planten, von zentraler Bedeutung.

In den Zeiten nach der portugiesischen Fremdherrschaft diente das Gebäude als **Sitz des wali und des qadi.** Die Kanonen vor dem Eingangstor kündeten noch vor wenigen Jahren das Ende des Ramadhan an.

1990 wurde die rechteckige Festung, in deren Ecken drei eckige Wohntürme und ein runder Kanonenturm stehen, restauriert. Ungewöhnlicherweise befindet sich in der Mitte der Anlage noch ein einzelner schlanker Turm.

Im Fort gibt es auch einen kleinen **Laden,** in dem man **traditionelle Handarbeitsstücke aus Musandam** kaufen kann.

Geöffnet ist das Fort Sa bis Mi normalerweise von 7.30–14.30 Uhr.

Der Hafen

Gegenüber unzähligen anderen Küstendörfern birgt die Hafenszene von Khasab ein besonderes Phänomen. Hier herrscht **nur selten beschauliche Ruhe,** die Zahl der altehrwürdigen Dhaus wird von flotten Fiberglasbooten übertroffen, statt Netzen werden Plastikverpackungen „geflickt", die Fischer sind in der Minderheit, und statt Fischen werden hier Ziegen „an Land gezogen". Kurz und gut, in Khasabs Hafen werden **Szenen des neuzeitlichen Überseehandels** mit dem persischen Reich, sprich der Islamischen Republik Iran, aufgeführt. Wer an Schmuggel denkt, irrt – jedenfalls halb: Jeden Morgen erreichen bis zu hundert iranische Schnellboote die Bucht von Khasab. Sofort werden sie von den omanischen Zollbeamten und der Hafenpolizei in Empfang genommen. Wenn sie nach Waffen durchsucht und mit Einkaufsgenehmigungen versorgt sind, strömt der Großteil von ihnen in den Souq. Dort werden sie dann von den Geschäftsleuten und Restaurantbesitzern schon freudig erwartet, denn die Iraner kaufen all

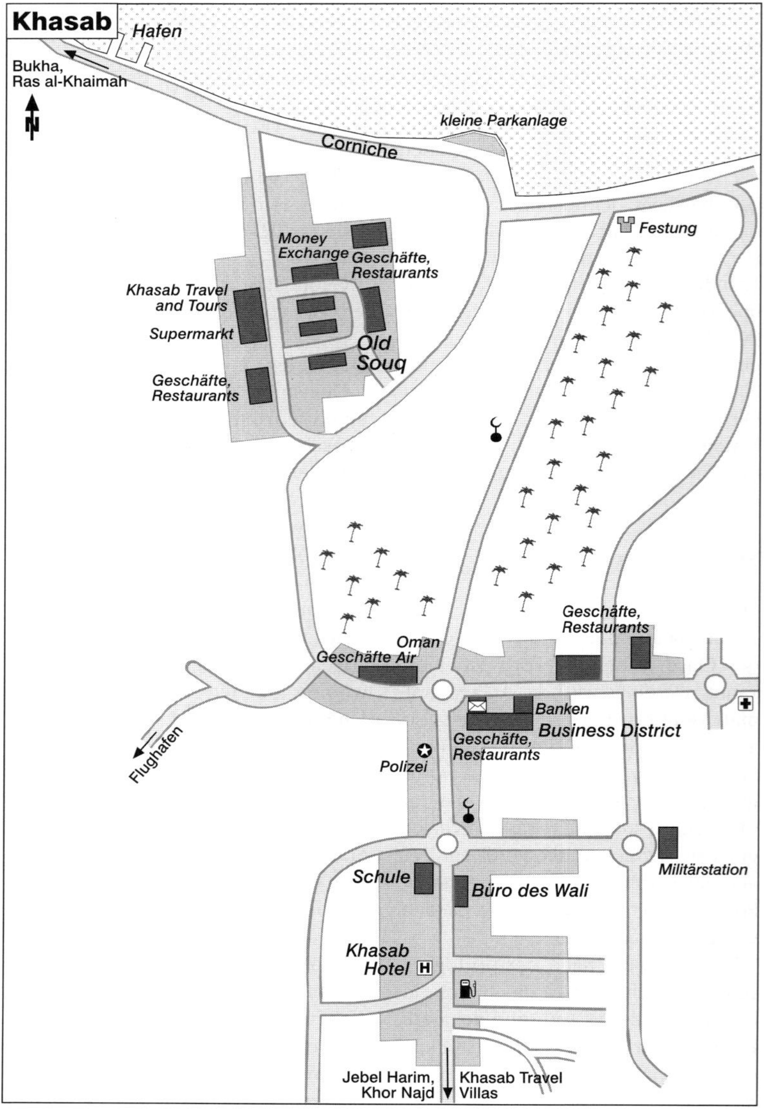
Khasab
Hafen
Bukha, Ras al-Khaimah
N
kleine Parkanlage
Corniche
Festung
Money Exchange
Geschäfte, Restaurants
Khasab Travel and Tours
Supermarkt
Old Souq
Geschäfte, Restaurants
Geschäfte, Restaurants
Oman Air
Geschäfte
Banken
Business District
Geschäfte, Restaurants
Polizei
Flughafen
Militärstation
Schule
Büro des Wali
Khasab Hotel
Jebel Harim, Khor Najd
Khasab Travel Villas

die Waren ein, die in ihrer Heimat rar und teuer sind. Seit 1981 boomt dieser kleine Grenzverkehr, denn in diesem Jahr wurde die Küstenpiste in die V.A.E. fertig gestellt, und Khasab war über einen weiterführenden Schnellstraßenanschluss mit den Souqs von Dubai, Sharjah und Ras al-Khaimah verbunden. Von dort werden die Waren über Händler und Zwischenhändler eingekauft und (legal) nach Oman importiert. Bei den **Iranern** besonders begehrt sind Geräte der Unterhaltungselektronik und Zigaretten – letztere insbesondere, wenn sie „staatsfeindlicher", amerikanischer Herkunft sind. In den unzähligen kleinen „Import/Export"-Geschäftsstellen im Souq von Khasab werden sie in riesigen Paketen wasserdicht verpackt, auf die Ladeflächen der Pick-ups verladen und zum Hafen transportiert. Dort herrscht hektische Ein-, Aus- und Umpackstimmung – die kleinen Boote werden bis an die Grenze ihrer Belastbarkeit vollgeladen. Andere Iraner sind noch mit dem Ausladen ihrer Ziegen beschäftigt. Die Tiere sind jenseits des Golfes vergleichsweise preiswert und können über Oman mit gutem Gewinn in die V.A. Emirate weiterverkauft werden. Auf bereit stehenden Lkw werden sie noch am selben Tag exportiert.

Gegen Abend legt sich die Betriebsamkeit, denn die Iraner dürfen nur tagsüber kommen und sich außerdem nicht hinter dem Gebiet jenseits des alten Souqs aufhalten. Die Polizei ist sehr

Im Hafen von Khasab

strikt und ahndet Missachtungen mit Verhaftungen. Die flinken Flitzeboote benötigen etwa ein- bis eineinhalb Stunden bis an die etwa 70 km entfernte Küste bei **Bandar Abbas.** Ab hier wird der Handel illegal, darum fahren die Iraner stets in größeren Gruppen, denn so können sie sich im Falle einer Kontrolle der iranischen Küstenwache teilen und (größtenteils) entkommen. Die Vereinigten Arabischen Emirate haben diese Art des Handels für die Iraner offiziell untersagt, so kassiert dank dieser Regelung der omanische Zoll. Doch auch zahlreiche Bewohner Khasabs sind infolge der emiratischen und iranischen Handelsbeschränkungen reich geworden.

Souq

Die Hauptgeschehnisse im Souq von Khasab stehen im Zusammenhang mit dem iranischen Import/Export-Business. Für Touristen ist das **Warenangebot** in den Läden eher **unspektakulär.** Nur noch wenige Läden verkaufen die typischen, langstieligen jirs-Äxte, die vom Stamm der Shihuh getragen werden. Sie sind in den Schaufenstern ausgestellt und kosten von 3 RO (in Indien hergestellt) bis zu 20 RO.

Praktische Infos

Unterkunft

- **Khasab Hotel****

Am Ortsende etwa 3 km südlich der Bucht, mit Swimmingpool, P. O. Box 111, Khasab 811, EZ 21 RO, DZ 34 RO, Tel. 830267, Fax 830989; frühzeitig Zimmer reservieren, denn sie sind oft Monate im Voraus ausgebucht (besonders Mi und Do)

- **Khasab Travel Villas / Holiday Flats**

Voll ausgestattete Appartements mit Schlafzimmern, einem Aufenthaltsraum und Küche, in der Nähe des Khasab Hotels, Kontakt und (frühzeitige) Reservierung über Khasab Travel and Tours, Tel. 830464, Fax 830364; in den Villas pro Person 10 RO, in den neueren und besseren Holiday Flats-Appartements für 2 Personen 34 RO, für 4 Personen 39 RO

- **Qada Hotel**

Neues Hotel in der Nähe des alten Souqs, einfach, aber ordentlich und sauber, Tel. 831664, Fax 831676, EZ 16 RO, DZ 21 RO

Restaurants

- **Bukha Restaurant**

Einfache arabische und indische Küche, abends mit Grillgerichten, im alten Souq gegenüber von Khasab Travel

- **Musandam Restaurant**

Im Khasab Hotel, mit Außenbereich am Pool, geöffnet 6.45–9 Uhr, 12–14.30 Uhr und 19–22.30 Uhr

- **Shark Restaurant**

Zwischen neuem Geschäftszentrum und dem Krankenhaus, einfaches, aber leckeres indisches und arabisches Essen

Bar

- **Im Khasab Hotel,** 12.30–15 Uhr und 19–23 Uhr

Verkehrsverbindungen

- **Flugzeug**

Bei der Ankunft sollte man bedenken, dass der Flughafen von Khasab eigentlich ein **Militärflughafen** ist und daher nur eingeschränkt über die sonst üblichen zivilen Serviceleistungen verfügt. Alle diejenigen, die nicht von Khasab Travel abgeholt werden, hoffen ziemlich vergeblich auf ein Taxi.

Flüge nach Muscat gehen Mo, Mi und Sa (40 RO hin und zurück).

Iranische Händler auf ihrem voll beladenen Boot

Das **Büro von Oman Air** befindet sich am Kreisverkehr beim neuen Geschäftszentrum, reguläre Öffnungszeiten gibt es nicht (Tel./ Fax 830543 oder in Muscat, Tel. 707222).

• Innerhalb Khasabs

Es gibt nur wenige offizielle Taxis – fast der gesamte Transportbereich ist fest in Händen der **Pick-up-Fahrer,** die Waren vom/zum Hafen und weiter in die V.A.E. transportieren und in Khasab auch Fahrgäste mitnehmen (ca. 500 Bs).

Autovermietung

• Khasab Travel and Tours

Vermietet Allradwagen mit ortskundigem Fahrer.

• Bana Rent a Car

Am Kreisverkehr beim neuen Geschäftszentrum, vermietet nur normale Pkw.

Telefonnotruf

• Polizei und Feuerwehr: Tel. 999

Polizei

Die Polizeistation liegt zwischen dem Khasab Hotel und dem neuem Geschäftszentrum, Tel. 830299.

Krankenhaus

• Khasab Hospital

Östlich des neuen Geschäftszentrums, Tel. 830148

• Khasab Clinic

Gemeinschaftspraxis, Tel. 831088

Apotheke

• Muscat Pharmacy

Im neuen Geschäftszentrum, neben der Post, Tel. 830150

Post

Im neuen Geschäftszentrum, geöffnet Sa bis Mi 8.30–13.30 Uhr

oman_551 Foto: fk

Banken/Exchange

Im neuen Geschäftszentrum von Khasab gibt es zwei Banken, im alten Souq befindet sich ein Exchange-Büro. Plastikgeld wird kaum akzeptiert, der Tausch von Reiseschecks ist relativ zeitraubend. Euro werden nicht getauscht.

Tourveranstalter

- **Khasab Travel and Tours**

Organisiert diverse Dhaufahrten (von der Halbtagestour in den Khor Shimm, Tauchausflügen, Tagestouren nach Kumzar bis zur mehrtägigen Umfahrung der Musandam-Halbinsel) und Exkursionen in die Berge, englischsprachige Tourbegleitung, auch Informationen, Hotel- und Flugbuchungen und Verleih von Campingzubehör und Kajaks; im alten Souq (Postadresse: P. O. Box 50, Khasab 811), Tel. 830464, 830905, Fax 830364
e-Mail: khastour@omantel.net.om

- **Musandam Sea Adventure Tourism**

Neue Agentur, die das Monopol von Kasab Travel bricht; bietet ähnliche Touren an, aber meist etwas günstiger, Tel. 830069
e-Mail: m_a_t8@hotmail.com

Sport und Aktivitäten

- **Schwimmen**

Der **Swimmingpool im Khasab Hotel** darf gegen geringes Entgelt auch von Nicht-Hotelgästen benutzt werden.

Ein **kleiner Strand,** der auch zu Fuß von Khasab erreicht werden kann, befindet sich in Richtung Nordwesten.

- **Schnorcheln/Tauchen**

Die besten Schnorchelreviere befinden sich in den tief eingeschnittenen, fjordähnlichen **Buchten,** da hier das Wasser am ruhigsten ist. Besonders schön sind die Riffe rund um die Inseln im Khor Shimm. Schnorchelsets stellt Khasab-Tours zur Verfügung.

Taucher finden in Musandam unterschiedlichste Reviere, so dass sowohl Anfänger als auch erfahrene Taucher auf ihre Kosten kommen. Ausflüge werden organisiert vom Khasab Dive Centre, das auch Ausrüstung verleiht und weitere Informationen gibt.

Einkaufen

- Die meisten **Läden** mit Artikeln des alltäglichen Bedarfs und einen **Supermarkt** findet man im alten Souq und im neuen Geschäftszentrum, den **Obst- und Gemüsemarkt** im neuen Geschäftszentrum.
- Originale und originelle **Souvenirs** – alles Handarbeit aus Musandam – kann man in einem von Khasab Travel organisierten Laden im Fort kaufen, geöffnet Sa bis Mi 7.30–14.30 Uhr. Vom Verkaufserlös geht der größte Teil an die Hersteller. Die Flechtwaren werden von den Frauen in Heimarbeit hergestellt, die Töpferwaren stammen von den Töpfern in Lima.
- Die **kleinen Äxte** der Shihuh (jirs) findet man leider kaum noch; evtl. in einigen Läden im alten Souq.

Die Berge Musandams

Westlich von Khasab

Diese Strecke führt vom Hafen entlang der Küste Richtung Ras al-Khaimah und ist seit kurzem **durchgehend geteert.** Etwa 28 km sind es bis zum letzten „größeren" omanischen Ort Bukha, dann noch 10 km bis zur Grenze der V.A. Emirate.

Streckenbeschreibung: **2 km nördlich des Hafens** erreicht man zunächst den **Strand von Bussa** mit seinem Picknickplatz. Das Gebiet ist ideal zum Schnorcheln geeignet, und immer wieder kann man Meeresschildkröten durch das Wasser paddeln sehen.

Auf der Strecke bis zum nächsten Ort kann man mit etwas Glück Zeuge einer ungewöhnlichen, aber typischen Fischfangmethode werden. Dann steht hoch oben auf den fast senkrechten, die schmale Bucht überragenden Klippen des **Ras Salti Ali** ein Mann und überschaut das ruhige Gewässer. Am Ufer treibt ein kleines Boot, ein zweiter Fischer sitzt darin und hat die noch bequemere Rolle, denn er kann eine Siesta machen. Sobald der Späher einen Schwarm Fische sieht, meldet er es seinem Partner, der sofort in Aktion tritt und mit einem riesigen Netz, das am Boot und am gegenüberliegenden Ufer befestigt ist, die Bucht zuzieht. Die Fische sind gefangen, und durch Verkleinern dieses Käfigs gehen sie im wahrsten Sinne des Wortes ins Netz.

Etwa **5 km hinter dem Hafen** von Khasab erreicht man am tiefsten Punkt der Bucht den kleinen Ort **Qadah.** Zahlreiche große **batill-Boote** stehen am Ufer des Strandes. Diese hölzernen Ruderboote zeichnen sich durch die starke Krümmung ihres Kiels und die hohe Heckflosse aus. Die Innenkanten sind mit traditionellem Schnitzwerk verziert. Diesen Baustil findet man eigentlich in Kumzar, wo die Heckflossen mit Muscheln und Tierhaaren reich geschmückt sind. Heute ist die Benutzung dieser Holzboote unrentabel geworden, denn Fiberglasboote sind haltbarer, leichter zu handhaben, wiegen weniger und sind schneller und wendiger. Vor allem braucht eine batill bis zu fünf Leute Besatzung, wohingegen ein neues Boot von nur einem Mann gesteuert werden kann.

Felsenritzungen im Wadi Qadah

Bei Qadah zweigt eine Piste ins Wadi Qadah und zum Ort Tawi ab. Unter der Oberfläche des Wadis befindet sich ein großes Wasserreservoir, denn die Felsen bieten mit Hohlräumen Speichermöglichkeiten, so dass nach Regenfällen das Wasser nicht oberirdisch durch das Wadi ins Meer fließt, sondern unterirdisch als Grundwasser gespeichert wird. Auf knapp 10 km Länge begrenzen lotrechte Felswände das tief eingefressene Trockenflusstal.

Die **Piste** ist allerdings nur **etwa 2 km lang,** bevor sie im Dorf **Tawi** (7 km vom Hafen Khasab) endet. Vor zwei Bäumen und einem Brunnen türmen sich auf der linken Wadiseite haushohe Gesteinsbrocken. Sie bildeten einst die Wände einer hoch gelegenen Höhle. Durch Erosion des darunter liegenden Felsens stürzte sie aus der Wadiwand heraus. Die einstige Höhle war mit **Felsgravuren** geschmückt, und so kann man auf den herunter gefallenen, durch langjährige Verwitterung dunkel gefärbten Kalksteinbrocken einige Reiter, Kamele, Boote, Krieger und rätselhafte Zeichen erkennen. Dafür, dass die „Gemälde" schon schätzungsweise 2000 Jahre alt sind, ist ihr Zustand noch erstaunlich gut. Dies ist dem Umstand zu verdanken, dass die Steine zum einen noch nicht lange dort liegen und zum anderen nicht von der Sonne angestrahlt werden. Wie lange genau, weiß niemand, aber nach der Erinnerung des Dorfältesten auf jeden Fall schon über siebzig Jahre.

Der weitere Verlauf der Küstenpiste führt direkt am Ufer des **Khor Qadah** entlang. Die Felsen wachsen fast senkrecht aus dem Meer heraus, hier wird besonders deutlich, was für einen Aufwand der Bau der Straße bedeutet hat.

In der nächsten Bucht liegt der kleine Fischerort **Mukhi** mit seinen alten Steinhäusern.

10 km hinter dem Hafen windet sich die Straße in engen Serpentinen über den 230 m hohen **Jebel Harf**, der wie eine Halbinsel in das Meer hineinragt. 2 km weiter liegt auf einem Plateau auf dem Rücken des Felssporns der Ort **Al-Harf.** Diese Lage ist ungewöhnlich, denn sonst liegen die Fischerdörfer im Schutz von mächtigen Bergwänden direkt in den Küstenbuchten am Meer. Die Bewohner von Al-Harf sind natürlich auch Fischer, ihre Boote stehen in kleinen Buchten, die man über steile Fußwege erreicht, am Fuß des Felsrückens am Meer. Von hier oben hat man eine schöne Aussicht auf den zurückliegenden Küstenabschnitt.

Nach **weiteren 2 km** schlängelt sich die Straße auf der anderen Bergseite zur Küste des Persisch-Arabischen Golfes hinab. Das Wasser ist auffallend türkisblau, und – anders als in den Buchten – hohe, Gischt schäumende Wellen brechen gegen das Ufer.

22 km hinter dem Hafen von Khasab beginnt in einer lang gezogenen Bucht die neu aufgebaute Siedlung **Jadi.** Kurz dahinter liegt dann der Ortsanfang von **Bukha.** Unübersehbar ist das renovierte **Fort,** das im 17. Jahrhundert erbaut wurde und von einem Burggraben umsäumt ist. Im Innenhof befindet sich eine Grube, in der einst gefesselte Gefangene im wahrsten Wortsinne „in der Sonne schmorten". Geöffnet ist es von Sa bis Mi 8–13 Uhr.

Neben dem Fort liegen zwei große ummauerte Friedhöfe, dahinter eine Moscheeruine mit schönen, verzierten Säulen. Die Reste einer weiteren Festigungsanlage liegen auf einem Hügel dahinter. Nur noch ihr Turm und die Umfassungsmauer sind erhalten, aber der Ausblick auf den Ort, das mächtige Fort, den Palmenhain und die Bucht werden den Aufstieg entlohnen.

Auch auf den **nächsten 10 km** bis zum **Grenzkontrollpunkt bei Tibat** bleibt die Küstenlinie weit und wird von einem breiten Sandstrand gesäumt.

Südlich von Khasab

Südlich von Khasab eröffnet sich dem Besucher eine einzigartig-unbezähmbare Bergwelt – die hier dargebotene **Naturkulisse gehört zu den spektaku-**

oman_555 Foto: fk

Prähistorische Felszeichnungen

lärsten Omans und verdient das Prädikat „unbedingt sehenswert".

Dieser **Pistenabschnitt** ist **schwierig** und ab der Steigung auf den Jebel Harim nicht ohne einen Allradwagen, Pistenerfahrung und die Einhaltung entsprechender Sicherheitsmaßnahmen zu bewältigen. Nach Regenfällen ist diese Strecke oft unpassierbar, weil die Piste unterspült oder von herabgestürzten Gesteinsmassen verschüttet ist.

Bis in die ca. 60 km entfernte Rawdah-Ebene kann man maximal in diese Richtung fahren, denn dahinter liegt ein **Militärposten** vor der Grenze zu den V.A.E. Ein Passieren dieses Postens ist für Touristen nur mit einer Ausnahmegenehmigung möglich.

Startpunkt der Kilometer-Zählung ist das **Khasab Hotel** am südlichen Ende des Ortes und am Beginn der Piste. Hier ist eine große Warntafel angebracht, die über die Gefahren der folgenden Strecke aufklärt und dringend zur Beachtung der Sicherheitsvorkehrungen rät.

Streckenbeschreibung: **Wenige Kilometer hinter dem Hotel** erreicht man einen im Wadi Khasab errichteten **Damm.** Er soll verhindern, dass nach heftigen Unwettern entstandene Flüsse Khasab bedrohen. Die Angst ist nicht unbegründet, denn 1975 verwandelte sich das Wadi nach ergiebigen Regenfällen in einen reißenden Strom, der von Felswand zu Felswand reichte und mit einer ein Meter hohen Flutwelle auf den Ort zudonnerte. Die Menschen konnten in die Berge flüchten, aber viele Häuser wurden schwer beschädigt oder sogar ins Meer gespült. Auch die Seitenwadis (Wadi Sharjah und Wadi Mawa) wurden mit Schutzdämmen „abgeriegelt". Heute fühlt man sich gegen diese Gefahr gewappnet, denn hinter dem Damm ist der Bau eines großen Industriegebietes geplant.

12 km hinter dem Khasab Hotel zweigt nach links eine gute Piste zum Khor Najd (10 km) und nach Birkat al-Khaldiyah (12 km) ab.

Khor Najd und Birkat al-Khaldiyah

Die Schotterpiste nach Birkat al-Khaldiyah folgt dem Verlauf des Wadis Sal al-A'la. Doch zunächst zweigt **nach 3 km** links ein weiterer Weg ab: Vorbei an einem Übungsschießstand schlängelt er sich auf eine Anhöhe hinauf. Von ihr hat man einen fantastischen Panoramablick über die **Najd-Lagune** vor dem Gewirr unzähliger kleinerer Buchten und Halbinseln sowie der rauen Felsenlandschaft Musandams. Auf der Piste kann man auf der anderen Seite des Bergrückens hinunter in den Meereseinschnitt fahren. Dort kann man nach vorangegangener Organisation in Khasab eine Bootstour in den etwa 15 km langen und in den Golf von Oman mündenden **Khor Habalayn** beginnen.

Vom oben erwähnten Abzweig führt der rechte Weg weiter durch das Wadi zum **Birkat al-Khaldiyah.** Hier bietet sich nach regenreichen Wintern ein nicht nur für Musandam, sondern für die Arabische Halbinsel insgesamt ungewohntes Bild von saftigen Wiesen und dichtem Baumbestand – der ausnahmsweise kein Oasengarten ist. Der schattige Akazienwald ist ein **beliebter Camp- und Picknick-Platz,** nicht nur für die Einheimischen, sondern auch für Wochenendausflügler aus den Emiraten. Für Kinder sind die auf Musandam seltenen Spielgeräte die Hauptattraktion. Am Ende der Piste liegt inmitten dieses kleinen Paradieses der Ort **Sal al-A'la.** „Birkat" bedeutet übersetzt „Zisterne" und deutet auf ein hier befindliches großes Wasserreservoir hin, das über einen Kanal mit Grundwasser gespeist wird.

Geradeaus geht es weiter auf den **Jebel Harim,** der mit 2087 m Höhe der **höchste Berg Musandams** ist. Die Übersetzung seines Namens bedeutet eigentlich „Berg der Frauen“, aber in diesem Falle eben nicht, denn „Harim“ ist ein alter lokaler Familienname. Die Piste wurde 1981 aus militärischen Gründen erbaut und wird ständig von der Armee instand gehalten. Das Militär kümmert sich auch um die kleinen Dörfer, so liefert es z. B. Trinkwasser und verlegt Stromkabel. Selbst in den kleinsten Bergweilern gibt es einen Hubschrauberlandeplatz, denn so können die Bewohner in Notfällen erreicht werden. Mehrmals jährlich werden sie mit Nahrungsmitteln und anderen wichtigen Dingen versorgt. Vor dem Bau dieser Piste mussten die Bergbewohner ihre Wege mit Eseln bestreiten.

Die Strecke geht steil am Wadirand bergauf und führt vorbei an ausgewaschenen Felswänden, atemberaubenden Überhängen und unzähligen herabgestürzten Gesteinsbrocken. Dunkel erodierter Kalkstein und Basalt bestimmen die Farben. Gut getarnt kann man einzelne, aus groben Natursteinen erbaute Häuser der hier ansässigen Hirten erkennen. Ihre Mauern sind etwa einen Meter in den Boden eingetieft, da dies gut gegen Hitze und Kälte schützt. Die Eingänge waren früher oftmals mit einem großen Türschloss verriegelt, weshalb diese **Natursteinhäuser** auch **Bait al-Qafl,** „Haus des Schlosses“, genannt werden. Da die Bewohner oftmals monatelang abwesend waren, sollten die im Inneren gelagerten Getreidevorräte vor eventuellen Plünderungen durch feindliche Beduinenstämme beschützt werden. Diese traditionellen Grubenbauten mit ihrem Schloss waren bis in die 80er Jahre des 20. Jahrhunderts über ganz Musandam verbreitet, heute werden jedoch neue und bequemere, ebenerdige Betonhäuser gebaut. Finanziert werden sie aus den Erträgen der Lohnarbeit in den großen Städten.

Nach etwa 25 km erreicht man das auf etwa 1150 m Höhe gelegene **Sayh-Plateau.** Nach Regenfällen leuchtet die gesamte Ebene in üppigem Grün. Drei Wadis münden hier in einen großen Kessel, die von ihnen herangeleiteten Wassermassen und eine vergleichsweise dicke Humusschicht erlauben die Anlage von ausgedehnten Feldern mit Gerste, Weizen, Rettich, Zwiebeln und Luzerne als Viehfutter. Selbst Feigenbäume und einige kleine Dattelpalmen gedeihen hier. Da Regen zum einen nicht regelmäßig und zum anderen in einer Menge fällt, die für landwirtschaftliche Produktion nicht ergiebig genug ist, nutzen die Gebirgsbewohner das Prinzip der **Sturzbachbewässerung.** Das Niederschlagswasser versickert wegen des felsigen Untergrunds nur wenig, sondern rinnt die Bergflanken hinab und sammelt sich in den Wadiläufen. Dort wird es mittels Dämmen gestaut und auf die Felder oder in Zisternen geleitet. Die Ackerparzellen sind mit Mauern umgeben, die ein allzu schnelles Abfließen des Wassers und ein Wegschwemmen der fruchtbaren Erde verhindern (außerdem werden die Pflanzen vor den Ziegen beschützt). Die Bergnomaden züchten auch Kleinvieh und bewirtschaften in den Sommermonaten einen Dattelgarten in den Küstenoasen.

Am Ende der Ebene geht es wieder steil bergauf, bis die Piste ein weiteres Hochplateau unterhalb des 2087 m hohen Gipfels des Jebel Harim erreicht. Die Gipfelregion an sich ist militärisches Sperrgebiet und darf nicht betreten werden.

Den höchsten Punkt der Strecke mit etwa 1600 m Höhe erreicht man hinter der **Militär- und Radarstation bei km 38.** Die schroffen Felsen haben sich zu sanften, mit Büschen bestückten Hügeln gewandelt. Die Piste windet sich um den Gipfel herum, auf die dahinter liegende Flanke.

Das nach Süden gerichtete **Bergpanorama** stellt alles bisher Gesehene in den Schatten. Die Aussicht auf die urtümlichen Felsformationen, kleine Dörfer und unerreichbar wirkende Terrassenfelder ist überwältigend. Auf dem Kamm eines freistehenden Bergrückens entschwindet die Piste in der Ferne. Rechts davon fallen die Wände einer schmalen Schlucht fast 1000 m senkrecht in die Tiefe, links davon verläuft der Hauptarm des **Wadi al-Bih.** In ihm erkennt man eine Piste, die sich später verzweigt und nach Dibba am omanischen Golf bzw. nach Ras al-Khaimah am Persisch-Arabischen Golf in den V.A.E. führt.

Der Schotterweg verläuft über den schmalen Grat und erreicht **18 km hinter der Passhöhe** (56 km hinter dem Khasab Hotel) die Talsohle des Wadi al-Bih. Hier geht es geradeaus zur ca. 2 km entfernten Grenzkontrollstelle und weiter in die V.A.E. (nicht passierbar, zur weiteren Strecke siehe auch „Von Dibba nach Ras al-Khaimah"). Nach links ab teilt sich die Piste nach wenigen Metern erneut. Nach Norden führt die Piste als Sackgasse noch einige Kilometer durch das Wadi al-Bih, in Richtung Osten in die nur 4 km entfernte **Rawdah Bowl.** Die von hohen Bergen eingeschlossene Ebene hat einen Durchmesser von ca. 5 km, in ihr wächst **einer der größten Akazienwälder Omans.** Der Baumbestand ist zwar nicht so dicht wie der im Birkat al-Khaldiyah, nimmt aber eine wesentlich größere Fläche ein. Im Dorf **Rawdah** leben keine hundert Menschen. Wie auch im Wadi Qadah gibt es hier ein unterirdisches Wasserreservoir, weshalb das omanische Wasserministerium hier auch eine kleine Außenstelle unterhält. In dem Talkessel liegen mehrere große islamische Friedhöfe, für Notfälle hat das Militär eine Landebahn angelegt.

oman_543 Foto: fk

oman_552 Foto: fk

Durch Musandams Buchten

Ohne eine Besichtigung der Seeseite von Musandam wäre der Aufenthalt hier nur eine halbe Sache. Am stilvollsten ist eine Bootsfahrt auf einer gemächlich dahingleitenden Dhau, auf ihr kann man die friedvolle Stimmung dieser Landschaft auch am entspanntesten erleben. Eine **Dhaufahrt durch die Shimm-Meerenge** dauert einen vollen Tag – inklusive Bade- und Schnorchelstopps sowie Landgängen. Eiligere können den Khor auch mit einem Schnellboot besichtigen. **Kumzar** ist ebenfalls als Tagesausflug zu besuchen, jedoch ist die Fahrtzeit länger, so dass weniger Zeit für Stopps bleibt.

Am reizvollsten ist aber sicher die **Umrundung der Nordspitze Musandams,** vom Khor Najd durch den Khor Habalayn hoch zur Straße von Hormuz und an Kumzar vorbei nach Khasab – oder umgekehrt.

Für alle, bei denen ein solcher Ausflug nicht im Programm ihres Reiseveranstalters mitenthalten ist, übernehmen die beiden in Khasab ansässigen Tourveranstalter Buchung und Organisation.

Khor Shimm خور شم

Der **fjordähnliche Meereseinschnitt** Khor Shimm ist mit 16 km der längste Musandams. Seine am Persisch-Arabischen Golf gelegene Einfahrt ist gerade einmal 100 Meter breit. In ihm ist das Wasser durchschnittlich nur ca. 30 Meter tief, mit seinen das ganze Jahr über relativ warmen Wassertemperaturen und der farbenfrohen Unterwasserwelt ist er auch im Winter ideal zum Schwimmen und Schnorcheln.

Kurz nachdem das Boot den Hafen von Khasab verlassen hat und ostwärts abgebogen ist, steuert es auf die erste Attraktion zu. Der enge **Eingang des Khor Shimm** gleicht einer Schlucht, denn zu beiden Seiten ragen nahezu kerzengerade Felsflanken aus dem Meer empor. Der nördlich des Eingangs aufsteigende Jebel Shimm erreicht eine Höhe von fast 1000 m. Hinter dieser imposanten Passage weitet sich der Meeresarm, das dunkeltürkis leuchtende Wasser ist meist spiegelglatt, die lotrechten Wände des ebenfalls knapp 1000 m hohen Jebel Sibi begrenzen den Horizont.

Zwischen Meer und Gestein liegen vier kleine Fischerorte an den Ufern der Buchten: **Nadifi** und **Qanah** auf der rechten Seite am Eingang, das im Norden gelegene **Shimm, Sibi** am anderen Ende des Khor. Man kann sich gut vorstellen, wie spartanisch das Leben hier ist. Die Regierung ist dabei, Strom- und Telegrafenkabel auch bis in den entlegensten Winkel zu verlegen, was mit einem gigantischen technischen Aufwand verbunden ist. Wegen dieses Stückchens technischen Fortschritts bleiben nun viele der Bewohner das ganze Jahr über in ihrem Dorf, obwohl sie in Khasab einen Dattelgarten besitzen. Für seine Bewirtschaftung sind neuerdings Saisonarbeiter zuständig. Das Geld dazu stammt aus dem Fischfang oder aus der Lohntätigkeit in den Emiraten, der meist mindestens ein männliches Familienmitglied nachgeht.

Die **Fischerei** ist in Musandam ungewöhnlich ertragreich, die Gewässer sind voll von Fischen – Überfischung oder Umweltverschmutzung sind (noch?) kein Problem. Einzig die zahllosen Kormorane sind den Fischern ein Dorn im Auge, da sie Unmengen an kleinen Fischen, die die Nahrungsgrundlage der größeren sind, verspeisen. Die Fischer fangen meist mehr als sie für ihren Eigenbedarf benötigen, es sind hauptsächlich große Fische wie Thunfisch und Kingfish, die ihnen ins Netz gehen. Der Überschuss wird in die V.A.E. exportiert. Dazu bringen die Fischer ihren Fang in den Hafen von Khasab, wo ihn Zwischenhändler, die einen Pick-up mit Kühlbox besitzen, aufkaufen und noch am selben Morgen auf die Märkte von Ras al-Khaimah oder Dubai fahren. Die Preise für Frischfisch sind dort um ein Mehrfaches höher als in Oman, denn in den V.A.E. haben viele Fischer inzwischen ihren Beruf aufgegeben, da die dortigen Gewässer nicht allzu fischreich sind und neue Jobs mehr Geld versprachen. Die meisten Fischer in Musandam sind von den hölzernen Dhaus auf modernere Fiberglasboote umgestiegen. Die Bewohner des Dorfes Shimm und die Kumzaris halten allerdings an den Dhaus fest, da diese mehr Fische fassen

Kinder mit ihrem selbst gebauten Boot

und es so nicht nötig ist, jeden Tag aufs Meer zu fahren.

Nicht nur durch die Fischerei ist das Leben der Menschen hier maßgeblich vom Meer bestimmt. In allen Orten des Khor wird das **Trinkwasser** von Tankschiffen der omanischen Regierung angeliefert und am Strand in großen Gemeinschaftsbehältern gesammelt. Früher speicherten die Bewohner das kostbare Nass in Zisternen. Die Schulkinder werden jeden Morgen von Schnellbooten abgeholt und zum Hafen von Khasab gebracht. Von dort fahren sie mit Bussen weiter zur Schule.

Der kleine Ort **Maqlab al-Bahri** ist der einzige, der nicht am Wasser liegt, sondern auf einer ca. 250 m schmalen Landbrücke. Sie trennt den Khor Shimm im Persisch-Arabischen Golf vom Khor Habalayn im Golf von Oman. Die passende Übersetzung des Ortsnamens, wie auch der Landverbindung, lautet „hinübergehen übers Meer". In der Vergangenheit war das alte Dorf mehrfach den Angriffen der Perser ausgesetzt, weshalb die Bewohner sich eines Tages in sicherer Höhe neu angesiedelt haben. Die heute hier lebenden acht Familien können durch diese vorteilhafte Lage in zwei Buchten fischen.

Im Khor Shimm liegen drei Inseln, von denen die der Landbrücke vorgelagerte, **Jazirat Saghira,** die kleinste ist. Sie wird auch **„Telegraphen-Insel"** genannt, da die Briten 1864 hier eine Telegraphenstation errichteten. Doch schon fünf Jahre nach Inbetriebnahme wurde sie wieder aufgegeben, denn die hier stationierten Engländer waren dem heißen und abgeschiedenen Leben wohl doch nicht gewachsen. Die Ruinen des ehemals zweistöckigen Gebäudes sind noch heute zu sehen. Das kleine, im flachen Wasser liegende und von Korallen umgebene Eiland eignet sich ideal zum Schnorcheln. Die Vielfalt an Fischen kann man aber auch über der Wasserlinie bestens erkennen – manchmal schwimmen auch Meeresschildkröten vorbei.

Auf der gesamten Fahrt durch den Khor Shimm sieht man immer wieder fliegende Fische aus dem Wasser springen, und mit einer gewissen Portion Glück wird das Boot auch ein Stück von spielenden Delphinen begleitet – es lohnt sich, die Augen offen zu halten.

Kumzar كمزار

Kumzar ist das **nördlichste Dorf Omans,** es liegt abgeschieden an der Straße von Hormuz und lässt sich nur auf dem See- oder Luftweg erreichen. Die etwa **2000 Einwohner** Kumzars siedeln in einer engen, geschützten Bucht, in der die Felsen nur wenig Platz für ihre 250 Häuser bieten. Jeder verfügbare Platz wird genutzt, so dass die Toten sogar manchmal unter den Häusern begraben werden.

Die Kumzari sind **mobile Fischer,** die das Sommerhalbjahr in Khasab verbringen, wo sie Gärten besitzen. Kumzar wirkt in dieser Zeit wie ausgestorben. Die Kumzari sind ein sehr **traditionsbewusster Stamm.** Fragt man einen Mann nach seinem Namen, so würde er niemals vergessen, „Al-Kumzari" anzuhängen. Nur vergleichsweise wenige haben ihr traditionelles Fischerboot aus

Holz gegen ein pflegeleichteres, schnelleres, haltbareres und wendigeres aus Fiberglas getauscht. **„Batill"** heißen die zwischen 10 und 12 Meter langen Holzboote, die sich durch eine hoch aufragende Heckflosse und einen spitzen Bug auszeichnen. Die kleinere Version, die **mashua,** ist nur etwa 6–7 Meter lang. Bei vielen batill sind bestimmte Holzteile noch in traditioneller Weise mit starken, ölgetränkten Fasern zusammengenäht. Unverkennbares Merkmal der kumzarischen Boote sind die mit bunten Bändern, Ketten und Kaurimuscheln bestückten Heck- und Bugflossen. Am Bug ist oft auch ein Ziegenfell befestigt, hölzerne Hörner aufgesetzt oder eine bunte Tassel angeheftet.

Auch würde kaum ein Kumzari seine eigene **Sprache,** die ein Mischmasch aus Arabisch, Persisch, Portugiesisch, Hindi sowie Englisch ist und nur von wenigen Menschen verstanden wird, der Allmacht des Arabischen opfern. Die Kinder lernen in der Schule zwar Arabisch, aber zu Hause wird nur Kumzari gesprochen. Zudem fällt ihnen das Erlernen von Englisch leichter als das von Arabisch, da Kumzari den indogermanischen Sprachen näher ist als den semitischen.

Die Lieblingsbeschäftigung der Kinder in Kumzar ist **Schaukeln** – und Schaukeln gibt es reichlich, denn es ist Brauch, dass Pilgerreisende nach ihrer Rückkehr aus Mekka eine Schaukel vor ihrem Haus errichten lassen.

Zur Bereicherung ihres traditionsreichen Lebens sind den Kumzaris moderne Errungenschaften wie eine Gesundheitsstation, Strom, Telefon, klarer Empfang von Radio und Fernsehen, Klimaanlagen, Trinkwasser aus der eigenen Meerwasserentsalzungsanlage und der allwöchentliche (kostenlose) Hubschrauberservice nach Khasab natürlich sehr willkommen.

Dibba und Madha

Im folgenden Abschnitt werden **weitere omanische Exklaven** vorgestellt, die man allerdings nicht so leicht von Khasab, sondern am einfachsten **vom Gebiet der Vereinigten Arabischen Emirate aus besuchen** kann. Dabei bestehen keinerlei Grenzkontrollen, man benötigt also kein omanisches Visum, allerdings sollte man die Gültigkeit seiner Autohaftpflichtversicherung regeln, falls man mit einem Mietwagen unterwegs ist.

Dibba دبا

Dibba liegt an der Grenze der Emirate zur Halbinsel Musandam an der Küste des Golf von Oman. Die Stadt befindet sich etwa 60 km nördlich der emiratischen Stadt **Fujairah,** von wo aus sie über eine gute Küstenstraße problemlos zu erreichen ist. Über eine schwierige Piste kann man sie auch von der am Persisch-Arabischen Golf gelegenen emiratischen Stadt Ras al-Khaimah erreichen; die Strecke ist im Anschluss beschrieben.

Allein schon die Lage der Stadt zu Füßen der **Hajar-Berge** ist beeindruckend. Dibba liegt zudem an der Mündung eines breiten, fruchtbaren Wadis und an einer malerischen Meeresbucht. Besonders schön sind die Buchten und Strände im Norden von Dibba, denn hier fallen die Berge direkt steil ins Meer. Im Hafen kann man Boote mieten, um die Küste zu erkunden oder um zu schnorcheln.

In seiner **Geschichte** erlebte Dibba ungeahnte Blütezeiten. Zu Lebzeiten des Propheten Muhammad war der Ort wegen seines natürlichen Hafens die wichtigste Stadt Omans, zu dem damals auch weite Teile des Gebietes der heutigen V.A.E. gehörten. Doch nachdem die Bewohner zunächst zum Islam übergetreten waren, rebellierten sie nach dem Tod Muhammads im Jahr 632 n. Chr. gegen den Khalifen Abu Bakr in Mekka. Dieser sandte drei Armeen, die in einem erbitterten Kampf diese so genannte „Ma'rakat al-Reddah", „die Schlacht der Abtrünnigen", beendeten. Nach Schätzungen fanden etwa 10.000 Menschen den Tod, was für Dibba das Ende seiner Glanzzeit bedeutete. Außerhalb der Stadt gibt es einen riesigen Friedhof, auf dem die Opfer dieser Schlacht beerdigt sind.

Alte Karten der Portugiesen, die im 16. Jahrhundert Dibba besetzt hielten, zeigen eine räumliche **Dreiteilung der Stadt.** Sie besteht noch heute, und auch die Verwaltung ist dreigeteilt: Der nördliche Teil Dibbas heißt Bayah und gehört zu Oman, der mittlere (Dibba al-Hisn) gehört zum Emirat Sharjah, der südliche Teil (Dibba Muallab) zum Emirat Fujairah.

Von Dibba nach Ras al-Khaimah

Diese Strecke gehört zu den schönsten Omans. Sie führt von Dibba durch die Hajar-Berge nach Ras al-Khaimah an der Westküste zwar größtenteils durch omanisches Staatsgebiet, ist aber von den Emiraten aus ohne Formalitäten zu befahren, da sich der omanische Grenzkontrollposten erst weiter nördlich befindet. Grenzkontrollen der V.A.E. gibt es hier überhaupt nicht, lediglich ein Posten kontrolliert den Führerschein. Als Fahrzeit sollte man 3–4 Stunden für die gut 70 km bis Ras al-Khaimah einplanen. Die Strecke gehört zu den schönsten durch das Hajar-Gebirge, allerdings sind Pistenerfahrung und wegen der starken Steigungen ein Allradwagen erforderlich. Diese Tour findet sich auch im Programm einiger emiratischer Tourveranstalter.

Selbstfahrer sollten zuvor wegen der Grenzüberschreitung eine Zusatzhaftpflichtversicherung für den Mietwagen abschließen. Außerdem ist es ratsam, in Dibba vollzutanken und sich nach dem **Pistenzustand** zu erkundigen, falls es in der letzten Zeit geregnet hat. Bei Regenfällen werden immer wieder Teile der Piste weggewaschen oder zugeschüttet, und die Strecke ist bis zu ihrer Instandsetzung unpassierbar. Falls man unterwegs aufziehende Regenwolken bemerken sollte, ist es dringend ratsam

Der Fischfang ist die Haupterwerbsquelle der Bewohner Musandams

umzukehren oder zügig nach Ras al-Khaimah zu fahren – je nachdem, wohin es kürzer ist. Gerade auf dieser Strecke sollte man die Naturgewalten nicht unterschätzen, Bergrutsche und Flutwellen sind keine Seltenheit. Auf keinen Fall darf man unmittelbar im Wadibett campen!

Streckenbeschreibung: **Man verlässt Dibba in Richtung Norden,** am einfachsten immer an der Küste entlang. Nachdem man den emiratischen Ortsteil Dibba al-Hisn hinter sich gelassen hat, machen große Schilder darauf aufmerksam, dass hier omanisches Staatsgebiet beginnt.

Wenn man der Beschilderung nach Khasab folgt, so beginnt kurz nach dem Ortsende von Dibba eine sehr gut befahrbare Piste. Die Strecke steigt langsam an, und das **Wadi Khabb Shamsi,** das zunächst noch sehr weit ist, verengt sich zunehmend.

Es geht an einem kleinen Dorf mit Häusern aus gemauerten Natursteinen vorbei, und **16 km nach Pistenbeginn** erreicht man die engste Stelle des Wadis, an der das Wasser eine tiefe Rinne in den Talboden gefressen hat. Über dem nur 5 Meter breiten Flussbett steigen die Felswände senkrecht an. Diese **Schlucht** ist nach Regenfällen häufig durch Geröll blockiert.

oman_565 Foto: fk

Das Tal weitet sich zwar nun etwas, aber die Strecke steigt weiterhin an. Immer wieder kleben kleine Natursteinhäuser an den Berghängen, die man oft nur schwer von der felsigen Umgebung unterscheiden kann. Aber anhand der am Wegesrand stehenden Wassertanks kann man erahnen, dass in der Nähe Hirten leben, die hier ihr Trinkwasser entnehmen. Die Tanks werden regelmäßig und gratis von Tankwagen der Regierung aufgefüllt. Zuvor hatten die Bewohner das Regenwasser in Zisternen gesammelt. Das Wasser war oft von schlechter Qualität, und in den seltensten Fällen war es in ausreichender Menge vorhanden.

12 km hinter der Engstelle schraubt sich die Piste in steilen und engen Serpentinen auf über 1000 m hinauf. Immer wieder bieten sich spektakuläre Blicke auf die **Berge und Schluchten.** Auf der **Passhöhe** wird man oft von einem alten, hier lebenden Omani stürmisch begrüßt. Er fragt freundlich nach einigen Dirham, ist aber auch über Obst oder andere Kleinigkeiten sehr glücklich.

Nachdem die Strecke sich in erneuten Serpentinen wieder in das **Wadi al-Bih** heruntergewunden hat, teilt sich die Strecke im Flussbett des Wadi al-Bih: Rechts geht es nach Khasab (Touristen werden aber am Militärposten zurückgeschickt), links weiter nach Ras al-Khaimah.

13 km hinter dieser Kreuzung hat man wieder das **Gebiet der Vereinigten Arabischen Emirate** erreicht. Eine kleine Flagge auf einem Berg und eine

oman_563 Foto: fk

verschlafene Wachstation sind das Einzige, woran der Grenzübertritt zu erkennen ist.

Kurz danach gabelt sich die Piste einige Male, man kann sich jedoch gut orientieren, indem man dem Verlauf der Strommasten folgt.

24 km hinter der Abzweigung nach Khasab muss man einen **Damm,** der das Wadiwasser nach Regenfällen aufstaut, umfahren. Wenn man sich direkt nach dem Damm an einer großen Gabelung nach links hält und einer Piste mit Maschendraht auf beiden Seiten folgt, so erreicht man 4 km später eine Teerstraße, auf der man links nach Ras al-Khaimah weiterfahren kann.

Wadi Madha وادي مدحاء

Der Ort Madha ist eine omanische Exklave in der Batinah-Küstenebene, die ganz von den V.A.E. und den Hajar-Bergen umgeben ist. Ein Großteil der Strecke ist auch mit einem normalen Pkw befahrbar.

Man erreicht Madha über einen etwa 45 km südlich von Dibba gelegenen Abzweig von der Hauptstraße nach Fujairah (17 km nördlich von Fujairah).

Schon **nach 2 km** beginnt der Ort **Madha,** 1 km weiter erreicht man einen Kreisverkehr, an dem man sich links zum Ort Sarouj halten muss.

Noch **3 km** und die Straße schlängelt sich durch das enge **Sarouj,** bevor sie in einer Wadifurt zur Piste wird. **Nach 1,5 km** kommt man in das Dorf **Sa'd** und nach einem weiteren halben Kilometer an den **Al-Maksar Naturpark.** Hier kann man unter Schatten spendenden Wellblechdächern eine Picknickpause einlegen. Das Wadi unterhalb des Picknickplatzes führt Wasser, so dass man sich herrlich darin erfrischen kann.

Die Piste führt noch einige Kilometer weiter, bis sie wieder emiratisches Gebiet erreicht und schließlich in einem kleinen Dorf am Fuße der Berge endet.

Blick vom Jebel Harim

oman D Foto: fk

Anhang

oman_D1 Foto: fk

oman_B1 Foto: fk

Beduine aus der Ramlat al-Wahiba

Gruppenbi d mit Jeep

Holztüre

Sprache

Die offizielle Landessprache ist Arabisch. Englisch ist die **gängige Geschäftssprache,** die unter den Omanis und den Gastarbeitern weitverbreitet ist. Viele im Dienstleistungssektor und Handel arbeitenden Inder können es ebenfalls fließend, wenn auch mit einer seltsamen Betonung und einigen fremden Vokabeln **(„Indlish").** Aber auch wer nicht perfekt englisch spricht, versteht und spricht meist einen Grundwortschatz. Außerdem ist nahezu alles, vom Straßenschild bis zur Speisekarte, auch in englischen Lettern geschrieben.

Zahlreiche Omanis sind sansibarischer Abstammung. Daher kann man heute oft **Swahili** hören, vor allem im Osten des Landes wird es gesprochen. Vertreten sind auch **Urdu** (Pakistanisch) und **Farsi** (Persisch). **Deutsch oder Französisch** wird nur sehr selten gesprochen, hauptsächlich an den Rezeptionen der großen Hotels.

Die arabische Sprache

Arabisch gehört zur **Familie der semitischen Sprachen,** wie z. B. auch das Hebräische. Die Grammatik und der Aufbau des Arabischen unterscheiden sich grundlegend von romanischen oder indo-germanischen Sprachen.

Arabisch wird in allen arabischen Gebieten **vom Maghreb bis zur Arabischen Halbinsel** gesprochen. Jedoch gibt es eine Reihe von regionalen Dialekten, so dass sich Araber aus verschiedenen Ländern manchmal nur unter Schwierigkeiten verständigen können.

Man kann zwischen **drei Varianten des Arabischen** unterscheiden. Seit der Zeit des Propheten Muhammad ist das **klassische Arabisch** praktisch unverändert. Da der Qur'an als die wörtlichen Offenbarungen Gottes angesehen wird, gilt das klassische Arabisch, in dem er verfasst ist, als **auserwählte Sprache.** Allerdings hat sie heute im Alltag praktisch keine Funktion mehr. Lediglich für religiöse Themen wird das klassische Arabisch benutzt.

Eine veränderte Form des klassischen Arabisch ist das **moderne Hocharabisch.** Es hat eine vereinfachte Grammatik und benutzt zeitgemäße Vokabeln. Besonders in den Medien, im Handel und in der Politik wird es gesprochen. Es ist zugleich die **gemeinsame Schriftsprache aller arabischen Länder,** da die regionalen Dialekte nicht geschrieben werden. Da auch in der Schule Hocharabisch unterrichtet wird, ist es jedem Araber möglich – sofern er zur Schule gegangen ist – alle arabischen Zeitungen zu lesen.

Im Alltag werden jedoch **Dialekte** benutzt. Sie liegen vom Hocharabischen teilweise so weit entfernt wie Bayrisch vom Hochdeutschen. Der in der Golfregion gesprochene Dialekt ist zwar dem Hocharabischen relativ nahe, unterscheidet sich aber doch in einer Reihe von Punkten.

Das arabische **Alphabet** besteht aus **28 Buchstaben, geschrieben wird von rechts nach links.** Es gibt keinen Unterschied zwischen Schreibschrift und Druckschrift, da die einzelnen

Buchstaben immer miteinander verbunden werden. Lediglich das a, das d, das dh, das r, das z und das w werden nie mit dem nächsten Zeichen verbunden.

Leider ist die **Transkription der arabischen Schrift in lateinische Schrift** nicht einheitlich. Es gibt zwar eine wissenschaftliche Umschrift, aber im Alltag ist sie nicht gebräuchlich. Das liegt daran, dass es Laute im Arabischen gibt, für die es im lateinischen Alphabet kein entsprechendes Zeichen gibt. In der wissenschaftlichen Umschrift hat man diesen Mangel behoben, indem man neue Zeichen eingeführt hat. **Im Alltag** wird jedoch eine Umschrift verwendet, die sich auf die **normalen lateinischen Buchstaben** beschränkt. Als Folge werden einige arabische Laute mit Hilfe von zwei Buchstaben wiedergegeben. Beispielsweise das kh (wie das ch in Bach), das eigentlich nur ein Buchstabe ist. Erschwerend kommt hinzu, dass sich verschiedene Systeme gebildet haben. In den französisch beeinflussten Ländern Nordafrikas wird eine andere Transkription als in den britisch geprägten Staaten der Golfregion benutzt.

In diesem Buch ist eine Transkription gewählt, die der in Oman gebräuchlichen englischen entspricht. Sie hat natürlich keinen wissenschaftlichen Anspruch, da sie vieles vereinfacht. Aber für einen Gebrauch im Alltag reicht sie vollkommen aus (siehe auch Tabelle auf der nächsten Seite).

Auch wer sich nicht weiter für die arabische Sprache interessiert, sollte sich zumindest die folgenden **Schreibweisen und Aussprachen** merken. Ansonsten ist es kaum möglich, Ortsnamen oder arabische Gerichte auf der Speisekarte verständlich auszusprechen, auch wenn sie in Englisch angegeben sind.

- **z**	weiches s, wie in See
- **s**	scharfes s
- **j**	dsch, wie in John
- **sh**	sch
- **th**	wie englisches th, scharf
- **dh**	wie englisches th, weich
- **kh**	wie ch in Bach
- **r**	gerolltes r
- **gh**	ungerolltes r
- **q**	sehr tiefes k
- **w**	weiches w, wie im engl. what
- **'**	Stimmabsatz
- **^**	langer Vokal (nur im Sprachführer)

In der englischen Transkription (und damit auch bei der lateinischen Version omanischer Eigennamen) ist es üblich, ein langes u mit oo und ein langes i mit ee zu umschreiben. Die Aussprache der übrigen Buchstaben entspricht der Aussprache im Deutschen.

Literaturtipps

Daniel Krasa
Arabisch für die Golfstaaten. Kauderwelsch Sprechführer, REISE KNOW-HOW P. Rump Verlag (handliches Format mit den wichtigsten Vokabeln und Kurzgrammatik für jedermann; Kassette)
John Kirkbright
Spoken Arabic step by step. A beginners course in spoken Arabic of the Gulf and Saudi Arabia. Motivate Publishing (2 Handbücher und 4 Kassetten à 45 Minuten; in Oman erhältlich)

Transkriptionstabelle

Arabischer Buchstabe / Name / Transkription

ا	alif	a	ر	ra	r	غ	ghain	gh
ب	ba	b	ز	za	z	ف	fa	f
ت	ta	t	س	sin	s	ق	qaf	q
ث	tha	th	ش	shin	sh	ك	kaf	k
ج	jim	j	ص	sad	s	ل	lam	l
ح	ha	h	ض	dad	d	م	mim	m
خ	kha	kh	ط	ta	t	ن	nun	n
د	dal	d	ظ	dha	dh	ه	ha	h
ذ	dhal	dh	ع	‘ain	‘	و	waw	w, u
						ي	ya	y, i

Rheinhard Carl
Ein arabischer Dialekt gesprochen in Oman und Zanzibar. Philo Press Amsterdam (Nachdruck der Ausgabe aus dem Jahr 1894)

Kleine Sprachhilfe

In dieser Sprachhilfe (dt. – engl. – arab.) gelten die genannten Transkriptionsregeln. Zusätzlich sind Vokale, die lang betont werden, durch ein Dach (^) gekennzeichnet. Im Gegensatz dazu werden die anderen Vokale kurz gesprochen, fast schon verschluckt.

Die wichtigsten Worte und Redewendungen

ja – yes – na'am (oder aiwa)
nein – no – lâ
Bitte – please – min fadhlik (zu Frau), min fadhlak (zu Mann)
Bitte, sehr höflich – law samahti (zu Frau), law samaht (zu Mann)
Bitte (wenn man etwas anbietet) – please – tafaddhal (zu Mann), tafaddhalî (zu Frau)
Danke – thank you – shukran
möglich – possible – mumkin
unmöglich – not possible – mush mumkin
in Ordnung – all right, o.k. – tamâm
gut – good – kwayis
Gibt es ...? – do you have ...? – fîh ...?
Ja, es gibt – yes, I have – (aiwa) fîh
Nein, gibt es nicht – no, I don't have – (lâ) ma fîh
Entschuldigung – I am sorry – 'asif
Woher kommst Du? – where are you from? – min 'ain 'anti (zu Frau)?, min 'ain 'anta (zu Mann)?
Deutschland – Germany – 'almâniyâ
Österreich – Austria – an-nimsâ
Schweiz – Switzerland – swîsrâ

Begrüßung

Hallo – hello – marhaba
Förmliche Begrüßung: as-salâm 'alaykum (Friede sei mit Dir); Antwort: wa 'alaykum as-salâm (Der Frieden sei auch mit Dir)
Wie geht's? – how are you? – kyf al-hâl?; Antwort: Mir geht es gut - I'm fine, thanks – al-hamdu li-llâh, wörtlich übersetzt: Gott sei es gelobt
Wie ist Ihr/Dein Name? – What's your name? – ma 'ismak (zu Mann)/ma 'ismik (zu Frau)
Ich heiße ... – my name is ... – 'ismî ...
Willkommen – welcome – 'ahlan wa-sahlan (oder: marhaba)
Guten Morgen! – good morning – sabâh al-khair; Antwort: good morning – sabâh an-nûr (einen Morgen des Lichts)
Guten Abend! – good evening – masâ' al-khair; Antwort: good evening – masâ' an-nûr (einen Abend des Lichts)
Gute Nacht! – good night – layla sa'ida
Auf Wiedersehen! – good bye – ma'a salâma

Zeitbegriffe und Wochentage

Wie spät ist es? – what time is it? – kam sâ'a?
Es ist ... Uhr – it is ... o'clock – sâ'a ...
Nacht – night – layla
Tag – day – yom
Woche – week – usbû'
Monat – month – shahr
Jahr – year – sana
heute – today – al-yom
gestern – yesterday – 'ams
morgen – tomorrow – bukra
jetzt – now – al-ân
später – later – ba'den

Samstag – saturday – yom as-sabt
Sonntag – sunday – yom al-ahad
Montag – monday – yom al-ithnain
Dienstag – tuesday – yom ath-thalâthâ
Mittwoch – wednesday – yom al-'arba'â
Donnerstag – thursday – yom al-khamîs
Freitag – friday – yom al-jum'a

Frühling – spring – rabî'
Sommer – summer – sayf
Herbst – autumn – kharîf
Winter – winter – shitâ'

Zahlen

eins – one – wâhid ١
zwei – two – 'ithnîn ٢
drei – three – thalâtha ٣
vier – four – 'arba'a ٤

fünf – five – khamsa ٥
sechs – six – sitta ٦
sieben – seven – sab'a ٧
acht – eight – thamânya ٨
neun – nine – tis'a ٩
zehn – ten – 'ashara ١٠
zwanzig – twenty – 'ishrîn ٢٠
dreißig – thirty – thalâthîn
vierzig – fourty – arba'în
hundert – one hundred – mi'a ١٠٠
zweihundert – two hundred – mî'atayn
dreihundert – three hundred – thalâth mi'a
vierhundert – four hundred – arba' mi'a
tausend – one thousand – 'alf ١٠٠٠
zweitausend – two thousand – 'alfâyn
dreitausend – three thousand – thalâthat 'alâf
viertausend – four thousand – 'arba'at 'alâf

Im Hotel/Restaurant

Restaurant – restaurant – mat'am
Essen – meal – 'akl
Wasser – water – may
Kaffee – coffee – qahwa
Tee – tea – shai
Saft – juice – 'asîr
Milch – milk – halîb, laban
Rechnung – bill – hisâb
Hotel – hotel – funduq
Zimmer – room – ghurfa
Bad – bathroom – hammâm

Einkaufen

Markt – market – souq
Gold – gold – dhahab
Silber – silver – fidda
Gewürze – spices – hawâ'ij, tâbil
Weihrauch – frankincense – bukhûr
Brot – bread – khu
Wie teuer? – how much? – kam?, bikam?
genug – enough – bass
viel – mutch – kathîr, wagid
genug – enough – bass
Schluss! – stop! – khalâs!
teuer – expensive – gâhli
billig – cheap – rakhîs
alt – old – qadîm
neu – new – jadîd
weiß – white – abyad
schwarz – black – aswad
rot – red – 'ahmar
blau – blue – 'azraq
grün – green – 'akhdhar
gelb – yellow – 'asfar

Unterwegs/Orientierung

Museum – museum – mathaf
links – left – yasâr, shimâl
rechts – right – yamîn
geradeaus – straight on – 'alâ tûl, sîda
hier – here – hunâ
dort – there – hunâk
oben – up, above – foq
innen – inside – dâkhil
Wieviele Kilometer? – how many kilometres? – kam kilû?
Norden / nördlich – nord – shamâl
Osten / östlich – east – sharq
Süden / südlich – south – janûb
Westen / westlich – west – gharb
Straße – street / road – shâri'
Weg – way, route - tarîq
nach – to – 'ilâ
von – from – min
in – in – fî
Auto – car – sayâra
Autobus – bus – bâs
Flugzeug – plane – ta'ira
Flughafen – airport – matâr

Krankheiten

Englische Begriffe können im Kapitel „Gesundheit" nachgelesen werden.

Wichtige Worte,

die oft nur in arabischer Schrift geschrieben sind:

Polizei – shurta شرطة
Krankenhaus – mustashfâ مستشفى
Toilette – hamâm حمام
Männer – rijâl رجال
Frauen – nisâ نساء
Eingang – dukhûl دخول
Ausgang – khurûj خروج
geöffnet – maftûuh مفتوح

geschlossen - mughlaq مغلق

verboten - mamnû' ممنوع

verboten zu rauchen - mamnû' at-tadkhîn (in den meisten Restaurants)

ممنوع التدخين

Arabische Namen/Titel

Arabische Namen setzen sich traditionell aus drei, manchmal sogar vier Teilen zusammen. Dem eigenen Namen folgt der des Vaters, verbunden durch ein „bin" oder „ibn", was **„Sohn des"** bedeutet (bei Frauen „bint", **„Tochter des").** Daran wird meist der Name des Großvaters gehängt, ebenfalls durch ein „bin" verbunden. Als letztes folgt die Herkunft. Dies kann entweder eine Stadt, eine Region (z. B. al-balushi aus Balutschistan; al-Farsy aus Persien) eine Familie oder aber, was am häufigsten ist, ein **Stamm** sein. Ein arabischer Name könnte beispielsweise lauten: Khamis bin Sultan bin Khalifa al-Riyami. Es heißt also „Khamis, Sohn des Sultan, Sohn des Khalifa, vom Stamme der Riyami".

Heiratet eine Frau, so ändert sich dadurch nichts an ihrem Namen und ihrem Rang, sie bleibt trotz ihrer Ehe „bint", „Tochter des" und wird auch so angesprochen. Erwähnt ein Ehemann in einem Gespräch seine Frau, so wird auch er sie als „Tochter des" bezeichnen, nicht etwa als „meine Frau". Viele Männer bezeichnen ihre Angetraute ehrenvoll auch als **„Umm",** als „Mutter des", gefolgt vom Namen des ältesten Sohnes. Umm Mustaffa ist also die Mutter des Mustaffa, die eigentlich z. B. Aisha bint Abdullah al-Balushi heißen kann. Auch für Männer gibt es die entsprechende Bezeichnung: **„Abu",** „Vater des", die allerdings nur selten gebraucht wird. Ebenso ist der Namenszusatz **„Hajji"** für einen Mekkapilger kaum üblich. Im alltäglichen Gebrauch schrumpfen die Namen meist auf Vornamen und Herkunft zusammen (Khamis al-Riyami, Aisha al-Balushi).

Bei der **Herrscherfamilie** wird die Zugehörigkeit durch **„Al Bu Said"** angezeigt. Groß und ohne Bindestrich steht Al nicht für den arabischen Artikel, sondern für „Familie".

Nicht nur über die Abstammung, auch über den aristokratischen Rang gibt der arabische Name Aufschluss. Der Titel **„Sultan"** bezeichnet den Herrscher des Landes (Sultan Qaboos bin Said). **„Shaikh"** heißt das Oberhaupt eines Stammes, aber auch hohe Würdenträger, Adelige und deren Söhne. Auch handelt es sich um einen Ehrentitel und eine Würdigung für Religionsgelehrte, die über geistige und juristische Autorität verfügen.

Als **„His Highness"** (H.H.) werden Mitglieder der Herrscherfamilie (arab. *sayyid*) betitelt. Hohe Regierungsbeamte führen den Titel **„His Excellency"** (H.E.).

Literatur und Landkarten

Literaturauswahl

Eine ausführliche Literaturliste kann man unter Einsendung eines frankierten Rückumschlages beim Oman Studies Centre erhalten oder im Internet einsehen (Adresse siehe unter „Informationsstellen"). Spezielle Literatur steht in den entsprechenden Abschnitten dieses Buches.

Geografie/Landeskunde/Bildbände

- *Donald Hawley*
Oman and its Renaissance. London 1995 (umfassende, reich bebilderte Landeskunde)
- *Eberhard Wohlfahrt*
Die Arabische Halbinsel. Länder zwischen Rotem Meer und Persischem Golf. Ullstein Verlag 1980 (auf 1275 Seiten werden Naturraum, Geschichte, Bevölkerung und Wirtschaft der Arabischen Halbinsel beschrieben, leider etwas veraltet)
- *Fred Scholz* (Hrsg.)
Die kleinen Golfstaaten. Reichtum und Unterentwicklung - ein Widerspruch? Klett Verlag 1999 (Landesentwicklung, wirtschaftlicher und gesellschaftlicher Wandel)

Fred Scholz
Muscat. Sultanat Oman. Geographische Skizze einer einmaligen arabischen Stadt. Verlag Das Arabische Buch 1990, zwei Bände (sehr interessante und detaillierte Studie zur Stadtentwicklung Muscats)
Georg Popp, Juma al-Maskari
Oman: Das andere Arabien. Höfler und Cremer Verlag 1995 (Bildband mit deutschem und arabischem Text)
Andreas Koch, Eva Völkl
Oman. Schroll Verlag 1996 (Bildband)
W. Weiss, K.-M.Westermann
Vereinigte Arabische Emirate. Zwei Perlen in der Wüste. Verlag Ch. Brandstätter 1996 (schöner Bildband mit unterhaltendem Text)
Südliches Arabien
Merian 5/96 (Charakteristisches über Oman, die V.A.E. und den Jemen mit guten Fotos)

Politik/Wirtschaft/Öl

● *John E. Peterson*
Oman in the 20th century, Political Foundation of an energing state. Croom Helm Verlag London/Sydney 1978 (sehr guter Überblick über die omanische Politik und Geschichte bis Sultan Qaboos)
● *John Townsend*
Oman – the making of a modern state. London 1977
● *Ferchl Dieter*
Jemen und Oman. Verlag C. H. Beck 1995 (interessante, wenn auch alternde Landesdarstellungen)

Geschichte

● *Bertram Thomas*
Arab rule under the Al-bu Said-Dynasty. London 1938
● ders.: The Arabs
Dt.: Die Araber. Vorhut Verlag Berlin 1938
● *Wendell Philips*
Unknown Oman. London 1966 (Standardwerk für alle, die „mehr" wissen möchten)
● *G. P. Badger* (Hrsg.)
The history of the Imams and Sayyids of Oman. London 1986 (die Herrscher Omans von 661–1856)
● *Peter Vine, Paula Casey-Vine* (Hrsg.)
Oman in History. Immel Publishing London 1995
● *John C. Wilkinson*
The Imamate tradition of Oman. University Press Cambridge 1987
● *Mokhtar Moktefi*
So lebten sie in den ersten Jahrhunderten des Islam 600–1258 n. Chr. Tessloff Verlag 1986 (eigentlich ein Kinder- und Jugendbuch, aber auch für erwachsene Leser interessant)
● *Geoffrey Bibby*
Dilmun, die Entdeckung der ältesten Hochkultur. Rowohlt, 1973 (ausführlicher Bericht des dänischen Archäologen über die Ausgrabungen im heutigen Bahrain und den V.A.E.)
● *Ulrich Haarmann* (Hrsg.)
Geschichte der arabischen Welt. Verlag C. H. Beck 1994

Historische Reisebeschreibungen

● *Wilfred Thesiger*
Die Brunnen der Wüste. Piper Verlag 1997 (unbedingt lesenswerte, im Jahr 1959 geschriebene Erzählung des britischen Forschungsreisenden)
● *Ward Philip*
Travels in Oman: on the track of the early explorers. Cambridge 1986
● *Marco Polo*
Die Reisen des Venezianers Marco Polo im 13. Jahrhundert. Hrsg. Dr. *H. Lemke,* Hamburg 1908, auch Nachdrucke erhältlich
● *Ibn Batuta*
Reisen ans Ende der Welt. Diverse übersetzte Ausgaben seiner Reisen von 1325–1354
● *J. R. Wellsted*
Travels in Arabia. Band I: Oman and Nakab el Hajar. Akademische Druck- und Verlagsanstalt, Graz 1978 (Reisebeschreibung aus dem Jahr 1837)
● *Harry Philby*
Das geheimnisvolle Arabien. Entdeckungen und Abenteuer. Zwei Bände im Brockhaus Verlag, Leipzig 1925
● *Bertram Thomas*
Arabia felix. Across the empty quarter. New York 1932
● *Carsten Niehbur*
Entdeckungen im Orient (1761–67); Reisebeschreibung nach Arabien und den anliegenden Ländern (1774–1837); Beschreibung von Arabien (1772), Nachdrucke in diversen Verlagen

- *Helen Keiser*

Suche nach Sindbad. Das Weihrauchland Oman und die südarabischen Kulturen. Walter Verlag 1979 (Reise- und Erlebnisbericht aus den 70er Jahren)

Gesellschaft

- *Samuel B. Miles*

The countries and tribes of the Persian Gulf. Garnet Publishing 1994

- *Thomas Bierschenk*

Weltmarkt, Stammesgesellschaft und Staatsformation in Südostarabien (Sultanat Oman). Bielefelder Studien zur Entwicklungssoziologie, Verlag Breitenbach Publishers 1984

- *Fred Scholz* und *Jörg Janzen* (Hrsg.)

Nomadismus. Theorie und Wandel einer sozio-ökologischen Kulturweise. Steiner Franz Erdkundliches Wissen 1995

- *Christine Eikelmann*

Women and Community in Oman. New York University Press 1984

- *Unni Wikan*

Behind the veil in Arabia. Women in Oman. John Hopkins Press Baltimore 1982 und University of Chicago Press 1991

- *Emily Ruete* geborene Prinzessin *Salme von Oman und Sansibar*

Leben im Sultanspalast: Memoiren aus dem 19. Jahrhundert. Philo Verlagsgesellschaft 1998 (von *A. Nippa* herausgegebene gekürzte Ausgabe der zweibändigen deutschen Originalausgabe „Memoiren einer arabischen Prinzessin", Berlin 1886)

Islam

- *Rudi Paret*

Der Koran, Übersetzung, 2 Bände, Taschenbuchausgabe, Kohlhammer Verlag (Rudi Parets Qur'anübersetzung gilt in der Islamwissenschaft als federführend)

- *Annemarie Schimmel*

Im Namen Allahs, des Allbarmherzigen: Der Islam. Patmos Verlag 1999 (informative Einführung, die Vorurteile und Missverständnisse abbaut)

- Islam Verstehen

Sympathie Magazin, vom Studienkreis für Tourismus und Entwicklung e. V., 82541 Münsig, Klett Schulbuch (preiswerte und empfehlenswerte Broschüre)

Seefahrt

- *Timothy Severin*

Auf den Spuren Sindbads von Arabien nach China. Eines der letzten großen Abenteuer unserer Zeit. Hoffmann und Campe Verlag 1983 (der Ire schildert die abenteuerliche Fahrt mit der traditionell gebauten Dhau „Sohar" von Muscat nach Kanton)

- *Lorenzo Ricciardi*

Auf Sindbads Spuren. Dhaufahrt durch arabische Gewässer. Erlebnisberichte – Reisetipps – Länderkunde. Frederking und Thaler 1989

- *Richard Hall*

Empires of the Monsoon. Harper Collins 1996

- *Clifford Hawkings*

The Dhow. Lymington 1977

Weihrauch

- *Rainer Scheck*

Die Weihrauchstraße. Von Arabien nach Rom. Lübbe Verlag 1998

- *Wanda Sella, Martin Watt*

Weihrauch und Myrrhe. Anwendung in Geschichte und Gegenwart. Knaur Verlag 1997

Traditionelle Musik

- *Dr. Issam El-Mellah*

Die Musik einer alten Hochkultur. Das Sultanat Oman. Doppel-CD mit Begleitheft

- ders.: Die Rolle der Frau in der omanischen Musik.

Bezug von CD und Buch über den Autor: Birkenweg 3, 86559 Adelzhausen

Fiktionale Literatur mit Oman als Hintergrund

- *Robert Ludlum*

Der Ikarus Plan. Roman, Wilhelm Heyne Verlag 1998 (spannende Verbindung von Fiktion und Realität: In Oman werden 247 amerikanische Botschaftsangehörige als Geiseln genommen; ein US-Kongressabgeordneter bietet seine Hilfe an)

- *Dieter Kühn*

Und der Sultan von Oman. Fischer Verlag 1998 (Erzählung)

- Arabische Erzählungen

Die Erzählungen aus Tausendundeiner Nacht sind in verschiedenen Verlagen erschienen.

Da die Erzählungen verschiedene Quellen haben (Indien, Persien, arabische Länder), nach und nach aufgeschrieben und über acht Jahrhunderte lang immer wieder bearbeitet wurden, gibt es verschiedene Versionen. Die ältesten Märchen sind über 1500 Jahre alt.

Auf Deutsch gibt es keine Bücher von Autoren aus Oman; trotzdem ist es gerade auf Reisen sehr interessant, Literatur anderer arabischer Autoren (z. B. des ägyptischen Literaturnobelpreisträgers *Nagib Machfus,* des Marokkaners *Tahar Ben Jelloun,* des Syrers *Rafik Shami* oder *Salim Alafenisch* bzw. *Suleman Taufiq)* zu lesen. Zahlreiche Romane, Geschichten und Erzählungen liegen deutsch übersetzt vor.

In Oman erhältliche Literatur

In Oman gibt es ein vielfältiges Angebot an Literatur über die Golfstaaten allgemein und über das Sultanat selbst. Das meiste stammt von britischen Verlagen und ist in englischer Sprache geschrieben. Es gibt aber auch einige deutsche und wenige französische Bücher.

Allgemeines/Golfstaaten

● *Andrew Taylor*
Travelling the Sands. Motivate Publishing, ca. 6 RO (Berichte über die Erforschung des Leeren Viertels)

● *Wilfried Thesiger*
The Thesiger Collection. Photographs. Motivate Publishing, ca. 8 RO

● *Alan Keohane*
Bedouin. Nomads of the desert. Stacey International, ca. 17 RO (sehr schöner Bildband über das Leben der Beduinen auf der Arabischen Halbinsel)

Oman

● Beautiful Oman Collection 1: Oman. Al Roya Publishing, ca. 12 RO (informativer Reiseführer zum gesamten Land)

● Muscat/Oman Explorer. Explorer Publishing, ca. 5 RO (Führer mit unzähligen praktischen Infos)

● *Heiner Klein*
Off-Road in Oman. Motivate Publishing, ca. 6 RO (Streckenbeschreibungen)

● *Samir Hanna*
Field guide to the geological heritage of Oman. Historical Association of Oman, ca. 7 RO (Geologie, Streckenbeschreibungen)

● *Ronald Corai*
Oman – An Arabian Album. Motivate Publishing, ca. 15 RO (Bildband mit historischen Fotos)

● Oman in History
Immel Publishing, ca. 35 RO (ausführliche Geschichtsdarstellung)

● *M. bin Musa al-Yousef*
Oil and the transformation of Oman. Stacey Int., ca. 13 RO

● *Donald & Eloise Bosch*
The Doctor and the Teacher. Oman 1955–70. APEX Publishing, ca. 20 RO (interessante Erinnerungen des seit langer Zeit in Oman lebenden Ehepaars)

● *Salma Samar Damluji*
The Architechture of Oman. Garnet Publishing, ca. 78 RO (mächtiger, umfassender Bildband)

● *M. Medhi*
Oman through the ages. ca. 10 RO (Fotos und viel informativer Text)

● *P. Vine*
The Heritage of Oman. Immel Publishing, ca. 23 RO (Bildband)

● *A. bin Ali Alhinai*
Ceremonies & Celebrations in Oman. Garnet Publishing, ca. 26 RO (Bildband über Feste und Feiern)

● *Walter Dinteman*
Forts of Oman. Motivate Publishing, ca. 14 RO (Bildband über die wichtigsten omanischen Forts)

● *Biancifiori*
Works of Architectural Restauration in Oman. Edizione de Luca, ca. 20 RO (über die Renovierung vieler Lehmbauten)

● *John Nowell*
A Day above Oman. Motivate Publishing, ca. 13 RO (sehr schöner Bildband mit Luftaufnahmen)

● *Shirley Kay*
Enchanting Oman. Motivate Publishing, ca. 8 RO (Landesporträt)

● *Ranulph Fiennes*
Atlantis of the Sands. The search for the lost city of Ubar. Signet, ca. 5 RO

- *Prof. W. Büttiker*
The Wildlife of Oman and its Neighbours. Stacey International, ca. 13 RO (Bildband mit kurzen Beschreibungen)
- *A. G. Miller, M. Morris*
Plants of Dhofar. Diwan of Royal Court, ca. 15 RO (ausführliche Beschreibungen von Pflanzen)
- *Paolo M. Costa*
Musandam. Architecture and Material Culture. Immel Publishing, ca. 27 RO
- *M. S. Dorr*
A taste of Oman. Traditional Omani Food, ca. 3 RO
- *Lamees Abdullah al-Taie*
Al-Azaf. The Omani Cookbook, ca. 8 RO (ausführlich und appetitanregend bebildert)
- *Miranda Morris, Pauline Shelton*
Oman adorned. Apex Publishing 1997, ca. 80 RO (aufwändiger Bildband über traditionellen Silberschmuck)
- *Avelyn Foster*
Disappearing Treasures of Oman. Archway Books 1997, ca. 20 RO (über traditionellen Beduinenschmuck)
- *A. Dale & J. Hadwin*
Adventure Trekking in Oman. Hadwin Publishing, Aberdeen 2001, ca. 10 RO (guter Trekkingführer)

- Wissenschaftlich fundierte Informationen zu bestimmten Themen wie Geologie, Naturwissenschaften, Archäologie, Geschichte, Architektur oder Ethnologie liefert das jährlich erscheinende **Journal of Oman Studies,** herausgegeben vom Ministry of National Heritage and Culture.

- **Spezielle Bücher** sind zu Walen und Delphinen, Schlangen, Vögeln, Meeresschildkröten, Muscheln, Fischen, Datteln, zum Trekken und Bergsteigen sowie zum Schnorcheln erhältlich.

- Jedes Jahr kommen zum Nationalfeiertag im November **Jahrbücher** heraus, die auch viele interessante Artikel zu Kunst, Kultur und Wirtschaft beinhalten.

Landkarten/Stadtpläne

Es ist ein Problem, gute Land- und Straßenkarten über Oman zu erhalten. Das in Deutschland erhältliche Material ist oft ungenau, veraltet, der eingezeichnete Zustand der Pisten unzuverlässig. Zudem ist der Maßstab nur zur groben Orientierung zu gebrauchen, im praktischen Gebrauch aber zu groß.

Diverse (leider ebenfalls veraltete) Pistenbeschreibungen samt Übersichts- und Detailkarten finden sich in in dem Buch „Off-Road in Oman" (siehe oben).

- **Arabische Halbinsel**
1:2 Mill., RV/Falk Verlag
- **Vereinigte Arabische Emirate, Oman**
1:1.500.000, Hildebrands Urlaubskarte, Karto und Grafik Verlag
- **Britische Luftfahrtkarten**
1:500.000, Hrsg. Director of Military Survey Ministry of Defence, 1982, gute topografische Ansicht, aber veraltetes Verkehrsnetz; vier Karten decken das omanische Gebiet ab: Sheet-Nr. ONCJ-7B, ONCJ-7C, ONCJ-7D für das omanische Kernland und ONCH-7D für Musandam.
- **Map of the Sultanate of Oman**
1:1.300.000. National Survey Authority of Oman, 1996, 2 RO (relativ gute Straßenkarte mit geografischen Gegebenheiten, nur in Oman erhältlich)
- **Pictorial Heritage Map Oman**
3 RO (ähnliche Karte wie die der National Survey Authority, aber schlechterer Maßstab, dafür mit Fotos und einigen Stadtplänen, nur in Oman erhältlich)
- **APEX Map of Oman**
3 RO (ebenfalls gleiches Kartenbild, aber mit guten Stadtplänen, momentan die empfehlenswerteste Karte, nur in Oman erhältlich)

Die Auswahl an guten und zuverlässigen **Stadtplänen** ist in den letzten Jahren immer größer geworden. Da die omanischen Städte rapide wachsen, können die Karten schnell veralten.

- **Muscat City Maps**
Sehr genaue Kartenblätter der Hauptstadtregion, 1:20.000, National Survey Authority of

Oman, in omanischen Buchläden erhältlich, ca. 5 RO

- **Salalah City Map**
1:20.000, in omanischen Buchläden erhältlich, 2 RO
- **Salalah A–Z Street Guide**
5,5 RO (in Oman erhältliches Straßenverzeichnis samt Stadtplan von Salalah)
- **Sur Town Plan**
1:10.000, in omanischen Buchläden erhältlich, 2 RO
- Die Stadtpläne auf der Pictorial Heritage Map sind einigermaßen brauchbar, die auf der APEX-Karte sehr gut.

Glossar

Alle aufgeführten Begriffe stammen aus dem Arabischen, sofern nicht anders vermerkt

- **Abaya:** schwarzer Frauenumhang
- **Abbasiden:** Khalifat und Herrschaftsgeschlecht, das seine Abstammung auf *Abbas,* einen Onkel *Muhammads,* zurückführte. 750 stürzten die Abbasiden die Omayyaden und stellten bis 1258 den Khalifen. Sie beherrschten ein Großreich, das zu seiner Glanzzeit von Pakistan bis Marokko reichte. Hauptstadt war Bagdad.
- **Achämeniden:** persische Dynastie 700–331 v. Chr., ab 563 v. Chr. auch Herrschaft auf omanischem Gebiet
- **Aflaj:** Mehrzahl von falaj, traditionelles Bewässerungssystem
- **Ahlan wa sahlan:** heißt wörtlich „Angehörige und leicht" und meint „als Angehörige (und nicht als Fremde) seid ihr gekommen und leicht sollt ihr es haben". Als Willkommensgruß weit verbreitet. Antwort darauf: „ahlan bik" bzw. „ahlan bikum" (bei mehreren Anwesenden)
- **Ain:** „Quelle" und „Auge"
- **Akbar:** „größer", „al-akbar" bedeutet „am größten"
- **al-:** arabischer Artikel, der mit dem folgenden Wort zusammengeschrieben wird
- **Al:** „Familie", eigenständiges Wort, daher in der Umschrift ohne Bindestrich
- **Alawi:** sunnitische Religionsgemeinde, die ihren Hauptstammsitz im Sharqiyah-Ort Ja'alan Bani Bu Hassan hat. Im omanischen Küstenort Sur versuchten sie ab 1923, ihre Unabhängigkeit zu proklamieren.
- **Alayat:** Bezeichnung für einen wadiaufwärts gelegenen Ortsteil
- **Al-Bilad:** „die Länder", Bezeichnung für die fruchtbaren Ländereien in einer Oase
- **Alhamdulillah:** „Allah sei's gelobt", wird nahezu immer ausgesprochen, wenn einem Gutes widerfährt; auch Antwort auf die Frage nach dem Befinden
- **Allah:** von „Al-Illahu", „der (eine) Gott"
- **Al-Maghreb:** Gebet bei Sonnenuntergang und arabischer Name von Marokko
- **Ammama:** Turbanstil
- **Arabia Felix:** (lat.) „glückliches Arabien", Südarabien z. Z. der antiken Weihrauchstraße
- **Assa:** kleiner elastischer Kamelstock
- **Attar:** Parfum auf Ölbasis
- **Ayyubiden:** 1071–1250 Khalifat und Herrschergeschlecht mit der Hauptstadt Kairo

- **Bab:** „Tor", auch „Meerenge"
- **Bait:** „Haus"
- **Bani:** arab. Namenszusatz, der den Stamm bezeichnet, „die Söhne des ..."
- **Balutschistan:** Landstrich und Region in Südpakistan, in der zeitweise auch Oman Kolonien hatte
- **Barasti:** luftdurchlässige Hütten aus zusammengesteckten Palmwedeln
- **Batinah:** „das Tiefland", fruchtbare Küstenebene im Norden des Landes
- **Bazar:** (persisch) „Markt"
- **Beautification:** (engl.) stadtplanerisches Verschönerungsprogramm
- **Beduine/Bedu:** arabischer Nomade, eigentlich richtige Form „bedu", Pl. „badawi"
- **Bint:** arab. Namenszusatz, „Tochter des ..."
- **Bir:** „Brunnen"
- **Birkat:** „Teich", „See", auch Zisterne
- **Bisht:** Männerumhang, meist zu offiziellen Anlässen getragen
- **Bismillah ar-rahman ar-rahim:** „Im Namen des barmherzigen und gnädigen Gottes". Leitmotiv für das ganze Leben des Muslim,

auch Segensformel z. B. vor dem Essen (im Sinne von „Guten Appetit"). Steht vor jeder Qur'ansure (außer vor der neunten) und vor wichtigen Briefen

●**Bokhur:** Sammelbegriff für duftende Räucherstoffe; im eigentlichen Wortsinn „Duft", „Rauch"

●**Buftilah:** altes Vorderladergewehr, Statussymbol der Männer

●**Burj:** „Turm", meist Wehr- oder Wachturm

●**Burqa:** Frauen-Gesichtsmaske, die meist von den Beduinenfrauen getragen wird. Sie soll die Haut vor dem Austrocknen durch die Wüstensonne schützen, heute wird sie oft noch aus traditionellen Gründen getragen. Diese Gesichtsmaske erfüllt nicht den Zweck der (angeblich) vom Qur'an geforderten Verhüllung des Frauengesichtes.

●**Bustan:** „Garten", Palmenhain

●**Corniche:** (franz.) „Küstenstraße"

●**Creek:** (engl.) „Lagune", „Meeresarm", arab. „khor"

●**Dakhiliyah:** Bezeichnung für Inneroman, das Gebiet um Nizwa

●**Dallah:** traditionelle Schnabelkaffeekanne, Symbol der Gastfreundschaft

●**Dhahirah:** „das Äußere, das Hochland", Region im Nordwesten des Landes

●**Dhau:** europäischer Sammelbegriff für traditionell arabische Holzsegelschiffstypen (Sambuk, Boom, Jailbout etc.); heute meist mit Dieselmotor betrieben

●**Dhofar:** südliche, an Jemen grenzende Provinz; Herkunftsregion des Weihrauchharzes

●**Dilmun:** alte Hochkultur im 2. Jahrtausend v. Chr., um das Gebiet des heutigen Bahrain

●**Dirwazat:** befestigtes Stadttor

●**Dishdasha:** knöchellanges, einfarbiges Männergewand

●**Diwan:** Regierungsbüro des Sultans

●**Dune-bashing:** (engl.) „Sanddünen prügeln" – mit einem Geländewagen durch die Dünen jagen

●**Eid:** muslimische Feiertage; Eid al-Adha (großes Opferfest zur hajj), Eid al-Fitr (im Anschluss an den Fastenmonat Ramadhan)

●**Expatriates:** (engl.) eigentlich alle Ausländer, die im Lande arbeiten; meistens bezieht sich die Bezeichnung jedoch auf diejenigen aus Europa und den USA

●**Falaj:** Bewässerungskanal, Mehrzahl aflaj

●**Fatimiden:** Dynastie in Ägypten und Syrien von 910–1071

●**Fatwa:** religiöse Grundsatzentscheidung

●**Ghaf:** typischer Wüstenbaum, lat. *Prosopis spicigera*

●**Ghafiri:** politische Stammesfraktion

●**Gwadur:** bis 1958 Kolonie und Hafenstadt Omans in Westpakistan

●**Hadith:** „Ausspruch", „Überlieferung", Aussagen und Taten *Muhammads*, die neben dem Qur'an das Leben der sunnitischen Muslime bestimmen

●**Hadr:** sesshafte Küstenbewohner

●**Hadramaut:** großes Trockenflusstal im Südjemen; 400 v. Chr.–400 n. Chr. Königreich, dem auch der Dhofar angehörte

●**Hafit:** Bergmassiv bei Buraimi; archäologische Periode von 3000–2700 v. Chr.

●**Hajj:** „Ruf nach Aufbruch", Wallfahrt zu den heiligen Stätten des Islam. Jeder Muslim sollte einmal im Leben dorthin reisen und an den Pilgerriten teilnehmen.

●**Hajar:** „Gebirge/Felsen", zentraler Gebirgszug im Norden Omans, auch Oman-Gebirge genannt. Unterteilung in: Hajar al-Ghabi, westlicher Hajar, und Hajar al-Sharci, östlicher Hajar

●**Halwa:** „süß", typische Süßspeise in vielen Varianten

●**Harasis:** Beduinenstamm in Zentraloman

●**Harem:** „geheiligter Ort", Frauenwohnbereich, vom arab. „haram", „abgeschieden"

●**Hejas:** Gebirgszug und Landschaft in Saudi-Arabien

●**Henna:** Pflanze (lat. *Lawsonia inermis)*, von der manche Arten getrocknet und gemahlen einen Farbstoff abgeben; zum Färben der Haare und der Haut

●**Hijra:** *Muhammads* Umzug von Mekka nach Yathrib (das spätere Medina) 622 n. Chr.; Beginn der islamischen Zeitrechnung

●**Hinawi:** politische Stammesfraktion

●**Hirz:** traditionelles Silberschmuckstück, Döschen mit Qur'anspruch

●**Hisn:** „Burg", „Fort"

● **Ibadismus (Ibadiyah):** islamische Glaubensrichtung
● **Ibn:** arab. Namenszusatz, „Sohn des ..." (bin hat die gleiche Bedeutung)
● **Iftar:** Zeit des Fastenbrechens zum Sonnenuntergang im Ramadhan
● **Insha'allah:** „So Allah will". Wird allen Bemerkungen über Ereignisse in der Zukunft angefügt. Bedeutet daher auch „vielleicht".
● **Imam:** religiös-geistlicher Führer, auch Vorbeter in der Moschee
● **Imamat:** Staatsform, geistliches und weltliches Oberhaupt ist der Imam
● **Imsak:** Beginn des Fastens im Ramadhan zu Sonnenaufgang
● **Islam:** „Vollständige Unterwerfung und Hingabe an Allah"; es bekennen sich von Marokko bis Indonesien ca. eine Milliarde Menschen zum Islam

● **Ja'alan:** Provinz Omans im Nordosten
● **Jebali:** nomadisierende Viehzüchter in den Bergen der Provinz Dhofar, heute größtenteils sesshaft
● **Jebel:** „Berg", „Gebirgszug"
● **Jiddat al-Harasis:** omanische Zentralwüste, benannt nach dem Stamm der Harasis
● **Jihad:** „Anstrengung" des Kopfes auf dem Weg des islamischen Glaubens; auch „Kampf" zur Verteidigung des Islam gegen Ungläubige
● **Jinn:** „Geist", „Dämon"
● **Jirs:** eine kleine Axt auf einem langen Stil; wird von den männlichen Stammesangehörigen der Shihuh im Norden der Emirate und Musandam getragen

● **Kaaba:** vom griech. „kubus", „Würfel", Teil der Moschee in Mekka
● **Kalligraphie:** (griech.) „Schönschreibkunst"
● **Kardamom:** (dt.) Gewürz, auch im traditionellen qahwa, arab. „hail"
● **Khalif:** „Stellvertreter", „Nachfolger", Titel für die Nachfolger *Muhammads*
● **Khanjar:** omanischer Krummdolch, meist prächtig versilbert, tragen ihn die Männer nur zu besonderen Anlässen
● **Khobs:** „Brot", flaches, rundes Weißbrot
● **Khol:** Kajal, Mascara
● **Khor:** Lagune, Bucht, Meeresarm
● **Kitarah:** Bogenschwert, Teil des omanischen Staatswappens
● **Kumma:** traditionelle, bestickte Kappe der Jungen und Männer
● **Kurkuma:** Gelbwurz, Gewürz, ein Hauptbestandteil des Curry

● **Laban/Luban:** „Dickmilch"; auch „Milchharz", also Weihrauch

● **Madina:** „Stadt" bzw. Altstadt
● **Madressa:** „Ort, an dem unterrichtet wird", theologische Hochschule, Schule oder auch Qur'anschule
● **Magan:** heute wird Magan (gelegentlich auch „Makan") allgemein im Gebiet des heutigen Nordoman lokalisiert.
● **Majlis:** „Sitzplatz", „Sitzung, Rat, Versammlung", bezeichnet auch einen Empfangsraum; die Majlis al-Shura ist ein Parlament mit beratender Funktion
● **Masjid:** „Ort der Niederbeugung", Moschee
● **Massar:** Turbanstil
● **Mekka:** heiligste Stätte der Muslime und Pilgerort in Saudi-Arabien; Geburtsort des Propheten *Muhammad*
● **Meluhha:** Hochkultur, die in sumerischen Quellen im Zusammenhang mit dem überseeischen Kupfer- und Diorit-Handel oft gemeinsam mit Dilmun und Magan erwähnt wird und im Gebiet des Industales lag
● **Mesopotamien:** (griech.) „Zweistromland", Gebiet zwischen Euphrat und Tigris im Südirak
● **Mihrab:** Nische in der Moscheewand, zeigt die Gebetsrichtung nach Mekka an
● **Mina:** „Hafen"
● **Minbar:** Kanzel in der Moschee
● **Minarett:** (dt.) Moscheeturm; von „Minare", „Lichterturm"
● **Mirkath:** Fest- und Versammlungsplatz in der Region Sharqiyah
● **Misbah:** Gebetskette aus 33 Perlen; dreimal durch die Finger geglitten, symbolisieren sie die 99 Namen Allahs
● **Monotheismus:** (griech.) Glaube an einen einzigen Gott
● **Moschee:** vom arab. „masjid", Gebetshaus und Zentrum des sozialen Lebens
● **Mubkhar:** dient zum Verbrennen von Räucherstoffen und Weihrauch; traditionell aus

Ton getöpfert, werden die Duftstoffe auf glühender Kohle verbrannt

- **Muezzin:** Gebetsausrufer
- **Muhammad:** „der Gepriesene“, heiliger Prophet und Religionsstifter des Islam (um 570–623 n. Chr.)
- **Musandam:** gebirgige Halbinsel im Norden, die von den V.A.E. umschlossen ist
- **Muscat:** omanische Hauptstadt, übersetzt „Ort des Fallens“; bezieht sich einerseits auf den Ort, wo die Berge ins Meer fallen; aber auch Stelle, wo der Anker ins Meer fällt
- **Muslim:** „der sich Hingebende (an Allah)“
- **Myrrhe:** (dt.) Duftharz

- **Najdi:** „Silberharz“, Weihrauch
- **Nakheel:** Palmenhain (nakhl bedeutet Dattelpalme)
- **Nejd:** Landschaft im Dhofar

- **Omayyaden:** Dynastie, die direkt nach den ersten islamischen Eroberungen ab Mitte des 7. Jahrhunderts für etwa 100 Jahre in Ägypten und im Nahen Osten herrschte; Hauptstadt war Damaskus
- **Ophiolith:** (dt.) vulkanische Gesteinsart, die im Hajar-Gebirge über 20.000 km² bedeckt; normalerweise findet man dieses Gestein nur unterhalb des Meeres
- **Orient:** (dt., frz.) „Osten“, „Morgenland“
- **Ornament:** (frz.) „Verzierung“
- **Oryx:** seltene Antilopenart
- **Osmanisches Reich:** von Anfang 1300 bis zum 1. Weltkrieg von den Türken eingenommenes Gebiet, das zeitweise fast gesamt Nordafrika, den Nahen Osten, Teile der Arabischen Halbinsel und den Balkan bis Österreich umfasste; Hauptstadt war Istanbul
- **Oud:** Duftholz

- **Pager:** (engl.) in Oman weit verbreitetes Funkrufsystem, bei uns als „scall“ bekannt
- **Parther:** persische Dynastie 140 v. Chr.–227 n. Chr.
- **Pick-up:** (engl.) Pritschenwagen
- **Prophet:** Der Islam kennt eine große Anzahl von Propheten (schätzungsweise 125.000–200.000), die alle Wegbereiter *Muhammads* waren, auch zahlreiche Propheten aus der Bibel. Man unterscheidet zwischen den „nabi“, die zwar eine Eingebung haben, nicht aber den Auftrag, diese weiterzugeben, und den „rasul“, den Gesandten Allahs.

- **Qabili:** Stammesangehörige
- **Qadi:** islamischer Rechtsgelehrter, Richter
- **Qahwa:** traditioneller „Kaffee“, oft mit Gewürzen wie Kardamon und Ingwer zubereitet; Zeichen der Gastfreundschaft
- **Qalam:** „Stift“, auch das spezielle Schreibrohr aus Schilf für die Kalligraphie
- **Qala'a:** „Burg“, „Fort“
- **Qasr:** „Schloss“
- **Qur'an:** „Das Vorgetragene“, heiliges Buch der Muslime, beinhaltet die Offenbarungen Allahs in 114 Suren

- **Ramadhan:** heiliger Monat der Muslime und Fastenzeit im 9. Monat des islamischen Mondjahres
- **Ramlat:** „Sand“, Wüste
- **Ras:** „Kopf“, Felsvorsprung, Kap
- **Rasul:** „der Gesandte“, Prophet
- **Rechtsschule:** Im sunnitischen Islam gibt es vier Rechtsschulen (Hanafiten, Malikiten, Shafi'iten, Hanbaliten), die sich vor allem durch verschiedene Haltungen zu praktischen Fragen unterscheiden.
- **Roundabout:** (engl.) „Kreisverkehr“, Abk. R/A
- **Rub al-Khali:** „Leeres Viertel“, Sandwüste, die einen großen Teil der Arabischen Halbinsel bedeckt

- **Sabkha:** Salzebene
- **Sabla:** in der Region Sharqiyah typisches Versammlungshaus einzelner Familiensippen
- **Saif:** Schwert
- **Salam:** „Friede“, auch Abkürzung von „Assalamu alaikum“, „Der Friede sei mit dir“, dem häufigsten arabischen Gruß; die Antwort lautet „Alaikum as-salam“, „Der Friede sei auch mir dir“
- **Salat:** die Pflicht jedes Muslim, täglich fünfmal zu beten
- **Sanduk:** traditionelle, teils wertvolle Truhen
- **Sansibar:** ostafrikanische Insel vor Tansania, die im 18. und 19. Jahrhundert Teil des omanischen Handelsimperiums war
- **Sari:** indisches Frauengewand aus einer langen Stoffbahn
- **Saruj:** trad. Baustoff aus Lehm und Kalk

Sasha: Boot aus Palmzweigen
Sassaniden: persische Dynastie 227–642 n. Chr.
Schiiten: von „Shia", „Partei". Spalteten sich im 8. Jh. von den Sunniten ab, da sie nur den Khalifen *Ali* als rechtmäßigen Nachfolger *Muhammads* anerkennen. Sie glauben, dass es nach *Muhammad* noch weitere heilige, von *Allah* inspirierte Männer gab. Ihr Anteil liegt bei ca. 10% aller Muslime (vorwiegend im Iran).
Shahada: das muslimische Glaubensbekenntnis „La illaha illa Allah. Muhammad rasul Allah.", „Es gibt keinen Gott außer dem einen Gott. Muhammad ist sein Prophet"
Shaikh: „Ältester", Titel für Stammesälteste und -oberhäupter, Adelige und deren Söhne, auch ehrwürdige Religionsgelehrte
Shari'a: „Weg", Straße; auch Name für die islamische Rechtslehre
Sharqiyah: „die Östliche", Region im Nordosten Omans
Shawawi: „Hirte", Berg-Halbnomade
Shayla: schwarzer Frauenschleier, aus Chiffon hergestellt
Shihuh: Stamm/Volksgruppe in Musandam
Shinhaf: trad. Schmuckstück, Dreieck, das von der Stirn bis zum Nasenrücken fällt
Shisha: Wasserpfeife
Shoowah: zu den Eid-Festen unterirdisch zubereitetes Fleisch
Shukran: „danke"
Sirwal: weite, bunte, an den Knöcheln bestickte Frauenhose, die unter dem Kleid getragen wird
Souq: „Markt"
Sponsor: (engl.) „Bürge"; jeder ausländische Arbeiter benötigt einen einheimischen Bürgen; ausländische Geschäftsleute benötigen, bis auf wenige Ausnahmen, einen einheimischer Partner und Teilhaber; auch Touristen aus einigen Ländern benötigen zur Visaerteilung einen „Sponsor", etwa ein Hotel oder einen omanischen Bekannten.
Sufalat: Bezeichnung für einen wadiabwärts gelegenen Ortsteil
Sumer: Hochkultur im Gebiet des heutigen Südirak (Zweistromland), Blütezeit im 3. Jahrtausend v. Chr.
Sunna: „viel begangener Weg", „Gewohnheit", auch „Tradition", Gesamtheit der Hadithe und Lebensweisen *Muhammads;* 90 Prozent der Muslime sind Sunniten und berücksichtigen die Sunna neben dem Qur'an in ihrer Religion und in ihrem alltäglichen Handeln.
Sur: Fluchtburg
Sure: „Grad", „Schritt", Kapitel des Qur'an

Tamar: Datteln
Tamarinde: Baumart, der essbare Samen dient als Medizin oder Lebensmittel

Ulema: „die Gelehrten", islamische Gesetzesgelehrte, Juristen
Umm: „Mutter von ...", in Verbindung mit dem Vornamen des ältesten Sohnes ehrenvolle Anrede
Umm al-Nar: Insel bei Abu Dhabi (V.A.E.), nach der auch die archäologische Periode von 2000–2700 v. Chr. benannt ist
Umma: Gemeinschaft aller Muslime
Ungläubige: Laut Qur'an (Sure 60) sind dies nicht die Angehörigen anderer Buchreligionen, also keine Juden und Christen.

Wadi: meist ausgetrocknetes Flussbett bzw. Trockenflusstal, das zeitweise auch Oberflächenwasser führen kann
Wadi-bashing: (engl.) Wadi „prügeln", legerer Ausdruck für den populären Freizeitsport, mit einem Allradwagen durch die Bergwadis zu fahren
Wahhabiten: islamische Glaubensrichtung, die sich auf die Lehren des *Muhammad ibn Abdul Wahhab* (1703–1792) beruft und eine Rückkehr zu den Wurzeln des Islam fordert
Wali: Vorsteher eines Verwaltungsbezirkes (wilaya)
Wilaya: einer der 59 omanischen Verwaltungsbezirke (pl. „wilayat")
Wizaar: Wickelunterrock der Männer

Zajarah: von Tieren betriebener Ziehbrunnen
Zakat: Pflicht der Muslime, Almosen zu geben und Bedürftigen zu helfen

Maße und Gewichte

Offiziell gilt in Oman das metrische System. Allerdings sind durch das lange Verhältnis zu England noch viele britische Maße gebräuchlich. Bei Dezimalbrüchen und zur Abtrennung der Stellen ab 1000 ist die britische/amerikansche Schreibweise üblich, d. h. Komma und Punkt werden genau gegenteilig verwendet wie bei uns.

Längenmaße:
- 1 Fuß entspricht 30,48 cm
- 1 Inch entspricht 2,54 cm
- 1 Yard entspricht 91,44 cm
- 1 Meile entspricht 1,6093 km

Volumenmaße:
- 1 Pint entspricht 568,26 ml
- 1 Gallone entspricht 4,54 l
- 1 Barrel entspricht 159 l

Gewichtsmaße:
- 1 Unze entspricht 28,35 gr
- 1 troy ounce entspricht 31,035 gr
- 1 metric carat entspricht 0,2 gr
- 1 Pfund entspricht 453,59 gr

Abkürzungen

Abk.	Abkürzung
AC	engl. „air condition", „Klimaanlage"
a. D.	„anno Domini", lat. „im Namen des Herrn", gregorianische Zeitrechnung
a. H.	„anno Hijra", muslimische Zeitrechnung ab dem gregorianischen Jahr 622
arab.	arabisch
Bldg.	engl. „building", „Gebäude"
Bs	Baisa, oman. Währungseinheit
ca.	circa
dt.	deutsch
DZ	Doppelzimmer
engl.	englisch
EU	Europäische Union
EZ	Einzelzimmer
Fax	Telefaxnummer
frz.	französisch
GCC	engl. „Gulf Cooperation Council", „Golf-Kooperationsrat"
H. E.	engl. „His Exellency", Anrede und Titel
H. H.	engl. „His Highness", Anrede und Titel (für Mitglieder der Königsfamilie)
isl.	islamisch
KV	Kreisverkehr
lat.	lateinisch
mobil	Telefon-Nr. des Mobiltelefons
OPEC	„Organisation erdölexportierender Länder"
RO	„Rial Omani", oman. Währungseinheit
P.D.O.	engl. „Petroleum Development Oman", halbstaatliche Ölgesellschaft, größte des Landes
Pl.	lat. „Mehrzahl"
P. O. Box	engl. Nr. des Postfaches
p. P.	pro Person
R/A	engl. „roundabout", „Kreisverkehr"
Rd.	engl. „road", „Straße"
SFr	Schweizer Franken
Sg.	lat. „Einzahl"
St.	engl. „street", „Straße"
UAE	engl. „United Arab Emirates"
UN	engl. „United Nations", Vereinte Nationen
Tel.	Telefonnummer
V.A.E.	„Vereinigte Arabische Emirate"
v. Chr.	vor Christus
n. Chr.	nach Christus

Know-How auf einen Blick

Schweiz, Liechtenst.
Simbabwe
Singapur
Sizilien
Skandinavien – Norden
Slowenien, Triest
Spiekeroog
Sporaden, Nördliche
Sri Lanka
St. Lucia, St. Vincent, Grenada
Südafrika
Südnorwegen, Lofoten
Sylt
Syrien

Taiwan
Tansania, Sansibar
Teneriffa
Thailand
Thailand – Tauch- und Strandführer
Thailands Süden
Thüringer Wald
Tokyo
Toscana
Trinidad und Tobago
Tschechien
Tunesien
Tunesiens Küste

Umbrien
USA/Canada
USA/Canada BikeBuch
USA, Gastschüler
USA, Nordosten
USA – der Westen
USA – der Süden
USA – Südwesten, Natur u. Wandern
USA – Südwesten, Kalifornien, Baja California
Usedom

Venedig
Venezuela
Vereinigte Arabische Emirate
Vietnam

Welt im Sucher
Westafrika – Sahelländer
Westafrika – Küstenländer
Wien
Wo es keinen Arzt gibt

Edition RKH

Burma – im Land der Pagoden
Finca auf Mallorca
Geschichten aus d. anderen Mallorca
Goldene Insel
Mallorquinische Reise, Eine
Please wait to be seated!
Salzkarawane, Die
Schönen Urlaub!
Südwärts durch Lateinamerika

Praxis

All Inclusive?
Canyoning
Daoismus erleben
Dschungelwandern
Essbare Früchte Asiens
Fernreisen
Fernreisen, Fahrzeug
Fliegen ohne Angst
GPS Outd.-Navigation
Hinduismus erleben
Höhlen erkunden
Inline-Skaten Bodensee
Inline Skating
Islam erleben
Kanu-Handbuch
Kreuzfahrt-Handbuch
Küstensegeln
Orientierung mit Kompass und GPS
Reisefotografie
Reisefotografie digital
Reisen und Schreiben
Respektvoll reisen
Richtig Kartenlesen
Schutz vor Gewalt und Kriminalität
Schwanger reisen
Selbstdiagnose u. Behandlung unterwegs
Sicherheit im und auf dem Meer
Sonne, Wind und Reisewetter
Survival-Handbuch, Naturkatastrophen
Tauchen in kalten Gewässern
Tauchen in warmen Gewässern
Transsib – von Moskau nach Peking
Trekking-Handbuch
Vulkane besteigen
Wein Guide Dtschl.
Wildnis-Ausrüstung
Wildnis-Backpacking
Wildnis-Küche
Winterwandern
Wracktauchen weltweit

KulturSchock

Ägypten
Brasilien
China
Golf-Emirate, Oman
Indien
Iran
Islam
Japan
Marokko
Mexiko
Pakistan
Russland
Spanien
Thailand
Türkei
Vietnam

Wo man unsere Reiseliteratur bekommt:

Jede Buchhandlung in der BRD, der Schweiz, Österreichs und in den Benelux-Staaten kann unsere Bücher beziehen.
Wer trotzdem keine findet, kann alle Bücher über unseren Internet-Shop unter **www.reise-know-how.de** oder **www.reisebuch.de** bestellen.

HILFE!

Dieses Reisehandbuch ist gespickt mit unzähligen Adressen, Preisen, Tipps und Infos. Nur vor Ort kann überprüft werden, was noch stimmt, was sich verändert hat, ob Preise gestiegen oder gefallen sind, ob ein Hotel, ein Restaurant immer noch empfehlenswert ist oder nicht mehr, ob ein Ziel noch oder jetzt erreichbar ist, ob es eine lohnende Alternative gibt usw.

Unsere Autoren sind zwar stetig unterwegs und versuchen, alle zwei Jahre eine komplette Aktualisierung zu erstellen, aber auf die Mithilfe von Reisenden können sie nicht verzichten.

Darum: Schreiben Sie uns, was sich geändert hat, was besser sein könnte, was gestrichen bzw. ergänzt werden soll. Nur so bleibt dieses Buch immer aktuell und zuverlässig. Wenn sich die Infos direkt auf das Buch beziehen, würde die Seitenangabe uns die Arbeit sehr erleichtern. Gut verwertbare Informationen belohnt der Verlag mit einem Sprechführer Ihrer Wahl aus der über 120 Bände umfassenden Reihe „Kauderwelsch" (siehe unten).

Bitte schreiben Sie an:

REISE KNOW-HOW Verlag Peter Rump GmbH, Osnabrücker Str. 79
D-33649 Bielefeld, oder per e-mail an: info@reise-know-how.de

Danke!

Kauderwelsch-Sprechführer – sprechen und verstehen rund um den Globus

Afrikaans ● Albanisch ● Amerikanisch - *American Slang, More American Slang* ● Amharisch ● Arabisch - Hocharabisch, für Ägypten, Algerien, Golfstaaten, Irak, Jemen, Marokko, Palästina-Syrien, Sudan, Tunesien ● Armenisch ● *Bairisch* ● Baskisch ● Bengali ● *Berlinerisch* ● Brasilianisch ● Bulgarisch ● Balinesisch ● Burmesisch ● Cebuano ● Chinesisch ● Dänisch ● *Deutsch - Allemand, Duits, German, Nemjetzkii, Tedesco* ● *Elsässisch* ● Englisch - *British Slang, Australian Slang, Canadian Slang, Neuseeland Slang,* für Australien ● Esperanto ● Estnisch ● Finnisch ● Französisch - für Frankreich, für Restaurant & Supermarkt, für den Senegal, für Tunesien, *Französisch Slang, Franko-Kanadisch* ● Galicisch ● Georgisch ● Griechisch ● Guarani ● Hausa ● Hebräisch ● Hieroglyphisch ● Hindi ● Indonesisch ● Irisch-Gälisch ● Isländisch ● Italienisch - *Italienisch-Slang,* für Opernfans, kulinarisch ● Japanisch ● Javanisch ● Jiddisch ● Kantonesisch ● Kasachisch ● Katalanisch ● Khmer ● Kisuaheli ● Kinyarwanda ● *Kölsch* ● Koreanisch ● Kroatisch ● Kurdisch ● Laotisch ● Lettisch ● Lëtzebuergesch ● Lingala ● Litauisch ● Madagassisch ● Makedonisch ● Malaiisch ● Mallorquinisch ● Maltesisch ● Mandinka ● Mongolisch ● Nepali ● Niederländisch ● Norwegisch ● Paschto ● Patois ● Persisch ● Pidgin-English ● *Plattdüütsch* ● Polnisch ● Portugiesisch ● Quechua ● *Ruhrdeutsch* ● Rumänisch ● Russisch ● *Sächsisch* ● *Schwäbisch* ● Schwedisch ● *Schwiizertüütsch* ● *Scots* ● Serbisch ● Singhalesisch ● Sizilianisch ● Slowakisch ● Slowenisch ● Spanisch - *Spanisch Slang,* für Lateinamerika, für Argentinien, für Chile, für Costa Rica, für Cuba, für die Dominikanische Republik, für Ecuador, für Guatemala, für Honduras, für Mexiko, für Nicaragua, für Panama, für Peru, für Venezuela, kulinarisch ● Tagalog ● Tamil ● Tatarisch ● Thai ● Tibetisch ● Tschechisch ● Türkisch ● Ukrainisch ● Ungarisch ● Urdu ● Usbekisch ● Vietnamesisch ● Weißrussisch ● *Wienerisch* ● Wolof

Register

Anhang

Die Autoren

Peter Franzisky (geb. 1966) hat Sonderpädagogik, Islamwissenschaft und Völkerkunde studiert, bevor er sich mit der auf Oman und den arabischen Raum spezialisierten Firma Bedu Expeditionen als Reiseveranstalter selbstständig gemacht hat.

Von ihm stammen die Abschnitte „Naturraum", „Geschichte", „Sprache" und „Fotografie" sowie die Mehrzahl der abgebildeten Fotos.

Kirstin Kabasci (geb. 1968) studierte Islamwissenschaft, Pädagogik und Malaiologie an der Uni Köln und arbeitet als Reisebuchautorin, freie Journalistin und Reiseleiterin. Studien- und Arbeitsaufenthalte sowie Recherchen und Reisen führen sie regelmäßig auf die Arabische Halbinsel.

In diesem Buch hat sie den größten Teil der Kapitel „Praktische Tipps A–Z" und „Land und Leute" erarbeitet.

Gemeinsam haben sie den Reise- und Routenteil sowie den Abschnitt „Religion" recherchiert und angefertigt.

Von beiden Autoren gibt es ein weiteres REISE KNOW-HOW-Handbuch über die Vereinigten Arabischen Emirate, von Kirstin Kabasci liegen inzwischen auch drei Urlaubshandbücher vor: „Dubai", „Bahrain" und „Qatar".

Danksagung/Acknowledgements

Vielen Dank an/Many thanks to: Wir möchten allen herzlich danken, die uns mit soviel Gastfreundschaft empfangen und bei den Recherchen und der Erstellung dieses Buches geholfen haben. Unser spezieller Dank gilt:

- dem Ministry of Information, insbesondere Mr. Anthony Ashworth in Muscat und Renate Komes vom Pressebüro Oman in Frankfurt
- dem Department for Tourism des Ministry of Commerce and Industry
- Shaikh Saif bin Hashil al-Maskiry, Muscat
- Mohammed Ali al-Riyami, Muscat
- APEX Publishing, Khasab Travel and Tours sowie Bahwan Tours, Oman
- Prof. Dr. Juris Zarins aus Salalah, Nigel aus Thumrait und Allan aus Nizwa
- Omani Centre of Traditional Music, Muscat
- Oman News Agency, Muscat
- der Deutschen Botschaft Muscat
- Dr. Norbert Weismann, Kamen
- Nikolaus A. Siegfried, Hamburg
- Dr. Ingeborg Guba, Sultan Qaboos Universität, Muscat
- Uwe Schmidt und Sylvie Thelen, Köln
- Petra Böttcher und Christine Grathwohl, Muscat
- Brigitte Wensauer und Miguel Treu, Muscat
- DiveEco, Muscat
- Henning Neuschäffer, München
- und ganz besonders Heike für die unermüdliche Dokumentation der Aktualisierungsrecherchen
- sowie allen Lesern, die uns durch ihre Briefe und Tipps bei der Aktualisierung der 3. Auflage geholfen haben.

Entfernungen

Die folgenden Angaben sind Richtwerte und beziehen sich auf die Straßenkilometer. Detailliertere Kilometerangaben finden sich in den Streckenbeschreibungen und Karten des praktischen Reiseteils.

● Muscat – Sohar	230 km
● Muscat – Sohar – Buraimi	330 km
● Muscat – Sohar – Buraimi – Dubai/V.A.E.	460 km
● Muscat – Sohar – Buraimi – Abu Dhabi/V.A.E.	490 km
● Muscat – Shinas	280 km
● Muscat – Shinas – Fujairah/V.A.E.	315 km
● Muscat – Shinas – Hatta	355 km
● Muscat – Shinas – Hatta – Dubai/V.A.E.	425 km
● Muscat – Ibra	175 km
● Muscat – Ibra – Sur	235 km
● Muscat – Quriat	90 km
● Muscat – Quriat – Sur	210 km
● Muscat – Nizwa	180 km
● Muscat – Salalah	1040 km
● Nizwa – Salalah	870 km
● Nizwa – Buraimi	290 km
● Muscat – Nizwa – Buraimi	470 km
● Muscat – Nizwa – Buraimi – Dubai/V.A.E.	600 km
● Muscat – Nizwa – Buraimi – Abu Dhabi/V.A.E.	630 km